2022

安徽统计年鉴

ANHUI STATISTICAL YEARBOOK

（总第34期　NO.34）

安　徽　省　统　计　局
Anhui Provincial Bureau of Statistics
国家统计局安徽调查总队
Survey Office of the National Bureau of Statistics in Anhui
编
COMPILED

中国统计出版社
China Statistics Press

《安徽统计年鉴2022》

ANHUI STATISTICAL YEARBOOK 2022

图书在版编目（CIP）数据

安徽统计年鉴. 2022 = Anhui Statistical Yearbook 2022 : 汉英对照 / 安徽省统计局, 国家统计局安徽调查总队编. -- 北京 : 中国统计出版社, 2022.9
ISBN 978-7-5037-9897-9

Ⅰ. ①安… Ⅱ. ①安… ②国… Ⅲ. ①统计资料－安徽－2022－年鉴－汉、英 Ⅳ. ①C832.54-54

中国版本图书馆CIP数据核字(2022)第148244号

安徽统计年鉴2022

作　　者/ 安徽省统计局 · 国家统计局安徽调查总队
责任编辑/ 高媛媛　熊　威
执行编辑/ 汪　剑　吴佳佳　张伟伟　任　虎
装帧设计/ 朴书堂文化 · 陈　强
出版发行/ 中国统计出版社有限公司
地　　址/ 北京市丰台区西三环南路甲6号
邮　　编/ 100073
电　　话/ 邮购（010）63376909　书店（010）68783171
网　　址/ http:// www.zgtjcbs.com
印　　刷/ 安徽新华印刷股份有限公司
经　　销/ 新华书店
开　　本/ 890mm×1240mm　1/16
字　　数/ 1500 千字
印　　张/ 43.5　彩页0.75
版　　别/ 2022 年 9 月第 1 版
版　　次/ 2022 年 9 月第 1 次印刷
定　　价/ 450.00元　　Price:450.00 yuan (RMB)

本书附同版本CD-ROM一张，光盘内容以书面文字为准。
如有印装差错，由本社发行部调换。

《安徽统计年鉴2022》编辑委员会

AnHui Statistical Yearbook 2022 Editorial Board

《安徽统计年鉴2022》编辑部

AnHui Statistical Yearbook 2022 Editorial Department

编辑说明

一、《安徽统计年鉴2022》全面、系统地收录了2021年全省及各市、县经济和社会各方面统计数据，重点展示统计部门服务新阶段现代化美好安徽建设的成果，是一部全面反映安徽省国民经济和社会发展情况的资料性年刊。

二、全书内容共分23个篇章和附录，即：综合；国民经济核算；人口；就业人员和工资；固定资产投资；能源生产和消费；财政与金融；物价指数；城乡人民生活；城市概况；自然资源和环境保护；农业；工业；建筑业；运输和邮电；国内贸易；对外经济贸易；旅游；教育和科技；卫生和社会服务；文化和体育；公共管理及其他；省级和县级主要经济指标及位次。附录部分主要有：安徽农民工非农就业基本情况、企业电子商务情况等。为帮助读者理解和使用有关数据，各篇章附有简要说明和主要指标解释，介绍了统计范围和统计方法。

三、本年鉴使用国民经济行业分类(GB/T4754-2017)。

四、本年鉴中使用的度量衡单位均采用国际统一标准计量单位。

五、本年鉴符号使用说明,年鉴各表中的“空格”表示该项统计指标数据不足本表最小单位数、数据不详或无该项数据,“#”表示其中的主要项。

六、本年鉴中部分合计数或相对数由于单位取舍不同产生的计算误差，均未作机械调整。全书中英文对照，配套出版磁质光盘。

Preface

Ⅰ. *Anhui Statistical Yearbook 2022* comprehensively and systematically includes the economic and social statistical data of the whole province and all cities and counties in 2021, and focuses on displaying the achievements of statistical departments in serving the construction of modern and beautiful Anhui in the new stage. It is an annual reference magazine that comprehensively reflects the national economic and social development of Anhui province.

Ⅱ. The contents of the book are divided into 23 chapters and appendices, namely: General survey; National economic accounting; Population; Employed persons and wages; Investment in fixed assets; Energy production and consumption; Finance and banking; Price index; Urban and rural people's lives; City profile; Natural resources and environmental protection; Agriculture; Industry; Construction industry; Transport and post and telecommunications; Domestic trade; Foreign economic and trade; Tourism; Education and science and technology; Health and social services; Culture and sports; Public administration and others; Main economic indicators and rankings at provincial and county levels. The appendix mainly includes: the basic situation of non-agricultural employment of migrant workers in Anhui, the situation of enterprise e-commerce, etc. In order to help readers understand and use the relevant data, each chapter is accompanied by a brief description and explanation of the main indicators, and introduces the statistical scope and statistical methods.

Ⅲ. In this yearbook , We use the classification of national economic industries (GB / T4754–2017).

Ⅳ. The units of measurement used in this book are internationally standardized measurement units.

Ⅴ. Notations used in this book: （blank space）indicates that the figure is not large enough to be measured with the smallest unit in the table, or data are unknown, or are not available. "#" indicates a major items of the total.

Ⅵ. Statistical discrepancies due to rounding are not adjusted in this book. Anhui Statistical Yearbook is compiled bilingually in Chinese and English and a magnetic CD–ROM has been published to form a complete set.

目　　录

CONTENTS

一、综　　合
Chapter 1 General Survey

二、国民经济核算
Chapter 2 National Accounts

三、人　　口
Chapter 3 Population

四、就业人员和工资
Chapter 4 Employment and Wages

五、固定资产投资
Chapter 5 Investment in Fixed Assets

六、能源生产和消费
Chapter 6 Production and Consumption of Energy

七、财政与金融
Chapter 7 Finance and Finance

八、物价指数
Chapter 8 Price Indices

九、城乡人民生活
Chapter 9 Livelihood of Urban and Rural People

十、城市概况
Chapter 10 General Survey of Cities

十一、自然资源和环境保护
Chapter 11 Natural Resources and Environment Protection

十二、农　　业
Chapter 12 Agriculture

十三、工　　业
Chapter 13 Industry

十四、建 筑 业
Chapter 14 Construction

十五、运输和邮电
Chapter 15 Transport, Post and Telecommunication Services

十六、国内贸易
Chapter 16 Domestic Trade

十七、对外经济贸易
Chapter 17 Foreign Trade and Economic Cooperation

十八、旅　　游
Chapter 18 Tourism

十九、教育和科技
Chapter 19 Education and Science

二十、卫生和社会服务
Chapter 20 Public Health and Social Services

二十一、文化和体育
Chapter 21 Culture and Sports

二十二、公共管理及其他
Chapter 22 Public Management and Others

二十三、省级和县级主要经济指标及位次
Chapter 23 Main Economic Indicators and Their Orders of Precedence of Province and County

附　录
Appendix

第一篇

Chapter 1

综合

GENERAL SURVEY

简要说明

一、本篇包括我省行政区划、国民经济综合资料等内容。

二、国民经济综合资料中的“各部门单位数”为第四次全国经济普查后部分行业企业资料更新维护数据。

三、国民经济总量、速度、结构、比例和效益指标均取自本年鉴各篇；国民经济综合资料由省统计局综合处整理。

四、我省境内国家级旅游景点黄山、九华山风景区旅游基本情况，由所在地统计部门提供。

Brief Introduction

I. This chapter covers the summary data on national economy.

II. "Number of departments and units" in the comprehensive data of national economy is the updated and maintained data of enterprises in some industries after the fourth national economic census.

III. Data on the total value, speed, structure, ratio and effects on the national economy are extracted from the concerned data in other chapters in this yearbook. The summary data on national economy are prepared by the Division of Integrated Statistics of Anhui Statistical Bureau.

IV. Data on the basic conditions of national scenic spot-Mount Huang and Mount Jiuhua are provided by the statistical department where they are.

1—1 全省行政区划（2021年末）
Administrative Divisions in Anhui (End of 2021)

单位：个（unit）

市名称 Name of City		市级区划数 Number of Regions at Cities Level	县级区划数 Number of Regions at County Level	县级市 Cities at County Level	县 Counties	市辖区 Districts under the Jurisdiction of Cities	街道办事处 Street Office	乡镇级区划数 Number of Regions at Townships Level	镇 Towns	乡 Townships
总　计	**Total**	**16**	**104**	**9**	**50**	**45**	**276**	**1236**	**997**	**239**
合肥市	Hefei	1	9	1	4	4	50	81	68	13
淮北市	Huaibei	1	4		1	3	15	18	18	
亳州市	Bozhou	1	4		3	1	9	79	72	7
宿州市	Suzhou	1	5		4	1	15	94	87	7
蚌埠市	Bengbu	1	7		3	4	19	55	45	10
阜阳市	Fuyang	1	8	1	4	3	18	149	125	24
淮南市	Huainan	1	7		2	5	19	71	59	12
滁州市	Chuzhou	1	8	2	4	2	22	94	85	9
六安市	Luan	1	7		4	3	10	130	92	38
马鞍山市	Maanshan	1	6		3	3	13	35	33	2
芜湖市	Wuhu	1	7	1	1	5	27	44	44	
宣城市	Xuancheng	1	7	2	4	1	21	78	62	16
铜陵市	Tongling	1	4		1	3	5	31	27	4
池州市	Chizhou	1	4		3	1	11	45	37	8
安庆市	Anqing	1	10	2	5	3	18	131	84	47
黄山市	Huangshan	1	7		4	3	4	101	59	42

1—2 全省县以上行政区划（2021年末）
Administrative Divisions of Counties and Above in Anhui (End of 2021)

省辖市 City Under Province Administration	县（市、区） Name of County (City) , District Under Administrative
合肥市 Hefei	蜀山区、庐阳区、瑶海区、包河区、巢湖市、长丰县、肥东县、肥西县、庐江县 Shushan District，Luyang District, Yaohai District，Baohe District，Chaohu，Changfeng，Feidong，Feixi，Lujiang
淮北市 Huaibei	相山区、杜集区、烈山区、濉溪县 Xiangshan District，Duji District，Lieshan District，Suixi
亳州市 Bozhou	谯城区、涡阳县、蒙城县、利辛县 Qiaocheng District，Guoyang，Mengcheng，Lixin
宿州市 Suzhou	埇桥区、砀山县、萧　县、灵璧县、泗　县 Yongqiao District，Dangshan，Xiaoxian，Lingbi，Sixian
蚌埠市 Bengbu	蚌山区、龙子湖区、禹会区、淮上区、怀远县、五河县、固镇县 Bengshan District，Longzihu District，Yuhui District，Huaishang District，Huaiyuan，Wuhe，Guzhen
阜阳市 Fuyang	颍州区、颍东区、颍泉区、界首市、临泉县、太和县、阜南县、颍上县 Yingzhou District，Yingdong District，Yingquan District，Jieshou，Linquan，Taihe，Funan，Yingshang
淮南市 Huainan	田家庵区、大通区、谢家集区、八公山区、潘集区、凤台县、寿　县 Tianjiaan District，Datong District，Xiejiaji District，Bagongshan District，Panji District，Fengtai，Shouxian
滁州市 Chuzhou	琅琊区、南谯区、明光市、天长市、来安县、全椒县、定远县、凤阳县 Langya District，Nanqiao District，Mingguang，Tianchang，Laian，Quanjiao，Dingyuan，Fengyang
六安市 Luan	金安区、裕安区、叶集区、霍邱县、舒城县、金寨县、霍山县 Jinan District，Yuan District，Yeji District, Huoqiu，Shucheng，Jinzhai，Huoshan
马鞍山市 Maanshan	雨山区、花山区、博望区、当涂县、含山县、和　县 Yushan District，Huashan District，Bowang District，Dangtu，Hanshan，Hexian
芜湖市 Wuhu	镜湖区、鸠江区、弋江区、湾沚区、繁昌区、无为市、南陵县 Jinghu District，Jiujiang District，Yijiang District，Wanzhi District，Fanchang District，Wuwei，Nanling
宣城市 Xuancheng	宣州区、宁国市、广德市、郎溪县、泾　县、旌德县、绩溪县 Xuanzhou District，Ningguo，Guangde，Langxi，Jingxian，Jingde，Jixi
铜陵市 Tongling	铜官区、郊　区、义安区、枞阳县 Tongguan District，Suburban District，Yian District，Zongyang
池州市 Chizhou	贵池区、东至县、石台县、青阳县 Guichi District，Dongzhi，Shitai，Qingyang
安庆市 Anqing	大观区、迎江区、宜秀区、桐城市、潜山市、怀宁县、太湖县、宿松县、望江县、岳西县 Daguan District，Yingjiang District，Yixiu District，Tongcheng，Qianshan，Huaining，Taihu，Susong，Wangjiang，Yuexi
黄山市 Huangshan	屯溪区、黄山区、徽州区、歙　县、休宁县、黟　县、祁门县 Tunxi District，Huangshan District，Huizhou District，Shexian，Xiuning，Yixian，Qimen

1—3　各行业机构单位数（2021年）
Number of Grass Root Units in Various Sectors (2021)

单位：个（unit）

行业类别	Industrial Category	单位数 Number of Units	#法人单位 Legal Entities	#"四上"单位 Legal Entities with Certain Scale, Qualification or Quota
合　计	**Total**	**1427731**	**1314031**	**47851**
农、林、牧、渔业	**Agriculture, Forestry, Animal Husbandry and Fishery**	**119362**	**118486**	
农　业	Farming	61973	61837	
林　业	Forestry	6702	6613	
畜牧业	Animal Husbandry	21923	21833	
渔　业	Fishery	8566	8547	
农、林、牧、渔专业及辅助性活动	Agriculture, Forestry, Animal Husbandry and Fishery Major and Supporting Activities	20198	19656	
采矿业	**Mining**	**1672**	**1518**	**332**
煤炭开采和洗选业	Mining and Washing of Coal	110	66	23
石油和天然气开采业	Extraction of Petroleum and Natural Gas	5	3	1
黑色金属矿采选业	Mining and Processing of Ferrous Metal Ores	269	253	57
有色金属矿采选业	Mining and Processing of Non-Ferrous Metal Ores	183	155	29
非金属矿采选业	Mining and Processing of Non-metal Ores	1000	950	219
开采专业及辅助性活动	Mining Profession and Auxiliary Activities	49	43	3
其他采矿业	Mining of Other Ores	56	48	
制造业	**Manufacturing**	**158283**	**155995**	**18924**
农副食品加工业	Processing of Food from Agricultural Products	8384	8181	1403
食品制造业	Manufacture of Foods	4453	4389	430
酒、饮料和精制茶制造业	Manufacture of Liquor, Beverages and Refined Tea	4589	4540	272
烟草制品业	Manufacture of Tobacco	12	7	5
纺织业	Manufacture of Textile	5514	5474	704
纺织服装、服饰业	Manufacture of Textile, Wearing Apparel and Accessories	12268	12145	671
皮革、毛皮、羽毛及其制品和制鞋业	Manufacture of Leather, Fur, Feather and Related Products and Footwear	2308	2286	317
木材加工和木、竹、藤、棕、草制品业	Processing of Timber, Manufacture of Wood, Bamboo, Rattan, Palm and Straw Products	9344	9250	515
家具制造业	Manufacture of Furniture	4991	4960	255
造纸和纸制品业	Manufacture of Paper and Paper Products	2863	2845	227
印刷和记录媒介复制业	Printing and Reproduction of Recording Media	3569	3528	371
文教、工美、体育和娱乐用品制造业	Manufacture of Articles for Culture, Education, Arts and Crafts, Sport and Entertainment Activities	4395	4353	539
石油、煤炭及其他燃料加工业	Petroleum, Coal and Other Fuel Processing Industries	543	531	50
化学原料和化学制品制造业	Manufacture of Raw Chemical Materials and Chemical Products	5282	5200	1106
医药制造业	Manufacture of Medicines	2580	2544	536
化学纤维制造业	Manufacture of Chemical Fibres	252	250	53
橡胶和塑料制品业	Manufacture of Rubber and Plastics Products	8892	8826	1156
非金属矿物制品业	Manufacture of Non-metallic Mineral Products	14894	14585	2363
黑色金属冶炼和压延加工业	Smelting and Pressing of Ferrous Metals	642	630	138
有色金属冶炼和压延加工业	Smelting and Pressing of Non-ferrous Metals	1034	1015	282
金属制品业	Manufacture of Metal Products	13290	13143	1229
通用设备制造业	Manufacture of General Purpose Machinery	11690	11523	1349

1—3 续表1 continued

单位：个 (unit)

行业类别	Industrial Category	单位数 Number of Units	#法人单位 Legal Entities	#"四上"单位 Legal Entities with Certain Scale, Qualification or Quota
专用设备制造业	Manufacture of Special Purpose Machinery	9911	9724	987
汽车制造业	Manufacture of Automobiles	4381	4260	1023
铁路、船舶、航空航天和其他运输设备制造业	Manufacture of Railway, Ship, Aerospace and Other Transport Equipments	1032	1002	178
电气机械和器材制造业	Manufacture of Electrical Machinery and Apparatus	7167	7032	1344
计算机、通信和其他电子设备制造业	Manufacture of Computers, Communication and Other Electronic Equipment	5122	5059	916
仪器仪表制造业	Manufacture of Measuring Instruments and Machinery	2609	2585	169
其他制造业	Other Manufacture	2562	2538	108
废弃资源综合利用业	Comprehensive Utilization of Waste Resources	1829	1815	216
金属制品、机械和设备修理业	Repair Service of Metal Products, Machinery and Equipment	1881	1775	12
电力、热力、燃气及水生产和供应业	**Production and Supply of Electricity, Heat, Gas and Water**	**6989**	**6016**	**582**
电力、热力的生产和供应业	Production and Supply of Electric Power and Heat Power	4590	3908	328
燃气生产和供应业	Production and Supply of Gas	444	326	128
水的生产和供应业	Production and Supply of Water	1955	1782	126
建筑业	**Construction**	**144134**	**133365**	**7212**
房屋建筑业	Construction of Buildings	36254	32261	3531
土木工程建筑业	Civil Engineering	29685	26138	2307
建筑安装业	Building Installation	14808	13543	501
建筑装饰、装修和其他建筑业	Architectural Decoration, Decoration and Other Construction Industries	63387	61423	873
批发和零售业	**Wholesale and Retail Trades**	**376807**	**346344**	**8996**
批发业	Wholesale Trade	176183	170305	3883
零售业	Retail Trade	200624	176039	5113
交通运输、仓储和邮政业	**Transport, Storage and Post**	**42469**	**36342**	**1353**
铁路运输业	Railway Transport	102	74	6
道路运输业	Road Transport	28183	26333	911
水上运输业	Water Transport	1464	1368	198
航空运输业	Air Transport	101	84	6
管道运输业	Transport Via Pipelines	13	11	
多式联运和运输代理业	Multimodal Transport and Transportation Agency	4225	3853	58
装卸搬运和仓储业	Handling and warehousing industry	3926	3368	106
邮政业	Post	4455	1251	68
住宿和餐饮业	**Hotels and Catering Services**	**28764**	**24681**	**2180**
住宿业	Hotels	6292	5799	745
餐饮业	Catering Services	22472	18882	1435
信息传输、软件和信息技术服务业	**Information Transmission, Software and Information Technology**	**59704**	**55160**	**712**
电信、广播电视和卫星传输服务	Telecommunication, Radio and Television and Satellite Transmission Service	3683	1226	78
互联网和相关服务	Internet and Related Service	9933	9551	154
软件和信息技术服务业	Software and Information Technology	46088	44383	480

1—3　续表2　continued

单位：个（unit）

行业类别	Industrial Category	单位数 Number of Units	#法人单位 Legal Entities	#"四上"单位 Legal Entities with Certain Scale, Qualification or Quota
金融业	**Financial Intermediation**	**13313**	**3708**	
货币金融服务	Monetary and Financial Service	7395	1314	
资本市场服务	Capital Market Service	1432	892	
保险业	Insurance	3744	891	
其他金融业	Other Financial Activities	742	611	
房地产业	**Real Estate**	**45672**	**39128**	**4468**
租赁和商务服务业	**Leasing and Business Services**	**173672**	**164692**	**1318**
租赁业	Leasing	23303	22643	107
商务服务业	Business Services	150369	142049	1211
科学研究和技术服务业	**Scientific Research and Technical Services**	**75985**	**69673**	**662**
研究和试验发展	Research and Experimental Development	8777	8475	48
专业技术服务业	Professional Technical Services	37056	32273	518
科技推广和应用服务业	Science and Technology Popularization and Application Services	30152	28925	96
水利、环境和公共设施管理业	**Management of Water Conservancy, Environment and Public Facilities**	**13166**	**11682**	**175**
水利管理业	Management of Water Conservancy	1556	972	1
生态保护和环境治理业	Ecological Protection and Environmental Treatment	1156	1070	27
公共设施管理业	Management of Public Facilities	7941	7292	141
土地管理业	Land Management	2513	2348	6
居民服务、修理和其他服务业	**Service to Households, Repair and Other Services**	**28974**	**27497**	**224**
居民服务业	Service to Households	11354	10723	83
机动车、电子产品和日用产品修理业	Repair of Motor Vehicle, Electronics and Household Products	12293	11785	81
其他服务业	Other Services	5327	4989	60
教　　育	**Education**	**35383**	**29118**	**164**
卫生和社会工作	**Health and Social Service**	**14475**	**12094**	**191**
卫　生	Health	10473	8330	169
社会工作	Social Service	4002	3764	22
文化、体育和娱乐业	**Culture, Sports and Entertainment**	**26664**	**25513**	**358**
新闻和出版业	Journalism and Publishing Activities	388	356	31
广播、电视、电影和录音制作业	Radio, Television, Film and Recording Production	3835	3619	113
文化艺术业	Cultural and Art Activities	7991	7550	70
体　育	Sports Activities	2856	2709	11
娱乐业	Entertainment	11594	11279	133
公共管理、社会保障和社会组织	**Public Management, Social Security and Social Organization**	**62243**	**53019**	
中国共产党机关	Organs of Communist Party of China	1318	1211	
国家机构	Government Agencies	21554	12891	
人民政协、民主党派	People's Political Consultative Conference and Democratic Parties	259	258	
社会保障	Social Security	527	340	
群众团体、社会团体和其他成员组织	Non-Governmental Organizations, Social Organizations and Other Organizations	20231	20000	
基层群众自治组织及其他组织	Land Management Industry of Grassroots Mass Self-Governing Organizations and Other Organizations	18354	18319	

注："四上"单位是指规模以上工业、限额以上批零住宿餐饮业、规模以上服务业、具有资质的建筑法人单位和有开发经营活动的房地产开发经营业法人单位。

a) Legal entities with certain scale, qualification or quota units refer to industrial entities above designated size, accommodation and catering industries above designated size, service industries above designated size, qualified construction legal entities and real estate development and business legal entities with development and operation activities.

1—4 各市按三次产业和机构类型分法人单位数（2021年）

Number of Legal Entities by Three Strata of Industry and Type of Institutions and Region (2021)

单位：个（unit）

地区	Region	法人单位数 Number of Legal Entities	按三次产业分 Grouped by Three Strata of Industry			按机构类型分 By Type of Institutions				
			第一产业 Primary Industry	第二产业 Secondary Industry	第三产业 Tertiary Industry	企业法人 Business Entity	事业法人 Institution Entity	机关法人 Government Entity	社会团体 Social Organization	其他 Others
总计	**Total**	**1314031**	**118486**	**296894**	**898651**	**1150401**	**20050**	**8083**	**16224**	**119273**
合肥市	Hefei	394384	11176	70442	312766	377679	2426	801	2912	10566
淮北市	Huaibei	27563	1841	6477	19245	23873	598	297	496	2299
亳州市	Bozhou	86454	22724	15976	47754	66301	925	343	690	18195
宿州市	Suzhou	78156	14274	17514	46368	61257	1493	412	680	14314
蚌埠市	Bengbu	61874	4453	13170	44251	53148	1056	457	1003	6210
阜阳市	Fuyang	115350	14857	28653	71840	97943	1732	691	1000	13984
淮南市	Huainan	45563	5869	9801	29893	36430	1373	674	863	6223
滁州市	Chuzhou	72325	6102	21076	45147	61045	1344	531	943	8462
六安市	Luan	81127	13370	19930	47827	66157	1688	556	1669	11057
马鞍山市	Maanshan	49330	2412	13387	33531	44854	761	393	611	2711
芜湖市	Wuhu	85470	3883	19861	61726	78255	1098	464	1005	4648
宣城市	Xuancheng	45719	2565	14594	28560	39363	959	512	927	3958
铜陵市	Tongling	27869	2599	6642	18628	24458	688	284	568	1871
池州市	Chizhou	29455	2553	7734	19168	23829	851	394	953	3428
安庆市	Anqing	81769	7936	24040	49793	70100	1894	745	1053	7977
黄山市	Huangshan	31623	1872	7597	22154	25709	1164	529	851	3370

1—5　各市按控股情况分企业法人单位数（2021年）

Numbers of Corporate Enterprises the Status of Holdings by Region (2021)

单位：个（unit）

地区	Region	企业单位数 Number of Enterprises	国有控股 State-holding	集体控股 Collective-holding	私人控股 Private-holding	港澳台商控股 Hong Kong, Macao and Taiwan-holding	外商控股 Foreign-holding	其他 Others
总　计	**Total**	**1150401**	**12109**	**6580**	**1117729**	**1158**	**1064**	**11761**
合肥市	Hefei	377679	3280	1457	369640	347	362	2593
淮北市	Huaibei	23873	414	88	23170	21	15	165
亳州市	Bozhou	66301	508	308	63963	26	10	1486
宿州市	Suzhou	61257	833	436	59821	54	30	83
蚌埠市	Bengbu	53148	618	332	51652	63	44	439
阜阳市	Fuyang	97943	656	475	95891	44	17	860
淮南市	Huainan	36430	517	397	35214	37	15	250
滁州市	Chuzhou	61045	590	288	59461	79	120	507
六安市	Luan	66157	511	495	64508	47	35	561
马鞍山市	Maanshan	44854	470	295	43435	88	80	486
芜湖市	Wuhu	78255	710	354	76023	126	142	900
宣城市	Xuancheng	39363	777	249	36824	56	42	1415
铜陵市	Tongling	24458	415	305	23448	35	13	242
池州市	Chizhou	23829	381	184	22985	24	52	203
安庆市	Anqing	70100	957	701	66992	69	57	1324
黄山市	Huangshan	25709	472	216	24702	42	30	247

1—6 国民经济和社会发展总量与速度指标

指　　标		Item		总量指标 2005
人口与就业		**Population and Employment**		
人　　口		**Population**		
年底总人口	（万人）	Population at the Year-end	(10000 persons)	6516
#市镇人口		Urban		2313
乡村人口		Rural		4203
#男性人口		Male		3388
女性人口		Female		3127
出生人口	（万人）	Births	(10000 persons)	75.9
死亡人口	（万人）	Deaths	(10000 persons)	37.9
人口密度	（人/平方公里）	Density of Population (person/sq.km)		465
就　　业	**（万人）**	**Employment**	**(10000 persons)**	
从业人员		Practitioners		3669.7
城镇就业人员		Urban Employed Persons		730.5
#国有经济		State-owned Units		208.7
城镇集体经济		Urban of Other Types of Ownership		30.8
港澳台投资经济		Economic Units Funded by Entreneurs from Hong Kong Macao and Taiwan		3.7
外商投资经济		Foreign Funded Units		6.7
城镇私营经济		Urban Private Enteprises		86.5
城镇个体		Urban Self-employed Individuals		123.6
城镇非私营单位就业人员数		The Private Institutions in Cities and Towns of Employment		317.4
国有经济		State-owned Units		199.2
城镇集体经济		Urban of Other Types of Ownership		28.2
其他经济		Units of Other Types of Ownership		90.1
城镇登记失业人数		Registered Unemployed in Urban Areas		27.8
宏观经济		**Macroeconomic Indicator**		
国民经济核算	**（亿元）**	**National Accounting**	**(100 million yuan)**	
生产总值		Gross Domestic Product		5675.9
第一产业		Primary Industry		966.5
第二产业		Secondary Industry		2197.4
#工　　业		Industry		1664.6
第三产业		Tertiary Industry		2511.9

注：2020年起就业人数为常住口径就业人员数，往年均为户籍口径（下同）。

Principal Aggregate Indicators On National Economic and Social Development and Their Related Indices and Growth Rates

Aggregate Date				速度指标 (%) Indices and Growth Rates						
				指　数 (2021年为以下各年) Index (2021 as Percentage of the Following Years)				平均增长速度 Average Annual Growth Rate		
2010	2015	2020	2021	2005	2010	2015	2020	2006—2010	2011—2015	2016—2021
6827	6949							0.9	0.4	
2949	3509							5.0	3.5	
3878	3440							-1.6	-2.4	
3543	3615							0.9	0.4	
3283	3334							1.0	0.3	
75.7	77.6	57.6	49.2	64.8	65.0	63.4	85.4	-0.1	0.5	-7.3
35.4	35.7	48.5	48.9	129.0	138.1	137.0	100.8	-1.4	0.2	5.4
487	496							1.0	0.4	
4050.0	4342.1	3243.0	3215.0	87.6	79.4	74.0	99.1	2.0	1.4	-4.9
973.5	1292.1	1791.0	1816.0	248.6	186.5	140.5	101.4	5.9	5.8	5.8
206.0	189.1	175.9	179.3	85.9	87.1	94.8	101.9	-0.3	-1.7	-0.9
17.9	14.7	7.7	7.1	23.1	39.8	48.2	92.4	-10.3	-3.8	-11.4
7.0	15.9	13.4	15.0	405.4	214.6	94.6	111.9	13.6	17.8	-0.9
14.7	19.8	19.0	19.6	292.9	133.9	99.0	103.3	17.0	6.2	-0.2
133.3	325.0	420.9	482.4	557.7	361.9	148.4	114.6	9.0	19.5	6.8
264.1	423.1							16.4	9.9	
372.9	513.8	565.6	563.2	177.4	151.0	109.6	99.6	3.3	6.6	1.5
206.0	189.1	175.9	179.3	90.0	87.1	94.8	101.9	0.7	-1.7	-0.9
17.9	14.7	7.7	7.1	25.2	39.7	48.2	92.2	-8.7	-3.8	-11.5
149.1	310.0	382.0	376.8	418.2	252.7	121.6	98.6	10.6	15.8	3.3
28.5	30.9	30.0	25.5	91.7	89.5	82.5	85.0	0.5	1.6	-3.2
13249.78	23831.18	38061.51	42959.18	474.4	253.7	153.7	108.3	13.3	10.5	7.4
1600.57	2376.05	3184.95	3360.60	194.6	154.1	124.9	107.4	4.8	4.3	3.8
6395.99	10838.34	15216.46	17613.19	617.7	269.0	153.3	107.9	18.1	11.9	7.4
4949.15	8360.56	11235.53	13081.69	683.6	281.9	155.2	108.9	19.4	12.7	7.6
5253.23	10616.78	19660.10	21985.39	459.6	265.3	160.3	108.7	11.6	10.6	8.2

a) Number of people employed since 2020 is the number of people employed by permanent residence caliber, and in previous years is the household registration caliber (the same below).

1—6 续表1 continued

指 标	Item	总量指标 2005
财 政 (亿元)	**Public Finance (100 million yuan)**	
一般公共预算收入	Total Revenue	334.0
#增值税	Value-added Tax	57.7
契 税	Contract Tax	17.8
企业所得税	Enterprises' Income Tax	30.1
财政支出	Total Expenditures	713.1
#一般公共服务	General Public Service	
教 育	Education	
社会保障和就业	Social Security and Employment	
物价总指数 (上年=100)	**Price Indices (preceding year=100)**	
商品零售价格指数	Retail Price Index	100.6
居民消费价格指数	Consumer Price Index	101.4
农产品生产价格指数	Production Price Indices of Agricultural Products	98.7
工业生产者出厂价格指数	Ex-factory Industrial Producer Price Index	103.3
工业生产者购进价格指数	Industrial Producer Purchasing Price Index	107.1
利用外资 (万美元)	**Utilization of Foreign Capital (USD 10000)**	
外商直接投资合同金额	The Contract Amount of Foreign Investment	155358
实际利用外商直接投资额	The Actual Use of Foreign Direct Investment	68845
能源生产与消费 (万吨标准煤)	**Production and Consumption of Energy (10000 tons of SCE)**	
能源生产总量	Total Energy Production	6215.4
能源消费总量	Total Energy Consumption	6506.0
产 业	**Industry**	
农 业	**Agriculture**	
粮食播种面积 (千公顷)	Sown Area of Grain Crops (1000 hectares)	5988.1
经济作物播种面积 (千公顷)	Area Sown to Cash Crops (1000 hectares)	2767.1
农林牧渔业总产值 (亿元)	Gross Output Value of Farming, Forestry, Animal Husbandry and Fishery (100 million yuan)	1666.2
主要农产品产量	Output of Major Farm Products	
粮 食 (万吨)	Grain (10000 tons)	2605.3
棉 花 (万吨)	Cotton (10000 tons)	31.1
油 料 (万吨)	Oil-bearing Crops (10000 tons)	270.7
生黄红麻 (万吨)	Raw Huang Hongma (10000 tons)	1.9
烟 叶 (万吨)	Tobacco (10000 tons)	2.6
茶 叶 (万吨)	Tea (10000 tons)	6.0
猪 肉 (万吨)	Pork (10000 tons)	231.7
牛 肉 (万吨)	Beef (10000 tons)	31.5
羊 肉 (万吨)	Mutton (10000 tons)	17.6
肉猪出栏 (万头)	Number of Slaughtered Fattened Hogs (10000 heads)	2812.1
奶 类 (万吨)	milk (10000 tons)	11.0
水产品 (万吨)	Aquatic Products (10000 tons)	177.6
农业机械总动力 (万千瓦)	Total Agricultural Machinery Power (10000 kw)	3983.8
机耕面积 (千公顷)	Machine-cultivated Area (1000 hectares)	3775.2
机播面积 (千公顷)	Mechanical Sowing Area (1000 hectares)	2329.3
机收面积 (千公顷)	Receive a Area (1000 hectares)	3326.5

Aggregate Date				速度指标　(%)　Indices and Growth Rates						
2010	2015	2020	2021	指　数　(2021年为以下各年) Index (2021 as Percentage of the Following Years)				平均增长速度 Average Annual Growth Rate		
				2005	2010	2015	2020	2006—2010	2011—2015	2016—2021
1149.4	2454.3	3216.0	3498.2	1047.4	304.4	142.5	108.8	28.0	16.4	6.1
129.5	273.1	943.2	1007.6	1746.2	778.2	368.9	106.8	17.5	16.1	24.3
95.9	172.5	226.2	262.1	1471.0	273.2	151.9	115.8	40.0	12.5	7.2
106.6	235.6	362.5	392.4	1303.7	368.1	166.6	108.2	28.8	17.2	8.9
2587.6	5239.0	7473.6	7591.1	1064.5	293.4	144.9	101.6	29.4	15.2	6.4
273.7	400.1	515.1	522.6		190.9	130.6	101.4	29.8	7.9	4.6
386.3	856.7	1261.9	1315.7		340.6	153.6	104.3	30.1	17.3	7.4
334.2	691.5	1173.1	1229.6		367.9	177.8	104.8	30.5	15.7	10.1
103.2	99.7	101.6	101.6	136.9	119.7	109.9	101.6	2.7	1.7	1.6
103.1	101.3	102.7	100.9	147.2	127.3	111.8	100.9	2.9	2.6	1.9
110.8	99.8	115.6	101.3	216.5	151.7	126.0	101.3	7.4	3.8	3.9
109.0	93.9	99.1	107.7	131.4	112.2	117.4	107.7	3.2	-0.9	2.7
111.8	93.5	98.5	111.5	155.5	118.9	124.1	111.5	5.5	-0.9	3.7
216462	393800	517192	688168	443.0	317.9	174.8	133.1	6.9	12.7	9.7
501446	1361945	1830542	1929728	2803.0	384.8	141.7	105.4	48.8	22.1	6.0
9673.8	9972.6	8602.0	9317.5	149.9	96.3	93.4	108.3	9.3	0.6	-1.1
9414.0	12301.2	14697.9	15342.6	235.8	163.0	124.7	104.4	8.3	4.9	3.8
6947.7	7280.7	7289.5	7309.6	122.1	105.2	100.4	100.3	3.0	0.9	0.07
1631.6	1500.1	1528.5	1577.2	57.0	96.7	105.1	103.2	-10.0	-1.7	0.84
2815.0	4183.1	5680.9	6004.3	360.4	213.3	143.5	105.7	5.3	4.3	6.2
3207.7	4077.2	4019.2	4087.6	156.9	127.4	100.3	101.7	4.2	4.9	0.04
25.8	14.8	4.1	2.9	9.4	11.3	19.7	71.0	-3.7	-10.6	-23.7
176.1	171.4	162.5	167.1	61.7	94.9	97.5	102.9	-8.2	-0.5	-0.4
0.25	0.18	0.26	0.22	11.8	89.7	121.7	86.3	-33.4	-5.8	3.3
1.77	2.63	2.04	2.01	77.5	113.8	76.6	98.7	-7.4	8.2	-4.3
8.0	11.0	12.9	13.7	228.8	171.4	124.4	106.7	5.9	6.6	3.7
234.9	249.8	183.4	238.7	103.0	101.6	95.6	130.2	0.3	1.2	-0.8
13.6	8.3	9.9	11.2	35.4	81.7	133.9	112.4	-15.4	-9.4	5.0
11.4	10.3	20.7	21.9	124.3	192.3	211.6	105.9	-8.4	-1.9	13.3
2737.2	2872.2	2150.5	2797.8	99.5	102.2	97.4	130.1	-0.5	1.0	-0.4
19.1	28.6	37.6	47.6	430.4	248.5	166.2	126.4	11.6	8.4	8.8
193.3	209.3	232.4	236.5	133.2	122.3	113.0	101.8	1.7	1.6	2.1
5409.8	6581.0	6799.5	6924.3	173.8	128.0	105.2	101.8	6.3	4.0	0.9
4056.4	4287.9	7668.4	7646.2	202.5	188.5	178.3	99.7	1.4	1.1	10.1
3606.6	5003.9	6124.6	6281.8	269.7	174.2	125.5	102.6	9.1	6.8	3.9
5264.3	6440.6	7420.1	7314.1	219.9	138.9	113.6	98.6	9.6	4.1	2.1

1—6 续表2 continued

指 标		Item		总量指标 2005
工 业（规模以上）		**Industry**		
主要工业产品产量		Output of Major Industrial Products		
布	（亿米）	Cloth	(100 million m)	5.6
家用电冰箱	（万台）	Household Refrigerators	(10000 units)	530.4
房间空气调节器	（万台）	Air Conditioners	(10000 units)	515.0
家用洗衣机	（万台）	Household Washing Machines	(10000 units)	441.8
彩色电视机	（万部）	Colour Television Sets	(10000 units)	374.4
原 煤	（亿吨）	Coal	(100 million tons)	0.84
发电量	（亿千瓦时）	Electricity	(100 million kwh)	645.7
钢 材	（万吨）	Rolled Steel	(10000 tons)	1141.6
水 泥	（万吨）	Cement	(10000 tons)	3218
汽 车	（辆）	Motor Vehicles	(unit)	401087
企业单位数	（个）	Number of Industrial Enterprises	(unit)	5277
#大型企业		Large		61
资产总计	（亿元）	Total Assets	(100 million yuan)	5067.1
负债合计	（亿元）	Total Liabilities	(100 million yuan)	3029.0
营业收入	（亿元）	Business Revenue	(100 million yuan)	
利润总额	（亿元）	Total Profits	(100 million yuan)	218.2
建 筑 业		**Construction**		
企业单位数	（个）	Number of Enterprises	(unit)	1946
企业从业人员	（万人）	Number of Persons Engaged	(10000 persons)	98.6
建筑业总产值	（亿元）	Gross Output Value	(100 million yuan)	923.1
房屋建筑施工面积	（万平方米）	Floor Space of Buildings Under Construction	(10000 sq.m)	9869.5
房屋建筑竣工面积	（万平方米）	Floor Space of Buildings Completed	(10000 sq.m)	5081.3
#住宅面积		Residential Buildings		3073.9
交通运输		**Transportation**		
货 运 量	（万吨）	Freight Traffic	(10000 tons)	67128
铁 路		Railways		10386
公 路		Highways		49614
水 运		Waterways		7125
民 航		Total Civil Aviation Routes		3.0
客 运 量	（万人）	Passenger Traffic	(10000 persons)	72871
铁 路		Railways		3486
公 路		Highways		68927
水 运		Waterways		244
民 航		Total Civil Aviation Routes		214
内河港口货物吞吐量	（万吨）	Volume of Freight Handled in Major Ports	(10000 tons)	17157
公路里程	（公里）	Total Length of Highways	(km)	72807
等级公路里程	（公里）	Length of Expressway and Class Ⅰ to Ⅳ Highway	(km)	67083
邮电通信业		**Postal and Telecommunication Services**		
邮电业务总量	（亿元）	Total Business Revenue	(100 million yuan)	284.0
函 件	（亿件）	Number of Letters Delivered	(100 million pieces)	2.1
报刊期发数	（万份）	Number of Newspapers and Magazines Distributed	(10000 copies)	738.0
移动电话年末用户	（万户）	Year-end Mobile Phone Users	(10000 subscribers)	1046.9
#4G移动电话用户		4G Mobile Phone Subscribers		
5G移动电话用户		5G Mobile Phone Subscribers		
固定电话年末用户	（万户）	Year-end Fixed-line Subscribers	(10000 subscribers)	1349.5

注：1．自2011年起，规模以上工业企业统计范围为年主营业务收入2000万元及以上工业企业。自2019年起，主营业务收入指标调整为营业收入指标。

2．2021年邮电业务总量按上年不变单价计算（下同）。

Aggregate Date				速度指标 (%) Indices and Growth Rates						
				指 数 (2021年为以下各年) Index (2021 as Percentage of the Following Years)				平均增长速度 Average Annual Growth Rate		
2010	2015	2020	2021	2005	2010	2015	2020	2006—2010	2011—2015	2016—2021
10.9	14.1	8.0	7.7	136.0	70.4	54.1	95.7	14.1	5.4	-9.7
2078.9	2888.2	2437.9	2381.4	449.0	114.6	82.5	97.7	31.4	6.8	-3.2
1666.1	3176.1	3009.7	3385.5	657.4	203.2	106.6	112.5	26.5	13.8	1.1
1267.0	1725.2	2380.4	2627.4	594.7	207.4	152.3	110.4	23.5	6.4	7.3
395.3	1176.9	1611.8	1224.8	327.1	309.8	104.1	76.0	1.1	24.4	0.7
1.30	1.34	1.11	1.13	133.7	86.5	84.1	101.7	9.1	0.6	-2.8
1443.9	2034.2	2682.0	2911.8	451.0	201.7	143.1	108.6	17.5	7.1	6.2
2446.4	3334.7	3607.5	3820.3	334.6	156.2	114.6	105.9	16.5	6.4	2.3
7874	13085	14176	14992	465.9	190.4	114.6	105.8	19.6	10.7	2.3
1244735	1257681	1160724	1502772	374.7	120.7	119.5	129.5	25.4	0.2	3.0
16277	19077	18447	19839	376.0	121.9	104.0	107.5	25.3	11.7	0.7
100	278	254	277	454.1	277.0	99.6	109.1	10.4	12.7	-0.1
15930.3	31360.0	43846.6	50052.3	987.8	314.2	159.6	114.2	25.7	15.7	8.1
9565.9	18028.2	24376.5	28059.4	926.4	293.3	155.6	115.1	25.9	16.7	7.7
	39554.5	38549.3	45519.5			115.1	118.1			2.4
1445.6	2000.1	2439.6	2871.0	1315.7	198.6	143.5	117.7	46.0	18.7	6.2
2469	2867	5878	7274	373.8	294.6	253.7	123.7	4.9	3.0	16.8
158.0	168.8	203.7	196.2	199.4	124.5	116.5	96.3	9.9	1.3	2.5
2865.0	5695.9	9365.1	10584.0	1146.6	369.4	185.8	113.0	25.4	14.7	10.9
23295.7	41479.7	49377.0	53888.6	546.0	231.3	129.9	109.1	18.7	12.2	4.5
10512.4	15553.6	14516.0	14012.9	275.8	133.3	90.1	96.5	15.6	8.1	-1.7
6461.5	10501.8	9772.8	8651.2	281.4	133.9	82.4	88.5	16.0	10.2	-3.2
228106	345756	374318	401242	597.7	175.9	116.0	107.2	27.7	8.7	2.5
12091	10158	7549	7617	73.3	63.0	75.0	100.9	3.1	-3.4	-4.7
183658	230649	243529	259044	522.1	141.0	112.3	106.4	29.9	4.7	2.0
32355	104947	123239	134580	1888.8	415.9	128.2	109.2	35.3	26.5	4.2
2.2	2.3	1.6	1.7	55.8	76.7	73.1	102.2	-6.2	1.0	-5.1
159597	87107	32570	27673	38.0	17.3	31.8	85.0	17.0	-11.4	-17.4
5552	8553	9455	10996	315.4	198.0	128.6	116.3	9.8	9.0	4.3
153697	78072	22776	16284	23.6	10.6	20.9	71.5	17.4	-12.7	-23.0
139	185	111	161	66.0	115.8	87.0	145.5	-10.6	5.9	-2.3
208	297	229	231	108.1	111.1	77.9	101.0	-0.6	7.4	-4.1
32502	48044	54095	58326	340.0	179.5	121.4	107.8	13.6	8.1	3.3
149382	186940	236483	237411	326.1	158.9	127.0	100.4	15.5	4.6	4.1
142340	182877	236424	237388	353.9	166.8	129.8	100.4	16.2	5.1	4.4
300.3	740.0	5663.2	987.7	347.8	328.9	133.5	17.4	1.1	19.8	4.9
2.1	0.8	0.2	0.4	20.4	20.4	51.4	177.2	平	-16.9	-10.5
602.2	597.0	466.6	429.7	58.2	71.3	72.0	92.1	-4.0	-0.2	-5.3
2798.7	4232.6	6025.6	6192.6	591.5	221.3	146.3	102.8	21.7	8.6	6.5
	1253.7	4752.2	3978.5			317.3	83.7			21.2
			1263.9							
1231.0	739.4	559.5	541.0	40.1	44.0	73.2	96.7	-1.8	-9.7	-5.1

a) Since 2011, the statistical scope of the industrial enterprises were industrial companies with revenue from principal business over 20 million yuan. Since 2019, the main business income index has been adjusted to the operating income index.

b) Total amount of post and telecommunications business in 2021 is calculated at the constant unit price of the previous year (the same below).

1—6 续表3 continued

指 标		Item		总量指标 2005
国内商业		**Domestic Trade**		
社会消费品零售总额	(亿元)	Total Retail Sales of Consumer Goods	(100 million yuan)	2020.7
批发零售业购进总额	(亿元)	Total Goods Purchases of Enterprises in Wholesale and Retail Sale Trade	(100 million yuan)	1513.1
批发零售业销售总额	(亿元)	Total Sales of Enterprises in Wholesale and Retail Sale Trade	(100 million yuan)	1615.5
批发零售业库存总额	(亿元)	Total Inventory of Enterprises in Wholesale and Retail Sale Trade	(100 million yuan)	116.2
对外经济贸易		**Foreign Trade**		
进出口总额	(万美元)	Total Exports and Tourists	(USD 10000)	911971
进口额		Imports		392933
出口额		Exports		519038
国际旅游		**International Tourism**		
入境旅游人数	(万人次)	Total Number of Tourists	(10000 persons)	63.3
#外国人		Foreigners		41.1
旅游外汇收入	(万美元)	Foreign Exchange Earnings from Tourism	(USD 10000)	18559
旅游星级宾馆个数	(个)	Number of Tourist Hotel of Star Class	(unit)	373
金融保险		**Finance and Insurance**		
金融机构人民币存款余额	(亿元)	Financial Institutions Renminbi Deposit Balance	(100 million yuan)	5993.8
金融机构人民币贷款余额	(亿元)	Financial Institutions RMB Loan Balance	(100 million yuan)	4313.6
保险公司保费收入	(亿元)	Income From Premium of Insurance Companies	(100 million yuan)	133.2
保险公司赔款及给付	(亿元)	Amount Reparations of Insurance Companies	(100 million yuan)	30.4
教育、科技、文化		**Education, Science and Technology and Culture**		
教 育		**Education**		
幼儿园数	(个)	Number of Kindergartens	(unit)	2715
入园儿童数	(万人)	Student Enrollment in Kindergartens	(10000 persons)	72.38
学龄儿童入学率	(%)	Percentage of School-age Children Enrolled	(%)	99.54
专任教师数	(万人)	Full-time Teachers	(10000 persons)	
普通高等学校		Regular Institutions of Higher Education		3.24
中等职业学校		Secondary Vocational School		2.34
普通中学		Regular Secondary Schools		19.70
#高 中		Senior Secondary Schools		5.11
小 学		Primary Schools		25.95
在校学生数	(万人	Student Enrollment	(10000 persons)	
普通高等学校		Regular Institutions of Higher Education		58.91
中等职业学校		Secondary Vocational School		73.33
普通中学		Regular Secondary Schools		460.86
#高 中		Senior Secondary Schools		116.90
小 学		Primary Schools		584.11

注：2021年中等职业学校各项指标含成人中专，口径略大（下同）。

Aggregate Date				速度指标 (%) Indices and Growth Rates						
2010	2015	2020	2021	指 数 (2021年为以下各年) Index (2021 as Percentage of the Following Years)				平均增长速度 Average Annual Growth Rate		
				2005	2010	2015	2020	2006—2010	2011—2015	2016—2021
5139.0	11184.9	18333.7	21471.2	1062.6	417.8	192.0	117.1	20.5	16.8	11.5
4653.0	8389.5	13676.3	17665.1	1167.5	379.6	210.6	129.2	25.2	12.5	13.2
5144.1	9454.9	15693.4	19727.8	1221.2	383.5	208.7	125.7	26.1	12.9	13.0
397.5	757.1	1054.0	973.7	838.0	245.0	128.6	92.4	27.9	13.8	4.3
2427677	4880808	7859430	10700787	1173.4	440.8	219.2	136.2	21.6	15.0	14.0
1186388	1569384	3301562	4363312	1110.4	367.8	278.0	132.2	24.7	5.8	18.6
1241288	3311424	4557868	6337476	1221.0	510.6	191.4	139.0	19.1	21.7	11.4
198.4	444.6	69.3	11.5	18.2	5.8	2.6	16.6	25.7	17.5	-45.6
117.4	259.2	44.0	6.1	14.8	5.2	2.3	13.8	23.4	17.2	-46.5
82025	226287	27466	4532	24.4	5.5	2.0	16.5	34.6	22.5	-47.9
453	441	262	242	64.9	53.4	54.9	92.4	4.0	-0.5	-9.5
16366.1	34482.9	59897.8	66271.9	1105.7	404.9	192.2	110.6	22.2	16.1	11.5
11452.3	25489.1	51520.5	58151.0	1348.1	507.8	228.1	112.9	21.6	17.4	14.7
438.2	698.9	1403.5	1379.7	1035.8	314.8	197.4	98.3	26.9	9.8	12.0
104.6	276.9	477.4	519.3	1708.1	496.3	187.5	108.8	28.0	21.5	11.0
4018	6988	10876	11478	422.8	285.7	164.3	105.5	8.2	11.7	8.6
100.82	185.65	216.81	214.06	295.7	212.3	115.3	98.7	6.9	13.0	2.4
4.93	5.81	6.56	7.02	216.7	142.4	120.8	107.0	8.8	3.3	3.2
2.17	2.72	2.76	3.12	133.3	143.8	114.7	113.0	-1.5	4.6	2.3
23.01	22.72	24.76	25.65	130.2	111.5	112.9	103.6	3.2	-0.2	2.0
6.69	7.63	8.21	8.63	168.9	129.0	113.1	105.1	5.5	2.7	2.1
24.57	23.83	26.04	26.90	103.7	109.5	112.9	103.3	-1.1	-0.6	2.0
93.90	113.07	136.85	150.50	255.5	160.3	133.1	110.0	9.8	3.8	4.9
77.61	58.43	56.36	75.21	102.6	96.9	128.7	133.4	1.1	-5.5	4.3
406.58	303.63	337.31	346.21	75.1	85.2	114.0	102.6	-2.5	-5.7	2.2
127.60	113.55	113.36	116.34	99.5	91.2	102.5	102.6	1.8	-2.3	0.4
460.44	422.50	468.24	468.73	80.2	101.8	110.9	100.1	-4.6	-1.7	1.7

a) Indicators of secondary vocational schools in 2021 include adult technical secondary schools, with a slightly larger caliber (the same below).

1—6 续表4 continued

指 标		Item		总量指标 2005
在校学生毕业生数	（万人）	Graduates of Student Enrollment	(10000 persons)	
普通高等学校		Regular Institutions of Higher Education		11.70
中等职业学校		Secondary Vocational School		18.29
普通中学		Regular Secondary Schools		142.61
#高 中		Senior Secondary Schools		30.10
小 学		Primary Schools		116.25
预算内教育经费支出	（亿元）	Government Expenditures on Education	(100 million yuan)	117.40
科 技		**Science and Technology**		
研究与试验发展人员	（万人）	Research and Experimental Developers	(10000 persons)	
研究与试验发展经费支出	（亿元）	Expenditures on Research and Development	(100 million yuan)	45.61
技术市场成交额	（万元）	Volume of Transaction in Technical Markets	(10000 yuan)	142553
文 化		**Culture**		
出版数量		Number of Published		
图 书	（万册）	Number of Books Published	(10000 copies)	25220
杂 志	（万册）	Number of Magazines Issued	(10000 copies)	5804
报 纸	（万份）	Number of Newspapers Issued	(10000 copies)	98134
公共图书馆	（个）	Number of Public Libraries	(unit)	88
公共图书馆藏书量	（万册）	Total Collections of Public Libraries	(10000 volumes)	847.4
电视节目制作时间	（小时）	Production Hours of TV Programs	(hours)	58725
广播覆盖率	(%)	Broadcast Covering Rate	(%)	95.60
电视覆盖率	(%)	TV Covering Rate	(%)	95.00
家庭、生活、环境		**Family, People's Livelihood and Environment**		
婚 姻	**（万对）**	**Marriages and Divorces**	**(10000 couple)**	
结婚数		Number of Marriages		43.94
离婚数		Number of Divorces		5.75
居 住	**（平方米）**	**Housing**	**(sq.m)**	
城镇居民人均居住面积		Per Capita Gross Floor Space of Urban Residents		19.90
农村居民人均居住面积		Per Capita Net Floor Space of Rural Residents		27.00
生 活		**People's Livelihood**		
城镇居民人均可支配收入	（元）	Per Capita Annual Disposable Income of Urban Households	(yuan)	
城镇居民人均消费性支出	（元）	Per Capita Annual Living Expenditures of Urban Residents	(yuan)	
#食品支出		Food		
农村居民人均可支配收入	（元）	Rural Residents per Capita Disposable Income	(yuan)	
农村居民人均生活费支出	（元）	Per Capita Annual Living Expenditures of Rural Residents	(yuan)	
#食品支出		Food		
工资、居民生活和保障		**Wages, Residents' Livelihood and Security**		
城镇非私营单位就业人员工资总额	（亿元）	Total Wages of Employed Persons of Urban Non-private Owned Units	(100 million yuan)	484.13
国有单位		State-owned Units		307.16
城镇集体单位		Urban Collective Unit		27.69
其他单位		Units of Other Types of Ownership		149.28
城镇非私营单位就业人员平均工资	（元）	Average Wage of Employed Persons of Urban Non-private Owned Units	(yuan)	15334
城镇居民最低生活保障人数	（人）	Number of Subsistence Allowances for Urban Residents	(person)	977182
农村居民最低生活保障人数	（人）	Number of Subsistence Allowances for Rural Residents	(person)	251183

Aggregate Date				速度指标 (%) Indices and Growth Rates						
2010	2015	2020	2021	指 数 (2021年为以下各年) Index (2021 as Percentage of the Following Years)				平均增长速度 Average Annual Growth Rate		
				2005	2010	2015	2020	2006—2010	2011—2015	2016—2021
23.22	29.25	32.68	32.70	279.5	140.8	111.8	100.1	14.7	4.7	1.9
27.37	22.03	16.47	26.31	143.8	96.1	119.4	159.7	8.4	-4.2	3.0
136.57	107.39	105.88	106.09	74.4	77.7	98.8	100.2	-0.9	-4.7	-0.2
44.38	43.30	35.13	35.99	119.6	81.1	83.1	102.4	8.1	-0.5	-3.0
87.41	64.32	74.01	75.72	65.1	86.6	117.7	102.3	-5.5	-6.0	2.8
436.06	951.43	1257.11	1315.42	1120.5	301.7	138.3	104.6	30.0	16.9	5.5
	20.48	27.88	35.02			171.0	125.6	21.5	8.8	9.4
163.72	431.75	883.18	1006.12	2205.9	614.5	233.0	113.9	29.1	21.4	15.1
461470	1905334	7424387	17528394	12296.1	3798.4	920.0	236.1	26.5	32.8	44.8
23891	27329	31793	32294	128.0	135.2	118.2	101.6	-1.1	2.7	2.8
5842	5251	3485	3443	59.3	58.9	65.6	98.8	0.1	-2.1	-6.8
116988	104830	56092	54808	55.9	46.8	52.3	97.7	3.6	-2.2	-10.2
88	122	131	133	151.1	151.1	109.0	101.5	平	6.8	1.4
1235.8	1942.4	3545.8	3770.0	444.9	305.1	194.1	106.3	7.8	9.5	11.7
82427	77470	76041	78637	133.9	95.4	101.5	103.4	7.0	-1.2	0.2
97.31	98.77	99.93	99.94							
97.50	98.93	99.90	99.92							
65.09	73.80	47.13	42.02	95.6	64.6	56.9	89.2	8.2	2.5	-9.0
10.96	18.12	23.77	15.00	260.9	136.9	82.8	63.1	13.8	10.6	-3.1
31.55	34.71	42.09	42.31	212.6	134.1	121.9	100.5	9.7	1.9	3.4
32.05	46.76	54.55	54.68	202.5	170.6	116.9	100.2	3.5	7.8	2.6
	26936	39442	43009			159.7	109.0			8.1
	17234	22683	26495			153.7	116.8			7.4
	5802	7401	8469			146.0	114.4			6.5
	10821	16620	18372			169.8	110.5			9.2
	8975	15024	17163			191.2	114.2			11.4
	3212	5146	5769			179.6	112.1			10.3
1225.12	2823.84	4740.34	5224.58	1079.2	426.5	185.0	110.2	20.4	18.2	10.8
691.48	1135.30	1884.51	2077.06	676.2	300.4	183.0	110.2	17.6	10.4	10.6
42.56	69.69	57.76	59.50	214.9	139.8	85.4	103.0	9.0	10.4	-2.6
491.07	1618.86	2798.07	3088.02	2068.6	628.8	190.8	110.4	26.9	26.9	11.4
33341	55139	85854	93861	612.1	281.5	170.2	109.3	16.8	10.6	9.3
883944	646672	344316	316695	32.4	35.8	49.0	92.0	-2.0	-6.1	-11.2
2146238	1963293	1836832	1769270	704.4	82.4	90.1	96.3	53.6	-1.8	-1.7

1—6 续表5 continued

指　　标		Item		总量指标 2005
卫　生		**Health Care**		
卫生机构数	（个）	Number of Health Institutions	(unit)	32044
医院、卫生院		Hospitals		2663
疾病防治中心		Disease Prevention and Controlling		132
妇幼保健站		Maternity and Child Care Centers		117
卫生机构床位数	（张）	Number of Beds in Health Institutions	(unit)	127179
#医院、卫生院		Hospitals		119625
卫生机构人员数	（人）	Number of Persons Engaged in Health Institutions	(person)	193973
专业卫生技术人员	（人）	Number of Technical Personnel in Hospitals	(person)	159788
#执业（助理）医师		Licensed (Assistant) Doctors		66102
注册护士		Registered Nurse		47329
市政建设		**City Construction**		
供水管道长度	（公里）	Length of Water Supply Pipelines	(km)	8745
供水总量	（万立方米）	Total Annual Volume of Water Supply	(10000 cu.m)	206386
#居民家庭用水		Household Water		49728
天然气供气量	（万立方米）	Supply of Natural Gas	(10000 cu.m)	11564
#家庭用量		Consumption of Coal Gas for Residential Use		5123
液化石油气供气量	（吨）	Liquefied Petroleum Gas	(ton)	613614
#家庭用量		Consumption of Liquefied Gas for Residential Use		195508
污水排放量	（万立方米）	Volume of Sewage Discharged	(10000 cu.m)	126761
污水处理厂处理量	（万立方米）	Sewage Treatment Plant Capacity	(10000 cu.m)	66347
排水管长度	（公里）	Length of Drainage	(km)	7606
生活垃圾清运量	（万吨）	Volume of Garbage Swept Away	(10000 tons)	477.0
生活垃圾无公害处理量	（万吨）	Volume of Garbage Treated	(10000 tons)	83.9
公共汽（电）车总数	（辆）	Total Number of Public Buses and Trolley Buses	(unit)	8450
出租汽车数	（辆）	Number of Taxis	(unit)	34287
铺装道路长度	（公里）	Length of Paved Roads	(km)	7985
公园面积	（公顷）	Area of Parks	(hectare)	3970
园林绿地面积	（公顷）	Area of Urban Green Areas	(hectare)	41896
建成区绿化覆盖率	（%）	Afforestation Covering Rate in the Constructed Area	(%)	27.5
环境、灾害		**Environment and Disaster**		
化学需氧量排放量	（万吨）	Amount of CoD Discharged	(10000 tons)	44.4
二氧化硫排放量	（万吨）	Volume of Sulphur Dioxide Emission	(10000 tons)	67.2
突发环境事件次数	（次）	Number of Environmental Accidents	(time)	28
环境污染直接经济损失	（万元）	Losses Converted Into Cash	(10000 yuan)	275.4
交通事故发生数	（起）	Number of Traffic Accidents	(cases)	17474
交通受伤人数	（人）	Number of Injured in Traffic Accidents	(person)	19771
交通死亡人数	（人）	Number of Death in Traffic Accidents	(person)	4355
交通事故损失金额	（万元）	Loss of Traffic Accidents	(10000 yuan)	6118.0

注：生态环境部根据二污普数据对2016—2019年环境指标进行了动态更新，前期数据未做调整。

a) Ministry of Ecology and Environment dynamically updated the environmental indicators from 2016 to 2019 based on the general pollution data, and did not adjust the previous data.

Aggregate Date				速度指标　(%)　Indices and Growth Rates						
				指　数　(2021年为以下各年) Index (2021 as Percentage of the Following Years)				平均增长速度 Average Annual Growth Rate		
2010	2015	2020	2021	2005	2010	2015	2020	2006—2010	2011—2015	2016—2021
23019	24853	29391	29554	92.2	128.4	118.9	100.6	-6.4	1.5	2.9
2167	2400	2744	2685	100.8	123.9	111.9	97.8	-4.0	2.1	1.9
124	121	121	122	92.4	98.4	100.8	100.8	-1.2	-0.5	0.1
119	121	123	126	107.7	105.9	104.1	102.4	0.3	0.3	0.7
186116	267405	407679	411023	323.2	220.8	153.7	100.8	7.9	7.5	7.4
171389	253716	387743	389444	325.6	227.2	153.5	100.4	7.5	8.2	7.4
247493	377387	503226	519677	267.9	210.0	137.7	103.3	5.0	8.8	5.5
205403	280768	412247	435334	272.4	211.9	155.1	125.6	5.2	6.5	7.6
81097	107792	164325	172670	261.2	212.9	160.2	125.1	4.2	5.9	8.2
76550	119303	188253	200980	424.6	262.5	168.5	106.8	10.1	9.3	9.1
14730	23842	36257	34120	390.2	231.6	143.1	94.1	11.0	10.1	6.2
160816	174263	238126	255083	123.6	158.6	146.4	107.1	-4.9	1.6	6.6
50889	68319	99121	101662	204.4	199.8	148.8	102.6	0.5	6.1	6.8
112190	234585	414417	451842	3907.3	402.7	192.6	109.0	57.5	15.9	11.5
25154	71773	128570	134921	2633.6	536.4	188.0	104.9	37.5	23.3	11.1
615770	736312	157719	160115	26.1	26.0	21.7	101.5	0.1	3.6	-22.5
166335	104259	87248	82192	42.0	49.4	78.8	94.2	-3.2	-8.9	-3.9
124449	150642	208669	228288	180.1	183.4	151.5	109.4	-0.4	3.9	7.2
89086	138293	199819	219407	330.7	246.3	158.7	109.8	6.1	9.2	8.0
13136	24399	35393	36505	480.0	277.9	149.6	103.1	11.5	13.2	6.9
435.3	491.9	660.7	714.9	149.9	164.3	145.3	108.2	-1.8	2.5	6.4
281.0	489.7	660.7	714.9	852.1	254.4	146.0	108.2	27.3	11.8	6.5
11875	18622	28331	28301	334.9	238.3	152.0	99.9	7.0	9.4	7.2
50068	55217	54136	55298	161.3	110.4	100.1	102.1	7.9	2.0	平
10157	13375	17750	19433	243.4	191.3	145.3	109.5	4.9	5.7	6.4
8685	12043	18795	20547	517.6	236.6	170.6	109.3	16.9	6.8	9.3
71463	93786	119533	127602	304.6	178.6	136.1	106.8	11.3	5.6	5.3
37.5	41.2	42.0	44.1	160.3	117.5	107.1	104.9			
41.1	87.1	118.6						-1.5	16.2	
53.3	48.0	10.9						-4.5	-2.1	
30	8	10	2	7.1	6.7	25.0	20.0	1.4	-23.2	-20.6
231.6	75.3	695.7	512.6	186.1	221.3	680.7	73.7	-3.4	-20.1	37.7
7714	13736	10706	10284	58.9	133.3	74.9	96.1	-15.1	12.2	-4.7
9364	15342	12252	11278	57.0	120.4	73.5	92.1	-13.9	10.4	-5.0
2808	2595	2373	2231	51.2	79.5	86.0	94.0	-8.4	-1.6	-2.5
2349.6	6122.5	5526.8	5168.8	84.5	220.0	84.4	93.5	-17.4	21.1	-2.8

1—7 国民经济和社会发展结构指标

Structural Indicators on National Economic and Social Development

单位：%

指　标	Item	2005	2010	2015	2020	2021
人口与就业	**Population and Employment**					
人　口	**Population**					
城乡结构	Urban and Rural Structure					
城　镇	Urban	35.5	43.2	51.0	58.3	59.4
乡　村	Rural	64.5	56.8	49.0	41.7	40.6
性别结构	Sexual Structure					
男	Male	52.0	51.9	50.8		
女	Female	48.0	48.1	49.2		
就　业	**Employment**					
产业结构	Industrial Structure					
第一产业	Primary Industry	48.6	39.1	32.1	25.1	24.2
第二产业	Secondary Industry	21.4	25.1	28.4	31.5	31.9
第三产业	Tertiary Industry	30.0	35.8	39.5	43.4	43.9
宏观经济	**Macro Economy**					
国民核算	**National Accounting**					
生产总值产业结构	Structure of Total Investment in Fixed Assets					
第一产业	Primary Industry	17.0	12.1	10.0	8.2	7.8
第二产业	Secondary Industry	38.7	48.3	45.5	40.5	41.0
第三产业	Tertiary Industry	44.3	39.6	44.5	51.3	51.2
投　资	**Investment**					
固定资产投资产业结构	Structure of Total Investment in Fixed Assets					
第一产业	Primary Industry	3.0	1.9	3.2	1.5	1.9
第二产业	Secondary Industry	39.5	47.4	44.6	30.1	31.3
第三产业	Tertiary Industry	57.5	50.7	52.2	68.3	66.8
资金来源结构	Structure of Funded Sources					
国家预算内资金	State Budgetary Appropriation	4.6	7.3	5.1	5.4	6.4
国内贷款	Domestic Loans	17.4	9.4	5.2	9.0	7.1
利用外资	Foreign Investment	1.8	0.9	0.3	0.2	0.2
自筹和其他投资	Fundraising	76.2	82.4	89.5	85.4	86.3
财　政	**Government Finance**					
一般公共预算收入结构	Revenue Structure of the General Public Budget					
税收收入	Tax Revenue	73.2	75.4	73.3	68.4	68.3
非税收入	Non-tax Revenue	26.8	24.6	26.7	31.6	31.7
能源生产与消费	**Energy Production and Consumption**					
能源生产总量结构	Composition of Total Energy Production					
原　煤	Coal	99.8	98.4	96.0	85.8	83.3
一次电力	Primary Power	0.2	1.2	2.2	8.7	10.8
能源消费总量结构	Composition of Total Energy Consumption					
煤　品	Coal	88.6	86.2	77.1	69.8	67.7
油　品	Petroleum	10.5	10.3	16.0	15.4	15.7
天然气	Natural Gas	0.2	1.8	3.8	5.1	4.8
非化石能源	Non-fossil Energy	0.7	1.7	3.2	9.7	11.8

注：2020年起就业结构为常住口径，往年均为户籍口径（下同）。

a) Since 2020, the employment structure is of permanent residence caliber, and in previous years, it is of household registration caliber (the same below).

1—7　续表1　continued

单位：%

指　标	Item	2005	2010	2015	2020	2021
产　业	**Industrial**					
农　业	**Agriculture**					
农林牧渔业产值结构	Structure of Gross Output Value					
农　业	Farming	49.1	52.5	49.7	44.5	46.7
林　业	Forestry	4.7	4.8	6.9	6.8	6.9
牧　业	Animal Husbandry	33.2	29.5	28.9	33.4	30.2
渔　业	Fishery	9.9	9.5	10.3	9.6	10.4
工　业	**Industry**					
工业总产值规模结构	Structure of Gross Output Value of Industry					
大型企业	Large Enterprises	41.2	34.3	31.6	34.4	38.3
中型企业	Medium-sized Enterprises	32.2	25.9	19.7	18.9	19.1
小微型企业	Small and Mini Enterprises	26.6	39.9	48.8	46.7	42.6
建筑业	**Construction**					
建筑业总产值结构	Structure of Gross Output Value of Construction Enterprises					
建筑工程	Construction Projects	85.1	87.5	85.7	85.0	84.8
安装工程	Installation Projects	10.8	8.6	7.6	7.2	7.4
其　他	Others	4.1	3.9	6.6	7.7	7.7
运输业	**Transportation**					
货运量结构	Structure of Freight Traffic					
铁　路	Railways	15.5	5.3	2.9	2.0	1.9
公　路	Highways	73.9	80.5	66.7	65.1	64.6
水　运	Waterways	10.6	14.2	30.4	32.9	33.5
民　航	Total Civil Aviation Routes	0.004	0.001	0.001	0.0004	0.0004
国内商业	**Domestic Trade**					
社会消费品零售总额构成	Composition of Retail Sales of Consumer Goods					
城　镇	Urban				82.4	82.5
乡　村	Rural				17.6	17.5
对外经济贸易	**Foreign Trade**					
出口商品结构	Structure of Exports					
初级产品	Primary Goods	7.1	6.3	5.5	3.2	2.8
工业制成品	Manufactured Goods	92.9	93.7	94.5	96.8	97.2
进口商品结构	Structure of Imports					
初级产品	Primary Goods	53.0	53.1	50.8	46.9	48.5
工业制成品	Manufactured Goods	47.0	46.9	49.2	53.1	51.5
国际旅游	**International Tourism**					
来华旅游人数结构	Structure of Tourists					
外国人	Foreigners	64.9	59.2	58.3	63.5	52.9
港澳台同胞	Compatriots form Hong Kong, Macao and Taiwan	35.1	40.8	41.7	36.5	47.1
金融保险业	**Finance and Insurance**					
金融机构资金来源结构	Structure of Sources of Funds in State Banks					
#各项存款	Deposits	96.3	103.4	98.0	92.4	92.8
其　他	Others	3.7	-3.4	2.0	7.6	7.2
金融机构资金运用结构	Structure of Fund Uses in State Banks					
#各项贷款	Loans	69.3	72.4	72.5	79.5	81.5
教育、科技、文化	**Education, Science and Culture**					
教　育	**Education**					
在校学生结构	Structure of Student Enrollment					
大学生	College and University Students	4.7	8.2	10.4	11.2	12.0
中学生	Secondary School Students	41.2	39.9	30.8	28.2	33.5
小学生	Primary School Students	46.7	40.4	38.9	38.4	37.2

1—7 续表2 continued

单位：%

指 标	Item	2005	2010	2015	2020	2021
专任教师结构	Full-time Teachers by Type					
大 学	College and University Students	6.1	8.5	9.4	9.2	9.2
中 学	Secondary School Students	40.4	42.3	39.3	34.8	37.9
小 学	Primary School Students	49.0	42.5	38.5	36.3	35.4
科 技	**Science and Technology**					
研究与试验发展经费筹集款结构	Research and Experimental Development Funding Structure					
#政府资金	Government Fund	31.7	22.0	20.0	15.3	14.6
企业资金	Enterprise Fund	60.1	72.6	76.7	81.5	82.9
研究与试验发展经费支出	Research and Development Expenses					
#基础研究	Basic Research	9.0	7.5	5.6	6.9	7.4
应用研究	Applied research	20.1	9.6	7.8	8.9	8.4
试验发展	Experimental development	61.4	83.0	86.6	84.2	84.2
生活、环境	**People's Livelihood and Environment**					
生 活	**People's Livelihood**					
城镇居民消费结构	Consumption Structure of Urban Residents					
食 品 类	Food	43.7	38.0	33.7	32.6	32.0
衣 着 类	Clothing	12.0	10.6	8.1	6.8	6.8
居 住	Residence	9.3	10.7	20.1	23.6	22.0
生活用品及服务	Household Facilities, Articles and Services	4.6	5.9	5.4	6.0	6.3
医疗保健	Health Care and medical Services	6.3	6.4	6.2	7.2	7.1
交通通信	Transport and Communications	10.6	11.8	13.1	11.8	11.5
教育文化娱乐服务	Education, Cultural and Recreation Services	10.5	12.9	11.1	10.1	12.0
其他商品及服务	Other Goods and Services	3.1	3.8	2.3	1.9	2.4
农村居民消费结构	Consumption Structure of Rural Residents					
食 品 类	Food	45.5	40.7	35.8	34.3	33.6
衣 着 类	Clothing	5.4	5.8	5.6	5.8	6.1
居 住	Residence	15.7	21.6	21.2	22.6	20.2
生活用品及服务	Household Facilities, Articles and Services	4.8	5.8	5.6	5.7	5.8
交通通信	Transport and Communications	9.0	8.5	11.8	11.1	11.1
教育文化娱乐服务	Education, Cultural and Recreation Services	11.7	9.1	9.3	9.5	11.5
医疗保健	Health Care and medical Services	6.1	6.6	9.0	9.7	9.7
其他商品及服务	Other Goods and Services	1.8	2.0	1.8	1.5	1.9
卫 生	**Health Care**					
卫生技术人员结构	Composition of medical Technical personnel					
#执业（助理）医师	Licensed (Assistant) Doctors	41.4	39.5	38.4	39.9	39.7
注册护士	Registered Nurses	29.6	37.3	42.5	45.7	46.2
医院床位结构	Hospital Beds by Area					
综合医院	Comprehensive Hospitals			71.2	66.8	65.5
中医医院	Hospitals of Traditional Chinese Medicine			13.5	14.5	14.5
专科医院	Specialized Hospitals			14.3	15.9	17.1
环境、灾害	**Environment and Disasters**					
自然灾害直接经济损失	Direct Economic Losses From Natural Disasters					
洪涝灾	Floods		74.8	61.9	99.6	46.4

1—8　国民经济和社会发展比例和效益指标
Indicators on Proportions and Efficiency in National Economic and Social Development

指　　标	Item	2005	2010	2015	2020	2021
人　　口	**Population**					
出生率 (‰)	Birth Rate (‰)	12.43	12.70	12.92	9.45	8.05
死亡率 (‰)	Death Rate (‰)	6.23	5.95	5.94	7.96	8.00
自然增长率 (‰)	Natural Growth Rate (‰)	6.20	6.75	6.98	1.49	0.05
就　　业	**Employment**					
三次产业从业者比例（以第一产业为100）	Employment Ratio by Type of Industry (Employment in primary industry=100)					
第一产业	Primary Industry	100.0	100.0	100.0	100.0	100.0
第二产业	Secondary Industry	44.0	64.2	88.2	125.2	131.7
第三产业	Tertiary Industry	61.8	91.6	122.7	172.8	181.0
城镇登记失业率 (%)	Registered Unemployment Rate in Urban Areas	4.4	3.7	3.1	2.8	2.5
国民核算	**National Accounting**					
全社会劳动生产率 (元/人)	Overall Labor Productivity (yuan/person)	15604	32968	55081	118907	133042
第一产业	Primary Industry	5345	10163	16902		42166
第二产业	Secondary Industry	28951	63563	1127		172172
第三产业	Tertiary Industry	23471	36534	62481		156035
人均生产总值 (元)	Per Capita GDP (yuan)	9193	21923	39692	63426	70321
固定资产投资	**Investment in Fixed Assets**					
房地产开发企业房屋建筑面积竣工率 (%)	Real Estate Development Enterprise Housing Construction Area Completion Rate (%)	34.2	17.2	16.2	11.3	15.0
财　　政	**Finance**					
一般公共预算收入相当于生产总值比例 (%)	Proportion of General Public Budget Revenue to GDP (%)	5.9	8.7	10.3	8.4	8.1
一般公共预算支出相当于生产总值比例 (%)	Proportion of General Public Budget Expenditure to GDP (%)	12.6	19.5	22.0	19.6	17.7
利用外资	**Utilization of Foreign Capital**					
实际利用外资额相当于签订利用外资额比例 (%)	Proportion of Foreign Capital Actually Used to Total Amount of Foreign Capital for Utilization by Signed Contracts or Agreements (%)	44.3	231.7	345.8	353.9	280.4
能源生产与消费	**Production and Consumption of Energy**					
电力生产弹性系数	Elasticity Ratio of Electricity Production	0.51	0.69	0.16		1.18
能源消费弹性系数	Elasticity Ratio of Energy Consumption	0.76	0.62	0.31	1.55	0.53
电力消费弹性系数	Elasticity Ratio of Electricity Consumption	1.16	0.90	0.40	1.43	1.43
每万元生产总值消耗的能源 (吨标准煤)	Energy Consumption per 10000 yuan GDP (ton of SCE)	1.22	0.97	0.56	0.43	0.37

注：2020年起就业比例、全社会劳动生产率为常住口径，往年均为户籍口径。

a) Since 2020, the employment ratio and labor productivity of the whole society have been registered as permanent residents. In previous years, they have been registered as permanent residents.

1—8 续表1 continued

指 标	Item	2005	2010	2015	2020	2021
农 业	**Agriculture**					
每公顷播种面积农产品产量（公斤）	Output of Farm Crops per Hectare of Sown Area (kg)					
粮 食	Grain	4351	4617	5600	5514	5592
棉 花	Cotton	816	918	881	801	846
油 料	Oil-bearing Crops	2077	2546	2982	3116	3083
工 业	**Industry**					
总资产贡献率 （%）	Ratio of Total Assets to Industrial Output Value (%)	38.90	16.22	12.25	9.63	9.86
资产负债率 （%）	Assets-liability Ratio (%)	61.63	60.05	57.49	55.59	56.06
成本费用利润率 （%）	Ratio of Profits to Industrial Cost (%)	5.14	8.63	5.41	6.79	6.78
流动资产周转次数 （次/年）	Number of Times of Annual of Turnover Circulating Funds (times/year)	2.25	2.63	2.83	1.69	1.70
产品销售率 （%）	Proportion of products Sold (%)	98.24	97.57	97.3	97.70	97.90
建 筑 业	**Construction**					
产值利润率 （%）	Ratio of Profit to Gross Output Value (%)	1.93	3.4	3.3	2.7	2.5
劳动生产率 （元/人）	Overall Labor Productivity (yuan/person)	95803	177486	340696	457314	531755
交通运输业	**Transportation**					
铁路网密度 （公里/万平方公里）	Railway Density (km/10000 sq.km)	168	203	298	368	376
公路网密度 （公里/万平方公里）	Highway Density (km/10000 sq.km)	5223	10716	13410	16680	16946
铁路货运密度 （吨/公里）	Railway Freight Traffic Density (ton/km)	44139	42424	24367	14631	14472
公路货运密度 （吨/公里）	Highway Freight Traffic Density (ton/km)	6814	12295	12338	10298	10911
邮电通信业	**Postal and Telecommunications Services**					
全省电话普及率（按年末常住人口计算）（部/百人）	Access to Telephones, National (set/100 persons)	39.16	67.65	82.72	107.86	110.15
#移动电话普及率	Access to Mobile Phones	17.11	46.98	70.41	98.70	101.30
对外经济贸易	**Foreign Trade**					
进出口总额相当于生产总值比例 （%）	Proportion of Total Imports & Exports to GDP (%)	13.9	13.3	13.8	14.2	16.1
国际旅游	**International Tourism**					
每一来华游客花费 （美元）	Expenditure per International Tourist in China(USD)	293	413	509	397	394
国内旅游人均花费 （元）	Expenditure per Domestic Tourist (yuan)	662	838	896	897	961

1—8 续表2 continued

指　　标	Item	2005	2010	2015	2020	2021
金融保险	**Finance and Insurance**					
金融机构存款相当于生产总值比例 (%)	Bank Deposits as Percentage of GDP (%)	105.60	123.52	144.70	157.37	154.27
金融机构贷款相当于生产总值比例 (%)	Bank Loans as Percentage of GDP (%)	76.00	86.43	106.96	135.36	135.36
教　育	**Education**					
学校教师负担系数 (%)	Student-teacher Ratio (in percentage) (%)					
高等学校	Colleges and Universities	18.16	19.05	19.46	20.86	21.44
中等学校	Secondary Schools	24.24	19.23	14.23	14.30	14.65
小学学校	Primary Schools	22.51	18.74	17.73	17.98	17.42
科　技	**Science and Technology**					
研究与发展经费支出相当于生产总值比例 (%)	Expenditure on Research and Development is Equivalent to the Proportion of GDP (%)	0.85	1.32	1.96	2.28	2.34
卫　生	**Health Care**					
每万人执业(助理)医师数 (人)	Number of Doctors per 10000 Persons (person)	10.19	11.91	15.51	23.06	24.22
每万人医院床位数 (张)	Number of Hospital Beds per 10000 Persons (unit)	12.60	17.90	29.17	44.68	44.66
医院病床使用率 (%)	Utilization Rate of Hospital Beds (%)	68.6	85.9	85.0	72.2	71.2
文　化	**Culture**					
每百万人有艺术表演团体 (个)	Number of Troupes per Million Persons (unit)	1.42	0.81	23.24	32.75	40.26
每百万人有公共图书馆 (个)	Number of Public Libraries per Million Persons (unit)	1.36	1.29	1.76	1.84	1.87
每百万人有博物馆 (个)	Number of Museums per Million Persons (unit)	0.66	1.76	2.46	3.23	3.13
家　庭	**Family**					
负担少儿系数 (%)	Dependency Ratio of Children (%)	34.51	24.68	25.99	29.27	28.30
负担老年系数 (%)	Dependency Ratio of the Aged (%)	15.08	14.21	16.74	22.83	23.43
婚　姻	**Marriages and Divorces**					
离 婚 率 (‰)	Divorce Rate (‰)	1.77	3.22	5.22	6.67	4.21
生　活	**People's Livelihood**					
城镇与农村居民收入增长率比例（实际扣除价格因素）	Proportion of Growth Rate of Annual Income of Urban Residents to the Growth Rate of Annual Net Income of Rural Residents			0.91	0.98	0.98
市政建设	**City Construction**					
城市用水普及率 (%)	Urban Water Penetration Rate (%)	90.52	96.06	98.79	99.60	99.81
城市燃气普及率 (%)	Urban Gas Penetration Rate (%)	72.29	90.52	97.55	99.24	99.48
人均公园绿地面积 (平方米)	Public Green Areas per Person (sq.m)		10.95	13.37	14.88	14.49

1—9 社会经济主要指标人均水平
Major Per Capita Indicators of Social and Economy

项目		Item		2015	2020	2021
地区生产总值	**（元）**	**Gross Domestic Product**	**(yuan)**	**39692**	**62411**	**70321**
农林牧渔业总产值	**（元）**	**Gross Output Value of Farming, Forestry, Animal Husbandry and Fishery**	**(yuan)**	**6025**	**7972**	**8422**
主要产品产量		**Output of Major Products**				
原　　煤	（吨）	Coal	(ton)	1.9	1.6	1.6
焦　　炭	（吨）	Coke	(ton)	0.1	0.2	0.2
发 电 量	（千瓦小时）	Electricity	(kwh)	2930.1	3763.7	4084.4
钢　　材	（公斤）	Steel Products	(kg)	480.3	506.2	535.9
水　　泥	（公斤）	Cement	(kg)	1884.8	1989.4	2103.0
布	（米）	Cloth	(m)	20.4	11.2	10.7
粮　　食	（公斤）	Grain	(kg)	587.3	564.0	573.4
棉　　花	（公斤）	Cotton	(kg)	2.1	0.6	0.4
油　　料	（公斤）	Oil-bearing Crops	(kg)	24.7	22.8	23.4
肉　　类	（公斤）	Meat	(kg)	59.8	55.4	64.0
社会消费品零售额	**（元）**	**Total Retail Sales of Consumer Goods**	**(yuan)**	**16110.8**	**25727.9**	**30118.1**
人民生活	**（元）**	**People's Livelihood**	**(yuan)**			
城镇非私营单位就业人员平均工资		Average Wage of Employed Persons and Related Index of Urban Non-private Owned Units		55139	85854	93861
国　　有		State-owned Units		60433	107953	116898
集　　体		Urban Collective-owned Units		47261	76836	85045
城镇常住居民可支配收入		Annual Disposable Income of Urban Residents		26936	39442	43009
城镇居民消费性支出		Living Expenditure of Urban Residents		17234	22683	26495
农村常住居民可支配收入		Farmers Disposable Income		10821	16620	18372
农民家庭生活消费支出		Living Expenditure of Rural Residents		8975	15024	17163

1—10　人民物质文化生活提高情况
Improvement of People's Material and Cultural Life

项　目	Item	2015	2020	2021
城乡居民收入　（元）	**Income of Rural and Urban Residents　(yuan)**			
城镇常住居民人均可支配收入	Annual Per Capita Disposable Income of Urban Residents	26936	39442	43009
农村常住居民人均可支配收入	Per Capita Disposable Income of Farmers	10821	16620	18372
城镇非私营单位就业人员平均工资	Average Wage of Employed Persons and Related Index of Urban Non-private Owned Units	55139	85854	93861
平均每人住房面积　（平方米）	**Per Capita Floor Space of Residential Buildir　(sq.m)**			
城镇居民建筑面积	Urban Residents	34.71	42.09	42.31
农村居民建筑面积	Rural Residents	46.76	54.55	54.68
生活、文化、教育、卫生	**Livelihood, Culture, Education and Public Health**			
每百户拥有（抽样）	Number of Durable Consumer Goods Owned Per 100 Households by Sample			
彩色电视机　（台）	TV (Color)　(unit)			
城镇居民	Urban Residents	129.63	138.60	132.73
农　民	Rural Residents	121.33	134.78	133.82
洗衣机　（台）	Washing Machine　(unit)			
城镇居民	Urban Residents	94.09	100.80	99.17
农　民	Rural Residents	73.58	90.70	93.47
移动电话　（部）	Mobile Telephone　(unit)			
城镇居民	Urban Residents	216.75	252.70	256.99
农　民	Rural Residents	205.34	272.72	278.86
每百人每天拥有报纸　（份）	Newspapers per 100 Persons per Day　(copy)	4.1	2.2	2.1
每人每年拥有期刊　（册）	Number of Magazines per Person per Year　(copy)	0.8	0.5	0.5
每万人口中在校大学生　（人）	Number of Enrollment Students of Regular Institutions of Higher Education per 10000 Persons　(person)	162.9	192.0	211.1
每千人口中医院床位数　（张）	Number of Hospital Bed per 1000 persons　(unit)	3.3	4.5	4.5
每千人口中卫生技术人员（人）	Number of Medical Technical Personnel Per 1000 Persons　(person)	4.6	6.8	7.1

1—11 平均每天主要社会经济活动
Selected Indicators on Average Daily Social and Economic Activities

指标	Item	2005	2010	2015	2020	2021
每天创造的财富	**Daily Production**					
安徽生产总值（万元）	Gross Domestic Product (10000 yuan)	155503	363008	652909	1042781	1176964
第一产业	Primary Industry	26479	43851	65097	87259	92071
第二产业	Secondary Industry	60203	175233	296941	416889	482553
工业	Industry	45605	135593	229056	307823	358402
建筑业	Construction	14598	39639	68363	109651	124913
第三产业	Tertiary Industry	68821	143924	290871	538633	602339
一般公共预算收入（万元）	General Public Budget Revenue (10000 yuan)	9151	31490	67241	88110	95841
粮食（吨）	Grain (ton)	71378	87882	111705	110116	111988
棉花（吨）	Cotton (ton)	852	706	404	112	80
油料（吨）	Oil-bearing Crops (ton)	7416	4825	4697	4451	4579
布（万米）	Cloth (10000 m)	154	298	387	218	210
原煤（万吨）	Coal (10000 tons)	23.11	35.70	36.7	30.4	30.9
发电量（亿千瓦时）	Electricity (100 million kwh)	1.77	3.96	5.57	7.35	7.98
钢（万吨）	Steel (10000 tons)	3.03	5.08	6.87	10.13	9.99
成品钢材（万吨）	Rolls Steel (final products) (10000 tons)	3.13	6.70	9.14	9.88	10.47
水泥（万吨）	Cement (10000 tons)	8.82	21.57	35.85	38.84	41.07
家用电冰箱（台）	Household Refrigerator (unit)	14532	56956	79129	66792	65244
家用洗衣机（台）	Household Washing Machines (unit)	12104	34712	47267	65216	71984
每天消费量	**Daily National Consumption**					
能源消费量（万吨标准煤）	Energy Consumption (10000 tons of SCE)	17.8	25.8	33.7	40.3	42.0
每天其他经济活动	**Other Daily Economic Activities**					
货物运输量（万吨）	Volume of Freight Traffic (10000 tons)	183.9	624.9	947.3	1025.5	1099.3
旅客运输量（万人）	Volume of Passenger Traffic (10000 persons)	199.6	437.3	238.6	89.2	75.8
邮电业务总量（万元）	Business Volume of Postal and Telecommunications Services (10000 yuan)	7781	8228	20275	155157	27060
出版图书（万册）	Books Published (10000 copies)	69.1	65.5	74.9	87.1	88.5
出版杂志（万册）	Publishing Magazines (10000 copies)	15.9	16.0	14.4	9.5	9.4
出版报纸（万份）	Newspaper Published (10000 copies)	268.9	320.5	287.2	153.7	150.2
社会消费品零售总额（万元）	Total Retail Sales of Consumer Goods (10000 yuan)	55361	140795	306436	502293	588252
进出口总额（万美元）	Total Value of Imports and exports (USD 10000)	2499	6651	13372	21533	29317
出口额	Exports	1422	3401	9072	12487	17363
进口额	Imports	1077	3250	4300	9045	11954
实际利用外资额（万美元）	Foreign Capital Actually Used (USD 10000)	188.6	1373.8	3731.4	5015.2	5286.9
国际旅游外汇收入(万美元)	Foreign Exchange Earnings from International Tourism (USD 10000)	50.8	224.7	620.0	75.2	12.4
每天人口变动和婚姻	**Daily Population Changes and Marriages**					
出生（人）	Births (person)	2079	2060	2158		
死亡（人）	Deaths (person)	1038	964	992		
结婚（对）	Marriages (couple)	1204	1783	2022	1291	1151
离婚（对）	Divorces (couple)	157	300	496	651	411

1—12　长三角国民经济和社会发展主要指标（2021年）

Main Indicators of National Economic and Social Development in Yangtze River Delta （2021）

指　标	Item	全国总计 National Total	上海市 Shanghai	江苏省 Jiangsu	浙江省 Zhejiang	安徽省 Anhui
总人口（年末）（万人）	Population at Year-end (10000 persons)	141260	2489	8505	6540	6113
国内(地区)生产总值（亿元）	Gross Domestic Product (100 million yuan)	1143670	43215	116364	73516	42959
第一产业	Primary Industry	83086	100	4722	2209	3361
第二产业	Secondary Industry	450904	11449	51775	31189	17613
第三产业	Tertiary Industry	609680	31666	59866	40118	21985
地方一般公共预算收入(亿元)	General Public Budget Revenue (100 million yuan)	111077	7772	10015	8263	3498
地方一般公共预算支出(亿元)	General Public Budget Expenditure (100 million yuan)	211272	8431	14586	11017	7592
社会消费品零售总额（亿元）	Total Retail Sales of Consumer Goods (100 million yuan)	440823	18079	42703	29211	21471
货物进出口总额（亿元）	Total Value of Imports and Exports (100 million yuan)	391009	40610	52131	41429	6920
出　口	Exports	217348	15719	32532	30121	4095
进　口	Imports	173661	24892	19598	11308	2825
主要农产品产量	Output of Major Farm Products					
粮　食（万吨）	Grain (10000 tons)	68284.7	94.0	3746.1	620.9	4087.6
棉　花（万吨）	Cotton (10000 tons)	573.1		0.8	0.6	2.9
油　料（万吨）	Oil-bearing Crops (10000 tons)	3613.2	0.5	97.8	31.7	167.1
主要工业产品产量	Output of Major Industrial Products					
原　煤（亿吨）	Coal (100 million tons)	41.3		0.1		1.1
天然气（亿立方米）	Natural Gas (100 million cu.m)	2075.8	17.2	0.9		2.3
水　泥（万吨）	Cement (10000 tons)	237810.8	444.0	15402.1	13638.0	14992.0
钢　材（万吨）	Rolled Steel (10000 tons)	133666.8	1941.4	15701.9	3451.8	3820.3
汽　车（万辆）	Motor Vehicles (10000 sets)	2652.8	283.3	77.6	99.4	150.3
发电量（亿千瓦小时）	Electricity (100 million kwh)	85342.5	1003.1	5968.9	4222.5	3083.4
铁路营业里程（公里）	Length of Railways in Operation (km)	150739		4221.9		5263
公路里程（万公里）	Length of Highways (10000 km)	528	1.3	15.8	12.4	23.7
#高速公路（公里）	Expressway (km)	169071	851	5023	5200	5146
客运量（万人）	Passenger Traffic (10000 persons)	830257	14035	66156	46355	27673
货运量（万吨）	Freight Traffic (10000 tons)	5298499	155212	307176	328041	401242
邮政行业业务总量（亿元）	Total Postal Business (100 million yuan)	13698.3	1691.9	972.7	2232.0	393.5
电信业务总量（亿元）	Total Telecom Service (100 million yuan)	16960.2	557.7	1297.5	1088.0	594.1
普通高等学校数（个）	Number of Regular Institutions of Higher Education (unit)	2756	64	168	109	121
本专科在校学生数（万人）	Graduates of Undergraduates and College Students (10000 persons)	3496.1	54.9	211.1		150.5
医院数（个）	Number of Hospitals (unit)	3700	432	2029	1486	1338
执业(助理)医师（万人）	Licensed (Assistant) Doctors (10000 persons)	428.7	8.3	27.2	23.2	17.3
医院床位数（万张）	Number of Beds of Medical Institutions (10000 beds)	741.2		42.9	32.7	31.8

1—13 中部6省国民经济和社会发展主要指标（2021年）
Main Indicators of National Economic and Social Development of 6 Middle Provinces (2021)

指 标	Item	山西省 Shanxi	江西省 Jiangxi	河南省 Henan	湖北省 Hubei	湖南省 Hunan	安徽省 Anhui
总人口（年末） （万人）	Population at Year-end (10000 persons)	3480	4517	9883	5830	6622	6113
国内(地区)生产总值 （亿元）	Gross Domestic Product (100 million yuan)	22590	29620	58887	50013	46063	42959
第一产业	Primary Industry	1287	2334	5621	4662	4323	3361
第二产业	Secondary Industry	11213	13183	24332	18953	18126	17613
第三产业	Tertiary Industry	10090	14102	28935	26398	23614	21985
地方一般公共预算收入(亿元)	General Public Budget Revenue (100 million yuan)	2835	2812	4347	3283	3251	3498
地方一般公共预算支出(亿元)	General Public Budget Expenditure (100 million yuan)	5048	6778	10420	7937	8365	7592
社会消费品零售总额 （亿元）	Total Retail Sales of Consumer Goods (100 million yuan)	7747	12207	24382	21561	18597	21471
货物进出口总额 （亿元）	Total Value of Imports and Exports(100 million yuan)	2230	4980	8208	5374	5989	6920
出 口	Exports	1366	3672	5024	3509	4213	4095
进 口	Imports	864	1309	3184	1865	1776	2825
主要农产品产量	Output of Major Farm Products						
粮 食 （万吨）	Grain (10000 tons)	1421.2	2192.3	6544.2	2764.3	3074.4	4087.6
棉 花 （万吨）	Cotton (10000 tons)	0.1	1.7	1.4	10.9	8.0	2.9
油 料 （万吨）	Oil-bearing Crops (10000 tons)	15.5	130.9	657.3	354.1	263.0	167.1
主要工业产品产量	Output of Major Industrial Products						
原 煤 （亿吨）	Coal (100 million tons)	12.0	0.2	0.9		0.1	1.1
天然气 （亿立方米）	Natural Gas (100 million cu.m)	123.4		2.9	1.3		2.3
水 泥 （万吨）	Cement (10000 tons)	5688.6	10403.8	11385.9	11872.8	10513.3	14992.0
钢 材 （万吨）	Rolled Steel (10000 tons)	6173.9	3480.9	4336.0	3852.1	2979.7	3820.3
汽 车 （万辆）	Motor Vehicles (10000 sets)	11.9	43.6	52.8	209.9	31.9	150.3
发电量 （亿千瓦小时）	Electricity (100 million kwh)	3926.2	1563.3	3039.1	3292.4	1741.9	3083.4
铁路营业里程 （公里）	Length of Railways in Operation (km)			6134		5909	5263
公路里程 （万公里）	Length of Highways (10000 km)	14.5	21.1	27.2	29.7	24.2	23.7
#高速公路 （公里）	Expressway (km)	5763	6309	7190	7378	7083	5146
客运量 （万人）	Passenger Traffic (10000 persons)	13267	25675	50717	33040	51811	27673
货运量 （万吨）	Freight Traffic (10000 tons)	217637	198702	255551	214762	225517	401242
邮政行业业务总量 （亿元）	Total Postal Business (100 million yuan)	130.8	210.7	545.2	366.6	295.8	393.5
电信业务总量 （亿元）	Total Telecom Service (100 million yuan)	373.7	416.1	986.1	515.4	629.0	594.1
普通高等学校数 （个）	Number of Regular Institutions of Higher Education (unit)	82				114	121
本专科在校学生数 （万人）	Graduates of Undergraduates and College Students (10000 persons)	89.2	134.9	268.6	170.0	159.6	150.5
医院数 （个）	Number of Hospitals (unit)			2392	1168	1716	1338
执业(助理)医师 （万人）	Licensed (Assistant) Doctors (10000 persons)		11.1	29.7	17.0	19.2	17.3
医院床位数 （万张）	Number of Beds of Medical Institutions (10000 beds)			53.4	31.6	39.0	31.8

1—14　黄山旅游区域主要经济指标（2021年）
Main Economic Indicators of Tourist Region of Mount Huang (2021)

指　　标	Item	黄山市市区 HuangShan Region Of City	歙　县 SheXian	休宁县 XiuNing	黟　县 YiXian	祁门县 QiMen
土地面积（平方公里）	Total Land Area (sq.km)	2357	2122	2126	857	2215
年末总人口（万人）	Population at the Year-end (10000 persons)	47.28	46.89	26.61	9.18	18.61
生产总值（万元）	Gross Domestic Product (10000 yuan)	4625087	2250049	1310584	509979	877978
第一产业	Primary Industry	216741	209543	163163	49755	83733
第二产业	Secondary Industry	1611003	847798	519339	170621	284344
第三产业	Tertiary Industry	2797343	1192709	628082	289603	509900
农业总产值（可比价）（万元）	Gross Agricultural Output Value (Constant Price) (10000 yuan)	404893	354513	296485	86942	132073
农业增加值（万元）	Value-added of Agriculture (10000 yuan)	220372	212514	168358	51305	85118
工业增加值（万元）	e-added of Industry (10000 yuan)	1058182	602287	348121	91241	176582
公路通车里程（公里）	Length of Highways (km)	2095	2066	1622	620	1317
邮电业务总量（万元）	Business Volume of Post and Telecommunications (10000 yuan)	77146	28777	17641	8304	13597
全社会固定资产投资增速	Growth Rate of Fixed Assets Investment in the Whole Society	10.4	11.8	-7.8	15.0	15.5
#500万元以上项目投资增速	Investment Growth Rate of Projects with More than 5 Million Yuan	8.4	15.9	6.8	2.7	22.3
房地产投资额（万元）	Investment in Real Estate Development (10000 yuan)	1333489	215398	180285	112129	91085
社会消费品零售总额（万元）	Total Retail Sales of Consumer Goods (10000 yuan)	2836367	1108737	712089	245551	437966
年末职工人数（在岗）（万人）	Number of Staff and Workers at the Year-end (Fully Employed) (10000 persons)	7.48	1.79	0.89	0.50	0.74
职工工资总额（在岗）（万元）	Total Wages of Staff and Workers (Fully Employed) (10000 yuan)	655112	169786	89318	43803	68280
一般公共预算收入（不含基金）（万元）	General Public Budget Revenue (Excluding Funds) (10000 yuan)	541927	140412	100070	41869	58652
一般公共预算支出（不含基金）（万元）	General Public Budget Expenditure (Excluding Funds) (10000 yuan)	1111980	387874	272353	151263	214760
住户存款（万元）	Household Deposits (10000 yuan)	4443000	2795596	1545293	683512	1203693
农村居民人均可支配收入（元）	Per Capita Disposable Income of Rural Residents (yuan)	20298	20114	20052	20429	20028
接待旅游人数（万人）	Tourists Received (10000 persons)	3195.6	969.9	592.1	1273.2	286.0
#国际游客	International Tourists	2.5	0.6	0.3	0.9	0.03
国内游客	Domestic Tourists	3193.1	969.3	591.8	1272.3	285.9
旅游外汇收入（万美元）	Foreign Exchange Earnings from Tourism (USD 10000)	635.0	103.1	80.5	135.5	0.9

注：1．农村居民人均可支配收入国家队不汇总市区数据，以全市数据替代。
　　2．邮电业务总量按上年不变单价计算。

a) Per capita disposable income of rural residents the national team does not aggregate urban data, instead using citywide data.
b) Total amount of post and telecommunications business is calculated at the constant unit price of the previous year.

1—15 九华山旅游区域主要经济指标（2021年）
Main Economic Indicators of Tourist Region of Mount Jiu Hua (2021)

指 标	Item	池州市市区 ChiZhou Region Of City	青阳县 QingYang	石台县 ShiTai	东至县 DongZhi
年末总人口 （万人）	Population at the Year-end (10000 persons)	66.8	29.1	10.6	54.2
生产总值 （万元）	Gross Domestic Product (10000 yuan)	5484642	1643718	321858	2432602
第一产业	Primary Industry	389951	142718	54603	352637
第二产业	Secondary Industry	2749620	704642	77363	1081082
第三产业	Tertiary Industry	2345071	796358	189893	998883
农业总产值（现行价） （万元）	Gross Agricultural Output Value (Current Price) (10000 yuan)	662262	244185	95925	644311
农业增加值 （万元）	Value-added of Agriculture (10000 yuan)	401581	147143	55430	378336
工业增加值 （万元）	Value-added of Industry (10000 yuan)	2300776	601393	60564	881477
公路通车里程 （公里）	Length of Highways (km)	3421	1723	1057	3290
全社会固定资产投资增速	Growth Rate of Fixed Assets Investment in the Whole Society	13.9	17.0	7.1	23.8
#500万元以上项目投资增速	Investment Growth Rate of Projects with More than 5 Million Yuan	18.6	16.6	-2.7	28.9
社会消费品零售总额 （万元）	Total Retail Sales of Consumer Goods (10000 yuan)	2685450	819726	157613	1044082
一般公共预算收入（不含基金） （万元）	General Public Budget Revenue (Excluding Funds) (10000 yuan)	458556	107133	23916	120005
一般公共预算支出（不含基金） （万元）	General Public Budget Expenditure (Excluding Funds) (10000 yuan)	930695	256108	135575	355521
城乡居民储蓄存款年末余额 （万元）	Outstanding Amount of Saving Deposits in Urban and Rural Areas at the Year-end (10000 yuan)	4466906	1909246	597577	2687834
农村居民可支配收入 （元）	Rural Residents' Disposable Income (yuan)	19924	20121	13869	19177
接待旅游人数 （人）	Tourists Received (person)	16723258	13804166	9059673	10685962
#国际游客	International Tourists	3475	2601	700	375
国内游客	Domestic Tourists	16719783	13801565	9058973	10685587
旅游营业收入 （万元）	Income of Tourism (10000 yuan)	2029593	1745961	695405	965754
旅游外汇收入 （万美元）	Foreign Exchange Earnings from Tourism (USD 10000)	51	38	11	6

注：年末总人口为户籍人口。
a) Total population at the end of the year is registered population.

主要统计指标解释

可比价格

指计算各种总量指标所采用的扣除了价格变动因素的价格，可进行不同时期总量指标的对比。按可比价格计算总量指标有两种方法：一种是直接用产品产量乘某一年的不变价格计算；另一种是用价格指数进行缩减。

平均增长速度

我国计算平均增长速度有两种方法：一种是习惯上经常使用的“水平法”，又称几何平均法，是以间隔期最后一年的水平同基期水平对比来计算平均每年增长（或下降）速度；另一种是“累计法”，又称代数平均法或方程法，是以间隔期内各年水平的总和同基期水平对比来计算平均每年增长（或下降）速度。在一般正常情况下，两种方法计算的平均每年增长速度比较接近；但在经济发展不平衡、出现大起大落时，两种方法计算的结果差别较大。

本《年鉴》内所列的平均增长速度，均用“水平法”计算。从某年到某年平均增长速度的年份，均不包括基期年在内。如建国四十三年的平均增长速度是以 1949 年为基期计算的，则写为 1950-1992 年平均增长速度，其余类推。

企业（单位）登记注册类型

以市场监管部门登记注册的各类企业为划分对象，以市场监管部门对企业登记注册的类型为依据，将企业登记注册类型分为内资企业、港澳台商投资企业和外商投资企业三大类。内资企业包括国有企业、集体企业、股份合作企业、联营企业、有限责任公司、股份有限公司、私营公司和其他企业；港澳台商投资企业和外商投资企业分别包括合资经营企业、合作经营企业、独资经营企业和股份有限公司。

对不在市场监管部门进行登记注册的行政机关、事业单位和社会团体，主要按其经费来源和管理方式进行划分。

法人单位

指具备以下条件的单位：(一)依法成立，有自己的名称、组织机构和场所，能够独立承担民事责任；（二）独立拥有和使用（或授权使用）资产，承担负债，有权与其他单位签订合同；（三）会计上独立核算，能够编制资产负债表。法人单位包括企业法人、事业单位法人、机关法人、社会团体法人和其他法人。按照下属是否有产业活动单位，又分为单产业法人和多产业法人。

产业活动单位

法人单位所属的产业活动单位，指具备以下条件的单位：（一）在一个场所从事一种或主要从事一种社会经济活动；（二）相对独立组织生产经营或业务活动；（三）能够掌握收入和支出等业务核算资料。

单位数

表中的单位数为单产业法人数和多产业法人所属的产业活动单位数之和。

国有企业

指企业全部资产归国家所有，并按《中华人民共和国企业法人登记管理条例》规定登记注册的非公司制的经济组织。不包括有限责任公司中的国有独资公司。

集体企业

指企业资产归集体所有，并按《中华人民共和国企业法人登记管理条例》规定登记注册的经济组织。

股份合作企业

指以合作制为基础，由企业职工共同出资入股，吸收一定比例的社会资产投资组建，实行自主经营，自负盈亏，共同劳动，民主管理，按劳分配与按股分红相结合的一种集体经济组织。

联营企业

指两个及两个以上相同或不同所有制性质的企业法人或事业单位法人，按自愿、平等、互利的原则，共同投资组成的经济组织。联营企业包括国有联营企业、集体联营企业、国有与集体联营企业和其他联营企业。

有限责任公司

指根据《中华人民共和国公司登记管理条例》规定登记注册，由两个以上、五十个以下的股东共同出资，每个股东以其所认缴的出资额对公司承担有限责任，公司以其全部资产对其债务承担责任的经济组织。有限责任公司包括国有独资公司以及其他有限责任公司。

股份有限公司

指根据《中华人民共和国公司登记管理条例》规定登记注册，其全部注册资本由等额股份构成并通过发行股票筹集资本，股东以其认购的股份对公司承担有限责任，公司以其全部资产对其债务承担责任的经济组织。

私营企业

指由自然人投资设立或由自然人控股，以雇佣劳动为基础的营利性经济组织。包括按照《公司法》《合伙企业法》《私营企业暂行条例》规定登记注册的私营有限责任公司、私营股份有限公司、私营合伙企业和私营独资企业。

其他内资企业

指上述企业之外的其他内资经济组织。

与港澳台商合资经营企业

指港澳台地区投资者与内地企业依照《中华人民共和国中外合资经营企业法》及有关法律的规定，按合同规定的比例投资设立、分享利润和分担风险的企业。

与港澳台商合作经营企业

指港澳台地区投资者与内地企业依照《中华人民共和国中外合作经营企业法》及有关法律的规定，依照合作合同的约定进行投资或提供条件设立、分配利润和分担风险的企业。

港澳台商独资经营企业

指依照《中华人民共和国外资企业法》及有关法律的规定，在内地由港澳台地区投资者全额投资设立的企业。

港澳台商投资股份有限公司

指根据国家有关规定，经外经贸部依法批准设立，其中港、澳、台商的股本占公司注册资本的比例达25% 以上的股份有限公司。凡其中港、澳、台商的股本占公司注册资本的比例小于25%的，属于内资企业中的股份有限公司。

中外合资经营企业

指外国企业或外国人与中国内地企业依照《中华人民共和国中外合资经营企业法》及有关法律的规定，按合同规定的比例投资设立、分享利润和分担风险的企业。

中外合作经营企业

指外国企业或外国人与中国内地企业依照《中华人民共和国中外合作经营企业法》及有关法律的规定，依照合作合同的约定进行投资或提供条件设立、分配利润和分担风险的企业。

外资企业

指依照《中华人民共和国外资企业法》及有关法律的规定，在中国内地由外国投资者全额投资设立的企业。

外商投资股份有限公司

指根据国家有关规定，经外经贸部依法批准设立，其中外资的股本占公司注册资本的比例达 25% 以上的股份有限公司。凡其中外资股本占公司注册资本的比例小于25%的，属于内资企业中的股份有限公司。

行政机关、事业单位和社会团体

参照企业登记注册类型，主要按其经费来源和管理方式划分。具体规定如下：

⑴行政机关：包括国家机关和政党机关，原则上均列为“国有”。但有特殊规定的，如供销社等，则列为“集体”。

⑵事业单位：包括经国家机构编制部门和有关业务主管部门批准成立的各类事业单位，不包括实行企业化管理的事

业单位。事业单位的划分办法如下：

①由国家财政预算拨款或列入财政预算外资金管理以及经费主要来源于国有主管部门或国有上级单位的事业单位，列为“国有”。

②经费主要来源于集体单位的事业单位，列为“集体”。

③公民个人（或个人合伙）开办的事业单位，列为“私营”。

④上述以外的其他事业单位，如果其经费来源不明确，按管理方式进行归类。

⑶社会团体：包括经民政部门批准成立以及未纳入社会团体管理条例范围的工会、妇联等各类社会团体。社会团体的划分办法如下：

①未纳入民政部社会团体管理条例范围的工会、妇联、共青团、青联、工商联、科协、侨联等社会团体，国家拨款设立的基金会或基金管理组织以及经费主要来源于国有业务主管部门或国有上级单位的社会团体，列为“国有”。

②经费主要来源于集体单位的社会团体，列为“集体”。

③公民个人（或个人合伙）开办的社会团体，划为“私营”。

④上述以外的其他社会团体，如果其经费来源不明确，改按管理方式进行归类。

Explanatory Notes for Major Statistical Indicators

Comparable Prices

Refer to prices that are used to remove the factors of price change in calculating economic aggregates, so as to facilitate comparison of aggregates over time. Two methods are used for calculating economic aggregates at comparable prices: 1.Multiplying the output of products by their constant prices of certain year; 2.Deflation of data at current prices by relevant price index.

Average Annual Growth Rate

Two methods for calculating average annual growth rate are applied in China, one is often called "level approach" or the method of calculating geometric average, which is derived by comparing the level of the last year of the interval with that of the beginning year; the other is called "accumulative approach" or algebraic average or equation method, which is derived by the summation of the actual figure of each year in the interval divided by the figure in the base year.

Usually the results calculated by the two methods are fairly close, but they differed sharply when uneven economic development occurred with striking fluctuations in growth.

The average annual growth rates listed in this statistical yearbook are calculated by level approach except for the growth rate of investment in fixed assets. The base years are not listed when the years are listed for average annual growth rates. For instance, the average annual growth rate of 43 years since 1949 is listed as average annual growth rate of 1950-1992 without listing the base year 1949. And the analogy of this is also the same for the rest of the years.

Registration Status of Enterprises

According to the types of enterprises registered by market supervision departments, the types of enterprises registered by market supervision departments are divided into three categories: domestic enterprises, enterprises invested by Hong Kong, Macao and Taiwan enterprises and enterprises invested by foreign investors. Domestic enterprises include state-owned enterprises, collective enterprises, joint-stock cooperative enterprises, joint ventures, limited liability companies, joint stock limited companies, private companies and other enterprises; Hong Kong, Macao and Taiwan invested enterprises and foreign invested enterprises respectively include joint venture enterprises, cooperative enterprises, sole proprietorship enterprises and joint stock limited companies.

Administrative organs, institutions and social organizations that are not registered with market supervision departments shall be classified mainly according to their sources of funds and modes of management.

State-owned Enterprises

Refer to non-corporation economic units where the entire assets are owned by the state and which have registered in accordance with the Regulation of the People's Republic of China on the Management of Registration of Corporate Enterprises. Excluded from this category are sole state-funded corporations in the limited liability corporations.

Collective-owned Enterprises

Refer to economic units where the assets are owned collectively and which have registered in accordance with the Regulation of the People's Republic of China on the Management of Registration of Corporate Enterprises.

Cooperative Enterprises

refer to a form of collective economic units (enterprises) where capitals come mainly from employees as their shares, with certain proportion of capital from the outside, where production is organized on the basis of independent operation, independent accounting for profits and losses, joint work, democratic management, and a distribution system that integrates remuneration according to work with dividend according to capital share.

Joint Ownership Enterprises

Refer to economic units established by two or more corporate enterprises or corporate institutions of the same or different ownership, through joint investment on the basis of equality, voluntary participation and mutual benefits. They include state joint ownership enterprises, collective joint ownership enterprises, joint state-collective enterprises, other joint ownership enterprises.

Limited Liability Corporations

Refer to economic units established with investment from 2-50 investors and registered in accordance with the Regulation of the People's Republic of China on the Management of Registration of Corporations, each investor bearing limited liability to the corporation depending on its share of investment, and the corporation bearing liability to its debt to the maximum of its total assets. Limited liability corporations include exclusive state-funded limited liability corporations and other limited liability corporations.

Share-holding Corporations Ltd

Refer to economic units registered in accordance with the Regulation of the People's Republic of China on the Management of Registration of Corporations, with total registered capitals divided into equal shares and raised through issuing stocks. Each investor bears limited liability to the corporation depending on the holding of shares, and the corporation bears liability to its debt to the maximum of its total assets.

Private Enterprises

Refer to profit-making economic units invested and established by natural persons, or controlled by natural persons using employed labour. Included in this category are private limited liability corporations, private share-holding corporations Ltd., private partnership enterprises and private-funded enterprises registered in accordance with the Corporation Law, Partnership Enterprises Law and Interim Regulations on Private Enterprises.

Other Domestic-funded Enterprises

Refer to domestic-funded economic units other than those mentioned above.

Joint-venture Enterprises with Funds from Hong Kong, Macao and Taiwan

Refer to enterprises jointly established by investors from Hong Kong, Macao and Taiwan with enterprises in the mainland of China in accordance with the Law of the People's Republic of China on Sino-foreign Joint Venture Enterprises and other relevant laws, where the share of investment, profits and risks is stipulated in the contract.

Cooperative Enterprises with Funds from Hong Kong Macao and Taiwan

Established by investors from Hong Kong, Macao and Taiwan with enterprises in the mainland of China in accordance with the Law of the People's Republic of China on Sino-foreign Cooperative Enterprises and other relevant laws, where the investment or provision of facilities, and the share of profits and risks is stipulated in the cooperative contract.

Enterprises with Sole (exclusive) Investment from Hong Kong, Macao and Taiwan

Refer to enterprises established in the mainland of China with exclusive investment from investors from Hong Kong, Macao and Taiwan in accordance with the Law of the Peoples Republic of China on Foreign-Funded Enterprises and other relevant laws.

Share-holding Corporations Ltd. with Investment from Hong Kong, Macao and Taiwan

refer to share-holding corporations Ltd. established with the approval from the Ministry of Foreign Trade and Economic Relations in line with relevant state regulations, where the share of investment from Hong Kong, Macao or Taiwan businessmen exceeds 25% of the total registered capital of the corporation. In case the share of investment from Hong Kong, Macao or Taiwan is less than 25% of the total registered capital, the enterprise is to be classified as domestic-funded share-holding corporation Ltd.

Joint-venture Enterprises with Foreign Investment

Refer to enterprises jointly established by foreign enterprises or foreigners with enterprises in the mainland of China in accordance with the Law of the People's Republic of China on Sino-foreign Joint Venture Enterprises and other relevant laws, where the share of investment, profits and risks is stipulated in the contract.

Cooperation Enterprises with Foreign Investment

Refer to enterprises jointly established by foreign enterprises or foreigners with enterprises in the mainland of China in accordance with the Law of the People's Republic of China on Sino-foreign Cooperative Enterprises and other relevant laws, where the investment or provision of facilities, and the share of profits and risks is stipulated in the cooperative contract.

Enterprises with Sole (exclusive) Foreign Investment

Refer to enterprises established in the mainland of China with exclusive investment from foreign investors in accordance with the Law of the People's Republic of China on Foreign-Funded Enterprises and other relevant laws.

Share-holding Corporations Ltd. with Foreign Investment

refer to share-holding corporations Ltd. established with the approval from the Ministry of Foreign Trade and Economic Relations in line with relevant state regulations, where the share of investment from foreign investors exceeds 25% of the total registered capital of the corporation. In case the share of foreign investment is less than 25% of the total registered capital, the enterprise is to be classified as domestic-funded share-holding corporation Ltd.

Government Agencies, Institutions and Social Organizations

are classified into following categories by source of funds and way of management taking reference of the registration status of enterprises:

(1) Government agencies: include state and party agencies, classified in principle as “state-owned”. There are exceptions,

such as supply and marketing cooperatives which are classified as “collective”.

(2) Institutions: include institutions of various types established with the approval by organization and staffing departments of the government, but exclude institutions where enterprise management system is introduced. Institutions are further classified as follows:

a) Institutions whose main budget is listed in the government budget appropriations or extra-budget funds, or allocated from the budget of their competent government agencies. Such institutions are classified as “state-owned”.

b) Institutions whose budget mainly comes from collective units. Such institutions are classified as “collective”.

c) Institutions other than those mentioned above whose source of budget are not clear. Such institutions are classified by way of management.

(3) Social organizations: include social organizations established with the approval from the Ministry of Civil Affairs, and organizations that are not covered by social organization management regulations such as trade unions, women's federations etc. Social organizations are further classified as follows:

a) Social organizations that are not covered by social organization management regulations of the Ministry of Civil Affairs such as trade unions, women's federations, communist youth leagues, youth associations, industrial and commerce associations, scientists associations, overseas Chinese associations, etc., foundations and fund management organizations established with funds from the state, and social organizations whose funds mainly come from the budget of their competent government agencies. Such institutions are classified as “state-owned”.

b) Social organizations whose budget mainly comes from collective units. Such institutions are classified as “collective”.

c) Social organizations established by individual or a group of citizens, which are classified as “private”.

d) Social organizations other than those mentioned above whose source of budget are not clear. Such organizations are classified by way of management.

第 二 篇

Chapter 2

国民经济核算

NATIONAL ACCOUNTS

简要说明

一、本年鉴公布的地区生产总值以及与之有关的指标数据，最后一年数据不是最终数，还会在获得更多的财务和行政记录等资料后发生变动。如果遇到普查或者重大核算方法改革，在能够获得更详细的基础资料的情况下，地区生产总值的历史数据还会发生变动。2018 年，根据全国第四次经济普查结果和国家统计局地区生产总值统一核算要求，对历史年份全省生产总值进行了修订。

二、有关“指数”部分包括“以上年为 100 的指数”和“以 1978 年为 100 的指数”两个方面，“以上年为 100 的指数”表中 2000 年的数据按 1990 年价格计算，2001—2005 年的数据按 2000 年价格计算，2006—2010 年的数据按 2005 年价格计算，2011—2015 年的数据按 2010 年价格计算，2016-2020 年的数据按 2015 年价格计算，2021 年以后的数据按 2020 年价格计算；“以 1978 年为 100 的指数”是以 1978 年为基数，每年指数相乘得到的。

三、人均 GDP 按年平均常住人口测算，2011-2019 年人均 GDP 有关数据为根据第七次人口普查数据修订。

四、本篇资料由省统计局国民经济核算处整理编制。

Brief Introduction

I. Gross regional product and related indicators published in this yearbook are not final and subject to change as additional financial and administrative records become available. Historical GDP figures may change in the event of censuses or major accounting reforms, when more detailed basic information is available. In 2018, the province's Historical GDP was revised in accordance with the results of the fourth National Economic census and the unified calculation requirements of the National Bureau of Statistics on regional GDP.

II. The "index" includes two aspects: "Index 100 in previous year" and "Index 100 in 1978". The data in the table of "Index 100 in previous year" are calculated at 1990 prices, while the data from 2001 to 2005 are calculated at 2000 prices. Data from 2006 to 2010 are calculated at 2005 prices, data from 2011 to 2015 are calculated at 2010 prices, data from 2016 to 2020 are calculated at 2015 prices, and data after 2021 are calculated at 2020 prices. "Index of 100 in 1978" is derived by multiplying the index each year based on 1978.

III. Per capita GDP is calculated based on the annual average resident population. Data on per capita GDP from 2011 to 2019 are revised based on the seventh census data.

Ⅳ. This data is compiled by national economic accounting Department of provincial Bureau of Statistics.

2—1 安徽生产总值
Gross Domestic Product

本表按当年价格计算。　　Data in value terms in this table are calculated at current price.

年　份 Year	生产总值（亿元）Gross Domestic Product (100 million yuan)	第一产业 Primary Industry	第二产业 Secondary Industry	第三产业 Tertiary Industry	工　业 Industry	建筑业 Construction	人均生产总值（元/人）Per Capita GDP (yuan/person)
2000	3125.33	741.77	1062.23	1321.33	841.48	220.75	5147
2001	3502.78	760.77	1258.20	1483.81	1007.34	250.86	5732
2002	3827.66	783.66	1347.26	1696.74	1055.27	291.99	6238
2003	4307.77	749.40	1557.61	2000.76	1185.70	371.91	7001
2004	5129.12	950.51	1846.21	2332.40	1378.16	468.04	8279
2005	5675.85	966.50	2197.40	2511.95	1664.58	532.82	9193
2006	6500.31	1011.03	2653.16	2836.11	2031.20	621.96	10630
2007	7941.61	1116.32	3371.80	3453.49	2604.93	766.88	12989
2008	9517.68	1313.08	4194.45	4010.14	3238.44	956.02	15535
2009	10864.68	1382.68	4918.65	4563.35	3743.65	1175.00	17715
2010	13249.78	1600.57	6395.99	5253.23	4949.15	1446.83	21923
2011	16284.92	1867.99	8189.09	6227.83	6424.71	1764.38	27303
2012	18341.67	2018.57	9247.89	7075.22	7279.71	1968.17	30697
2013	20584.04	2173.16	10233.43	8177.44	8045.39	2203.75	34404
2014	22519.65	2294.95	10982.59	9242.11	8595.16	2405.06	37580
2015	23831.18	2376.05	10838.34	10616.78	8360.56	2495.26	39692
2016	26307.70	2489.76	11517.48	12300.46	8909.39	2626.72	43686
2017	29676.22	2582.27	12681.24	14412.71	9739.86	2961.74	49092
2018	34010.91	2638.00	14094.44	17278.47	10639.84	3476.85	56063
2019	36845.49	2915.97	14970.00	18959.52	11181.67	3811.57	60561
2020	38061.51	3184.95	15216.46	19660.10	11235.53	4002.25	62411
2021	42959.18	3360.60	17613.19	21985.39	13081.69	4559.32	70321

注：2021年数据为初步核算数（下同）。

a)　The data in 2021 are preliminary accounting data (the same below).

2—2 安徽生产总值构成
Composition of Gross Domestic Product

本表按当年价格计算。（单位：%） Data in value terms in this table are calculated at current price. (%)

年 份 Year	生产总值 Gross Domestic Product	第一产业 Primary Industry	第二产业 Secondary Industry	第三产业 Tertiary Industry	工 业 Industry	建筑业 Construction
2000	100.0	23.7	34.0	42.3	26.9	7.1
2001	100.0	21.7	35.9	42.4	28.8	7.2
2002	100.0	20.5	35.2	44.3	27.6	7.6
2003	100.0	17.4	36.2	46.4	27.5	8.6
2004	100.0	18.5	36.0	45.5	26.9	9.1
2005	100.0	17.0	38.7	44.3	29.3	9.4
2006	100.0	15.6	40.8	43.6	31.2	9.6
2007	100.0	14.0	42.5	43.5	32.8	9.7
2008	100.0	13.8	44.1	42.1	34.0	10.0
2009	100.0	12.7	45.3	42.0	34.5	10.8
2010	100.0	12.1	48.3	39.6	37.4	10.9
2011	100.0	11.5	50.3	38.2	39.5	10.8
2012	100.0	11.0	50.4	38.6	39.7	10.7
2013	100.0	10.6	49.7	39.7	39.1	10.7
2014	100.0	10.2	48.8	41.0	38.2	10.7
2015	100.0	10.0	45.5	44.5	35.1	10.5
2016	100.0	9.5	43.8	46.7	33.9	10.0
2017	100.0	8.7	42.7	48.6	32.8	10.0
2018	100.0	7.8	41.4	50.8	31.3	10.2
2019	100.0	7.9	40.6	51.5	30.3	10.3
2020	100.0	8.4	40.0	51.6	29.5	10.5
2021	100.0	7.8	41.0	51.2	30.5	10.6

2—3 安徽生产总值指数
Indices of Gross Domestic Product

本表按不变价格计算。（上年为100） The indices in this table are calculated at constant price. (preceding year=100)

年 份 Year	生产总值 Gross Domestic Product	第一产业 Primary Industry	第二产业 Secondary Industry	第三产业 Tertiary Industry	工 业 Industry	建筑业 Construction	人均生产总值 Per Capita GDP
2000	108.6	101.2	109.5	111.9	108.6	114.2	107.9
2001	109.2	102.9	109.6	112.4	108.8	112.5	108.5
2002	109.9	101.0	111.4	113.3	111.4	111.3	109.4
2003	109.4	93.6	113.2	113.6	111.1	121.0	109.1
2004	112.4	108.6	113.1	113.2	111.4	118.6	111.6
2005	111.0	101.7	116.4	110.3	118.9	108.4	111.4
2006	112.6	104.5	118.6	110.5	119.6	115.5	113.7
2007	114.1	103.6	119.2	113.1	121.4	112.1	114.1
2008	112.6	106.2	115.8	111.6	117.4	110.1	112.4
2009	113.1	105.0	116.8	111.9	117.1	115.5	113.0
2010	114.3	104.6	120.1	111.0	121.5	114.9	116.0
2011	113.4	104.0	117.0	111.9	118.8	110.6	114.9
2012	111.2	105.4	112.8	110.9	114.6	106.1	111.0
2013	110.3	103.3	111.9	110.2	112.2	111.4	110.2
2014	109.2	104.6	109.7	109.7	110.1	108.2	109.0
2015	108.7	104.2	108.3	110.3	108.0	109.3	108.5
2016	108.8	102.7	107.9	111.1	108.3	106.3	108.5
2017	108.6	104.1	108.2	110.0	108.2	108.0	108.2
2018	108.0	103.1	108.2	108.8	108.9	105.6	107.6
2019	107.3	103.2	107.5	107.8	107.0	108.9	106.9
2020	103.7	102.2	104.6	103.0	104.3	105.7	103.4
2021	108.3	107.4	107.9	108.7	108.9	105.2	108.1

2—4 安徽生产总值指数
Indices of Gross Domestic Product

本表按不变价格计算。（1978=100） The indices in this table are calculated at constant price. (1978=100)

年 份 Year	生产总值 Gross Domestic Product	第一产业 Primary Industry	第二产业 Secondary Industry	第三产业 Tertiary Industry	工 业 Industry	建 筑 业 Construction	人 均 生产总值 Per Capita GDP
2000	885.3	297.4	1257.3	2137.7	1197.7	1724.6	678.9
2001	966.7	306.0	1378.0	2402.8	1303.1	1940.2	736.6
2002	1062.4	309.1	1535.1	2722.4	1451.7	2159.4	805.8
2003	1162.3	289.3	1737.7	3092.6	1612.8	2612.9	879.1
2004	1306.4	314.2	1965.3	3500.8	1796.7	3098.9	981.1
2005	1450.1	319.5	2287.6	3861.4	2136.3	3359.2	1092.9
2006	1632.8	333.9	2713.1	4266.8	2555.0	3879.9	1242.6
2007	1863.0	345.9	3234.0	4825.8	3101.8	4349.4	1417.8
2008	2097.7	367.3	3745.0	5385.6	3641.5	4788.7	1593.6
2009	2372.5	385.7	4374.2	6026.5	4264.2	5530.9	1800.8
2010	2711.8	403.4	5253.4	6689.4	5181.0	6355.0	2088.9
2011	3075.2	419.5	6146.5	7485.4	6155.0	7028.6	2400.1
2012	3419.6	442.2	6933.3	8301.3	7053.6	7457.3	2664.1
2013	3771.8	456.8	7758.4	9148.0	7914.1	8307.4	2935.8
2014	4118.8	477.8	8511.0	10035.4	8713.4	8988.6	3200.0
2015	4477.1	497.9	9217.4	11069.0	9410.5	9824.5	3472.0
2016	4871.1	511.3	9945.6	12297.7	10191.6	10443.4	3767.1
2017	5290.0	532.3	10761.1	13527.5	11027.3	11278.9	4076.0
2018	5713.2	548.8	11643.5	14717.9	12008.7	11910.5	4385.8
2019	6130.3	566.4	12516.8	15865.9	12849.3	12970.5	4688.4
2020	6357.1	578.9	13092.6	16341.9	13401.8	13709.8	4847.8
2021	6882.2	621.8	14126.7	17759.8	14594.6	14422.7	5239.2

2—5 三次产业贡献率
Contribution Rate of the Three Industries

本表按不变价格计算。 (单位：%) The indices in this table are calculated at constant price. (%)

年 份 Year	生产总值 Gross Domestic Product	第一产业 Primary Industry	第二产业 Secondary Industry	第三产业 Tertiary Industry
2000	100.0	3.0	47.9	49.1
2001	100.0	7.4	35.3	57.3
2002	100.0	2.3	39.3	58.4
2003	100.0	-13.9	48.6	65.3
2004	100.0	12.2	37.8	50.0
2005	100.0	2.6	53.4	44.0
2006	100.0	6.1	57.1	36.8
2007	100.0	4.0	55.6	40.4
2008	100.0	7.1	53.4	39.5
2009	100.0	5.2	56.1	38.7
2010	100.0	4.1	63.6	32.3
2011	100.0	3.6	61.1	35.3
2012	100.0	5.4	56.7	37.9
2013	100.0	3.4	58.1	38.5
2014	100.0	4.9	54.1	41.0
2015	100.0	4.6	49.1	46.3
2016	100.0	3.1	40.6	56.3
2017	100.0	4.5	42.7	52.8
2018	100.0	3.4	45.8	50.8
2019	100.0	3.8	46.5	49.7
2020	100.0	5.0	57.2	37.8
2021	100.0	7.5	38.2	54.3

注：产业贡献率指各产业增加值增量与GDP增量之比。
a) Industrial Contributing refers to the proportion of increment of every industrial value-added to increment of GDP.

2—6 三次产业拉动率
Pulling Rate of the Three Industries

本表按不变价格计算。（单位：百分点） The indices in this table are calculated at constant price. (percentage points)

年 份 Year	生产总值 Gross Domestic Product	第一产业 Primary Industry	第二产业 Secondary Industry	第三产业 Tertiary Industry
2000	8.6	0.3	4.1	4.2
2001	9.2	0.7	3.2	5.3
2002	9.9	0.2	3.9	5.8
2003	9.4	-1.3	4.6	6.1
2004	12.4	1.5	4.7	6.2
2005	11.0	0.3	5.9	4.8
2006	12.6	0.8	7.2	4.6
2007	14.1	0.6	7.8	5.7
2008	12.6	0.9	6.7	5.0
2009	13.1	0.7	7.3	5.1
2010	14.3	0.6	9.1	4.6
2011	13.4	0.5	8.2	4.7
2012	11.2	0.6	6.4	4.2
2013	10.3	0.3	6.0	4.0
2014	9.2	0.4	5.0	3.8
2015	8.7	0.4	4.3	4.0
2016	8.8	0.3	3.6	4.9
2017	8.6	0.4	3.7	4.5
2018	8.0	0.3	3.6	4.1
2019	7.3	0.3	3.4	3.6
2020	3.7	0.2	2.1	1.4
2021	8.3	0.6	3.2	4.5

注：产业拉动率指GDP增长速度与各产业贡献率之乘积。
a) The industrial pulling rate to GDP growth refers to the growth rate of GDP multiplying the industrial contributing rate.

2—7 按行业、产业和收入法构成分的安徽生产总值（2020年）

According to the Industry, the Industry and the Income Method of GDP in Anhui（2020）

本表按当年价格计算。 Data in this table are calculated at current price.

指　　标	Item	总　量（亿元）Total (100 million yuan)	构　成（%）Constitute (%)
安徽生产总值	**Gross Domestic Product**	**38061.51**	**100.0**
按行业分	**Grouped by Sector**		
农、林、牧、渔业	Agriculture, Forestry, Animal Husbandry and Fishery	3353.66	8.8
工　业	Industry	11235.53	29.5
建筑业	Construction	4002.25	10.5
批发和零售业	Wholesale and Retail Trades	3538.26	9.3
交通运输、仓储和邮政业	Transport, Storage and Post	1850.43	4.9
住宿和餐饮业	Hotels and Catering Services	664.78	1.8
信息传输、软件和信息技术服务业	Information Transmission, Software and Information Technology	886.44	2.3
金融业	Financial Intermediation	2498.72	6.6
房地产业	Real Estate	3059.87	8.1
租赁和商务服务业	Leasing and Business Services	1146.93	3.0
科学研究和技术服务业	Scientific Research and Technical Services	805.98	2.1
水利、环境和公共设施管理业	Management of Water Conservancy, Environment and Public Facilities	227.53	0.6
居民服务、修理和其他服务业	Service to Households, Repair and Other Services	881.21	2.3
教　育	Education	1568.43	4.1
卫生和社会工作	Health and Social Service	848.63	2.2
文化、体育和娱乐业	Culture, Sports and Entertainment	280.56	0.7
公共管理、社会保障和社会组织	Public Management, Social Security and Social Organization	1212.31	3.2
按产业分	**Grouped by Industry**		
第一产业	Primary Industry	3184.95	8.4
第二产业	Secondary Industry	15216.46	40.0
第三产业	Tertiary Industry	19660.10	51.6
按收入法构成分	**According to the Income Method**		
劳动者报酬	Compensation of Employees	20022.90	52.6
生产税净额	Net Taxes on Production	4514.97	11.9
固定资产折旧	Depreciation of Fixed Assets	5355.86	14.1
营业盈余	Operation Surplus	8167.78	21.4

2—8 按行业、产业构成分的安徽生产总值（2021年）
Indices of Value-added of the Tertiary Industry（2021）

本表按当年价格计算。 Data in value terms in this table are calculated at current price.

指　标	Item	总量（亿元）Total (100 million yuan)	构成（%）Constitute (%)
安徽生产总值	**Gross Domestic Product**	**42959.18**	**100.0**
按行业分	**Grouped by Sector**		
农林牧渔业	Agriculture, Forestry, Animal Husbandry and Fishery	3545.13	8.2
工　业	Industry	13081.69	30.4
建筑业	Construction	4559.32	10.6
批发和零售业	Wholesale and Retail Trades	4073.94	9.5
交通运输、仓储和邮政业	Transport, Storage and Post	2056.95	4.8
住宿和餐饮业	Hotels and Catering Services	798.52	1.9
金融业	Financial Intermediation	2779.51	6.5
房地产业	Real Estate	3300.15	7.7
其他服务业	Other Services	8763.97	20.4
按产业分	**Grouped by Industry**		
第一产业	Primary Industry	3360.60	7.8
第二产业	Secondary Industry	17613.19	41.0
第三产业	Tertiary Industry	21985.39	51.2

注：本表为初步核算数。
a) This table is the preliminary accounting data.

2—9 各市生产总值
Gross Domestic Product by Region

本表按当年价格计算。
Data in this table are calculated at current price.

(单位：亿元)
(100 million yuan)

地 区	Region	2010	2011	2012	2013	2014	2015
合 肥 市	Hefei	2976.08	3642.30	4167.98	4696.01	5250.09	5830.95
淮 北 市	Huaibei	492.27	578.62	636.15	720.43	770.28	774.64
亳 州 市	Bozhou	582.63	709.51	811.12	931.80	1017.85	1066.93
宿 州 市	Suzhou	650.57	802.42	914.95	1025.20	1151.32	1235.77
蚌 埠 市	Bengbu	672.74	807.33	925.72	1099.72	1227.20	1337.70
阜 阳 市	Fuyang	924.09	1095.94	1248.05	1436.67	1584.57	1687.45
淮 南 市	Huainan	707.02	816.02	893.26	941.57	928.91	917.36
滁 州 市	Chuzhou	837.80	1042.56	1212.45	1418.89	1596.45	1812.28
六 安 市	Luan	614.12	760.29	860.38	944.50	1019.48	1053.43
马鞍山市	Maanshan	932.22	1120.11	1210.54	1273.06	1330.80	1366.11
芜 湖 市	Wuhu	1329.42	1635.60	1844.76	2075.66	2298.79	2366.24
宣 城 市	Xuancheng	552.04	702.62	795.43	894.39	982.51	1009.66
铜 陵 市	Tongling	455.88	588.91	629.41	675.38	706.15	720.94
池 州 市	Chizhou	312.57	385.95	433.03	480.07	528.44	569.94
安 庆 市	Anqing	937.65	1170.03	1307.67	1379.09	1517.87	1557.40
黄 山 市	Huangshan	310.13	378.82	425.68	473.77	513.85	540.15

地 区	Region	2016	2017	2018	2019	2020	2021
合 肥 市	Hefei	6544.26	7366.64	8605.13	9370.21	10005.56	11412.80
淮 北 市	Huaibei	823.09	942.91	1009.54	1077.94	1119.07	1223.02
亳 州 市	Bozhou	1200.86	1351.51	1551.33	1740.26	1805.96	1972.68
宿 州 市	Suzhou	1404.84	1573.08	1757.82	1953.03	1969.24	2167.67
蚌 埠 市	Bengbu	1501.98	1690.26	1906.50	2016.02	2018.35	1988.97
阜 阳 市	Fuyang	1887.35	2128.51	2407.34	2686.05	2724.45	3071.53
淮 南 市	Huainan	979.46	1086.04	1197.10	1283.21	1305.69	1457.05
滁 州 市	Chuzhou	2035.94	2282.01	2594.07	2888.70	2946.84	3362.11
六 安 市	Luan	1190.73	1296.84	1448.48	1616.89	1669.45	1923.47
马鞍山市	Maanshan	1448.90	1671.58	1923.74	2085.64	2102.70	2439.33
芜 湖 市	Wuhu	2620.22	2880.49	3282.96	3586.46	3714.14	4302.63
宣 城 市	Xuancheng	1101.08	1233.84	1418.86	1557.44	1591.36	1833.92
铜 陵 市	Tongling	852.26	921.36	954.65	950.56	1003.69	1165.58
池 州 市	Chizhou	618.17	681.33	753.93	830.07	853.10	1004.18
安 庆 市	Anqing	1684.74	1902.12	2196.75	2356.72	2381.45	2656.88
黄 山 市	Huangshan	594.39	662.71	738.88	816.33	850.37	957.37

2—10 各市生产总值指数
Gross Product Index by Region

本表按不变价格计算。（上年为100） The indices in this table are calculated at constant price. (preceding year=100)

地 区	Region	2010	2011	2012	2013	2014	2015
合 肥 市	Hefei	116.4	115.2	112.4	111.3	109.8	110.3
淮 北 市	Huaibei	113.6	110.9	112.1	109.1	109.5	104.6
亳 州 市	Bozhou	113.4	113.0	111.0	109.9	108.0	109.2
宿 州 市	Suzhou	112.9	113.7	112.5	111.6	109.7	108.9
蚌 埠 市	Bengbu	114.1	114.0	112.0	111.1	110.1	110.2
阜 阳 市	Fuyang	113.6	112.2	111.0	110.0	108.9	109.6
淮 南 市	Huainan	112.3	110.5	111.6	109.4	100.6	103.8
滁 州 市	Chuzhou	115.2	114.2	112.3	111.2	109.6	110.1
六 安 市	Luan	111.5	114.1	110.5	108.2	108.0	106.9
马鞍山市	Maanshan	113.9	111.8	111.5	110.6	109.5	108.8
芜 湖 市	Wuhu	117.0	115.7	112.5	111.7	110.4	110.0
宣 城 市	Xuancheng	115.0	114.0	112.5	110.7	109.0	108.2
铜 陵 市	Tongling	116.1	113.0	110.5	111.3	109.7	109.4
池 州 市	Chizhou	115.7	113.0	111.8	110.2	109.2	108.5
安 庆 市	Anqing	112.9	112.6	110.9	110.2	109.1	107.3
黄 山 市	Huangshan	112.5	112.2	110.9	109.5	107.6	106.2

地 区	Region	2016	2017	2018	2019	2020	2021
合 肥 市	Hefei	109.9	108.5	108.5	107.5	104.3	109.2
淮 北 市	Huaibei	105.0	107.6	103.6	103.0	103.3	103.4
亳 州 市	Bozhou	108.9	109.2	110.1	109.3	104.1	108.6
宿 州 市	Suzhou	109.1	109.1	108.5	108.4	103.6	108.5
蚌 埠 市	Bengbu	109.4	109.1	108.5	104.7	102.3	97.9
阜 阳 市	Fuyang	109.0	109.0	109.5	108.8	103.3	109.0
淮 南 市	Huainan	106.6	106.9	104.3	105.0	102.9	105.7
滁 州 市	Chuzhou	109.3	109.0	109.1	109.5	103.9	109.9
六 安 市	Luan	107.2	107.9	107.6	108.3	104.1	111.0
马鞍山市	Maanshan	108.8	108.7	108.2	107.7	103.6	109.1
芜 湖 市	Wuhu	109.7	108.9	108.4	108.0	103.5	111.6
宣 城 市	Xuancheng	108.7	108.5	108.3	107.7	103.9	110.1
铜 陵 市	Tongling	109.1	108.2	103.9	98.1	103.2	107.2
池 州 市	Chizhou	108.1	105.5	105.7	107.8	103.7	110.2
安 庆 市	Anqing	107.9	108.2	107.8	106.8	103.5	106.6
黄 山 市	Huangshan	107.8	107.8	107.7	107.6	102.8	109.1

2—11 各市第一产业增加值
Added Value of the Primary Industry by Region

本表按当年价格计算。
Data in this table are calculated at current price.

(单位：亿元)
(100 million yuan)

地 区	Region	2010	2011	2012	2013	2014	2015
合 肥 市	Hefei	172.54	201.05	220.71	237.39	246.47	256.53
淮 北 市	Huaibei	48.02	48.95	49.00	54.21	56.70	57.85
亳 州 市	Bozhou	132.70	154.57	172.73	184.30	193.61	194.02
宿 州 市	Suzhou	173.08	206.19	222.18	232.64	245.37	251.69
蚌 埠 市	Bengbu	118.84	141.53	154.88	167.68	177.07	187.03
阜 阳 市	Fuyang	187.24	219.29	233.25	251.22	265.05	272.37
淮 南 市	Huainan	83.90	92.13	94.73	101.58	105.62	108.36
滁 州 市	Chuzhou	141.42	164.01	181.11	194.08	202.05	207.53
六 安 市	Luan	115.92	136.65	154.52	162.33	170.82	176.82
马鞍山市	Maanshan	54.48	62.59	68.12	72.66	75.90	78.14
芜 湖 市	Wuhu	80.31	93.58	102.55	111.41	117.89	119.85
宣 城 市	Xuancheng	82.92	95.73	104.39	111.44	117.74	121.09
铜 陵 市	Tongling	31.97	35.68	37.87	40.60	43.26	44.62
池 州 市	Chizhou	43.54	53.73	59.38	64.27	68.20	70.16
安 庆 市	Anqing	124.76	145.34	158.10	171.55	179.31	185.75
黄 山 市	Huangshan	38.09	43.48	46.51	50.55	51.92	53.43

地 区	Region	2016	2017	2018	2019	2020	2021
合 肥 市	Hefei	262.32	270.07	277.59	291.86	335.21	351.05
淮 北 市	Huaibei	59.85	65.29	65.29	72.83	81.02	86.31
亳 州 市	Bozhou	204.98	209.41	210.41	238.19	258.53	271.34
宿 州 市	Suzhou	242.39	258.45	253.62	287.51	314.94	332.13
蚌 埠 市	Bengbu	198.22	203.48	207.89	234.32	257.20	272.41
阜 阳 市	Fuyang	286.05	310.67	310.68	350.43	396.75	417.26
淮 南 市	Huainan	114.69	119.55	123.46	130.09	143.55	150.65
滁 州 市	Chuzhou	209.75	217.69	220.73	249.39	274.72	287.87
六 安 市	Luan	185.13	190.61	196.68	217.08	240.64	255.85
马鞍山市	Maanshan	82.24	85.16	86.85	94.10	100.24	104.23
芜 湖 市	Wuhu	122.86	126.82	133.03	146.57	162.95	169.58
宣 城 市	Xuancheng	127.33	130.29	135.40	149.69	163.19	172.03
铜 陵 市	Tongling	45.94	48.54	50.00	52.73	56.92	59.16
池 州 市	Chizhou	70.68	72.73	74.95	83.89	89.13	94.24
安 庆 市	Anqing	191.96	193.29	200.01	216.08	242.20	253.16
黄 山 市	Huangshan	54.50	56.30	56.90	61.76	67.76	72.29

2—12 各市第一产业增加值指数

Value Added Index of Primary Industry by Region

本表按不变价格计算。（上年为100） The indices in this table are calculated at constant price. (preceding year=100)

地区	Region	2010	2011	2012	2013	2014	2015
合肥市	Hefei	103.7	103.4	105.0	103.4	104.7	104.4
淮北市	Huaibei	104.4	109.1	104.8	103.5	104.5	104.5
亳州市	Bozhou	104.6	108.5	101.1	102.9	104.1	104.5
宿州市	Suzhou	106.7	106.8	105.2	106.0	106.4	105.9
蚌埠市	Bengbu	105.1	104.3	106.0	103.8	104.9	104.4
阜阳市	Fuyang	103.3	106.9	105.7	103.1	105.0	104.7
淮南市	Huainan	104.1	103.3	104.6	102.9	106.3	105.1
滁州市	Chuzhou	101.8	105.7	103.1	102.0	103.0	102.4
六安市	Luan	105.5	104.7	105.6	101.2	104.6	104.1
马鞍山市	Maanshan	104.2	105.0	105.2	103.5	104.5	104.4
芜湖市	Wuhu	103.9	104.2	105.4	100.7	104.7	102.2
宣城市	Xuancheng	104.6	104.7	105.8	102.7	104.4	104.2
铜陵市	Tongling	104.8	108.3	106.0	103.4	104.6	104.5
池州市	Chizhou	104.2	104.6	106.0	103.4	104.6	104.2
安庆市	Anqing	104.5	104.1	105.4	103.0	104.6	104.0
黄山市	Huangshan	104.7	104.4	105.2	102.9	104.1	103.9

地区	Region	2016	2017	2018	2019	2020	2021
合肥市	Hefei	101.3	103.7	102.2	101.7	101.2	105.1
淮北市	Huaibei	107.9	103.8	102.0	103.2	100.8	109.6
亳州市	Bozhou	96.9	104.5	103.8	105.6	103.1	109.1
宿州市	Suzhou	94.9	101.0	103.2	103.7	103.1	108.0
蚌埠市	Bengbu	104.5	104.2	103.5	103.6	102.0	106.8
阜阳市	Fuyang	107.7	104.0	103.5	103.7	103.3	108.4
淮南市	Huainan	102.0	104.9	104.7	101.1	101.0	106.9
滁州市	Chuzhou	103.1	102.1	102.4	103.8	101.8	106.7
六安市	Luan	104.9	103.9	102.9	103.4	102.0	108.9
马鞍山市	Maanshan	104.9	103.8	102.8	103.4	101.7	106.7
芜湖市	Wuhu	101.5	104.0	103.1	103.2	102.1	106.4
宣城市	Xuancheng	102.6	104.0	103.1	103.2	102.2	107.0
铜陵市	Tongling	106.6	103.3	103.0	101.9	101.2	106.7
池州市	Chizhou	102.7	103.4	103.3	104.0	101.3	107.6
安庆市	Anqing	102.8	103.7	104.0	102.8	102.1	106.7
黄山市	Huangshan	103.5	103.9	103.6	103.1	102.8	108.2

2—13 各市第二产业增加值
Added Value of the Secondary Industry by Region

本表按当年价格计算。
Data in this table are calculated at current price.

(单位：亿元)
(100 million yuan)

地 区	Region	2010	2011	2012	2013	2014	2015
合 肥 市	Hefei	1382.65	1728.28	1958.06	2156.10	2390.31	2480.46
淮 北 市	Huaibei	239.88	298.66	330.80	383.57	404.58	389.56
亳 州 市	Bozhou	206.11	265.68	307.19	350.18	390.95	413.50
宿 州 市	Suzhou	243.55	299.83	347.79	399.92	450.74	470.18
蚌 埠 市	Bengbu	302.10	383.43	444.80	540.15	606.96	601.23
阜 阳 市	Fuyang	339.26	412.57	480.89	570.33	619.44	640.44
淮 南 市	Huainan	406.56	473.01	512.79	512.48	458.03	410.64
滁 州 市	Chuzhou	388.55	479.94	552.16	658.82	744.60	878.64
六 安 市	Luan	257.30	315.47	350.01	393.51	417.01	410.95
马鞍山市	Maanshan	588.48	726.44	760.11	771.07	767.37	716.66
芜 湖 市	Wuhu	801.32	1001.64	1153.73	1253.88	1334.94	1248.73
宣 城 市	Xuancheng	253.67	355.64	404.92	463.63	488.80	498.76
铜 陵 市	Tongling	270.47	322.13	350.37	367.90	380.17	384.92
池 州 市	Chizhou	145.73	188.19	209.41	229.51	250.03	262.89
安 庆 市	Anqing	424.61	551.04	629.10	654.91	737.71	745.09
黄 山 市	Huangshan	130.46	164.48	185.06	191.18	205.35	202.77

地 区	Region	2016	2017	2018	2019	2020	2021
合 肥 市	Hefei	2719.86	2909.34	3169.98	3341.51	3535.79	4171.21
淮 北 市	Huaibei	409.88	460.51	462.27	460.64	463.31	514.30
亳 州 市	Bozhou	435.10	478.66	554.54	607.84	613.57	681.42
宿 州 市	Suzhou	515.67	557.77	625.66	683.96	676.59	768.56
蚌 埠 市	Bengbu	657.17	729.52	810.55	808.61	778.84	673.56
阜 阳 市	Fuyang	697.24	802.72	923.79	1008.20	990.17	1151.23
淮 南 市	Huainan	410.44	450.91	482.51	510.27	505.66	594.88
滁 州 市	Chuzhou	947.62	1097.78	1268.79	1398.53	1416.45	1644.81
六 安 市	Luan	451.73	490.86	524.04	578.30	615.77	745.53
马鞍山市	Maanshan	735.74	855.73	934.73	1002.85	984.39	1206.26
芜 湖 市	Wuhu	1360.96	1454.69	1581.37	1712.66	1743.67	2048.95
宣 城 市	Xuancheng	528.58	583.12	666.47	730.18	745.50	890.69
铜 陵 市	Tongling	419.75	455.16	477.44	433.40	462.86	577.09
池 州 市	Chizhou	280.38	304.39	333.11	364.42	371.17	462.15
安 庆 市	Anqing	793.05	910.03	991.67	1038.19	1019.27	1162.36
黄 山 市	Huangshan	213.33	227.54	251.82	279.70	293.42	343.31

2—14 各市第二产业增加值指数
Value-added Index of Secondary Industry by Region

本表按不变价格计算。（上年为100） The indices in this table are calculated at constant price. (preceding year=100)

地 区	Region	2010	2011	2012	2013	2014	2015
合肥市	Hefei	119.8	117.8	112.4	110.6	109.9	109.2
淮北市	Huaibei	118.8	115.1	114.4	108.8	111.1	102.1
亳州市	Bozhou	123.2	120.0	113.9	111.2	108.5	110.0
宿州市	Suzhou	116.4	115.5	113.8	110.7	109.0	108.3
蚌埠市	Bengbu	121.3	119.9	115.0	114.6	111.9	110.1
阜阳市	Fuyang	121.2	118.2	115.1	113.0	110.8	110.1
淮南市	Huainan	113.7	112.1	113.1	108.9	95.5	100.5
滁州市	Chuzhou	123.4	125.5	115.4	114.3	110.8	110.3
六安市	Luan	118.0	111.8	110.9	111.3	108.4	106.3
马鞍山市	Maanshan	115.3	113.4	111.2	111.4	110.1	108.6
芜湖市	Wuhu	121.4	119.5	112.9	110.5	110.4	106.1
宣城市	Xuancheng	121.5	119.4	114.6	113.8	110.5	107.8
铜陵市	Tongling	120.8	114.6	112.0	112.9	110.7	104.5
池州市	Chizhou	123.1	118.1	112.8	112.4	110.3	110.2
安庆市	Anqing	118.4	117.2	113.6	110.2	111.4	106.0
黄山市	Huangshan	118.4	116.7	112.5	105.5	106.8	104.0

地 区	Region	2016	2017	2018	2019	2020	2021
合肥市	Hefei	108.2	107.7	107.7	107.3	106.3	110.6
淮北市	Huaibei	102.9	108.6	100.6	97.1	103.4	97.5
亳州市	Bozhou	109.1	108.5	111.0	110.2	104.3	108.1
宿州市	Suzhou	109.3	109.9	109.1	110.0	104.6	109.2
蚌埠市	Bengbu	109.4	109.6	109.1	102.7	102.2	86.5
阜阳市	Fuyang	111.0	112.5	112.4	111.8	103.1	108.1
淮南市	Huainan	107.1	106.0	103.7	106.3	103.9	104.2
滁州市	Chuzhou	111.7	111.6	112.8	111.2	105.2	109.5
六安市	Luan	106.6	108.2	108.1	109.0	106.2	112.2
马鞍山市	Maanshan	107.9	108.5	108.6	109.0	104.3	110.1
芜湖市	Wuhu	109.4	108.6	108.6	109.0	103.4	111.9
宣城市	Xuancheng	108.7	108.7	110.2	109.9	105.3	111.1
铜陵市	Tongling	109.3	108.5	105.0	92.3	104.2	108.0
池州市	Chizhou	108.2	105.8	107.4	109.5	105.6	111.1
安庆市	Anqing	108.4	109.2	107.8	107.4	104.5	104.4
黄山市	Huangshan	106.8	107.3	109.5	109.8	104.6	110.1

2—15 各市第三产业增加值
Value-added of Tertiary Industry by Region

本表按当年价格计算。
Data in this table are calculated at current price.

(单位：亿元)
(100 million yuan)

地区	Region	2010	2011	2012	2013	2014	2015
合肥市	Hefei	1420.89	1712.97	1989.21	2302.52	2613.31	3093.96
淮北市	Huaibei	204.36	231.01	256.35	282.65	309.01	327.23
亳州市	Bozhou	243.82	289.26	331.20	397.32	433.29	459.41
宿州市	Suzhou	233.93	296.39	344.98	392.65	455.22	513.90
蚌埠市	Bengbu	251.80	282.37	326.04	391.89	443.17	549.44
阜阳市	Fuyang	397.59	464.08	533.91	615.12	700.08	774.64
淮南市	Huainan	216.56	250.88	285.74	327.51	365.26	398.37
滁州市	Chuzhou	307.83	398.61	479.18	565.99	649.80	726.11
六安市	Luan	240.90	308.17	355.84	388.65	431.65	465.67
马鞍山市	Maanshan	289.26	331.08	382.31	429.33	487.53	571.31
芜湖市	Wuhu	447.79	540.38	588.48	710.37	845.96	997.66
宣城市	Xuancheng	215.45	251.25	286.12	319.32	375.96	389.81
铜陵市	Tongling	153.44	231.10	241.16	266.89	282.72	291.39
池州市	Chizhou	123.30	144.03	164.24	186.28	210.20	236.88
安庆市	Anqing	388.28	473.64	520.48	552.63	600.86	626.56
黄山市	Huangshan	141.58	170.86	194.11	232.05	256.58	283.94

地区	Region	2016	2017	2018	2019	2020	2021
合肥市	Hefei	3562.08	4187.23	5157.56	5736.84	6134.56	6890.54
淮北市	Huaibei	353.36	417.12	481.97	544.48	574.73	622.41
亳州市	Bozhou	560.78	663.44	786.38	894.23	933.85	1019.92
宿州市	Suzhou	646.79	756.86	878.54	981.56	977.72	1066.98
蚌埠市	Bengbu	646.59	757.25	888.06	973.10	982.30	1043.00
阜阳市	Fuyang	904.06	1015.12	1172.88	1327.42	1337.54	1503.04
淮南市	Huainan	454.34	515.59	591.13	642.85	656.48	711.52
滁州市	Chuzhou	878.57	966.54	1104.55	1240.78	1255.67	1429.42
六安市	Luan	553.88	615.37	727.75	821.51	813.04	922.09
马鞍山市	Maanshan	630.92	730.69	902.16	988.69	1018.07	1128.84
芜湖市	Wuhu	1136.40	1298.98	1568.56	1727.23	1807.51	2084.09
宣城市	Xuancheng	445.17	520.43	616.99	677.57	682.67	771.20
铜陵市	Tongling	386.57	417.65	427.21	464.43	483.92	529.33
池州市	Chizhou	267.11	304.21	345.86	381.76	392.80	447.78
安庆市	Anqing	699.73	798.80	1005.07	1102.45	1119.98	1241.36
黄山市	Huangshan	326.56	378.87	430.16	474.86	489.20	541.76

2—16 各市第三产业增加值指数
Value-added Index of Tertiary Industry by Region

本表按不变价格计算。（上年为100） The indices in this table are calculated at constant price. (preceding year=100)

地区	Region	2010	2011	2012	2013	2014	2015	2016	2017	2018	2019	2020	2021
合肥市	Hefei	114.5	114.1	113.2	112.8	110.2	111.8	112.0	109.5	109.5	107.9	103.0	108.6
淮北市	Huaibei	110.2	106.3	111.0	110.8	108.6	107.9	107.2	107.0	107.5	109.3	103.5	107.3
亳州市	Bozhou	110.5	109.5	113.6	112.1	109.2	110.5	113.9	111.5	111.4	109.7	104.2	108.8
宿州市	Suzhou	114.4	116.9	116.1	115.9	112.2	111.1	115.8	111.7	109.9	108.6	102.8	108.3
蚌埠市	Bengbu	110.0	111.4	110.7	109.5	109.7	112.5	111.1	110.1	109.3	107.1	102.5	104.5
阜阳市	Fuyang	112.2	109.6	109.6	110.1	108.7	111.0	107.8	107.7	108.9	107.6	103.6	109.9
淮南市	Huainan	112.4	110.2	111.4	112.6	108.4	108.9	107.3	108.2	104.8	104.6	102.3	106.6
滁州市	Chuzhou	111.2	103.8	111.9	110.2	110.2	112.6	108.3	107.6	106.1	108.5	102.5	111.0
六安市	Luan	107.5	121.1	112.1	107.9	108.9	108.5	108.6	109.1	108.9	109.3	102.8	110.6
马鞍山市	Maanshan	113.0	109.8	113.3	110.1	109.0	109.8	110.4	109.6	108.5	106.6	102.9	108.3
芜湖市	Wuhu	113.5	110.9	112.8	115.7	111.2	118.1	111.0	109.7	108.6	107.3	103.7	111.7
宣城市	Xuancheng	112.5	111.3	112.3	109.5	108.5	109.9	110.8	109.6	107.4	106.3	102.4	109.8
铜陵市	Tongling	109.8	111.1	108.7	109.9	108.7	119.9	109.4	108.6	102.8	105.3	102.2	106.5
池州市	Chizhou	112.1	110.0	112.5	109.6	109.2	107.5	109.6	105.8	104.4	106.8	102.1	109.9
安庆市	Anqing	110.5	110.3	109.4	112.3	107.6	109.7	108.9	108.3	108.8	107.0	102.6	108.5
黄山市	Huangshan	109.8	110.1	110.8	115.1	109.1	108.6	109.2	108.7	107.1	106.8	101.4	108.5

2—17 各市分产业分行业增加值 （2021年）
Value-added by Industry and Sector by Region (2021)

本表绝对数按当年价格计算，指数按不变价格计算。
Absolute numbers in this table are calculated at current prices and indices at constant prices.

（单位：亿元）
(100 million yuan)

地区	Region	第一产业 Primary Industry	第二产业 Secondary Industry	第三产业 Tertiary Industry	农林牧渔业 Agriculture, Forestry, Animal Husbandry and Fishery	工业 Industry	建筑业 Construction	批发和零售业 Wholesale, Retail Trade	交通运输、仓储和邮政业 Transport, Storage and Postal Services	住宿和餐饮业 Accommodation and Catering Trade
合肥市	Hefei	351.05	4171.21	6890.54	358.93	2472.25	1702.79	1141.00	517.77	203.53
淮北市	Huaibei	86.31	514.30	622.41	88.62	464.07	50.79	105.03	84.01	20.07
亳州市	Bozhou	271.34	681.42	1019.92	279.33	489.96	191.75	172.84	87.78	40.45
宿州市	Suzhou	332.13	768.56	1066.98	383.15	536.03	232.78	185.15	107.12	44.00
蚌埠市	Bengbu	272.41	673.56	1043.00	280.72	537.81	136.19	167.68	129.17	42.25
阜阳市	Fuyang	417.26	1151.23	1503.04	460.96	917.73	233.90	297.33	170.29	56.07
淮南市	Huainan	150.65	594.88	711.52	154.11	519.28	77.22	144.18	78.72	37.93
滁州市	Chuzhou	287.87	1644.81	1429.42	311.84	1316.58	328.88	246.91	139.41	56.56
六安市	Luan	255.85	745.53	922.09	261.80	525.54	220.25	182.25	97.69	34.44
马鞍山市	Maanshan	104.23	1206.26	1128.84	111.36	978.41	229.55	273.30	73.86	37.99
芜湖市	Wuhu	169.58	2048.95	2084.09	173.87	1618.55	446.12	482.61	192.97	67.90
宣城市	Xuancheng	172.03	890.69	771.20	179.12	690.52	200.40	169.43	93.30	29.78
铜陵市	Tongling	59.16	577.09	529.33	60.76	491.81	85.67	94.51	65.23	23.86
池州市	Chizhou	94.24	462.15	447.78	98.52	384.74	77.69	96.91	45.59	23.71
安庆市	Anqing	253.16	1162.36	1241.36	257.45	919.64	243.95	203.36	120.52	51.14
黄山市	Huangshan	72.29	343.31	541.76	73.77	227.64	115.82	99.35	43.13	23.12

地区	Region	金融业 Banking	房地产业 Real Estate Trade	其他服务业 Other Services	构成(%) Composition 第一产业 Primary Industry	第二产业 Secondary Industry	第三产业 Tertiary Industry	指数 Preceding year=100 生产总值 Gross Domestic Product	第一产业 Primary Industry	第二产业 Secondary Industry	第三产业 Tertiary Industry
合肥市	Hefei	1065.88	1117.21	2833.45	3.1	36.5	60.4	109.2	105.1	110.6	108.6
淮北市	Huaibei	64.17	100.47	245.80	7.1	42.0	50.9	103.4	109.6	97.5	107.3
亳州市	Bozhou	138.73	170.75	401.09	13.8	34.5	51.7	108.6	109.1	108.1	108.8
宿州市	Suzhou	117.40	168.86	393.19	15.3	35.5	49.2	108.5	108.0	109.2	108.3
蚌埠市	Bengbu	120.12	148.45	426.57	13.7	33.9	52.4	97.9	106.8	86.5	104.5
阜阳市	Fuyang	203.96	190.34	540.96	13.6	37.5	48.9	109.0	108.4	108.1	109.9
淮南市	Huainan	99.25	102.24	244.14	10.4	40.8	48.8	105.7	106.9	104.2	106.6
滁州市	Chuzhou	153.42	229.37	579.13	8.6	48.9	42.5	109.9	106.7	109.5	111.0
六安市	Luan	118.45	163.74	319.31	13.3	38.8	47.9	111.0	108.9	112.2	110.6
马鞍山市	Maanshan	100.47	151.76	482.64	4.3	49.4	46.3	109.1	106.7	110.1	108.3
芜湖市	Wuhu	201.25	261.65	857.71	4.0	47.6	48.4	111.6	106.4	111.9	111.7
宣城市	Xuancheng	99.18	93.66	278.53	9.4	48.6	42.0	110.1	107.0	111.1	109.8
铜陵市	Tongling	53.16	74.41	216.17	5.1	49.5	45.4	107.2	106.7	108.0	106.5
池州市	Chizhou	42.35	58.31	176.35	9.4	46.0	44.6	110.2	107.6	111.1	109.9
安庆市	Anqing	137.67	193.81	529.35	9.5	43.8	46.7	106.6	106.7	104.4	108.5
黄山市	Huangshan	53.42	86.57	234.54	7.6	35.8	56.6	109.1	108.2	110.1	108.5

2—18 全省各市文化及相关产业增加值
Added Value of Culture and Related Industries in All Cities of The Province

本表按当年价格计算。 Data in value terms in this table are calculated at current prices.

地　区	Region	文化及相关产业增加值（亿元） Added Value of Culture and Related Industries (100 million yuan)		占GDP比重（%） Share of GDP (%)	
		2019	2020	2019	2020
安 徽 省	**Anhui**	**1665.42**	**1607.20**	**4.52**	**4.22**
合 肥 市	Hefei	513.58	523.44	5.48	5.23
淮 北 市	Huaibei	22.72	23.21	2.11	2.07
亳 州 市	Bozhou	63.47	66.16	3.65	3.66
宿 州 市	Suzhou	68.92	61.36	3.53	3.12
蚌 埠 市	Bengbu	104.80	89.98	5.20	4.46
阜 阳 市	Fuyang	131.90	130.77	4.91	4.80
淮 南 市	Huainan	29.74	29.44	2.32	2.25
滁 州 市	Chuzhou	184.45	165.39	6.39	5.61
六 安 市	Luan	47.94	48.69	2.96	2.92
马鞍山市	Maanshan	76.22	72.33	3.65	3.44
芜 湖 市	Wuhu	125.12	127.83	3.49	3.44
宣 城 市	Xuancheng	62.53	63.97	4.02	4.02
铜 陵 市	Tongling	21.82	21.02	2.30	2.09
池 州 市	Chizhou	39.81	37.18	4.80	4.36
安 庆 市	Anqing	87.28	84.06	3.70	3.53
黄 山 市	Huangshan	53.27	54.07	6.53	6.36

2—19 各市、县生产总值及指数
Gross Domestic Product and Indices by County or City

市、县 County、city		2020年生产总值(亿元) Gross Domestic Product in 2020 (100 million yuan)	2021年生产总值(亿元) Gross Domestic Product in 2021 (100 million yuan)	第一产业 Primary Industry	第二产业 Secondary Industry	第三产业 Tertiary Industry	2021年生产总值指数(%) Indices of Gross Domestic Product in 2021 (2020=100)	第一产业 Primary Industry	第二产业 Secondary Industry	第三产业 Tertiary Industry	2021年人均生产总值(元/人) Per Capita GDP in 2021 (yuan/person)
合 肥 市	**Hefei**	**10005.56**	**11412.80**	**351.05**	**4171.21**	**6890.54**	**109.2**	**105.1**	**110.6**	**108.6**	**121187**
巢湖市	Chaohu	507.29	577.01	46.85	230.29	299.88	109.6	105.8	116.6	105.5	79314
长丰县	Changfeng	656.93	761.94	81.22	330.39	350.33	110.3	104.6	112.6	109.8	96693
肥东县	Feidong	701.15	811.41	82.21	272.37	456.82	110.1	105.0	108.1	112.3	91272
肥西县	Feixi	869.52	1018.68	67.05	434.16	517.46	113.7	107.2	116.0	112.9	104695
庐江县	Lujiang	486.10	547.19	63.02	197.75	286.42	106.0	107.7	104.7	106.4	61586
淮 北 市	**Huaibei**	**1119.07**	**1223.02**	**86.31**	**514.30**	**622.41**	**103.4**	**109.6**	**97.5**	**107.3**	**62019**
濉溪县	Suixi	491.00	540.78	58.44	265.20	217.14	101.4	109.7	94.7	107.4	58117
亳 州 市	**Bozhou**	**1805.96**	**1972.68**	**271.34**	**681.42**	**1019.92**	**108.6**	**109.1**	**108.1**	**108.8**	**39509**
涡阳县	Guoyang	379.04	415.55	64.52	148.67	202.36	107.7	109.0	106.9	107.8	35472
蒙城县	Mengcheng	391.92	428.79	65.77	111.66	251.35	108.7	109.2	107.7	109.0	38946
利辛县	Lixin	333.08	366.82	56.84	110.70	199.28	109.2	109.0	111.6	107.9	30877
宿 州 市	**Suzhou**	**1969.24**	**2167.67**	**332.13**	**768.56**	**1066.98**	**108.5**	**108.0**	**109.2**	**108.3**	**40688**
砀山县	Dangshan	232.90	254.48	44.66	74.28	135.55	107.9	107.2	105.0	109.8	33114
萧 县	Xiaoxian	378.28	417.19	74.43	175.56	167.19	108.5	107.3	107.7	109.9	39827
灵璧县	Lingbi	279.70	312.98	67.48	75.70	169.80	111.0	108.4	117.8	109.3	31969
泗 县	Sixian	260.44	287.74	65.59	82.86	139.29	109.5	109.5	110.3	109.1	37935
蚌 埠 市	**Bengbu**	**2018.35**	**1988.97**	**272.41**	**673.56**	**1043.00**	**97.9**	**106.8**	**86.5**	**104.5**	**60117**
怀远县	Huaiyuan	404.72	356.26	81.49	84.04	190.72	88.0	108.1	59.8	101.9	37900
五河县	Wuhe	251.85	262.95	70.92	50.74	141.29	104.0	109.6	99.8	102.9	50086
固镇县	Guzhen	302.28	295.93	85.40	95.09	115.44	98.8	105.3	85.0	108.9	59068

注：本表绝对数按当年价格计算，指数按不变价格计算。

a) Absolute numbers in this table are calculated at current prices and indices at constant prices.

2—19 续表1 continued

市、县 County、city		2020年生产总值(亿元) Gross Domestic Product in 2020 (100 million yuan)	2021年生产总值(亿元) Gross Domestic Product in 2021 (100 million yuan)	第一产业 Primary Industry	第二产业 Secondary Industry	第三产业 Tertiary Industry	2021年生产总值指数(%) Indices of Gross Domestic Product in 2021 (2020=100)	第一产业 Primary Industry	第二产业 Secondary Industry	第三产业 Tertiary Industry	2021年人均生产总值(元/人) Per Capita GDP in 2021 (yuan/person)
阜 阳 市	**Fuyang**	**2724.45**	**3071.53**	**417.26**	**1151.23**	**1503.04**	**109.0**	**108.4**	**108.1**	**109.9**	**37524**
界首市	Jieshou	336.72	387.56	34.73	223.58	129.24	111.0	108.9	110.3	112.6	59671
临泉县	Linquan	388.20	433.46	96.92	106.58	229.96	109.6	108.9	109.7	109.8	26199
太和县	Taihe	460.75	508.65	63.43	211.34	233.88	107.3	108.2	105.1	109.0	36966
阜南县	Funan	282.24	315.74	66.15	93.94	155.65	109.5	107.9	110.3	109.7	26826
颍上县	Yingshang	402.88	465.02	69.45	191.32	204.25	108.9	108.4	108.8	109.1	38784
淮 南 市	**Huainan**	**1305.69**	**1457.05**	**150.65**	**594.88**	**711.52**	**105.7**	**106.9**	**104.2**	**106.6**	**48008**
凤台县	Fengtai	298.40	340.32	40.65	177.61	122.06	105.3	107.0	104.4	106.0	63139
寿 县	Shouxian	219.83	243.79	58.81	63.08	121.89	108.9	107.1	110.0	109.3	29057
滁 州 市	**Chuzhou**	**2946.84**	**3362.11**	**287.87**	**1644.81**	**1429.42**	**109.9**	**106.7**	**109.5**	**111.0**	**84263**
天长市	Tianchang	538.99	622.50	41.71	376.53	204.26	111.0	107.2	109.8	114.1	103405
明光市	Mingguang	244.23	273.44	43.77	78.50	151.18	109.2	106.4	106.5	111.6	56033
来安县	Laian	320.62	362.73	27.66	176.22	158.85	110.8	106.4	112.8	109.5	86778
全椒县	Quanjiao	276.59	315.29	29.97	138.37	146.95	110.8	106.8	111.6	111.0	79219
定远县	Dingyuan	319.99	356.84	73.65	112.91	170.28	108.9	107.3	106.8	111.1	53220
凤阳县	Fengyang	406.23	458.53	47.07	202.59	208.87	109.9	106.0	109.9	110.8	72667
六 安 市	**Luan**	**1669.45**	**1923.47**	**255.85**	**745.53**	**922.09**	**111.0**	**108.9**	**112.2**	**110.6**	**43690**
霍邱县	Huoqiu	235.69	269.36	64.32	83.45	121.59	110.0	109.5	111.8	109.2	28564
舒城县	Shucheng	305.93	357.37	39.07	169.31	149.00	112.2	108.5	112.3	113.2	51089
金寨县	Jinzhai	196.82	224.80	27.02	100.38	97.41	110.3	109.5	109.9	110.8	45095
霍山县	Huoshan	165.32	193.19	22.84	85.59	84.76	111.7	106.9	114.5	110.5	66964
马鞍山市	**Maanshan**	**2102.70**	**2439.33**	**104.23**	**1206.26**	**1128.84**	**109.1**	**106.7**	**110.1**	**108.3**	**113010**
当涂县	Dangtu	441.10	520.98	36.07	268.58	216.33	111.3	106.9	112.1	111.2	126759
含山县	Hanshan	197.51	233.02	24.25	97.02	111.75	112.0	106.8	115.6	110.5	69043
和 县	Hexian	267.84	317.45	29.86	129.11	158.48	112.2	107.2	114.7	111.5	77427
芜 湖 市	**Wuhu**	**3714.14**	**4302.63**	**169.58**	**2048.95**	**2084.09**	**111.6**	**106.4**	**111.9**	**111.7**	**117526**
无为市	Wuwei	505.09	577.76	58.97	284.02	234.77	110.5	106.7	111.5	110.4	70244

2—19 续表2 continued

市、县	County、city	2020年生产总值(亿元) Gross Domestic Product in 2020 (100 million yuan)	2021年生产总值(亿元) Gross Domestic Product in 2021 (100 million yuan)	第一产业 Primary Industry	第二产业 Secondary Industry	第三产业 Tertiary Industry	2021年生产总值指数(%) Indices of Gross Domestic Product in 2021 (2020=100)	第一产业 Primary Industry	第二产业 Secondary Industry	第三产业 Tertiary Industry	2021年人均生产总值(元/人) Per Capita GDP in 2021 (yuan/person)
南陵县	Nanling	278.71	320.69	37.57	137.32	145.80	111.6	106.8	112.4	112.2	74320
宣 城 市	**Xuancheng**	**1591.36**	**1833.92**	**172.03**	**890.69**	**771.20**	**110.1**	**107.0**	**111.1**	**109.8**	**73548**
宁国市	Ningguo	374.34	431.70	27.37	252.66	151.67	110.7	107.9	111.5	109.8	110977
广德市	Guangde	327.45	380.70	28.59	188.17	163.94	111.0	107.3	111.1	111.7	76140
郎溪县	Langxi	179.13	208.53	20.04	113.17	75.32	111.1	105.7	112.3	110.9	67268
泾 县	Jingxian	129.70	147.86	21.10	60.97	65.79	109.3	106.7	111.3	108.4	53572
绩溪县	Jixi	88.38	101.32	14.89	46.54	39.89	109.5	107.0	108.9	111.1	73155
旌德县	Jingde	53.54	61.91	8.92	25.65	27.34	109.8	108.1	112.3	108.1	56282
铜 陵 市	**Tongling**	**1003.69**	**1165.58**	**59.16**	**577.09**	**529.33**	**107.2**	**106.7**	**108.0**	**106.5**	**89112**
枞阳县	Zongyang	168.25	188.28	32.19	54.14	101.95	106.6	107.1	104.6	107.3	40231
池 州 市	**Chizhou**	**853.10**	**1004.18**	**94.24**	**462.15**	**447.78**	**110.2**	**107.6**	**111.1**	**109.9**	**75191**
东至县	Dongzhi	208.17	243.26	35.26	108.11	99.89	110.2	107.6	111.3	110.0	61275
石台县	Shitai	28.26	32.19	5.46	7.74	18.99	108.3	107.5	109.0	108.3	40491
青阳县	Qingyang	153.80	180.27	14.52	71.36	94.39	110.0	107.5	109.5	110.7	72690
安 庆 市	**Anqin**	**2381.45**	**2656.88**	**253.16**	**1162.36**	**1241.36**	**106.6**	**106.7**	**104.4**	**108.5**	**63707**
桐城市	Tongcheng	379.17	419.11	36.65	213.24	169.22	106.2	106.8	105.0	107.6	70736
潜山市	Qianshan	209.12	230.10	30.94	99.02	100.13	106.5	107.0	104.2	108.7	52236
怀宁县	Huaining	301.40	330.89	26.56	170.52	133.81	106.2	106.6	104.8	107.9	66311
太湖县	Taihu	191.17	204.27	33.20	73.21	97.85	104.9	106.7	99.1	109.0	47505
宿松县	Susong	234.54	254.34	52.75	97.71	103.88	106.0	106.6	102.1	109.3	41593
望江县	Wangjiang	184.06	202.27	34.99	83.24	84.03	104.5	106.9	98.0	109.9	43876
岳西县	Yuexi	120.04	129.25	18.39	43.78	67.09	106.0	106.8	98.1	111.5	40140
黄 山 市	**Huangshan**	**850.37**	**957.37**	**72.29**	**343.31**	**541.76**	**109.1**	**108.2**	**110.1**	**108.5**	**71928**
歙 县	Shexian	200.05	225.00	20.95	84.78	119.27	109.4	107.4	111.1	108.6	62328
休宁县	Xiuning	116.36	131.06	16.32	51.93	62.81	109.2	109.1	107.4	110.6	62261
黟 县	Yixian	45.67	51.00	4.98	17.06	28.96	108.0	108.4	107.4	108.2	67103
祁门县	Qimen	77.72	87.80	8.37	28.43	50.99	109.1	108.7	109.8	108.7	60342

主要统计指标解释

国内（地区）生产总值（GDP）

指按市场价格计算的一个国家（或地区）所有常住单位在一定时期内生产活动的最终成果。国内（地区）生产总值有三种表现形态，即价值形态、收入形态和产品形态。从价值形态看，它是所有常住单位在一定时期内生产的全部货物和服务价值超过同期投入的全部非固定资产货物和服务价值的差额，即所有常住单位的增加值之和；从收入形态看，它是所有常住单位在一定时期内创造并分配给常住单位和非常住单位的初次收入之和；从产品形态看，它是所有常住单位在一定时期内最终使用的货物和服务价值减去货物和服务进口价值。在实际核算中，国内（地区）生产总值有三种计算方法，即生产法、收入法和支出法。三种方法分别从不同的方面反映国内（地区）生产总值及其构成。

三次产业

三次产业的划分是世界上较为常用的产业结构分类，但各国的划分不尽一致。根据国家统计局 2012 年制定的三次产业划分规定及相关修订通知：

第一产业是指农、林、牧、渔业（不含农、林、牧、渔专业及辅助性活动）；

第二产业是指采矿业（不含开采专业及辅助性活动），制造业（不含金属制品、机械和设备修理业），电力、热力、燃气及水的生产和供应业，建筑业；

第三产业是指除第一、二产业以外的其他行业。

劳动者报酬

指劳动者因从事生产活动所获得的全部报酬。包括劳动者获得的各种形式的工资、奖金和津贴，既包括货币形式的，也包括实物形式的，还包括劳动者所享受的公费医疗和医药卫生费、上下班交通补贴、单位支付的社会保险费、住房公积金等。

生产税净额

指生产税减生产补贴后的余额。生产税指政府对生产单位从事生产、销售和经营活动以及因从事生产活动使用某些生产要素（如固定资产、土地、劳动力）所征收的各种税、附加费和规费。生产补贴与生产税相反，指政府对生产单位的单方面转移支出，因此视为负生产税，包括政策亏损补贴、价格补贴等。

固定资产折旧

指一定时期内为弥补固定资产损耗按照规定的固定资产折旧率提取的固定资产折旧，或按国民经济核算统一规定的折旧率虚拟计算的固定资产折旧。它反映了固定资产在当期生产中的转移价值。各类企业和企业化管理的事业单位的固定资产折旧是指实际计提的折旧费；不计提折旧的政府机关、非企业化管理的事业单位和居民住房的固定资产折旧是按照统一规定的折旧率和固定资产原值计算的虚拟折旧。原则上，固定资产折旧应按固定资产当期的重置价值计算，但是目前我国尚不具备对全社会固定资产进行重估价的基础，所以暂时只能采用上述办法。

营业盈余

指常住单位创造的增加值扣除劳动者报酬、生产税净额和固定资产折旧后的余额。它相当于企业的营业利润加上生产补贴，但要扣除从利润中开支的工资和福利等。

文化及相关产业

指为社会公众提供文化产品和文化相关产品的生产活动的集合。

文化及相关产业增加值

衡量的是一个地区所有常住单位一定时期内进行文化及相关产业生产活动而创造的增加值。

Explanatory Notes for Major Statistical Indicators

Gross Domestic Product (GDP)

refers to the final products at market prices produced by all resident units in a country (or a region) during a certain period of time. Gross domestic product is expressed in three different perspectives, namely value, income, and products respectively. GDP in its value perspective refers to the total value of all goods and services produced by all resident units during a certain period of time, minus the total value of input of goods and services of the nature of non-fixed assets; in other words, it is the sum of the value-added of all resident units. GDP from the perspective of income includes the primary income created by all resident units and distributed to resident and non-resident units. GDP from the perspective of products refers to the value of all goods and services for final consumption by all resident units minus the net exports of goods and services during a given period of time. In the practice of national accounting, gross domestic product is calculated from three approaches, namely production approach, income approach and expenditure approach, which reflect gross domestic product and its composition from different angles.

Three Strata of Industry

Classification of economic activities into three strata of industry is a common practice in the world, although the grouping varies to some extent form country to country. In China economic activities are categorized into the following three strata of industry:

Primary industry refers to agriculture, forestry, animal husbandry and fishery (excluding professional and auxiliary activities of agriculture, forestry, animal husbandry and fishery);

Secondary industry refers to mining (excluding mining specialized and auxiliary activities), manufacturing (excluding metal products, machinery and equipment repair), production and supply of electricity, heat, gas and water, and construction;

Tertiary industry refers to all other economic activities not included in the primary or secondary industries.

Labourers Remuneration

refers to all remuneration received by workers for engaging in production activities. Including various forms of wages, bonuses and allowances for workers, including both monetary and physical forms, as well as public medical care and medical and health expenses enjoyed by workers, commuting subsidies, social insurance premiums paid by units, housing accumulation funds, etc.

Net Taxes on Production

refers to taxes on production less subsidies on production. The taxes on production refers to the various taxes, extra charges and fees levied on the production units on their production, sale and business activities as well as on the use of some factors of production, such as fixed assets, land and labour in the production activities they are engaged in. In contrast to taxes on production, subsidies on production refer to the unilateral government transfer to the production units and are therefore regarded as negative taxes on production. They include subsidies on the loss due to implementation of government policies, price subsidies, etc.

Depreciation of Fixed Assets

refers to the depreciation of fixed assets in a given period, drawn in accordance with the stipulated depreciation rate for the purpose of compensating the wear-and-tear loss of the fixed assets or the depreciation of fixed assets imputed in accordance with the stipulated unified depreciation rate in the national economic accounting system. It reflects the value of transfer of the fixed assets in the production of the current period. The depreciation of fixed assets in various enterprises and institutions managed as enterprises refers to the depreciation expenses actually drawn. In government agencies and institutions not managed as enterprises which do not draw the depreciation expenses, as well as for the houses of residents, the depreciation of fixed assets is the imputed depreciation, which is calculated in accordance with the stipulated unified depreciation rate.

In principle, the depreciation of fixed assets should be calculated on the basis of the re-purchased value of the fixed assets. However, currently the conditions in China do not facilitate the revaluation of all the fixed assets. Therefore, only the above-mentioned methods can be adopted at present.

Operating Surplus

refers to the balance of the value added created by the resident units after deducting the labourers remuneration, net taxes on production and the depreciation of fixed assets. It is equivalent to the business profit of the enterprises plus subsidies to production, but the wages and welfare expenses paid from the profits should be deducted.

Culture and related industries

refers to the collection of production activities that provide cultural products and cultural related products for the public.

Added value of culture and related industries

it is a measure of the added value created by the cultural and related industrial activities of all resident units in an area during a certain period of time.

第三篇

Chapter 3

人口

POPULATION

简要说明

一、本篇资料反映我省 2021 年及主要年份人口方面的基本情况，包括全省主要人口统计数据，主要指标有：总户数、总人口、家庭户规模、性别比、少年儿童系数、老年系数、老少比、文化程度状况、少年儿童抚养系数、老年抚养系数、总抚养系数、婚姻构成、就业者身份等。

二、本篇资料来源主要有以下三个方面：

1. 家庭户数据、人口性别比、人口受教育程度、抚养系数等资料，根据历年人口抽查调查和人口普查数据整理计算。

2. 历史上七次人口普查资料，根据历次人口普查资料整理。

三、本篇资料均由省统计局人口处整理编制。

Brief Introduction

I. Data in this chapter show the basic conditions of Anhui's population in 2021, including the main data of population statistics of the whole province, such as family size, sex ratio, children ratio, the aged ratio, ratio of the aged to children, educational level, children dependency ratio, the aged dependency ratio, and total dependency ratio.

II. There are three main sources for Data published in this chapter.

1. Materials on Households, sex ratio, educational level and dependency ratio are tabulated according to the data of the population sample survey and census of the past years.

2. Data from seven censuses in history, compiled according to previous censuses.

III. Data in this chapter are prepared by the Population Division, Anhui Statistical Bureau.

3—1 主要年份人口指标
Major Population Indicators in Main Year

年份 Year	户籍人口 Residence Populations 总数（万人）Total (10000 persons)	城镇人口比重（%）Proportion of Urban Populations (%)	常住人口 Permanent Populations 总数（万人）Total (10000 persons)	城镇人口比重（%）Proportion of Urban Populations (%)	出生率（‰）Birth Rate (‰)	死亡率（‰）Death Rate (‰)	自然增长率（‰）Natural Growth Rate (‰)	流向省外半年以上的人数（万人）Floating Out of This Province for More Than Half a Year (10000 persons)
2005	6516	20.99	6120	35.50	12.43	6.23	6.20	842
2010	6827	22.71	5957	43.20	12.70	5.95	6.75	1038
2012	6902	22.89	5978	46.30	13.00	6.14	6.86	1157
2013	6929	22.92	5988	47.87	12.88	6.06	6.82	1130
2014	6936	22.69	5997	49.31	12.86	5.89	6.97	1053
2015	6949	27.58	6011	50.97	12.92	5.94	6.98	1045
2016	7027	29.52	6033	52.62	13.02	5.96	7.06	1052
2017	7059	31.07	6057	54.29	14.07	5.90	8.17	1058
2018	7083	32.65	6076	55.65	12.41	5.96	6.45	1048
2019	7119	34.65	6092	57.02	12.03	6.04	5.99	1061
2020			6105	58.33	9.45	7.96	1.49	1152
2021			6113	59.39	8.05	8.00	0.05	1145

注：1. 户籍人口为公安户籍统计数，常住人口为人口普查或人口抽样调查年底推算数；

2. 常住人口是指常住本地的人，不包括户籍人口中到省外半年以上的人口，包括外省来我省常住半年以上的人口；

3. 以下各表除加以注明的外，均为常住人口数。

a) Registered population is the number of the public security census, and the resident population is the estimated number at the end of the population census or population sampling survey.

b) Permanent population refers to people inhabit local place, excluding those residence population that going out of this province for more than one year and including the population moving to this province from other province for more than one year.

c) Data in the following tables refer to permanent populations excluding those with notes.

3—2 主要年份人口系数
Ratio of Population in Main Year

单位：%

年份 Year	少年儿童系数 Ratio of Children	老年系数 Aging Coefficient	老少比 Ratio of the Aged to Children	少年儿童抚养系数 Child Support Coefficient	老年抚养系数 The Aged Dependency Ratio	总抚养系数 Dependency Ratio	年龄中位数（岁）Median of Age (year)
2005	23.07	10.08	43.69	34.51	15.08	49.59	34.32
2010	17.77	10.23	57.57	24.68	14.21	38.89	36.36
2012	18.35	12.08	65.83	26.37	17.36	43.73	39.79
2013	18.51	12.24	66.15	26.72	17.68	44.40	40.12
2014	18.68	11.71	62.72	26.83	16.83	43.66	39.42
2015	18.21	11.73	64.41	25.99	16.74	42.73	39.68
2016	18.31	12.00	65.54	26.27	17.22	43.49	38.63
2017	18.60	12.38	66.56	26.95	17.94	44.89	39.62
2018	18.85	12.97	68.81	27.65	19.02	46.67	40.08
2019	18.91	13.93	73.66	28.16	20.74	48.90	41.91
2020	19.24	15.01	78.00	29.27	22.83	52.09	40.04
2021	18.65	15.44	82.79	28.30	23.43	51.72	40.24

注：2010、2020年为普查数据，其余年份为人口变动抽样推算数或调查数（下同）。

a) 2010 and 2020 are census data, and the rest of the years are estimated sampling data or survey data of population change (the same below).

3—3 七次全省人口普查基本情况
Basic Statistics on National Population Census in 1953, 1964, 1982, 1990, 2000, 2010 and 2020

指　标		Item	
总 人 口	（万人）	**Total Population**	**(10000 persons)**
男		Male	
女		Female	
育龄妇女（15—49岁）		Women at Childbearing Age (Age 15-49)	
总 户 数	（万户）	**Total Number of Households**	**(10000 household)**
家 庭 户		Family Households	
集 体 户		Non-family Households	
家庭户规模	（人/户）	**Average Family Size**	**(person/household)**
各年龄组人口	（万人）	**Population by Age**	**(10000 persons)**
0—6岁		Age 0-6	
7—14岁		Age 7-14	
15—64岁		Age 15-64	
65岁以上		Age 65 and Over	
劳动年龄人口		Population Within Working Age	
男60岁、女55岁以上人口		Males Aged 60 and Females Aged 55 and Over	
民族人口	（万人）	**Nationality Population**	**(10000 persons)**
汉　族		Han Nationality	
少数民族		Minority Nationalities	
15岁及以上人口	（万人）	**Marital Status of Population Aged 15 and Over**	**(10000 persons)**
未　婚		Unmarried	
有 配 偶		Married	
丧　偶		Widowed	
离　婚		Divorced	
每十万人拥有受教育程度人口	（人）	**Population with Education Attainment Per 10000 from Population Censuse**	**(person)**
大专以上		Colleges and Over	
高　中		Senior Secondary School	
初　中		Junior Secondary School	
小　学		Primary School	
文盲人口及文盲率		**Illiterate Population and Illiterate Rate**	
文盲人口	（万人）	Illiterate Population	(10000 persons)
文 盲 率	(%)	Illiterate Rate	(%)
市镇乡人口	（万人）	**Population of Cities, Towns and Townships**	**(10000 persons)**
市		City	
镇		Town	
乡		Townships	
人口平均预期寿命	（岁）	**Population Life Expectancy**	**(age)**

1953	1964	1982	1990	2000	2010	2020
3066.3	**3124.1**	**4966.6**	**5618.1**	**5900.0**	**5950.0**	**6102.7**
1610.7	1618.2	2576.4	2902.6	3043.8	3024.6	3110.3
1455.7	1506.0	2390.2	2715.5	2856.2	2925.5	2992.4
705.4	741.2	1150.8	1498.8	1576.9	1702.8	1340.2
713.2	**765.2**	**1052.2**	**1337.7**	**1650.5**	**1932.2**	**2288.8**
		1047.1	1332.0	1631.4	1886.2	2191.0
		5.1	5.6	19.2	46.0	97.8
4.3	**4.1**	**4.6**	**4.1**	**3.5**	**3.0**	**2.6**
624.7	542.7	679.9	781.5	515.4	511.7	524.6
481.0	657.6	1115.4	813.4	988.7	545.9	649.6
	1849.6	2968.5	3719.5	3948.0	4284.0	4012.5
	74.2	202.8	303.7	448.0	608.5	915.9
1649.3	1657.6	2615.9	3336.7	3535.1	3725.1	3708.7
		425.7	577.1	761.6	1072.7	1378.8
3052.7	3108.6	4940.4	5585.7	5860.2	5910.5	6059.5
13.6	15.5	26.2	32.4	39.8	39.6	43.3
		3171.3	**4023.2**	**4396.0**	**4892.4**	**4928.4**
		954.6	1112.5	964.2	951.2	842.0
		1959.3	2641.9	3199.9	3582.5	3676.0
		237.2	247.7	177.1	310.3	304.0
		20.2	21.1	54.8	48.4	106.0
	258	408	883	2312	6733	13280
	1010	3977	5037	7653	10840	13294
	3861	14236	19970	32826	38604	33724
	19307	29716	34701	37362	27763	26875
		1900.7	1381.8	602.2	484.4	274.0
		31.8	24.6	10.1	8.1	4.5
112.5	214.7	488.5	692.1	843.5	1218.3	1633.0
153.8	146.7	219.7	310.3	733.2	1339.5	1927.0
2800.1	2762.7	4258.4	4615.7	4323.4	3392.3	2543.0
			70.22	**72.62**	**75.10**	**77.96**

3—4 各市主要年份人口城镇化率
Main Year Rate of Urbanization by Region

单位：%

地 区	Region	2010	2015	2019	2020	2021
总 计	**Total**	**43.20**	**50.97**	**57.02**	**58.33**	**59.39**
合肥市	Hefei	63.00	72.25	80.77	82.28	84.04
淮北市	Huaibei	54.50	59.28	63.11	64.16	64.78
亳州市	Bozhou	29.10	35.94	41.55	42.50	43.19
宿州市	Suzhou	31.40	37.58	42.28	43.76	45.03
蚌埠市	Bengbu	45.00	49.33	53.60	55.08	56.90
阜阳市	Fuyang	31.90	36.48	40.79	41.97	42.74
淮南市	Huainan	54.81	56.86	59.59	61.08	61.91
滁州市	Chuzhou	41.60	51.88	60.82	61.84	62.92
六安市	Luan	35.66	42.65	47.18	48.49	49.46
马鞍山市	Maanshan	58.00	65.77	70.69	71.69	72.39
芜湖市	Wuhu	54.60	64.16	71.18	72.31	72.99
宣城市	Xuancheng	43.30	52.02	59.55	60.82	61.75
铜陵市	Tongling	46.64	58.01	65.26	66.17	66.33
池州市	Chizhou	44.50	53.10	58.60	59.68	60.09
安庆市	Anqing	36.06	48.69	54.28	55.52	56.17
黄山市	Huangshan	41.10	50.61	57.10	58.29	59.25

3—5 各市常住人口出生率、死亡率（2021年）
Resident Population Birth Rate, Mortality by Region (2021)

地　区	Region	出生率（‰） Birth Rate（‰）	死亡率（‰） Mortality（‰）	自然增长率（‰） Natural Growth Rate（‰）
总　计	**Total**	**8.05**	**8.00**	**0.05**
合肥市	Hefei	9.04	5.32	3.72
淮北市	Huaibei	8.27	7.37	0.90
亳州市	Bozhou	8.73	8.64	0.09
宿州市	Suzhou	9.61	8.66	0.96
蚌埠市	Bengbu	7.19	6.55	0.63
阜阳市	Fuyang	9.42	9.21	0.21
淮南市	Huainan	6.60	8.01	-1.42
滁州市	Chuzhou	7.49	7.92	-0.44
六安市	Luan	7.19	8.73	-1.54
马鞍山市	Maanshan	7.69	6.47	1.22
芜湖市	Wuhu	6.99	6.74	0.24
宣城市	Xuancheng	6.75	9.26	-2.51
铜陵市	Tongling	6.97	9.53	-2.56
池州市	Chizhou	6.85	8.32	-1.47
安庆市	Anqing	6.71	9.55	-2.84
黄山市	Huangshan	6.25	8.27	-2.02

3—6 各市主要人口指标（2021年）
Main Population Indicators by Region (2021)

地 区	Region	常住人口 Permanent Populations 总数 (万人) Total (10000 persons)	城镇人口比重 (%) Proportion of Urban Populations (%)
总 计	**Total**	**6113.0**	**59.39**
合肥市	Hefei	946.5	84.04
淮北市	Huaibei	197.4	64.78
亳州市	Bozhou	498.6	43.19
宿州市	Suzhou	532.5	45.03
蚌埠市	Bengbu	331.7	56.90
阜阳市	Fuyang	817.1	42.74
淮南市	Huainan	304.0	61.91
滁州市	Chuzhou	399.0	62.92
六安市	Luan	440.5	49.46
马鞍山市	Maanshan	215.7	72.39
芜湖市	Wuhu	367.2	72.99
宣城市	Xuancheng	248.7	61.75
铜陵市	Tongling	130.6	66.33
池州市	Chizhou	133.1	60.09
安庆市	Anqing	417.1	56.17
黄山市	Huangshan	133.2	59.25

3—7　各市主要年份总人口文盲率

Illiteracy Ratio by Region in the Primary Years

单位：%

地　区	Region	2000	2005	2010	2015	2020	2021
总　计	**Total**	**10.06**	**11.74**	**8.14**	**5.79**	**4.49**	**4.30**
合肥市	Hefei	7.69	8.67	5.28	4.69	3.72	3.59
淮北市	Huaibei	8.42	7.59	6.54	4.96	5.56	5.11
亳州市	Bozhou	10.70	14.59	10.76	6.87	6.95	6.85
宿州市	Suzhou	10.28	11.32	8.64	6.34	2.61	2.36
蚌埠市	Bengbu	10.60	12.17	6.90	5.38	5.31	5.23
阜阳市	Fuyang	11.25	13.18	9.25	6.85	5.72	5.50
淮南市	Huainan	8.32	10.47	6.67	4.95	3.79	3.78
滁州市	Chuzhou	10.77	13.14	9.07	5.98	2.65	2.35
六安市	Luan	9.75	12.67	7.92	5.82	2.83	2.60
马鞍山市	Maanshan	8.87	7.94	5.24	5.02	5.43	5.11
芜湖市	Wuhu	10.81	10.45	5.87	5.23	4.92	4.79
宣城市	Xuancheng	8.88	14.47	9.46	5.85	5.20	4.89
铜陵市	Tongling	10.76	7.20	6.88	7.14	8.24	7.88
池州市	Chizhou	11.29	11.21	8.53	5.84	7.43	7.36
安庆市	Anqing	11.84	11.80	8.80	4.97	2.71	2.67
黄山市	Huangshan	8.35	8.26	6.25	3.92	4.42	4.14

3—8　各市人均受教育年限

Average Number of Years of Education by Region

单位：年（year）

地　区	Region	2020年人均受教育年限 The average number of years of Education 1n 2020			2021年人均受教育年限 The average number of years of Education 1n 2021		
		合　计 Total	男 Male	女 Female	合　计 Total	男 Male	女 Female
总　计	**Total**	**9.35**	**9.90**	**8.80**	**9.51**	**10.06**	**8.95**
合 肥 市	Hefei	10.80	11.29	10.28	11.02	11.51	10.52
淮 北 市	Huaibei	9.40	9.89	8.92	9.58	10.14	9.03
亳 州 市	Bozhou	8.38	9.00	7.76	8.52	9.21	7.82
宿 州 市	Suzhou	9.56	9.98	9.14	9.71	10.15	9.28
蚌 埠 市	Bengbu	9.19	9.66	8.72	9.36	9.83	8.90
阜 阳 市	Fuyang	8.51	9.11	7.92	8.66	9.21	8.12
淮 南 市	Huainan	9.23	9.64	8.81	9.23	9.68	8.79
滁 州 市	Chuzhou	9.77	10.30	9.21	10.01	10.52	9.47
六 安 市	Luan	8.98	9.47	8.49	9.16	9.71	8.61
马鞍山市	Maanshan	9.27	9.92	8.61	9.36	9.94	8.76
芜 湖 市	Wuhu	9.50	10.06	8.93	9.70	10.27	9.10
宣 城 市	Xuancheng	8.79	9.25	8.31	8.98	9.47	8.47
铜 陵 市	Tongling	9.01	9.86	8.18	9.02	9.84	8.22
池 州 市	Chizhou	8.74	9.47	8.03	8.75	9.54	7.97
安 庆 市	Anqing	9.18	9.87	8.48	9.30	9.93	8.68
黄 山 市	Huangshan	9.16	9.70	8.61	9.32	9.80	8.82

3—9　按年龄和性别分人口数（2021年）
Population by Age and Sex (2021)

年　龄 Age	人口数　(万人) Population (10000 person)			占总人口比重　(%) Percentage to Total Population (%)			性别比 (女=100) Sex Ratio (female=100)
	合　计 Total	男 Male	女 Female	合　计 Total	男 Male	女 Female	
总　计 Total	**6113**	**3121**	**2992**	**100.00**	**51.06**	**48.94**	**104.31**
0—4	328	179	149	5.37	2.93	2.44	120.08
5—9	416	226	191	6.81	3.69	3.12	118.27
10—14	395	215	180	6.46	3.51	2.95	118.98
15—19	352	190	163	5.76	3.10	2.66	116.54
20—24	277	143	134	4.53	2.34	2.19	106.85
25—29	384	196	188	6.28	3.21	3.07	104.56
30—34	485	241	243	7.93	3.95	3.98	99.25
35—39	358	177	181	5.85	2.89	2.96	97.64
40—44	382	192	190	6.25	3.14	3.11	100.96
45—49	488	245	243	7.98	4.01	3.97	101.01
50—54	596	293	303	9.75	4.80	4.95	96.97
55—59	506	257	249	8.28	4.20	4.08	102.94
60—64	202	109	94	3.31	1.78	1.53	116.34
65+	944	459	485	15.44	7.51	7.93	94.70

3—10 各市家庭户规模和常住人口性别比（2021年）

Household Size and Sex Ratio of Permanent Residents by Region (2021)

地 区 Region		家庭户规模（人/户）Size of Family Household (person/household)	人口性别比（女=100）Sex Ratio (female=100)
总 计	**Total**	**2.67**	**104.31**
合 肥 市	Hefei	2.58	105.85
淮 北 市	Huaibei	2.71	100.71
亳 州 市	Bozhou	2.74	105.30
宿 州 市	Suzhou	2.79	103.07
蚌 埠 市	Bengbu	2.77	103.13
阜 阳 市	Fuyang	2.95	103.44
淮 南 市	Huainan	2.55	104.51
滁 州 市	Chuzhou	2.71	105.77
六 安 市	Luan	2.65	106.55
马鞍山市	Maanshan	2.56	105.17
芜 湖 市	Wuhu	2.56	106.18
宣 城 市	Xuancheng	2.44	105.36
铜 陵 市	Tongling	2.42	99.64
池 州 市	Chizhou	2.50	100.43
安 庆 市	Anqing	2.69	102.39
黄 山 市	Huangshan	2.61	102.85

3—11 各市人口年龄结构（2021年）
Age Composition of Population by Region (2021)

单位：%

地区	Region	总人口（万人）Total Population (10000 persons)	年龄构成 Proportion to Total Populations 0—14岁 Age 0-14	15—64岁 Age 15-64	15—59岁 Age 15-59	65岁及以上 Age 65 and Over	抚养比 Dependency Ratio 总抚养比 Gross Dependency Ratio	少儿抚养比 Children Dependency Ratio	老年抚养比 The Aged Dependency Ratio
总计	**Total**	**6113.0**	**18.65**	**65.91**	**62.60**	**15.44**	**51.72**	**28.30**	**23.43**
合肥市	Hefei	946.5	16.71	70.85	68.21	12.44	41.14	23.59	17.56
淮北市	Huaibei	197.4	20.09	66.16	63.37	13.75	51.15	30.37	20.78
亳州市	Bozhou	498.6	24.57	61.33	58.31	14.11	63.07	40.06	23.01
宿州市	Suzhou	532.5	23.01	61.85	58.94	15.13	61.67	37.20	24.46
蚌埠市	Bengbu	331.7	20.93	64.23	60.94	14.84	55.69	32.59	23.10
阜阳市	Fuyang	817.1	23.36	62.61	59.73	14.03	59.72	37.31	22.41
淮南市	Huainan	304.0	18.53	64.35	60.03	17.12	55.40	28.80	26.60
滁州市	Chuzhou	399.0	15.99	67.49	64.17	16.52	48.17	23.69	24.48
六安市	Luan	440.5	17.32	65.50	61.76	17.18	52.67	26.44	26.23
马鞍山市	Maanshan	215.7	14.24	67.67	64.51	18.08	47.76	21.04	26.72
芜湖市	Wuhu	367.2	14.21	69.21	65.98	16.58	44.49	20.53	23.96
宣城市	Xuancheng	248.7	13.39	67.90	64.22	18.71	47.28	19.72	27.56
铜陵市	Tongling	130.6	14.05	67.83	63.12	18.13	47.44	20.71	26.73
池州市	Chizhou	133.1	15.02	67.27	62.18	17.72	48.67	22.33	26.34
安庆市	Anqing	417.1	16.11	66.64	62.67	17.25	50.06	24.17	25.89
黄山市	Huangshan	133.2	14.06	67.20	62.22	18.74	48.81	20.92	27.89

3—12 各市按性别分的15岁及以上文盲人口（2021年）

Illiterate Population Aged 15 and Over by Sex and Region (2021)

地 区	Region	15岁及以上人口（人）Population Aged 15 and Over (person)	男 Male	女 Female	文盲人口（人）Illiterate Population (person)	男 Male	女 Female	文盲人口占15岁及以上人口的比重 Percentage of Illiterate Population to Total Aged 15 and Over (%)	男 Male	女 Female
总 计	**Total**	**590215**	**292844**	**297371**	**30685**	**7103**	**23581**	**5.20**	**2.43**	**7.93**
合肥市	Hefei	61359	30368	30991	2698	575	2122	4.40	1.89	6.85
淮北市	Huaibei	20957	10513	10444	1116	269	847	5.33	2.56	8.11
亳州市	Bozhou	27703	13779	13924	2731	624	2107	9.86	4.53	15.13
宿州市	Suzhou	37529	18319	19210	877	179	698	2.34	0.98	3.63
蚌埠市	Bengbu	35332	17432	17900	2484	692	1792	7.03	3.97	10.01
阜阳市	Fuyang	58672	28461	30212	4384	944	3439	7.47	3.32	11.38
淮南市	Huainan	33634	16574	17059	1715	494	1221	5.10	2.98	7.16
滁州市	Chuzhou	43765	21869	21896	827	153	674	1.89	0.70	3.08
六安市	Luan	43627	21963	21664	1135	305	830	2.60	1.39	3.83
马鞍山市	Maanshan	31574	15883	15690	1848	415	1432	5.85	2.61	9.13
芜湖市	Wuhu	40928	20853	20076	2396	601	1795	5.85	2.88	8.94
宣城市	Xuancheng	33269	16700	16569	1816	453	1364	5.46	2.71	8.23
铜陵市	Tongling	16869	8189	8680	1564	332	1231	9.27	4.05	14.18
池州市	Chizhou	17055	8362	8693	1792	430	1363	10.51	5.14	15.68
安庆市	Anqing	58429	28804	29625	2003	393	1611	3.43	1.36	5.44
黄山市	Huangshan	29512	14774	14738	1300	244	1057	4.40	1.65	7.17

3—13　各市每十万人口拥有受教育程度人口（2021年）
Population by Educational Level and Region Per 100 Thousand Persons (2021)

单位：人（person）

地　区　Region		大专及以上 College and Higher Level	高中和中专 Senior Secondary School	初　中 Junior Secondary School	小　学 Primary School
总　计	**Total**	**13847**	**13706**	**33239**	**27269**
合 肥 市	Hefei	27076	14847	26431	19948
淮 北 市	Huaibei	12980	12958	37634	22903
亳 州 市	Bozhou	7065	10173	37198	30468
宿 州 市	Suzhou	9557	17095	36342	26169
蚌 埠 市	Bengbu	11983	12347	34759	27290
阜 阳 市	Fuyang	7262	10114	38870	29338
淮 南 市	Huainan	11748	12416	36549	27889
滁 州 市	Chuzhou	13577	19305	33447	24275
六 安 市	Luan	10124	14045	33357	32443
马鞍山市	Maanshan	15597	13537	32040	26869
芜 湖 市	Wuhu	17968	13610	29211	27149
宣 城 市	Xuancheng	11789	12482	34076	30158
铜 陵 市	Tongling	15995	14186	28394	26523
池 州 市	Chizhou	13808	11789	29757	30251
安 庆 市	Anqing	13176	13601	31146	31276
黄 山 市	Huangshan	13275	12612	35675	27904

3—14 各市婚姻人口构成（2021年）
Composition of Marriage Status by Region (2021)

单位：%

地　区	Region	未　婚 Never Married	有配偶 With Spouses	离　婚 Divorced	丧　偶 Widowed
总　计	**Total**	**16.46**	**75.11**	**2.22**	**6.21**
合肥市	Hefei	19.74	74.29	1.79	4.17
淮北市	Huaibei	17.13	75.36	2.32	5.19
亳州市	Bozhou	15.88	75.67	1.97	6.48
宿州市	Suzhou	14.86	76.70	1.90	6.55
蚌埠市	Bengbu	17.99	73.74	2.46	5.81
阜阳市	Fuyang	20.83	71.58	1.67	5.93
淮南市	Huainan	14.14	76.21	2.87	6.78
滁州市	Chuzhou	13.66	78.20	2.23	5.90
六安市	Luan	16.72	75.18	1.53	6.57
马鞍山市	Maanshan	15.46	75.53	2.93	6.08
芜湖市	Wuhu	18.98	72.00	2.98	6.03
宣城市	Xuancheng	13.46	76.46	3.31	6.77
铜陵市	Tongling	13.97	75.87	2.19	7.96
池州市	Chizhou	11.87	78.25	2.19	7.70
安庆市	Anqing	15.46	75.73	1.72	7.09
黄山市	Huangshan	14.62	75.65	2.81	6.92

3—15　全省育龄妇女分年龄孩次的生育率（2021年）
Fertility Rate of Women At Childbearing Age by Age and Children's Order (2021)

单位：‰

年　龄 Age	生育率 Fertility-rate	第一孩生育率 The First Child	第二孩生育率 The Second Child	第三孩及以上生育率 The Third Child and Over
总　计 Total	**31.34**	**13.48**	**15.01**	**2.94**
15-19	**2.66**	**2.47**	**0.21**	
20-24	**46.07**	**32.85**	**11.91**	**1.29**
20	20.21	16.38	4.01	
21	35.45	27.68	7.55	0.36
22	43.97	31.96	10.65	1.52
23	58.65	37.56	18.59	2.23
24	73.61	51.89	19.28	2.45
25-29	**90.12**	**49.01**	**35.87**	**5.25**
25	75.14	44.94	25.51	4.93
26	97.45	59.43	34.27	3.87
27	99.18	54.61	39.91	4.73
28	93.85	50.73	38.10	5.00
29	85.06	38.66	39.26	7.29
30-34	**61.22**	**17.63**	**36.42**	**7.20**
30	79.81	30.50	40.84	8.56
31	65.90	21.67	36.80	7.49
32	60.69	16.60	37.67	6.43
33	53.49	10.60	35.07	7.86
34	43.36	6.88	30.77	5.67
35-39	**24.07**	**3.69**	**15.88**	**4.53**
40-44	**5.24**	**0.93**	**2.96**	**1.37**
45-49	**0.27**	**0.07**	**0.10**	**0.10**

3—16 各市外出半年以上人口比重、性别比及流向（2021年）

Proportion, Sexual Distinction and Floating Direction of Persons Going Out for More Than Half a Year by Region (2021)

地 区	Region	外出人口性别比(女=100) Sexual Distinction of Persons Going Out (Female=100)	外出流向构成(%) Composition of Floating Directions (%)			
			本县其他乡镇街道 Other Township Streets in This County	本市其他县区 Other Counties or Districts in This City	本省其他市 Other Cities in This Province	外省 Other Provinces
总 计	**Total**	**122.62**	**22.18**	**6.65**	**13.46**	**57.70**
合肥市	Hefei	112.38	40.07	24.10	8.64	27.19
淮北市	Huaibei	113.31	27.26	6.89	17.88	47.96
亳州市	Bozhou	132.99	11.67	1.31	11.20	75.82
宿州市	Suzhou	137.19	15.43	2.00	12.20	70.36
蚌埠市	Bengbu	127.17	27.39	8.30	10.65	53.66
阜阳市	Fuyang	132.08	11.55	3.40	8.30	76.76
淮南市	Huainan	118.08	22.82	7.45	21.51	48.23
滁州市	Chuzhou	116.24	28.75	9.04	14.42	47.78
六安市	Luan	128.16	17.39	5.37	18.29	58.96
马鞍山市	Maanshan	117.56	23.55	7.00	12.21	57.24
芜湖市	Wuhu	112.38	25.15	10.25	11.92	52.68
宣城市	Xuancheng	114.78	41.57	4.32	10.26	43.85
铜陵市	Tongling	118.18	14.32	4.78	21.87	59.04
池州市	Chizhou	120.32	27.79	3.65	16.92	51.63
安庆市	Anqing	123.14	17.69	5.88	16.21	60.23
黄山市	Huangshan	110.93	30.15	11.37	9.29	49.19

3—17 各市流向省外半年以上的流动人口构成（2021年）

Composition of Persons Floating Out of the Province for More Than Half a Year by Region (2021)

单位：%

地区	Region	合计（人）Total (person)	江苏 Jiangsu	浙江 Zhejiang	上海 Shanghai	广东 Guangdong	北京 Beijing	福建 Fujian	山东 Shandong
总计	**Total**	**128582**	**30.30**	**27.97**	**17.68**	**4.87**	**2.76**	**2.01**	**2.01**
合肥市	Hefei	3526	31.82	18.60	23.09	4.34	4.93	1.50	1.79
淮北市	Huaibei	2929	30.83	27.65	17.28	4.57	1.84	1.71	2.70
亳州市	Bozhou	13758	28.23	34.76	14.59	5.18	1.26	2.00	1.98
宿州市	Suzhou	10362	43.57	26.82	11.03	2.44	1.67	1.29	1.76
蚌埠市	Bengbu	6747	33.84	32.07	17.61	4.88	1.44	3.05	1.02
阜阳市	Fuyang	22916	18.02	37.97	13.75	7.54	2.92	2.23	2.37
淮南市	Huainan	7144	26.43	16.22	42.06	3.28	1.13	3.71	0.88
滁州市	Chuzhou	7168	53.47	18.26	15.85	2.53	1.07	1.28	1.23
六安市	Luan	10558	45.53	20.55	22.02	2.92	1.30	0.76	0.80
马鞍山市	Maanshan	5340	43.56	9.38	10.92	4.29	10.00	0.79	5.60
芜湖市	Wuhu	5485	30.17	10.39	24.45	3.66	8.33	1.73	2.90
宣城市	Xuancheng	5977	22.10	34.67	28.98	2.39	1.56	1.24	1.12
铜陵市	Tongling	6377	47.19	16.98	13.66	2.67	2.68	1.10	0.93
池州市	Chizhou	4535	23.46	33.78	16.30	4.32	4.26	1.98	2.84
安庆市	Anqing	11440	14.67	29.13	13.66	9.63	3.52	3.97	3.19
黄山市	Huangshan	4321	12.57	54.08	14.44	4.28	1.46	2.27	1.50

地区	Region	天津 Tianjin	河南 Henan	河北 Hebei	新疆 Xinjiang	辽宁 Liaoning	湖北 Hubei	陕西 Shanxi	流向其他省市 Floating to Other Provinces or Cities
总计	**Total**	**1.04**	**1.09**	**1.24**	**0.70**	**0.74**	**1.11**	**0.89**	**5.60**
合肥市	Hefei	1.35	0.99	1.47	0.85	0.48	1.90	0.85	6.03
淮北市	Huaibei	0.35	2.46	1.16	0.51	0.72	1.02	1.26	5.94
亳州市	Bozhou	1.38	0.77	2.03	0.77	0.79	0.39	0.62	5.27
宿州市	Suzhou	0.66	1.62	0.78	1.52	0.32	0.69	2.35	3.46
蚌埠市	Bengbu	0.26	0.62	0.40	0.18	0.21	0.55	0.56	3.31
阜阳市	Fuyang	2.39	1.59	2.26	1.63	0.91	0.95	0.86	4.61
淮南市	Huainan	0.47	0.55	0.59	0.31	0.24	0.74	0.36	3.03
滁州市	Chuzhou	0.21	0.74	0.43	0.15	0.28	0.95	0.32	3.22
六安市	Luan	0.61	0.91	0.27	0.27	0.27	0.81	0.33	2.67
马鞍山市	Maanshan	0.60	0.92	1.50	0.43	0.34	1.46	1.18	9.04
芜湖市	Wuhu	1.84	1.02	2.26	0.57	0.97	1.86	1.28	8.57
宣城市	Xuancheng	0.25	0.49	0.50	0.10	0.62	1.00	0.84	4.15
铜陵市	Tongling	0.43	0.42	0.66	0.24	0.53	1.72	0.69	10.11
池州市	Chizhou	0.61	0.88	1.10	0.33	0.95	1.59	1.06	6.54
安庆市	Anqing	1.13	1.71	1.46	0.42	2.48	2.36	1.24	11.42
黄山市	Huangshan	0.29	0.69	0.23	0.07	0.35	1.27	0.39	6.09

3—18 全省外出半年以上人口分年龄构成（2021年）
Composition of Population Going out More Than Half a Year in the Whole Province (2021)

单位：%

年龄 Age	合计 Total	男 Male	女 Female	性别比 (女=100) Sex Ratio (Female=100)
总计 Total	**100.00**	**55.09**	**44.91**	**122.68**
0-4	**3.84**	**2.05**	**1.78**	**115.19**
5-9	**4.89**	**2.70**	**2.19**	**123.03**
10-14	**4.51**	**2.50**	**2.00**	**124.87**
15-19	**6.68**	**3.74**	**2.93**	**127.62**
15岁	1.06	0.60	0.46	129.47
16岁	1.25	0.71	0.54	132.65
17岁	1.42	0.80	0.62	129.88
18岁	1.40	0.78	0.62	124.19
19岁	1.54	0.85	0.69	123.62
20-24	**8.60**	**4.78**	**3.82**	**124.88**
20岁	1.64	0.89	0.75	118.99
21岁	1.75	0.96	0.79	121.81
22岁	1.58	0.89	0.70	127.54
23岁	1.77	1.00	0.77	130.27
24岁	1.85	1.03	0.82	125.89
25-29	**11.38**	**6.26**	**5.12**	**122.42**
25岁	1.98	1.10	0.88	125.16
26岁	2.26	1.25	1.01	124.28
27岁	2.18	1.19	1.00	119.23
28岁	2.39	1.31	1.08	120.74
29岁	2.56	1.41	1.15	123.10
30-34	**13.26**	**7.26**	**6.00**	**120.99**
30岁	2.66	1.45	1.21	120.20
31岁	3.21	1.74	1.46	119.21
32岁	2.79	1.52	1.27	120.38
33岁	2.33	1.28	1.04	123.09
34岁	2.28	1.26	1.02	123.19
35-39	**8.53**	**4.79**	**3.74**	**128.32**
35岁	1.97	1.11	0.86	127.97
36岁	1.69	0.96	0.73	130.63
37岁	1.64	0.92	0.72	126.76
38岁	1.61	0.91	0.69	131.51
39岁	1.61	0.90	0.72	124.86
40-44	**7.95**	**4.49**	**3.46**	**129.80**
40岁	1.55	0.87	0.67	129.25
41岁	1.57	0.89	0.69	128.71
42岁	1.65	0.93	0.72	127.93
43岁	1.66	0.93	0.73	127.75
44岁	1.52	0.88	0.64	135.87
45-49	**9.06**	**5.13**	**3.93**	**130.73**
45岁	1.62	0.94	0.68	139.04
46岁	1.63	0.92	0.71	130.48
47岁	1.78	1.01	0.77	131.15
48岁	1.94	1.11	0.84	132.73
49岁	2.08	1.15	0.94	122.77
50-54	**9.66**	**5.23**	**4.43**	**118.13**
50岁	2.12	1.15	0.96	119.75
51岁	2.09	1.13	0.96	116.87
52岁	1.95	1.05	0.90	116.58
53岁	1.93	1.07	0.86	125.19
54岁	1.57	0.83	0.74	111.45
55-59	**6.59**	**3.58**	**3.01**	**119.08**
60-64	**1.68**	**0.91**	**0.76**	**119.60**
65+	**3.37**	**1.64**	**1.72**	**95.26**

3—19　各市按外出时间分的外出人口比例（2021年）
Proportion of Persons Going Out by Time and Region (2021)

单位：%

地　区	Region	合　计 (人) Total (person)	半年至一年 Six Months To One Year	一年至二年 One to Two Years	二年至五年 Two to Five Years	五年以上 More Than Five Years
总　计	**Total**	**225732**	**44.71**	**10.68**	**18.29**	**26.32**
合肥市	Hefei	13172	31.62	10.24	23.86	34.27
淮北市	Huaibei	6170	36.95	11.41	22.77	28.85
亳州市	Bozhou	18485	61.80	9.21	11.71	17.28
宿州市	Suzhou	14890	51.73	12.68	20.60	14.99
蚌埠市	Bengbu	12763	34.12	11.78	25.55	28.54
阜阳市	Fuyang	30228	60.02	9.79	13.22	16.96
淮南市	Huainan	15050	32.32	12.56	21.47	33.65
滁州市	Chuzhou	15186	39.15	13.14	22.44	25.27
六安市	Luan	18123	46.11	11.64	15.33	26.93
马鞍山市	Maanshan	9447	41.85	9.44	19.81	28.90
芜湖市	Wuhu	10516	41.37	11.98	20.25	26.40
宣城市	Xuancheng	13799	17.49	9.65	23.38	49.50
铜陵市	Tongling	10939	48.33	9.04	15.64	26.98
池州市	Chizhou	8891	34.32	9.46	19.51	36.71
安庆市	Anqing	19199	61.28	9.07	12.80	16.86
黄山市	Huangshan	8874	32.35	10.76	19.13	37.74

主要统计指标解释

人口数

指一定时点、一定地区范围内的有生命的个人的总和。

常住人口

是指具有中华人民共和国国籍并在中华人民共和国境内常住的人。

（1）居住本乡、镇、街道，户口在本乡、镇、街道的人；

（2）居住本乡、镇、街道半年以上，户口在外乡、镇、街道的人；

（3）在本乡、镇、街道居住不满半年，离开户口登记地半年以上的人；

（4）居住本乡、镇、街道，户口待定的人；

（5）原住本乡、镇、街道，现在国外工作学习，暂无户口的人；

常住户口在本乡、镇、街道，但已离开本乡、镇、街道半年以上的人，在户口所在地只登记人数，不计入户口所在地的常住人口数内。

总人口文盲率

15 岁及以上不识字人数与总人口数的比例。

出生率（又称粗出生率）

指在一定时期内（通常为一年）平均每千人所出生的人数的比率，一般用千分率表示。

计算公式为：

出生率＝年出生人数/年平均人数×1000‰

式中：出生人数指活产婴儿，即胎儿脱离母体时（不含怀孕月数），有过呼吸或其他生命现象。年平均人数指年初、年底人口数的平均数，也可用年中人口数代替。

死亡率（又称粗死亡率）

指在一定时期内（通常为一年）一定地区的死亡人数与同期平均人数（或期中人数）之比，一般用千分率表示。

计算公式为：

死亡率＝年死亡人数/年平均人数×1000‰

人口自然增长率

指在一定时期内（通常为一年）人口自然增加数（出生人数减死亡人数）与该时期内平均人数（或期中人数）之比，一般用千分率表示。

计算公式为：

人口自然增长率＝（年出生人数－年死亡人数）/年平均人数×1000‰

＝人口出生率－人口死亡率

在业人口（又称就业人口）

指十六周岁及十六周岁以上人口中从事一定的社会劳动并取得劳动报酬或经营收入的人口。

未工作人口

指十六周岁及十六周岁以上人口中未从事社会劳动的人口，包括在校学生、料理家务、待升学、失去工作、离退休、退职、丧失劳动能力等非在业人口。

抚养系数

指被抚养人口（0-14 岁和 65 岁以上人口）与 15-64 岁人口的比例。

计算公式为：

抚养系数＝被抚养人口/15-64 岁人口×100%

老年抚养系数

指老年人口（65 岁以上人口）与 15-64 岁人口的比例。

计算公式为：

老年抚养系数＝老年人口/15-64 岁人口×100%

少年儿童抚养系数

指 0-14 岁少年儿童与 15-64 岁人口的比例。

计算公式为：

少年儿童抚养系数＝少年儿童人口/15-64 岁人口×100%

Explanatory Notes for Major Statistical Indicators

Total Population

refers to the total number of people alive at a certain point of time within a given area.

Permanent Population

refers to the persons who hold the nationality of, and have permanent residing place in the People's Republic of China.

a) Those who reside in the townships, towns and street communities and have their permanent household registration there.

b) Those who have resided in the townships, towns and street communities for more than 6 months but the places of their permanent household registration are elsewhere.

c) Those who have resided in the townships, towns and street communities for less than 6 months but have been away from the place of their permanent household registration for more than 6 months.

d) Those who live in the townships, towns and street communities while the places of their household registration have not yet settled.

e) Those who used to live in the townships, towns and street communities but are working or studying abroad and have no permanent household registration for the time being.

Those who have their permanent household registration in the townships, towns and street communities but have been away from these places for more than 6 months are only registered as total population not counted as permanent population of the places of their household registration.

Total Population Illiterate Ratio

refers to the ratio of the number of illiterate people aged 15 and over to total population.

Birth Rate or (Crude Birth Rate)

refers to the ratio of the number of births to the average population during a certain period of time (usually a year) which is often expressed in‰. The following formula is used:

Birth Rate=Number of Births/Average Number of Population×1000‰

Number of births refers to live births i.e. the births when babies had showed any vital phenomena regardless of the length of pregnancy.

Annual Average Number of Population is the average of the number of population at the beginning of the year and that at the end of the year. Sometimes it is substituted for with the mid year population.

Death Rate (or Crude Death Rate)

refers to the ratio of the number of deaths to the average population (or mid year population) during a certain period of time (usually a year) which is often expressed in‰. The following formula is used:

Death Rate umber of Deaths=Number of Deaths/Annual Average Number of Population×1000‰

Natural Growth Rate of Population

refers to the ratio of natural increase in population (number of births minus number of deaths) in a certain period of time (usually a year) to the average population (or mid year population) of the same period which is often expressed in‰. The following formulas are applied:

Natural Growth of Population=(Number of Births-Number of Deaths)/Average Number of Population×1000‰

Natural Growth Rate of Population=Birth Rate-Death Rate

Employed Population

refers to population aged 16 or over engaging in social labour which generates income.

Not Working Population

refers to population aged 16 or over not engaging in any social labour which generates income, including students enrolled in schools, house wives, students waiting for entering schools with higher level, persons losing their jobs, retirees, job quitters, disabled, etc.

Total Dependency Ratio

refers to the ratio of number of dependents to the total

population aged 15-64, the number of dependents being population aged 0-14 and population aged 65 and over. The total dependency ratio is calculated as follows:

Total Dependency Ratio=Number of dependents/Population aged 15-64×100%

The Aged Dependency Ratio

refers to the ratio of the number of the aged population to the total population aged 15-64, the aged being population aged 65 and over. The aged dependency ratio is calculated as follows:

The Aged Dependency Ratio=Number of the aged population/Population aged 15-64×100%

The Juvenile and Children Dependency Ratio

refers to the ratio of the number of the juvenile and children to the total population aged 15-64, the juvenile and children being population aged 0-14. The juvenile and children dependency ratio is calculated as follows:

The Juvenile and Children Dependency Ratio=Number of juvenile and children/Population aged 15-64×100%

第四篇

Chapter 4

就业人员和工资

EMPLOYMENT AND WAGES

简要说明

一、本篇资料反映我省 2021 年及主要年份劳动经济方面的基本情况，包括全省和 16 个市主要劳动统计数据。主要指标有：就业人员、私营和个体就业人员、城镇登记失业人员及失业率、单位就业人员、工资总额和平均工资等。

二、本篇资料来源主要有四个方面：

1. 就业人员数、工资总额、平均工资，根据 2021 年度全省劳动工资统计年报汇总整理提供。

2. 私营企业和个体就业人员，根据省市场监督管理局提供的资料整理。

3. 城镇登记失业人数、新增就业人数、城镇登记失业率，根据省人力资源和社会保障厅提供的资料整理。

三、1998 年及以后城镇单位就业人员、职工工资、工资总额、平均工资等指标中不再包括离开本单位仍保留劳动关系的职工及其生活费。

四、表 4—3、14、16、18 中“铁路（国家反馈）”2021 年铁路系统相关数据由国家统计局单独反馈，无法分解到各市，故单独列出。

五、本篇资料均由省统计局人口处整理编制。

Brief Introduction

I. Data in this chapter show the basic conditions of Anhui's labor economy in 2021 and the mainly previous years, including the main data of labor statistics of the whole province and 16 prefectures such as number of the employed persons, number of persons employed in the urban private enterprises and self-employment, registered urban unemployed persons and unemployment rate, number of employment in units, total wages and average wages.

II. There are four main sources for Data published in this chapter.

1. Number of employed persons, total wages and average wages are summarized and provided according to the 2021 provincial labor and wage statistics annual report.

2. Private enterprise and individual obtain employment personnel, according to the province market supervises the data that administration provides collate.

3. Urban registered unemployment, new employment, urban registered unemployment rate, according to the provincial Human resources and social security department.

III. The scope of statistics on employed person in urban areas, total number of staff and workers, total wage bills, average wages do not include the persons who had left their working units and while keeping their labour contract/employment relation unchanged since 1998.

Ⅳ. Tables 4-3, 14, 16, and 18 "Railway (National Feedback)", the relevant data of railway system in 2021 are fed back by the National Bureau of Statistics alone, and cannot be decomposed into cities, so they are listed separately.

Ⅴ. Data in this chapter are prepared by the Population Division, Anhui Statistical Bureau.

4—1 就业基本情况
Basic Conditions of Employment

单位：万人（10000 persons）

项　　目	Item	2005	2010	2015	2020	2021
就业人员合计	**Total Number of Employed Persons**	**3669.7**	**4050.0**	**4342.1**	**3243.0**	**3215.0**
第一产业	Primary Industry	1783.3	1583.6	1396.2	815.0	779.0
第二产业	Secondary Industry	783.9	1016.5	1232.1	1020.0	1026.0
第三产业	Tertiary Industry	1102.4	1449.9	1713.8	1408.0	1410.0
就业人员构成（合计=100）	**Composition of Employed Persons (total=100)**					
第一产业	Primary Industry	48.6	39.1	32.1	25.1	24.2
第二产业	Secondary Industry	21.4	25.1	28.4	31.5	31.9
第三产业	Tertiary Industry	30.0	35.8	39.5	43.4	43.9
按城乡分就业人员	**Number of Employed Persons by Urban and Rural Areas**					
城镇就业人员	Urban Employed Persons	730.5	973.5	1292.1	1791.0	1816.0
#国有单位	State-owned Units	208.7	206.0	189.1	175.9	179.3
城镇集体单位	Urban Collective Owned Units	30.8	17.9	14.7	7.7	7.1
股份合作单位	Share Holding Units	3.9	4.7	3.3	2.0	2.0
联营单位	Joint Owned Units	0.8	0.8	0.3	0.8	0.8
有限责任公司	Limited Liability Corporations	52.3	80.0	203.7	266.0	263.8
股份有限公司	Share-holding Corporations Ltd.	24.8	37.7	60.8	72.6	65.4
港澳台商投资单位	Units Funded by Entrepreneurs from Hong Kong, Macao & Taiwan	3.7	7.0	15.9	13.4	15.0
外商投资单位	Foreign Funded Units	6.7	14.7	19.8	19.0	19.6
乡村就业人员	Rural Employed Persons	2939.2	3076.5	3050.0	1452.0	1399.0
城镇非私营单位就业人数	**The Private Institutions in Cities and Towns of Employment**	**317.4**	**372.9**	**513.8**	**565.6**	**563.2**
国有单位	State-owned Units	199.2	206.0	189.1	175.9	179.3
城镇集体单位	Urban Collective Owned Units	28.2	17.9	14.7	7.7	7.1
其他单位	Units of Other Types of Ownership	90.1	149.1	310.0	382.0	376.8
城镇单位女性就业人员	**Number of Female Employment in Urban Units**	**112.4**	**121.3**	**170.2**	**204.7**	**207.1**
城镇登记失业人数	**Number of Registered Unemployed Persons in Urban Areas**	**27.8**	**28.5**	**30.9**	**30.0**	**25.5**
城镇登记失业率　（%）	**Registered Unemployment Rate in Urban Areas (%)**	**4.4**	**3.7**	**3.1**	**2.8**	**2.5**

注：2020年起就业人数为常住口径就业人员数，往年均为户籍口径（下同）。

a) Number of employed persons in 2020 is the number of employed persons with permanent residence in previous years (the same below).

4—2 主要年份按城乡分的就业人员数

Number of Employed Persons by Residence in Urban and Rural Areas and Region in Main Year

单位：万人（10000 persons）

年份 Year	合计 Total	城镇 Urban Area 小计 Sub-total	国有单位 State-owned Units	集体单位 Collective-owned Units	股份合作单位 Share Holding Units	联营单位 Joint-owned Units
2000	3450.7	652.9	314.8	91.2	8.4	1.2
2005	3669.7	730.5	208.7	30.8	3.9	0.8
2010	4050.0	973.5	206.0	17.9	4.7	0.8
2011	4120.9	1038.3	219.0	18.3	5.2	1.1
2012	4206.8	1141.0	225.7	17.2	4.9	0.8
2013	4275.9	1226.2	196.4	16.2	3.4	0.4
2014	4311.0	1277.4	198.8	15.6	3.3	0.4
2015	4342.1	1292.1	189.1	14.7	3.3	0.3
2016	4361.6	1327.5	191.1	14.2	3.6	0.3
2017	4377.9	1378.5	184.0	13.1	2.9	0.2
2018	4385.3	1385.3	181.2	12.5	2.5	0.3
2019	4384.0	1415.5	170.1	8.0	1.8	0.5
2020	3243.0	1791.0	175.9	7.7	2.0	0.8
2021	3215.0	1816.0	179.3	7.1	2.0	0.8

年份 Year	城镇 Urban Area 有限责任公司 Limited Liability Corporations	股份有限公司 Share Holding Corpora-tions Ltd.	港澳台商投资单位 Economic Units Funded by Entrepreneurs from Hong Kong, Macao and Taiwan	外商投资单位 Foreign Funded Economic Units	乡村小计 Rural Area Sub-total
2000	38.0	20.2	2.3	3.8	2797.7
2005	52.3	24.8	3.7	6.7	2939.2
2010	80.0	37.7	7.0	14.7	3076.5
2011	94.0	43.6	8.3	16.7	3082.6
2012	112.6	45.0	8.0	15.9	3065.8
2013	201.5	59.4	15.9	20.3	3049.7
2014	200.4	58.9	16.7	20.9	3033.6
2015	203.7	60.8	15.9	19.8	3050.0
2016	204.4	62.0	15.4	19.6	3034.1
2017	213.8	61.5	15.7	18.4	2999.4
2018	291.0	69.7	12.4	15.9	3000.0
2019	285.8	68.7	12.0	16.4	2968.5
2020	266.0	72.6	13.4	19.0	1452.0
2021	263.8	65.4	15.0	19.6	1399.0

4—3 各市分行业城镇非私营单位就业人员数（2021年）
Number of Employed Persons by Sector and Region (2021)

单位：人（person）

地区	Region	合计 Total	农林牧渔业 Agriculture, Forestry, Animal Husbandry and Fishery	采矿业 Mining	制造业 Manufacturing	电力、热力、燃气及水的生产和供应业 Production and Supply of Electricity, Heat, Gas and Water	建筑业 Construction	批发和零售业 Wholesale and Retail Trade	交通运输、仓储和邮政业 Transport, Storage, Post & Telecommunications	住宿和餐饮业 Accommodation and Catering Trade	信息传输、计算机服务和软件业 Information, Circulation Computer Services and Software
总计	**Total**	**5631741**	**26716**	**130052**	**1309962**	**103012**	**983975**	**238496**	**208633**	**54495**	**100282**
合肥市	Hefei	1662716	1981	1124	346132	44147	495629	94514	53665	18753	60354
淮北市	Huaibei	173979	304	43296	29312	3940	9847	4711	2919	794	2314
亳州市	Bozhou	246586	707	3845	50454	3439	21326	14738	8769	3066	2205
宿州市	Suzhou	292794	733	4297	35406	2457	61645	8842	7278	1637	2606
蚌埠市	Bengbu	240283	277		56047	2608	30038	9756	9781	1561	1766
阜阳市	Fuyang	376709	1276	7488	59843	3288	41830	18446	11295	2775	3248
淮南市	Huainan	232454	1053	53260	20063	15930	12899	6192	4646	929	1490
滁州市	Chuzhou	341748	1473	960	132725	3211	49337	12200	6410	861	2191
六安市	Luan	255368	621	4780	57357	3650	14231	5930	5860	3002	2460
马鞍山市	Maanshan	252473	504	4652	78396	4746	45999	5325	6837	915	3989
芜湖市	Wuhu	557930	1065	856	187173	4705	86226	31102	27531	4415	6297
宣城市	Xuancheng	239715	1301	149	77832	2060	24406	5851	3555	1561	2770
铜陵市	Tongling	154421	2151	2901	50086	2126	24722	3045	5287	6924	1248
池州市	Chizhou	115370	313	1781	26956	1465	7383	3337	2538	771	1611
安庆市	Anqing	329403	12531	573	83017	4053	41040	11201	9769	2589	4146
黄山市	Huangshan	119873	426	90	19162	1186	17415	3304	2571	3940	1587
铁路（国家反馈）	Railways (State Feedback)	39920							39920		

注：2020年起非一套表单位采取抽样调查，部分数据因四舍五入的原因，存在总计与分项合计不等的情况（下同）。

a) Starting from 2020, sampling survey will be carried out for non-one set of forms. Due to rounding, some data may vary in total and sub-total (the same below).

4—3 续表 continued

单位：人（person）

地区	Region	金融业 Banking	房地产业 Real Estate	租赁和商务服务业 Leasing and Commercial Services	科学研究和技术服务业 Scientific Research and Technical Services	水利、环境和公共设施管理业 Water Conservancy, Environmental and Public Facilities Management	居民服务、修理和其他服务业 Residents Service, Repair and Other Services	教育 Education	卫生和社会工作 Health and Social Work	文化、体育和娱乐业 Culture, Sports and Entertainment	公共管理、社会保障和社会组织 Public Management, Social Security and Social Organization
总计	**Total**	**222053**	**151267**	**213512**	**106559**	**70516**	**24094**	**681865**	**369212**	**35226**	**601815**
合肥市	Hefei	76921	48650	49146	56602	6266	2995	123808	67655	13698	100676
淮北市	Huaibei	6299	2782	4365	1782	2170	284	24449	11689	688	22033
亳州市	Bozhou	8353	7927	11952	1568	1476	1516	48332	25072	1090	30749
宿州市	Suzhou	11913	10254	5633	4525	6176	384	55041	27253	1551	45164
蚌埠市	Bengbu	7921	10626	6920	5125	4040	1625	39818	23110	1394	27869
阜阳市	Fuyang	14337	10043	4047	3813	11325	557	81633	44423	1859	55181
淮南市	Huainan	10448	5137	10512	2954	4837	400	30830	21254	1301	28319
滁州市	Chuzhou	12470	5806	3445	2355	5891	866	39695	22158	874	38819
六安市	Luan	16493	5368	4687	3518	5789	2685	46453	27542	1024	43918
马鞍山市	Maanshan	11310	4740	8590	5076	1799	811	27190	13364	1179	27050
芜湖市	Wuhu	11412	15697	62572	6831	1724	2609	45091	20255	2746	39622
宣城市	Xuancheng	7855	4918	16035	2377	3341	1431	27219	16481	1190	39383
铜陵市	Tongling	4695	5523	3676	2112	1894	350	16326	8911	880	11565
池州市	Chizhou	6817	2018	14097	2044	2079	1090	14310	6277	741	19740
安庆市	Anqing	9498	8696	5300	3968	6903	6242	45922	25326	2470	46159
黄山市	Huangshan	5312	3081	2536	1909	4806	248	15747	8442	2542	25569
铁路(国家反馈)	Railways (State Feedback)										

4—4 主要年份私营企业年末户数
Number of Households of Private Enterprises at the end of Main Years

单位：户（household）

年份 Year	合计 Total	城镇 Urban Areas	乡村 Rural Areas
2000	46934	28495	18439
2005	105998	63586	42412
2010	228670	128891	99779
2013	353841	268220	85621
2014	452338	367081	85257
2015	570835	482899	87936
2016	733289	630108	103181
2017	915621	733832	181789
2018	1128262	768022	360240
2019	1345811	696771	649040
2020	1515981	615513	900468
2021	1756051	563968	1192083

4—5 各市私营企业年末户数（2021年）
Number of Private Enterprises at the End of the Year by Region (2021)

单位：户（household）

地区	Region	合计 Total	城镇 Urban Areas	乡村 Rural Areas
总　计	**Total**	**1756051**	**563968**	**1192083**
合肥市	Hefei	529101	151685	377416
淮北市	Huaibei	37909	10470	27439
亳州市	Bozhou	140491	19408	121083
宿州市	Suzhou	100250	29990	70260
蚌埠市	Bengbu	72147	25844	46303
阜阳市	Fuyang	172385	46417	125968
淮南市	Huainan	60210	24244	35966
滁州市	Chuzhou	97566	39288	58278
六安市	Luan	102363	36879	65484
马鞍山市	Maanshan	65328	31454	33874
芜湖市	Wuhu	112748	37508	75240
宣城市	Xuancheng	57694	26581	31113
铜陵市	Tongling	34880	14640	20240
池州市	Chizhou	30675	11564	19111
安庆市	Anqing	108296	44634	63662
黄山市	Huangshan	33969	13333	20636
其　他	Others	39	29	10

4—6 主要年份个体年末户数
Number of Households at the end of Main Years

单位：户（household）

年份 Year	合计 Total	城镇 Urban Areas	乡村 Rural Areas
2000	1489085	627100	861985
2005	1110417	522609	587808
2010	1341472	999110	342362
2013	1678333	1399830	278503
2014	1878153	1597745	280408
2015	2018755	1739521	279234
2016	2357198	2036420	320778
2017	2715364	2338868	376496
2018	3115351	2641590	473761
2019	3580407	2862226	718181
2020	4015048	2976310	1038738
2021	4486102	3036536	1449566

4—7 各市个体年末户数（2021年）
Number of Individual Households at the end of Each by Region (2021)

单位：户（household）

地区	Region	合计 Total	城镇 Urban Areas	乡村 Rural Areas
总计	**Total**	**4486102**	**3036536**	**1449566**
合肥市	Hefei	755044	459442	295602
淮北市	Huaibei	148887	101630	47257
亳州市	Bozhou	416931	210774	206157
宿州市	Suzhou	368039	239854	128185
蚌埠市	Bengbu	231530	153072	78458
阜阳市	Fuyang	496620	336009	160611
淮南市	Huainan	194783	150068	44715
滁州市	Chuzhou	272606	209486	63120
六安市	Luan	261555	202630	58925
马鞍山市	Maanshan	157322	128092	29230
芜湖市	Wuhu	353324	192101	161223
宣城市	Xuancheng	211467	172353	39114
铜陵市	Tongling	88722	81966	6756
池州市	Chizhou	112300	69780	42520
安庆市	Anqing	315119	258526	56593
黄山市	Huangshan	101853	70753	31100

4—8 城镇非私营单位就业人员数
Number of Employed Persons of Urban Non-private Owned Units

单位：万人（10000 persons）

行 业	Sector	2020	2021
总 计	**Total**	**565.62**	**563.17**
农、林、牧、渔业	Agriculture, Forestry, Animal Husbandry and Fishery	2.96	2.67
采矿业	Mining	13.59	13.01
制造业	Manufacturing	127.28	131.00
电力、热力、燃气及水的生产和供应业	Production and Supply of Electricity, Heat, Gas and Water	10.15	10.30
建筑业	Construction	105.84	98.40
批发和零售业	Wholesale and Retail Trades	23.47	23.85
交通运输、仓储和邮政业	Transport, Storage and Post	20.83	20.86
住宿和餐饮业	Hotels and Catering Services	5.82	5.45
信息传输、软件和信息技术服务业	Information Transmission, Software and Information Technology	9.68	10.03
金融业	Financial Intermediation	27.50	22.21
房地产业	Real Estate	15.63	15.13
租赁和商务服务业	Leasing and Business Services	18.64	21.35
科学研究和技术服务业	Scientific Research and Technical Services	11.05	10.66
水利、环境和公共设施管理业	Management of Water Conservancy, Environment	7.09	7.05
居民服务、修理和其他服务业	Services to Households, Repair and Other Services	1.96	2.41
教 育	Education	66.00	68.19
卫生和社会工作	Health and Social Service	35.10	36.92
文化、体育和娱乐业	Culture, Sports and Entertainment	3.47	3.52
公共管理、社会保障和社会组织	Public Management, Social Security and Social Organization	59.57	60.18

4—9 城镇非私营单位分行业就业人员数（2021年）

Number of Employed Persons of Urban Non-private Owned Units by Status (2021)

单位：人（person）

行业	Sector	合计 Total	国有单位 State-owned Units	城镇集体单位 Urban Collective-owned Units	其他单位 Units of Other Types of Ownership
总计	**Total**	**5631741**	**1793115**	**71119**	**3767507**
按执行会计标准类别分组	**Grouped by Executive Accounting System Type**				
企业	Enterprises	3987209	245528	38679	3703002
政府	Government	1573517	1527588	27991	17938
民间非营利组织	Non-profit Organizations	67907	19064	4413	44430
其他	Others	3108	934	36	2138
按国民经济行业分组	**Grouped by Economic Sector**				
农、林、牧、渔业	**Agriculture, Forestry, Animal Husbandry and Fishery**	**26716**	22354	**590**	**3772**
农业	Farming	9912	8266	265	1381
林业	Forestry	2655	2289	51	315
畜牧业	Animal Husbandry	816	24	10	782
渔业	Fishery	330	105	11	214
农林牧渔专业及辅助性活动	Agriculture, Forestry, Animal Husbandry and Fishery Major and Supporting Activities	13003	11669	254	1080
采矿业	**Mining**	**130052**	**7822**	**37**	**122193**
煤炭开采和洗选业	Mining and Washing of Coal	111017	1791		109226
石油和天然气开采业	Extraction of Petroleum and Natural Gas	344			344
黑色金属矿采选业	Mining and Processing of Ferrous Metal Ores	10730	4109		6621
有色金属矿采选业	Mining and Processing of Non-Ferrous Metal Ores	3186	841		2345
非金属矿采选业	Mining and Processing of Non-metal Ores	4543	937	37	3569
开采专业及辅助性活动	Mining Profession and Auxiliary Activities	232	144		88
制造业	**Manufacturing**	**1309962**	**24476**	**5003**	**1280483**
农副食品加工业	Processing of Food from Agricultural Products	43942	762	67	43113
食品制造业	Manufacture of Foods	25831	8	12	25811
酒、饮料和精制茶制造业	Manufacture of Liquor, Beverages and Refined Tea	28938	80	725	28133
烟草制品业	Manufacture of Tobacco	6975	5697	697	581
纺织业	Manufacture of Textile	32094		42	32052
纺织服装、服饰业	Manufacture of Textile, Wearing Apparel and Accessories	57505		5	57500
皮革、毛皮、羽毛及其制品和制鞋业	Manufacture of Leather, Fur, Feather and Related Products and Footwear	16294		47	16247
木材加工和木、竹、藤、棕、草制品业	Processing of Timber, Manufacture of Wood, Bamboo, Rattan, Palm and Straw Products	7292			7292
家具制造业	Manufacture of Furniture	10937			10937
造纸和纸制品业	Manufacture of Paper and Paper Products	9714	8	677	9029
印刷和记录媒介复制业	Printing and Reproduction of Recording Media	14162	101	261	13801
文教、工美、体育和娱乐用品制造业	Manufacture of Articles for Culture, Education, Arts and Crafts, Sport and Entertainment Activities	14503	33	81	14389
石油、煤炭及其他燃料加工业	Petroleum, Coal and Other Fuel Processing Industries	7925			7925
化学原料和化学制品制造业	Manufacture of Raw Chemical Materials and Chemical Products	65348	456	61	64831
医药制造业	Manufacture of Medicines	42381		14	42367
化学纤维制造业	Manufacture of Chemical Fibres	3266			3266
橡胶和塑料制品业	Manufacture of Rubber and Plastics Products	69458	43	354	69061
非金属矿物制品业	Manufacture of Non-metallic Mineral Products	68973	1630	161	67182
黑色金属冶炼和压延加工业	Smelting and Pressing of Ferrous Metals	38080		25	38055

4—9 续表1 continued

单位：人（person）

行 业	Sector	合 计 Total	国有单位 State-owned Units	城镇集体单位 Urban Collective-owned Units	其他单位 Units of Other Types of Ownership
有色金属冶炼和压延加工业	Smelting and Pressing of Non-ferrous Metals	27392	19		27373
金属制品业	Manufacture of Metal Products	45177	544	373	44260
通用设备制造业	Manufacture of General Purpose Machinery	84904	2632	242	82030
专用设备制造业	Manufacture of Special Purpose Machinery	58442	811	1054	56577
汽车制造业	Manufacture of Automobiles	139705	2139	58	137508
铁路、船舶、航空航天和其他运输设备制造业	Manufacture of Railway, Ship, Aerospace and Other Transport Equipments	11499	456		11043
电气机械和器材制造业	Manufacture of Electrical Machinery and Apparatus	154716	219	28	154469
计算机、通信和其他电子设备制造业	Manufacture of Computers, Communication and Other Electronic Equipment	196145	4482		191663
仪器仪表制造业	Manufacture of Measuring Instruments and Machinery	8464		7	8457
其他制造业	Other Manufacture	4542	77	12	4453
废弃资源综合利用业	Utilization of Waste Resources	8417	636		7781
金属制品、机械和设备修理业	Repair Service of Metal Products, Machinery and Equipment	6942	3643		3299
电力、热力、燃气及水生产和供应业	**Production and Supply of Electricity, Heat, Gas and Water**	**103012**	**12778**	**323**	**89910**
电力、热力的生产和供应业	Production and Supply of Electric Power and Heat Power	70923	7077	29	63818
燃气生产和供应业	Production and Supply of Gas	11835	59		11776
水的生产和供应业	Production and Supply of Water	20254	5643	294	14317
建筑业	**Construction**	**983975**	**30325**	**22194**	**931456**
房屋建筑业	Construction of Buildings	603995	10622	11625	581748
土木工程建筑业	Civil Engineering	250705	16667	1788	232250
建筑安装业	Building Installation	62995	1457	3369	58169
建筑装饰、装修和其他建筑业	Architectural Decoration, Decoration and Other Construction Industries	66280	1579	5412	59289
批发和零售业	**Wholesale and Retail Trades**	**238496**	**16337**	**947**	**221212**
批发业	Wholesale Trade	100361	14461	410	85490
零售业	Retail Trade	138135	1876	537	135722
交通运输、仓储和邮政业	**Transport, Storage and Post**	**208633**	**33368**	**2015**	**173250**
铁路运输业	Railway Transport	42521	5		42516
道路运输业	Road Transport	117623	13941	887	102795
水上运输业	Water Transport	6560	1028	417	5115
航空运输业	Air Transport	3604	932		2672
管道运输业	Transport Via Pipelines	28			28
多式联运和运输代理业	Multimodal Transport and Transportation Agency	4631	315	45	4271
装卸搬运和仓储业	Handling and Storage Industry	12834	4406	666	7762
邮政业	Post	20832	12742	1	8089
住宿和餐饮业	**Hotels and Catering Services**	**54495**	**3126**	**443**	**50927**
住宿业	Hotels	28596	2429	259	25908
餐饮业	Catering Services	25899	697	184	25018
信息传输、软件和信息技术服务业	**Information Transmission, Software and Information Technology**	**100282**	**6092**	**70**	**94119**
电信、广播电视和卫星传输服务	Telecommunication, Radio and Television and Satellite Transmission Service	49729	5668	39	44022
互联网和相关服务	Internet and Related Service	6406	153		6253
软件和信息技术服务业	Software and Information Technology	44147	271	31	43845

4—9 续表2 continued

单位：人（person）

行业	Sector	合计 Total	国有单位 State-owned Units	城镇集体单位 Urban Collective-owned Units	其他单位 Units of Other Types of Ownership
金融业	**Financial Intermediation**	**222053**	**25354**	**191**	**196508**
货币金融服务	Monetary and Financial Service	102886	22083	191	80612
资本市场服务	Capital Market Service	3971	168		3803
保险业	Insurance	113317	2519		110798
其他金融业	Other Financial Activities	1879	583		1295
房地产业	**Real Estate**	**151267**	**7203**	**628**	**143435**
租赁和商务服务业	**Leasing and Business Services**	**213512**	**22087**	**2645**	**188779**
租赁业	Leasing	6253	269		5984
商务服务业	Business Services	207259	21818	2645	182795
科学研究和技术服务业	**Scientific Research and Technical Services**	**106559**	**45461**	**1049**	**60049**
研究和试验发展	Research and Experimental Development	12981	8043	41	4897
专业技术服务业	Professional Technical Services	80494	32129	852	47513
科技推广和应用服务业	Science and Technology Popularization and Application Services	13085	5290	156	7639
水利、环境和公共设施管理业	**Management of Water Conservancy, Environment and Public Facilities**	**70516**	**27522**	**359**	**42635**
水利管理业	Management of Water Conservancy	9588	9330	19	239
生态保护和环境治理业	Ecological Protection and Environmental Treatment	4096	1356		2740
公共设施管理业	Management of Public Facilities	55269	16031	340	38897
土地管理业	Land Management	1564	804		759
居民服务、修理和其他服务业	**Service to Households, Repair and Other Services**	**24094**	**4117**	**721**	**19256**
居民服务业	Service to Households	9181	2361	407	6413
机动车、电子产品和日用产品修理业	Repair of Motor Vehicle, Electronics and Household Products	3079	200	117	2762
其他服务业	Other Services	11834	1556	197	10081
教育	**Education**	**681865**	**591835**	**11214**	**78816**
卫生和社会工作	**Health and Social Service**	**369212**	**292959**	**21362**	**54891**
卫生	Health	357459	286851	20561	50046
社会工作	Social Service	11753	6108	800	4845
文化、体育和娱乐业	**Culture, Sports and Entertainment**	**35226**	**20390**	**325**	**14511**
新闻和出版业	Journalism and Publishing Activities	6703	4293		2410
广播、电视、电影和录音制作业	Radio, Television, Film and Recording Production	9609	6985	69	2555
文化艺术业	Cultural and Art Activities	12334	7805	193	4336
体育	Sports Activities	1890	851	37	1002
娱乐业	Entertainment	4689	456	26	4208
公共管理、社会保障和社会组织	**Public Management, Social Security and Social Organization**	**601815**	**599508**	**1003**	**1305**
中国共产党机关	Organs of Communist Party of China	29079	29066		13
国家机构	Government Agencies	558548	556866	813	868
人民政协、民主党派	People's Political Consultative Conference and Democratic Parties	3610	3610		
社会保障	Social Security	3753	3726	22	5
群众团体、社会团体和其他成员组织	Non-Governmental Organizations, Social Organizations and Other Organizations	6825	6240	167	418

4—10 城镇非私营单位分行业女性就业人员占全部就业人员比重（2021年）
Proportion of Female Employed to Total of Urban Non-private Owned Units by Status by Sector (2021)

以本类型从业人员为100 (Total number of this item employed=100)　　单位：%

行　业	Sector	合　计 Total	国有单位 State-owned Units	城镇集体单位 Urban Collective-owned Units	其他单位 Units of Other Types of Ownership
总　计	**Total**	**36.8**	**43.9**	**42.9**	**33.3**
按执行会计标准类别分组	**Grouped by Executive Accounting System Type**				
企　业	Enterprises	32.7	34.1	26.8	32.7
政　府	Government	45.7	45.3	61.5	60.4
民间非营利组织	Non-profit Organizations	67.2	59.5	65.1	70.8
其　他	Others	42.2	38.7	50.0	43.6
按国民经济行业分组	**Grouped by Economic Sector**				
农、林、牧、渔业	**Agriculture, Forestry, Animal Husbandry and Fishery**	**29.1**	**27.8**	**30.3**	**37.0**
农　业	Farming	24.1	21.0	36.2	39.8
林　业	Forestry	27.3	25.8	21.6	39.4
畜牧业	Animal Husbandry	38.3	29.2		39.1
渔　业	Fishery	30.6	24.8	36.4	33.2
农林牧渔专业及辅助性活动	Agriculture, Forestry, Animal Husbandry and Fishery Major and Supporting Activities	32.8	33.0	26.8	32.0
采矿业	**Mining**	**9.6**	**14.4**	**40.5**	**9.3**
煤炭开采和洗选业	Mining and Washing of Coal	8.1	4.2		8.2
石油和天然气开采业	Extraction of Petroleum and Natural Gas	21.2	18.2		21.2
黑色金属矿采选业	Mining and Processing of Ferrous Metal Ores	17.4	17.6		17.0
有色金属矿采选业	Mining and Processing of Non-Ferrous Metal Ores	18.9	12.0		19.4
非金属矿采选业	Mining and Processing of Non-metal Ores	19.8	29.9	40.5	21.6
开采专业及辅助性活动	Mining Profession and Auxiliary Activities	25.4			18.2
制造业	**Manufacturing**	**36.4**	**27.1**	**37.7**	**36.6**
农副食品加工业	Processing of Food from Agricultural Products	46.0	24.4	28.0	46.4
食品制造业	Manufacture of Foods	56.7	25.0	75.0	56.7
酒、饮料和精制茶制造业	Manufacture of Liquor, Beverages and Refined Tea	37.6	42.5	55.3	37.1
烟草制品业	Manufacture of Tobacco	28.1	29.1	26.8	20.0
纺织业	Manufacture of Textile	62.4		35.7	62.4
纺织服装、服饰业	Manufacture of Textile, Wearing Apparel and Accessories	74.0		60.0	74.0
皮革、毛皮、羽毛及其制品和制鞋业	Manufacture of Leather, Fur, Feather and Related Products and Footwear	69.9		85.1	69.9
木材加工和木、竹、藤、棕、草制品业	Processing of Timber, Manufacture of Wood, Bamboo, Rattan, Palm and Straw Products	42.1			42.1
家具制造业	Manufacture of Furniture	28.6			28.6
造纸和纸制品业	Manufacture of Paper and Paper Products	35.9	62.5	22.2	36.9
印刷和记录媒介复制业	Printing and Reproduction of Recording Media	38.9	43.6	57.4	38.5
文教、工美、体育和娱乐用品制造业	Manufacture of Articles for Culture, Education, Arts and Crafts, Sport and Entertainment Activities	61.8	42.4	58.0	61.9
石油、煤炭及其他燃料加工业	Petroleum, Coal and Other Fuel Processing Industries	16.0			16.0
化学原料和化学制品制造业	Manufacture of Raw Chemical Materials and Chemical Products	26.9	23.7	24.6	26.9
医药制造业	Manufacture of Medicines	50.4		28.6	50.4
化学纤维制造业	Manufacture of Chemical Fibres	33.8			33.8
橡胶和塑料制品业	Manufacture of Rubber and Plastics Products	38.9	20.9	52.0	38.8
非金属矿物制品业	Manufacture of Non-metallic Mineral Products	26.0	24.0	30.4	26.0
黑色金属冶炼和压延加工业	Smelting and Pressing of Ferrous Metals	14.4		20.0	14.4

4—10 续表1 continued

单位：%

行 业	Sector	合 计 Total	国有单位 State-owned Units	城镇集体单位 Urban Collective-owned Units	其他单位 Units of Other Types of Ownership
有色金属冶炼和压延加工业	Smelting and Pressing of Non-ferrous Metals	22.9	26.3		22.9
金属制品业	Manufacture of Metal Products	28.3	33.6	28.4	28.2
通用设备制造业	Manufacture of General Purpose Machinery	24.7	14.3	34.1	25.0
专用设备制造业	Manufacture of Special Purpose Machinery	29.3	23.8	36.7	29.2
汽车制造业	Manufacture of Automobiles	25.7	15.0	19.0	25.8
铁路、船舶、航空航天和其他运输设备制造业	Manufacture of Railway, Ship, Aerospace and Other Transport Equipments	20.9	21.3		20.9
电气机械和器材制造业	Manufacture of Electrical Machinery and Apparatus	37.8	30.1	35.7	37.8
计算机、通信和其他电子设备制造业	Manufacture of Computers, Communication and Other Electronic Equipment	39.6	42.3		39.5
仪器仪表制造业	Manufacture of Measuring Instruments and Machinery	31.5		57.1	31.5
其他制造业	Other Manufacture	37.1	23.4	75.0	37.2
废弃资源综合利用业	Utilization of Waste Resources	25.8	21.5		26.1
金属制品、机械和设备修理业	Repair Service of Metal Products, Machinery and Equipment	21.0	24.2		17.4
电力、热力、燃气及水生产和供应业	**Production and Supply of Electricity, Heat, Gas and Water**	**23.4**	**26.3**	**30.6**	**23.0**
电力、热力的生产和供应业	Production and Supply of Electric Power and Heat Power	19.1	20.2	27.3	19.0
燃气生产和供应业	Production and Supply of Gas	31.2	18.6		31.2
水的生产和供应业	Production and Supply of Water	34.1	34.0	30.9	34.1
建筑业	**Construction**	**13.2**	**16.0**	**14.5**	**13.1**
房屋建筑业	Construction of Buildings	13.5	13.5	19.9	13.4
土木工程建筑业	Civil Engineering	13.4	16.9	27.9	13.0
建筑安装业	Building Installation	13.0	25.3	3.3	13.3
建筑装饰、装修和其他建筑业	Architectural Decoration, Decoration and Other Construction Industries	9.9	14.8	5.6	10.1
批发和零售业	**Wholesale and Retail Trades**	**53.6**	**26.9**	**40.7**	**55.6**
批发业	Wholesale Trade	37.1	22.4	30.6	39.6
零售业	Retail Trade	65.6	61.6	48.3	65.7
交通运输、仓储和邮政业	**Transport, Storage and Post**	**25.6**	**35.9**	**33.7**	**23.6**
铁路运输业	Railway Transport	11.7	40.0		11.7
道路运输业	Road Transport	27.1	29.7	21.8	26.8
水上运输业	Water Transport	18.8	18.0	32.0	17.9
航空运输业	Air Transport	35.5	24.6		39.3
管道运输业	Transport Via Pipelines	28.6			28.6
多式联运和运输代理业	Multimodal Transport and Transportation Agency	31.3	30.8	13.3	31.5
装卸搬运和仓储业	Handling and Storage Industry	24.7	22.2	52.0	23.7
邮政业	Post	45.6	49.8	100.0	38.8
住宿和餐饮业	**Hotels and Catering Services**	**62.0**	**55.1**	**65.5**	**62.4**
住宿业	Hotels	60.0	53.1	61.4	60.6
餐饮业	Catering Services	64.2	61.7	71.2	64.2
信息传输、软件和信息技术服务业	**Information Transmission, Software and Information Technology**	**39.1**	**36.6**	**37.1**	**39.3**
电信、广播电视和卫星传输服务	Telecommunication, Radio and Television and Satellite Transmission Service	40.0	37.1	46.2	40.4
互联网和相关服务	Internet and Related Service	46.9	34.3		47.3
软件和信息技术服务业	Software and Information Technology	37.0	27.6	25.8	37.1

4—10 续表2 continued

单位：%

行 业	Sector	合 计 Total	国有单位 State-owned Units	城镇集体单位 Urban Collective-owned Units	其他单位 Units of Other Types of Ownership
金融业	**Financial Intermediation**	**55.7**	**43.9**	**56.5**	**57.2**
货币金融服务	Monetary and Financial Service	45.9	43.0	56.5	46.6
资本市场服务	Capital Market Service	40.3	39.9		40.4
保险业	Insurance	65.4	55.2		65.6
其他金融业	Other Financial Activities	39.1	31.3		42.6
房地产业	**Real Estate**	**42.6**	**36.7**	**35.6**	**42.9**
租赁和商务服务业	**Leasing and Business Services**	**41.1**	**30.8**	**39.5**	**42.3**
租赁业	Leasing	21.5	17.1		21.7
商务服务业	Business Services	41.7	31.0	39.5	43.0
科学研究和技术服务业	**Scientific Research and Technical Services**	**28.3**	**26.9**	**37.0**	**29.2**
研究和试验发展	Research and Experimental Development	35.1	31.7	63.4	40.6
专业技术服务业	Professional Technical Services	26.1	25.6	33.3	26.3
科技推广和应用服务业	Science and Technology Popularization and Application Services	35.0	28.0	50.2	39.6
水利、环境和公共设施管理业	**Management of Water Conservancy, Environment and Public Facilities**	**40.4**	**35.8**	**26.0**	**43.4**
水利管理业	Management of Water Conservancy	25.1	25.2	50.0	19.0
生态保护和环境治理业	Ecological Protection and Environmental Treatment	28.1	28.7		27.8
公共设施管理业	Management of Public Facilities	43.9	42.5	24.7	44.6
土地管理业	Land Management	41.7	37.5		46.3
居民服务、修理和其他服务业	**Service to Households, Repair and Other Services**	**38.6**	**39.6**	**52.6**	**37.9**
居民服务业	Service to Households	39.4	28.7	51.4	42.6
机动车、电子产品和日用产品修理业	Repair of Motor Vehicle, Electronics and Household Products	29.9	21.0	23.1	30.8
其他服务业	Other Services	40.2	58.3	72.6	36.8
教 育	**Education**	**55.3**	**53.4**	**64.4**	**68.5**
卫生和社会工作	**Health and Social Service**	**66.0**	**65.4**	**64.3**	**69.6**
卫 生	Health	66.1	65.6	64.9	69.7
社会工作	Social Service	61.0	56.6	51.3	68.0
文化、体育和娱乐业	**Culture, Sports and Entertainment**	**46.1**	**44.1**	**50.1**	**48.7**
新闻和出版业	Journalism and Publishing Activities	44.1	42.3		47.3
广播、电视、电影和录音制作业	Radio, Television, Film and Recording Production	41.5	37.4	46.4	52.7
文化艺术业	Cultural and Art Activities	49.8	51.8	54.8	45.9
体 育	Sports Activities	41.9	37.2	35.1	46.2
娱乐业	Entertainment	50.1	45.6	46.2	50.7
公共管理、社会保障和社会组织	**Public Management, Social Security and Social Organization**	**30.7**	**30.6**	**32.6**	**34.5**
中国共产党机关	Organs of Communist Party of China	27.6	27.6		53.8
国家机构	Government Agencies	30.5	30.5	29.1	31.8
人民政协、民主党派	People's Political Consultative Conference and Democratic Parties	26.2	26.2		
社会保障	Social Security	51.3	51.3	45.5	40.0
群众团体、社会团体和其他成员组织	Non-Governmental Organizations, Social Organizations and Other Organizations	45.8	46.2	47.6	39.6

4—11 城镇非私营单位主要年份就业人员工资总额和指数
Total Wages of Employed Persons and Related Index of Urban Non-private Owned Units in Major Years

年 份 Year	工 资 总 额 (万元) Total Wages (10000 yuan)				指 数 (上年=100) Index (Preceding year=100)			
	合 计 Total	国有单位 State-owned Units	城镇集体单位 Urban Collective-owned Units	其他单位 Units of Other Types of Ownership	合 计 Total	国有单位 State-owned Units	城镇集体单位 Urban Collective-owned Units	其他单位 Units of Other Types of Ownership
2000	2755252	2015830	317435	421987	103.2	102.1	99.0	112.2
2005	4841315	3071572	276909	1492834	114.9	109.5	107.0	129.7
2010	12251179	6914813	425619	4910747	119.3	117.1	117.8	122.8
2013	24637193	9517563	607624	14512006	127.9	94.4	104.7	168.8
2014	26315988	10271162	643610	15401216	106.8	107.9	105.9	106.1
2015	28238432	11353008	696857	16188567	107.3	110.5	108.3	105.1
2016	30128307	12550426	721317	16856565	106.7	110.5	103.5	104.1
2017	33237088	13838446	738939	18659703	110.3	110.3	102.4	110.7
2018	43548900	16776530	797838	25974533	131.0	121.2	108.0	139.2
2019	45211215	16848336	527941	27834938	103.8	100.4	66.2	107.2
2020	47403429	18845081	577630	27980719	104.8	111.9	109.4	100.5
2021	52245849	20770570	595008	30880271	110.2	110.2	103.0	100.4

4—12 城镇非私营单位主要年份就业人员平均工资及指数
Average Wage of Employed Persons and Related Index of Urban Non-private Owned Units in Major Years

年 份 Year	平均货币工资 (元) Average Wage in Monetary Terms (yuan)				指 数 (上年=100) Index (Preceding year=100)			
	合 计 Total	国有单位 State-owned Units	城镇集体单位 Urban Collective-owned Units	其他单位 Units of Other Types of Ownership	合 计 Total	国有单位 State-owned Units	城镇集体单位 Urban Collective-owned Units	其他单位 Units of Other Types of Ownership
2000	6989	7471	4762	7310	107.3	105.3	108.0	114.3
2005	15334	15450	9894	16788	118.6	114.3	126.2	124.8
2010	33341	33793	23869	33867	115.8	115.9	119.1	115.2
2013	47806	48683	37927	47765	107.2	108.6	109.2	105.7
2014	50894	51974	41741	50657	106.5	106.8	110.1	106.1
2015	55139	60433	47261	52302	108.3	116.3	113.2	103.2
2016	59102	66210	50976	55076	107.2	109.6	107.9	105.3
2017	65150	75733	56758	59346	110.2	114.4	111.3	107.8
2018	74378	93210	63843	66089	114.2	123.1	112.5	111.4
2019	79037	99851	66059	70415	106.3	107.1	103.5	106.5
2020	85854	107953	76836	75613	108.6	108.1	116.3	107.4
2021	93861	116898	85045	83022	109.3	108.3	110.7	109.8

注：本表所涉及指标，2010年以前为在岗职工相关指标，2010年及以后为就业人员相关指标。

a) Before 2010,the indicators involved in this table were related as employment workers, and after 2010 as the staff and workers indicators.

4—13 城镇非私营单位分行业就业人员工资总额（2021年）
Total Wages of Employed Persons of Urban Non-private Owned Units by Sector (2021)

单位：万元（10000 yuan）

行业	Sector	合计 Total	国有单位 State-owned Units	城镇集体单位 Urban Collective-owned Units	其他单位 Units of Other Types of Ownership
总计	**Total**	**52245849**	**20770570**	**595008**	**30880271**
按执行会计标准类别分组	**Grouped by Executive Acounting System Type**				
企业	Enterprises	33220833	2534955	244575	30441304
政府	Government	18600564	18084198	322081	194285
民间非营利组织	Non-profit Organizations	404617	142221	28234	234163
其他	Others	19835	9196	119	10519
按国民经济行业分组	**Grouped by Economic Sector**				
农、林、牧、渔业	**Agriculture, Forestry, Animal Husbandry and Fishery**	**149580**	**126742**	**3127**	**19710**
农业	Farming	55379	48742	1064	5574
林业	Forestry	17057	15210	415	1433
畜牧业	Animal Husbandry	5790	80	31	5678
渔业	Fishery	1447	500	21	927
农林牧渔专业及辅助性活动	Agriculture, Forestry, Animal Husbandry and Fishery Major and Supporting Activities	69906	62211	1597	6098
采矿业	**Mining**	**1639987**	**97499**	**157**	**1542332**
煤炭开采和洗选业	Mining and Washing of Coal	1435216	13053		1422163
石油和天然气开采业	Extraction of Petroleum and Natural Gas	4134			4134
黑色金属矿采选业	Mining and Processing of Ferrous Metal Ores	127558	64934		62624
有色金属矿采选业	Mining and Processing of Non-Ferrous Metal Ores	25078	5831		19248
非金属矿采选业	Mining and Processing of Non-metal Ores	47146	13182	157	33807
开采专业及辅助性活动	Mining Profession and Auxiliary Activities	855	499		356
制造业	**Manufacturing**	**10806027**	**320527**	**41199**	**10444302**
农副食品加工业	Processing of Food from Agricultural Products	268308	3460	232	264615
食品制造业	Manufacture of Foods	161415	48	51	161315
酒、饮料和精制茶制造业	Manufacture of Liquor, Beverages and Refined Tea	186589	242	3226	183120
烟草制品业	Manufacture of Tobacco	157490	139297	8381	9812
纺织业	Manufacture of Textile	187008		231	186777
纺织服装、服饰业	Manufacture of Textile, Wearing Apparel and Accessories	328774		21	328753
皮革、毛皮、羽毛及其制品和制鞋业	Manufacture of Leather, Fur, Feather and Related Products and Footwear	86470		152	86318
木材加工和木、竹、藤、棕、草制品业	Processing of Timber, Manufacture of Wood, Bamboo, Rattan, Palm and Straw Products	41279			41279
家具制造业	Manufacture of Furniture	83660			83660
造纸和纸制品业	Manufacture of Paper and Paper Products	70113	26	8228	61859
印刷和记录媒介复制业	Printing and Reproduction of Recording Media	101491	842	1573	99076
文教、工美、体育和娱乐用品制造业	Manufacture of Articles for Culture, Education, Arts and Crafts, Sport and Entertainment Activities	76193	224	310	75659
石油、煤炭及其他燃料加工业	Petroleum, Coal and Other Fuel Processing Industries	93648			93648
化学原料和化学制品制造业	Manufacture of Raw Chemical Materials and Chemical Products	598752	4157	338	594256
医药制造业	Manufacture of Medicines	282334		42	282292
化学纤维制造业	Manufacture of Chemical Fibres	22025			22025
橡胶和塑料制品业	Manufacture of Rubber and Plastics Products	559335	231	1601	557503
非金属矿物制品业	Manufacture of Non-metallic Mineral Products	526001	14077	844	511080
黑色金属冶炼和压延加工业	Smelting and Pressing of Ferrous Metals	483592		127	483465

4—13 续表1 continued

单位：万元（10000 yuan）

行业	Sector	合计 Total	国有单位 State-owned Units	城镇集体单位 Urban Collective-owned Units	其他单位 Units of Other Types of Ownership
有色金属冶炼和压延加工业	Smelting and Pressing of Non-ferrous Metals	233897	200		233697
金属制品业	Manufacture of Metal Products	347731	4894	2968	339868
通用设备制造业	Manufacture of General Purpose Machinery	759757	28341	1445	729971
专用设备制造业	Manufacture of Special Purpose Machinery	503917	8409	11010	484498
汽车制造业	Manufacture of Automobiles	1207737	13913	298	1193526
铁路、船舶、航空航天和其他运输设备制造业	Manufacture of Railway, Ship, Aerospace and Other Transport Equipments	110990	3802		107189
电气机械和器材制造业	Manufacture of Electrical Machinery and Apparatus	1275941	2130	64	1273746
计算机、通信和其他电子设备制造业	Manufacture of Computers, Communication and Other Electronic Equipment	1775873	29775		1746098
仪器仪表制造业	Manufacture of Measuring Instruments and Machinery	89891		26	89866
其他制造业	Other Manufacture	38994	747	30	38217
废弃资源综合利用业	Utilization of Waste Resources	57068	9945		47123
金属制品、机械和设备修理业	Repair Service of Metal Products, Machinery and Equipment	89757	55766		33991
电力、热力、燃气及水生产和供应业	**Production and Supply of Electricity, Heat, Gas and Water**	**1349404**	**136082**	**2060**	**1211262**
电力、热力的生产和供应业	Production and Supply of Electric Power and Heat Power	1073899	89417	196	984286
燃气生产和供应业	Production and Supply of Gas	100499	620		99879
水的生产和供应业	Production and Supply of Water	175005	46044	1865	127097
建筑业	**Construction**	**6857204**	**242650**	**140730**	**6473825**
房屋建筑业	Construction of Buildings	3719697	68985	54270	3596442
土木工程建筑业	Civil Engineering	2163935	142220	11081	2010633
建筑安装业	Building Installation	430486	19925	27782	382780
建筑装饰、装修和其他建筑业	Architectural Decoration, Decoration and Other Construction Industries	543086	11520	47596	483970
批发和零售业	**Wholesale and Retail Trades**	**1781929**	**199953**	**4089**	**1577888**
批发业	Wholesale Trade	977620	188725	1813	787082
零售业	Retail Trade	804309	11228	2275	790806
交通运输、仓储和邮政业	**Transport, Storage and Post**	**1975348**	**303511**	**8933**	**1662904**
铁路运输业	Railway Transport	653287	22		653265
道路运输业	Road Transport	844388	102188	4040	738160
水上运输业	Water Transport	60607	13047	1640	45920
航空运输业	Air Transport	44779	12350		32429
管道运输业	Transport Via Pipelines	153			153
多式联运和运输代理业	Multimodal Transport and Transportation Agency	38430	1650	304	36475
装卸搬运和仓储业	Handling and Storage Industry	84961	25078	2945	56938
邮政业	Post	248744	149176	4	99564
住宿和餐饮业	**Hotels and Catering Services**	**282245**	**15827**	**2288**	**264130**
住宿业	Hotels	145210	12155	1520	131535
餐饮业	Catering Services	137035	3673	767	132595
信息传输、软件和信息技术服务业	**Information Transmission, Software and Information Technology**	**1099384**	**73473**	**400**	**1025512**
电信、广播电视和卫星传输服务	Telecommunication, Radio and Television and Satellite Transmission Service	533798	67910	173	465715
互联网和相关服务	Internet and Related Service	65103	2401		62703
软件和信息技术服务业	Software and Information Technology	500483	3162	227	497094

4—13 续表2 continued

单位：万元（10000 yuan）

行　业	Sector	合　计 Total	国有单位 State-owned Units	城镇集体单位 Urban Collective-owned Units	其他单位 Units of Other Types of Ownership
金融业	**Financial Intermediation**	**2621894**	**368381**	**1444**	**2252069**
货币金融服务	Monetary and Financial Service	1748791	310323	1444	1437024
资本市场服务	Capital Market Service	87535	2563		84972
保险业	Insurance	719178	16387		702790
其他金融业	Other Financial Activities	66390	39107		27283
房地产业	**Real Estate**	**1264966**	**56723**	**2994**	**1205250**
租赁和商务服务业	**Leasing and Business Services**	**1366400**	**163878**	**18029**	**1184493**
租赁业	Leasing	46871	2613		44258
商务服务业	Business Services	1319529	161265	18029	1140235
科学研究和技术服务业	**Scientific Research and Technical Services**	**1248600**	**526110**	**7188**	**715301**
研究和试验发展	Research and Experimental Development	141105	84008	147	56950
专业技术服务业	Professional Technical Services	1000171	389448	5884	604839
科技推广和应用服务业	Science and Technology Popularization and Application Services	107324	52654	1158	53512
水利、环境和公共设施管理业	**Management of Water Conservancy, Environment and Public Facilities**	**388862**	**246659**	**3316**	**138887**
水利管理业	Management of Water Conservancy	108689	106840	179	1669
生态保护和环境治理业	Ecological Protection and Environmental Treatment	32271	12566		19705
公共设施管理业	Management of Public Facilities	232464	119494	3136	109834
土地管理业	Land Management	15438	7760		7678
居民服务、修理和其他服务业	**Service to Households, Repair and Other Services**	**146461**	**36471**	**3470**	**106520**
居民服务业	Service to Households	59448	21325	2282	35841
机动车、电子产品和日用产品修理业	Repair of Motor Vehicle, Electronics and Household Products	19698	1335	662	17701
其他服务业	Other Services	67314	13810	526	52978
教　育	**Education**	**7588847**	**6989370**	**108445**	**491031**
卫生和社会工作	**Health and Social Service**	**4565626**	**3890347**	**234401**	**440879**
卫　生	Health	4508229	3857313	230950	419966
社会工作	Social Service	57397	33034	3451	20912
文化、体育和娱乐业	**Culture, Sports and Entertainment**	**300428**	**186756**	**2419**	**111253**
新闻和出版业	Journalism and Publishing Activities	74654	47460		27193
广播、电视、电影和录音制作业	Radio, Television, Film and Recording Production	73599	55325	490	17784
文化艺术业	Cultural and Art Activities	106387	71083	1362	33943
体　育	Sports Activities	14070	8729	319	5021
娱乐业	Entertainment	31718	4158	248	27312
公共管理、社会保障和社会组织	**Public Management, Social Security and Social Organization**	**6812657**	**6789613**	**10321**	**12724**
中国共产党机关	Organs of Communist Party of China	357492	357324		168
国家机构	Government Agencies	6291177	6274634	8117	8426
人民政协、民主党派	People's Political Consultative Conference and Democratic Parties	50538	50538		
社会保障	Social Security	37250	37130	108	12
群众团体、社会团体和其他成员组织	Non-Governmental Organizations, Social Organizations and Other Organizations	76200	69988	2095	4117

4—14 各市城镇非私营单位分行业就业人员工资总额（2021年）

Total Wages of Employed Persons of Urban Non-private Owned Units by Sector and Region (2021)

单位：万元（10000 yuan）

地区	Region	合计 Total	农林牧渔业 Agriculture, Forestry, Animal Husbandry and Fishery	采矿业 Mining	制造业 Manufacturing	电力、热力、燃气及水的生产和供应业 Production and Supply of Electricity, Heat, Gas and Water	建筑业 Construction	批发和零售业 Wholesale and Retail Trade	交通运输、仓储和邮政业 Transport, Storage, Post & Telecommunications	住宿和餐饮业 Accommodation and Catering Trade	信息传输、计算机服务和软件业 Information, Circulation Computer Services and Software
总计	**Total**	**52245849**	**149580**	**1639987**	**10806027**	**1349404**	**6857204**	**1781929**	**1975348**	**282245**	**1099384**
合肥市	Hefei	17135391	13640	11538	3629996	667786	3791272	809465	509826	101337	686517
淮北市	Huaibei	1540531	1275	480880	203499	43578	67137	25592	22116	3337	19895
亳州市	Bozhou	1872768	2880	34935	275258	32760	112813	102431	47853	13759	26717
宿州市	Suzhou	2279813	3411	40600	187497	21613	401799	52254	56028	7868	25750
蚌埠市	Bengbu	1957346	1215		366578	17602	211047	56924	65128	5674	17981
阜阳市	Fuyang	3019446	4958	97853	323928	34596	238069	100663	59804	11821	26480
淮南市	Huainan	2426611	6285	792741	134255	251550	71226	39298	29265	3264	19487
滁州市	Chuzhou	2975102	11641	6700	980513	32397	322024	99801	49251	4871	24925
六安市	Luan	2403655	4032	38388	418177	33971	81320	49271	46466	11714	32641
马鞍山市	Maanshan	2603330	4593	75931	792689	63835	350624	40599	59236	4248	44154
芜湖市	Wuhu	5091664	6604	7199	1580866	49250	592305	216876	221710	22895	64539
宣城市	Xuancheng	2057331	8286	778	552747	20341	144688	38942	29758	6828	25787
铜陵市	Tongling	1400081	12223	29554	425410	20994	142757	24336	44732	52908	13510
池州市	Chizhou	1027226	2320	17866	198153	12638	38593	24561	19405	3125	16710
安庆市	Anqing	2785088	63056	4494	593425	36483	218730	76934	74629	10692	36413
黄山市	Huangshan	1051919	3159	532	143036	10010	72800	23981	21593	17905	17879
铁路（国家反馈）	Railways (State Feedback)	618546							618546		

4—14 续表 continued

单位：万元（10000 yuan）

地区 Region	金融业 Banking	房地产业 Real Estate	租赁和商务服务业 Leasing and Commercial Services	科学研究和技术服务业 Scientific Research and Technical Services	水利、环境和公共设施管理业 Water Conservancy, Environmental and Public Facilities Management	居民服务、修理和其他服务业 Residents Service, Repair and Other Services	教育 Education	卫生和社会工作 Health and Social Work	文化、体育和娱乐业 Culture, Sports and Entertainment	公共管理、社会保障和社会组织 Public Management, Social Security and Social Organization
总计 Total	**2621894**	**1264966**	**1366400**	**1248600**	**388862**	**146461**	**7588847**	**4565626**	**300428**	**6812657**
合肥市 Hefei	971908	447026	380127	747706	71467	23506	1622309	1135498	122481	1391987
淮北市 Huaibei	60982	20481	20059	18691	6202	2176	251366	104600	3319	185347
亳州市 Bozhou	121878	63387	45235	11027	9056	7658	437896	260572	8928	257725
宿州市 Suzhou	121291	71860	33128	38880	18454	2021	530061	279732	11488	376079
蚌埠市 Bengbu	76722	70192	45435	52989	29490	6494	388594	226194	11228	307860
阜阳市 Fuyang	178133	87678	24172	39629	33116	2896	769436	492244	13711	480260
淮南市 Huainan	109054	58509	52613	27607	28809	2355	335245	199243	10112	255694
滁州市 Chuzhou	115080	58270	20441	24457	37296	7788	414762	255863	7874	501148
六安市 Luan	192290	46293	30655	25375	31467	6553	502212	331075	7982	513771
马鞍山市 Maanshan	141826	38963	59945	61771	20985	5013	332427	149969	9252	347270
芜湖市 Wuhu	144183	129203	434707	86344	16873	15513	640117	340630	25329	496522
宣城市 Xuancheng	115280	40960	66871	17241	15469	6639	315525	178403	9615	463171
铜陵市 Tongling	58831	31998	21580	26056	12886	2228	201198	116239	7656	154984
池州市 Chizhou	58322	17230	87869	17191	6511	9123	173651	71862	6153	245940
安庆市 Anqing	98550	55288	23217	35282	33258	44356	485603	330028	20596	544052
黄山市 Huangshan	57564	27628	20345	18354	17523	2141	188446	93475	24703	290845
铁路（国家反馈） Railways (State Feedback)										

4—15 城镇非私营单位分行业就业人员年平均工资
Average Wage of Employed Persons of Urban Non-private Owned Units by Sector

单位：元（yuan）

行　业	Sector	2020	2021
总　计	**Total**	**85854**	**93861**
农、林、牧、渔业	Agriculture, Forestry, Animal Husbandry and Fishery	53372	55304
采矿业	Mining	106968	123744
制造业	Manufacturing	75944	84197
电力、热力、燃气及水的生产和供应业	Production and Supply of Electricity, Heat, Gas and Water	123009	130890
建筑业	Construction	68085	72577
批发和零售业	Wholesale and Retail Trades	68125	75833
交通运输、仓储和邮政业	Transport, Storage and Post	87492	94979
住宿和餐饮业	Hotels and Catering Services	44834	52830
信息传输、软件和信息技术服务业	Information Transmission, Software and Information Technology	101715	111935
金融业	Financial Intermediation	90083	110117
房地产业	Real Estate	74611	82975
租赁和商务服务业	Leasing and Business Services	61745	61432
科学研究和技术服务业	Scientific Research and Technical Services	104463	118465
水利、环境和公共设施管理业	Management of Water Conservancy, Environment	52834	55651
居民服务、修理和其他服务业	Services to Households, Repair and Other Services	56552	62885
教　育	Education	107175	112889
卫生和社会工作	Health and Social Service	115979	125732
文化、体育和娱乐业	Culture, Sports and Entertainment	79224	84665
公共管理、社会保障和社会组织	Public Management, Social Security and Social Organization	103215	113849

4—16 各市城镇非私营单位分行业就业人员年平均工资（2021年）
Average Wage of Employed Persons of Urban Non-private Owned Units by Sector By Region (2021)

单位：元（yuan）

地 区	Region	合计 Total	农林牧渔业 Agriculture, Forestry, Animal Husbandry and Fishery	采矿业 Mining	制造业 Manufacturing	电力、热力、燃气及水的生产和供应业 Production and Supply of Electricity, Heat, Gas and Water	建筑业 Construction	批发和零售业 Wholesale and Retail Trade	交通运输、仓储和邮政业 Transport, Storage, Post & Telecommunications	住宿和餐饮业 Accommodation and Catering Trade	信息传输、计算机服务和软件业 Information, Circulation Computer Services and Software
总 计	**Total**	**93861**	**55304**	**123744**	**84197**	**130890**	**72577**	**75833**	**94979**	**52830**	**111935**
合肥市	Hefei	104729	64387	102954	105185	150833	79885	86573	96238	55135	117694
淮北市	Huaibei	88108	41680	107552	69241	109593	67002	57654	77133	43409	87511
亳州市	Bozhou	77508	42752	109719	55921	96068	59281	72324	54037	45006	123193
宿州市	Suzhou	77009	43132	92509	52552	88511	63644	58880	76918	46881	99580
蚌埠市	Bengbu	83153	43382		68081	67624	72775	57737	65245	36498	101155
阜阳市	Fuyang	81042	38654	128845	56611	105964	58153	54279	52214	41879	81580
淮南市	Huainan	103735	57180	145103	67016	156944	58648	63077	62911	41323	129090
滁州市	Chuzhou	89562	77601	67152	76410	101306	70509	86162	75435	56238	113874
六安市	Luan	94349	68224	80974	73642	93217	59432	82310	80240	41205	127328
马鞍山市	Maanshan	103562	94585	160172	101319	134308	78791	82991	86083	45292	109478
芜湖市	Wuhu	92069	62837	84185	89053	102689	70155	72732	82050	52826	102295
宣城市	Xuancheng	86408	62479	60701	71709	100641	63851	66244	83727	43385	95628
铜陵市	Tongling	91972	56222	99301	85184	98138	61420	77147	83656	79273	108775
池州市	Chizhou	91341	73602	99377	75121	99052	57912	73555	74512	41861	105373
安庆市	Anqing	85669	50003	78459	74353	89326	54216	67526	77176	41560	88035
黄山市	Huangshan	90251	71446	59455	75851	84453	49320	72178	83588	46796	113912
铁路(国家反馈)	Railways (State Feedback)	154923							154923		

4—16 续表 continued

单位：元（yuan）

地区 Region	金融业 Banking	房地产业 Real Estate	租赁和商务服务业 Leasing and Commercial Services	科学研究和技术服务业 Scientific Research and Technical Services	水利、环境和公共设施管理业 Water Conservancy, Environmental and Public Facilities Management	居民服务、修理和其他服务业 Residents Service, Repair and Other Services	教育 Education	卫生和社会工作 Health and Social Work	文化、体育和娱乐业 Culture, Sports and Entertainment	公共管理、社会保障和社会组织 Public Management, Social Security and Social Organization
总计 Total	**110117**	**82975**	**61432**	**118465**	**55651**	**62885**	**112889**	**125732**	**84665**	**113849**
合肥市 Hefei	118698	91180	77667	134318	115461	79708	134380	169622	88791	139683
淮北市 Huaibei	87967	70621	50210	104907	28409	82369	104223	90025	49828	85673
亳州市 Bozhou	148711	74081	38462	70776	63484	51509	91239	105370	76605	83177
宿州市 Suzhou	82788	69799	56543	85854	33688	54132	97676	104321	73385	82911
蚌埠市 Bengbu	94046	67716	63330	103880	71074	40932	99608	104712	75536	110515
阜阳市 Fuyang	120456	86075	61502	104564	29440	50793	94943	112880	73623	87032
淮南市 Huainan	87744	111741	50125	94282	58786	58309	109237	94494	77939	93531
滁州市 Chuzhou	91609	99113	53407	106098	63901	90834	106036	117718	89120	130759
六安市 Luan	98911	88334	66676	71206	54480	27005	110871	122934	77892	117200
马鞍山市 Maanshan	113585	81057	69348	122151	116135	68019	122908	113306	77962	129049
芜湖市 Wuhu	132107	82399	60392	127124	97404	59820	142835	169123	91514	125763
宣城市 Xuancheng	143774	83417	37619	76540	47319	46760	117389	110162	81862	117916
铜陵市 Tongling	125987	59182	60429	118553	66666	67421	125432	130881	87058	135615
池州市 Chizhou	78510	85295	70839	84552	32164	82226	121883	115561	81876	126021
安庆市 Anqing	100639	63125	47100	88837	47560	74739	106364	132104	83948	117168
黄山市 Huangshan	100047	86803	80291	98066	35555	86541	123190	111219	97834	115534
铁路（国家反馈）Railways (State Feedback)										

4—17 城镇非私营单位就业人员年平均工资（2021年）

Average Wage of Employed Persons of Urban Non-private Owned Units at Their Posts (2021)

单位：元（yuan）

行　业	Sector	合　计 Total	在岗职工 On-the-job Worker	国有单位 State-owned Units	城镇集体单位 Urban Collective-owned Units	其他单位 Units of Other Types of Ownership
总　计	**Total**	**93861**	**97445**	**116898**	**85045**	**83022**
按执行会计标准类别分组	**Grouped by Executive Acounting System Type**					
企　业	Enterprises	84339	87529	104304	64053	83225
政　府	Government	119285	122586	119441	117063	109468
民间非营利组织	Non-profit Organizations	62188	63030	75747	66739	55678
其　他	Others	67181	67790	99099	32135	52930
按国民经济行业分组	**Grouped by Economic Sector**					
农、林、牧、渔业	Agriculture, Forestry, Animal Husbandry and Fishery	55304	62160	56077	54212	50952
采矿业	Mining	123744	124793	131542	42351	123306
制造业	Manufacturing	84197	84516	138941	82284	83198
电力、热力、燃气及水的生产和供应业	Production and Supply of Electricity, Heat, Gas and Water	130890	131623	107460	66162	134406
建筑业	Construction	72577	74783	80022	64648	72518
批发和零售业	Wholesale and Retail Trade	75833	76567	121760	42526	72515
交通运输、仓储和邮政业	Transport, Storage and Postal Services	94979	95973	91044	44480	96326
住宿和餐饮业	Accommodation and Catering Trade	52830	53238	50700	51912	52972
信息传输、计算机服务和软件业	Information Circulation, Computer Service and Software	111935	116641	120824	60530	111385
金融业	Banking	110117	157322	144916	75979	105985
房地产业	Real Estate	82975	85070	79316	47660	83309
租赁和商务服务业	Leasing and Commercial Services	61432	61762	74727	67833	59873
科学研究和技术服务业	Scientific Research and Technical Services	118465	119776	116510	68324	120847
水利、环境和公共设施管理业	Water Conservancy, Environmental and Public Facilities Management	55651	62902	89298	92956	33150
居民服务、修理和其他服务业	Residents Service, Repair and Other Services	62885	63443	90219	57234	57142
教　育	Education	112889	115442	119320	98585	65058
卫生和社会工作	Health and Social Work	125732	127666	134988	111811	81703
文化、体育和娱乐业	Culture, Sports and Entertainment	84665	86879	91476	74801	75451
公共管理、社会保障和社会组织	Public Management, Social Security and Social Organization	113849	117972	113904	102389	97310

4—18 各市城镇非私营单位就业人员年平均工资（2021年）

Average Wage of Employed Persons of Urban Non-private Owned Units at Their Posts by Region (2021)

单位：元（yuan）

地 区	Region	合 计 Total	在岗职工 On-the-job Worker
总 计	**Total**	**93861**	**97445**
合 肥 市	Hefei	104729	111672
淮 北 市	Huaibei	88108	90841
亳 州 市	Bozhou	77508	79075
宿 州 市	Suzhou	77009	80100
蚌 埠 市	Bengbu	83153	85362
阜 阳 市	Fuyang	81042	83759
淮 南 市	Huainan	103735	109049
滁 州 市	Chuzhou	89562	91444
六 安 市	Luan	94349	97488
马鞍山市	Maanshan	103562	107251
芜 湖 市	Wuhu	92069	93215
宣 城 市	Xuancheng	86408	87762
铜 陵 市	Tongling	91972	95182
池 州 市	Chizhou	91341	94342
安 庆 市	Anqing	85669	90185
黄 山 市	Huangshan	90251	92414
铁 路(国家反馈)	Railways (State Feedback)	154923	156784

4—19　城镇私营单位就业人员和工资情况（2021年）
Wages of Employed Persons in Private Enterprise of Urban Areas (2021)

行　业	Sector	单位就业人员年末人数（人）Number of Employed Persons per Unit at the End of the Year (person)	工资总额（千元）Total Wage (1000 yuan)	平均工资（元）Average Wage (yuan)
总　计	**Total**	**4824476**	**262665785**	**56154**
按国民经济行业分组	**Grouped by Economic Sector**			
农、林、牧、渔业	Agriculture, Forestry, Animal Husbandry and Fishery	31562	1316777	41046
采矿业	Mining	6934	467647	68032
制造业	Manufacturing	1448355	82232650	58135
电力、热力、燃气及水的生产和供应业	Production and Supply of Electricity, Heat, Gas and Water	10392	593215	57717
建筑业	Construction	1216563	67095705	58024
批发和零售业	Wholesale and Retail Trade	465368	22816410	50117
交通运输、仓储和邮政业	Transport, Storage and Postal Services	138099	7737331	56669
住宿和餐饮业	Accommodation and Catering Trade	151698	6455760	43980
信息传输、计算机服务和软件业	Information Circulation, Computer Service	114072	8575389	76151
金融业	Banking	12895	971941	71018
房地产业	Real Estate	194832	10541233	54836
租赁和商务服务业	Leasing and Commercial Services	539324	29411853	56890
科学研究和技术服务业	Scientific Research and Technical Services	134603	7547798	57902
水利、环境和公共设施管理业	Water Conservancy, Environmental and Public Facilities Management	52244	1724559	32412
居民服务、修理和其他服务业	Residents Service, Repair and Other Services	68070	2777917	43688
教　育	Education	149518	7592462	50715
卫生和社会工作	Health and Social Work	56243	3267704	59868
文化、体育和娱乐业	Culture, Sports and Entertainment	33706	1539432	48097
公共管理、社会保障和社会组织	Public Management, Social Security and Social Organization			

4—20 城镇非私营单位分行业就业人员年平均工资（2021年）
Average Wage of Employed Persons of Urban Non-private Owned Units by Sector (2021)

单位：元（yuan）

行　业	Sector	合　计 Total	国有单位 State-owned Units	城镇集体单位 Urban Collective-owned Units	其他单位 Units of Other Types of Ownership
总　计	**Total**	**93861**	**116898**	**85045**	**83022**
按国民经济行业分组	**Grouped by Economic Sector**				
农、林、牧、渔业	**Agriculture, Forestry, Animal Husbandry and Fishery**	**55304**	**56077**	**54212**	**50952**
农　业	Farming	54721	57486	40764	40374
林　业	Forestry	62700	66143	81333	38728
畜牧业	Animal Husbandry	65164	50063	31200	65838
渔　业	Fishery	43825	47600	19000	43250
农林牧渔专业及辅助性活动	Agriculture, Forestry, Animal Husbandry and Fishery Major and Supporting Activities	53827	53162	65465	58574
采矿业	**Mining**	**123744**	**131542**	**42351**	**123306**
煤炭开采和洗选业	Mining and Washing of Coal	126597	111756		126751
石油和天然气开采业	Extraction of Petroleum and Natural Gas	127209			127209
黑色金属矿采选业	Mining and Processing of Ferrous Metal Ores	117625	152106		95238
有色金属矿采选业	Mining and Processing of Non-Ferrous Metal Ores	77093	66334		81076
非金属矿采选业	Mining and Processing of Non-metal Ores	104458	138320	42351	95951
开采专业及辅助性活动	Mining Profession and Auxiliary Activities	37832	34895		42892
制造业	**Manufacturing**	**84197**	**138941**	**82284**	**83198**
农副食品加工业	Processing of Food from Agricultural Products	61871	46118	35039	62190
食品制造业	Manufacture of Foods	63475	60500	42500	63486
酒、饮料和精制茶制造业	Manufacture of Liquor, Beverages and Refined Tea	65578	30250	44625	66228
烟草制品业	Manufacture of Tobacco	225597	243697	122886	168297
纺织业	Manufacture of Textile	58374		55048	58379
纺织服装、服饰业	Manufacture of Textile, Wearing Apparel and Accessories	59153		42000	59155
皮革、毛皮、羽毛及其制品和制鞋业	Manufacture of Leather, Fur, Feather and Related Products and Footwear	53667		37122	53709
木材加工和木、竹、藤、棕、草制品业	Processing of Timber, Manufacture of Wood, Bamboo, Rattan, Palm and Straw Products	57744			57744
家具制造业	Manufacture of Furniture	78171			78171
造纸及纸制品业	Manufacture of Paper and Paper Products	71563	33000	118562	68010
印刷和记录媒介复制业	Printing and Reproduction of Recording Media	72114	82539	60295	72261
文教、工美、体育和娱乐用品制造业	Manufacture of Articles for Culture, Education, Arts and Crafts, Sport and Entertainment Activities	52396	67879	37398	52447
石油、煤炭及其他燃料加工业	Petroleum, Coal and Other Fuel Processing Industries	134580			134580
化学原料和化学制品制造业	Manufacture of Raw Chemical Materials and Chemical Products	91647	94263	56367	91662
医药制造业	Manufacture of Medicines	67339		29643	67351
化学纤维制造业	Manufacture of Chemical Fibres	68020			68020
橡胶和塑料制品业	Manufacture of Rubber and Plastics Products	80064	53605	45096	80259
非金属矿物制品业	Manufacture of Non-metallic Mineral Products	77617	86098	52404	77468
黑色金属冶炼和压延加工业	Smelting and Pressing of Ferrous Metals	122329		50600	122375

4—20 续表1 continued

单位：元（yuan）

行业	Sector	合计 Total	国有单位 State-owned Units	城镇集体单位 Urban Collective-owned Units	其他单位 Units of Other Types of Ownership
有色金属冶炼和压延加工业	Smelting and Pressing of Non-ferrous Metals	86061	133400		86035
金属制品业	Manufacture of Metal Products	79660	89151	79568	79539
通用设备制造业	Manufacture of General Purpose Machinery	90876	113727	59814	90265
专用设备制造业	Manufacture of Special Purpose Machinery	85917	98811	103576	85393
汽车制造业	Manufacture of Automobiles	91516	94777	51293	91497
铁路、船舶、航空航天和其他运输设备制造业	Manufacture of Railway, Ship, Aerospace and Other Transport Equipments	101331	83184		102121
电气机械和器材制造业	Manufacture of Electrical Machinery and Apparatus	84938	102409	23000	84925
计算机、通信和其他电子设备制造业	Manufacture of Computers, Communication and Other Electronic Equipment	92633	73609		93043
仪器仪表制造业	Manufacture of Measuring Instruments and Machinery	111120		36571	111185
其他制造业	Other Manufacture	86890	98329	25167	86861
废弃资源综合利用业	Utilization of Waste Resources	78704	211587		69493
金属制品、机械和设备修理业	Repair Service of Metal Products, Machinery and Equipment	131599	153965		106271
电力、热力、燃气及水生产和供应业	**Production and Supply of Electricity, Heat, Gas and Water**	**130890**	**107460**	**66162**	**134406**
电力、热力的生产和供应业	Production and Supply of Electric Power and Heat Power	150856	125990	107188	153623
燃气生产和供应业	Production and Supply of Gas	85577	100032		85501
水的生产和供应业	Production and Supply of Water	86792	83652	63607	88469
建筑业	**Construction**	**72577**	**80022**	**64648**	**72518**
房屋建筑业	Construction of Buildings	64562	62004	45771	65017
土木工程建筑业	Civil Engineering	88452	87445	71053	88644
建筑安装业	Building Installation	73847	140412	84342	71439
建筑装饰、装修和其他建筑业	Architectural Decoration, Decoration and Other Construction Industries	82621	76090	94100	81807
批发和零售业	**Wholesale and Retail Trades**	**75833**	**121760**	**42526**	**72515**
批发业	Wholesale Trade	100173	129657	44887	95250
零售业	Retail Trade	58544	60163	40815	58595
交通运输、仓储和邮政业	**Transport, Storage and Post**	**94979**	**91044**	**44480**	**96326**
铁路运输业	Railway Transport	153620	43200		153633
道路运输业	Road Transport	72359	73386	46263	72442
水上运输业	Water Transport	91394	126047	39559	88621
航空运输业	Air Transport	127194	138375		123397
管道运输业	Transport Via Pipelines	54536			54536
多式联运和运输代理业	Multimodal Transport and Transportation Agency	82197	53226	63375	84487
装卸搬运和仓储业	Handling and Storage Industry	65876	57250	43862	72577
邮政业	Post	118426	116644	36000	121210
住宿和餐饮业	**Hotels and Catering Services**	**52830**	**50700**	**51912**	**52972**
住宿业	Hotels	51130	50462	58998	51114
餐饮业	Catering Services	54759	51508	41934	54953
信息传输、软件和信息技术服务业	**Information Transmission, Software and Information Technology**	**111935**	**120824**	**60530**	**111385**
电信、广播电视和卫星传输服务	Telecommunication, Radio and Television and Satellite Transmission Service	107447	120260	44308	105858
互联网和相关服务	Internet and Related Service	104939	145494		103831
软件和信息技术服务业	Software and Information Technology	118227	117525	83963	118253

4—20 续表2 continued

单位：元（yuan）

行　业	Sector	合　计 Total	国有单位 State-owned Units	城镇集体单　位 Urban Collective-owned Units	其他单位 Units of Other Types of Ownership
金融业	**Financial Intermediation**	**110117**	**144916**	**75979**	**105985**
货币金融服务	Monetary and Financial Service	170575	140130	75979	179207
资本市场服务	Capital Market Service	226626	163223		229312
保险业	Insurance	55392	64865		55204
其他金融业	Other Financial Activities	353001	661189		211615
房地产业	**Real Estate**	**82975**	**79316**	**47660**	**83309**
租赁和商务服务业	**Leasing and Business Services**	**61432**	**74727**	**67833**	**59873**
租赁业	Leasing	74964	96074		74004
商务服务业	Business Services	61041	74459	67833	59432
科学研究和技术服务业	**Scientific Research and Technical Services**	**118465**	**116510**	**68324**	**120847**
研究和试验发展	Research and Experimental Development	109857	106204	35756	116384
专业技术服务业	Professional Technical Services	125511	121904	68834	129003
科技推广和应用服务业	Science and Technology Popularization and Application Services	83415	99378	74081	72200
水利、环境和公共设施管理业	**Management of Water Conservancy, Environment and Public Facilities**	**55651**	**89298**	**92956**	**33150**
水利管理业	Management of Water Conservancy	113030	113980	95903	74671
生态保护和环境治理业	Ecological Protection and Environmental Treatment	79873	93687		73009
公共设施管理业	Management of Public Facilities	42503	74164	92793	28720
土地管理业	Land Management	101185	97620		105062
居民服务、修理和其他服务业	**Service to Households, Repair and Other Services**	**62885**	**90219**	**57234**	**57142**
居民服务业	Service to Households	67219	90018	56598	59029
机动车、电子产品和日用产品修理业	Repair of Motor Vehicle, Electronics and Household Products	62951	71790	58053	62567
其他服务业	Other Services	59480	92844	59067	54389
教　育	**Education**	**112889**	**119320**	**98585**	**65058**
卫生和社会工作	**Health and Social Service**	**125732**	**134988**	**111811**	**81703**
卫　生	Health	128278	136715	114546	85469
社会工作	Social Service	49130	54542	43042	43347
文化、体育和娱乐业	**Culture, Sports and Entertainment**	**84665**	**91476**	**74801**	**75451**
新闻和出版业	Journalism and Publishing Activities	111146	110450		112381
广播、电视、电影和录音制作业	Radio, Television, Film and Recording Production	75920	78908	71029	68035
文化艺术业	Cultural and Art Activities	85749	91078	70787	76972
体　育	Sports Activities	73914	102669	88722	49357
娱乐业	Entertainment	66592	91870	95231	63748
公共管理、社会保障和社会组织	**Public Management, Social Security and Social Organization**	**113849**	**113904**	**102389**	**97310**
中国共产党机关	Organs of Communist Party of China	124152	124150		129308
国家机构	Government Agencies	113249	113295	99406	96921
人民政协、民主党派	People's Political Consultative Conference and Democratic Parties	141435	141435		
社会保障	Social Security	99566	99912	49182	41333
群众团体、社会团体和其他成员组织	Non-Governmental Organizations, Social Organizations and Other Organizations	112551	113273	123679	97524

4—21 城镇登记失业人数及失业率
Number of Registered Urban Unemployed Persons and Unemployment Rate

单位：万人（10000 persons）

年　份 Year	本年新登记失业人数 Number of New Unemployed Persons in this Year	登记失业人员中新增就业人数 New Added Employees of the Registered Urban Unemployed Persons	年末实有登记失业人数 Number of Unemployed Persons (Year-end)	#女　性 Female	城镇登记失业率(%) Urban Unemployed Ratio (%)
2000	31.59	12.26	16.52	9.12	3.30
2005	34.63	32.88	13.60	13.60	4.40
2010	28.48	31.69	26.86	13.01	3.66
2013	39.53	38.14	32.36	14.31	3.41
2014	39.32	39.93	31.45	14.20	3.21
2015	35.44	35.91	30.91	9.34	3.14
2016	26.22	25.89	30.45	14.44	3.20
2017	28.60	29.49	28.99	12.84	2.88
2018	22.41	22.69	28.08	7.38	2.83
2019	19.30	20.26	26.77	7.28	2.63
2020	30.15	26.07	30.00	8.94	2.83
2021	24.38	26.02	25.45	6.82	2.46

4—22 各市城镇登记失业人数及失业率（2021年）
Number of Registered Urban Unemployed Persons and Unemployment Rate by Region (2021)

单位：人（person）

地　区 Region	本年新登记失业人数 Number of New Unemployed Persons in this Year	登记失业人员中新增就业人数 New Added Employees of the Registered Urban Unemployed Persons	年末实有登记失业人数 Number of Unemployed Persons (Year-end)	#女　性 Female	城镇登记失业率(%) Urban Unemployed Ratio (%)
总　计 Total	**243787**	**260190**	**254489**	**68175**	**2.46**
合肥市 Hefei	21893	33748	110410		2.77
淮北市 Huaibei	15623	15573	17372	8846	2.67
亳州市 Bozhou	20312	19608	8683	3994	2.54
宿州市 Suzhou	8759	10828	9496	4848	2.42
蚌埠市 Bengbu	23903	27302	8189	3973	1.48
阜阳市 Fuyang	23316	22189	7233	3706	2.24
淮南市 Huainan	22026	10662	9708	3316	2.96
滁州市 Chuzhou	13823	14202	6916	3935	2.52
六安市 Luan	6753	5632	8264	4188	2.36
马鞍山市 Maanshan	10651	13140	24492	11089	2.47
芜湖市 Wuhu	20033	23547	13692	5629	2.14
宣城市 Xuancheng	14186	15810	9677	4705	2.13
铜陵市 Tongling	7915	8946	8504	3920	2.48
池州市 Chizhou	6251	7847	4476	1908	2.22
安庆市 Anqing	11946	14625	2749	1576	0.80
黄山市 Huangshan	16397	16531	4628	2542	2.63

主要统计指标解释

就业人员

指从事一定社会劳动并取得劳动报酬或经营收入的全部劳动力。包括：1. 全部职工；2. 城镇私营企业从业人员；3. 城镇个体劳动者；4. 农村社会劳动者；5. 其他社会劳动者。这一指标反映了一定时期内全部劳动力资源的实际利用情况，是研究基本国情国力的重要指标。

单位就业人员

指在各级国家机关、政党机关、社会团体及企业、事业单位中工作，取得工资或其他形式的劳动报酬的全部人员。包括在岗职工、再就业的离退休人员、民办教师以及在各单位中工作的外方人员和港澳台方人员、兼职人员、借用的外单位人员和第二职业者。不包括离开本单位仍保留劳动关系的职工。各单位的从业人员反映了各单位实际参加生产或工作的全部劳动力。

城镇私营和个体就业人员

城镇私营就业人员指在工商管理部门注册登记，其经营地址设在县城关镇（含城关镇）以上的私营企业从业人员；包括私营企业投资者和雇工。城镇个体从业人员指在工商管理部门注册登记，并持有城镇户口或在城镇长期居住，经批准从事个体工商经营的从业人员；包括个体经营者和在个体工商户劳动的家庭帮工和雇工。

城镇登记失业人员

指有非农业户口，在一定的劳动年龄内，有劳动能力，无业而要求就业，并在当地就业服务机构进行求职登记的人员。

城镇登记失业率

指城镇登记失业人数同城镇从业人数与城镇登记失业人数之和的比。计算公式为：

城镇登记失业率=城镇登记失业人数/（城镇从业人数+城镇登记失业人数）×100%

在岗职工

指在本单位工作并由单位支付工资的人员，以及有工作岗位，但由于学习、病伤产假等原因暂未工作，仍由单位支付工资的人员。

专业技术人员

指从事专业技术工作的人员以及从事专业技术管理工作且已在 1983 年以前评定了专业技术职称或在 1984 年以后聘任了专业技术职务的人员。

专业技术人员具体指工程技术人员、农业技术人员、科研人员（含自然科学研究、社会科学研究及实验技术人员）、卫生技术人员、教学人员（含高等院校、中等专业学校、技工学校、中学、小学）、民用航空飞行技术人员、船舶技术人员、经济人员、会计人员、统计人员、翻译人员、图书资料、档案、文博人员、新闻、出版人员、律师、公证人员、广播电视播音人员、工艺美术人员、体育人员、艺术人员及政工人员。

专业技术管理人员具体指企业、事业单位的领导；企业、事业单位下设的职能机构、企业的生产车间和辅助车间（或附属辅助生产单位）中从事生产、技术、经济管理和政治工作的人员。

按照公务员管理或参照公务员管理的人员不统计为专业技术人员。

就业人员工资总额

指根据《关于工资总额组成的规定》（1990 年 1 月 1 日国家统计局发布的一号令）进行修订，本单位在报告期内（季度或年度）直接支付给本单位全部就业人员的劳动报酬总额。包括计时工资、计件工资、奖金、津贴和补贴、加班加点工资、特殊情况下支付的工资，是在岗职工工资总额、劳务派遣人员工资总额和其他从业人员工资总额之和。

在岗职工工资总额

指本单位在报告期内直接支付给本单位全部在岗职工的劳动报酬总额。在岗职工工资总额由基本工资、绩效工资、工资性津贴和补贴、其他工资四部分组成。工资总额不包括病假、事假等情况的扣款。

就业人员平均工资

指本单位就业人员在报告期内平均每人所得的工资额。

在岗职工平均工资

指本单位在岗职工在报告期内平均每人所得的工资额。

Explanatory Notes for Major Statistical Indicators

Employed Persons

refers to the persons who are engaged in social labor and receive remuneration payment or earn business income, including: (1)Total staff and workers; (2)Employed persons in private enterprises in urban areas; (3)Self-employed individuals in urban areas; (4)Social laborers in rural areas; (5)Other social laborers. It reflects the utilization of total labor force during a given period of time.

Persons Employed in Various Units

refer to all the persons working in government agencies of various levels, political and party organizations, social organizations, enterprises and institutions, and receiving wages or other forms of payment. They include fully-employed staff and workers, re-employed retirees, teachers in schools run by the local people, foreigners and Chinese compatriots from Hong Kong, Macao, and Taiwan working in various units, part-time employees, employees of other units working temporarily at current posts, and employees holding the second job, but exclude staff and workers who have left their working units while keeping their labour contract (employment relation) unchanged. This indicator reflects the total number of laborers actually engaged in production or other operations in various units.

Persons Employed in Private Enterprises and Self-Employed Individuals in Urban Areas

Persons employed in private enterprises refer to the persons employed in the private enterprises which have been registered at the departments of industrial and commercial administration and are situated at a county town (i.e. a town where the county government is located) for business operation or at urban areas with the level higher than a county town. The self-employed individuals in urban areas refer to persons who hold the certificates of residence in urban areas or have resided in the urban areas for a long time and have been registered at the departments of industrial and commercial administration and approved to be engaged in individual industrial or commercial business, including self-employed persons as well as helpers and hired labourers who work in the individual households engaged in industrial or commercial business.

Registered Urban Unemployed Persons

The registered unemployed persons in urban areas refer to the persons who are registered as permanent residents in the urban areas engaged in non-agricultural activities, aged within the range of working age, capable to labour, unemployed but desirous to be employed and have been registered at the local employment service agencies to apply for a job.

Registered Urban Unemployment Rate

Registered unemployment rate in urban areas refers to the ratio of the number of the registered unemployed persons to the sum of the number of employed persons and the registered unemployed persons. The formula is as follows:

Registered urban unemployment rate =number of registered urban unemployed persons/(urban employed person number + registered urban unemployed person number)×100%

Fully Employed Staff and Workers

refer to persons who work in, and receive wages from their working units, as well as persons who have their work posts, but are temporarily absent from work for reasons of study or on sick, injury or maternal leave and still receive wages from their working units.

Professional and Technical Personnel

refers to professional, technical and managerial staff members in institutions who were rated professional and technical titles before 1983 or appointed professional and technical posts after 1984.

Professional and technical personnel includes the following: Engineering, Agriculture, Scientific Research (including natural science, social science and laboratory technique), Health care, Teaching, civil aviation, shipping, economics, accounting, statistics, translating, archives, publishing, lawyer, broadcasting, craft, physical culture, art and political workers.

Managerial staff refers to the leadership of enterprises and institutions and persons engaged in production, technology, economic management and political work in functioning organizations under enterprises or institutions and workshop of enterprises.

Public servants or the personnel in light of public service

are not included.

Total wages of employed persons

According to the "Regulations of total wages" (No.1 decree issued in January 11990 by the National Bureau of Statistics), it is revised, the unit during the report period (quarterly or annual) paid directly to the total remuneration of the units of all employees. Including hourly wages, piece-rate wages, bonuses, allowances and subsidies, overtime wages, wages under special circumstances, It is on the total wages of staff and workers, labor dispatch staff wages and other employees wages .

Total wages of employed staff and workers

Refers to the total amount of labor remuneration paid by the unit directly to all on-duty employees of the unit during the reporting period. The total salary of staff and workers is composed of basic salary, performance salary, salary allowance and subsidy, and other wages. Gross wages do not include deductions for sick leave, personal leave, etc.

The average wage of employed persons

Refers to the average wages of staff in the report period

Average wages of employed staff and workers

Refers to the average wages of employed staff in the report period

第 五 篇

Chapter 5

固定资产投资

INVESTMENT IN FIXED ASSETS

简要说明

一、按照国家统计局现行统计制度规定，固定资产投资统计的范围包括：(1)城镇投资500万元以上项目；(2)房地产开发投资。按登记注册类型分，包括内资、港澳台商及外商投资。

二、固定资产投资统计资料来源为：项目建设单位填报的报表和“一套表”平台房地产开发企业填的报表，由省统计局投资处加工整理提供。

三、固定资产投资统计的调查方法，均为全面统计报表。

Brief Introduction

I. According to the current statistical system stipulated by State Statistical Bureau, the fixed assets investment includes: (1) items in town with investment of five million yean and above; (2) the real estate investment, they include domestic investment, investment from Hong Kong, Macao and Taiwan and investment from foreign countries.

II. Data sources for the statistics of investment in fixed assets are as follows: These tables filled by the project construction units and real estate development enterprises of a set of tables platform are provided and processed by investment department of Anhui Provincial Bureau of Statistics

III. Survey methods of fixed assets investment statistics are all comprehensive statistical reports.

5—1 固定资产投资主要指标增长情况
Growth of Main Indicators of Fixed Asset Investment

单位：%

指　　标	Item	2020	2021
固定资产投资	**Investment in Fixed Assets**	**5.1**	**9.4**
按构成分	According to Composition		
建筑安装工程	Construction and Installation	6.9	15.7
设备工器具购置	Purchase of Instruments	-6.3	2.9
其他费用	Other Expenses	8.2	-11.0
按三次产业分	According to the Three Industry Points		
第一产业	Primary Industry	34.8	39.1
第二产业	Secondary Industry	-4.3	13.5
第三产业	Tertiary Industry	9.3	6.9
按投资资金来源分	According to the Source of Investment Funds	6.4	17.0
国家预算资金	State Budget Funds	11.7	38.9
国内贷款	Domestic Loans	14.5	-6.8
债　券	Bonds	-19.2	-78.2
利用外资	Foreign Investment	-40.2	14.4
自筹资金	Self-raising Funds	4.6	21.5
其他资金来源	Other Sources of Funding	6.7	13.6
按建设规模分	According to The Construction Scale		
建设总规模	Total Construction Scale		11.6
在建总规模	Total Size Under Construction		14.8
在建净规模	Net Size Under Construction		13.9
房屋建筑面积	Building Area		
本年施工房屋面积	Area of Houses Under Construction This Year	3.2	4.1
#住　宅	Residential	5.4	4.3
本年竣工房屋面积	Housing Area Completed This Year	-10.1	37.5
#住　宅	Residential	-8.9	38.1

注：由于投资统计方法变化，增速为可比口径。
a) Due to changes in investment statistics methods, the growth rate is comparable.

5—2 各行业按登记注册类型分固定资产投资增长情况（2021年）
Growth of Investment in Fixed Assets by Industry by Type of Registration (2021)

行业	Sector	固定资产投资 Investment in Fixed Assets	内资企业 Domestic Funded Enterprise	国有企业 State-owned Enterprise
总计	**Total**	**9.4**	**9.6**	**15.4**
#房地产开发	Real estate development	3.1	3.3	129.1
农、林、牧、渔业	**Agriculture, Forestry, Animal Husbandry and Fishery**	**35.9**	**35.9**	**79.5**
农业	Farming	72.2	73.1	136.5
林业	Forestry	4.7	4.7	-24.2
畜牧业	Animal Husbandry	9.2	8.6	10.1
渔业	Fishery	23.5	23.5	-34.4
农林牧渔业及辅助性活动	Agriculture, Forestry, Animal Husbandry and Fishery Major and Supporting Activities	6.5	5.7	-5.4
采矿业	**Mining**	**23.3**	**23.8**	**70.2**
煤炭开采和洗选业	Mining and Washing of Coal	20.2	20.2	160.3
石油和天然气开采业	Extraction of Petroleum and Natural Gas	-88.7	-88.7	
黑色金属矿采选业	Mining and Processing of Ferrous Metal Ores	13.5	16.9	-12.4
有色金属矿采选业	Mining and Processing of Non-Ferrous Metal Ores	62.3	62.3	45.2
非金属矿采选业	Mining and Processing of Non-metal Ores	35.1	35.1	18.0
开采专业及辅助性活动	Mining Profession and Auxiliary Activities	5.2	5.2	
其他采矿业	Mining of Other Ores	-33.3	-33.3	
制造业	**Manufacturing**	**14.6**	**15.7**	**35.4**
农副食品加工业	Processing of Food from Agricultural Products	20.2	17.8	269.9
食品制造业	Manufacture of Foods	19.4	12.4	580.0
酒、饮料和精制茶制造业	Manufacture of Liquor, Beverages and Refined Tea	13.9	9.2	8.6
烟草制品业	Manufacture of Tobacco	355.4	355.4	395.5
纺织业	Manufacture of Textile	-1.9	-3.5	-100.0
纺织服装、服饰业	Manufacture of Textile, Wearing Apparel and Accessories	6.6	7.8	-60.3
皮革、毛皮、羽毛及其制品和制鞋业	Manufacture of Leather, Fur, Feather and Related Products and Footwear	-27.6	-24.7	
木材加工和木、竹、藤、棕、草制品业	Processing of Timber, Manufacture of Wood, Bamboo, Rattan, Palm and Straw Products	-18.3	-17.9	
家具制造业	Manufacture of Furniture	31.5	36.5	
造纸和纸制品业	Manufacture of Paper and Paper Products	-15.1	-15.3	
印刷和记录媒介复制业	Printing and Reproduction of Recording Media	19.9	33.3	
文教、工美、体育和娱乐用品制造业	Manufacture of Articles for Culture, Education, Arts and Crafts, Sport and Entertainment Activities	-0.9	-2.0	-94.6
石油、煤炭及其他燃料加工业	Petroleum, Coal and Other Fuel Processing Industries	36.7	41.8	
化学原料和化学制品制造业	Manufacture of Raw Chemical Materials and Chemical Products	8.1	6.8	
医药制造业	Manufacture of Medicines	-17.0	-18.0	-43.5
化学纤维制造业	Manufacture of Chemical Fibres	50.6	65.2	
橡胶和塑料制品业	Manufacture of Rubber and Plastics Products	7.9	8.8	
非金属矿物制品业	Manufacture of Non-metallic Mineral Products	29.3	30.2	52.7
黑色金属冶炼和压延加工业	Smelting and Pressing of Ferrous Metals	5.0	4.3	
有色金属冶炼和压延加工业	Smelting and Pressing of Non-ferrous Metals	10.3	8.7	1151.2

单位：%

集体企业 Collective-owned Enterprise	股份合作企业 Share Holding Cooperative Enterprises	联营企业 Joint Owned Enterprises	有限责任公司 Limited Liability Corporations	股份有限公司 Share-holding Corporations Ltd.	私营企业 Private Enterprises	其他企业 Other Enterprises	港、澳、台商投资企业 Enterprises Funded by Entrepreneurs from Hong Kong, Macao and Taiwan	外商投资企业 Foreign Funded Enterprises	个体经营 Individual Management
-3.7	**98.6**	**-18.7**	**-1.3**	**-11.7**	**25.0**	**-5.8**	**-14.4**	**20.0**	**-9.3**
	4869.3	36.8	-3.0	-49.5	14.1	-14.6	-30.3	72.0	
-51.1	**516.0**		**-2.2**	**-14.9**	**29.7**	**13.6**	**-23.1**	**-38.2**	**90.5**
53.5	301.7		9.5	-19.9	34.8	15.3	-16.7	-38.2	-59.6
			29.5		24.0	32.1			
-79.3			-5.0	-20.0	19.0	-18.2	-73.7		122.5
			103.2	-100.0	33.2	11.6			
-86.5			-57.1		306.0	345.5			
-100.0			**44.9**	**-2.2**	**-15.8**	**-41.9**		**-23.5**	
			33.6	1711.0	-86.8	-42.3			
			-88.7						
			81.3	-43.8	-17.2			-23.5	
			403.9	-95.3	96.1				
-100.0			60.8	-100.0	24.0	-25.6			
			-43.5	49.5					
					-33.3				
27.5	**-45.9**	**-34.5**	**-10.8**	**-8.3**	**36.1**	**-18.7**	**-16.5**	**14.1**	**-36.9**
-85.8			-14.3	-27.1	28.1	-12.1		310.6	-30.1
			3.5	-43.3	21.9		20.8	127.2	
245.6	-100.0		-30.4	113.5	-10.3	-4.0	140.1	61.1	
					59.8				
			-40.0	10.0	8.2	-66.5	-12.3	372.0	
			-54.6	1294.1	22.2	3766.7	-32.4	30.3	-90.6
			-21.5	-67.3	-23.2	-100.0	-62.7	104.0	
			-27.0	-100.0	-9.7	-52.3	-79.7		
			-17.9	144.3	53.9	-51.9	-100.0	-50.1	-100.0
-21.0			-27.9	-96.2	-5.4	-28.8	-100.0	4.2	
			11.7	-10.7	40.9		-81.8	-75.4	
			-32.8	-61.9	24.3	368.9	118.2	-100.0	-100.0
			137.5	-11.6	44.1	-85.8	9.7		
	-30.5		15.1	-36.5	12.8	-100.0	-22.6	68.2	-100.0
			-29.7	-44.2	-8.0	-84.2	-14.9	117.9	
			423.1	-48.9	61.1	-100.0		-50.4	
		-82.0	-19.1	-65.4	29.8	14.2	18.6	-19.2	-100.0
	-100.0		-2.8	49.1	47.4	-1.2	-78.4	494.9	-27.8
			-11.1	14.2	18.3			110.8	
			-34.5	31.0	20.5		112.6	21.2	

5—2 续表1 continued

行 业	Sector	固定资产投资 Investment in Fixed Assets	内资企业 Domestic Funded Enterprise	国有企业 State-owned Enterprise
金属制品业	Manufacture of Metal Products	6.8	5.7	-18.1
通用设备制造业	Manufacture of General Purpose Machinery	24.2	27.7	-70.1
专用设备制造业	Manufacture of Special Purpose Machinery	10.3	10.5	-71.1
汽车制造业	Manufacture of Automobiles	21.2	20.2	135.2
铁路、船舶、航空航天和其他运输设备制造业	Manufacture of Railway, Ship, Aerospace and Other Transport Equipments	47.9	40.7	61.8
电气机械和器材制造业	Manufacture of Electrical Machinery and Apparatus	25.6	24.4	-77.2
计算机、通信和其他电子设备制造业	Manufacture of Computers, Communication and Other Electronic Equipment	15.5	25.2	31.7
仪器仪表制造业	Manufacture of Measuring Instruments and Machinery	38.3	39.1	-66.1
其他制造业	Other Manufacture	-12.0	-9.7	101.4
废弃资源综合利用业	Comprehensive Utilization of Waste Resources	20.3	21.0	-2.9
金属制品、机械和设备修理业	Repair Service of Metal Products, Machinery and Equipment	71.0	129.9	
电力、热力、燃气及水生产和供应业	**Production and Supply of Electricity, Heat, Gas and Water**	**3.7**	**3.4**	**-7.1**
电力、热力生产和供应业	Production and Supply of Electric Power and Heat Power	11.0	10.5	15.3
燃气生产和供应业	Production and Supply of Gas	3.7	8.8	66.0
水的生产和供应业	Production and Supply of Water	-8.1	-8.0	-20.2
建筑业	**Construction**	**7.5**	**7.5**	**63.0**
房屋建筑业	Construction of Buildings	59.2	59.2	
土木工程建筑业	Civil Engineering	-52.4	-52.4	63.0
建筑安装业	Building Installation	-8.2	-8.2	
建筑装饰、装修和其他建筑业	Architectural Decoration, Decoration and Other Construction Industries			
批发和零售业	**Wholesale and Retail Trades**	**2.3**	**-1.2**	**-28.5**
批发业	Wholesale Trade	-22.3	-22.3	-10.0
零售业	Retail Trade	28.0	22.9	-45.6
交通运输、仓储和邮政业	**Transport, Storage and Post**	**6.6**	**6.7**	**13.5**
铁路运输业	Railway Transport	29.5	29.5	29.5
道路运输业	Road Transport	2.8	2.8	11.7
水上运输业	Water Transport	30.5	30.3	79.6
航空运输业	Air Transport	25.1	25.1	-32.9
管道运输业	Transport Via Pipelines	286.1	283.4	401.7
多式联运和运输代理业	Multimodal Transport and Transportation Agency	-44.5	-44.5	-52.7
装卸搬运和仓储业	Handling and warehousing industry	18.7	24.0	26.3
邮政业	Post	-16.4	-16.4	-76.4
住宿和餐饮业	**Hotels and Catering Services**	**7.9**	**11.7**	**27.3**
住宿业	Hotels	0.8	4.8	12.4
餐饮业	Catering Services	63.8	62.9	149.5
信息传输、软件和信息技术服务业	**Information Transmission, Software and Information Technology**	**46.5**	**40.2**	**55.2**
电信、广播电视和卫星传输服务	Telecommunication, Radio and Television and Satellite Transmission Service	28.6	19.9	7.4
互联网和相关服务	Internet and Related Service	131.8	139.7	488.0
软件和信息技术服务业	Software and Information Technology	59.9	59.9	151.1

单位：%

集体企业 Collective-owned Enterprise	股份合作企业 Share Holding Cooperative Enterprises	联营企业 Joint Owned Enterprises	有限责任公司 Limited Liability Corporations	股份有限公司 Share-holding Corporations Ltd.	私营企业 Private Enterprises	其他企业 Other Enterprises	港、澳、台商投资企业 Enterprises Funded by Entrepreneurs from Hong Kong, Macao and Taiwan	外商投资企业 Foreign Funded Enterprises	个体经营 Individual Management
	-100.0		-2.8	38.4	7.0	86.7	2053.6	-7.8	
	-100.0		6.0	-0.3	41.1	39.7	-54.2	13.0	
-55.0			-30.8	-27.3	48.8	-77.3	44.0	-48.9	26.9
			-5.4	20.6	27.6	-10.2	-25.7	44.8	
			2.8	231.4	60.8			1268.1	
			14.8	30.8	33.6	-82.8	43.0	48.6	
			-22.1	-41.2	166.2	-71.5	-29.4	-46.9	
			-30.8	-70.3	90.6		-14.1		
			-38.9	-62.1	18.9	-92.4	-100.0	-94.9	
58.4			-18.9	-26.1	47.5	703.0	3.1		
			-39.1					-100.0	
-84.0	**-58.8**	**-56.3**	**2.8**	**162.1**	**21.6**	**-55.1**	**19.5**	**-28.5**	
-1.4	-58.8		-1.5	183.2	14.3	-27.8	23.1	-40.3	
		-56.3	6.1	-87.3	37.9	-100.0	16.8	-23.7	
-100.0			12.4	356.6	107.2	-71.9	-21.6		
			14.8		**46.9**	**-100.0**			
			58.2						
			-52.2		-81.9	-100.0			
			-100.0		37.3				
	-57.4		**-12.0**	**-58.8**	**63.2**	**-27.1**	**41.4**	**84.8**	
	-100.0		-42.5	-72.7	82.5	-81.8			
			51.3	-49.3	52.9	-8.6	41.4	84.8	
-26.0	**-64.9**	**-87.9**	**0.5**	**-4.2**	**3.7**	**-23.1**	**-16.1**	**-18.4**	**259.9**
			71.3	3.0	-33.4				
-42.4	-64.9		-7.5	-3.5	-16.7	-33.9			
		-100.0	11.2	-90.6	113.2				
			61.1						
			-100.0		549.0	-100.0			
			-45.0	-100.0	-37.4				
		-31.3	55.9	-70.8	6.3	109.9	-16.8	-20.3	259.9
			-76.2		25.5				
286.5			**25.7**	**-17.5**	**7.8**	**-53.2**	**-65.6**		**-46.9**
286.5			19.8	-28.3	1.5	-56.5	-65.1		-56.3
			78.9	1571.1	47.7		-100.0		298.1
	-100.0		**27.9**	**23.8**	**353.1**	**116.7**	**80.0**	**2226.8**	
			37.1	-4.8	-100.0		-100.0	5052.2	
	-100.0		64.2	418.6	3478.3	2363.2	88.7	-100.0	
			-21.0	3178.9	250.1	79.0			

5—2 续表2 continued

行业	Sector	固定资产投资 Investment in Fixed Assets	内资企业 Domestic Funded Enterprise	国有企业 State-owned Enterprise
金融业	**Financial Intermediation**	**19.4**	**9.3**	**38.9**
货币金融服务	Monetary and Financial Service	2.5	2.5	38.9
资本市场服务	Capital Market Service			
保险业	Insurance	-1.7	-1.7	
其他金融业	Other Financial Activities	75.5	8.7	
房地产业	**Real Estate**	**3.3**	**3.5**	**11.6**
租赁和商务服务业	**Leasing and Business Services**	**16.4**	**17.6**	**40.2**
租赁业	Leasing	211.5	1283.4	
商务服务业	Business Services	15.5	16.3	40.2
科学研究和技术服务业	**Scientific Research and Technical Services**	**31.6**	**31.9**	**-47.2**
研究和试验发展	Research and Experimental Development	13.8	13.8	-55.2
专业技术服务业	Professional Technical Services	-19.5	-18.4	-58.6
科技推广和应用服务业	Science and Technology Popularization and Application Services	107.7	105.7	1.0
水利、环境和公共设施管理业	**Management of Water Conservancy, Environment and Public Facilities**	**6.8**	**6.5**	**9.3**
水利管理业	Management of Water Conservancy	18.2	18.2	42.1
生态保护和环境治理业	Ecological Protection and Environmental Treatment	0.5	0.0	29.2
公共设施管理业	Management of Public Facilities	4.6	4.3	0.7
土地管理业	Land Management	5.9	5.9	-16.6
居民服务、修理和其他服务业	**Service to Households, Repair and Other Services**	**31.2**	**31.0**	**21.2**
居民服务业	Service to Households	23.5	23.3	17.8
机动车、电子产品和日用产品修理业	Repair of Motor Vehicle, Electronics and Household Products	18.6	18.6	
其他服务业	Other Services	131.9	131.9	153.0
教　育	**Education**	**27.5**	**27.8**	**27.4**
卫生和社会工作	**Health and Social Service**	**62.4**	**62.8**	**81.6**
卫　生	Health	71.3	71.7	86.4
社会工作	Social Service	19.9	19.9	32.9
文化、体育和娱乐业	**Culture, Sports and Entertainment**	**1.7**	**1.5**	**-4.6**
新闻和出版业	Journalism and Publishing Activities	106.0	106.0	246.1
广播、电视、电影和录音制作业	Radio, Television, Film and Recording Production	-11.5	-11.5	-53.2
文化艺术业	Cultural and Art Activities	6.4	5.8	1.4
体　育	Sports Activities	4.1	3.6	-0.8
娱乐业	Entertainment	-1.4	-1.4	-40.2
公共管理、社会保障和社会组织	**Public Management, Social Security and Social Organization**	**-8.8**	**-8.8**	**-13.7**
中国共产党机关	Organs of Communist Party of China	76.8	76.8	76.8
国家机构	Government Agencies	-10.6	-10.6	-17.2
社会保障	Social Security	-8.0	-8.0	-8.0
群众团体、社会团体和其他成员组织	Non-Governmental Organizations, Social Organizations and Membership Organizations	-46.6	-46.6	-84.3
基层群众自治组织及其他组织	Land Management Industry of Grassroots Mass Self-Governing Organizations and Other Organizations	-16.4	-16.4	52.4

单位：%

集体企业 Collective-owned Enterprise	股份合作企业 Share Holding Cooperative Enterprises	联营企业 Joint Owned Enterprises	有限责任公司 Limited Liability Corporations	股份有限公司 Share-holding Corporations Ltd.	私营企业 Private Enterprises	其他企业 Other Enterprises	港、澳、台商投资企业 Enterprises Funded by Entrepreneurs from Hong Kong, Macao and Taiwan	外商投资企业 Foreign Funded Enterprises	个体经营 Individual Management
			-31.3	**-6.0**	**27.9**		**109.0**		
			-53.3	-21.0	-79.4				
			-34.4	-77.0	20.5				
			-23.5				109.0		
-51.8	**4869.3**	**36.8**	**-2.2**	**-49.2**	**14.5**	**-3.5**	**-30.3**	**72.0**	**-100.0**
			19.8	**-30.6**	**-3.5**	**19.6**	**-22.5**	**-100.0**	
				-100.0	3890.1			-100.0	
			19.6	-29.4	-10.2	19.6	-22.5		
			63.3	**-10.6**	**121.8**		**16.0**	**-6.5**	
			100.3		-12.6				
			-22.9	-27.5	35.0		-70.1	-6.5	
			75.7	164.1	540.0				
-11.7	**-26.0**	**-86.9**	**1.6**	**165.4**	**-4.1**	**25.6**	**17.3**		
115.6	-26.0		-5.9		-84.8	45.3			
		-100.0	-44.8	710.8	82.5	23.1	72.7		
-20.7	-26.8	-77.0	13.0	109.7	-6.6	22.0	-42.6		
			40.2		-7.7				
			-4.2		**89.4**	**123.4**			**103.0**
			6.4		42.4	137.9			103.0
			-50.6		215.4				
			-59.5		205.3	-100.0			
	504.4		**10.7**	**323.6**	**67.4**	**5.3**		**-55.7**	
-17.2	**-80.4**		**52.3**	**-89.9**	**52.8**	**-47.8**			**-96.0**
-16.6	-80.4		88.2	-29.6	44.2	-62.6			-96.0
-20.9			-2.6	-100.0	70.0	212.7			
552.6			**-0.5**	**-0.5**	**5.7**	**62.5**			
				-25.7					
			-41.2						
			23.8	-8.9	-9.2	176.6			
			-38.7		140.4	-70.3			
231.7			4.3	14.3	-1.5	95.5			
55.7			**81.4**		**-100.0**	**-13.6**			
			189.5		-100.0	-8.3			
					-100.0	-66.9			
55.7			-65.5			210.0			

5—3 各行业按隶属构成控股分固定资产投资增长情况（2021年）
Growth of Investment in Fixed Assets in Various Industries According to Their Membership (2021)

行业	Sector	固定资产投资 Investment in Fixed Assets	按隶属关系分 By Affiliation 中央 Central Investment	地方 Local Investment
总　　计	**Total**	**9.4**	**34.9**	**8.6**
#房地产开发	Real Estate Development	3.1	25.9	2.7
农、林、牧、渔业	**Agriculture, Forestry, Animal Husbandry and Fishery**	**35.9**	**9.6**	**36.9**
农　业	Farming	72.2	95.8	71.4
林　业	Forestry	4.7		4.7
畜牧业	Animal Husbandry	9.2	-72.7	14.3
渔　业	Fishery	23.5		23.5
农林牧渔业及辅助性活动	Agriculture, Forestry, Animal Husbandry and Fishery Major and Supporting Activities	6.5	467.8	-0.5
采矿业	**Mining**	**23.3**	**21.8**	**23.4**
煤炭开采和洗选业	Mining and Washing of Coal	20.2	-19.8	24.5
石油和天然气开采业	Extraction of Petroleum and Natural Gas	-88.7		-88.7
黑色金属矿采选业	Mining and Processing of Ferrous Metal Ores	13.5	114.6	-10.8
有色金属矿采选业	Mining and Processing of Non-Ferrous Metal Ores	62.3		62.3
非金属矿采选业	Mining and Processing of Non-metal Ores	35.1		34.2
开采专业及辅助性活动	Mining Profession and Auxiliary Activities	5.2		5.2
其他采矿业	Mining of Other Ores	-33.3		-33.3
制造业	**Manufacturing**	**14.6**	**70.2**	**13.6**
农副食品加工业	Processing of Food from Agricultural Products	20.2		19.7
食品制造业	Manufacture of Foods	19.4	-100.0	19.4
酒、饮料和精制茶制造业	Manufacture of Liquor, Beverages and Refined Tea	13.9	377.5	9.6
烟草制品业	Manufacture of Tobacco	355.4		355.4
纺织业	Manufacture of Textile	-1.9		-1.9
纺织服装、服饰业	Manufacture of Textile, Wearing Apparel and Accessories	6.6		6.6
皮革、毛皮、羽毛及其制品和制鞋业	Manufacture of Leather, Fur, Feather and Related Products and Footwear	-27.6		-27.6
木材加工和木、竹、藤、棕、草制品业	Processing of Timber, Manufacture of Wood, Bamboo, Rattan, Palm and Straw Products	-18.3		-18.3
家具制造业	Manufacture of Furniture	31.5		31.5
造纸和纸制品业	Manufacture of Paper and Paper Products	-15.1		-15.1
印刷和记录媒介复制业	Printing and Reproduction of Recording Media	19.9		19.9
文教、工美、体育和娱乐用品制造业	Manufacture of Articles for Culture, Education, Arts and Crafts, Sport and Entertainment Activities	-0.9		-0.9
石油、煤炭及其他燃料加工业	Petroleum, Coal and Other Fuel Processing Industries	36.7	396.9	-6.2
化学原料及化学制品制造业	Manufacture of Raw Chemical Materials and Chemical Products	8.1	-63.9	9.8
医药制造业	Manufacture of Medicines	-17.0	171.8	-18.7
化学纤维制造业	Manufacture of Chemical Fibres	50.6		50.6
橡胶和塑料制品业	Manufacture of Rubber and Plastics Products	7.9		7.9
非金属矿物制品业	Manufacture of Non-metallic Mineral Products	29.3	114.4	26.7
黑色金属冶炼和压延加工业	Smelting and Pressing of Ferrous Metals	5.0	166.7	-31.1
有色金属冶炼和压延加工业	Smelting and Pressing of Non-ferrous Metals	10.3	-100.0	11.5

单位：%

按构成分 According to Composition				按控股情况分 According to the Holding Situation					
建筑工程 Construction Engineering	安装工程 Installation Engineering	设备工器具购置 Purchase of Equipment, Tools and Appliances	其他费用 Other Expenses	国有控股 State Holding	集体控股 Collective Holding	私人控股 Private Holding	港澳台商控股 Hong Kong, Macao and Taiwan Holding Company	外商控股 Foreign Holding	其他 Other
17.1	**-1.0**	**2.9**	**-11.0**	**14.3**	**2.8**	**10.3**	**-31.9**	**22.9**	**-8.8**
15.1	-15.7	-20.1	-14.4	23.2	-32.9	2.1	-46.5	-7.5	-4.4
40.9	**29.2**	**-8.6**	**4.4**	**63.4**	**-25.8**	**19.2**	**-23.1**	**-100.0**	**64.5**
78.6	92.5	-7.6	-4.9	132.3	85.6	24.1	-16.7		32.6
21.3	-30.9	169.1	-57.6	-21.2		21.8			1918.5
12.5	-14.3	-18.2	366.1	-21.8	24.5	10.3	-73.7	-100.0	43.0
22.0	284.7	-36.0	45.6	-25.6	-100.0	18.7			436.9
2.6	386.7	36.0	-54.6	-14.6	-88.9	204.8			262.4
36.7	**7.3**	**-5.9**	**80.4**	**39.8**	**-75.0**	**22.6**	**-100.0**	**-100.0**	**-83.5**
50.8	36.2	-2.0	30.3	36.0		81.0			-96.6
-92.9				-88.7					
35.7	-19.6	-44.6	117.9	67.0		-23.4	-100.0		
104.0	-89.7	-6.9	-46.2	19.1	74.7	153.5			83.1
15.4	-7.8	-6.6	171.9	82.3	-100.0	22.2		-100.0	-53.4
-21.6	-83.9	255.3	-100.0	-25.5					-100.0
-44.0	-29.0	-90.9	416.1			-23.6			-100.0
23.7	**18.2**	**4.3**	**-1.0**	**31.8**	**103.8**	**19.9**	**-31.7**	**26.7**	**-20.4**
26.4	36.3	6.6	-19.3	184.2	-65.8	18.3		328.0	-33.5
15.3	52.8	29.3	-28.1	2.9	-89.3	15.2	-23.7	172.2	-9.6
35.2	93.3	-27.6	72.9	144.4	73.4	-15.1	53.8	62.9	152.0
4188.8	463.5	54.1		395.5		59.8			
21.9	-6.9	-26.0	18.5	-93.4	750.7	0.6	-100.0	403.7	1.9
-5.8	97.8	33.7	-36.0	-50.7	365.1	10.5	-38.5	30.3	14.2
-33.1	43.9	-22.7	-42.8	14.3		-26.2	-62.7		-19.7
-18.0	-29.5	-14.5	-24.7			-11.9	-100.0	-100.0	-81.3
37.3	98.9	6.6	34.7	-100.0		28.3		-100.0	338.0
6.3	-33.4	-31.7	-32.8	-92.3	-21.0	-18.8		8.1	17.8
25.8	69.8	8.8	-12.6	-68.9	-10.3	34.5	-100.0	-89.6	216.9
-7.0	12.5	17.5	17.3	-96.4		5.0	-100.0		771.6
26.8	184.8	-3.4	258.7	80.7		0.4	9.7		10.1
19.2	4.8	-8.5	44.7	-19.3	410.6	10.0	-54.4	-31.7	1.1
-12.9	-17.0	-27.1	8.8	-11.8	-54.4	-14.5	-40.6	53.9	-36.4
120.9	-38.8	30.9	657.1	-12.4	372.3	20.9			1.0
12.6	3.4	2.8	10.5	-25.7	-36.6	14.3	-25.2	-13.2	-28.7
35.3	34.2	25.1	-19.0	94.6	-15.1	33.7	-75.9	323.2	-40.1
-14.0	5.1	30.5	108.6	1.5		-12.4			277.7
37.3	38.6	-7.6	-39.5	247.5		7.6		12.4	-69.3

5—3 续表1 continued

行业	Sector	固定资产投资 Investment in Fixed Assets	按隶属关系分 By Affiliation 中央 Central Investment	地方 Local Investment
金属制品业	Manufacture of Metal Products	6.8	18.8	6.7
通用设备制造业	Manufacture of General Purpose Machinery	24.2	37.5	24.0
专用设备制造业	Manufacture of Special Purpose Machinery	10.3	67.0	10.2
汽车制造业	Manufacture of Automobiles	21.2	-59.8	22.7
铁路、船舶、航空航天和其他运输设备制造业	Manufacture of Railway, Ship, Aerospace and Other Transport Equipments	47.9	30.7	48.9
电气机械和器材制造业	Manufacture of Electrical Machinery and Apparatus	25.6	86.1	24.7
计算机、通信和其他电子设备制造业	Manufacture of Computers, Communication and Other Electronic Equipment	15.5	-30.0	16.5
仪器仪表制造业	Manufacture of Measuring Instruments and Machinery	38.3	-75.5	39.8
其他制造业	Other Manufacture	-12.0	8.6	-12.3
废弃资源综合利用业	Comprehensive Utilization of Waste Resources	20.3	242.2	19.5
金属制品、机械和设备修理业	Repair Service of Metal Products, Machinery and Equipment	71.0	-46.0	153.0
电力、热力、燃气及水生产和供应业	**Production and Supply of Electricity, Heat, Gas and Water**	**3.7**	**21.7**	**1.3**
电力、热力生产和供应业	Production and Supply of Electric Power and Heat Power	11.0	17.0	9.5
燃气生产和供应业	Production and Supply of Gas	3.7	0.1	3.7
水的生产和供应业	Production and Supply of Water	-8.1	208.1	-9.8
建筑业	**Construction**	**7.5**	**-59.9**	**35.4**
房屋建筑业	Construction of Buildings	59.2		59.2
土木工程建筑业	Civil Engineering	-52.4	-59.9	-42.7
建筑安装业	Building Installation	-8.2		-8.2
建筑装饰、装修和其他建筑业	Architectural Decoration, Decoration and Other Construction Industries			
批发和零售业	**Wholesale and Retail Trades**	**2.3**	**-16.9**	**4.0**
批发业	Wholesale Trade	-22.3	-55.1	-19.6
零售业	Retail Trade	28.0	20.3	28.7
交通运输、仓储和邮政业	**Transport, Storage and Post**	**6.6**	**-30.0**	**7.8**
铁路运输业	Railway Transport	29.5		29.5
道路运输业	Road Transport	2.8	-24.1	3.8
水上运输业	Water Transport	30.5	-85.1	35.7
航空运输业	Air Transport	25.1		25.1
管道运输业	Transport Via Pipelines	286.1	-33.5	357.6
多式联运和运输代理业	Multimodal Transport and Transportation Agency	-44.5		-44.5
装卸搬运和仓储业	Handling and warehousing industry	18.7	-95.9	22.3
邮政业	Post	-16.4	-60.2	-15.3
住宿和餐饮业	**Hotels and Catering Services**	**7.9**	**-18.5**	**8.5**
住宿业	Hotels	0.8	-18.5	1.3
餐饮业	Catering Services	63.8		63.8
信息传输、软件和信息技术服务业	**Information Transmission, Software and Information Technology**	**46.5**	**36.7**	**61.6**
电信、广播电视和卫星传输服务	Telecommunication, Radio and Television and Satellite Transmission Service	28.6	33.8	2.9
互联网和相关服务	Internet and Related Service	131.8	309.3	118.7
软件和信息技术服务业	Software and Information Technology	59.9	11.7	65.9

单位：%

按构成分 According to Composition				按控股情况分 According to the Holding Situation					
建筑工程 Construction Engineering	安装工程 Installation Engineering	设备工器具购置 Purchase of Equipment, Tools and Appliances	其他费用 Other Expenses	国有控股 State Holding	集体控股 Collective Holding	私人控股 Private Holding	港澳台商控股 Hong Kong, Macao and Taiwan Holding Company	外商控股 Foreign Holding	其他 Other
18.2	-7.9	-7.2	-22.6	26.2	-100.0	3.3	3061.9	-57.9	41.6
25.8	51.8	20.1	6.9	31.1	94.6	27.7	7.3	17.5	1.5
16.9	14.0	-3.0	38.7	-58.8	110.1	34.9	23.3	-65.3	-20.8
34.1	-24.7	12.7	16.7	66.8		20.7	88.0	33.5	-27.9
									210.3
54.3	37.7	54.6	-15.3	44.9		29.4			
32.5	10.2	20.6	18.4	89.7	-13.4	17.8	32.7	14.9	49.6
58.2	52.2	1.1	-36.9	57.5	-46.9	54.1	-56.4	115.2	-40.7
28.3	90.8	44.9	60.2	-43.3		69.0		-86.6	-87.8
-15.3	-4.5	-19.2	121.8	-25.8	-100.0	18.8	-100.0	-31.9	-55.3
19.0	14.2	29.5	-7.2	-27.5	13.5	58.8	-97.1		-64.3
96.8		1.5	88.2	-46.0		284.3		-100.0	
9.1	**-8.5**	**0.2**	**4.8**	**-3.2**	**-56.8**	**21.3**	**-19.9**	**-48.6**	**66.2**
27.1	0.4		5.8	8.8	-33.1	24.0	-23.0	-56.3	21.2
-1.7	-10.1	70.2	16.0	-34.8	137.3	-1.9	29.3	-46.3	220.3
-4.6	-25.8	-14.6	-0.4	-13.4	-100.0	31.0	-21.7		144.2
24.2	**-100.0**	**35.8**	**-29.8**	**-15.3**		**192.2**			**-90.5**
62.8	-100.0	651.2	49.0						-99.0
-53.1	-100.0	32.1	-100.0	-43.5		-100.0			
		-15.7				-22.1			
4.7	**19.1**	**-27.7**	**0.8**	**-4.8**	**61.9**	**2.1**	**189.6**		**-40.8**
-14.8	12.5	**-66.5**	-54.6	-10.6	-100.0	-19.3			-48.8
31.1	23.0	11.3	26.5	1.9	2397.3	22.7	189.6		-34.5
14.7	**-25.6**	**-30.1**	**-7.8**	**6.6**	**2.8**	**11.4**	**-24.2**	**-22.5**	**4.3**
114.3	-95.0	-100.0	4.9	26.1		-42.7			
7.6	-7.4	-23.9	-9.3	3.0	-48.7	10.1			-5.7
30.2	427.4	-53.2	16.9	54.9		46.9			-35.9
67.0	-74.5	288.2	-63.6	3.7					91.2
165.2	3.4	2746.5	-71.1	302.0		402.7			4.1
-48.3	-83.5	36.2	19.3	9.2		-51.3			-100.0
27.1	-7.5	-42.2	1.6	34.5	533.2	19.6	-24.2	-25.0	4.3
7.1	-89.2	-52.6	239.2	-76.4		-2.3			4.9
7.5	**31.7**	**29.8**	**-30.6**	**57.2**	**1867.0**	**-4.3**	**2693.9**		**48.8**
2.3	17.6	18.6	-46.4	28.6	1867.0	-10.3			49.4
45.9	388.9	83.2	171.7	240.5		42.1	-100.0		35.6
80.2	**117.0**	**29.9**	**-14.3**	**27.0**	**57.0**	**101.3**	**-100.0**	**4969.4**	**111.1**
59.9	83.2	23.4	-41.0	19.3		-100.0	-100.0	4969.4	
110.8	256.7	131.9	383.9	160.6	57.0	135.4			-24.7
81.7	81.9	19.9	-14.5	5.8		80.0			114.7

5—3 续表2 continued

行业	Sector	固定资产投资 Investment in Fixed Assets	按隶属关系分 By Affiliation 中央 Central Investment	地方 Local Investment
金融业	**Financial Intermediation**	**19.4**	**29.4**	**17.0**
货币金融服务	Monetary and Financial Service	2.5	35.6	-12.6
资本市场服务	Capital Market Service			
保险业	Insurance	-1.7	-100.0	2.0
其他金融业	Other Financial Activities	75.5		75.5
房地产业	**Real Estate**	**3.3**	**30.7**	**2.8**
租赁和商务服务业	**Leasing and Business Services**	**16.4**	**-54.7**	**16.9**
租赁业	Leasing	211.5		211.5
商务服务业	Business Services	15.5	-54.7	16.0
科学研究和技术服务业	**Scientific Research and Technical Services**	**31.6**	**-4.3**	**35.9**
研究和试验发展	Research and Experimental Development	13.8	-11.4	20.5
专业技术服务业	Professional Technical Services	-19.5	692.1	-24.2
科技推广和应用服务业	Science and Technology Popularization and Application Services	107.7	-51.4	115.5
水利、环境和公共设施管理业	**Management of Water Conservancy, Environment and Public Facilities**	**6.8**	**83.7**	**5.1**
水利管理业	Management of Water Conservancy	18.2	76.5	17.5
生态保护和环境治理业	Ecological Protection and Environmental Treatment	0.5	142.6	-5.4
公共设施管理业	Management of Public Facilities	4.6	72.0	3.0
土地管理业	Land Management	5.9		5.9
居民服务、修理和其他服务业	**Service to Households, Repair and Other Services**	**31.2**	**-100.0**	**31.9**
居民服务业	Service to Households	23.5	-100.0	24.3
机动车、电子产品和日用产品修理业	Repair of Motor Vehicle, Electronics and Household Products	18.6		18.6
其他服务业	Other Services	131.9		131.9
教育	**Education**	**27.5**	**74.5**	**26.3**
卫生和社会工作	**Health and Social Service**	**62.4**	**53.2**	**62.6**
卫生	Health	71.3	49.9	72.0
社会工作	Social Service	19.9	341.2	19.3
文化、体育和娱乐业	**Culture, Sports and Entertainment**	**1.7**	**125.7**	**-0.5**
新闻和出版业	Journalism and Publishing Activities	106.0		106.0
广播、电视、电影和录音制作业	Radio, Television, Film and Recording Production	-11.5		-16.3
文化艺术业	Cultural and Art Activities	6.4	89.6	1.8
体育	Sports Activities	4.1		-0.7
娱乐业	Entertainment	-1.4	-100.0	-1.3
公共管理、社会保障和社会组织	**Public Management, Social Security and Social Organization**	**-8.8**	**-15.5**	**-8.3**
中国共产党机关	Organs of Communist Party of China	76.8		76.8
国家机构	Government Agencies	-10.6	-15.5	-10.2
社会保障	Social Security	-8.0		-8.0
群众团体、社会团体和其他成员组织	Non-Governmental Organizations, Social Organizations and Membership Organizations	-46.6		-46.6
基层群众自治组织及其他组织	Land Management Industry of Grassroots Mass Self-Governing Organizations and Other Organizations	-16.4		-16.4

单位：%

按构成分 According to Composition				按控股情况分 According to the Holding Situation					
建筑工程 Construction Engineering	安装工程 Installation Engineering	设备工器具购置 Purchase of Equipment, Tools and Appliances	其他费用 Other Expenses	国有控股 State Holding	集体控股 Collective Holding	私人控股 Private Holding	港澳台商控股 Hong Kong, Macao and Taiwan Holding Company	外商控股 Foreign Holding	其他 Other
21.7	**4.9**	**-3.3**	**58.1**	**22.0**	**130.1**	**-18.8**			**149.4**
62.1	-51.0	-68.9	-59.6	1.1	130.1	-42.5			-17.4
-43.1	139.5	-68.9	-100.0	-77.0		-20.7			
5.7	29.5		1434.9	57.6		102.4			
14.3	**-16.2**	**-21.5**	**-14.6**	**13.5**	**-32.4**	**2.5**	**-46.5**	**-7.5**	**-4.5**
23.3	**-34.2**	**60.6**	**-24.9**	**23.3**		**9.2**	**-8.2**		**-26.0**
289.3	-100.0	266.0	-100.0			1283.4	-100.0		
23.2	-34.1	30.9	-24.5	23.3		5.0	7.8		-26.0
47.2	**49.5**	**-4.2**	-12.6	23.1		63.4	-13.9	187.9	-4.3
42.4	54.8	-16.8	-58.9	15.1		6.6			37.2
-6.9	18.6	1.5	-96.5	-13.5		-10.2	-100.0	187.9	-88.7
92.1	40.5	23.0	2010.7	64.9		220.3			87.9
7.7	**8.1**	**-29.5**	**2.9**	**8.0**	**-19.5**	**-5.1**	**37.8**		**-3.5**
14.1	77.3	-26.2	53.7	18.9	-49.4	-9.1			46.6
-5.0	3.6	-30.8	112.1	-0.1	4.7	14.5	72.7		-11.6
7.7	2.9	-29.5	-24.8	6.0	-0.7	-7.8	0.1		-6.6
-5.8	413.1	-65.5	56.8	-2.1		451.0			
35.5	**-36.2**	**-2.5**	296.0	27.4	-100.0	42.1		-100.0	82.1
34.1	-65.1	-57.0	355.0	26.7	-100.0	10.4			72.1
119.0	266.7	-89.0	-64.0			78.8		-100.0	
17.2		492.0	1145.5	48.2		175.1			-100.0
26.3	**34.9**	**91.1**	**15.9**	**23.8**	**205.9**	**63.4**		**-68.4**	**-4.7**
56.0	**74.1**	**80.8**	**125.3**	**78.1**	**-11.1**	**50.0**			**-53.7**
64.7	78.5	86.3	148.7	89.9	-16.3	56.7			-69.2
17.3	52.4	-36.8	49.0	9.8	16.4	32.9			63.4
5.9	**-16.2**	**-3.5**	**-22.4**	**1.2**	**61.1**	**3.3**			**-7.3**
92.1		130.3		106.0					
-28.4	-58.0	248.7	-4.1	-43.3		2102.9			-43.4
6.3	21.1	56.1	-19.7	7.2		-14.0			57.1
20.8	-39.8	-65.3	-39.9	-19.8	-100.0	47.6			264.4
4.6	-21.2	-29.6	-19.0	26.3	139.7	0.0			-32.3
2.8	**-35.5**	**-53.5**	**-33.7**	**-7.9**	**55.7**	**-84.5**			**-38.5**
68.3	383.9			76.8					
2.9	-41.2	-54.0	-38.2	-9.8		-100.0			-37.2
-12.1		-13.2		-8.0					
-75.5	18.5			-19.7					-72.6
-16.6		-94.7	1384.6	-25.0	55.7				168.7

5—4 各行业固定资产投资资金来源增长情况（2021年）
Growth of Sources of Funds for Fixed Assets Investment in Various Industries (2021)

行业	Sector	本年资金来源合计 Total Sources of Funds for the Year
总计	**Total**	**17.0**
#房地产开发	Real Estate Development	6.8
农、林、牧、渔业	**Agriculture, Forestry, Animal Husbandry and Fishery**	**66.9**
农业	Farming	120.6
林业	Forestry	19.3
畜牧业	Animal Husbandry	27.0
渔业	Fishery	56.6
农林牧渔业及辅助性活动	Agriculture, Forestry, Animal Husbandry and Fishery Major and Supporting Activities	36.4
采矿业	**Mining**	**23.7**
煤炭开采和洗选业	Mining and Washing of Coal	17.1
石油和天然气开采业	Extraction of Petroleum and Natural Gas	-88.8
黑色金属矿采选业	Mining and Processing of Ferrous Metal Ores	-15.4
有色金属矿采选业	Mining and Processing of Non-Ferrous Metal Ores	116.8
非金属矿采选业	Mining and Processing of Non-metal Ores	59.9
开采专业及辅助性活动	Mining Profession and Auxiliary Activities	-9.7
其他采矿业	Mining of Other Ores	-52.1
制造业	**Manufacturing**	**28.4**
农副食品加工业	Processing of Food from Agricultural Products	51.5
食品制造业	Manufacture of Foods	33.1
酒、饮料和精制茶制造业	Manufacture of Liquor, Beverages and Refined Tea	35.2
烟草制品业	Manufacture of Tobacco	547.0
纺织业	Manufacture of Textile	13.9
纺织服装、服饰业	Manufacture of Textile, Wearing Apparel and Accessories	41.9
皮革、毛皮、羽毛及其制品和制鞋业	Manufacture of Leather, Fur, Feather and Related Products and Footwear	-14.2
木材加工和木、竹、藤、棕、草制品业	Processing of Timber, Manufacture of Wood, Bamboo, Rattan, Palm and Straw Products	-3.2
家具制造业	Manufacture of Furniture	73.3
造纸和纸制品业	Manufacture of Paper and Paper Products	1.0
印刷和记录媒介复制业	Printing and Reproduction of Recording Media	44.9
文教、工美、体育和娱乐用品制造业	Manufacture of Articles for Culture, Education, Arts and Crafts, Sport and Entertainment Activities	25.1
石油、煤炭及其他燃料加工业	Petroleum, Coal and Other Fuel Processing Industries	48.5
化学原料和化学制品制造业	Manufacture of Raw Chemical Materials and Chemical Products	15.1
医药制造业	Manufacture of Medicines	-4.2
化学纤维制造业	Manufacture of Chemical Fibres	78.6
橡胶和塑料制品业	Manufacture of Rubber and Plastics Products	23.2
非金属矿物制品业	Manufacture of Non-metallic Mineral Products	42.5
黑色金属冶炼和压延加工业	Smelting and Pressing of Ferrous Metals	23.1
有色金属冶炼和压延加工业	Smelting and Pressing of Non-ferrous Metals	10.0

单位：%

国家预算资金 State Budget Funds	国内贷款 Domestic Loans	债券 Bonds	利用外资 Foreign Investment	自筹资金 Self-raising Funds	其他资金来源 Other Sources of Funding
38.9	**-6.8**	**-78.2**	**14.4**	**21.5**	**13.6**
	-5.3		-87.6	4.4	9.8
99.8	**-64.5**		**-35.0**	**61.5**	**120.8**
140.7	6.4		-51.3	99.2	279.6
-50.6				16.8	73.1
	-75.2		3624.0	33.0	-10.0
				50.7	9561.3
-33.3	-92.9			187.0	1293.4
236.4	**81.7**			**30.7**	**-78.0**
	192.5			23.2	-80.1
				-88.8	
	-100.0			2.8	-98.4
				114.7	
140.0	-8.2			65.3	76.7
				-26.2	
				-52.1	
81.4	**-14.9**	**520.3**	**-4.0**	**31.8**	**18.1**
480.6	19.6		-100.0	51.5	19.0
139.5	-64.8		-100.0	34.7	618.4
	-84.5			32.8	355.9
				547.0	
	-47.9		-100.0	17.9	-27.4
	7.3		-21.3	46.0	-22.5
	53.2			-16.1	75.1
	-58.9			-1.2	60.0
	-29.2			74.5	77.2
-100.0	-86.6			10.1	-31.5
	-44.1		47.0	54.9	-7.5
-100.0	11.0			25.9	44.6
	547.9			29.6	-66.9
-75.7	1.6		155.1	16.6	5.2
	-35.3		30400.0	-5.0	49.8
				74.8	128.4
	-60.6		146.3	23.7	86.9
487.4	-33.1		-100.0	45.6	38.4
	27.4		-100.0	23.3	
	59.9			7.9	-38.2

5—4 续表1 continued

行　业	Sector	本年资金来源合计 Total Sources of Funds for the Year
金属制品业	Manufacture of Metal Products	17.0
通用设备制造业	Manufacture of General Purpose Machinery	39.7
专用设备制造业	Manufacture of Special Purpose Machinery	19.3
汽车制造业	Manufacture of Automobiles	31.4
铁路、船舶、航空航天和其他运输设备制造业	Manufacture of Railway, Ship, Aerospace and Other Transport Equipments	60.0
电气机械和器材制造业	Manufacture of Electrical Machinery and Apparatus	41.0
计算机、通信和其他电子设备制造业	Manufacture of Computers, Communication and Other Electronic Equipment	24.5
仪器仪表制造业	Manufacture of Measuring Instruments and Machinery	67.9
其他制造业	Other Manufacture	0.1
废弃资源综合利用业	Comprehensive Utilization of Waste Resources	40.3
金属制品、机械和设备修理业	Repair Service of Metal Products, Machinery and Equipment	289.9
电力、热力、燃气及水生产和供应业	**Production and Supply of Electricity, Heat, Gas and Water**	**19.0**
电力、热力生产和供应业	Production and Supply of Electric Power and Heat Power	32.8
燃气生产和供应业	Production and Supply of Gas	27.4
水的生产和供应业	Production and Supply of Water	-5.9
建筑业	**Construction**	**61.8**
房屋建筑业	Construction of Buildings	91.0
土木工程建筑业	Civil Engineering	-35.3
建筑安装业	Building Installation	
建筑装饰、装修和其他建筑业	Architectural Decoration, Decoration and Other Construction Industries	
批发和零售业	**Wholesale and Retail Trades**	**0.9**
批发业	Wholesale Trade	-36.0
零售业	Retail Trade	58.6
交通运输、仓储和邮政业	**Transport, Storage and Post**	**23.6**
铁路运输业	Railway Transport	-26.1
道路运输业	Road Transport	31.4
水上运输业	Water Transport	22.8
航空运输业	Air Transport	34.5
管道运输业	Transport Via Pipelines	272.9
多式联运和运输代理业	Multimodal Transport and Transportation Agency	-46.3
装卸搬运和仓储业	Handling and warehousing industry	37.2
邮政业	Post	-11.8
住宿和餐饮业	**Hotels and Catering Services**	**17.8**
住宿业	Hotels	7.8
餐饮业	Catering Services	100.2
信息传输、软件和信息技术服务业	**Information Transmission, Software and Information Technology**	**99.8**
电信、广播电视和卫星传输服务	Telecommunication, Radio and Television and Satellite Transmission Service	83.4
互联网和相关服务	Internet and Related Service	216.7
软件和信息技术服务业	Software and Information Technology	120.8

单位：%

国家预算资金 State Budget Funds	国内贷款 Domestic Loans	债券 Bonds	利用外资 Foreign Investment	自筹资金 Self-raising Funds	其他资金来源 Other Sources of Funding
	-19.4			16.1	61.2
-74.4	-11.8	-100.0	-92.6	45.9	12.9
-6.1	-25.0			20.4	-8.2
148.7	274.7		-82.1	31.5	-42.3
	-92.8			61.8	595.0
-79.7	101.8		-90.0	43.8	-10.4
-76.9	-19.6	3388.4	1080.3	38.4	-15.9
	-89.7			80.3	-58.1
-100.0	-15.9			7.8	-35.7
-60.0	-43.1		-55.8	32.2	770.1
	-51.6			3661.8	
18.3	**16.0**	**-100.0**	**-86.1**	**23.5**	**5.1**
15.2	7.1		-100.0	51.8	14.2
-92.3	1220.4			10.2	14.8
26.2	19.4	-100.0		-22.4	-4.5
				31.4	**79.1**
				139.7	79.1
				-49.3	
-58.9	**134.4**			**-8.5**	**409.3**
	95.3			-38.1	-72.8
-75.1	525.0			37.9	5430.8
51.7	**-19.1**	**-100.0**	**61.9**	**4.2**	**121.2**
63.7	-15.0			-51.4	102.4
44.5	-25.0			11.6	122.0
265.3	67.0	-100.0		-3.7	280.1
1.5	-61.2			94.7	
				264.8	
				-60.8	-30.0
1346.2	340.6		-55.9	20.2	137.8
				-11.8	
	-74.8		**-100.0**	**23.6**	**-56.2**
	-78.9		-100.0	14.0	-62.6
				95.7	
73.9				**114.0**	**-7.8**
106.7				99.3	-16.5
				169.8	
0.3				157.4	-33.0

5—4 续表2 continued

行 业	Sector	本年资金来源合计 Total Sources of Funds for the Year
金融业	**Financial Intermediation**	**67.8**
货币金融服务	Monetary and Financial Service	90.0
资本市场服务	Capital Market Service	
保险业	Insurance	9.6
其他金融业	Other Financial Activities	140.7
房地产业	**Real Estate**	**6.5**
租赁和商务服务业	**Leasing and Business Services**	**23.5**
租赁业	Leasing	235.6
商务服务业	Business Services	22.5
科学研究和技术服务业	**Scientific Research and Technical Services**	**56.7**
研究和试验发展	Research and Experimental Development	43.3
专业技术服务业	Professional Technical Services	-7.8
科技推广和应用服务业	Science and Technology Popularization and Application Services	141.3
水利、环境和公共设施管理业	**Management of Water Conservancy, Environment and Public Facilities**	**23.6**
水利管理业	Management of Water Conservancy	43.3
生态保护和环境治理业	Ecological Protection and Environmental Treatment	19.3
公共设施管理业	Management of Public Facilities	18.8
土地管理业	Land Management	19.5
居民服务、修理和其他服务业	**Service to Households, Repair and Other Services**	**126.5**
居民服务业	Service to Households	98.8
机动车、电子产品和日用产品修理业	Repair of Motor Vehicle, Electronics and Household Products	334.5
其他服务业	Other Services	897.7
教 育	**Education**	**42.7**
卫生和社会工作	**Health and Social Service**	**71.4**
卫 生	Health	76.1
社会工作	Social Service	45.2
文化、体育和娱乐业	**Culture, Sports and Entertainment**	**4.9**
新闻和出版业	Journalism and Publishing Activities	139.8
广播、电视、电影和录音制作业	Radio, Television, Film and Recording Production	-16.1
文化艺术业	Cultural and Art Activities	16.7
体 育	Sports Activities	13.8
娱乐业	Entertainment	-1.3
公共管理、社会保障和社会组织	**Public Management, Social Security and Social Organization**	**6.9**
中国共产党机关	Organs of Communist Party of China	139.5
国家机构	Government Agencies	-2.3
社会保障	Social Security	66.8
群众团体、社会团体和其他成员组织	Non-Governmental Organizations, Social Organizations and Membership Organizations	945.1
基层群众自治组织及其他组织	Land Management Industry of Grassroots Mass Self-Governing Organizations and Other Organizations	669.2

单位：%

国家预算资金 State Budget Funds	国内贷款 Domestic Loans	债券 Bonds	利用外资 Foreign Investment	自筹资金 Self-raising Funds	其他资金来源 Other Sources of Funding
	-100.0			**50.3**	
				90.0	
				-14.2	
	-100.0			166.5	
-13.4	**-6.7**	**-100.0**	**-87.6**	**5.2**	**9.9**
71.1	**185.3**	**-100.0**		**10.4**	**88.0**
				235.6	
71.1	185.3	-100.0		9.2	88.0
237.9	**-76.1**			**62.3**	**-46.4**
232.1	-46.2			48.0	-89.4
-64.0	20.0			-2.2	-74.6
417.9	-100.0			146.3	257.5
24.5		**-100.0**	**263.0**	**18.8**	**54.3**
22.8	72.7	-100.0		78.1	59.0
121.5	26.0	-100.0	-98.1	-12.1	50.5
18.8	-15.7	-100.0	1336.3	14.1	53.8
-69.8	6.8			329.6	-100.0
81.5				**120.4**	**291.6**
81.5				77.3	291.6
				334.5	
				897.7	
77.7	**35.0**	**-100.0**	**-100.0**	**43.0**	**1.4**
348.5	**-18.5**	**-100.0**		**33.4**	**50.8**
339.7	-22.3	-100.0		35.8	47.7
716.0	0.2			24.6	118.5
91.3	**-34.0**		**-100.0**	**6.6**	**-41.2**
				101.8	
				-30.7	
37.1	461.9			14.7	-50.5
52268.0	-85.2			23.2	130.1
155.3	-87.8		-100.0	3.5	-54.7
33.1	**-100.0**			**-8.3**	**53.3**
-71.4				174.5	
35.7	-100.0			-30.0	49.1
-4.7					
				1181.2	355.0
68.9				7116.3	

5—5 各行业按建设性质项目分固定资产投资增长情况（2021年）

Growth of Investment in Fixed Assets by Construction Projects in Various Industries (2021)

单位：%

行　业	Sector	新　建 New Construction	扩　建 Expansion Construction	改建和技术改造 Reconstruction and Technical Transformation
总　计	**Total**	**12.1**	**16.4**	**11.0**
农、林、牧、渔业	**Agriculture, Forestry, Animal Husbandry and Fishery**	**37.8**	**3.8**	**-22.7**
农　业	Farming	74.9	-9.7	10.1
林　业	Forestry	5.9	-5.5	
畜牧业	Animal Husbandry	10.4	13.4	-67.5
渔　业	Fishery	22.6	62.6	
农林牧渔业及辅助性活动	Agriculture, Forestry, Animal Husbandry and Fishery Major and Supporting Activities	7.9		-13.6
采矿业	**Mining**	**-17.9**	**38.0**	**31.5**
煤炭开采和洗选业	Mining and Washing of Coal	-33.2	41.5	22.6
石油和天然气开采业	Extraction of Petroleum and Natural Gas			-88.7
黑色金属矿采选业	Mining and Processing of Ferrous Metal Ores	-40.6	156.4	47.5
有色金属矿采选业	Mining and Processing of Non-Ferrous Metal Ores	123.9	5749.7	15.5
非金属矿采选业	Mining and Processing of Non-metal Ores	-24.8	-9.1	80.2
开采专业及辅助性活动	Mining Profession and Auxiliary Activities	73.4		-41.2
其他采矿业	Mining of Other Ores		-75.8	75.1
制造业	**Manufacturing**	**8.5**	**27.2**	**12.6**
农副食品加工业	Processing of Food from Agricultural Products	17.1	21.0	23.0
食品制造业	Manufacture of Foods	15.3	126.9	14.9
酒、饮料和精制茶制造业	Manufacture of Liquor, Beverages and Refined Tea	-32.4	-32.6	70.5
烟草制品业	Manufacture of Tobacco		-89.1	420.4
纺织业	Manufacture of Textile	-0.6	-21.7	-2.5
纺织服装、服饰业	Manufacture of Textile, Wearing Apparel and Accessories	-1.3	-8.4	17.0
皮革、毛皮、羽毛及其制品和制鞋业	Manufacture of Leather, Fur, Feather and Related Products and Footwear	-25.3	-65.8	-22.6
木材加工和木、竹、藤、棕、草制品业	Processing of Timber, Manufacture of Wood, Bamboo, Rattan, Palm and Straw Products	22.1	-55.0	-29.5
家具制造业	Manufacture of Furniture	22.8	-7.8	39.8
造纸和纸制品业	Manufacture of Paper and Paper Products	-40.9	21.8	2.2
印刷和记录媒介复制业	Printing and Reproduction of Recording Media	10.1	52.7	16.8
文教、工美、体育和娱乐用品制造业	Manufacture of Articles for Culture, Education, Arts and Crafts, Sport and Entertainment Activities	-22.6	129.4	1.0
石油、煤炭及其他燃料加工业	Petroleum, Coal and Other Fuel Processing Industries	104.3	-27.4	26.6
化学原料和化学制品制造业	Manufacture of Raw Chemical Materials and Chemical Products	-4.1	-12.7	15.5
医药制造业	Manufacture of Medicines	-16.0	43.1	-31.4
化学纤维制造业	Manufacture of Chemical Fibres	168.0	-6.6	-30.5
橡胶和塑料制品业	Manufacture of Rubber and Plastics Products	-7.2	20.0	19.1
非金属矿物制品业	Manufacture of Non-metallic Mineral Products	14.1	18.5	45.4
黑色金属冶炼和压延加工业	Smelting and Pressing of Ferrous Metals	-44.4	-0.4	28.8
有色金属冶炼和压延加工业	Smelting and Pressing of Non-ferrous Metals	-9.0	-16.5	30.7

5—5 续表1 continued

单位：%

行　业	Sector	新　建 New Construction	扩　建 Expansion Construction	改建和技术改造 Reconstruction and Technical Transformation
金属制品业	Manufacture of Metal Products	6.3	40.9	-6.2
通用设备制造业	Manufacture of General Purpose Machinery	20.0	84.6	4.0
专用设备制造业	Manufacture of Special Purpose Machinery	16.7	81.4	-20.1
汽车制造业	Manufacture of Automobiles	34.2	33.5	-4.2
铁路、船舶、航空航天和其他运输设备制造业	Manufacture of Railway, Ship, Aerospace and Other Transport Equipments	6.9	52.4	61.2
电气机械和器材制造业	Manufacture of Electrical Machinery and Apparatus	34.2	30.9	11.0
计算机、通信和其他电子设备制造业	Manufacture of Computers, Communication and Other Electronic Equipment	0.8	33.2	43.8
仪器仪表制造业	Manufacture of Measuring Instruments and Machinery	-5.3	165.4	32.5
其他制造业	Other Manufacture	50.1	-38.4	-32.3
废弃资源综合利用业	Comprehensive Utilization of Waste Resources	52.7	-13.4	3.1
金属制品、机械和设备修理业	Repair Service of Metal Products, Machinery and Equipment	111.6		-11.1
电力、热力、燃气及水生产和供应业	**Production and Supply of Electricity, Heat, Gas and Water**	**8.8**	**-35.1**	**12.8**
电力、热力生产和供应业	Production and Supply of Electric Power and Heat Power	20.7	-48.2	24.2
燃气生产和供应业	Production and Supply of Gas	22.3	-57.6	-12.0
水的生产和供应业	Production and Supply of Water	-10.3	2.2	-5.6
建筑业	**Construction**	**-9.3**	**-78.0**	
房屋建筑业	Construction of Buildings	48.7		
土木工程建筑业	Civil Engineering	-72.6		
建筑安装业	Building Installation	-100.0	-78.0	
建筑装饰、装修和其他建筑业	Architectural Decoration, Decoration and Other Construction Industries			
批发和零售业	**Wholesale and Retail Trades**	**8.1**	**80.7**	**-27.7**
批发业	Wholesale Trade	-18.9	173.1	14.1
零售业	Retail Trade	37.1	60.6	-39.1
交通运输、仓储和邮政业	**Transport, Storage and Post**	**6.3**	**28.7**	**-7.4**
铁路运输业	Railway Transport	23.9		2801.6
道路运输业	Road Transport	2.4	27.5	-11.9
水上运输业	Water Transport	38.0	-81.7	13.1
航空运输业	Air Transport	84.9	19.2	-45.8
管道运输业	Transport Via Pipelines	332.8		59.9
多式联运和运输代理业	Multimodal Transport and Transportation Agency	-23.3	-100.0	-100.0
装卸搬运和仓储业	Handling and warehousing industry	11.5	227.8	56.7
邮政业	Post	9.3	-88.1	-76.3
住宿和餐饮业	**Hotels and Catering Services**	**5.0**	**41.1**	**22.2**
住宿业	Hotels	-3.6	50.5	21.2
餐饮业	Catering Services	71.7	-42.6	32.0
信息传输、软件和信息技术服务业	**Information Transmission, Software and Information Technology**	**37.4**	**58.8**	**201.2**
电信、广播电视和卫星传输服务	Telecommunication, Radio and Television and Satellite Transmission Service	20.0	50.6	1794.8
互联网和相关服务	Internet and Related Service	130.3	73.0	61285.2
软件和信息技术服务业	Software and Information Technology	62.7	-25.1	39.6

5—5 续表2 continued

单位：%

行 业	Sector	新 建 New Construction	扩 建 Expansion Construction	改建和技术改造 Reconstruction and Technical Transformation
金融业	**Financial Intermediation**	**21.7**		**287.8**
货币金融服务	Monetary and Financial Service	5.0		123.0
资本市场服务	Capital Market Service			
保险业	Insurance	0.5		
其他金融业	Other Financial Activities	75.5		
房地产业	**Real Estate**	**5.4**	**246.0**	**22.6**
租赁和商务服务业	**Leasing and Business Services**	**16.5**	**43.5**	**-30.1**
租赁业	Leasing	-55.2	-100.0	
商务服务业	Business Services	16.8	45.6	-30.1
科学研究和技术服务业	**Scientific Research and Technical Services**	**41.3**	**-23.5**	**-28.2**
研究和试验发展	Research and Experimental Development	26.1	-100.0	-87.6
专业技术服务业	Professional Technical Services	-21.1	62.6	200.1
科技推广和应用服务业	Science and Technology Popularization and Application Services	110.2	7.2	
水利、环境和公共设施管理业	**Management of Water Conservancy, Environment and Public Facilities**	**9.1**	**-33.3**	**-0.8**
水利管理业	Management of Water Conservancy	18.0	-9.7	23.3
生态保护和环境治理业	Ecological Protection and Environmental Treatment	25.0	-46.7	-53.4
公共设施管理业	Management of Public Facilities	5.2	-36.9	15.2
土地管理业	Land Management	-3.0	1525.0	39.5
居民服务、修理和其他服务业	**Service to Households, Repair and Other Services**	**34.5**	**215.8**	**-50.2**
居民服务业	Service to Households	25.6	215.8	-51.4
机动车、电子产品和日用产品修理业	Repair of Motor Vehicle, Electronics and Household Products	18.6		
其他服务业	Other Services	158.6		-39.2
教 育	**Education**	**25.4**	**32.7**	**18.2**
卫生和社会工作	**Health and Social Service**	**64.3**	**35.0**	**129.8**
卫 生	Health	74.9	34.5	158.0
社会工作	Social Service	18.7	40.8	34.8
文化、体育和娱乐业	**Culture, Sports and Entertainment**	**2.2**	**-69.9**	**18.2**
新闻和出版业	Journalism and Publishing Activities	-41.7		
广播、电视、电影和录音制作业	Radio, Television, Film and Recording Production	-20.1		13.2
文化艺术业	Cultural and Art Activities	8.2	-58.8	735.9
体 育	Sports Activities	0.5		1117.1
娱乐业	Entertainment	0.1	-100.0	-10.7
公共管理、社会保障和社会组织	**Public Management, Social Security and Social Organization**	**-1.2**	**-48.6**	**-36.3**
中国共产党机关	Organs of Communist Party of China	85.2		-66.2
国家机构	Government Agencies	-3.5	-39.1	-32.4
社会保障	Social Security	9.7		-100.0
群众团体、社会团体和其他成员组织	Non-Governmental Organizations, Social Organizations and Membership Organizations	-2.7	-100.0	
基层群众自治组织及其他组织	Land Management Industry of Grassroots Mass Self-Governing Organizations and Other Organizations	-16.5		2.1

5—6 各市固定资产投资增长情况（2021年）
Growth of Investment in Fixed Assets by Region (2021)

单位：%

地 区	Region	固定资产投资 Investment in Fixed Assets	项目投资 Project Investment	工业投资 Industrial Investment	房地产投资 Real Estate Investment	基础设施投资 Infrastructure Investment	其他投资 Other Investments
总 计	**Total**	**9.4**	**13.2**	**13.5**	**3.1**	**7.4**	**19.6**
合 肥 市	Hefei	3.5	9.0	9.6	-5.2	3.0	16.1
淮 北 市	Huaibei	9.7	8.6	0.7	11.2	15.8	21.5
亳 州 市	Bozhou	1.0	1.1	9.1	0.9	-21.3	15.2
宿 州 市	Suzhou	15.8	11.2	13.7	21.0	2.5	14.8
蚌 埠 市	Bengbu	-20.4	-10.9	-0.1	-31.6	-33.6	-4.5
阜 阳 市	Fuyang	13.6	16.3	28.7	11.1	8.9	9.7
淮 南 市	Huainan	12.6	22.5	17.4	-6.0	20.8	30.7
滁 州 市	Chuzhou	16.4	16.7	16.4	15.8	17.3	16.6
六 安 市	Luan	19.7	22.9	10.4	15.2	40.1	26.0
马鞍山市	Maanshan	19.2	24.3	12.8	4.9	46.0	41.1
芜 湖 市	Wuhu	15.7	16.5	19.6	13.6	-3.0	35.8
宣 城 市	Xuancheng	16.4	17.2	14.3	14.7	23.7	19.5
铜 陵 市	Tongling	12.4	19.9	22.1	-2.4	8.5	33.5
池 州 市	Chizhou	16.1	19.2	14.9	6.3	8.8	63.8
安 庆 市	Anqing	13.7	14.4	9.6	11.4	13.4	30.8
黄 山 市	Huangshan	9.1	11.1	15.5	5.7	13.4	3.8
宿 松 县	Susong	13.6	13.6	1.2	18.1	-0.6	62.7
广 德 县	Guangde	16.7	6.7	5.6	39.6	38.9	-4.8

5—7 各市按登记注册类型分固定资产投资增长情况（2021年）

Growth of Fixed Asset Investment by Registration Type by Region (2021)

单位：%

地 区	Region	内资企业 Domestic Funded Enterprise	国有企业 State-owned Enterprise	集体企业 Collective-owned Enterprise	股份合作企业 Share Holding Cooperative Enterprises	联营企业 Joint Owned Enterprises	有限责任公司 Limited Liability Corporations
总 计	**Total**	**9.6**	**15.4**	**-3.7**	**98.6**	**-18.7**	**-1.3**
合肥市	Hefei	3.9	12.6	-54.5	-100.0		-6.5
淮北市	Huaibei	8.4	48.6	-100.0		36.8	-3.9
亳州市	Bozhou	1.0	-5.5		-19.4		-6.5
宿州市	Suzhou	16.1	-1.4	13.4		-100.0	12.5
蚌埠市	Bengbu	-20.7	-16.1	122.8			-24.1
阜阳市	Fuyang	13.2	1.5	-14.4	1036.4		5.1
淮南市	Huainan	13.3	33.5	-29.6	-53.9		7.0
滁州市	Chuzhou	19.6	40.3	-74.3	-26.0	3617.5	6.1
六安市	Luan	20.6	25.9	-77.3	-89.7	1907.0	21.6
马鞍山市	Maanshan	18.2	56.4	-30.4	-87.2	-100.0	1.9
芜湖市	Wuhu	14.9	27.2	494.8		-100.0	-9.1
宣城市	Xuancheng	16.5	27.2	314.2	-7.5	-100.0	11.0
铜陵市	Tongling	12.8	4.3	-80.1	234.0	-61.0	9.8
池州市	Chizhou	16.5	24.5		-100.0		19.9
安庆市	Anqing	14.5	16.4	-25.6		-73.4	0.0
黄山市	Huangshan	9.5	12.9	95.4	-59.6		-8.9

地 区	Region	股份有限公司 Share-holding Corporations Ltd.	私营企业 Private Enterprises	其他企业 Other Enterprises	港、澳、台商投资企业 Enterprises Funded by Entrepreneurs from Hong Kong, Macao and Taiwan	外商投资企业 Foreign Funded Enterprises	个体经营 Individual Management
总 计	**Total**	**-11.7**	**25.0**	**-5.8**	**-14.4**	**20.0**	**-9.3**
合肥市	Hefei	-18.2	31.0	-20.0	-34.9	48.7	-39.6
淮北市	Huaibei	-13.9	13.5	136.3	416.6	173.9	
亳州市	Bozhou	-15.2	41.9	-55.7	-100.0		208.3
宿州市	Suzhou	4.5	29.7	-14.6	14.7	-68.1	86.0
蚌埠市	Bengbu	-73.7	-12.4	-38.2	-54.9	41.2	
阜阳市	Fuyang	92.8	29.2	161.5	112.7	-3.4	-58.4
淮南市	Huainan	-11.8	12.1	-6.7	-56.0	-41.0	193.8
滁州市	Chuzhou	-34.7	23.7	124.5	-23.3	-48.5	-100.0
六安市	Luan	-4.3	15.3	27.3	-33.9	-46.6	-73.8
马鞍山市	Maanshan	50.8	22.5	-25.2	5.0	64.5	
芜湖市	Wuhu	-31.2	51.1	4.0	21.6	63.4	
宣城市	Xuancheng	-32.1	20.7	40.1	-64.7	87.9	
铜陵市	Tongling	-7.8	25.7	76.4	-6.5	115.3	-100.0
池州市	Chizhou	-11.0	13.3	11.0	21.6	-31.6	-90.6
安庆市	Anqing	23.3	28.5	-17.6	-30.8	-10.5	-80.4
黄山市	Huangshan	99.9	30.5	91.0	-63.2	55.5	-14.5

5—8 各市按隶属构成控股分固定资产投资增长情况（2021年）
Growth of Fixed Asset Investment by Controlling Shares According to Membership Composition by Region (2021)

单位：%

地区	Region	按隶属关系分 By Affiliation		按构成分 According to Composition			
		中央 Central Investment	地方 Local Investment	建筑工程 Construction Engineering	安装工程 Installation Engineering	设备工器具购置 Purchase of Equipment,Tools and Appliances	其他费用 Other Expenses
总计	**Total**	**34.9**	**8.6**	**17.1**	**-1.0**	**2.9**	**-11.0**
合肥市	Hefei	3.8	3.5	16.7	-8.1	-2.3	-13.8
淮北市	Huaibei	-16.5	10.0	24.9	-47.5	-11.5	-7.8
亳州市	Bozhou	9.2	0.5	12.5	3.0	-20.4	-25.5
宿州市	Suzhou	135.0	15.5	21.3	24.5	10.9	-16.2
蚌埠市	Bengbu	5.2	-20.7	-23.4	-19.3	58.9	-40.3
阜阳市	Fuyang	24.8	13.5	17.6	6.4	42.3	-4.8
淮南市	Huainan	46.5	11.6	20.5	-33.5	-3.0	5.3
滁州市	Chuzhou	498.3	12.6	24.2	-19.6	13.4	-8.7
六安市	Luan	19.3	19.7	28.4	27.1	-26.2	15.4
马鞍山市	Maanshan	99.8	15.8	18.9	37.6	22.5	0.9
芜湖市	Wuhu	14.3	15.8	31.6	-30.8	-10.1	-25.7
宣城市	Xuancheng	157.2	14.5	18.8	37.6	10.8	7.5
铜陵市	Tongling	25.5	11.8	18.5	10.7	10.6	-10.7
池州市	Chizhou	4.7	17.3	21.9	11.8	28.5	-18.8
安庆市	Anqing	216.9	11.4	21.0	26.9	-19.3	11.9
黄山市	Huangshan	3.5	9.2	18.6	11.2	-11.5	-30.9

地区	Region	按控股情况分 According to the Holding Situation					
		国有控股 State Holding	集体控股 Collective Holding	私人控股 Private Holding	港澳台商控股 Hong Kong, Macao and Taiwan Holding Company	外商控股 Foreign Holding	其他 Other
总计	**Total**	**14.3**	**2.8**	**10.3**	**-31.9**	**22.9**	**-8.8**
合肥市	Hefei	10.8	-33.0	5.5	-60.9	59.6	-30.0
淮北市	Huaibei	21.7	85.4	1.5	665.8	235.2	-13.3
亳州市	Bozhou	6.5	-62.0	-2.9	-66.9		0.8
宿州市	Suzhou	25.9	-42.7	18.0	30.4	-64.4	-37.6
蚌埠市	Bengbu	-15.0	690.7	-21.6	-56.4	-31.9	-36.1
阜阳市	Fuyang	6.3	141.4	22.6	-81.6	45.5	-4.6
淮南市	Huainan	33.7	-42.7	5.0	-46.7	-58.2	-15.2
滁州市	Chuzhou	21.8	333.1	13.2	-21.1	-2.0	22.3
六安市	Luan	20.7	-25.4	19.3	-16.7	-43.0	27.1
马鞍山市	Maanshan	42.2	-63.6	13.0	15.9	86.0	-19.7
芜湖市	Wuhu	5.2	281.7	18.9	18.9	81.7	15.7
宣城市	Xuancheng	32.3	34.4	13.0	-56.2	20.1	-12.6
铜陵市	Tongling	17.2	10.8	15.4	18.6	-86.3	-18.5
池州市	Chizhou	27.8	575.0	19.2	45.6	-53.3	-45.0
安庆市	Anqing	14.6	16.1	15.7	-22.2	-31.0	5.2
黄山市	Huangshan	5.0	-23.6	6.8	-57.9	-23.1	65.5

5—9 各市按行业新增固定资产投资增长情况（2021年）

Growth of Investment in Newly Added Fixed Assets by Industry by Region (2021)

单位：%

地区	Region	本年新增固定资产 New Fixed Assets Added This Year	农林牧渔业 Agriculture, Forestry, Animal Husbandry and Fishery	采矿业 Mining	制造业 Manufacturing	电力、热力、燃气及水的生产和供应业 Production and Supply of Electricity, Heat, Gas and Water	建筑业 Construction	批发和零售业 Wholesale and Retail Trade	交通运输、仓储和邮政业 Transport, Storage, Post & Telecommunications	住宿和餐饮业 Accommodation and Catering Trade	信息传输、计算机服务和软件业 Information, Circulation Computer Services and Software
总计	**Total**	**28.1**	**85.9**	**0.0**	**16.3**	**59.4**	**388.2**	**38.5**	**-33.4**	**74.7**	**170.0**
合肥市	Hefei	13.5	297.9	-90.8	-0.4	45.2	755.8	-1.8	-87.1	-37.3	119.9
淮北市	Huaibei	1.5	-14.1	-40.2	-0.6	193.2		-10.8	174.6		
亳州市	Bozhou	42.4	218.9	2611.6	40.3	26.8		173.2	-16.2		-76.7
宿州市	Suzhou	23.2	47.0		48.3	102.6		1054.4	62.1		
蚌埠市	Bengbu	9.3	27.6		-14.0	57.7		-7.5	-32.9	-77.7	
阜阳市	Fuyang	68.2	72.3		56.3	48.4		-37.0	-22.8	-95.5	
淮南市	Huainan	49.3	42.9	180.0	60.5	302.1		966.6	350.2		
滁州市	Chuzhou	18.8	476.9	-100.0	-15.8	-30.8		-51.9	165.9	2739.3	
六安市	Luan	34.5	469.6	128.7	-28.2	101.4		11.5	26.7		
马鞍山市	Maanshan	34.9	231.0	418.5	40.2	23.3	-100.0	13.6	-75.9		566.6
芜湖市	Wuhu	43.7	40.7	-73.7	39.9	95.5		4.9	12.1	8.2	346.2
宣城市	Xuancheng	-9.1	366.9	-21.4	-55.8	494.4		37.5	-65.7	127.3	
铜陵市	Tongling	20.6		82.4	20.0	181.1		-95.6	-73.9		-66.3
池州市	Chizhou	37.5	568.2	983.9	11.5	-69.0			11.8	546.6	
安庆市	Anqing	8.7	59.3	-4.4	12.9	45.7		172.0	41.9	511.4	4485.1
黄山市	Huangshan	111.9	334.4		195.5	118.0		210.0	69.8	146.5	8.0

地区	Region	金融业 Banking	房地产业 Real Estate	租赁和商务服务业 Leasing and Commercial Services	科学研究和技术服务业 Scientific Research and Technical Services	水利、环境和公共设施管理业 Water Conservancy, Environmental and Public Facilities Management	居民服务、修理和其他服务业 Residents Service, Repair and Other Services	教育 Education	卫生和社会工作 Health and Social Work	文化、体育和娱乐业 Culture, Sports and Entertainment	公共管理、社会保障和社会组织 Public Management, Social Security and Social Organization
总计	**Total**	**114.2**	**43.1**	**1.2**	**62.6**	**18.5**	**-51.5**	**60.5**	**125.5**	**57.5**	**44.9**
合肥市	Hefei	-5.1	45.4	304.5	-12.6	-24.9	16.9	28.5	100.6	17.9	96.9
淮北市	Huaibei		-23.7	-12.3		131.1	-99.9	15359.1	1193.8	-31.3	
亳州市	Bozhou		55.6	-56.8		13.9		-42.0	1837.5	1069.7	-28.7
宿州市	Suzhou		-13.0	-33.3	225.4	59.3	-18.6	136.6	-74.2	27.3	59.7
蚌埠市	Bengbu		83.9	101.8	-26.5	-53.4		68.6	46.6	-81.4	28.5
阜阳市	Fuyang	2852.0	134.6	-40.7		-54.5		58.9	166.9	519.5	-24.0
淮南市	Huainan		34.7	-46.3	-29.0	16.4		438.0	93.5	-73.1	
滁州市	Chuzhou		65.2	-39.1	534.3	-21.7	-78.9	78.9	982.2	-7.2	-95.1
六安市	Luan		36.2	15.6		90.3	-93.0	18.8	165.5	1038.7	159.1
马鞍山市	Maanshan		16.7	-3.9	334.5	83.4		319.4		-15.0	-57.6
芜湖市	Wuhu		21.9	50.5	73.8	131.8		84.4	98.2	189.0	468.2
宣城市	Xuancheng		40.1	-71.8	2522.5	-13.3		88.4	190.6	-33.7	
铜陵市	Tongling		23.7	-25.9	-74.3	-21.8	-100.0		3926.2	6.0	
池州市	Chizhou		26.9	-2.4		265.3	121.6		-63.7		110.5
安庆市	Anqing		-6.8	188.1		-21.1	2329.5	333.3	-69.8	-23.7	
黄山市	Huangshan		59.4	-59.5		364.9		-3.2	81.2	221.0	0.8

5—10 各市按行业分固定资产投资增长情况（2021年）
Growth of Fixed Asset Investment by Industry by Region (2021)

单位：%

地区	Region	固定资产投资 Investment in Fixed Assets	农林牧渔业 Agriculture, Forestry, Animal Husbandry and Fishery	采矿业 Mining	制造业 Manufacturing	电力、热力、燃气及水的生产和供应业 Production and Supply of Electricity, Heat, Gas and Water	建筑业 Construction	批发和零售业 Wholesale and Retail Trade	交通运输、仓储和邮政业 Transport, Storage, Post & Telecommunications	住宿和餐饮业 Accommodation and Catering Trade	信息传输、计算机服务和软件业 Information, Circulation Computer Services and Software
总计	**Total**	**9.4**	**35.9**	**23.3**	**14.6**	**3.7**	**7.5**	**2.3**	**6.6**	**7.9**	**46.5**
合肥市	Hefei	3.5	21.7	18.0	10.0	5.6	6.1	48.1	-0.3	-29.8	30.2
淮北市	Huaibei	9.7	-0.4	30.9	1.6	-26.2		-40.9	8.0	-100.0	
亳州市	Bozhou	1.0	79.4	-14.9	11.8	10.5		-49.8	-37.6	86.5	-84.6
宿州市	Suzhou	15.8	90.7	120.8	26.0	-39.5		138.9	-17.3	-9.9	68.0
蚌埠市	Bengbu	-20.4	-5.4		-1.1	8.0		-71.0	-16.1	-79.6	
阜阳市	Fuyang	13.6	27.4	177.3	31.8	13.9		21.5	5.6	-20.7	
淮南市	Huainan	12.6	-2.1	19.3	16.6	18.8		127.0	51.8	441.4	-15.3
滁州市	Chuzhou	16.4	67.8	-82.3	17.9	6.3		-35.0	12.0	5.3	-92.9
六安市	Luan	19.7	151.1	10.8	15.0	-11.6		69.8	132.2	224.1	61.8
马鞍山市	Maanshan	19.2	64.6	-3.3	12.6	20.5	-100.0	12.8	75.2	-43.4	46.9
芜湖市	Wuhu	15.7	45.5	107.8	19.9	-0.6		-5.0	-14.9	26.3	153.4
宣城市	Xuancheng	16.4	89.8	241.0	13.9	-5.1		66.7	41.6	59.4	20.9
铜陵市	Tongling	12.4	80.6	-1.5	22.6	28.0		-21.9	15.6	-45.8	16.7
池州市	Chizhou	16.1	50.3	1.8	8.9	60.3	-80.8	115.4	12.6	21.3	858.1
安庆市	Anqing	13.7	14.1	-30.5	9.8	10.5	23.6	-30.6	6.1	33.7	126.0
黄山市	Huangshan	9.1	68.7	38.1	21.6	-7.7	334.3	74.8	25.7	-8.8	7.3

地区	Region	金融业 Banking	房地产业 Real Estate	租赁和商务服务业 Leasing and Commercial Services	科学研究和技术服务业 Scientific Research and Technical Services	水利、环境和公共设施管理业 Water Conservancy, Environmental and Public Facilities Management	居民服务、修理和其他服务业 Residents Service, Repair and Other Services	教育 Education	卫生和社会工作 Health and Social Work	文化、体育和娱乐业 Culture, Sports and Entertainment	公共管理、社会保障和社会组织 Public Management, Social Security and Social Organization
总计	**Total**	**19.4**	**3.3**	**16.4**	**31.6**	**6.8**	**31.2**	**27.5**	**62.4**	**1.7**	**-8.8**
合肥市	Hefei	-1.6	-0.5	18.6	-7.3	0.4	-39.6	3.3	78.6	-11.6	-9.4
淮北市	Huaibei		10.7	10.1	1175.2	19.6	-58.9	56.8	118.7	-38.3	-17.8
亳州市	Bozhou		-0.3	73.1	-70.6	-10.4		-10.3	138.9	30.2	-70.1
宿州市	Suzhou		20.5	-21.7	-20.9	16.5	-46.4	57.9	24.7	-39.5	-55.1
蚌埠市	Bengbu		-33.1	42.4	-28.3	-43.8		2.5	-5.0	68.5	18.8
阜阳市	Fuyang	26.7	4.7	56.5	69.4	15.5	-44.6	63.3	88.4	-15.4	21.6
淮南市	Huainan	-100.0	5.4	29.2	-14.7	16.6	-16.9	-1.8	32.5	-36.6	111.5
滁州市	Chuzhou		10.5	50.1	-8.3	19.4	-8.7	75.9	144.8	37.7	-20.1
六安市	Luan		10.2	-9.7	1474.3	18.3	111.0	65.7	74.4	11.5	93.1
马鞍山市	Maanshan		9.3	32.3	460.4	31.9	74.3	12.9	76.2	-8.4	-42.1
芜湖市	Wuhu	163.6	13.9	-14.9	49.7	1.4	195.8	37.2	154.5	22.0	163.6
宣城市	Xuancheng	-31.7	14.4	10.1	39.0	16.5	-28.0	1.1	-7.1	18.0	-12.4
铜陵市	Tongling	-7.2	-1.5	71.4	-14.9	5.6	26.3	74.7	161.8	-35.3	-63.8
池州市	Chizhou	-2.0	11.5	-2.5	746.0	0.6	157.4	234.4	22.7	-4.7	-34.3
安庆市	Anqing	-100.0	12.5	162.8	18644.6	16.0	119.0	13.0	-8.6	36.5	173.7
黄山市	Huangshan	105.3	5.6	-42.9	78.2	8.0	51.7	27.6	49.9	32.3	19.4

5—11 各市固定资产投资资金来源增长情况（2021年）
Growth of Capital Sources for Fixed Asset Investment by Region (2021)

单位：%

地 区	Region	本年资金来源合计 Total Sources of Funds for the Year	国家预算资金 State Budget Funds	国内贷款 Domestic Loans	债券 Bonds	利用外资 Foreign Investment	自筹资金 Self-raising Funds	其他资金来源 Other Sources of Funding
总 计	**Total**	**17.0**	**38.9**	**-6.8**	**-78.2**	**14.4**	**21.5**	**13.6**
合肥市	Hefei	14.6	8.0	-22.8	-100.0	-62.9	26.8	20.8
淮北市	Huaibei	20.3	180.4	21.9	-100.0	-47.5	11.0	18.4
亳州市	Bozhou	-0.2	73.4	-29.2		-100.0	3.0	-3.5
宿州市	Suzhou	20.7	110.6	-7.2	-100.0	-0.8	12.2	33.7
蚌埠市	Bengbu	-13.5	9.8	-31.4	-100.0	-100.0	-6.7	-25.6
阜阳市	Fuyang	2.9	10.2	-4.0	-100.0	225.6	17.6	-8.8
淮南市	Huainan	32.9	181.7	38.5	-100.0	-8.2	15.5	43.6
滁州市	Chuzhou	24.2	-1.8	23.4	150.0	102.8	29.8	17.5
六安市	Luan	10.4	48.5	60.7		170.4	20.6	-9.3
马鞍山市	Maanshan	29.8	66.5	25.3	-100.0	596.6	23.2	52.9
芜湖市	Wuhu	36.8	45.9	6.0	-100.0	142.5	34.2	48.3
宣城市	Xuancheng	31.6	43.0	52.1	-100.0		35.8	18.0
铜陵市	Tongling	21.9	41.4	8.8	-100.0		26.5	11.7
池州市	Chizhou	23.6	126.7	-1.8	-100.0	158.0	11.0	20.6
安庆市	Anqing	25.9	56.8	43.6	-100.0	-75.7	31.7	6.0
黄山市	Huangshan	32.2	122.5	-23.4	-100.0	23580.0	27.2	37.0

5—12 各市按建设性质项目分固定资产投资增长情况（2021年）
Growth of Investment in Fixed Assets by Construction Projects by Region (2021)

单位：%

地 区	Region	新 建 New Construction	扩 建 Expansion Construction	改建和技术改造 Reconstruction and Technical Transformation
总 计	**Total**	**12.1**	**16.4**	**11.0**
合肥市	Hefei	5.8	19.7	12.6
淮北市	Huaibei	6.4	-26.6	22.5
亳州市	Bozhou	-0.4	-10.6	18.0
宿州市	Suzhou	5.8	-9.7	28.9
蚌埠市	Bengbu	-6.0	-33.8	-24.4
阜阳市	Fuyang	17.0	3.4	18.9
淮南市	Huainan	24.7	8.6	14.4
滁州市	Chuzhou	12.4	10.9	38.3
六安市	Luan	26.0	12.2	21.9
马鞍山市	Maanshan	23.2	33.0	23.1
芜湖市	Wuhu	15.8	43.0	-5.2
宣城市	Xuancheng	9.7	41.6	26.3
铜陵市	Tongling	25.6	35.1	1.7
池州市	Chizhou	16.1	3.9	26.3
安庆市	Anqing	20.2	2.3	7.9
黄山市	Huangshan	10.4	27.8	7.5

5—13 各市民间投资和技改投资增长情况（2021年）

Growth of Private Investment and Technological Innovation Investment by Region (2021)

单位：%

地 区	Region	民间投资 Private Investment	技改投资 Investment in Technological Transformation
总　　计	**Total**	**7.3**	**17.8**
合 肥 市	Hefei	-1.4	17.4
淮 北 市	Huaibei	-1.4	2.5
亳 州 市	Bozhou	-2.7	14.4
宿 州 市	Suzhou	9.5	26.8
蚌 埠 市	Bengbu	-21.4	-18.9
阜 阳 市	Fuyang	19.9	31.6
淮 南 市	Huainan	-0.3	7.9
滁 州 市	Chuzhou	15.2	45.8
六 安 市	Luan	20.5	13.3
马鞍山市	Maanshan	7.8	19.2
芜 湖 市	Wuhu	18.2	26.3
宣 城 市	Xuancheng	11.6	25.8
铜 陵 市	Tongling	11.1	13.8
池 州 市	Chizhou	7.6	25.7
安 庆 市	Anqing	13.9	15.8
黄 山 市	Huangshan	14.7	20.7

5—14 房地产开发主要指标
Main Indicators of Real Estate Development

指　标	Item	2005	2010	2015	2020	2021
企业个数（个）	Number of Enterprises (unit)	1917	3385	3620	4143	4240
登记注册类型	Registration type					
内　资	Domestic Funded	1811	3249	3534	4082	4176
#国　有	State-owned Enterprises	145	136	60	53	22
集　体	Collective Enterprises	51	25	6	1	1
港、澳、台投资	Funded by Entrepreneurs from Hong Kong, Macao and Taiwan	56	78	57	44	43
外商投资	Foreign Funded	50	58	29	17	21
企业控股情况	Controlling Stake of Enterprises					
国有控股	Controlling Stake of State-owner		312	283	393	454
集体控股	Controlling Stake of Group		116	59	38	62
私人控股	Controlling Stake of Private		2620	2816	3265	3665
港、澳、台商控股	Controlling Stake of Hong Kong, Macao and Taiwan Businessman		80	51	31	39
外商控股	Controlling Stake of Foreign Businessman		61	30	13	19
其　他	Other		196	381	403	1
本年完成投资额（万元）	Investment Completed this Year (10000 yuan)	4594413	22518045	44248584	70422934	72632161
#住　宅	Residential Buildings	3233619	15952464	28491942	56367778	59768239
本年土地购置面积（万平方米）	Land Space Purchased this Year (10000 sq.m)	1896.39	2611.07	1805.94	2981.93	2401.88
资金来源小计（万元）	Source of Funds (10000 yuan)	5430807	28636982	49907807	89519935	95596395
#国内贷款	Domestically Loans	757235	3237258	5642296	8930567	8453166
自筹资金	Fundraising	2288821	12110747	18601276	24200758	25262478
房屋建筑面积（万平方米）	Floor Space of Buildings (10000 sq.m)					
施工面积	Floor Space Under Construction	5306.92	17541.90	34244.67	44974.60	46812.59
竣工面积	Floor Space Completed	1816.86	3020.57	5537.74	5100.86	7012.89
本年新开工面积	Floor Space Started this Year	2623.41	7317.60	7759.35	11785.64	10434.89
#住　宅	Residential Buildings	2181.61	5770.46	5254.68	9243.72	8140.41
商品房屋销售面积(万平方米)	Floor Space of Selling House (10000 sq.m)	1907.21	4113.88	6174.09	9534.13	10460.90
#住　宅	Residential Buildings	1686.03	3604.87	5356.81	8695.35	9507.67
商品房屋销售价格(元/平方米)	Selling Price of House (yuan/sq.m)	2220	4212	5457	7705	7784
#住　宅	Residential Buildings	2065	3907	5067	7775	7904
实收资本合计（万元）	Total Capital Hold (10000 yuan)	2976285	8603456	22029739	37079573	40139775
资产合计（万元）	State Capital (10000 yuan)	12152955	54332428	168467240	347312551	369614732
负债合计（万元）	Total Liabilities (10000 yuan)	8530794	40828272	132704740	279155283	291489704
资产负债率（%）	Ratio of Liabilities to Assets (%)	70.20	75.15	78.77	80.38	78.86
主营业务收入（万元）	Total Revenue (10000 yuan)	2720528	13150647	26455215	54741894	59562353
#土地转让收入	Land Transferred	12785	81646	408642	69345	127121

5—15 房地产开发投资（2021年）

Investment in Real Estate Development (2021)

指　标	Item	总　计 Total
计划总投资	Total Planned Investment	465407730
自开始建设累计完成投资	Accumulative Investment Actually Made Since Starting of Construction up to the End	318904279
本年完成投资	Investment Made this Year	72632161
#国有控股	State Controlling Share Hold Enterprises	12841792
按构成分：建筑工程	Grouped by Composition: Construction Project	48566755
安装工程	Installation Project	2958334
设备工器具购置	Purchase of Equipment and Instrument	587715
其他费用	Other Expenses	20519357
#旧建筑物购置费	Total Expenses of Purchasing Old Buildings	57230
土地购置费	Total Value of Land Purchased	18727346
按工程用途分：	Grouped by the Use of Project	
住　宅	Residential Buildings	59768239
#90平方米以下	Below 90m^2	6740327
144平方米以上	Above of 144m^2	5480677
办公楼	Office Buildings	1580550
商业营业用房	Houses for Business Use	6236674
其　他	Other	5046698
本年新增固定资产	Newly Increased Fixed Assets This Year	32395979
待开发土地面积　（平方米）	Land Space Prepared for Development　(sq.m)	25225722
本年购置土地面积　（平方米）	Land Space Purchased this Year　(sq.m)	24018772
本年土地成交价款	Land Costs This Year	12490676
#拆迁补偿费	Compensation for Demolition	52640

单位：万元（10000 yuan）

内资 Domestic Funded	国有 State-owned Enterprises	集体 Collective Enterprises	港、澳、台投资 Funded by Entrepreneurs from Hong Kong, Macao and Taiwan	外商投资 Foreign Funded	中央 Central Government	地方 Local Government	其他 Other
452622296	1047346		9963057	2822377	11840131	52604098	400963501
309612663	745500		7043275	2248341	8808707	34633574	275461998
71437353	230309		924923	269885	1714238	9330783	61587140
12841792	230309				1655502	5942629	5243661
47648948	166926		736590	181217	1200941	5821657	41544157
2897967	1161		43676	16691	98829	289472	2570033
551290	696		22647	13778	4888	39745	543082
20339148	61526		122010	58199	409580	3179909	16929868
57230						18720	38510
18584314	55849		87831	55201	375085	2800901	15551360
58891816	186137		660113	216310	1374018	7918811	50475410
6497228	38724		213844	29255	181198	988867	5570262
5361860	10942		105454	13363	149067	684506	4647104
1508184	1183		70124	2242	12221	135211	1433118
6063973	32619		150421	22280	132466	522330	5581878
4973380	10370		44265	29053	195533	754431	4096734
31685732	147351		608983	101264	1265879	3700815	27429285
24741808	25291		281200	202714	287551	2105315	22832856
23992089				26683		3099681	20919091
12475176				15500		1458602	11032074
52640						2008	50632

5—16 房地产开发企业财务状况（2021年）
Enterprise's Financial Situation in Real Estate Development (2021)

项　目	Item	流动资产合计 Circulating Funds	#存货 Stock	固定资产原价 Original Value of Fixed Assets	累计折旧 Accumulated Depreciation	资产合计 Total Assets
总　计	**Total**	**306692635**	**162973520**	**8756261**	**1643770**	**369614732**
国有及国有控股企业	State Controlling Share Hold Enterprises	88208254	42089130	4715893	505238	124765715
按注册类型分	**Grouped by Status of Registration**					
内　资	Domestic Funded	300765458	160080223	8267358	1529627	362032355
#国　有	State-owned Enterprises	2985756	1338219	179315	30218	4773324
集　体	Collective Enterprises			438	438	4840
港、澳、台投资	Funded by Entrepreneurs from Hong Kong, Macao and Taiwan	4547906	2238443	300221	80347	5916370
外商投资	Foreign Funded	1379271	654855	188682	33797	1666007
按隶属关系分	**Grouped by Administrative Relationship**					
中　央	Central Government	7458240	3017811	110845	15337	9288622
地　方	Local Government	58142144	27849532	3696719	380640	80249153
其　他	Other	241092251	132106177	4948697	1247794	280076958
按资质等级分	**Grouped by qualification grade**					
一　级	First Grade	16398588	6713663	397820	101697	23211673
二　级	Second Grade	32506768	17321008	900666	252035	38020928
三　级	Third Grade	43645968	20022892	2672723	665299	54247159
四　级	Forth Grade	5758239	3891043	151672	25588	6953427
暂　定	Tentative	177058069	98013988	2944320	495815	205329868
其　他	Other	31325003	17010927	1689059	103336	41851677

5—17 各市房地产开发企业财务状况（2021年）
Enterprise's Financial Situation in Real Estate Development by Region (2021)

地　区	Region	流动资产合计 Circulating Funds	#存货 Stock	固定资产原价 Original Value of Fixed Assets	累计折旧 Accumulated Depreciation	资产合计 Total Assets
总　计	**Total**	**306692635**	**162973520**	**8756261**	**1643770**	**369614732**
合肥市	Hefei	91465835	48200129	3945212	672176	115758111
淮北市	Huaibei	8381132	4021438	225769	42745	9901013
亳州市	Bozhou	20521605	8999875	228119	28602	22597742
宿州市	Suzhou	16006523	9014369	405576	36970	21070790
蚌埠市	Bengbu	17616132	9656082	246563	63171	20250524
阜阳市	Fuyang	27345039	15565014	479350	116933	31656982
淮南市	Huainan	8344717	4677752	57483	25832	10279800
滁州市	Chuzhou	17528463	8857944	259525	57522	19237693
六安市	Luan	16481347	9400225	131713	35574	18038169
马鞍山市	Maanshan	7724512	3873457	323852	71305	9257667
芜湖市	Wuhu	28426399	14859085	821114	158068	32426137
宣城市	Xuancheng	17054033	7951149	878802	66322	24434315
铜陵市	Tongling	6644731	3758505	142754	59966	7833996
池州市	Chizhou	4310181	2708894	57209	22297	4687808
安庆市	Anqing	13977340	8080318	318219	122727	16697782
黄山市	Huangshan	4864646	3349287	235001	63563	5486202

单位：万元（10000 yuan）

负债合计 Total Liabilities	资　产 负债率 (%) Ratio of Liabilities to Assets (%)	所有者 权益合计 Owners Equity	实收资本 Capital Hold	主营业务 收　入 Main Business Income	土地转让 收　入 Revenue of Land Transfer	主营业务 成　本 Main Business Cost	营业利润 Operating profit	应付职工 薪　酬 The payable staff pay
291489704	**78.9**	**78125028**	**40139775**	**59562353**	**127121**	**49956305**	**3728526**	**1370178**
85271323	68.3	39494392	12655391	11165106	103480	8966889	1028822	232856
286199355	79.1	75833000	38686381	58581850	127121	49209832	3621773	1335896
2671053	56.0	2102271	742908	348723		294383	80208	7250
4153	85.8	687	687	123		66	-66	42
4128628	69.8	1787742	1185784	708213		532098	49788	22927
1161721	69.7	504286	267610	272289		214376	56965	11355
6999795	75.4	2288827	1165038	1868386		1414893	140578	36966
56776563	70.8	23472590	7376030	7520758	83753	6112848	722404	172967
227713347	81.3	52363611	31598708	50173208	43368	42428564	2865544	1160245
17125613	73.8	6086060	4364350	3038700		2425233	747196	72463
28646941	75.3	9373987	3600080	5127846	79547	4076024	520027	118435
38189434	70.4	16057725	6286824	6853712	21019	5543794	620148	159993
4948999	71.2	2004428	1099576	987320	562	779141	11966	35309
170159650	82.9	35170218	20884230	38018589	25993	32572153	1641797	857232
32419068	77.5	9432610	3904717	5536186		4559960	187393	126747

单位：万元（10000 yuan）

负债合计 Total Liabilities	资　产 负债率 (%) Ratio of Liabilities to Assets (%)	所有者 权益合计 Owners Equity	实收资本 Capital Hold	主营业务 收　入 Main Business Income	土地转让 收　入 Revenue of Land Transfer	主营业务 成　本 Main Business Cost	营业利润 Operating profit	应付职工 薪　酬 The payable staff pay
291489704	**78.9**	**78125028**	**40139775**	**59562353**	**127121**	**49956305**	**3728526**	**1370178**
87473484	75.6	28284627	14940399	19174529		16051488	1299651	396739
7784405	78.6	2116608	1009902	1159426	79568	955488	70032	29018
17457940	77.3	5139801	1641803	3754054	1439	3224183	190456	66306
16796792	79.7	4273998	1693236	3142961	54	2786345	-8288	82173
16784036	82.9	3466488	1615977	2967865	12835	2587067	160831	76655
26484616	83.7	5172367	3341282	5857227	10	4785894	435132	122248
8491566	82.6	1788234	1706197	1582366		1295521	70685	44252
16013311	83.2	3224382	2025512	3796297	11643	3212435	214087	119174
14845985	82.3	3192184	1843758	4423969	1	3851511	203963	81825
7798184	84.2	1459483	884601	1821212		1403685	243019	47170
27162725	83.8	5263413	2751619	4229162	4117	3349000	666817	74156
16407213	67.1	8027102	2127454	2490974	80	2193769	58568	52280
6554248	83.7	1279748	916242	939078	16813	799582	-6014	39221
3923101	83.7	764708	680143	925419		737342	85442	21836
12851948	77.0	3845834	2151030	2406606	562	2018356	33390	70819
4660151	84.9	826052	810623	891210		704639	10755	46309

5—18 房地产开发企业（单位）财务状况
Enterprise's Financial Situation in Real Estate Development

单位：万元（10000 yuan）

项　目	Item	2005	2010	2015	2020	2021
年初存货	Opening Stock This Year	3403211	19892008	69197069	135091054	139697877
年末资产负债	**Assets and Liabilities at the Year-end**					
流动资产合计	Total of Current Assets	10211981	46759621	141925366	291886547	306692635
#应收账款	Receivable Accounts			4574491	10940390	10599901
存　货	Stock	5013742	24613144	79781966	158898931	162973520
固定资产合计	Fixed Assets			4260390		
固定资产原价	Prime Cost of Fixed Assets	642349	1537883	4300126	6423424	8756261
累计折旧	Progressive Depreciation	115739	316551	857190	1475967	1643770
#本年折旧	Depreciation This Year	28292	67026	183218	249724	285101
在建工程	Projects In building			2318210	7696442	10106102
资产总计	Total of Assets	12152955	54332428	168467240	347312551	369614732
流动负债合计	Current Liabilities			111884489	219248516	227282898
#应付账款	Payables			11531651		
非流动负债合计	Non-Current Liabilities			20820251		
负债合计	Total of Liabilities	8530794	40828272	132704740	279155283	291489704
所有者权益合计	Total of Ownership Interest	3622161	13504156	35762501	68157268	78125028
#实收资本	Pail-up Capital	2976285	8603456	22029739	37079573	40139775
损益及分配	**Profit and Loss and Distribution**					
营业收入	Business Income			26973951	55850414	60443733
#主营业务收入	Main Business Earning	2720528	13150647	26455215	54741894	59562353
土地转让收入	Earning of Land Transfer	12785	81646	408642	69345	127121
商品房屋销售收入	Sales Revenue of Commercial Houses	2643962	12719888	24832862	53069473	57685174
房屋出租收入	Rental Income of Buildings	17969	85698	169620	168766	193773
其他收入	Other Income	45812	263415	1044091	1300392	1402865
营业成本	Business Cost			20543191	45719615	51180462
#主营业务成本	Main Business Cost	2150369	9672150	20244368	44120002	49956305
营业税金及附加	Business Tax and Affixation			2188629	1602027	1479207
其他业务利润	Other Business Profit	14302	36519	14218	69553	75443
销售费用	Sales Expense	79057	325905	934452	2235499	2437836
管理费用	Management Expense	193611	539208	1184320	1586425	1640727
财务费用	Financial Expense	57022	166459	610686	823498	959243
营业利润	Operating Profit	89612	1547277	1657790	4436453	3728526
投资收益	Investment Yield	2949	29217	135155	573312	826315
利润总额	Total of Profit	91318	1349105	1994345	4388932	3641738
应交所得税	Payable Income Tax	45306	270053	567289	1277451	884504
人工成本	**Labor cost**					
应付职工薪酬（贷方累计发生额）	Payable Employee Compensation Credit Cumulative Amount			727047	1226636	1370178

5—19 房地产开发企业（单位）投资、资金和土地情况
Investment, Funds and Land Condition of Real Estate Developer

单位：万元（10000 yuan）

指　　标	Item	2010	2015	2020	2021
计划总投资	Total Planned Investment	89896777	251053015	436283521	465407730
自开始建设累计完成投资	Accumulative Investment Actually Made Since Starting of Construction up to the End	59445213	171677082	294679368	318904279
本年完成投资	Investment Made this Year	22518045	44248584	70422934	72632161
#国有控股	State-holding Stock	3582149	6134806	9455014	12841792
按构成分：建筑工程	Grouped by Composition: Construction Project	14092819	30569270	42206430	48566755
安装工程	Installation Project	1524652	5219369	3508706	2958334
设备工器具购置	Purchase of Equipment and Instrument	250578	584514	735969	587715
其他费用	Other Expenses	6649996	7875431	23971829	20519357
#旧建筑物购置费	Total Expenses of Purchasing Old Buildings	92803	116710	61888	57230
土地购置费	Total Value of Land Purchased	5161690	6419885	22162518	18727346
按工程用途分：	Grouped by the Use of Project				
住　宅	Residential Buildings	15952464	28491942	56367778	59768239
#90平方米以下	Below 90m^2	4402937	10547222	6129377	6740327
144平方米以上 *	Above of 144m^2	1213521	2353790	5336270	5480677
别墅、高档公寓	Villas and Good Apartments	765862	668618		
办公楼	Office Buildings	656341	2042490	1452056	1580550
商业营业用房	Houses for Business Use	2924003	10258620	7016767	6236674
其　他	Other	2985237	3455532	5586333	5046698
本年新增固定资产	Newly Increased Fixed Assets This Year	8564748	21065233	21783612	32395979
本年资金来源合计	Total by Source of Funds This Year	33029854	64989108	123510864	126745283
上年末结余资金	Surplus Funds at the End of Last Year	4392872	15081301	33990929	31148888
本年资金来源小计	Total Funds this Year	28636982	49907807	89519935	95596395
国内贷款	Domestic Loans	3237258	5642296	8930567	8453166
利用外资	Foreign Investment	61827	10186	45900	5695
自筹资金	Self-raising Fund	12110747	18601276	24200758	25262478
其他资金来源	Others	13227150	25654049	56342710	61875056
本年各项应付款合计	Total of All Payable Account This Year	3511325	14915267	25378952	26366751
#工程款	Project Account	1658561	7727866	15137073	15717790
待开发土地面积（万平方米）	Land Space Prepared for Development (10000 sq.m)	1709.09	2472.35	3107.21	2522.57
本年购置土地面积（万平方米）	Land Space Purchased this Year (10000 sq.m)	2611.07	1805.94	2981.93	2401.88
本年土地成交价款	Land Costs This Year	3599668	4793219	13676402	12490676

注：*2010年为140平方米以上的口径。

a) In 2010,Statistics is for over 140 square meters.

5—20 房地产开发企业（单位）施工、销售和待售情况（2021年）
Construction, sale and for sale in Real Estate Development Units (2021)

指标	Item	合计 Total	按用途分 Grouped by the Use of Project 住宅 Residential Buildings	#90平米以下 Below 90 sq.m	#144平米以上 Above of 144 sq.m	办公楼 Office Buildings	商业营业用房 Houses for Business Use	其他 Others
房屋施工面积（万平方米）	Floor Space of Buildings Under Construction (10000 sq.m)	46812.6	35151.1	4142.3	2779.3	1236.3	4477.9	5947.4
#新开工面积	Newly Started	10434.9	8140.4	743.0	527.0	219.0	652.0	1423.5
房屋竣工面积（万平方米）	Floor Space of Buildings Completed (10000 sq.m)	7012.9	5349.8	547.0	509.4	178.6	592.2	892.3
#不可销售面积	Not for Sale	263.8	33.3	4.0	2.8	13.1	49.1	168.2
住宅竣工套数（套）	Sets of Commercial Residential Buildings Completed (set)		467192	68445	29561			
房屋竣工价值（万元）	Value of Buildings Completed (10000 yuan)	24835209	19900321	1971995	2236032	565657	1965006	2404225
出租房屋面积（万平方米）	Floor Space of Buildings for Renting (10000 sq.m)	48.8	4.3			14.6	15.3	14.7
商品房销售面积（万平方米）	Floor Space of Selling House (10000 sq.m)	10460.9	9507.7	777.7	648.0	108.5	431.6	413.1
#现房销售面积	Floor Space of Accomplished Buildings Sold	1077.7	773.4	159.0	85.4	32.4	137.4	134.4
期房销售面积	Floor Space of Futures Marketable Housings Sold	9383.2	8734.3	618.8	562.7	76.1	294.3	278.7
商品房销售额（万元）	Total Sales of Commercial Houses (10000 yuan)	81431905	75146209	5348524	6935611	904095	4006780	1374821
#现房销售额	Sales Value of Accomplished Buildings	6528843	4510323	802883	670780	269865	1334748	413907
期房销售额	Sales Value of Futures House	74903062	70635886	4545641	6264831	634230	2672032	960914
商品住宅销售套数（套）	Sets of Commercial Residential Buildings Sold (set)		840451	98289	36357			
#现房销售套数	Sets of Accomplished Buildings Sold		70321	19239	4646			
期房销售套数	Sets of Futures House		770130	79050	31711			
待售面积（万平方米）	Floor Space of Vacant Houses (10000 sq.m)	1713.4	704.9	104.8	75.4	99.2	594.8	314.6
待售1-3年	Vacant 1-3 Years	977.9	448.2	67.7	42.7	58.9	307.8	163.1
待售3年以上	Vacant More than 3 Years	186.0	36.2	9.9	11.3	14.3	79.2	56.4

5—21 各市房地产开发企业（单位）个数（2021年）

Number of Enterprises for Real Estate Development by Region (2021)

单位：个（unit）

地区	Region	企业个数 Number of Enterprises	内资企业 Domestic Funded Enterprises	#国有 State-owned	#集体 Collective-owned	#私营 Private Units	港澳台投资企业 Funded by Entrepreneurs from Hong Kong, Macao and Taiwan	外商投资企业 Foreign Funded Enterprises	国有控股 State-owned holdings
总计	**Total**	**4240**	**4176**	**22**	**1**	**1774**	**43**	**21**	**454**
合肥市	Hefei	704	680	4		152	18	6	139
淮北市	Huaibei	123	120	2		51	1	2	23
亳州市	Bozhou	203	203			81			24
宿州市	Suzhou	259	258			132		1	31
蚌埠市	Bengbu	226	224	1		77	2		36
阜阳市	Fuyang	375	374	1		152	1		25
淮南市	Huainan	126	125	2		59	1		11
滁州市	Chuzhou	369	366	1		156		3	20
六安市	Luan	267	265	1		108	2		16
马鞍山市	Maanshan	167	157	4		67	6	4	21
芜湖市	Wuhu	267	264	1		93	2	1	22
宣城市	Xuancheng	237	236	2		116	1		23
铜陵市	Tongling	189	187			108	1	1	19
池州市	Chizhou	133	133			69			9
安庆市	Anqing	387	385	3	1	243	2		21
黄山市	Huangshan	208	199			110	6	3	14

5—22 各市按控股情况分的房地产企业（单位）个数（2021年）

Number of Real Estate Enterprises (units) by Controlled Holdings by Region (2021)

单位：个（unit）

地区	Region	企业个数 Number of Enterprises	国有控股 State-owned Controlled Holdings	集体控股 Collective-owned Controlled Holdings	私人控股 Private Units Collective-owned Controlled Holdings	港澳台商控股 Funded by Entrepreneurs from Hong Kong, Macao and Taiwan Controlled Holdings	外商控股 Foreign Funded Enterprises Controlled Holdings	其他 Other
总计	**Total**	**4240**	**454**	**62**	**3665**	**39**	**19**	**1**
合肥市	Hefei	704	139	17	525	17	6	
淮北市	Huaibei	123	23		98	1	1	
亳州市	Bozhou	203	24	2	177			
宿州市	Suzhou	259	31	3	224		1	
蚌埠市	Bengbu	226	36	3	186	1		
阜阳市	Fuyang	375	25	3	346			1
淮南市	Huainan	126	11	4	109	2		
滁州市	Chuzhou	369	20	2	345		2	
六安市	Luan	267	16	6	242	3		
马鞍山市	Maanshan	167	21	1	136	5	4	
芜湖市	Wuhu	267	22	1	242	1	1	
宣城市	Xuancheng	237	23	3	209	2		
铜陵市	Tongling	189	19	4	165		1	
池州市	Chizhou	133	9		124			
安庆市	Anqing	387	21	10	355	1		
黄山市	Huangshan	208	14	3	182	6	3	

5—23 各市房地产开发建设投资总规模及完成投资（2021年）
General Scale of and Actually Completed Investment in Real Estate Development by Region (2021)

单位：万元（10000 yuan）

地 区	Region	计划总投资 Total Investment Actually Needed	自开始建设至本年底累计完成投资 Accumulative Investment Actually Made Since Starting of Construction up to the End	本年完成投资 Investment Made this Year	全部建成尚需投资 Further Investment Required for the Completion of Construction
总 计	**Total**	**465407730**	**318904279**	**72632161**	**146503451**
合肥市	Hefei	129067991	87937402	14664185	41130589
淮北市	Huaibei	10867435	7050379	2382530	3817056
亳州市	Bozhou	25821294	16283899	4536031	9537395
宿州市	Suzhou	25946441	17206914	5483770	8739527
蚌埠市	Bengbu	29571865	23111496	4302010	6460369
阜阳市	Fuyang	47074374	31050916	9454325	16023458
淮南市	Huainan	15605492	9772264	2711139	5833228
滁州市	Chuzhou	33650070	20357918	5876595	13292152
六安市	Luan	27008905	17370975	4782417	9637930
马鞍山市	Maanshan	16543419	13681196	2586853	2862223
芜湖市	Wuhu	35263743	26574830	5548468	8688913
宣城市	Xuancheng	18036533	12511237	2966254	5525296
铜陵市	Tongling	14065371	11261644	1674287	2803727
池州市	Chizhou	7543286	5786359	862736	1756927
安庆市	Anqing	18161027	11303313	2868175	6857714
黄山市	Huangshan	11180484	7643537	1932386	3536947

5—24 各市按用途分的房地产开发企业（单位）完成投资额（2021年）
Actually Completed Investment of Enterprises for Real Estate Development by Region and by Use (2021)

单位：万元（10000 yuan）

地 区	Region	本年完成投资额 Investment Made this Year	住宅 Residential Buildings	#90平米以下 Below 90 sq.m	144平米以上 Above of 144 sq.m	办公楼 Office Buildings	商业营业用房 Houses for Business Use	其他 Other
总 计	**Total**	**72632161**	**59768239**	**6740327**	**5480677**	**1580550**	**6236674**	**5046698**
合肥市	Hefei	14664185	11931657	2137725	1740391	765517	754690	1212321
淮北市	Huaibei	2382530	2134163	214931	95511	5124	136943	106300
亳州市	Bozhou	4536031	3753357	513067	191885	38765	398682	345227
宿州市	Suzhou	5483770	4621979	338974	154130	60060	444742	356989
蚌埠市	Bengbu	4302010	3743455	390955	213272	73220	259364	225971
阜阳市	Fuyang	9454325	7568823	504789	481571	242998	1061219	581285
淮南市	Huainan	2711139	2236018	108500	74629	17939	269827	187355
滁州市	Chuzhou	5876595	4916008	619478	334921	44168	526604	389815
六安市	Luan	4782417	3863186	355340	321235	49813	497773	371645
马鞍山市	Maanshan	2586853	2288285	358690	247469	7223	233760	57585
芜湖市	Wuhu	5548468	4695235	466075	679299	33640	385727	433866
宣城市	Xuancheng	2966254	2409401	230847	365611	28717	324232	203904
铜陵市	Tongling	1674287	1385842	87110	100373	13072	102938	172435
池州市	Chizhou	862736	718126	62214	86388	11348	75837	57425
安庆市	Anqing	2868175	2217701	73525	164844	72216	408997	169261
黄山市	Huangshan	1932386	1285003	278107	229148	116730	355339	175314

5—25 各市房地产开发企业（单位）资金来源（2021年）
Sources of Funds of Enterprises for Real Estate Development by Region (2021)

单位：万元（10000 yuan）

地区	Region	本年资金来源合计 Total Sources of Funds	上年末结余资金 Funds by the End of Last Year	本年资金来源小计 Total Funds This Year	国内贷款 Domestic Loans	#银行贷款 Bank Loan	自筹资金 Self-raising Funds
总　计	**Total**	**126745283**	**31148888**	**95596395**	**8453166**	**6706203**	**25262478**
合肥市	Hefei	39057144	9764929	29292215	3593386	3160629	5265112
淮北市	Huaibei	3250376	527873	2722503	222926	175329	865657
亳州市	Bozhou	7433327	1914451	5518876	359801	316072	1520103
宿州市	Suzhou	7379359	1526128	5853231	428309	333321	1718505
蚌埠市	Bengbu	7207034	2179057	5027977	510886	354592	2032301
阜阳市	Fuyang	12498253	3131550	9366703	556481	319891	2725849
淮南市	Huainan	4139590	1564907	2574683	262223	220357	720742
滁州市	Chuzhou	8961655	2269870	6691785	371960	228780	2702158
六安市	Luan	7153173	2088047	5065126	337623	232118	1250502
马鞍山市	Maanshan	4042331	763208	3279123	95700	60000	889154
芜湖市	Wuhu	9004976	1290266	7714710	353397	350397	2073731
宣城市	Xuancheng	4746791	1214639	3532152	359322	127780	907242
铜陵市	Tongling	2399894	600969	1798925	215087	215087	628806
池州市	Chizhou	1598196	387935	1210261	108863	90123	190332
安庆市	Anqing	5050207	1248311	3801896	502635	354485	839599
黄山市	Huangshan	2822977	676748	2146229	174567	167242	932685

5—26 各市房地产开发建设房屋建筑面积和造价（2021年）
Floor Space of Buildings and their Cost in Real Estate Development by Region (2021)

地 区	Region	施工房屋面积（平方米）Floor Space of Buildings Under Construction (sq.m)	新开工 Newly Started	竣工房屋面积（平方米）Floor Space of Buildings Completed (sq.m)	房屋建筑面积竣工率（%）Ratio of Floor Space of Buildings Completed (%)	竣工房屋价值（万元）Value of Buildings Completed (10000 yuan)	竣工房屋造价（元/平方米）Cost of Buildings Completed (yuan/sq.m)
总 计	**Total**	**468125871**	**104348918**	**70128898**	**15.0**	**24835209**	**3541**
合肥市	Hefei	82849627	18251303	18968007	22.9	8543660	4504
淮北市	Huaibei	14134961	4198907	620183	4.4	208481	3362
亳州市	Bozhou	33084036	7750979	1716189	5.2	621774	3623
宿州市	Suzhou	36031235	11000402	3951035	11.0	995321	2519
蚌埠市	Bengbu	29580919	5392543	6154606	20.8	2010487	3267
阜阳市	Fuyang	60473242	11817330	9380582	15.5	3112603	3318
淮南市	Huainan	14637352	2837254	1062014	7.3	384879	3624
滁州市	Chuzhou	40779036	10184869	6424486	15.8	1673448	2605
六安市	Luan	38220725	6314783	2450869	6.4	758107	3093
马鞍山市	Maanshan	13977171	2580796	3393588	24.3	1263048	3722
芜湖市	Wuhu	29481386	8950577	5670315	19.2	2140440	3775
宣城市	Xuancheng	20789279	4151676	2958575	14.2	985686	3332
铜陵市	Tongling	11647468	1799134	2062419	17.7	537919	2608
池州市	Chizhou	8544962	1416782	1708675	20.0	414353	2425
安庆市	Anqing	24948532	5603219	2293163	9.2	793193	3459
黄山市	Huangshan	8945940	2098364	1314192	14.7	391810	2981

5—27 各市按用途分的房地产开发企业（单位）新开工房屋面积（2021年）
Floor Space Started in Real Estate Development by Region and by Use (2021)

单位：平方米（sq.m）

地 区	Region	本年新开工房屋面积 Floor Space Started This Year	住 宅 Residential Buildings	#90平米以下 Below 90 sq.m	144平米以上 Above of 144 sq.m	办公楼 Office Buildings	商业营业用房 Houses for Business Use	其 他 Other
总 计	**Total**	**104348918**	**81404143**	**7430374**	**5269728**	**2190439**	**6519810**	**14234526**
合肥市	Hefei	18251303	12716755	2950222	1343610	903114	808597	3822837
淮北市	Huaibei	4198907	3551728	524373	86475		138573	508606
亳州市	Bozhou	7750979	5899801	941116	150886	220752	693182	937244
宿州市	Suzhou	11000402	9765264	494978	351532	77559	312141	845438
蚌埠市	Bengbu	5392543	4071935	158309	411681	152780	449813	718015
阜阳市	Fuyang	11817330	9251888	389567	267661	258378	962296	1344768
淮南市	Huainan	2837254	2282506	44853	35249	56928	179715	318105
滁州市	Chuzhou	10184869	8089941	585759	449534	67547	466929	1560452
六安市	Luan	6314783	4916484	137264	174810	71474	623572	703253
马鞍山市	Maanshan	2580796	1929799	124801	123438	11820	243104	396073
芜湖市	Wuhu	8950577	7178278	404096	539450	112606	438315	1221378
宣城市	Xuancheng	4151676	3173629	268315	475629	35700	361273	581074
铜陵市	Tongling	1799134	1395901	102763	83850	31692	106171	265370
池州市	Chizhou	1416782	1189428	88710	103508	2277	55008	170069
安庆市	Anqing	5603219	4478074	92650	311328	95925	511657	517563
黄山市	Huangshan	2098364	1512732	122598	361087	91887	169464	324281

5—28 各市商品房屋销售情况（2021年）
Selling of Commercial Houses by Region (2021)

地区	Region	房屋销售面积（平方米）Floor Space of Commercialized Buildings Sold (sq.m)	#住宅 Residential Buildings	现房 Completed Buildings	期房 Buildings Completed in Future	商品房销售额（万元）Total Sales of Commercialized Buildings (10000 yuan)	#住宅 Residential Buildings	现房 Completed Buildings	期房 Buildings Completed in Future
总计	**Total**	**104608953**	**95076690**	**10776524**	**93832429**	**81431905**	**75146209**	**6528843**	**74903062**
合肥市	Hefei	18365887	15627581	1992715	16373172	24577156	22570139	1648115	22929041
淮北市	Huaibei	2806820	2668353	129348	2677472	2004868	1896688	66787	1938081
亳州市	Bozhou	6853022	6404768	217102	6635920	3988220	3765587	110318	3877902
宿州市	Suzhou	8896997	8634580	1142290	7754707	5083692	4894700	505614	4578078
蚌埠市	Bengbu	6479185	6185730	642478	5836707	4147774	3949248	317833	3829941
阜阳市	Fuyang	11280123	10736108	858686	10421437	7422412	6952705	468065	6954347
淮南市	Huainan	3063272	2982937	227376	2835896	1917916	1864878	118534	1799382
滁州市	Chuzhou	12949242	11566595	1245446	11703796	7331614	6735324	565440	6766174
六安市	Luan	7754691	7286126	812225	6942466	5019156	4471864	722328	4296828
马鞍山市	Maanshan	3071024	2882220	282891	2788133	2604420	2478957	147517	2456903
芜湖市	Wuhu	7109566	6639070	854363	6255203	6809367	6480928	656746	6152621
宣城市	Xuancheng	4682945	4204150	386592	4296353	3058634	2750917	161305	2897329
铜陵市	Tongling	2832701	2087916	1080025	1752676	1439037	1126566	455933	983104
池州市	Chizhou	1822820	1623180	182713	1640107	1259221	1126056	101642	1157579
安庆市	Anqing	4546069	3792079	331882	4214187	3197905	2743358	213737	2984168
黄山市	Huangshan	2094589	1755297	390392	1704197	1570513	1338294	268929	1301584

5—29 各市按用途分的商品房屋实际销售面积（2021年）

Floor Space of Commercial Houses Actually Sold by Use and by Region (2021)

单位：平方米（sq.m）

地区 Region	房屋销售面积 Floor Space of Selling House	商品住宅 Residential Buildings	#90平米以下 Below 90 sq.m	144平米以上 Above of 144 sq.m	办公楼 Office Buildings	商业营业用房 Houses for Business Use	其他 Other
总计 Total	**104608953**	**95076690**	**7777369**	**6480494**	**1085122**	**4316358**	**4130783**
合肥市 Hefei	18365887	15627581	2082940	2205344	651090	516717	1570499
淮北市 Huaibei	2806820	2668353	154085	139213	15394	123073	
亳州市 Bozhou	6853022	6404768	461016	296524	3728	179396	265130
宿州市 Suzhou	8896997	8634580	399831	343914	195	215053	47169
蚌埠市 Bengbu	6479185	6185730	520098	172275	72786	186231	34438
阜阳市 Fuyang	11280123	10736108	665065	346308	55738	447221	41056
淮南市 Huainan	3063272	2982937	107051	63926	12181	68006	148
滁州市 Chuzhou	12949242	11566595	1486589	671423	28702	349617	1004328
六安市 Luan	7754691	7286126	254207	395716	1284	392936	74345
马鞍山市 Maanshan	3071024	2882220	144070	298552	30267	116034	42503
芜湖市 Wuhu	7109566	6639070	464347	389455	47541	312039	110916
宣城市 Xuancheng	4682945	4204150	278563	494537	9182	346157	123456
铜陵市 Tongling	2832701	2087916	412710	83171	16720	234155	493910
池州市 Chizhou	1822820	1623180	129286	108168	6102	160407	33131
安庆市 Anqing	4546069	3792079	78307	181086	64670	496915	192405
黄山市 Huangshan	2094589	1755297	139204	290882	69542	172401	97349

5—30 各市按用途分的商品房屋平均销售价格（2021年）
Average Selling Price of Commercial Houses by Region and by Use (2021)

单位：元/平方米（yuan/sq.m）

地 区	Region	房屋平均销售价格 Average Selling Price of Houses	商品住宅 Residential Buildings	#90平米以下 Below 90 sq.m	144平米以上 Above of 144 sq.m	办公楼 Office Buildings	商业营业用房 Houses for Business Use	其他 Other
总 计	**Total**	**7784**	**7904**	**6877**	**10702**	**8332**	**9283**	**3328**
合肥市	Hefei	13382	14443	10833	16294	9463	13440	4434
淮北市	Huaibei	7143	7108	6794	8403	6163	8019	
亳州市	Bozhou	5820	5879	5496	7434	5418	10092	1493
宿州市	Suzhou	5714	5669	5420	5185	6000	8106	3087
蚌埠市	Bengbu	6402	6384	5820	8634	7440	7194	3020
阜阳市	Fuyang	6580	6476	4845	7563	7774	9091	4826
淮南市	Huainan	6261	6252	5706	6346	4914	6906	6081
滁州市	Chuzhou	5662	5823	5162	6591	7557	7434	3134
六安市	Luan	6472	6138	5824	6678	4844	13138	4096
马鞍山市	Maanshan	8481	8601	4110	8757	7940	7783	2618
芜湖市	Wuhu	9578	9762	8033	13940	5827	8683	2687
宣城市	Xuancheng	6531	6543	5886	7187	10670	7801	2259
铜陵市	Tongling	5080	5396	2878	6991	5346	9431	1674
池州市	Chizhou	6908	6937	4806	7963	3696	7351	3923
安庆市	Anqing	7034	7234	4266	7032	4169	7568	2676
黄山市	Huangshan	7498	7624	7566	8146	7312	8617	3370

5—31 各市按用途分的商品房待售情况（2021年）
Commercial House for Sale by Used by Region (2021)

单位：平方米（sq.m）

地区	Region	房屋待售面积 Square House for Sale	商品住宅 Residential Buildings	#90平米以下 Below 90 sq.m	144平米以上 Above of 144 sq.m	办公楼 Office Buildings	商业营业用房 Houses for Business Use	其他 Other
总计	**Total**	**17134413**	**7048984**	**1048266**	**753889**	**992089**	**5947684**	**3145656**
合肥市	Hefei	3572669	611872	54577	75803	457649	832857	1670291
淮北市	Huaibei	487694	411996	184501	4083		73069	2629
亳州市	Bozhou	882074	644606	7823	26170	16285	221183	
宿州市	Suzhou	747748	426179	52171	55955		302638	18931
蚌埠市	Bengbu	321144	146157	28651	22822	44770	101313	28904
阜阳市	Fuyang	825033	130696	465	3458	73054	567130	54153
淮南市	Huainan	417367	279685	32645	1248	11250	93740	32692
滁州市	Chuzhou	929409	234511	14720	8504	48314	464487	182097
六安市	Luan	1560141	987037	104981	69743	1798	489360	81946
马鞍山市	Maanshan	567897	221913	68790	38032	17887	297091	31006
芜湖市	Wuhu	771726	254402	45344	32743	127102	363801	26421
宣城市	Xuancheng	951437	479286	91645	45591	9672	262294	200185
铜陵市	Tongling	1553234	480712	152664	46519	53933	555068	463521
池州市	Chizhou	1061909	534416	52804	105288	32756	448292	46445
安庆市	Anqing	1407696	651939	52731	70753	68294	505963	181500
黄山市	Huangshan	1077235	553577	103754	147177	29325	369398	124935

主要统计指标解释

固定资产投资

固定资产投资额是以货币表现的建造和购置固定资产活动的工作量，它是反映固定资产投资规模、速度、比例关系和使用方向的综合性指标。固定资产投资按经济类型可分为国有、集体、个体、联营、股份制、外商、港澳台商、其他等。按照管理渠道，全社会固定资产投资统计的范围包括：⑴城镇和农村 500 万元以上固定资产投资项目；⑵房地产开发投资；⑶农村非农户投资。

房地产开发投资

指房地产开发公司、商品房建设公司及其他房地产开发法人单位和附属于其他法人单位实际从事房地产开发或经营的活动单位统一开发的包括统代建、拆迁还建的住宅、厂房、仓库、饭店、宾馆、度假村、写字楼、办公楼等房屋建筑物和配套的服务设施，土地开发工程（如道路、给水、排水、供电、供热、通讯、平整场地等基础设施工程）的投资；不包括单纯的土地交易活动。

建设总规模

是指在报告期内所有施工项目的计划总投资。

在建总规模

是指在报告期末所有在建项目的计划总投资。

在建净规模

是指报告期末所有在建项目建成投产尚需的投资总量。

在建净规模＝在建总规模－未投产项目（期末在建）累计完成投资。

固定资产投资的资金来源

根据固定资产投资的资金来源不同，分为国家预算内资金、国内贷款、利用外资、自筹资金和其他资金来源。

⑴国家预算资金：包括一般预算、政府性基金预算、国有资本经营预算和社保基金预算。各类预算中用于固定资产投资的资金全部用为国家预算资金填报，其中一般预算中用于固定资产投资的部分包括基建投资、车购税、灾后恢复重建基金和其他投资。各级政府债券也归入国家预算资金。

⑵国内贷款：指报告期内企、事业单位向银行及非银行金融机构借入的用于固定资产投资的各种国内借款。包括银行利用自有资金及吸收的存款发放的贷款、上级主管部门拨入的国内贷款、国家专项贷款（包括煤代油贷款、劳改煤矿专项贷款等）、地方财政专项资金安排的贷款、国内储备贷款、周转贷款等。

⑶利用外资：指报告期内收到的用于固定资产投资的国外资金，包括统借统还、自借自还的国外贷款，中外合资项目中的外资，以及对外发行债券和股票等。国家统借统还的外资指由我国政府出面同外国政府、团体或金融组织签订贷款协议、并负责偿还本息的国外贷款。

⑷自筹资金：指建设单位报告期内收到的，用于进行固定资产投资的上级主管部门、地方和企、事业单位自筹资金。

⑸其他资金来源：指报告期内收到的除以上各种拨款。

固定资产投资按建设性质分

建设项目的性质一般分为新建、扩建、改建、迁建、恢复。基本建设按建设项目划分建设性质，更新改造、国有单位其他固定资产投资及城镇集体投资等按整个企业、事业单位的建设情况确定建设性质，房地产开发单位、农村投资等投资不划分建设性质。

⑴新建：一般是指从无到有、“平地起家”新开始建设的单位。有的单位原有的基础很小，经过建设后其新增加的固定资产价值超过原有固定资产价值（原值）三倍以上的也算新建。

⑵扩建：一般是指为扩大原有产品的生产能力，在厂内或其他地点增建主要生产车间（或主要工程）、独立的生产线或分厂的企业；事业单位和行政单位在原单位增建业务用房（如学校增建教学用房、医院增建门诊部或病床用房、行政机关增建办公楼等）也作为扩建。

⑶改建：一般是指现有企业、事业单位为了技术进步，提高产品质量，增加花色品种，促进产品升级换代，降低消耗和成本，加强资源综合利用和三废治理、劳保安全等，采用新技术、新工艺、新设备、新材料等对现有设施、工艺条件进行技术改造或更新（包括相应配套的辅助性生产、生活福利设施）。有的企业为充分发挥现有生产能力，进行填平补齐而增建不增加本单位主要产品生产能力的车间等，也属于改建。

固定资产投资按构成分

固定资产投资活动按其工作内容和实现方式分为建筑安装工程，设备、工具、器具购置，其他费用三个部分。

⑴建筑安装工程（建筑安装工作量）：指各种房屋、建筑物的建造工程和各种设备、装置的安装工程。包括各种房屋建造工程，各种用途设备基础和各种工业窑炉的砌筑工程；为施工而进行的各种准备工作和临时工程以及完工后的清理工作等；铁路、道路的铺设，矿井的开凿及石油管道的架设等；水利工程；防空地下建筑等特殊工程；以及各种机械设备的安装工程；为测定安装工程质量，对设备进行的试运工作。在安装工程中，不包括被安装设备本身的价值。

⑵设备、工具、器具购置：指购置或自制达到固定资产标准的设备、工具、器具的价值，固定资产的标准按财务部门规定。新建单位、扩建单位的新建车间按照设计和计划要求购置或自制的全部设备、工具、器具，不论是否达到固定资产标准均计入“设备、工具、器具购置”中。

⑶其他费用：指在固定资产建造和购置过程中发生的，除建筑安装工程和设备、工具、器具购置以外的各种应摊入固定资产的费用。

施工项目

指报告期内曾进行建筑或安装工程施工活动的建设项目，包括报告期内新开工项目、报告期以前开工跨入报告期继续施工的项目以及报告期施过工并在报告期内全部建成投产或停缓建的项目。

全部建成投产项目

工业项目是指设计文件规定形成生产能力的主体工程及其相应配套的辅助设施全部建成，经负荷试运转，证明具备生产设计规定合格产品的条件，并经过验收鉴定合格或达到竣工验收标准，与生产性工程配套的生活福利设施可以满足近期正常生产的需要，正式移交生产的建设项目。非工业项目是指设计文件规定的主体工程和相应的配套工程全部建成，能够发挥设计规定的全部效益，经验收鉴定合格或达到竣工验收标准，正式移交使用的建设项目。

商品住宅

指房地产开发企业（单位）建设并出售、出租给使用者，仅供居住用的房屋。

土地开发投资额

指房地产开发企业完成的前期工程投资，即路通、水通、电通、场地平整等（也称七通一平）所完成的投资。一般指生地开发成熟地的投资。在旧城区（老区拆迁）的开发中，如果有统一的规划，如政府有关部门批准的小区建设的前期工程中，有场地平整，原有建筑物、构筑物拆除，供水供电工程等工作量也可计算。未进行开发工程、只进行单纯的土地交易活动不作为土地开发投资统计。土地开发投资额在房屋用途分组中能分摊的部分就分摊，不能分摊的全部计入其他。

土地购置费

指房地产开发企业为取得土地使用权而支付的费用。土地购置费按当期发生数计入投资，如土地购置费为分期付款的，可分期计入投资；不计入新增固定资产。土地购置费支出包括：①通过草拟方式取得的土地使用权所支付的土地补偿费、附着物和青苗补偿费、安置补偿费及土地征收管理费等；②通过出让方式取得土地使用权所支付的出让金。

投资额按房屋工程用途分组

指投资额中用于各类房屋建设的投资。

住宅

指专供居住的房屋，包括别墅、公寓、职工家属宿舍和集体宿舍（包括职工单身宿舍和学生宿舍）等。但不包括住宅楼中作为人防用、不住人的地下室等。

本年完成开发土地面积

指报告期内对土地进行开发并已完成七通一平等前期开发工程，具备进行房屋建筑物施工或出让条件的土地面积。

本年购置土地面积

指在本年内通过各种方式获得土地使用权的土地面积。

本年土地成交价款

指进行土地使用权交易活动的最终金额。在土地一级市场，是指土地最后的划拨款和出让价；在土地二级市场是指土地转让、出租、抵押等最后确定的合同价格。土地成交价款与土地购置面积同口径，目的是正确计算平均土地购置价格。

房屋施工面积

指报告期内施工的全部房屋建筑面积。包括本期新开工的面积和上年开工跨入本期继续施工的房屋面积，以及上期已停建在本期恢复施工的房屋面积。本期竣工和本期施工后又停建缓建的房屋面积仍包括在施工面积中，多层建筑应填各层建筑面积之和。

房屋竣工面积

指报告期内房屋建筑按照设计要求已全部完工，达到住人和使用条件，经验收鉴定合格或达到竣工验收标准（实行房地产开发小区综合验收的城市，应经小区综合验收合格），可正式移交使用的各栋房屋建筑面积的总和。

实际销售面积

指报告期内已竣工的房屋面积中已正式交付给购房者或已签订（正式）销售合同的商品房屋面积。不包括已签订预售合同正在建设的商品房屋面积，但包括报告期或报告期以前签订了预售合同，在报告期又竣工的商品房屋面积。

Explanatory Notes for Major Statistical Indicators

Investment in fixed assets

amount of investment in fixed assets refers to the amount of money spent on the construction and purchase of fixed assets. It is a comprehensive indicator reflecting the scale, speed, proportional relationship and direction of use of fixed assets investment. According to the type of economy, investment in fixed assets can be divided into state-owned, collective, individual, joint venture, joint-stock system, foreign investors, Hong Kong, Macao and Taiwan businessmen, and others. According to the management channel, the scope of the statistics of the whole society's fixed assets investment includes: (1) Urban and rural fixed assets investment projects of more than 5 million yuan; (2) Investment in real estate development; (3) Rural non-household investment.

Investment in real estate development

refers to the real estate development companies, commercial housing construction and other real estate development company legal person units and is attached to other legal person units engaged in real estate development or business activity units unified development including the system construction, demolition also build houses, factories, warehouses, restaurants, hotels, resorts, office buildings, office buildings and other buildings and supporting facilities, Investment in land development projects (such as roads, water supply, drainage, power supply, heating, communications, site leveling and other infrastructure projects); Pure land transaction activities are not included.

Total construction scale

refers to the total planned investment of all construction projects during the reporting period.

Total size under construction

total planned investment in all projects under construction at the end of the reporting period.

Net size under construction

refers to the total amount of investment required by the end of the reporting period for all projects under construction to be completed and put into operation.

Net scale under construction = total scale under construction - projects not put into production (under construction at the end of the period) accumulated investment completed.

Sources of capital for investment in fixed assets

according to different sources of funds for fixed assets investment, it can be divided into funds within the state budget, domestic loans, foreign investment, self-raised funds and other sources of funds.

a) State budgetary funds include general budgets, budgets for government-managed funds, budgets for state capital operations and budgets for social security funds. All the funds used for fixed asset investment in various budgets are reported as state budget funds. The part used for fixed asset investment in general budgets includes infrastructure investment, car purchase tax, post-disaster recovery and reconstruction funds and other investments. Government bonds at all levels are also included in the national budget.

b) Domestic loans refer to all kinds of domestic loans borrowed by enterprises and institutions from banks and non-bank financial institutions for investment in fixed assets during the reporting period. These include loans issued by banks with their own funds and deposits, domestic loans allocated by higher competent departments, national special loans (including coal for oil loans, special loans for reforming coal mines through labor, etc.), loans arranged by special funds of local finance, domestic reserve loans, revolving loans, etc.

c) Utilization of foreign capital: refers to the foreign funds received during the reporting period for investment in fixed assets, including foreign loans borrowed and repaid by the government, foreign capital in sino-foreign joint venture projects, as well as the issuance of bonds and stocks. Foreign capital collectively borrowed and repaid by the state refers to foreign loans that the Chinese government signs loan agreements with foreign governments, organizations or financial organizations and is responsible for the repayment of principal and interest.

d) Self-raised funds refer to the self-raised funds received by the construction unit during the reporting period and used by the superior competent authorities, local authorities, enterprises and institutions for the investment in fixed assets.

f) Other sources of funding: refers to grants other than those received during the reporting period.

Investment in fixed assets is divided by the nature of construction

nature of construction projects is generally divided into new construction, expansion, reconstruction, relocation and restoration. The nature of capital construction is divided according to the construction project, the nature of renovation, other fixed assets investment of state-owned units and urban collective investment is determined according to the construction situation of the whole enterprise and public institution, and the nature of investment such as real estate development units and rural investment is not divided.

a) Build new: it is to point to to have from nothing commonly, "ground ground start up" the unit that starts building new. For some units whose original foundation is very small, the value of their newly added fixed assets after construction is more than three times the value of the original fixed assets (original value) is also counted as new construction.

b) Expansion: generally refers to the expansion of the original product production capacity, in the factory or other locations to build a major production workshop (or major engineering), independent production line or branch factory enterprises; Public institutions and administrative units in the original unit to build more business rooms (such as schools to build more teaching rooms, hospitals to build more outpatient department or bed rooms, administrative authorities to build office buildings, etc.) also as expansion.

c) Modification: It generally refers to existing enterprises and institutions to improve product quality, increase product varieties, promote product upgrading, reduce consumption and cost, strengthen comprehensive utilization of resources, treatment of three wastes, labor safety, etc., for the purpose of technological progress. Adopt new technology, new process, new equipment and new materials to carry out technical transformation or update of existing facilities and process conditions (including corresponding supporting auxiliary production and living welfare facilities). Some enterprises give full play to existing production capacity, undertake fill fill and add the workshop that does not increase this unit main product production capacity to wait, also belong to rebuild.

Investment in fixed assets is divided by composition

according to their work content and implementation mode, the investment activities of fixed assets can be divided into three parts: construction and installation works, purchase of equipment, tools and appliances, and other expenses.

a) Construction and installation work (construction and installation workload) : refers to the construction work of various houses and buildings and the installation work of various equipment and installations. Including a variety of housing construction projects, various uses of equipment foundation and a variety of industrial kiln masonry projects; Preparation and temporary works for the construction and clean-up work after completion; The laying of railways and roads, the digging of mines and the erection of oil pipelines; Water conservancy project; Air defense underground construction and other special projects; And the installation of various mechanical equipment; Test run of equipment to determine the quality of an installation project. In the installation project, the value of the installed equipment itself is not included.

b) Purchase of equipment, tools and appliances: refers to the value of purchased or self-made equipment, tools and appliances that meet the standards of fixed assets. The standards of fixed assets shall be stipulated by the financial department. All the equipment, tools and appliances purchased or self-made in accordance with the design and plan requirements of the new unit and the new workshop of the expanded unit, regardless of whether they meet the standards of fixed assets, shall be included in the "Purchase of Equipment, tools and appliances".

c) Other expenses refer to the expenses incurred during the construction and purchase of fixed assets, other than the construction and installation works and the purchase of equipment, tools and appliances, which should be amoralized into fixed assets.

Construction project

refers to the construction projects in which construction or installation works have been carried out during the report period, including the new projects in the report period, the projects that started before the report period and continue to be constructed during the report period, and the projects that have been completed and put into operation or are suspended during the report period.

All completed and put into production

Industrial projects refers to the regulation form the production capacity of major projects and its corresponding auxiliary facilities completed, after the load test run, have in the production of qualified products designed condition, and identified qualified acceptance or meet completion inspection and acceptance standards, and production engineering supporting life welfare facilities can meet the needs of normal production of the recent, Formal handover of the construction project to production. Non-industrial project refers to the construction project that the main part of the project and the corresponding supporting projects specified in the design documents have been completed, can give full play to the benefits specified in the design, passed the appraisal or reached the completion acceptance standard, and is officially transferred to use.

Commodity residential house

refers to the housing built by real estate development enterprises (units) and sold or rented to users for residential use only.

Land development investment

refers to the real estate development enterprises completed the investment in the early stage of the project, namely road, water, dentsu, site leveling, etc. (also known as seven and one ping) completed investment. Generally refers to the development of raw land mature investment. In the old city (old area demolition) development, if there is a unified planning, such as the government departments approved by the district construction in the early stage of the project, there are site leveling, the original buildings, structures demolition, water supply and power supply engineering and other workload can also be calculated. Land transactions without development projects shall not be counted as land development investment. The land develops investment amount to be able to apportion part in building use group apportion, cannot apportion all calculate other.

Land purchase costs

refers to the fees paid by a real estate development enterprise for acquiring the right to the use of land. The land purchase cost shall be included in the investment according to the amount incurred in the current period. If the land purchase cost is paid by installments, it may be included in the investment by installments. It does not include new fixed assets. Land purchase expenses include: ① Land compensation fees, attachments and young seedlings compensation fees, resettlement compensation fees and land expropriation management fees paid by the land use right obtained through drafting; (2) Transfer fees paid by means of transferring land use rights.

Investment amount is grouped by housing project purpose

refers to the investment used in various types of housing construction.

Residential

refers to the housing exclusively for living, including villas, apartments, staff and workers' family dormitory and collective dormitory (including staff and workers' single dormitory and student dormitory). But does not include residential buildings as civil air defense, do not live in the basement, etc.

Land area to be developed this year

refers to the area of land that has been developed during the reporting period and has completed the preliminary development projects such as seven connections and one leveling, and is qualified for building construction or transfer.

Land area purchased this year

refers to the area of land acquired through various means during the year.

Land transaction price this year

refers to the final amount of land use right transactions. In the first-level land market, it refers to the final allocation and transfer price of land; In the secondary market of land, it refers to the final contract price of land transfer, lease and mortgage. Land transaction price and land purchase area with the same caliber, the purpose is to correctly calculate the average land purchase price.

Construction area

refers to the total building floor area under construction during the report period. It includes the area of newly started construction in the current period, the area of housing started in the previous year and continued construction in the current period, and the area of housing stopped in the previous period and resumed construction in the current period. The area of the building completed in the current period and the area of the building stopped or delayed after the construction in the current period shall still be included in the area under construction, and the total area of each floor shall be filled in for a multi-storey building.

Completed building area

refers to the total floor area of each building that can be formally transferred for use during the reporting period, which has been completed in accordance with the design requirements, meets the conditions for residents and use, and has passed the acceptance test or reached the completion acceptance standard (for cities that implement comprehensive acceptance test of real estate development communities, it shall pass the comprehensive acceptance test of the communities).

Actual sales area

refers to the area of the completed housing that has been formally delivered to the buyer or signed a (formal) sales contract during the reporting period. It does not include the area of the commodity housing under construction which has signed the pre-sale contract, but includes the area of the commodity housing which has signed the pre-sale contract during or before the report period and completed during the report period.

第六篇

Chapter 6

能源生产和消费

PRODUCTION AND CONSUMPTION OF ENERGY

简要说明

一、本篇主要内容有：能源生产、消费及品种构成，能源生产和消费弹性系数，近年来综合能源平衡表和电力平衡表，分行业分主要能源品种的消费量等。

二、2011 年及以前年份分行业主要能源品种消费量、分行业工业用水量为指全部国有及年销售收入 500 万元以上工业企业。2011 年起为全部国有及年销售收入 2000 万元以上工业企业，与历史年份不可比。

三、本篇资料取自省统计局能源处，按照国家统计局报表制度逐级汇总整理。

四、关于数据口径与计算的说明

1. 行业分类采用现行统一的国民经济行业分类国家标准。

2. 能源生产与消费弹性系数分别以能源生产、消费增长速度与国内生产总值增长速度相比求得。

Brief Introduction

I. Data in this chapter cover mainly the energy production, consumption and their composition, the elasticity ratio of energy production and consumption, the overall balance of energy and the balance of electricity, the consumption of energy by sector and by main variety.

II. The consumption of energy by sector and by main variety and industrial water consumption by sector include all state-owned industrial enterprises and the industrial enterprises with yearly sales revenue over five million yuan.

III. Data in this chapter are prepared and provided by the Division of Energy, Anhui Statistical Bureau, in accordance with the national reporting system.

IV. Coverage and calculation of data:

1. The state classification of national economic sectors is used in the classification of sectors.

2. The elasticity ratio of energy production is calculated as the quotient of the growth rate of energy production divided by the growth rate of GDP; and the elasticity ratio of energy consumption is calculated as the quotient of the growth rate of energy consumption divided by the growth of GDP.

6—1 能源生产和消费总量及电力生产和消费量
Total Production and Consumption of Energy and Electricity

年 份 Year	能源生产总量（万吨标准煤）Total Energy Production (10000 tons of SCE)	电力生产量（亿千瓦时）Electricity (100 million kwh)	能源消费总量（万吨标准煤）Total Energy Consumption (10000 tons of SCE)	电力消费量（亿千瓦时）Electricity (100 million kwh)
2000	3436.14	364.63	4878.82	338.92
2005	6215.42	648.38	6505.98	581.65
2010	9673.79	1463.31	9414.00	1077.92
2014	9413.25	2033.92	12011.02	1585.18
2015	9972.64	2061.89	12301.23	1639.79
2016	9305.72	2252.69	12662.89	1794.98
2017	9145.34	2470.25	13018.71	1921.48
2018	9120.27	2741.22	13294.71	2135.07
2019	8943.62	2886.67	13869.73	2300.68
2020	8602.02	2808.97	14697.90	2427.50
2021	9317.48	3083.39	15342.63	2715.63

注：电力生产量为全社会发电量。能源生产和消费量按等价热值计算。

a) Electricity production is the electricity generation of the whole society. Energy production and consumption are calculated at equivalent calorific value.

6—2 综合能源平衡表
Overall Energy Balance

单位：万吨标准煤（10000 tons of SCE）

指 标	Item	2005	2010	2015	2020	2021
可供消费的能源总量	**Total Energy Available for Consumption**	**6523.52**	**9375.50**	**12298.66**	**14674.33**	**15346.51**
一次能源生产量	Primary Energy Output	6215.42	9673.79	9972.64	8602.02	9317.48
能源消费总量	**Total Energy Consumption**	**6505.98**	**9414.00**	**12301.23**	**14697.90**	**15342.63**
在总量中：	Consumption by Sector:					
农、林、牧、渔业	Agriculture, Forestry, Animal Husbandry and Fishery	149.10	198.41	221.11	276.89	308.05
工 业	Industry	5016.86	6977.07	8440.65	9535.76	9835.44
建筑业	Construction	54.32	137.04	209.47	284.00	321.78
交通运输、仓储和邮政业	Transport, Storage and Postal Services	280.27	643.81	1052.17	1157.08	1156.05
批发、零售业和住宿、餐饮业	Wholesale and Retail Trades, Hotels and Catering Services	101.75	170.98	317.69	462.95	562.58
其他行业	Other Sectors	132.90	289.56	515.98	871.23	1014.30
生活消费	Household Consumption	770.78	997.11	1544.15	2109.99	2144.43
在总量中：	Consumption by Usage:					
终端消费	Final Consumption	6126.54	9269.33	12307.18	14859.25	15461.86
#工 业	Industry	4637.41	6832.40	8446.61	9697.12	9954.67
加工转换损失量	Losses in Processing and Transformation	379.44	370.18	357.64	537.23	520.59
输配损失量	Losses in Transportation and Delivery	155.34	244.63	298.90	375.88	401.36
平衡差额	**Balance**	**17.54**	**-38.50**	**-2.57**	**-23.57**	**3.88**

6—3 能源生产弹性系数
Elasticity Ratio of Energy Production

年 份 Year	能源生产比上年增长（%） Growth Rate of Energy Production over preceding Year (%)	电力生产比上年增长（%） Growth Rate of Electricity Production over Preceding Year (%)	能源生产弹性系数 Elasticity Ratio of Energy Production	电力生产弹性系数 Elasticity Ratio of Electricity Production
2005	6.32	6.02	0.57	0.55
2010	4.15	10.14	0.36	0.69
2015	5.94	1.38	0.68	0.16
2020	-3.82	-2.69		
2021	8.32	9.77	1.00	1.18

注：能源生产增长速度按等价热值计算；电力生产增长速度按实物量计算。

a) The rate of rise of energy production is calculated on the basis of equal caloric value; The rate of rise of electricity production is calculated on the basis of real amount.

6—4 能源消费弹性系数
Elasticity Ratio of Energy Consumption

年 份 Year	能源消费比上年增长（%） Growth Rate of Energy Consumption over Preceding Year (%)	电力消费比上年增长（%） Growth Rate of Electricity Consumption over Preceding Year (%)	能源消费弹性系数 Elasticity Ratio of Energy Consumption	电力消费弹性系数 Elasticity Ratio of Electricity Consumption
2005	8.33	12.74	0.76	1.16
2010	9.11	13.19	0.62	0.90
2015	2.67	3.44	0.31	0.40
2020	5.97	5.51	1.55	1.43
2021	4.39	11.87	0.53	1.43

注：能源消费增长速度按等价热值计算；电力消费增长速度按实物量计算。

a) The rate of rise of energy consumption is calculated on the basis of equal caloric value; The rate of rise of electricity consumption is calculated on the basis of real amount.

6—5 能源加工转换效率
Efficiency of Energy Conversion

单位：%

年 份 Year	总效率 Total Efficiency	火力发电 Thermal Power Generation	炼 焦 Coking	炼 油 Petroleum Refining
2005	65.58	34.66	88.99	94.17
2010	65.87	39.95	95.76	99.45
2015	68.14	41.46	95.20	99.50
2020	64.79	41.47	93.63	98.90
2021	64.60	41.78	93.54	99.70

6—6 主要年份电力平衡表
Electricity Balance Sheet in Main Year

单位：亿千瓦时（100 million kwh）

指　标	Item	2005	2010	2015	2020	2021
可供量	**Total Energy Available for Consumption**	**581.65**	**1077.92**	**1639.79**	**2427.49**	**2715.63**
生产量	Output	648.38	1463.31	2061.89	2808.97	3083.39
水力发电及其它发电	Hydraulic Power Generation and Others	13.48	43.47	72.97	253.13	342.13
火　电	Thermal Power	634.90	1419.84	1988.92	2555.84	2741.26
消费量	**Total Energy Consumption**	**581.65**	**1077.92**	**1639.79**	**2427.50**	**2715.63**
在消费量中	Consumption by Sector					
农、林、牧、渔业	Agriculture, Forestry, Animal Husbandry and Fishery	11.75	11.91	16.85	37.48	44.34
工　业	Industry	430.98	777.18	1132.78	1550.80	1721.46
#输配电损失量	Losses in Transmission	43.81	76.81	100.82	126.82	136.45
建筑业	Construction	4.88	14.75	25.21	39.53	47.38
交通运输、仓储和邮政业	Transport, Storage and Postal Services	4.98	14.58	26.74	50.90	61.81
批发、零售业和住宿、餐饮业	Wholesale and Retail Trades, Hotels and Catering Services	12.57	34.97	67.01	117.57	146.35
其他行业	Other Sectors	26.79	50.55	120.02	223.48	267.36
生活消费	Household Consumption	89.70	173.98	251.18	407.75	426.92

6—7 主要年份平均每天各种能源消费量
Average Daily Energy Consumption by Variety in Main Year

指　标		Item		2005	2010	2015	2020	2021
合　计	**（万吨标准煤）**	**Total**	**(10000 tons of SCE)**	**17.82**	**25.79**	**33.70**	**40.27**	**42.03**
原　煤	（万吨）	Coal	(10000 tons)	23.24	41.03	49.96	50.68	51.77
焦　炭	（万吨）	Coke	(10000 tons)	1.48	2.49	3.19	3.62	3.73
原　油	（万吨）	Crude Oil	(10000 tons)	1.14	1.31	1.89	1.95	2.06
燃料油	（万吨）	Fuel Oil	(10000 tons)	0.07	0.03	0.04	0.06	0.06
汽　油	（万吨）	Gasoline	(10000 tons)	0.24	0.54	1.25	1.89	1.91
柴　油	（万吨）	Diesel Oil	(10000 tons)	0.58	1.29	1.68	1.78	1.98
电　力	（亿千瓦小时）	Electricity	(100 million kwh)	1.59	2.95	4.49	6.65	7.44

6—8 主要年份生活能源消费量
Average Annual Energy Consumption for Households in Main Year

指标		Item		2005	2010	2015	2020	2021
合计	**(万吨标准煤)**	**Total**	**(10000 tons of SCE)**	**770.78**	**997.11**	**1544.15**	**2109.99**	**2144.43**
煤炭	(万吨)	Coal	(10000 tons)	580.00	312.00	256.08	23.68	22.66
液化石油气	(万吨)	Liquefied Petroleum Gas	(10000 tons)	28.11	42.13	94.19	66.17	61.73
天然气	(亿立方米)	Natural Gas	(100 million cu.m)	0.40	2.80	13.80	25.55	17.49
热力	(万百万千焦)	Heat	(10 billion kilo-joule)	653.00	1599.88	1157.41	2063.45	1715.57
电力	(亿千瓦小时)	Electricity	(100 million kwh)	89.70	173.98	251.18	407.75	426.92

6—9 主要年份人均生活能源消费量
Annual per Capita Energy Consumption of Households in Main Year

指标		Item		2005	2010	2015	2020	2021
平均每人生活消费能源(千克标准煤)		**Annual per Capita Consumption for Households**	**(kg of SCE)**	**124.84**	**164.98**	**252.59**	**345.62**	**350.80**
煤炭	(千克)	Coal	(kg)	93.94	**51.62**	41.89	3.88	3.71
液化石油气	(千克)	Liquefied Petroleum Gas	(kg)	4.55	6.97	15.41	10.84	10.10
天然气	(立方米)	Natural Gas	(cu.m)	0.65	4.63	22.57	41.85	28.61
热力	(万千焦)	Heat	(kilo-joule)	10.58	26.47	18.93	33.80	28.06
电力	(千瓦小时)	Electricity	(kwh)	145.29	287.86	410.87	667.90	698.39

注：按年平均常住人口数计算。

a) According to the annual average resident population is calculated.

6—10 主要年份能源消耗指标
Energy Consumption Indices in Main Year

年 份 Year	单位地区生产总值能耗(等价值) Unit GDP Energy Consumption (Equal Values) 上升或下降(±%) Up or Down	单位工业增加值能耗(规模以上，当量值) Energy Consumption per Unit of Industrial Added Value (Above Scale, Equivalent Value) 上升或下降(±%) Up or Down	单位地区生产总值电耗 Unit GDP Electricity Consumption 上升或下降(±%) Up or Down
2010	-4.78	-12.94	-1.17
2015	-5.58	-9.04	-4.87
2020	2.03	-0.94	1.60
2021	-3.60	-5.30	3.30

注：1、2010年，地区生产总值按照2005年可比价格计算；2015年，地区生产总值按照2010年可比价格计算；2020年，地区生产总值按照2015年可比价格计算；2021年，地区生产总值按照2020年可比价格计算。
2、计算单位地区生产总值能耗上升或下降时，相关发展速度保留1位小数。

a) In 2010, GDP was calculated at comparable prices in 2005; In 2015, GDP was calculated at comparable prices in 2010; In 2020, GDP is calculated at comparable prices in 2015. In 2021, GDP is calculated at 2020 comparable prices.

b) When calculating the increase or decrease of energy consumption per unit of GDP, the relevant development rate shall be kept at a decimal point.

6—11 各市能源消耗指标（2021年）
Energy Consumption Indices by Region (2021)

地 区	Region	单位地区生产总值能耗(等价值) Unit GDP Energy Consumption (Equal Values) 上升或下降(±%) Up or Down	单位工业增加值能耗(规模以上，当量值) Energy Consumption per Unit of Industrial Added Value (Above Scale, Equivalent Value) 上升或下降(±%) Up or Down	单位地区生产总值电耗 Unit GDP Electricity Consumption 上升或下降(±%) Up or Down
合 肥 市	Hefei	-3.2	-12.1	6.3
淮 北 市	Huaibei	-3.7	2.6	7.6
亳 州 市	Bozhou	-0.5	-1.0	4.9
宿 州 市	Suzhou	-3.7	-4.5	5.4
蚌 埠 市	Bengbu	-1.2	31.4	14.1
阜 阳 市	Fuyang	-4.1	-6.6	1.3
淮 南 市	Huainan	-4.5	-0.4	2.2
滁 州 市	Chuzhou	-3.2	-7.7	5.3
六 安 市	Luan	-5.6	-10.8	3.8
马鞍山市	Maanshan	-5.4	-8.6	0.9
芜 湖 市	Wuhu	-3.3	-5.2	1.9
宣 城 市	Xuancheng	-1.8	-7.7	5.9
铜 陵 市	Tongling	-4.6	-7.0	0.1
池 州 市	Chizhou	-4.4	-9.7	3.6
安 庆 市	Anqing	-3.4	平	5.9
黄 山 市	Huangshan	-2.1	-3.4	6.3

6—12　全社会用电情况
Electricity Used in Whole Society

单位：亿千瓦时（100 million kwh）

类　别	Types	2015	2020	2021
全社会用电量总计	**Total of Electricity Used in Whole Society**	**1639.79**	**2427.50**	**2715.47**
全行业用电量合计	Total of Electricity Used in Whole Trade	1388.61	2019.76	2288.55
第一产业	Primary Industry	16.85	28.59	37.73
第二产业	Secondary Industry	1157.99	1589.40	1768.14
第三产业	Tertiary Industry	213.77	401.77	482.67
城乡居民生活用电量合计	Electricity Used for Life	251.18	407.75	426.92
城镇居民	Urban	108.27	177.05	190.85
乡村居民	Rural	142.91	230.69	236.07
分行业用电	Grouped by Trade		2019.76	2288.55
农、林、牧、渔业	Agriculture, Forestry, Animal Husbandry and Fishery	16.85	37.48	44.34
工　业	Industry	1132.79	1550.22	1721.30
#采矿业	Mining and Quarrying	103.59	83.95	87.86
制造业	Manufacturing	792.54	1120.20	1292.07
电力、热力、燃气及水生产和供应业	Production and Supply of Electricity, Heat, Gas and Water	236.66	346.06	341.38
建筑业	Construction	25.20	39.53	47.38
交通运输、仓储和邮政业	Transport, Storage and Postal Services	26.74	50.90	61.81
信息传输、软件和信息技术服务业	Information Circulation, Computer Services and Software	13.68	27.57	32.23
批发和零售业	Wholesale and Retail Trades		93.36	116.58
住宿和餐饮业	Hotels and Catering Services		24.22	29.78
金融业	Financial Intermediation		6.47	7.73
房地产业	Real Estate	67.01	45.40	56.89
租赁和商务服务业	Leasing and Business Services	45.57	13.26	16.32
公共服务及管理组织	Public Service and Management Organization	60.77	131.35	154.18

注：2018年起，省电力公司电力报表的行业分类按照2017年新版《国民经济行业分类》（GB/T 4754—2017）标准实行。

a) Since 2018, the industry classification of the electricity report forms of provincial power companies was implemented in accordance with the 2017 new edition of the National Economic Industry Classification (GB/T 4754-2017).

6—13 电力建设情况
Electric Power Construction Situation

类 别	Types	2015	2020	2021
发电量 （亿千瓦时）	**Electric Power Generated (100 million kwh)**	**2061.89**	**2808.97**	**3083.39**
线损率 （%）	**Electricity Loss Rate on Lines (%)**	**7.42**	**6.20**	**5.80**
年末发电设备容量 （万千瓦）	**Power Generating Equipment Capacity (year-end) (10000 kw)**	**5160.55**	**7816.03**	**8465.74**
架空线长度 （公里）	**Length of Overhead Lines (km)**	**63194**	**83036**	**87399**
交流特高压	AC UHV	901	1232	1232
直流特高压	DC UHV	771	1762	1762
交流和直流500KV	500KV AC and DC	6170	8467	8684
220KV	220KV	14385	18891	19698
110KV	110KV	17083	22244	24285
35KV	35KV	23884	30440	31738
电缆长度 （公里）	**Length of Cable (km)**	**1329.77**	**1808.81**	**2101.00**
220KV	220KV	33.66	35.43	39.00
110KV	110KV	873.32	800.08	885.00
35KV	35KV	422.79	973.29	1177.00
公用变电容量 （万千伏安）	**Public Transformer Capacity (10000 kva)**	**15530**	**24223**	**26907**
交流特高压	AC UHV	900	1200	1200
直流特高压	DC UHV		1409	1409
500KV	500KV	2885	6161	6462
220KV	220KV	5704	8124	8562
110KV	110KV	4392	6435	6923
35KV	35KV	1649	2302	2351
用电最高负荷 （万千瓦）	**Transport, Storage and Postal Services (10000 kw)**	**2875.65**	**4304.35**	**4442.30**

注：1. 2015年起，线损率按照省电力公司的合并口径（含所辖县公司）填报。
2. 本表发电量取自全省能源平衡表。

a) Since 2015, the line loss rate has been reported in accordance with the combined caliber of the provincial power company (including the company in the county).

b) The power generation in this table is taken from the energy balance table of the whole province.

6—14 经销企业能源购进、销售与库存情况（2021年）
Energy Distribution Enterprise Purchase, Sales and Inventory (2021)

单位：万吨（10000 tons）

指 标	Item	年初商品库存量 Inventory At the Beginning of the Year	累计购进量 Total Purchase	#购自省外 Purchased from Outside the Province	累计销售量 Total Sales	#销往省外 Sold to the province	期末商品库存量 Inventories at the end of Period
原 煤	Coal	169.61	13012.67	8196.17	13058.10	4858.14	122.74
焦 炭	Coke		271.13	243.36	270.74	170.63	0.39
汽 油	Gasoline	22.95	612.62	536.30	606.92	5.14	28.50
柴 油	Diesel Oil	17.13	405.51	349.46	406.67	10.04	17.18
燃料油	Fuel Oil	0.50	15.62	11.67	15.64	4.08	0.47
液化石油气	Liquefied Petroleum Gas	1.27	34.40	4.70	34.55	1.36	1.12

6—15 主要年份全社会工业分行业用电量
Electricity Consumption of the Whole Society, Industry and Sub-industry in Major Years

单位：亿千瓦时（100 million kwh）

行业	Sector	2005	2010	2015	2020	2021
消费总量	**Total Consumption**	**430.98**	**777.18**	**1132.78**	**1550.22**	**1721.30**
煤炭开采和洗选业	Mining and Washing of Coal	37.09	55.81	57.82	44.46	45.53
黑色金属矿采选业	Mining and Processing of Ferrous Metal Ores	5.74	13.63	20.63	21.32	22.58
有色金属矿采选业	Mining and Processing of Non-Ferrous Metal Ores	1.09	4.23	10.15	8.51	8.07
非金属矿采选业	Mining and Processing of Non-metal Ores	2.05	5.78	10.95	6.13	7.62
其他采矿业	Mining of Other Ores			3.70	3.28	3.80
农副食品加工业	Processing of Food from Agricultural Products	4.34	14.78	18.77	26.15	29.84
食品制造业	Manufacture of Foods	4.52	3.56	6.87	12.92	15.08
酒、饮料和精制茶制造业	Manufacture of Liquor, Beverages and Refined Tea	2.72	3.75	5.69	4.85	5.98
烟草制品业	Manufacture of Tobacco	1.55	1.01	1.25	1.57	1.72
纺织业	Manufacture of Textile	15.28	17.07	22.82	37.98	47.61
纺织服装、服饰业	Manufacture of Textile, Wearing Apparel and Accessories	1.39	2.97	4.23	8.28	9.83
皮革、毛皮、羽毛及其制品和制鞋业	Manufacture of Leather, Fur, Feather and Related Products and Footwear	0.49	1.15	1.19	3.13	3.71
木材加工和木、竹、藤、棕、草制品业	Processing of Timber, Manufacture of Wood, Bamboo, Rattan, Palm and Straw Products	3.90	9.61	12.20	15.26	19.11
家具制造业	Manufacture of Furniture	0.11	0.67	2.46	4.50	5.96
造纸和纸制品业	Manufacture of Paper and Paper Products	0.10	9.43	19.18	20.04	21.51
印刷和记录媒介复制业	Printing and Reproduction of Recording Media	1.29	2.75	2.30	3.48	4.19
文教、工美、体育和娱乐用品制造业	Manufacture of Articles for Culture, Education, Arts and Crafts, Sport and Entertainment Activities	0.49	1.40	0.79	2.60	3.05
石油、煤炭及其他燃料加工业	Petroleum, Coal and Other Fuel Processing Industries	2.11	3.38	8.36	21.12	23.96
化学原料和化学制品制造业	Manufacture of Raw Chemical Materials and Chemical Products	65.13	77.33	134.52	148.42	155.25
医药制造业	Manufacture of Medicines	3.96	5.33	6.93	14.52	16.87
化学纤维制造业	Manufacture of Chemical Fibres	7.41	7.01	11.45	8.08	10.56
橡胶和塑料制品业	Manufacture of Rubber and Plastics Products	8.22	15.39	27.50	51.48	63.63
非金属矿物制品业	Manufacture of Non-metallic Mineral Products	59.89	114.84	168.82	207.80	233.91
黑色金属冶炼和压延加工业	Smelting and Pressing of Ferrous Metals	66.74	126.24	148.02	183.99	199.48
有色金属冶炼和压延加工业	Smelting and Pressing of Non-ferrous Metals	9.67	16.61	35.23	42.19	46.75
金属制品业	Manufacture of Metal Products	7.37	22.05	38.96	72.27	85.64
通用设备制造业	Manufacture of General Purpose Machinery	5.04	12.42	13.69	22.42	28.36
专用设备制造业	Manufacture of Special Purpose Machinery	1.77	2.82	7.29	17.19	21.28
汽车制造业	Manufacture of Automobiles	6.32	12.49	19.77	20.54	26.87
铁路、船舶、航空航天和其他运输设备制造业	Manufacture of Railway, Ship, Aerospace and Other Transport Equipments			3.03	9.84	9.62
电气机械和器材制造业	Manufacture of Electrical Machinery and Apparatus	5.65	15.35	32.27	54.31	67.51
计算机、通信和其他电子设备制造业	Manufacture of Computers, Communication and Other Electronic Equipment	1.77	3.47	26.19	80.31	101.12
仪器仪表制造业	Manufacture of Measuring Instruments and Machinery			0.86	1.16	1.38
其他制造业	Other Manufacture	3.12	5.61	10.50	20.00	26.13
废弃资源综合利用业	Comprehensive Utilization of Waste Resources	0.51	0.90	1.56	3.43	5.64
金属制品、机械和设备修理业	Repair Service of Metal Products, Machinery and Equipment			0.17	0.35	0.53
电力、热力生产和供应业	Production and Supply of Electric Power and Heat Power	88.61	179.61	222.95	323.09	313.66
燃气生产和供应业	Production and Supply of Gas	0.64	1.20	2.26	1.23	1.36
水的生产和供应业	Production and Supply of Water	4.90	7.53	11.45	21.75	26.36

6—16 规模以上工业企业分行业取水情况（2021年）
Water Intake by Industries of Industrial Enterprises Above Designated Size (2021)

单位：万立方米（10000 M^3）

行业	Sector	工业取水总量 Industrial Water Got Total Amount of Industrial Water Got	地表淡水 Earth's Surface Fresh Water	地下淡水 Underground Water	自来水 Tap Water	其他水 Other Water	重复用水数量 Repeat of Water Consumption
消费总量	**Total Consumption**	**454355.7**	**346200.4**	**40815.7**	**50726.2**	**4334.9**	**2992010.4**
煤炭开采和洗选业	Coal Mining and Dressing	6802.6	38.2	3730.1	21.6	173.0	13549.4
黑色金属矿采选业	Mining and Dressing of Ferrous Metals	2814.3	961.9	586.4	476.6	8.0	15569.0
有色金属矿采选业	Mining and Dressing of Nonferrous Metals	804.2	171.8	52.2	97.2		1383.2
非金属矿采选业	Mining and Dressing of Nonmetal Minerals	2031.8	1591.1	97.1	100.4	0.1	989.6
开采辅助活动	Mining Auxiliary Activities	6.9		5.6	1.3		
农副食品加工业	Agricultural and Non-staple Food Processing Industry	2198.7	137.2	599.3	1448.8	13.0	286.9
食品制造业	Food Production	2293.3	55.1	498.7	1726.2	12.3	500.6
酒、饮料和精制茶制造业	Wine, Drinks and Refined Tea Manufacturing	2997.7	721.3	772.1	1499.1	5.3	488.0
烟草加工业	Tobacco Processing	130.3		1.4	128.9		31.7
纺织业	Textiles	3256.0	1221.1	30.4	1806.1	17.8	1775.2
纺织服装、服饰业	Textile and Garment, Apparel Industry	721.0	27.0	42.4	651.3	0.2	6.8
皮革毛皮羽毛及其制品和制鞋业	Leather, Furs, Down and Related Products	834.0	247.5	75.3	501.4	9.7	619.6
木材加工及竹藤棕草制品业	Timber Processing, Bamboo, Cane, Palm Fiber and Straw Products	350.0	23.3	105.9	220.7		174.5
家具制造业	Furniture Manufacturing	138.2	1.2	11.1	125.9		3.3
造纸和纸制品业	Papermaking and Paper Products	3951.5	3165.3	250.9	532.6	2.3	1448.9
印刷和记录媒介复制业	Printing and Record Medium Reproduction	365.8	16.2	10.8	338.8		18.6
文教、工美、体育和娱乐用品制造业	Cultural and Educational Supplies Manufacturing, Industrial, Sporting and Entertainment	199.9	12.9	31.1	155.9		15.9
石油、煤炭及其他燃料加工业	Petroleum, Coal and Other Fuel Processing Industries	3438.8	722.7	0.2	1590.3	960.1	199289.6
化学原料和制品制造业	Raw Chemical Materials and Chemical Products	21305.1	12323.6	574.4	5074.7	1657.7	524946.0
医药制造业	Medical and Pharmaceutical Products	2288.3	339.0	336.7	1567.6	8.9	6056.5
化学纤维制造业	Chemical Fiber	664.2	83.8	201.6	365.9	13.0	2102.7
橡胶和塑料制品业	Rubber and Plastic Products	2439.0	588.9	116.1	1721.8	1.3	3869.5
非金属矿物制品业	Nonmetal Mineral Products	13373.1	7697.9	1809.8	3775.6	13.3	22985.0
黑色金属冶炼和压延加工业	Smelting and Pressing of Ferrous Metals	22997.1	21786.3	0.8	444.4	9.1	362872.3
有色金属冶炼和压延加工业	Smelting and Pressing of Nonferrous Metals	4180.2	213.4	119.4	2974.1		88156.1
金属制品业	Metal Products	1693.0	143.6	52.5	1493.1	3.5	233.9
通用设备制造业	Equipment in Current Use	1875.2	44.7	35.8	1719.7	0.5	173.4
专用设备制造业	Equipment in Special Use	1087.7	28.1	33.6	1026.0	0.1	37.1
汽车制造业	Automobile Manufacturing Industry	2135.1	81.2	42.9	2010.2	0.5	3951.3
铁路、船舶、航空航天和其他运输设备制造业	Railway, Shipbuilding, Aerospace, and Other Transportation Equipment Manufacturing Industry	478.0	36.9	10.4	430.6		18.9
电气机械和器材制造业	Electric Equipment and Machinery	4050.0	27.1	153.7	3856.2	1.8	673.8
计算机、通信和其他电子设备制造业	Computer, Communication and Other Electronic Equipment Manufacturing Industry	7842.1	3.3	34.9	7721.1	78.3	54752.4
仪器仪表制造业	Instrument Manufacturing	79.2	0.0	0.8	78.3	0.1	0.9
其他制造业	Other Manufacturing	260.9	190.1	8.7	62.1	0.0	134.7
废弃资源综合利用业	Comprehensive Utilization of Waste Resource	293.5	11.4	76.2	184.8	2.5	55.9
金属制品、机械和设备修理业	Metal Products, Machinery and Equipment Repair	101.9			101.9		0.4
电力、热力生产和供应业	Electricity, Heat Production and Supply Industry	49089.8	41117.1	870.8	1721.9	1334.1	1684528.8
燃气生产和供应业	Production and Supply of Gas	63.0	0.5	1.6	60.9	0.1	159.7
水的生产和供应业	Production and Supply of Tap Water	284724.7	252370.1	29433.8	2912.5	8.3	150.5

6—17　规模以上工业企业分行业主要能源品种消费量（2021年）

Industrial Enterprises Above Designated Size Consume Major Energy Resources in Different Industries (2021)

行　业	Sector	原　煤（吨）Raw Coal (ton)	洗精煤（吨）Washed and Refined Coal (ton)
消费总量	**Total Consumption**	**187273560**	**17023784**
煤炭开采和洗选业	Coal Mining and Dressing	41715471	
黑色金属矿采选业	Mining and Dressing of Ferrous Metals	60573	
有色金属矿采选业	Mining and Dressing of Nonferrous Metals	23614	
非金属矿采选业	Mining and Dressing of Nonmetal Minerals	206607	
开采专业及辅助性活动	Mining Profession and Auxiliary Activities		
农副食品加工业	Agricultural and Non-staple Food Processing Industry	43230	
食品制造业	Food Production	567	
酒、饮料和精制茶制造业	Wine, Drinks and Refined Tea Manufacturing	239396	
烟草制品业	Tobacco Processing		
纺织业	Textiles	32	
纺织服装、服饰业	Textile and Garment, Apparel Industry		
皮革、毛皮、羽毛及其制品和制鞋业	Leather, Fur, Feather and Its Products and Footwear	220	
木材加工和木、竹、藤、棕、草制品业	Timber Processing, Bamboo, Cane, Palm Fiber and Straw Products	2909	
家具制造业	Furniture Manufacturing		
造纸和纸制品业	Papermaking and Paper Products	1294504	
印刷和记录媒介复制业	Printing and Record Medium Reproduction	820	
文教、工美、体育和娱乐用品制造业	Cultural and Educational Supplies Manufacturing, Industrial, Sporting and Entertainment	3723	
石油、煤炭及其他燃料加工业	Petroleum, Coal and Other Fuel Processing Industries	663265	8341122
化学原料和化学制品制造业	Raw Chemical Materials and Chemical Products	14584930	
医药制造业	Medical and Pharmaceutical Products	6723	
化学纤维制造业	Chemical Fiber	22948	
橡胶和塑料制品业	Rubber and Plastic Products	257137	
非金属矿物制品业	Nonmetal Mineral Products	20212546	
黑色金属冶炼和压延加工业	Smelting and Pressing of Ferrous Metals	4482751	8682662
有色金属冶炼和压延加工业	Smelting and Pressing of Nonferrous Metals	372237	
金属制品业	Metal Products	45726	
通用设备制造业	Equipment in Current Use		
专用设备制造业	Equipment in Special Use	4	
汽车制造业	Automobile Manufacturing Industry		
铁路、船舶、航空航天和其他运输设备制造业	Railway, Shipbuilding, Aerospace, and Other Transportation Equipment Manufacturing Industry	1	
电气机械和器材制造业	Electric Equipment and Machinery	30591	
计算机、通信和其他电子设备制造业	Computers, Communications and Other Electronic Equipment Manufacturing Industry	308	
仪器仪表制造业	Instrument Manufacturing		
其他制造业	Other Manufacturing		
废弃资源综合利用业	Comprehensive Utilization of Waste Resources	38473	
金属制品、机械和设备修理业	Metal Products, Machinery and Equipment Repair		
电力、热力生产和供应业	Production and Supply of Electric Power and Heating Power	102964254	
燃气生产和供应业	Production and Supply of Gas		
水的生产和供应业	Production and Supply of Tap Water		

其他洗煤 (吨) Other Washed Coal (ton)	煤制品 (吨) Coal Product (ton)	焦炭 (吨) Coke (ton)	原油 (吨) Crude Oil (ton)	汽油 (吨) Gasoline (ton)	柴油 (吨) Diesel Oil (ton)	天然气(气态) (万立方米) Natural Gas (Gaseous) (10000 cu.m)	热力 (百万千焦) Heat (10 billion kilo-joule)	电力 (万千瓦时) Electric Power (10000 kh)	生物燃料 (吨标准煤) Biofuel (tons of SCE)
2790197	**50923**	**13081850**	**7526491**	**21956**	**287524**	**294708**	**113138977**	**14866216**	**3121147**
				1112	15875	8426	867471	395542	
				82	10090	415		201029	
				105	1612			34980	
				130	31855	102	2945640	84221	6398
				35	174			235	
				640	1528	10849	1163092	229708	60097
		70		78	503	6083	972693	86411	10733
				338	743	3305	4304929	76408	15052
				5	104	1277	207985	13157	
				64	283	9641	1824304	372069	25678
				434	136	613	96399	39952	6948
				180	418	1481	59850	30750	5461
				56	1109	592	20539	97283	28511
				166	124	95	5	22025	
				167	2299	2890	13556689	224170	89334
				482	883	1892	215987	69289	3129
				124	304	650	23414	32223	9422
		66503	7526488		195	38	15099104	218010	
422061				645	6342	27259	53249474	1685002	64480
35				227	264	5046	4954627	132128	23633
				4		2486	2357932	44688	5846
	635			584	2016	16250	2785681	477194	63621
25860	442	49122		1380	163463	90260	1047667	1958818	43460
455408	49774	12685505		589	10366	14412	4135215	1900014	
		23014		137	4639	25219	1516396	502874	1117
9976	72	173864	3	1164	4199	11264	41764	407065	5992
		79431		1748	4210	6932	60969	301404	702
		2701		1348	4215	2301	78045	153195	1956
		1640		1109	5922	9908	151663	351224	1088
				201	444	788		31243	362
				1713	1728	7389	301763	596411	3879
				1735	237	9724	491759	950857	2278
				362	19	105		9571	
				47	84	40	69728	32246	138
				23	1304	2012	121083	88608	13118
				125	267	299		7284	
1876857				3692	9202	3167	417110	2865888	2628654
				371	179	552		9107	60
				520	176	478		133913	

6—18 规模以上工业企业能源购进、消费及库存（2021年）

Buys, Consumes and Stock of the Energy of Above Designated Size Industrial Enterprises (2021)

能源名称	Energy Item	购进量 Purchasing Amount	消费量 Consumption Amount 工业生产消费 Consumption of Industrial Production	#用于原材料 Used in the Raw Materials	年末库存量 Volume of Stock of the end of the Year
原　煤　（吨）	Raw Coal　(ton)	172513994	187273560	8420865	5631633
#无烟煤	Anthracite	6214619	6179588	1705920	273214
炼焦烟煤	Byerlyte	55067	1005133		5641
一般烟煤	Generally Bituminous Coal	166244308	180088839	6714945	5351516
褐　煤	Lignite				1262
洗精煤　（吨）	Washed and Refined Coal　(ton)	16789066	17023784		545457
其他洗煤　（吨）	Other Washed Coal　(ton)	2766693	2790197	363576	204710
煤制品　（吨）	Coal Product　(ton)	50938	50923		862
焦　炭　（吨）	Coke　(ton)	6964814	13081850	2577	267671
其他焦化产品　（吨）	Other Coking Products　(ton)	176306	173253	88492	10484
焦炉煤气　（万立方米）	Coke Oven Coal Gas　(10000 cu.m)	46057	363031	62836	
高炉煤气　（万立方米）	Blast Furnace Gas　(10000 cu.m)	159750	4180696		
转炉煤气　（万立方米）	Converter Coal Gas　(10000 cu.m)	44700	360615		
发生炉煤气　（万立方米）	Producer Gas　(10000 cu.m)	118	118		
天然气(气态)　（万立方米）	Natural Gas(Gaseous)　(10000 cu.m)	276577	294708	53	26
液化天然气　（吨）	Liquefied Natural Gas　(ton)	58833	50867		109
煤层气　（万立方米）	Coalbed methane (CBM)　(10000 cu.m)	22884	48777	341	
原　油　（吨）	Crude Oil　(ton)	7572504	7526491		116052
汽　油　（吨）	Gasoline　(ton)	24156	21956	125	280
煤　油　（吨）	Kerosene　(ton)	2080	1864		246
柴　油　（吨）	Diesel Oil　(ton)	291037	287524	1167	12816
燃料油　（吨）	Fuel Oil　(ton)	55468	53722		1139
液化石油气　（吨）	Liquefied Petroleum Gas　(ton)	9067	2152	93	205
炼厂干气　（吨）	Refinery Gas　(ton)	790	350009		
润滑油　（吨）	Lubricating Oil　(ton)	3326	2749	12	62
石　蜡　（吨）	Paraffin　(ton)	1596	1612	959	101
溶剂油　（吨）	Solvent Oil　(ton)	29550	29555	1809	39
石油焦　（吨）	Refinery Coke　(ton)	193543	186197		16325
石油沥青　（吨）	Petroleum asphalt　(ton)	87650	23578	20513	165
其他石油制品　（吨）	Other Petroleum Products　(ton)	1095180	2164744	503750	8123
热　力　（百万千焦）	Heat　(10 billion kilo-joule)	65842412	113138977		
电　力　（万千瓦时）	Electric Power　(10000 kh)	34055306	14866216		
煤矸石(用于燃料)　（吨）	Coal Gangue (for fuel)　(ton)	2393890	2350936		75354
城市垃圾(用于燃料)　（吨）	Municipal Waste (for fuel)　(ton)	9411747	9323624		397637
生物燃料　（吨标准煤）	Biofuel　(tons of standard coal)	3511766	3121147		366359
余热余压　（百万千焦）	Afterheat Excess Pressure　(10 billion kilo-joule)	4314039	102127559		
工业废料(用于燃料)　（吨）	Industrial waste (for fuel)　(ton)	7027	119773		1060
其他燃料　（吨标准煤）	Other fuel　(tons of standard coal)	1171	1186		

6—19 地区能源消费
Regional Energy Consumption

单位：万吨标准煤（10000 tons of SCE）

指 标	Item	2015	2020	2021
能源消费总量（等价值）	Unit GDP Energy Consumption (Equal Values)	12301.23	14697.90	15342.63
农、林、牧、渔业能源消费	Energy Consumption in Agriculture, Forestry, Animal Husbandry and Fishery	221.11	276.89	308.05
工业和建筑业能源消费	Industrial and Construction Energy Consumption	8650.12	9819.76	10157.21
工业能源消费	Industry Energy Consumption	8440.65	9535.76	9835.44
建筑业能源消费	Construction Industrial Energy Consumption	209.47	284.00	321.78
服务业能源消费	Service Energy Consumption	1885.84	2491.26	2732.93
#交通运输、仓储和邮政业能源消费	Transportation, Storage and Postal Energy Consumption	1052.17	1157.08	1156.05
居民生活用能	Residences Life Energy Consumption	1544.15	2109.99	2144.43
城市居民	Urban	803.06	1231.34	1213.40
农村居民	Rural	741.09	878.65	931.03

6—20 各市全社会用电情况（2021年）
Elcctricity Used in Whole Society by Region (2021)

单位：亿千瓦时（100 million kwh）

地 区	Region	全社会用电量总计 Total of Electricity Used in Whole Society	全行业用电量合计 Total of Electricity Used in Whole Trade	第一产业 Primary Industry	第二产业 Secondary Industry	第三产业 Tertiary Industry	城乡居民生活用电量合计 Electricity Used for Life	城镇居民 Urban	乡村居民 Rural
总 计	**Total**	**2715.47**	**2288.55**	**37.73**	**1768.14**	**482.67**	**426.92**	**190.85**	**236.07**
合 肥 市	Hefei	444.11	371.49	2.84	233.64	135.00	72.62	53.49	19.13
淮 北 市	Huaibei	79.53	66.15	1.86	52.20	12.09	13.38	5.77	7.62
亳 州 市	Bozhou	93.11	61.22	3.44	31.65	26.12	31.90	10.84	21.06
宿 州 市	Suzhou	113.52	81.53	3.10	51.18	27.25	32.00	12.61	19.39
蚌 埠 市	Bengbu	103.94	82.08	3.30	51.24	27.54	21.86	10.04	11.82
阜 阳 市	Fuyang	186.33	133.85	5.05	84.66	44.14	52.48	12.57	39.92
淮 南 市	Huainan	102.62	81.95	1.86	60.47	19.63	20.67	9.65	11.01
滁 州 市	Chuzhou	248.27	219.65	3.67	185.78	30.20	28.61	11.70	16.91
六 安 市	Luan	137.23	108.42	2.13	78.34	27.95	28.81	9.24	19.57
马鞍山市	Maanshan	235.41	218.39	1.72	194.93	21.74	17.02	8.87	8.16
芜 湖 市	Wuhu	235.08	206.29	2.42	168.92	34.95	28.79	12.78	16.02
宣 城 市	Xuancheng	172.65	151.58	2.50	128.59	20.49	21.06	9.64	11.42
铜 陵 市	Tongling	105.06	96.28	0.40	83.87	12.00	8.78	4.59	4.19
池 州 市	Chizhou	95.13	85.44	0.73	75.63	9.07	9.70	3.96	5.74
安 庆 市	Anqing	136.07	107.49	1.79	83.16	22.55	28.57	9.61	18.96
黄 山 市	Huangshan	49.31	38.66	0.92	25.80	11.95	10.65	5.50	5.16

注：总计包括安徽电网主网架厂网损，各市不包括。
a) Total including Anhui power grid main grid plant network loss, excluding cities.

6—21 各市主要年份工业用电量
Industrial Electricity Used in Main Year by Region

单位：亿千瓦时（100 million kwh）

地 区	Region	2005	2010	2015	2020	2021
总 计	**Total**	**430.98**	**777.18**	**1132.79**	**1550.22**	**1721.30**
合 肥 市	Hefei	34.07	64.10	130.93	189.98	223.28
淮 北 市	Huaibei	20.51	31.63	40.79	46.30	50.91
亳 州 市	Bozhou	9.05	13.42	21.47	24.79	28.51
宿 州 市	Suzhou	13.55	20.32	32.85	40.82	47.36
蚌 埠 市	Bengbu	23.44	34.32	37.43	46.65	49.40
阜 阳 市	Fuyang	18.80	36.89	58.21	72.32	79.91
淮 南 市	Huainan	31.61	47.49	55.68	55.79	59.02
滁 州 市	Chuzhou	16.36	30.39	90.73	155.73	182.26
六 安 市	Luan	14.73	24.42	31.99	63.89	75.30
马鞍山市	Maanshan	60.64	104.54	155.34	176.99	193.19
芜 湖 市	Wuhu	27.03	62.03	117.32	146.71	166.89
宣 城 市	Xuancheng	23.93	48.13	62.51	107.34	126.50
铜 陵 市	Tongling	28.37	47.08	68.51	78.24	83.34
池 州 市	Chizhou	10.07	18.82	39.13	64.76	74.46
安 庆 市	Anqing	27.86	44.41	53.42	71.11	80.04
黄 山 市	Huangshan	4.12	7.89	12.36	19.80	22.86

注：1． 2010年以后的工业用电量是区划调整后数据。
2． 总计包括安徽电网主网架厂网损，各市不包括。
a) Since 2010, the industrial electricity consumption is division after adjusting the data.
b) Total including Anhui power grid main grid plant network loss, excluding cities.

6—22 各市规模以上工业企业取水情况（2021年）
Water Intake by Industrial Enterprises Above Designated Size by Region (2021)

单位：万立方米（10000 M^3）

地 区	Region	工业取水总量 Industrial Water Got Total Amount of Industrial Water Got	#地表淡水数量 The Earth's Surface Fresh Water	地下淡水数量 Undergr-ound Water	自来水数量 Tap Water	重复用水数量 Repeat of Water Consump-tion
总 计	**Total**	**454355.74**	**346200.35**	**40815.74**	**50726.20**	**2992010.44**
合 肥 市	Hefei	108705.75	92042.03	158.31	14588.62	391785.04
淮 北 市	Huaibei	17272.90	2978.54	7200.67	786.28	282818.69
亳 州 市	Bozhou	14875.79	6317.37	7951.08	405.57	86322.62
宿 州 市	Suzhou	14160.82	4678.56	8581.82	215.66	76779.61
蚌 埠 市	Bengbu	20734.80	18154.33	245.84	2193.61	155103.03
阜 阳 市	Fuyang	22569.55	10334.37	9404.46	1412.06	187349.47
淮 南 市	Huainan	40648.85	34747.17	4647.12	700.93	663378.99
滁 州 市	Chuzhou	32371.13	26827.73	769.44	4714.09	50414.24
六 安 市	Luan	16211.18	12612.48	436.86	1993.72	97826.44
马鞍山市	Maanshan	43005.67	38987.93	335.75	2976.87	311799.21
芜 湖 市	Wuhu	43515.64	36571.47	573.55	5641.28	130225.06
宣 城 市	Xuancheng	17232.99	12596.52	251.40	4315.89	60723.15
铜 陵 市	Tongling	21614.01	15935.02	110.48	3817.27	316871.93
池 州 市	Chizhou	10076.76	8307.90	11.95	1721.44	26916.87
安 庆 市	Anqing	25884.09	20721.64	107.83	4188.89	145551.47
黄 山 市	Huangshan	5475.82	4387.30	29.17	1054.02	8144.61

主要统计指标解释

能源生产总量

指一定时期内全省一次能源生产量的总和，是观察全省能源生产水平、规模、构成和发展速度的总量指标。一次能源生产量包括原煤，原油，天然气，水电、核电及其他动力能（如风能、地热能等）发电量，不包括低热值燃料生产量、太阳热能等的利用和由一次能源加工转换而成的二次能源产量。

能源消费总量

指全省国民经济各行业和居民家庭在一定时期消费的各种能源的总和。能源消费总量分为终端能源消费量、能源加工转换损失量和损失量三部分。

(1)终端能源消费量：指一定时期内全省各行业和居民生活消费的各种能源在扣除了用于加工转换二次能源消费量和损失量以后的数量。

⑵能源加工转换损失量：指一定时期内全省投入加工转换的各种能源数量之和与产出各种能源产品之和的差额，是观察能源在加工转换过程中损失量变化的指标。

⑶能源损失量：指一定时期内能源在输送、分配、储存过程中发生的损失和由客观原因造成的各种损失量，不包括各种气体能源放空、放散量。

能源生产弹性系数

是能源生产量的增长速度与国民经济增长速度之间的比值。计算公式为：

能源生产弹性系数＝能源生产总量年平均增长速度/国民经济年平均增长速度

本年鉴采用国内生产总值指标计算国民经济年平均增长速度。

电力生产弹性系数

是电力生产量的增长速度与国民经济增长速度之间的比值。计算公式为：

电力生产弹性系数＝电力生产量年平均增长速度/国民经济年平均增长速度

能源消费弹性系数

是能源消费增长速度与国民经济增长速度之间的比值。计算公式为：

能源消费弹性系数＝能源消费量年平均增长速度/国民经济年平均增长速度

电力消费弹性系数

是电力消费增长速度与国民经济增长速度之间的比值。计算公式为：

电力消费弹性系数＝电力消费量年平均增长速度/国民经济年平均增长速度

能源加工转换效率

指一定时期内能源经过加工、转换后，产出的各种能源产品的数量与同期内投入加工转换的各种能源数量的比率。它是观察能源加工转换装置和生产工艺先进与落后、管理水平高低等的重要指标。计算公式为：

能源加工转换效率＝能源加工、转换产出量/能源加工、转换投入量×100%

Explanatory Notes for Major Statistical Indicators

Total Energy Production

refers to a certain period of time the province's primary energy production is the sum of the province's energy production level, size, composition and development speed of the total indicators. The primary energy production includes the generation of raw coal, crude oil, natural gas, hydropower, nuclear power and other dynamic energy (such as wind energy, geothermal energy, etc.), excluding low calorific value fuel production, solar heat utilization and conversion from primary energy processing Of secondary energy production.

Total Domestic Energy Consumption

refers to the province's national economy and the families of various industries in a certain period of time the sum of the various energy consumption. The total energy consumption is divided into three parts: terminal energy consumption, energy processing conversion loss and loss.

a) terminal energy consumption: refers to a certain period of the province's various industries and residents living in a variety of energy consumption after deducting the conversion of secondary energy consumption and the amount of loss after the amount.

b) Loss During the Process of Energy Conversion: It refers to the total input of various kinds of energy for conversion, minus the total output of various kinds of energy in the province in a given period of time. It is an indicator to show the loss that occurs during the process of energy conversion.

c) Loss: It refers to the total of the loss of energy during the course of energy transport, distribution and storage and the loss caused by any objective reason in a given period of time. The loss of various kinds of gas due to gas discharges and stocktaking is excluded.

Elasticity Ratio of Energy Production

is the ratio of the growth rate of energy production and the growth rate of national economy. The formula is:

Elasticity Ratio of Energy Production=Average Annual Growth Rate of Energy Production / Average Annual Growth Rate of National Economy

This yearbook uses the Gross Domestic Product (GDP) indicator to calculate the average annual growth rate of the national economy.

Elasticity Ratio of Electricity Production

is the ratio of the growth rate of electricity production to the growth rate of the national economy. Its formula is:

Elasticity Ratio of Electricity Production=Average Annual Growth Rate of Electricity Production / Average Annual Growth Rate of National Economy

Elasticity Ratio of Energy Consumption

is the ratio of energy consumption growth rate and national economic growth rate. The formula is:

Elasticity Ratio of Energy Consumption=Average Annual Growth Rate of Energy Consumption / Average Annual Growth Rate of National Economy

Elasticity Ratio of Electricity Consumption

is the ratio of the growth rate of electricity consumption to the growth rate of the national economy. The formula is:

Elasticity Ratio of Electricity Consumption=Average Annual Growth Rate of Electricity / Average Annual Growth Rate of National Economy

Efficiency of Energy Processing and Conversion

refers to the ratio of the total output of energy products of various kinds after processing and conversion and the total input of energy of various kinds for processing and conversion in the same reference period. It is an important indicator to show the current conditions of energy processing and conversion equipment, production technique and management. The formula is:

Efficiency of Energy Processing & Conversion=Output of Energy After Processing & Conversion/Input of Energy for Processing & Conversion×100%

第七篇

Chapter 7

财政与金融

Finance and Finance

简要说明

一、本篇反映全省财政收支、金融保险业发展状况。

二、财政收支资料来源于省财政厅财政决算。

三、金融保险业资料有以下三个部分：

1. 反映金融机构,包括中国人民银行、中资全国性大型银行、中资全国性中小型银行、中资区域性中小型银行、农村合作机构等信贷收支情况，资料由中国人民银行合肥中心支行提供；

2. 反映保险业务情况，资料由中国银行保险监督管理委员会安徽监管局提供；

3. 反映股票发行及筹资情况，资料由中国证券监督管理委员会安徽监管局提供。

Brief Introduction

I. Data in this chapter show the provincial government revenue and expenditure and the development of banking and insurance.

II. Data on the government revenue and expenditure come from the Department of Finance in the province. Data are based on the final financial accounts.

III. Data of banking and insurance include the following three parts:

1. Reflect the credit receipts and payments of financial institutions, including the People's Bank of China, large Chinese-funded national banks, small and medium-sized Chinese-funded national banks, small and medium-sized Chinese-funded regional banks, rural cooperative institutions, etc. Data are provided by Hefei Central Sub-branch of the People's Bank of China.

2. Reflect the insurance business, the information provided by the Anhui Supervision Bureau of the Bank of China Insurance Regulatory Commission.

3. Reflect the issuance and financing of shares, data provided by China Securities Regulatory Commission Anhui Supervision Bureau.

7—1 一般公共预算收支及增长速度
General Public Budget Revenue and Expenditure and Growth Rate

年 份 Year	一般公共预算收入 (万元) General Public Budget Revenue (10000 yuan)	一般公共预算支出 (万元) Expenditures in General Public Budgets (10000 yuan)	增 长 速 度 (%) Increase Rate (%)	
			一般公共预算收入 General Public Budget Revenue	一般公共预算支出 Expenditures in General Public Budgets
2005	3340170	7130633	21.6	18.5
2010	11493952	25876135	33.0	20.8
2012	17927192	39610080	22.5	19.9
2013	20750750	43496871	15.8	9.8
2014	22184418	46640973	6.9	7.2
2015	24543029	52390076	10.6	12.3
2016	26727920	55229501	8.9	5.4
2017	28124495	62038110	5.2	12.3
2018	30486705	65721484	8.4	5.9
2019	31827069	73922226	4.4	12.5
2020	32160079	74735925	1.0	1.1
2021	34981949	75910502	8.8	1.6

7—2 一般公共预算收入相当于生产总值的比例
General Public Budget Revenue As a Percentage of Gross Product

年 份 Year	一般公共预算收入 (万元) General Public Budget Revenue (10000 yuan)	生产总值 (亿元) Gross Domestic Product (100 million yuan)	一般公共预算收入相当于生产总值的比例 General Public Budget Revenue As a Percentage of Gross Product
2005	3340170	5675.9	5.9
2010	11493952	13249.8	8.7
2012	17927192	18341.7	9.8
2013	20750750	20584.0	10.1
2014	22184418	22519.7	9.9
2015	24543029	23831.2	10.3
2016	26727920	26307.7	10.2
2017	28124495	29676.2	9.5
2018	30486705	34010.9	9.0
2019	31827069	36845.5	8.6
2020	32160079	38061.5	8.4
2021	34981949	42959.2	8.1

注：2018年及以前年份GDP相关数据为根据第四次全国经济普查结果修订后数据，2020年数据为最终核实数，2021年数据为初步核算数。

a) The GDP data of 2018 and previous years are revised based on the results of the Fourth National Economic Census. The data of 2020 is the final verified data and the data of 2021 is the preliminary calculation data.

7—3 税收收入和非税收入及比重
Total Revenue and Proportion of Tax and Non-tax

年 份 Year	绝对数（万元）Total Revenue (10000 yuan)			比重（%）Proportion (%)	
	全省 Total	税收收入 Tax Revenue	非税收入 Non-tax Revenue	税收收入 Tax Revenue	非税收入 Non-tax Revenue
2005	3340170	2445450	894720	73.2	26.8
2010	11493952	8665517	2828435	75.4	24.6
2015	24543029	17998922	6544107	73.3	26.7
2016	26727920	18575281	8152639	69.5	30.5
2017	28124495	19706808	8417687	70.1	29.9
2018	30486705	21807419	8679286	71.5	28.5
2019	31827069	22097280	9729789	69.4	30.6
2020	32160079	21995249	10164830	68.4	31.6
2021	34981949	23898951	11082998	68.3	31.7

7—4 各项税收收入
Government Tax Revenue

单位：万元（10000 yuan）

年 份 Year	税收收入 Tax	增值税 Value-added Tax	营业税 Operation Tax	契税 Contract Tax	企业所得税 Enterprises' Income Tax	个人所得税 Individual Income Tax
2005	2445450	577244	781042	178145	300808	124964
2010	8665517	1294839	2919300	959149	1065948	319746
2015	17998922	2731085	5868006	1725171	2355732	531350
2016	18575281	5303404	3099903	1854037	2332401	592815
2017	19706808	8033600		2442950	2747309	794104
2018	21807419	9059762		2376451	3346921	923496
2019	22097280	9423451		2319035	3709031	651118
2020	21995249	9432070		2262364	3625127	767409
2021	23898951	10075811		2620538	3924176	935293

7—5 一般公共预算收支情况
General Public Budget Revenue and Expenditure

单位：万元（10000 yuan）

指 标	Item	2020	2021
收入合计	**Total Revenue**	**32160079**	**34981949**
增值税	Value-added Tax	9432070	10075811
企业所得税	Enterprises' Income Tax	3625127	3924176
个人所得税	Individual Income Tax	767409	935293
资源税	Resources Tax	307221	334608
城市维护建设税	Tax on Town maintenance and Construction	1481101	1633770
房产税	Tax on Real Estates	725717	890701
印花税	Stamp Tax	362855	372220
城镇土地使用税	Tax on the Use of Urban Land	1023003	1129199
土地增值税	Land Value Added Tax	1476357	1429729
车船税	Vehicle and Ship Tax	252362	283565
耕地占用税	Tax on the Occupancy of Cultivated Land	227692	227131
契 税	Contract Tax	2262364	2620538
烟叶税	Leaf Tobacco Tax	8009	6735
环境保护税	Environmental Protection Tax	32247	25708
其他税收收入	Other Tax Revenue	11715	9767
专项收入	Expert Project Income	2950449	3137771
行政事业性收费	Administrative and Institutional Fees	1234015	1277208
罚没收入	Penalty and Confiscatory Income	992941	1120042
国有资本经营收入	Stated-owned Assets Profit	439445	342999
国有资源（资产）有偿使用	Income from the Paid Use of Stated-owned Resources (Assets)	3824596	4388100
其他收入	Other Income	723384	816878
支出合计	**Total Expenditure**	**74735925**	**75910502**
一般公共服务	General Public Service	5151165	5225729
国 防	National Defence	59552	58084
公共安全	Public Security	2997843	3089389
教 育	Education	12618566	13156630
科学技术	Science	3699780	4160874
文化旅游体育与传媒	Culture, Tourism, Sports and Media	970640	860987
社会保障和就业	Social Security and Employment	11730704	12295752
卫生健康	Health and Hygiene	7616183	7320016
节能环保	Energy Saving and Environmental Protection	1908277	1994541
城乡社区	Urban and Rural Communities	8601776	8580024
农林水	Agriculture and Forestry Water	9242878	9425474
交通运输	Transport	3336903	3039829
资源勘探工业信息等	Resource Exploration Industry Information, Etc	1152989	977562
商业服务业等	Business Services, etc	437578	568048
金 融	Financial	76471	74036
援助其他地区	Aid Spending Elsewhere	58334	57362
自然资源海洋气象等	Natural Resources, Marine Meteorology, etc.	603570	649810
住房保障	Housing Safeguard	2185937	2210902
粮油物资储备	Supplies of Grain and Oil Reserves	305155	295219
灾害防治及应急管理	Disaster Prevention and Emergency Management	578097	369695
债务付息	Debt Servicing	1320719	1459286
债务发行费用	Debt Issuance Costs	7006	6646
其他支出	Other Expenditure	75802	34607

7—6 各市一般公共预算收入（2021年）
General Public Budget Revenue by Region (2021)

单位：万元（10000 yuan）

地 区	Region	收入合计 Total Revenue	增值税 Value-added Tax	企业所得税 Enterprises' Income Tax	个人所得税 Individual Income Tax	资源税 Resources Tax
合肥市	Hefei	8442188	2818787	763689	247863	17457
淮北市	Huaibei	887501	311684	74226	13049	24946
亳州市	Bozhou	1402970	406845	80696	13198	6059
宿州市	Suzhou	1478665	464345	86844	13586	18711
蚌埠市	Bengbu	1673311	524317	73004	18329	2925
阜阳市	Fuyang	1896062	608852	94179	17888	17003
淮南市	Huainan	1096129	356522	46706	18044	43484
滁州市	Chuzhou	2508640	626631	159538	31716	21925
六安市	Luan	1475008	487718	110748	18268	36538
马鞍山市	Maanshan	1965261	810005	141020	34664	19433
芜湖市	Wuhu	3611999	1357938	283775	65416	24680
宣城市	Xuancheng	1828011	554415	108921	34554	30293
铜陵市	Tongling	935023	367788	84003	9256	27342
池州市	Chizhou	742810	250208	55408	10831	29913
安庆市	Anqing	1560869	608078	77728	17583	11919
黄山市	Huangshan	882930	189865	32239	13206	1980

地 区	Region	城市维护建设税 Tax on Town Maintenance and Construction	房产税 Tax on Real Estates	印花税 Stamp Tax	城镇土地使用税 Tax on the Use of Urban Land	土地增值税 Land Value Added Tax
合肥市	Hefei	430183	351965	135716	155580	555854
淮北市	Huaibei	43773	21330	8161	35063	35078
亳州市	Bozhou	61243	30718	13098	60838	97550
宿州市	Suzhou	59255	20830	12533	42424	50901
蚌埠市	Bengbu	118663	36312	16419	49232	56207
阜阳市	Fuyang	100621	32772	16971	55937	113015
淮南市	Huainan	44530	27595	11257	39551	33925
滁州市	Chuzhou	93423	56063	21462	125539	87132
六安市	Luan	60710	30432	15752	61579	71499
马鞍山市	Maanshan	107882	59767	24734	66665	35147
芜湖市	Wuhu	233286	82193	39061	127633	93198
宣城市	Xuancheng	69291	39484	14539	112641	49742
铜陵市	Tongling	46635	20505	13293	56292	14643
池州市	Chizhou	30864	16002	6984	43503	14207
安庆市	Anqing	99039	36279	15035	64168	69462
黄山市	Huangshan	22198	24656	5615	29375	51722

7—6 续表 continued

地区	Region	车船税 Tax on Vehicles and Vessels	耕地占用税 Tax on the Occupancy of Cultivated Land	契税 Contract Tax	烟叶税 Leaf Tobacco Tax	环境保护税 Environmental Protection Tax	其他税收收入 Other Tax Revenue
合肥市	Hefei	69834	21233	817718		721	1556
淮北市	Huaibei	9077	3153	71438		516	212
亳州市	Bozhou	19427	15329	156839		240	129
宿州市	Suzhou	17612	20816	124990		383	60
蚌埠市	Bengbu	14736	5743	133348		299	63
阜阳市	Fuyang	23817	25915	207871		359	2997
淮南市	Huainan	10582	4831	68423		643	149
滁州市	Chuzhou	14059	47672	189905		576	349
六安市	Luan	14449	3903	151272		322	2056
马鞍山市	Maanshan	11124	1404	104599		2988	79
芜湖市	Wuhu	21948	8496	227547	1993	2283	4
宣城市	Xuancheng	17828	10564	87142	3811	1016	1290
铜陵市	Tongling	5952	118	60142		874	145
池州市	Chizhou	5819	2937	43730	630	792	38
安庆市	Anqing	18040	10870	116960		699	208
黄山市	Huangshan	9261	2053	58614	301	142	432

地区	Region	专项收入 Expert Project Income	行政事业性收费 Administrative and Institutional Fees	罚没收入 Penalty and Confiscatory Income	国有资本经营 State-owned Assets Profit	国有资源（资产）有偿使用 Income from the Paid Use of Stated-owned Resources (Assets)	其他收入 Other Income
合肥市	Hefei	1228388	205627	124796		281182	214039
淮北市	Huaibei	42573	33588	21170	273	107413	30778
亳州市	Bozhou	84730	53744	46731	345	222465	32746
宿州市	Suzhou	68220	71935	54549	24839	266053	59779
蚌埠市	Bengbu	112651	81217	46687	99512	247282	36365
阜阳市	Fuyang	132727	62368	119693	4403	217357	41317
淮南市	Huainan	64652	54781	54421	32577	157669	25787
滁州市	Chuzhou	141895	106390	113345	9862	601237	59921
六安市	Luan	84958	62386	57990		163024	41404
马鞍山市	Maanshan	113747	83170	55042		272197	21594
芜湖市	Wuhu	280584	85431	160541	167626	288679	59687
宣城市	Xuancheng	146454	69614	79654	3182	370630	22946
铜陵市	Tongling	72763	46199	37067	9	52918	19079
池州市	Chizhou	40702	47594	25139		102662	14847
安庆市	Anqing	130627	70421	64779	234	107056	41684
黄山市	Huangshan	38528	26470	29356	137	315113	31667

7—7 各市一般公共预算支出（2021年）
Expenditures in General Public Budgets by Region (2021)

单位：万元（10000 yuan）

地区	Region	支出合计 Total Expenditure	一般公共服务 General Public Service	国防 National Defence	公共安全 Public Security	教育 Education	科学技术 Science
合肥市	Hefei	12237236	773216	8937	440714	2101977	1740822
淮北市	Huaibei	1958243	148018	668	85305	365553	79504
亳州市	Bozhou	3774011	304006	3785	131713	772062	51730
宿州市	Suzhou	4740657	349341	1946	192682	923012	65979
蚌埠市	Bengbu	3288080	229619	2719	150519	623452	174618
阜阳市	Fuyang	6300493	482413	3963	238516	1228255	75854
淮南市	Huainan	2776414	186570	2904	135886	490938	39892
滁州市	Chuzhou	4617105	316800	3232	202706	791108	153804
六安市	Luan	4846925	386968	2547	188788	913543	49195
马鞍山市	Maanshan	2874117	194730	814	130514	400725	124911
芜湖市	Wuhu	5034947	323946	5418	194897	843638	701815
宣城市	Xuancheng	3150993	237274	1733	125458	434200	140468
铜陵市	Tongling	1946768	129498	1425	81957	260495	125226
池州市	Chizhou	1729395	112618	1620	52861	258655	27417
安庆市	Anqing	4830012	365988	3234	184045	892457	130669
黄山市	Huangshan	2138230	170367	3761	107080	231219	68230

地区	Region	文化旅游体育与传媒 Culture, Tourism, Sports and Media	社会保障和就业 Social Security and Employment	卫生健康 Health and Hygiene	节能环保 Energy Saving and Environmental Protection	城乡社区 Urban and Rural Communities	农林水 Agriculture and Forestry Water
合肥市	Hefei	103594	991021	810832	442780	2752109	868695
淮北市	Huaibei	19007	243000	211935	40875	309332	198002
亳州市	Bozhou	25547	620353	558059	69914	219764	574387
宿州市	Suzhou	43244	662651	616986	119525	533948	770829
蚌埠市	Bengbu	38018	488917	340374	53978	414103	395903
阜阳市	Fuyang	55582	1113919	881206	109570	462949	968521
淮南市	Huainan	25169	448312	280876	59286	159681	624929
滁州市	Chuzhou	50189	687377	484359	85478	600879	708782
六安市	Luan	47543	695130	601942	128342	367856	936285
马鞍山市	Maanshan	40695	370901	257562	159351	572839	281963
芜湖市	Wuhu	65241	601218	453995	199534	645723	404373
宣城市	Xuancheng	48176	431179	360863	78308	426135	495088
铜陵市	Tongling	23007	259272	196768	52802	221174	206782
池州市	Chizhou	20400	202709	207071	100844	197896	267832
安庆市	Anqing	82127	653226	566562	135811	352802	841630
黄山市	Huangshan	53711	285231	208635	110314	335053	287134

7—7 续表 continued

单位：万元（10000 yuan）

地 区	Region	交通运输 Transport	资源勘探工业信息等 Resources Exploration Industry Information, Etc	商业服务业等 Commercial and Service Industry and So On	金融 Financial	援助其他地区 Aid Spending Elsewhere	自然资源海洋气象等 Natural Resources, Marine Meteorology, etc.
合肥市	Hefei	190188	162888	140378	10102		109547
淮北市	Huaibei	76631	7263	11854	1842		11435
亳州市	Bozhou	112384	27596	35233	4406		16720
宿州市	Suzhou	128930	33168	9177	1099		60287
蚌埠市	Bengbu	77772	19699	16466	2997		54770
阜阳市	Fuyang	192304	80312	36292	2786		38332
淮南市	Huainan	85417	12479	16425	5245		15571
滁州市	Chuzhou	175728	45235	18641	9383	50	52491
六安市	Luan	212706	15362	9825	1559		32478
马鞍山市	Maanshan	81755	12672	26518	823	784	19964
芜湖市	Wuhu	110622	48073	77307	13685		33300
宣城市	Xuancheng	113710	14556	11246	739		36408
铜陵市	Tongling	115304	15581	91518	808		29889
池州市	Chizhou	89918	9393	7745	342		19847
安庆市	Anqing	234742	34389	38591	8455		36121
黄山市	Huangshan	78697	27698	10609	3372	60	11014

地 区	Region	住房保障 Housing Safeguard	粮油物资储备 Supplies of Grain and Oil and Reserve Affairs	灾害防治及应急管理 Disaster Prevention and Emergency Management	债务付息 Debt Servicing	债务发行费用 Debt Issuance Costs	其他支出 Other Expenditure
合肥市	Hefei	360768	16190	53321	151330	622	7205
淮北市	Huaibei	100362	1813	9211	35457	150	1026
亳州市	Bozhou	144893	9495	17440	74231	293	0
宿州市	Suzhou	103596	20378	24429	76223	285	2942
蚌埠市	Bengbu	123425	3390	16362	60749	230	0
阜阳市	Fuyang	194369	17006	28468	89439	377	60
淮南市	Huainan	112171	4045	19345	51081	185	7
滁州市	Chuzhou	108748	7372	26853	87272	390	228
六安市	Luan	132155	9212	25173	89319	372	625
马鞍山市	Maanshan	114320	2256	17753	60914	921	432
芜湖市	Wuhu	141458	4186	21000	142864	761	1893
宣城市	Xuancheng	98119	4686	16597	72781	271	2998
铜陵市	Tongling	74418	2124	12000	40047	136	6537
池州市	Chizhou	77912	1743	11117	60941	275	239
安庆市	Anqing	132778	18023	22214	89699	396	6053
黄山市	Huangshan	72801	1857	21301	46152	177	3757

7—8 各县（市）一般公共预算收入（2021年）
General Public Budget Revenue by County (City) (2021)

单位：万元（10000 yuan）

县（市）	County (City)	收入合计 Total Revenue	增值税 Value-added Tax	企业所得税 Enterises' Income Tax	个人所得税 Individual Income Tax	资源税 Resources Tax	城市维护建设税 Tax on Town Maintenance and Construction
合肥市本级	Hefei City at Its Own Level	4801491	1591179	464892	162478	1	277149
巢湖市	Chaohu	255215	87519	23475	4532	6232	10185
长丰县	Changfeng	498759	181648	26089	5622	5	18323
肥东县	Feidong	557513	227945	21684	6727		20998
肥西县	Feixi	590325	197772	29440	8357		20906
庐江县	Lujiang	236973	105349	19443	2788	11217	10635
淮北市本级	Huaibei City at Its Own Level	462064	157626	37094	5485	5918	24630
濉溪县	Suixi	238722	97869	23935	5049	11796	11240
亳州市本级	Bozhou City at Its Own Level	475262	150323	36978	4860		30343
涡阳县	Guoyang	198561	43837	9526	1526	2460	4985
蒙城县	Mengcheng	264903	60739	10059	1929	2887	6815
利辛县	Lixin	180073	56137	12524	1520	712	5701
宿州市本级	Suzhou City at Its Own Level	477705	196176	35344	4570		27156
砀山县	Dangshan	134276	34689	3135	630		3171
萧县	Xiaoxian	235402	73219	13435	1282	5053	6838
灵璧县	Lingbi	155962	27733	8489	2023	264	2718
泗县	Sixian	145535	38558	5423	1538		3947
蚌埠市本级	Bengbu City at Its Own Level	637466	165632	26705	5835	2885	75114
怀远县	Huaiyuan	251422	92284	3514	1080		9505
五河县	Wuhe	148684	37462	3924	1270	40	3702
固镇县	Guzhen	169962	59325	3970	1393		5260
阜阳市本级	Fuyang City at Its Own Level	340994	133486	22577	5187		32139
界首市	Jieshou	201152	102638	5235	1049		16723
临泉县	Linquan	194801	45618	8648	1484	52	4804
太和县	Taihe	216600	80880	9270	2360		10581
阜南县	Funan	150778	66482	6039	1188		6983
颍上县	Yingshang	300807	83846	23998	2413	12854	8212
淮南市本级	Huainan City at Its Own Level	407525	100017	17990	5569	8400	8360
凤台县	Fengtai	244932	107758	5784	3223	32722	12472
寿县	Shouxian	190644	40162	6572	1642	236	4043
滁州市本级	Chuzhou City at Its Own Level	591630	132227	60736	9534		36677
天长市	Tianchang	440947	116414	16264	2678	1727	14473
明光市	Mingguang	203537	35442	4670	2828	1526	5140
来安县	Laian	228326	61690	16054	4092	528	5809
全椒县	Quanjiao	226833	57377	16224	3782	2081	6177
定远县	Dingyuan	234527	38148	6225	1522	2695	3976
凤阳县	Fengyang	279085	94095	23385	2943	12020	9772

7—8 续表1 continued

单位：万元（10000 yuan）

县（市） County (City)	收入合计 Total Revenue	增值税 Value-added Tax	企业所得税 Enterises' Income Tax	个人所得税 Individual Income Tax	资源税 Resources Tax	城市维护建设税 Tax on Town Maintenance and Construction
六安市本级 Luan City at Its Own Level	329090	71851	31951	4370		16636
霍邱县 Huoqiu	237263	70055	18658	1431	19633	6330
舒城县 Shucheng	203697	71130	13581	2373	2084	7379
金寨县 Jinzhai	173080	70528	11418	1917	3387	7544
霍山县 Huoshan	150304	48891	9229	2521	3464	7729
马鞍山市本级 Maanshan City at Its Own Level	718911	281477	64742	14533	5358	44543
当涂县 Dangtu	340683	143165	21847	3976	3042	14377
含山县 Hanshan	157340	67742	7481	1339	4068	6634
和县 Hexian	280436	117393	25410	9898	6965	12538
芜湖市本级 Wuhu City at Its Own Level	1337173	423783	113164	19025		108407
无为市 Wuwei	287534	118449	16201	3266	4389	13510
南陵县 Nanling	233279	96563	6795	2697	701	9539
宣城市本级 Xuancheng City at Its Own Level	298772	71840	21020	2674	1946	13924
宁国市 Ningguo	351910	113962	27142	10348	3154	14983
广德市 Guangde	326442	123789	28527	5829	10492	12337
郎溪县 Langxi	215006	66907	9245	1449	1145	6874
泾县 Jingxian	162446	51868	5587	1936	1752	4686
绩溪县 Jixi	87000	23809	3968	1595	449	2263
旌德县 Jingde	67500	15589	1511	621	1567	1404
铜陵市本级 Tongling City at Its Own Level	405956	100423	48884	3782	14153	15489
枞阳县 Zongyang	112101	39130	11557	1680	6311	4197
池州市本级 Chizhou City at Its Own Level	258326	74454	23863	3352	243	13686
东至县 Dongzhi	120005	27952	8335	1885	3123	2656
石台县 Shitai	23916	6539	987	310	1174	406
青阳县 Qingyang	107133	35960	7443	1806	6221	4051
安庆市本级 Anqing City at Its Own Level	493234	165202	17954	5765	1151	43446
桐城市 Tongcheng	196672	89296	10379	2437	244	12899
潜山市 Qianshan	104443	29102	1942	661	69	3031
怀宁县 Huaining	151562	48686	19806	1527	7751	4482
太湖县 Taihu	84992	23310	2445	1239	372	2555
宿松县 Susong	96981	36953	3802	1017	1073	3456
望江县 Wangjiang	79506	30090	1910	1415		2950
岳西县 Yuexi	68696	24591	2328	944	936	2435
黄山市本级 Huangshan City at Its Own Level	233045	34580	10849	2771		5998
歙县 Shexian	140412	37601	4805	3489	605	3595
休宁县 Xiuning	100070	23890	2114	1066	543	2549
黟县 Yixian	41869	10778	1482	490	105	953
祁门县 Qimen	58652	18465	1888	512	132	1762

7—8 续表2 continued

单位：万元（10000 yuan）

县（市） County (City)	房产税 Tax on Real Estates	城镇土地使用税 Tax on the Use of Urban Land	土地增值税 Land Value Added Tax	耕地占用税 Tax on The Occupancy of Cultivated Land	契税 Contract Tax	其他各项税收 Other Income of Tax
合肥市本级 Hefei City at Its Own Level	114750	94495	94206	6756	604562	81319
巢湖市 Chaohu	8845	8064	7479	1921	17601	22077
长丰县 Changfeng	17043	14670	28756	997	53908	7325
肥东县 Feidong	16104	13988	16641	1551	60512	31667
肥西县 Feixi	23515	17196	59602	4239	63343	11616
庐江县 Lujiang	5857	7167	4351	5769	17792	4491
淮北市本级 Huaibei City at Its Own Level	7731	10626	1528	1521	56697	9025
濉溪县 Suixi	4978	8607	8837	1632	14741	4830
亳州市本级 Bozhou City at Its Own Level	12929	21751	38763	354	36643	10551
涡阳县 Guoyang	4443	9810	5024	4919	39494	6740
蒙城县 Mengcheng	3821	10244	17958	1941	40681	7571
利辛县 Lixin	2541	7150	11656	6993	16414	5216
宿州市本级 Suzhou City at Its Own Level	8372	23799	10530	1448	36922	11211
砀山县 Dangshan	1462	2139	6468	10523	11455	4232
萧县 Xiaoxian	2099	2358	9148	-4	12672	3901
灵璧县 Lingbi	2530	2416	8171	2385	19644	3254
泗县 Sixian	1485	2675	7411	2862	20072	4744
蚌埠市本级 Bengbu City at Its Own Level	12853	13271	19038	896	93212	5575
怀远县 Huaiyuan	3912	9282	6185	3605	14929	4072
五河县 Wuhe	2648	3737	4741	1242	13478	3127
固镇县 Guzhen	2461	7042	3230		11729	5860
阜阳市本级 Fuyang City at Its Own Level	3442	8096	4397	3440	11462	5369
界首市 Jieshou	3206	4499	4469		11647	3463
临泉县 Linquan	2285	4065	13742	1951	27359	3197
太和县 Taihe	2921	4579	8865	5	14495	4222
阜南县 Funan	1837	4262	8455	1114	12559	3055
颍上县 Yingshang	4305	9163	11706	17516	23656	7094
淮南市本级 Huainan City at Its Own Level	9370	16866	12253	1954	40670	6042
凤台县 Fengtai	5954	7265	5742		11877	6869
寿县 Shouxian	2241	4402	10875	2877	15876	2260
滁州市本级 Chuzhou City at Its Own Level	20367	34213	25176	-1125	76449	11196
天长市 Tianchang	6554	17932	19138	8540	23881	7017
明光市 Mingguang	2391	9516	3629	3679	11388	1951
来安县 Laian	7079	14072	8361	3177	20872	4867
全椒县 Quanjiao	5349	13800	13424	6777	24276	2776
定远县 Dingyuan	3162	9112	2354	619	9659	2258
凤阳县 Fengyang	4575	12555	3204	6125	14974	3763

7—8 续表3 continued

单位：万元（10000 yuan）

县（市）	County (City)	房产税 Tax on Real Estates	城镇土地使用税 Tax on the Use of Urban Land	土地增值税 Land Value Added Tax	耕地占用税 Tax on The Occupancy of Cultivated Land	契税 Contract Tax	其他各项税收 Other Income of Tax
六安市本级	Luan City at Its Own Level	9636	15678	19335	418	69089	7246
霍邱县	Huoqiu	3767	6195	5396	108	7672	3701
舒城县	Shucheng	4476	5000	13006	285	22167	3657
金寨县	Jinzhai	2376	6623	5418	448	9917	6050
霍山县	Huoshan	3404	4711	3726	925	12574	2897
马鞍山市本级	Maanshan City at Its Own Level	25596	22243	4056	967	65246	17606
当涂县	Dangtu	8978	11328	2746	498	14682	5664
含山县	Hanshan	2676	6287	3473	540	7115	2030
和县	Hexian	6072	15558	3492	-612	12889	6303
芜湖市本级	Wuhu City at Its Own Level	32278	44891	11761	274	23509	24785
无为市	Wuwei	2980	8186	10212	2115	19605	3941
南陵县	Nanling	2990	9631	4864	5562	9704	5024
宣城市本级	Xuancheng City at Its Own Level	7179	33214	12360	682	16760	8053
宁国市	Ningguo	8096	29115	9719	1481	13696	10198
广德市	Guangde	10654	16328	8185	3159	14302	5784
郎溪县	Langxi	4587	9311	5676	609	8817	3842
泾县	Jingxian	1475	2410	5055	1627	5589	2847
绩溪县	Jixi	1610	3571	1626	28	3907	991
旌德县	Jingde	833	1723	5291	261	4079	945
铜陵市本级	Tongling City at Its Own Level	9988	36652	4210	1	37429	8676
枞阳县	Zongyang	1619	3157	3787	47	6227	2243
池州市本级	Chizhou City at Its Own Level	8179	15680	7840	300	16904	4313
东至县	Dongzhi	1782	7851	1601	261	9173	3537
石台县	Shitai	304	188	487	208	2431	401
青阳县	Qingyang	2445	8533	2343	615	11032	2611
安庆市本级	Anqing City at Its Own Level	8425	16648	7322	3961	49107	8361
桐城市	Tongcheng	4846	10692	10894	1995	15693	4595
潜山市	Qianshan	1594	2049	5882	2751	11870	2154
怀宁县	Huaining	5974	10993	7306	699	12038	2805
太湖县	Taihu	1372	2876	8434	335	7528	2251
宿松县	Susong	1039	1423	3328	111	8337	1541
望江县	Wangjiang	3434	3413	4006	211	6772	1824
岳西县	Yuexi	1294	3544	3471	807	5615	5777
黄山市本级	Huangshan City at Its Own Level	6638	5535	15970	36	27268	2700
歙县	Shexian	3420	4986	5521	398	12431	2245
休宁县	Xiuning	2506	2996	4486	1024	4424	3437
黟县	Yixian	1545	1561	888	30	1988	451
祁门县	Qimen	1005	1324	996	277	2767	1427

7—8 续表4 continued

单位：万元（10000 yuan）

县（市） County (City)	专项收入 Expert Project Income	行政事业性收费 Administrative and Institutional Fees	罚没收入 Penalty and Confiscatory Income	国有资本经营 Stated-owned Assets Profit	国有资源(资产)有偿使用 Income from the Paid Use of Stated-owned Resources (Assets)	其他收入 Other Income
合肥市本级 Hefei City at Its Own Level	933280	90215	57310		100395	128504
巢湖市 Chaohu	24380	7508	14115		9789	1493
长丰县 Changfeng	90245	16780	8214		23627	5507
肥东县 Feidong	89333	17676	8307		23803	577
肥西县 Feixi	64550	20998	9374		33916	25501
庐江县 Lujiang	15871	7980	7807		6235	4221
淮北市本级 Huaibei City at Its Own Level	25343	18132	9212	273	79058	12165
濉溪县 Suixi	14064	12696	6500		9167	2781
亳州市本级 Bozhou City at Its Own Level	37173	11075	17296		54087	12136
涡阳县 Guoyang	6165	5511	8868		43129	2124
蒙城县 Mengcheng	8722	7082	8200		67439	8815
利辛县 Lixin	8199	14910	8643	345	16554	4858
宿州市本级 Suzhou City at Its Own Level	28086	32435	12239	17000	24228	8189
砀山县 Dangshan	4586	3341	6032		39763	2650
萧县 Xiaoxian	11495	9044	9333	90	70974	4465
灵璧县 Lingbi	4267	7279	11168		49978	3643
泗县 Sixian	4968	12442	9434	7749	17904	4323
蚌埠市本级 Bengbu City at Its Own Level	64467	45790	3539	26251	64702	11701
怀远县 Huaiyuan	17965	11892	6835	63	65311	988
五河县 Wuhe	5233	6912	4600		38769	17799
固镇县 Guzhen	7508	10521	12665		35773	3225
阜阳市本级 Fuyang City at Its Own Level	43930	16540	22061	110	23733	5025
界首市 Jieshou	20044	2574	7401	2827	10454	4923
临泉县 Linquan	11053	13203	10058		40981	6301
太和县 Taihe	16683	9558	35462		14434	2285
阜南县 Funan	8772	4333	5952		17026	2721
颍上县 Yingshang	10497	10551	21979		35867	17150
淮南市本级 Huainan City at Its Own Level	41331	16376	28850	32148	42463	18866
凤台县 Fengtai	14371	5409	3976		16943	4567
寿县 Shouxian	6046	25498	5504		61564	846
滁州市本级 Chuzhou City at Its Own Level	36132	32955	25817	9860	52769	28647
天长市 Tianchang	51409	12310	28565		104114	9931
明光市 Mingguang	5631	5557	9652		97056	3481
来安县 Laian	8127	10512	9517		52438	1131
全椒县 Quanjiao	8199	15185	6855		42637	1914
定远县 Dingyuan	6224	4502	13656		124080	6335
凤阳县 Fengyang	14425	10787	11589		47498	7375

7—8 续表5 continued

单位：万元（10000 yuan）

县（市） County (City)	专项收入 Expert Project Income	行政事业性收费 Administrative and Institutional Fees	罚没收入 Penalty and Confisca-tory Income	国有资本经营 Stated-owned Assets Profit	国有资源(资产)有偿使用 Income from the Paid Use of Stated-owned Resources (Assets)	其他收入 Other Income
六安市本级 Luan City at Its Own Level	20502	20451	14407		16609	10911
霍邱县 Huoqiu	9860	7633	7981		68727	116
舒城县 Shucheng	10673	10581	7307		5036	24962
金寨县 Jinzhai	10216	6144	3005		24916	3173
霍山县 Huoshan	11003	3986	5492		29411	341
马鞍山市本级 Maanshan City at Its Own Level	52871	26325	17259		63187	12902
当涂县 Dangtu	18429	38927	11402		40397	1225
含山县 Hanshan	9352	3797	5870		25521	3415
和县 Hexian	16584	5804	7966		32810	1366
芜湖市本级 Wuhu City at Its Own Level	171056	34094	133552	34147	119281	43166
无为市 Wuwei	15983	16880	8974		35940	6903
南陵县 Nanling	13311	5306	3506	51741	958	4387
宣城市本级 Xuancheng City at Its Own Level	30096	13898	31563	3182	20867	9514
宁国市 Ningguo	43684	8192	7929		47114	3097
广德市 Guangde	21526	34006	13543		12126	5855
郎溪县 Langxi	9121	1830	3999		79827	1767
泾县 Jingxian	14623	5157	6445		50268	1121
绩溪县 Jixi	8563	2797	6541		24289	993
旌德县 Jingde	2889	2608	4662		22924	593
铜陵市本级 Tongling City at Its Own Level	50286	30841	12480		17883	14779
枞阳县 Zongyang	6591	2872	4273		14635	3775
池州市本级 Chizhou City at Its Own Level	14454	35906	9031		22393	7728
东至县 Dongzhi	5661	3230	6657		35550	751
石台县 Shitai	745	824	1669		5831	1412
青阳县 Qingyang	5984	6340	4800		6948	1
安庆市本级 Anqing City at Its Own Level	64328	29228	18422		37385	16529
桐城市 Tongcheng	11873	7205	7776		2384	3464
潜山市 Qianshan	9083	3536	4350		12782	13587
怀宁县 Huaining	7905	8131	3950		7967	1542
太湖县 Taihu	4040	3076	2235		22186	738
宿松县 Susong	8399	4758	7362		11637	2745
望江县 Wangjiang	4107	7990	4973		4921	1490
岳西县 Yuexi	3314	3631	4481		5269	259
黄山市本级 Huangshan City at Its Own Level	6972	7468	10224	137	79759	16140
歙县 Shexian	12489	5038	4646		34715	4428
休宁县 Xiuning	4010	2429	2951		40841	804
黟县 Yixian	1807	1248	1288		12743	4512
祁门县 Qimen	2822	1219	1297		19463	3296

7—9 各县（市）一般公共预算支出（2021年）

Expenditures in General Public Budgets by County (City) (2021)

单位：万元（10000 yuan）

县（市）	County (City)	支出合计 Total Revenue	一般公共服务 General Public Service	国防 National Defence	公共安全 Public Security	教育 Education	科学技术 Science	文化旅游体育与传媒 Culture, Tourism, Sports and Media	社会保障和就业 Social Security and Employment
合肥市本级	Hefei City at Its Own Level	6247763	269169	5420	262572	730573	1377368	66431	233141
巢湖市	Chaohu	668083	52595	920	27053	134019	12278	3136	130323
长丰县	Changfeng	885007	73996	220	33377	153957	84121	6386	95423
肥东县	Feidong	909622	87981	955	33757	157225	107580	7589	149657
肥西县	Feixi	883616	77903	279	29992	146106	45613	8550	89056
庐江县	Lujiang	749428	68136	605	22720	152648	8936	4662	142788
淮北市本级	Huaibei City at Its Own Level	725989	47199	668	46563	80999	50105	11913	73145
濉溪县	Suixi	682183	52336		24062	165723	14101	4747	98421
亳州市本级	Bozhou City at Its Own Level	1074575	78578	1784	51320	135418	5276	8878	48498
涡阳县	Guoyang	633114	52706	769	24622	147558	7126	3226	153349
蒙城县	Mengcheng	674003	59189	334	19079	161060	7434	6577	134081
利辛县	Lixin	668687	45094	780	23348	173921	365	3598	137896
宿州市本级	Suzhou City at Its Own Level	1351626	94858	947	66361	68601	54385	21482	36199
砀山县	Dangshan	519332	37424	260	22068	134689	676	4032	102492
萧县	Xiaoxian	773988	52004	149	31103	167592	5073	5518	157613
灵璧县	Lingbi	579355	45563		25894	163847	536	3436	111875
泗县	Sixian	605176	43831	222	25724	145081	543	4278	84366
蚌埠市本级	Bengbu City at Its Own Level	1147212	108478	1061	90896	112428	57194	25865	150061
怀远县	Huaiyuan	699770	43285	283	19446	177886	75097	2399	100125
五河县	Wuhe	456650	22699	316	13983	91451	26407	3304	84347
固镇县	Guzhen	423809	17819	155	13175	106905	3965	3038	67253
阜阳市本级	Fuyang City at Its Own Level	1519694	124970	733	73986	109922	26957	20708	97174
界首市	Jieshou	448568	36899	352	18317	80576	24101	2777	95060
临泉县	Linquan	850147	59820		30225	188222	1311	7870	191505
太和县	Taihe	735704	52388	411	32428	167585	2187	6638	173979
阜南县	Funan	726219	39610	1543	24956	176433	2689	5264	145461
颍上县	Yingshang	848167	56134	162	30775	202413	7351	7102	169215
淮南市本级	Huainan City at Its Own Level	1132386	53551	1557	73170	116671	30369	11230	147267
凤台县	Fengtai	442367	31520	390	17823	90424	6066	3424	87070
寿县	Shouxian	735085	60415	522	26496	158188	1107	8411	116992
滁州市本级	Chuzhou City at Its Own Level	981187	71312	1428	56352	85230	60334	17875	111871
天长市	Tianchang	703551	40128	453	33486	134986	24995	6755	102491
明光市	Mingguang	481083	35025	94	18548	78091	9443	3255	87789
来安县	Laian	402987	26883	560	13464	66822	5698	4327	66079
全椒县	Quanjiao	395803	30196	216	16418	67209	9229	3555	62548
定远县	Dingyuan	643463	39043	270	26326	93390	7632	3127	110137
凤阳县	Fengyang	550598	37851	11	24230	125130	22579	8770	79721

7—9 续表1 continued

单位：万元（10000 yuan）

县（市） County (City)	支出合计 Total Revenue	一般公共服务 General Public Service	国防 National Defence	公共安全 Public Security	教育 Education	科学技术 Science	文化旅游体育与传媒 Culture, Tourism, Sports and Media	社会保障和就业 Social Security and Employment
六安市本级 Luan City at Its Own Level	1090025	66900	710	61484	86423	25045	14871	49148
霍邱县 Huoqiu	785685	59498	225	29010	197813	1030	6574	137047
舒城县 Shucheng	599811	43813	235	27133	137006	6534	10417	112161
金寨县 Jinzhai	597621	49213	232	20151	90427	3833	3988	104144
霍山县 Huoshan	369082	24495	141	16719	67152	4676	3821	48628
马鞍山市本级 Maanshan City at Its Own Level	852146	75655	605	60470	82513	31455	24974	110462
当涂县 Dangtu	538187	32377		19429	80197	10997	5356	60096
含山县 Hanshan	381811	23112	153	14836	61557	8303	5171	55013
和县 Hexian	567873	30341		18058	77487	46497	3591	68297
芜湖市本级 Wuhu City at Its Own Level	1858704	117627	2165	90120	200345	374787	23107	188272
无为市 Wuwei	652549	34730	150	18058	166243	9748	18793	109638
南陵县 Nanling	418409	28789	412	19635	82089	24680	3646	70971
宣城市本级 Xuancheng City at Its Own Level	644934	57025	374	39439	23023	23295	8939	35118
宁国市 Ningguo	452254	30317	286	22062	70469	35539	11511	60008
广德市 Guangde	514177	33122	663	18335	80400	14303	6703	73110
郎溪县 Langxi	331630	27888		6534	67230	26057	4035	42775
泾县 Jingxian	343760	25812	164	16418	57968	8848	8753	65520
绩溪县 Jixi	184092	16412		4799	28354	8591	3820	26021
旌德县 Jingde	161228	11383		8180	17850	11128	1763	26730
铜陵市本级 Tongling City at Its Own Level	696977	56456	689	37846	56721	48235	12673	74392
枞阳县 Zongyang	482920	32099	348	17430	75891	5662	5492	83633
池州市本级 Chizhou City at Its Own Level	503316	21735	1216	14850	38692	17347	10272	30569
东至县 Dongzhi	355521	21298		13593	81608	3132	2287	51137
石台县 Shitai	135575	9418		6262	22173	358	2939	25486
青阳县 Qingyang	256108	17742		11525	34093	2504	2885	30296
安庆市本级 Anqing City at Its Own Level	1097508	75551	1342	52985	113280	35140	22741	91238
桐城市 Tongcheng	575000	40080	439	23303	130932	52254	9032	74889
潜山市 Qianshan	503767	41051	523	19160	97619	9392	9521	91815
怀宁县 Huaining	414711	26944	122	14071	85217	7450	7194	75455
太湖县 Taihu	470966	38723	273	14985	92054	940	9577	77295
宿松县 Susong	582683	47587	398	21249	151690	712	5497	71492
望江县 Wangjiang	421606	33426	137	17639	91378	15128	8360	61057
岳西县 Yuexi	415423	35693		15010	71800	9026	8094	56292
黄山市本级 Huangshan City at Its Own Level	523516	33124	1238	30255	36855	17634	17144	63474
歙县 Shexian	387874	20096	492	16546	59615	20007	7177	53096
休宁县 Xiuning	272353	26207		14801	32880	8148	6276	42030
黟县 Yixian	151263	13801	698	7967	12359	1949	9582	19204
祁门县 Qimen	214760	21404	320	12105	24813	3955	2971	32233

7—9 续表2 continued

单位：万元（10000 yuan）

县（市） County (City)	卫生健康 Health and Hygiene	节能环保 Energy Saving and Environmental Protection	城乡社区 Expenses in Urban, Rural Areas and Communities	农林水 Agriculture and Forestry Water	交通运输 Transport	资源勘探工业信息等 Resources Exploration Industry Information, Etc	商业服务业等 Commercial and Service Industry and So On	金融 Financial
合肥市本级 Hefei City at Its Own Level	419793	240503	1787206	83315	130319	117939	109262	6999
巢湖市 Chaohu	46411	22681	68054	115345	7799	2620	853	327
长丰县 Changfeng	58270	30126	107681	162059	12904	24861	5143	230
肥东县 Feidong	55685	55345	25322	154746	9106	2378	2667	1066
肥西县 Feixi	65361	27043	153876	162409	15968	4076	3628	662
庐江县 Lujiang	64603	17327	38852	156432	13511	3078	1692	313
淮北市本级 Huaibei City at Its Own Level	117274	13365	133853	28283	51663	4933	1891	
濉溪县 Suixi	50501	14984	74290	121318	17959	1714	326	1752
亳州市本级 Bozhou City at Its Own Level	338081	25281	113849	98294	61959	24243	17200	3472
涡阳县 Guoyang	51762	9452	7821	104167	12986	145	712	197
蒙城县 Mengcheng	50372	13044	32258	128409	11050	270	532	100
利辛县 Lixin	57367	14629	18195	125250	18848		1135	
宿州市本级 Suzhou City at Its Own Level	352427	51645	331278	106145	50418	17221	6515	645
砀山县 Dangshan	43357	12804	26109	94116	6314	847	206	30
萧县 Xiaoxian	53877	30409	44531	165207	11369	9332	727	131
灵璧县 Lingbi	38452	5620	8888	108014	25378	1052	297	293
泗县 Sixian	58194	8421	54757	121317	21256	4491	682	
蚌埠市本级 Bengbu City at Its Own Level	212641	18416	142794	72933	32822	7888	4061	1243
怀远县 Huaiyuan	38768	16532	47867	117816	14674	446	890	205
五河县 Wuhe	31064	8913	23834	103898	16209	732	1397	236
固镇县 Guzhen	26836	5791	45705	78406	11164	4504	2247	100
阜阳市本级 Fuyang City at Its Own Level	545818	13046	160381	132119	78971	30329	32399	1863
界首市 Jieshou	28649	27056	12453	62803	8121	6689	692	75
临泉县 Linquan	52699	12607	64091	147830	37420	5664	658	0
太和县 Taihe	45396	13204	60355	112965	16210	7335	629	274
阜南县 Funan	59643	18462	14785	145431	31146	11066	411	38
颍上县 Yingshang	46285	14811	82608	155690	11672	15949	844	163
淮南市本级 Huainan City at Its Own Level	193049	29699	90317	235120	42535	5954	10561	1777
凤台县 Fengtai	31778	13861	25236	84929	4586	1092	4843	1298
寿县 Shouxian	11896	2762	6972	267427	34016	3145	356	2160
滁州市本级 Chuzhou City at Its Own Level	223191	9957	109796	83587	41451	34626	6561	4813
天长市 Tianchang	55850	14074	112102	89334	28667	3787	1143	1742
明光市 Mingguang	35566	10316	73764	81615	15151	488	3201	553
来安县 Laian	32025	11009	51278	76353	15483	1683	4830	228
全椒县 Quanjiao	33380	5554	44217	88661	17718	609	728	35
定远县 Dingyuan	41190	10711	89051	155597	31681	580	638	115
凤阳县 Fengyang	33935	21731	56664	90035	19916	1265	1017	605

7—9 续表3 continued

单位：万元（10000 yuan）

县（市） County (City)	卫生健康 Health and Hygiene	节能环保 Energy Saving and Environmental Protection	城乡社区 Expenses in Urban, Rural Areas and Communities	农林水 Agriculture and Forestry Water	交通运输 Transport	资源勘探工业信息等 Resources Exploration Industry Information, Etc	商业服务业等 Commercial and Service Industry and So On	金融 Financial
六安市本级 Luan City at Its Own Level	317823	35957	103608	191365	69193	8353	1165	663
霍邱县 Huoqiu	57170	9357	16358	199316	27891	2531	2083	104
舒城县 Shucheng	44783	10439	33040	116761	30608	470	642	286
金寨县 Jinzhai	45639	11213	67607	123147	33765	117	801	15
霍山县 Huoshan	27988	15214	69501	54107	16382		1727	280
马鞍山市本级 Maanshan City at Its Own Level	62462	85142	173246	33552	32561	5079	14761	430
当涂县 Dangtu	57557	9701	133489	76698	14797	2770	1158	114
含山县 Hanshan	49949	6225	74981	47447	9443	377	1183	
和县 Hexian	55164	8527	104077	100136	20200	532	3956	199
芜湖市本级 Wuhu City at Its Own Level	240149	129599	161002	80224	52490	13264	28588	11933
无为市 Wuwei	58571	14962	47981	106642	24685	1090	392	286
南陵县 Nanling	40567	3626	50080	46003	13305	489	1085	367
宣城市本级 Xuancheng City at Its Own Level	138182	14539	135061	91924	22834	7345	3257	65
宁国市 Ningguo	39120	9459	79806	46651	9802	994	301	
广德市 Guangde	66677	30616	62948	58088	21739	3493	889	590
郎溪县 Langxi	21905	2402	40346	45736	12000	762	665	
泾县 Jingxian	28168	3554	29609	64052	12097	994	4245	60
绩溪县 Jixi	13583	6800	32779	24683	8317	117	926	24
旌德县 Jingde	12460	2778	19794	26035	11345	37	275	
铜陵市本级 Tongling City at Its Own Level	107180	27399	101031	14773	76919	13103	6049	234
枞阳县 Zongyang	43675	9791	26211	113197	27962	838	1186	280
池州市本级 Chizhou City at Its Own Level	58278	44763	108621	31780	48585	2112	6595	342
东至县 Dongzhi	41278	13216	8349	73875	20195	937	321	
石台县 Shitai	10213	3429	1130	37909	3574	377	200	
青阳县 Qingyang	32041	5872	37671	45715	6671	115	432	
安庆市本级 Anqing City at Its Own Level	283768	40601	138825	113194	50059	8767	1807	918
桐城市 Tongcheng	34002	7280	44511	83174	25261	6055	1324	741
潜山市 Qianshan	38909	17203	13131	94716	32198	2311	2129	860
怀宁县 Huaining	34226	7712	19743	69612	28394	3403	3298	1954
太湖县 Taihu	39233	13617	12292	125122	12282	4707	3389	1629
宿松县 Susong	45413	2569	35858	119436	41735	2689	1849	727
望江县 Wangjiang	26792	14451	19994	94057	11044	1186	386	628
岳西县 Yuexi	37889	10125	15755	96056	31915	1960	1639	434
黄山市本级 Huangshan City at Its Own Level	87944	57409	62045	24825	37209	14203	3523	505
歙县 Shexian	33392	13779	40402	71043	14756	3014	1148	1077
休宁县 Xiuning	22244	2165	30845	55724	4722	2052	575	61
黟县 Yixian	11493	8671	27443	23810	2634	910	617	75
祁门县 Qimen	19363	7283	28475	35665	6653	1351	486	794

7—9 续表4 continued

单位：万元（10000 yuan）

县（市） County (City)	援助其他地区 Aid Spending Elsewhere	自然资源海洋气象等 Natural Resources, Marine Meteorology, etc.	住房保障 Housing Safeguard	粮油物资储备 Supplies of Grain and Oil Reserves	灾害防治及应急管理 Disaster Prevention and Emergency Management	债务付息支出 Debt Payments	债务发行费用 Debt Issue Fee	其他支出 Other Expenditure
合肥市本级 Hefei City at Its Own Level		66901	207622	5377	28635	91616	397	7205
巢湖市 Chaohu		8558	18040	1822	2264	12947	38	
长丰县 Changfeng		6324	18141	2087	3219	6454	28	
肥东县 Feidong		7521	36943	1236	5385	7440	38	
肥西县 Feixi		9200	26852	3097	3240	10648	57	
庐江县 Lujiang		11043	23078	1833	5157	11967	47	
淮北市本级 Huaibei City at Its Own Level		4987	36527	1015	3274	18082	64	186
濉溪县 Suixi		3838	23170	560	2470	9417	38	456
亳州市本级 Bozhou City at Its Own Level		6167	28412	3048	6687	18062	68	
涡阳县 Guoyang		1371	36316	2417	2033	14317	62	
蒙城县 Mengcheng		5726	24969	2347	3225	13886	61	
利辛县 Lixin		2843	28354	43	2370	14592	59	
宿州市本级 Suzhou City at Its Own Level		20453	36136	1315	8367	26137	91	
砀山县 Dangshan		13944	9132	232	2378	8192	30	
萧县 Xiaoxian		6909	13925	310	4660	13488	61	
灵璧县 Lingbi		4012	16873	2510	3368	13412	35	
泗县 Sixian		5771	13696	2740	2739	7034	33	
蚌埠市本级 Bengbu City at Its Own Level		21058	42897	2029	7254	35056	137	
怀远县 Huaiyuan		17037	12258	390	3132	11189	45	
五河县 Wuhe		2450	16516	893	1635	6343	23	
固镇县 Guzhen		13052	17179	76	1089	5337	13	
阜阳市本级 Fuyang City at Its Own Level		11930	31283	3425	4414	19171	85	10
界首市 Jieshou		2780	32522	3842	1573	3213	18	
临泉县 Linquan		4756	30453	1488	2809	10667	52	
太和县 Taihe		6587	19598	2669	4099	10724	43	
阜南县 Funan		4605	23286	4567	5231	11513	47	32
颍上县 Yingshang		6110	23212	598	4024	12999	50	
淮南市本级 Huainan City at Its Own Level		7089	49551	2467	6396	23976	80	
凤台县 Fengtai		4606	19001	916	4556	8911	30	7
寿县 Shouxian		3236	12936	662	2764	14559	63	
滁州市本级 Chuzhou City at Its Own Level	50	7736	20190	2106	9917	22710	94	
天长市 Tianchang		21445	13918	3462	3525	11146	62	
明光市 Mingguang		2063	15234	1378	2805	6671	33	
来安县 Laian		5033	11529	329	2091	7257	26	
全椒县 Quanjiao		2653	4521		1445	6882	29	
定远县 Dingyuan		5857	12596	1	2468	12998	55	
凤阳县 Fengyang		6548	7132	20	2806	10568	60	4

7—9 续表5 continued

单位：万元（10000 yuan）

县（市） County (City)	援助其他地区 Aid Spending Elsewhere	自然资源海洋气象等 Natural Resources, Marine Meteorology, etc.	住房保障 Housing Safeguard	粮油物资储备 Supplies of Grain and Oil Reserves	灾害防治及应急管理 Disaster Prevention and Emergency Management	债务付息支出 Debt Payments	债务发行费用 Debt Issue Fee	其他支出 Other Expenditure
六安市本级 Luan City at Its Own Level		5011	23841	1453	3237	23152	98	525
霍邱县 Huoqiu		7525	14076	2532	3437	12049	59	
舒城县 Shucheng		3724	5334	2004	4288	10082	51	
金寨县 Jinzhai		3598	19762	207	1596	18121	45	
霍山县 Huoshan		2827	3772	636	2267	8723	26	
马鞍山市本级 Maanshan City at Its Own Level	447	8585	16120	936	7711	24864	82	34
当涂县 Dangtu		3904	13904	637	3149	11504	193	160
含山县 Hanshan	50	3110	11780	152	2252	6695	22	
和县 Hexian	129	2512	17049	531	1477	8911	202	
芜湖市本级 Wuhu City at Its Own Level		14437	41798	2989	8939	74763	213	1893
无为市 Wuwei		3930	20843	79	1127	14542	59	
南陵县 Nanling		3579	16568	1118	676	10697	27	
宣城市本级 Xuancheng City at Its Own Level		5306	18671	370	1863	18244	71	-11
宁国市 Ningguo		8701	12829	362	2744	11257	36	
广德市 Guangde		8638	15927	1399	1733	11759	36	3009
郎溪县 Langxi		5010	13965	170	4786	9326	38	
泾县 Jingxian		4184	8331	225	1459	3275	24	
绩溪县 Jixi		1258	1123	288	1323	4851	23	
旌德县 Jingde		1415	4462	1571	264	3747	11	
铜陵市本级 Tongling City at Its Own Level		7701	20762	1501	4449	22722	76	6066
枞阳县 Zongyang		6170	23242	220	1497	7762	37	297
池州市本级 Chizhou City at Its Own Level		3700	30452	272	2811	30063	145	116
东至县 Dongzhi		1646	10187	700	3312	8413	37	
石台县 Shitai		1110	6685	159	932	3208	13	
青阳县 Qingyang		7297	13015	270	1879	6062	23	
安庆市本级 Anqing City at Its Own Level		8684	27439	3094	4161	23756	110	48
桐城市 Tongcheng		3464	24254	295	2343	11324	43	
潜山市 Qianshan		3791	18591	759	1947	8106	35	
怀宁县 Huaining		4003	15293	0	1401	9186	33	
太湖县 Taihu		3315	10995	275	1562	8671	30	
宿松县 Susong		4922	1612	12648	5611	8948	41	
望江县 Wangjiang		3581	13006	299	1051	7968	38	
岳西县 Yuexi		4136	9737	653	2037	7131	41	
黄山市本级 Huangshan City at Its Own Level		3045	14039	540	3477	14698	56	274
歙县 Shexian		1580	13672	140	6998	9800	44	
休宁县 Xiuning		1797	10884	174	2033	5294	18	3423
黟县 Yixian		731	5186	557	1085	2481	10	
祁门县 Qimen	60	1302	8495	169	2231	4615	17	

7—10 金融机构（含外资）人民币信贷资金平衡表（资金来源）
Financial Institutions (including foreign) RMB Credit Balance Sheet (funding)

（年末余额）(year-end) 单位：万元（10000 yuan）

项　　目	Item	2015	2020	2021
资金来源合计	**All Sources**	**351786064**	**648269406**	**713932214**
各项存款	Deposits	344828993	598978062	662718997
境内存款	Domestic Savings	344678346	598723549	662459387
住户存款	Household Savings	170152656	301172198	343298298
活期存款	Demand Deposits	55652114	97456824	104339148
定期及其他存款	And Other Deposits on a Regular Basis	114500542	203715374	238959150
非金融企业存款	Non-financial Corporate Deposits	102684212	160431473	173127104
活期存款	Demand Deposits	48364504	76771473	76423415
定期及其他存款	And Other Deposits on a Regular Basis	54319708	83660000	96703689
机关团体存款	Organizations Deposit	56426881	94006464	96370630
财政性存款	Fiscal Deposits	7122187	13431511	13469537
非银行业金融机构存款	Non-banking Financial Institutions Deposits	8292410	29681903	36193817
境外存款	Overseas Account	150647	254513	259611
金融债券	Financial Bonds	2874497	6346902	5640827
卖出回购资产	Sell Buy Assets	563450	71023	97600
借款及非银行业金融机构拆入	Borrowed Inter-bank Borrowing and Non-banking Financial Institutions	20260	313691	732876
应付及暂收款	Account Payable and Temporary Credit	9574609	16312148	17914767
各项准备	Every Capital Reserve	6335952	13880201	16381561
所有者权益	Creditors' Equity	16244860	33030379	35294141
#实收资本	Paid-in Capital	6885055	12133828	11840753
其　　他	Others	-28656556	-20663000	-24848554

注：1. 2019年人行对各项存款项目进行了调整，取消广义政府存款项目，将机关团体存款和财政性存款两个子项目单列，表7—11、7—12同。
2. 本表金融机构包括中国人民银行、政策性银行、国有商业银行、股份制商业银行、徽商银行、村镇银行、农村合作机构、邮储银行、财务公司、信托投资公司等。（下表同）

a) In 2019, the People's Bank of China adjusted various deposit items, cancelled the broad government deposit items, and separately listed two sub-items of institutional group deposit and financial deposit, with tables 7-11 and 7-12 being the same.

b) Financial institutions included in the people's bank of China, policy Banks, state-owned commercial Banks, joint-stock commercial Banks, the anhui merchants bank, village Banks, rural cooperative organizations, post office, Banks, financial companies, trust investment companies, etc. (the same as in the table below)

7—11 金融机构（含外资）人民币信贷资金平衡表（资金运用）
Financial Institutions (including foreign) RMB Credit Balance Sheet (fund use)

（年末余额）(year-end) 单位：万元（10000 yuan）

项　　目	Item	2015	2020	2021
资金运用合计	**Total of Capital Utilization**	**351786064**	**648269406**	**713932214**
各项贷款	Loans	254890475	515205192	581510003
境内贷款	Within the Boundaries Loan	254771765	514949796	581103152
住户贷款	Households Loans	81136853	214756881	245137611
短期贷款	Short-term Loan	18379121	41801179	51478644
消费贷款	Consumer Loans	3739195	13836447	16042080
经营贷款	Business Loans	14639926	27964732	35436564
中长期贷款	Medium and Long-term Loan	62757732	172955702	193658967
消费贷款	Consumer Loans	52751057	154614142	173291146
经营贷款	Business Loans	10006674	18341560	20367822
企（事）业单位贷款	Enterprise (business) Loan	173634911	300179915	335945540
短期贷款	Short-term Loan	65099726	89772297	89140821
中长期贷款	Medium and Long-term Loan	88823455	175241949	206191805
票据融资	Bill Financing	15825107	27908664	33164237
融资租赁	Financing Lease	3278325	6727256	7023109
各项垫款	The Advances	608297	529748	425569
非银行业金融机构贷款	Loans From Non-banking Financial Institutions		13000	20000
境外贷款	Beyond Border Loan	118710	255396	406852
债券投资	Bond Investment	23182779	53661104	59345997
股权及其他投资	Equity and Other Investment	17920725	36303520	37636111
买入返售资产	Buy Back to Sell Assets	484640	686603	1893663
存放非银行业金融机构款项	Storage of Non-banking Financial Institutions	293988	156217	378276
联行往来（净）	Jones Lang Lasalle Exchanges (net)	49380465	33237163	23891571
境内存放二级准备金	Stored in the Secondary Reserve	30120836	2353856	2349828
外汇买卖	Foreign Exchange Trading	-118551		
应收及预付款	Receivables and Prepayments	2197351	4669707	4835637
投资性房地产	Investment of Real Estate	12921	9014	8259
固定资产	Fixed Assets	3541272	4340886	4432698

7—12 金融机构（含外资）本外币合并信贷收支
Local and Foreign Financial Institutions (including foreign) Merging the Credit Balance of Payments

（年末余额）(year-end)　　　　单位：万元（10000 yuan）

项　目	Item	2015	2020	2021
各项存款	**Deposits**	**348262317**	**604683424**	**668685492**
境内存款	Domestic Savings	348084987	604234312	668088728
住户存款	Household Savings	170723123	302071141	344176097
活期存款	Demand Deposits	55967808	97970869	104864571
定期及其他存款	And Other Deposits on a Regular Basis	114755315	204100272	239311527
非金融企业存款	Non-financial Corporate Deposits	105276372	164977282	177825769
活期存款	Demand Deposits	49867841	79526635	79454441
定期及其他存款	And Other Deposits on a Regular Basis	55408531	85450647	98371329
广义政府存款	General Government Deposits	63623102		
机关团体存款	Organizations Deposit		94041621	96403253
财政性存款	Fiscal Deposits		13431511	13469537
非银行业金融机构存款	Non-banking Financial Institutions Deposits	8462391	29712758	36214071
境外存款	Overseas Account	177330	449112	596764
各项贷款	**Loans**	**261443579**	**521249672**	**586698199**
境内贷款	Within the Boundaries Loan	259663313	519022978	584646594
住户贷款	Households Loans	81139906	214759560	245140831
短期贷款	Short-term Loan	18381976	41803742	51481798
中长期贷款	Medium and Long-term Loan	62757930	172955817	193659033
企（事）业单位贷款	Enterprise (business) Loan	178523407	304250419	339485763
短期贷款	Short-term Loan	66772847	91324794	90776387
中长期贷款	Medium and Long-term Loan	92012742	177759926	208096461
票据融资	Bill Financing	15825107	27908664	33164237
融资租赁	Financing Lease	3278325	6727256	7023109
各项垫款	The Advances	634386	529778	425569
非银行业金融机构贷款	Loans From Non-banking Financial Institutions		13000	20000
境外贷款	Beyond Border Loan	1780266	2226693	2051605

7—13 各市金融机构（含外资）本外币合并信贷收支（2021年）

Local and Foreign Financial Institutions (including foreign) Merging the Credit Balance of Payments by Region (2021)

（年末余额）(year-end) 单位：万元（10000 yuan）

地 区	Region	各项存款 Deposits	住户存款 Household Savings	非金融企业存款 Non-financial Corporate Deposits	机关团体存款 Organizations Deposit	财政性存款 Fiscal Deposits	非银行业金融机构存款 Non-banking Financial Institutions Deposits	各项贷款 Loans
总 计	**Total**	**668685492**	**344176097**	**177825769**	**96403253**	**13469537**	**36214071**	**586698199**
合肥市	Hefei	206056773	64392071	75778853	43100022	6369412	15997155	203223865
淮北市	Huaibei	17991364	10992873	3824530	2943632	209735	11914	14198101
亳州市	Bozhou	28488854	19456629	5349970	3247463	421181	12127	27436039
宿州市	Suzhou	29466561	20524496	5157467	3251658	505154	25619	26365986
蚌埠市	Bengbu	26914255	15925960	6214216	4006830	699476	61825	25885358
阜阳市	Fuyang	49389627	35405189	7240390	6078309	497038	166256	42022861
淮南市	Huainan	26161799	17312918	4885966	3416797	135894	407173	19242966
滁州市	Chuzhou	35919677	20744985	8741884	4555539	1344799	522792	34272512
六安市	Luan	34448733	22360867	6236655	5029564	718551	100239	29718825
马鞍山市	Maanshan	30974798	16829733	11053722	2114483	484699	460047	25589934
芜湖市	Wuhu	52540564	25207335	21539487	4918509	518885	271280	47162969
宣城市	Xuancheng	25009989	15154669	5024635	3840539	620016	364394	20572009
铜陵市	Tongling	17676318	11270626	3995770	1572139	75131	760216	15178210
池州市	Chizhou	13547949	9670676	2330711	1215045	312911	16007	10175573
安庆市	Anqing	41099134	28151072	7485902	4847830	371881	234334	30154806
黄山市	Huangshan	16092690	10690858	2930326	2264892	184656	16831	12373745
安徽省本部	Based in anhui province	16906407	85139	35286		117	16785864	3124439

7—14 人民币信贷收支情况（2021年）

Credit Receipts and Payments (2021)

（年末余额）(year-end)　　　　单位：万元（10000 yuan）

项　目	Item	中资全国性大型银行 Chinese Large National Banks	中资全国性中小型银行 Chinese National Small and Medium-sized Banks	中资区域性中小型银行 Chinese Regional Small and Medium-sized Banks	村镇银行 Village Banks	农　村合作机构 Rural Cooperative Organizations
各项存款	**Deposits**	**327244172**	**171408646**	**143917717**	**7397189**	**136520537**
境内存款	Domestic Savings	327092353	171306710	143917695	7397177	136520527
个人存款	Personal savings	190726968	42713518	109052344	4327163	104725181
#活期储蓄存款	Current Savings Account	68966114	13014227	22323829	751177	21572652
#定期储蓄存款	Time Deposit	61818259	19007454	80981225	3442647	77538578
#结构性存款	Structured Deposits	1593409	1676868			
单位存款	Unit of Account	125002567	102852791	34805473	3070015	31735467
#活期存款	Demand Deposits	52864391	37168815	17948073	1865035	16083048
#定期存款	Time Deposits	17433018	14930984	7750777	627903	7122875
#保证金存款	Margin Deposits	3273879	7828093	3018184	136583	2881602
#结构性存款	Structured Deposits	3843443	4561489			
国库定期存款	The Treasury Deposit	310250	123900			
非存款类金融机构存款	The Deposit Financial Institutions Deposits	11052568	25616501	59878		59878
境外存款	Overseas Account	151820	101936	22	12	10
各项贷款	**Loans**	**276887941**	**180845303**	**109837607**	**6125719**	**103711888**
境内贷款	Within the Boundaries Loan	276701195	180625421	109837607	6125719	103711888
短期贷款	Short-term Loan	44580390	40650746	56628202	3806815	52821388
个人贷款	A Personal Loan	13211051	8806339	29420104	2563569	26856535
#个人消费贷款	Individual Consumption Loan	4880541	4048493	7086186	341241	6744945
单位贷款	Unit of The Loan	31369339	29949407	25680398	1243246	24437153
#经营贷款	Business Loans	24618827	24937366	25397903	1242116	24155788
#固定资产贷款	Fixed Asset Loan	114411	115552	175233	1130	174103
#并购贷款	Mergers and Acquisitions Loan	2500				
#贸易融资	Trade Financing	6633601	4896489	107262		107262
非存款类金融机构贷款	The Deposit Financial Institutions Loans		1895000	1527700		1527700
中长期贷款	Medium and Long-term Loan	224337517	129829683	38632742	2082426	36550316
个人贷款	Individual Loan	120518934	43857539	23846309	1767822	22078487
#个人消费贷款	Individual Consumption Loan	116337952	36735421	17192949	816498	16376451
单位贷款	Unit of the Loan	103692584	85972144	14786433	314603	14471830
#经营贷款	Management Loan	17869592	21826361	9553428	275544	9277884
#固定资产贷款	Fixed Asset Loan	83710209	62589802	5233005	39059	5193946
#并购贷款	M&A Loan	1806127	747499			
#贸易融资	Trade Financing	306656	808482			
非存款类金融机构贷款	The Deposit Financial Institutions Loans	126000				
票据融资	Overseas financing Loan	7723499	9808616	14547257	232658	14314599
各项垫款	Discount	59788	336376	29406	3821	25585
境外贷款	Beyond Border Loan	186747	219882			

注：1. 本表中资全国性大型银行包括国家开发银行、中国工商银行、中国农业银行、中国银行、中国建设银行、交通银行、中国邮政储蓄银行。

2. 本表中资全国性中小型银行包括中国进出口银行、中国农业发展银行、中信银行、光大银行、招商银行、兴业银行、民生银行、华夏银行、徽商银行、九江银行、杭州银行、东莞银行、上海浦东发展银行、广发银行、渤海银行。

a) the Chinese national large Banks including China development bank, industrial and commercial bank of China, agricultural bank of China, bank of China, China construction bank, bank of communications, postal savings bank of China.

b) the Chinese national small and medium-sized Banks including the export-import bank of China, agricultural development bank of China, China citic bank, everbright bank, China merchants bank, industrial bank, minsheng bank, huaxia bank, bank of anhui merchants bank, bank of jiujiang, hangzhou, dongguan bank, Shanghai pudong development bank, guangdong development bank, bank of the bohai sea.

7—15 上市公司数量
Number of Listed Companies

单位：家（unit）

年 份 Year	全省合计 Provincial Total	上交所 Shanghai Stock Exchange	深交所 Shenzhen Stock Exchange	北交所 Beijing Stock Exchange	仅发A股公司 A Share Only	发A、B股公司 A & B Share
2005	45	27	18		39	3
2010	65	29	36		59	3
2012	78	29	49		72	3
2013	78	29	49		72	3
2014	80	31	49		74	3
2015	88	35	53		82	3
2016	93	37	56		87	3
2017	101	43	58		95	3
2018	103	47	56		97	3
2019	105	48	57		99	3
2020	126	57	69		120	3
2021	149	67	77	5	143	3

注：仅发A股公司是指排除同时发行B股及H股的境内上市公司。

a) A-share only companies refer to domestic listed companies that exclude the simultaneous issuance of B shares and H shares.

7—16 股票发行及筹资情况
Issuing Summary for Stocks

年 份 Year	股票发行A股（万股） Amount Issued A Shares (10000 shares)	筹资额合计（万元） Raised Capital (10000 yuan)	A 股 A Shares	配股筹资 Shares Rights Issued	可转债筹资 Changeable Bonds	公司债 Corporate Bonds
2005	4000	15200	15200			
2010	128849	1713126	1513126		200000	
2012	248280	1410770	415770			995000
2013	448722	2446186	1764186		32000	650000
2014	323193	1900684	1850684			50000
2015	209644	2718299	2183299			535000
2016	1140036	10357100	9970100			387000
2017	434290	4634079	3923779		119700	590600
2018	386365	5351411	3871411		230000	1250000
2019	650561	4412422	2836382		836040	740000
2020	135709	3516354	1753356	543092	919907	300000
2021	430093	12681100	4511110	396189	258200	7515600

注：1. 2016年以前股票发行包括首次公开发行、增发股票、认股权行权。

2. 2016年起股票发行包括首次公开发行、并购重组非公开发行、增发股票、认股权行权。

a) Prior to 2016, stock issuance includes initial public offering, additional shares and warrants.

b) Starting from 2016, stock issuance includes initial public offering, non-public offering of mergers and acquisitions, additional shares, and exercise of stock options.

7—17 各市股票发行及筹资情况（截至2021年）
Issuing Summary for Stocks by Region (As of 2021)

地 区	Region	上市公司（家）Number of Listed Companies (unit)	发行股票（只）Number of Listed Shares (unit)	股份总数（万股）Number of Shares (10000 share)	#无限售股份 Unlimited Shares	当年募集资金（万元）Raised Capital (10000 yuan)	#发行股票 Amount of Listed Shares
总 计	**Total**	**149**	**35**	**14553753**	**11723550**	**15785800**	**4942700**
合 肥 市	Hefei	68	15	4986845	4293292	4821344	2655344
淮 北 市	Huaibei	4	1	598172	418347	743600	114100
亳 州 市	Bozhou	1	1	105720	76720	1134100	500000
宿 州 市	Suzhou					72000	
蚌 埠 市	Bengbu	8	1	723183	601318	602543	70543
阜 阳 市	Fuyang	1		65780	60647	604000	
淮 南 市	Huainan	2		277101	273174		
滁 州 市	Chuzhou	11	4	684208	255178	1350762	320762
六 安 市	Luan	3	1	294487	284587	152405	42405
马鞍山市	Maanshan	8	4	1626525	1282275	1230509	205509
芜 湖 市	Wuhu	17	4	2743406	1974940	3645830	453630
宣 城 市	Xuancheng	8	1	606294	470506	931623	352323
铜 陵 市	Tongling	9	2	1424936	1409859	270297	141297
池 州 市	Chizhou	3	1	52292	23063	106787	86787
安 庆 市	Anqing	4		167526	146566	120000	
黄 山 市	Huangshan	2		197278	153076		

注：1．首次公开发行、并购重组非公开发行、增发股票、认股权行权募集资金包括在发行股票中。
　　2．当年募集资金还包括可转债融资及公司债融资。

a) Initial public offering, merger and reorganization of non-public issues, rights to raise equity and stock rights to raise funds are included in the issuance of shares.

b) Funds raised in that year also include convertible bond financing and corporate bond financing.

7—18 保险公司业务经济技术指标（2021年）
Main Professional Technical Indicators of Insurance Companies (2021)

单位：万元（10000 yuan）

项　　目	Item	保费收入 Income From Premium	赔　　付 Claim and Payment
合　　计	**Total**	**13796713**	**5192674**
按公司类型分	**Divided By The Character of Company**		
财产保险公司	Property Insurance Companies	5481221	3711980
人身保险公司	Life Insurance Companies	8315492	1480694
按业务性质分	**Divided BY The Nature of The Business**		
财产保险业务	**Property Insurance Businesses**	**4368136**	**2935720**
企业财产险	Enterprise Property Insurance	96860	51786
家庭财产险	Family Property Insurance	21961	5695
机动车辆险	Motor Vehicle Insurance	3020847	2205901
工程保险	Engineering Insurance	43680	34686
责任保险	Liability Insurance	310585	147773
信用保险	Credit Insurance	33352	11084
保证保险	Guarantee Insurance	314267	152735
船舶保险	Ship Insurance	20251	11562
货物运输险	Freight Transport Insurance	42313	11678
特殊风险保险	Peculiar Risk Insurance	733	601
农业保险	Agriculture Insurance	435410	283940
其他保险	Other Insurance	27879	18280
人身保险业务	**Insurance Service of Life**	**9428578**	**2256954**
寿　险	Life Insurance	6568377	740605
健康险	Health Insurance	2486035	1423435
意外伤害险	Personal Accident Insurance	374165	92914

注：上述数据来源于各公司报送的保险数据，未经审计。因部分机构正在进行风险处置，行业汇总数据口径暂不包括这部分机构。

a) These data are from insurance data submitted by companies and are not audited. Because some institutions are in the process of risk disposal, the industry summary data caliber does not include these institutions.

主要统计指标解释

一般公共预算收入

指国家财政参与社会产品分配所取得的收入，是实现国家职能的财力保证。主要包括：

（1）税收收入：包括增值税、企业所得税、个人所得税、资源税、城市维护建设税、房产税、印花税、城镇土地使用税、土地增值税、车船税、耕地占用税、契税和烟叶税等。

（2）非税收入：包括专项收入、行政事业性收费收入、罚没收入、国有资本经营收入和国有资源（资产）有偿使用收入等。

一般公共预算支出

国家财政将筹集起来的资金进行分配使用，以满足社会各项事业发展和经济建设的需要，主要包括：

（1）一般公共服务：反映政府提供一般公共服务的支出。具体包括人大事务、政协事务、政府办公厅（室）及相关机构事务、发展与改革事务、统计信息事务、财政事务、税收事务、审计事务、海关事务、纪检监察事务、商贸事务、知识产权事务、民族事务、港澳台事务、档案事务、民主党派及工商联事务、群众团体事务、党委办公厅（室）及相关机构事务、组织事务、宣传事务、统战事务、对外联络事务、其他共产党事务支出、网信事务、市场监督管理事务、其他一般公共服务支出。

（2）公共安全：反映政府维护社会公共安全方面的支出。具体包括武装警察部队、公安、国家安全、检察、法院、司法、监狱、强制隔离戒毒、国家保密、缉私警察、其他公共安全支出等。

（3）教育：反映政府教育支出情况。具体包括教育管理事务、普通教育、职业教育、成人教育、广播电视教育、留学教育、特殊教育、进修及培训、教育费附加安排的支出、其他教育支出。

（4）科学技术：反映国家用于科学技术方面的支出。具体包括科学技术管理事务、基础研究、应用研究、技术研究与开发、科技条件与服务、社会科学、科学技术普及、科技交流与合作、科技重大项目、其他科学技术支出。

（5）文化旅游体育与传媒：反映政府在文化和旅游、文物、体育、新闻出版电影、广播影视、其他文化旅游体育与传媒支出。

（6）社会保障和就业：反映政府在社会保障与就业方面的支出。具体包括人力资源和社会保障管理事务、民政管理事务、补充全国社会保障基金、行政事业单位离退休、企业改革补助、就业补助、抚恤、退役安置、社会福利、残疾人事业、红十字事业、最低生活保障、临时救助、特困人员救助供养、补充道路交通事故社会救助基金、其他生活救助、财政对基本养老保险基金的补助、财政对其他社会保险基金的补助、退役军人管理事务、财政代缴社会保险费支出、其他社会保障和就业支出。

（7）卫生健康：反映政府用于卫生健康方面的支出。具体包括卫生健康管理事务、公立医院、基层医疗卫生机构、公共卫生、中医药、计划生育事务、行政事业单位医疗、财政对基本医疗保险基金的补助、医疗救助、优抚对象医疗、医疗保障管理事务、老龄卫生健康事务、其他卫生健康支出。

（8）节能环保：反映政府用于节能环保方面的支出。具体包括环境保护管理事务、环境监测与监察、污染防治、自然生态保护、天然林保护、退耕还林还草、风沙荒漠治理、退牧还草、已垦草原退耕还草、能源节约利用、污染减排、可再生能源、循环经济、能源管理事务、其他节能环保支出。

（9）城乡社区：反映政府用于城乡社区事务方面的支出。包括城乡社区管理事务、城乡社区规划与管理、城乡社区公共设施、城乡社区环境卫生、建设市场管理与监督、其他城乡社区支出。

（10）农林水：反映政府用于农林水事务方面的支出。具体包括农业农村、林业和草原、水利、扶贫、农村综合改革、普惠金融发展支出、目标价格补贴、其他农林水支出。

（11）交通运输：反映政府用于交通运输方面的支出。具体包括公路水路运输、铁路运输、民用航空运输、成品油价格改革对交通运输的补贴、邮政业支出、车辆购置税支出、其他交通运输支出。

信贷资金

指金融机构以信用方式积聚和分配的货币资金。金融机构信贷资金的来源有各项存款、金融债券、对国际金融机构负债、流通中现金、其他项目等；信贷资金的运用有各项贷款、有价证券及投资、黄金占款、外汇买卖、财政借款及在国际金融机构中的资产等。

存款

指企业、机关、团体或居民把货币资金存入银行或其他信贷机构保管，可随时或按约定时间支取款项，并取得一定利息的一种信用活动形式。根据存款对象或性质的不同可划分为住户存款、非金融企业存款、政府存款、非银行业金融机构存款等科目。它是银行信贷资金的主要来源。

贷款

指银行或其他信贷机构根据资金必须归还的原则，按一定利率，为企业、个人等提供资金的一种信用活动形式。我国银行贷款分为短期贷款、中长期贷款、融资租赁、票据融资、各项垫款、境外贷款等。

保费

指投保人为取得保险人在约定范围内所承担赔偿责任而支付给保险人的费用。

赔款

指保险人根据保险合同的规定，向被保险人支付的赔偿保险责任损失的金额。

给付

包括死伤医疗给付和满期给付。死伤医疗给付是指保险人根据人寿保险及长期健康保险合同的规定，因被保险人在保险期内发生保险责任范围内的保险事故支付给被保险人（或受益人）的金额。满期给付是指被保险人生存期满，保险人按人寿保险合同规定支付给被保险人的满期保险金额。

注：为反映机构改革和经济社会发展的最新变化，根据《2021 年政府收支分类科目》和《2018 中国统计年鉴》对部分财政、金融统计指标解释进行了修订。

Explanatory Notes for Major Statistical Indicators

General Public Budget Revenue

refers to the income obtained by the state finance participating in the distribution of social products, which is the financial guarantee for the realization of state functions. Mainly include:

1) Tax revenue: including value-added tax, enterprise income tax, individual income tax, resource tax, urban maintenance and construction tax, property tax, stamp tax, urban land use tax, land value-added tax, vehicle and vessel tax, farmland occupation tax, contract tax and tobacco tax, etc.

2) Non tax revenue: Include special revenue and administrative collect fees revenue, punish revenue, state-owned capital operation revenue and state-owned resource (asset) used revenue etc.

Expenditures in General Public Budgets

refers to the distribution and use of the funds the government finance has raised, so as to meet the needs of social various causes and economic construction and. It includes the following main items:

(1) General public Services: reflects government expenditure on the provision of general public services. Specific include National People's Congress, the Chinese people's political consultative conference affairs, government office (room) and the relevant agency business, the development and reform, statistics, financial affairs, tax, auditing affairs, customs affairs, discipline inspection affairs, commercial affairs, intellectual property affairs, ethnic affairs, Hong Kong, Macao and Taiwan affairs, archives, the democratic parties and federations of affairs, mass organizations, party committee Expenditures for the General Office (office) and related institutional affairs, organizational affairs, publicity affairs, United Front affairs, external liaison affairs, other Communist Party affairs, Internet and information services, market supervision and management affairs, and other general public services.

(2) Public security: reflects the government's expenditure on maintaining social public security. Specifically, it includes armed police forces, public security, national security, procuratorial work, courts, judiciary, prisons, compulsory isolation and drug rehabilitation, state secrecy, anti-smuggling police, and other public security expenditures.

(3) Education: reflects the government's expenditure on education. Specifically, it includes education management affairs, general education, vocational education, adult education, radio and television education, overseas education, special education, continuing education and training, expenses for additional arrangements for education expenses, and other education expenses.

(4) Science and technology: reflects the state's expenditure on science and technology. Specifically, it includes scientific and technological management affairs, basic research, applied research, technological research and development, scientific and technological conditions and services, social science, popularization of science and technology, scientific and technological exchanges and cooperation, major scientific and technological projects, and other scientific and technological expenditures.

(5) Culture, tourism, sports and media: reflects government expenditure on culture and tourism, cultural relics, sports, press, publication and film, radio, film and television, other culture, tourism, sports and media.

(6) Social security and employment: reflects government spending on social security and employment. Specific include human resources and social security management affairs, civil affairs, management affairs, supplement the national social security fund, retired administrative institution, enterprise reform subsidy, employment benefits, pension, retirement and resettlement, social welfare, undertakings for disabled persons, the cause of the Red Cross, the lowest life guarantee, temporary

assistance, strands personnel assistance support, supplement of road traffic accidents, the social assistance fund Financial subsidies to basic endowment insurance funds, financial subsidies to other social insurance funds, ex-servicemen's management affairs, social insurance premiums paid on behalf of the government, other social security and employment expenses.

(7) Health: Reflects government spending on health. Specifically, it includes health management affairs, public hospitals, primary medical and health institutions, public health, traditional Chinese medicine, family planning affairs, medical treatment of administrative institutions, financial subsidies to the basic medical insurance fund, medical assistance, special medical care, medical security management affairs, health care for the elderly, and other health expenditures.

(8) Energy conservation and environmental protection: reflects government expenditure on energy conservation and environmental protection. Including environmental management, environmental monitoring and supervision, pollution control, ecological protection, to protect natural forests, returning farmland to forest and grass, grazing ban, has reclamation sand desert governance, grassland conversion of grassland, energy conservation, pollution reduction, renewable energy and circular economy, energy management, energy conservation and environmental protection other spending.

(9) Urban and Rural Communities: reflect the Government's Expenditure on Urban and Rural Community Affairs. Including urban and rural community management affairs, urban and rural community planning and management, urban and rural community public facilities, urban and rural community environmental sanitation, construction market management and supervision, and other urban and rural community expenditures.

(10) Agriculture, forestry and water: reflects government expenditure on agriculture, forestry and water services. Specifically, they include agricultural and rural areas, forestry and grassland, water conservancy, poverty alleviation, comprehensive rural reform, inclusive financial development expenditure, target price subsidies, and other agricultural, forestry and water expenditure.

(11) Transportation: Reflects government spending on transportation. Specifically, it includes road and waterway transportation, railway transportation, civil aviation transportation, subsidies for transportation due to refined oil price reform, postal expenses, vehicle purchase tax expenses, and other transportation expenses.

Credit Funds

refers to the monetary funds accumulated and distributed by financial institutions through credit. Sources of credit funds of financial institutions include various deposits, financial bonds, liabilities to international financial institutions, cash in circulation, other items, etc.; The use of credit funds includes loans, securities and investments, gold deposits, foreign exchange trading, financial loans and assets in international financial institutions.

Deposit

it refers to a form of credit activity in which enterprises, government agencies, organizations or residents deposit monetary funds in banks or other credit institutions for safekeeping, can withdraw money at any time or at an agreed time, and obtain certain interest. According to the object or nature of deposit, it can be divided into household deposit, non-financial enterprise deposit, government deposit, non-banking financial institution deposit and other subjects. It is the main source of bank credit funds.

Loan

it refers to a form of credit activity in which banks or other credit institutions provide funds for enterprises and individuals at a certain interest rate according to the principle that funds must be returned. Bank loans in China are divided into short-term loans, medium-term and long-term loans, financial leasing, bill financing, various advances, overseas loans, etc.

Premium

is the fee paid by the insurant to the insurer to obtain the obligation of compensation from the insurance within the agreed terms.

Settled Claim

is the compensation paid by the insurer to the insurant in accordance with the insurance contract.

Payment

includes payment for death, injury or medical treatment and mature payment. Payment for death, injury or medical treatment refers to the money paid to the insurant (or the beneficiary) in accordance with the life or health insurance contract when the insurant encounters accidents within the insured period covered in the contract. Mature payment refers to the mature payment to the insurant in accordance with the life insurance contract at the end of the insured period.

Note: In order to reflect the latest changes in institutional reform and economic and social development, the interpretation of some fiscal and financial statistical indicators has been revised according to the Categories of Government Revenue and Expenditure in 2021 and China Statistical Yearbook in 2018.

第八篇

Chapter 8

物价指数

PRICE INDICES

简要说明

一、本篇价格指数资料，反映生产、流通与消费等环节的价格变动趋势和变动幅度。主要包括居民消费价格指数、商品零售价格指数、农产品生产者价格指数、工业生产者出厂价格指数、工业生产者购进价格指数。

二、价格指数统计由国家统计局安徽调查总队组织实施，各市、县调查队依据国家统计局统一制定的价格统计调查制度向基层采集原始数据汇总后上报。

三、消费、零售价格指数都是采用分层抽样调查方法编制的，以样本推断总体，被抽选的调查市县 19 个。

四、农产品生产者价格调查采用抽样调查和重点调查相结合的调查方法，调查采用月报和季报相结合的方式，目前我省抽选的调查县为 31 个。

五、工业生产者价格调查采用重点调查和典型调查相结合的方法，调查实行月报，调查对象包括全省 16 个市的 3100 余家工业企业。

Brief Introduction

I. Price index data reflects the trend and range of price changes in production, distribution and consumption. It mainly includes consumer price index (CPI), retail price index (RPI), producer price index (PPI) of agricultural products, producer price index (PPI) and producer purchase price index.

II. The statistics of price indices is organized by the NBS Survey Office in Anhui. The survey offices of the selected cities and counties collect statistical data from the grassroots units in accordance with the scheme of prices survey stipulated by the State Statistical Bureau, tabulate them and report them to higher agencies.

III. The consumption and retail price indices were compiled using stratified sampling survey methods. 19 cities and counties were selected for the survey.

IV. Survey on producer prices of agricultural products shall be conducted by combining sampling surveys with key surveys. The survey was conducted using a combination of monthly and quarterly reports, investigation county that my province selects at present is 31.

V. Data for the calculation of the price indices of industrial products are collected by Combination of key survey and typical survey method. The surveys are performed monthly including more than 3100 industrial enterprises in Anhui 16 cities.

8—1 各种价格总指数
Price Indices

上年=100（preceding year=100）

年 份 Year	居民消费价格指数 General Consumer Price Index	城市居民消费价格指数 Urban Areas	农村居民消费价格指数 Rural Areas	商品零售价格指数 General Retail Price Index	工业生产者出厂价格指数 Ex-factory Industrial Producer Price Index	工业生产者购进价格指数 Industrial Producer Purchasing Price Index
2005	101.4	101.0	101.9	100.6	103.3	107.2
2010	103.1	103.0	103.4	103.2	109.0	111.8
2013	102.4	102.4	102.5	101.2	98.2	96.9
2014	101.6	101.7	101.5	100.4	97.4	97.2
2015	101.3	101.3	101.3	99.7	93.9	93.5
2016	101.8	101.8	101.6	100.8	98.5	98.4
2017	101.2	101.3	101.1	101.7	108.0	109.2
2018	102.0	102.0	102.0	101.9	103.0	105.3
2019	102.7	102.7	102.8	101.9	100.3	99.9
2020	102.7	102.5	102.9	101.6	99.1	98.5
2021	100.9	101.1	100.7	101.6	107.7	111.5

8—2 各种价格定基指数
Fixed-base Price Indices

（1990=100）

年 份 Year	居民消费价格指数 General Consumer Price Index	城市居民消费价格指数 Urban Areas	农村居民消费价格指数 Rural Areas	商品零售价格指数 General Retail Price Index	工业生产者出厂价格指数 Ex-factory Industrial Producer Price Index	工业生产者购进价格指数 Industrial Producer Purchasing Price Index
2005	225.7	232.5	219.8	180.8	186.2	250.0
2010	260.9	268.1	255.1	206.9	218.2	326.6
2013	288.6	295.7	283.6	225.2	228.1	344.4
2014	293.2	300.7	287.9	226.1	222.2	334.8
2015	297.0	304.6	291.6	225.4	208.6	313.0
2016	302.3	310.1	296.3	227.2	205.5	308.0
2017	305.9	314.1	299.6	231.1	221.9	336.3
2018	312.0	320.4	305.6	235.5	228.6	354.0
2019	320.4	329.1	314.2	240.0	229.4	353.7
2020	329.1	337.3	323.3	243.8	227.4	348.3
2021	332.1	341.0	325.6	247.7	244.9	388.4

注：工业生产者出厂价格、工业生产者购进价格指数以1992年为100。
a) Index of producer price and purchase price for industrial producers was 100 in 1992.

8—3 居民消费价格分类指数（2021年）
Consumer Price Indices by Category (2021)

上年=100（preceding year=100）

类　　别	Item	全　省 Provincial Indices	城　市 Urban Indices	农　村 Rural Indices
居民消费价格总指数	**General Consumer Price Index**	**100.9**	**101.1**	**100.7**
食品烟酒	**Food Tobacco and Liquor**	**99.5**	**99.9**	**98.8**
食　品	Food	98.5	99.1	97.3
粮　食	Grain	100.7	100.8	100.7
薯　类	Potatoes	100.5	98.3	103.8
豆　类	Beans	107.7	108.0	107.3
食用油	Edible Oil	104.2	105.0	102.9
菜及食用菌	Vegetables and Edible Fungi	103.6	104.1	102.3
鲜　菜	Fresh Vegetables	104.1	104.6	102.8
畜肉类	Meat Class	81.2	82.3	79.1
禽肉类	Poultry Meat	97.2	98.3	95.2
水产品	Aquatic Products	114.3	114.3	114.3
蛋　类	Eggs	112.3	113.4	110.2
奶　类	Milk	101.8	101.5	102.4
干鲜瓜果类	Melons and Fruits	103.7	104.1	102.8
糖果糕点类	Candy Cakes Category	101.7	102.0	101.0
调味品	Condiment	101.6	101.4	101.8
其他食品类	Other Food and Food Processing Services	100.4	100.4	100.4
茶及饮料	Tea and Beverages	104.1	103.0	105.8
烟　酒	Tobacco and Liquor	100.6	100.4	100.9
卷　烟	Cigarette	101.4	101.3	101.6
酒　类	Liquor	99.4	99.1	99.9
在外餐饮	Food for External Use	102.0	102.0	102.1
衣　着	**Clothing**	**101.1**	**100.9**	**101.3**
服　装	Garments	101.1	101.0	101.5
鞋　类	Footwear	100.7	100.7	100.7

8—3 续表 continued

上年=100（preceding year=100）

类　　别	Item	全　省 Provincial Indices	城　市 Urban Indices	农　村 Rural Indices
居　住	**Housing**	**100.7**	**100.6**	**100.8**
租赁房房租	Rental Housing Rentals	100.1	100.3	99.3
住房保养维修及管理	Housing Maintenance and Management	102.2	102.5	101.7
水电燃料	Water, Electricity and Fuel	101.4	100.9	102.2
自有住房	One's Own House	100.1	100.2	100.0
生活用品及服务	**Daily Necessities and Services**	**100.1**	**100.2**	**100.0**
家具及室内装饰品	Furniture and Interior Decorations	100.2	100.3	100.0
家用器具	Household Appliances	100.8	101.2	99.9
家用纺织品	Home Textiles	100.4	100.7	99.4
家庭日用杂品	Household Daily Groceries	99.8	99.6	100.2
个人护理用品	Personal Care Products	98.7	98.6	98.8
家庭服务	Family Service	103.1	103.1	103.2
交通通信	**Traffic Communication**	**104.8**	**104.9**	**104.4**
交　通	Traffic	105.8	105.9	105.6
通　信	Communication	101.9	101.9	101.7
教育文化娱乐	**Education Culture and Entertainment**	**102.8**	**102.6**	**103.3**
教　育	Education	103.7	103.6	104.0
文化娱乐	Cultural and Entertainment	100.8	100.5	101.5
文娱耐用消费品	Entertainment Durable Consumer Goods	100.5	100.8	99.8
旅　游	Traveling	101.6	100.7	105.2
医疗保健	**Medical Insurance**	**100.5**	**100.7**	**100.3**
药品及医疗器具	Medicine and Medical Equipment	99.3	99.3	99.3
医疗服务	Medical Service	101.0	101.2	100.7
其他用品及服务	**Other Supplies and Services**	**96.1**	**96.1**	**96.1**
其他用品	Other Supplies	99.3	99.3	99.3
其他服务	Other Services	92.2	92.5	91.3

8—4 商品零售价格分类指数（2021年）
Retail Price Indices by Category of Commodities (2021)

上年=100（preceding year=100）

类别	Item	全省 Provincial Indices	城市 Urban Indices	农村 Rural Indices
商品零售价格指数	**General Retail Price Index**	**101.6**	**101.6**	**101.3**
食品	**Food**	**99.9**	**100.1**	**99.0**
粮食	Grain	100.6	100.8	100.0
薯类	Potatoes	100.0	98.6	105.3
豆类	Beans	108.5	108.5	108.4
食用油	Edible Oil	104.2	104.5	102.9
菜及食用菌	Vegetables and Edible Fungi	103.9	104.1	103.1
畜肉类	Meat Class	82.0	82.7	79.4
禽肉类	Poultry Meat	97.4	97.9	95.4
水产品	Aquatic Products	114.1	113.9	114.7
蛋类	Eggs	112.9	113.5	110.6
奶类	Milk	102.3	102.2	102.5
干鲜瓜果类	Melons and Fruits	104.3	104.5	103.4
糖果糕点类	Candy Cakes Category	102.2	102.5	101.0
调味品	Condiment	101.5	101.4	102.0
其他食品类	Other Food	100.8	100.9	100.6
餐饮业零售	Catering Retail	102.2	102.2	102.5
饮料、烟酒	**Beverages, Tobacco and Liquor**	**100.7**	**100.6**	**101.4**
茶及饮料	Tea and Beverages	103.4	103.0	105.2
卷烟	Cigarette	101.1	101.0	101.3
酒类	Liquor	99.3	99.2	99.9
服装、鞋帽	**Garments, Shoes and Hats**	**100.9**	**100.8**	**101.2**
服装	Garments	100.9	100.7	101.6
鞋帽袜	Footwear and Hats	100.9	101.1	100.1
其他衣着配件	Other Clothing Accessories	101.1	101.2	100.8
纺织品	**Textiles**	**100.8**	**101.2**	**99.1**
服装材料	Clothing Material	100.3	100.7	98.8
床上用品	Bed Articles	100.9	101.3	99.2
家用电器及音像器材	**Household Electrical Appliance and Audio-video Supplies**	**101.9**	**102.2**	**100.1**
家庭设备	Household Facilities	101.2	101.4	100.0

8—4 续表 continued

上年=100（preceding year=100）

类 别	Item	全 省 Provincial Indices	城 市 Urban Indices	农 村 Rural Indices
文娱用耐用消费品	Durable Consumer Goods for Recreational Use	102.9	103.4	100.0
专业音像器材	Professional Video Equipment	101.6	101.6	101.6
文化办公用品	**Cultural and Office Articles**	**100.3**	**100.3**	**100.4**
日用品	**Articles for Daily Use**	**99.7**	**99.8**	**99.7**
日用百货	Daily Use Sundry Goods	100.0	100.2	99.5
厨具餐具茶具	Kitchen Utensils Tableware	98.1	98.2	97.6
清洗用品	Washing Articles	100.4	100.3	100.7
其他日用品	Other Articles for Daily Use	99.7	99.6	100.2
体育娱乐用品	**Sports and Recreational Articles**	**100.6**	**100.6**	**100.5**
体育户外用品	Sports Outdoor Supplies	100.3	100.5	99.0
娱乐用品	Recreational Articles	100.7	100.7	100.7
交通、通信用品	**Transportation and Telecommunication Articles**	**101.6**	**101.7**	**101.3**
交通运输机械	Transportation Mechanism	101.4	101.4	101.1
通信器材	Telecommunication Facility	105.9	105.9	105.8
家 具	**Furniture**	**100.3**	**100.4**	**99.9**
化妆品	**Cosmetics**	**97.8**	**97.9**	**97.3**
金银饰品	**Jewelry**	**98.9**	**99.0**	**98.7**
中西药品及医疗保健用品	**Traditional Chinese and Western Medicines and Health Care Articles**	**99.3**	**99.2**	**99.9**
医疗卫生器具	Medical and Health Equipment	96.3	95.6	99.8
中 药	Chinese Medicine	101.3	100.7	103.6
西 药	Western Medicine	98.9	98.9	98.8
保健器具及用品	Health Care Appliances and Articles	100.0	100.1	99.1
书报杂志及电子出版物	**Newspapers, Magazines and Electronic Publications**	**97.7**	**97.7**	**97.7**
教材及参考书	Teaching Materials and Reference Books	99.7	99.6	100.0
书报杂志及音像制品	Books, Newspapers, Magazines and Audio and Video Products	93.0	93.0	92.7
计算机办公软件	Computer Office Software	103.1	103.1	103.1
燃 料	**Fuels**	**112.4**	**112.3**	**113.2**
煤炭及制品	Coal and Related Products	118.1	118.6	116.0
石油及制品	Petroleum and Related Products	111.8	111.6	112.9
建筑材料及五金电料	**Building Materials, Hardware and Electrical Materials**	**101.9**	**102.0**	**101.5**
建筑装潢材料	Building Decoration Materials	102.0	102.1	101.7
五金水暖	Hardware and Electrical Materials	101.6	101.7	101.0

8—5 调查市、县居民消费价格分类指数（2021年）
Consumer Price Indices by Category and by Surveyed City and County (2021)

上年=100（preceding year=100）

市 县 Surveyed City and County		总指数 General Index	食品烟酒 Food Tobacco and Liquor	食品 Food	#粮食 Grain	食用油 Edible Oil	菜及食用菌 Vegetables and Edible Fungi	鲜菜 Fresh Vegetables	畜肉类 Meat Class	禽肉类 Poultry Meat	水产品 Aquatic Products	蛋类 Eggs
合肥市	Hefei	101.7	100.4	99.6	100.6	104.3	104.3	104.3	83.6	97.4	113.5	114.2
淮北市	Huaibei	100.7	98.9	97.9	97.5	110.8	105.0	105.2	82.2	103.6	109.0	108.8
亳州市	Bozhou	100.5	99.5	98.2	100.4	113.4	106.7	107.2	80.8	93.8	116.9	107.9
宿州市	Suzhou	100.9	100.3	99.5	100.4	105.5	104.6	105.0	83.6	103.3	111.0	119.7
蚌埠市	Bengbu	101.1	100.1	99.4	100.8	103.2	106.3	107.1	84.2	96.7	111.6	116.6
阜阳市	Fuyang	100.7	100.0	99.2	101.7	107.5	104.6	105.7	82.4	98.7	116.3	114.1
淮南市	Huainan	100.8	99.8	99.2	101.8	104.2	103.8	105.2	81.8	97.4	113.3	121.8
滁州市	Chuzhou	101.0	100.6	100.0	97.9	100.9	101.1	101.5	87.2	99.4	118.9	115.1
马鞍山市	Maanshan	101.3	100.9	100.6	102.0	111.8	108.4	109.9	83.6	98.7	117.6	111.4
芜湖市	Wuhu	101.3	99.4	98.9	101.9	101.4	102.2	102.6	80.9	97.3	112.0	110.3
宣城市	Xuancheng	100.7	99.6	98.0	101.3	104.8	103.2	103.8	79.3	96.6	112.7	111.0
铜陵市	Tongling	100.8	99.1	98.0	101.3	102.7	101.4	101.6	79.6	93.5	114.0	110.4
安庆市	Anqing	100.8	100.2	99.0	101.2	103.9	102.1	102.1	82.3	95.8	116.0	112.5
六安市	Luan	100.4	99.2	98.3	100.4	99.2	101.9	101.9	79.7	101.7	119.2	108.2
庐江县	Lujiang	100.6	98.8	97.4	100.2	105.6	104.4	104.8	78.7	92.3	116.0	109.4
桐城市	Tongcheng	100.9	98.5	96.1	103.9	100.5	97.9	98.3	76.8	97.4	113.4	111.7
歙县	Shexian	101.0	99.3	98.0	100.4	101.3	102.1	101.8	78.5	97.3	115.0	108.1
阜南县	Funan	100.5	98.2	97.2	99.8	103.5	102.8	103.6	80.7	94.6	112.3	109.3
金寨县	Jinzhai	100.5	99.7	98.3	98.4	103.2	104.8	105.7	81.2	96.2	115.6	113.3

市 县 Surveyed City and County		干鲜瓜果类 Melons and Fruits	茶及饮料 Tea and Beverages	烟酒 Tobacco and Liquor	在外餐饮 Food for External Use	衣着 Clothing	居住 Housing	生活用品及服务 Daily Necessities and Services	交通通信 Traffic Communication	教育文化娱乐 Education Culture and Entertainment	医疗保健 Medical Insurance	其他用品及服务 Other Supplies and Services
合肥市	Hefei	103.5	104.5	100.3	102.7	100.5	101.3	100.4	105.4	104.8	100.6	96.2
淮北市	Huaibei	99.9	103.5	100.7	101.2	100.9	100.4	100.3	105.2	102.8	100.8	96.0
亳州市	Bozhou	97.4	102.7	100.0	102.5	101.1	100.3	99.9	103.9	100.2	101.9	96.1
宿州市	Suzhou	103.6	104.7	99.6	103.2	100.3	100.6	99.1	104.2	100.9	103.1	95.2
蚌埠市	Bengbu	102.0	100.0	100.6	102.0	101.0	100.6	100.3	104.3	104.3	100.0	96.6
阜阳市	Fuyang	104.3	103.5	99.7	101.8	102.1	100.5	99.1	105.1	100.3	100.0	94.2
淮南市	Huainan	108.5	103.7	101.9	100.1	100.8	100.5	101.2	104.9	101.0	100.0	96.4
滁州市	Chuzhou	108.8	104.3	99.5	102.6	99.6	100.7	100.8	104.9	102.3	99.2	95.6
马鞍山市	Maanshan	101.5	104.7	100.9	101.6	100.5	100.7	99.4	104.6	102.1	101.8	95.7
芜湖市	Wuhu	107.7	100.5	98.9	101.3	101.5	100.6	101.1	105.0	104.8	101.1	96.2
宣城市	Xuancheng	101.8	103.4	101.4	103.6	102.6	100.1	100.4	104.8	100.8	99.4	96.9
铜陵市	Tongling	111.7	99.8	100.7	101.8	100.5	100.2	100.7	105.3	102.7	100.4	98.6
安庆市	Anqing	109.2	101.9	101.0	103.4	101.6	100.0	100.8	103.8	101.5	100.4	96.4
六安市	Luan	102.6	100.8	100.3	101.2	100.4	100.1	99.9	104.5	101.3	100.3	96.6
庐江县	Lujiang	103.9	106.6	98.9	103.9	101.3	100.2	100.5	104.7	102.5	100.3	95.8
桐城市	Tongcheng	100.9	105.5	102.5	103.4	101.0	100.7	100.3	104.9	106.2	99.5	95.8
歙县	Shexian	107.6	106.7	99.7	103.3	102.1	101.4	98.9	104.5	104.1	100.2	96.0
阜南县	Funan	99.6	108.1	101.2	97.7	101.9	101.2	99.8	104.1	102.0	100.9	96.6
金寨县	Jinzhai	104.0	101.5	102.2	103.5	100.2	100.2	99.7	103.8	101.4	100.6	96.0

8—6 调查市、县商品零售价格分类指数（2021年）
Retail Price Indices by Category of Commodities and Surveyed City and County (2021)

上年=100（preceding year=100）

市 县 Surveyed City and County	总指数 General Index	#食品 Food	饮料、烟酒 Beverages, Tobacco and Liquor	服装、鞋帽 Clothing, Shoes and Hats	纺织品 Textiles	家用电器及音像器材 Household Electrical Appliance and Audio-video Supplies	文化办公用品 Cultural and Office Articles	日用品 Articles for Daily Use
合肥市 Hefei	101.9	100.5	100.8	100.4	102.3	103.8	100.5	99.4
淮北市 Huaibei	101.6	99.1	101.0	100.8	100.5	100.6	100.2	101.4
亳州市 Bozhou	100.6	99.3	100.4	101.1	100.3	100.3	100.6	99.3
宿州市 Suzhou	101.8	100.7	100.4	100.2	99.2	101.4	102.1	98.9
蚌埠市 Bengbu	101.5	100.2	100.5	100.9	100.8	100.4	100.0	100.8
阜阳市 Fuyang	101.4	99.7	100.5	102.0	100.9	101.0	100.9	99.0
淮南市 Huainan	101.5	99.4	102.1	100.8	100.6	101.8	100.6	100.6
滁州市 Chuzhou	101.3	101.3	100.2	99.6	99.1	100.1	101.4	100.3
马鞍山市 Maanshan	101.4	100.9	101.6	100.4	98.7	99.1	97.9	98.9
芜湖市 Wuhu	101.9	99.4	99.0	101.6	101.3	101.2	99.4	100.5
宣城市 Xuancheng	101.4	99.5	101.6	102.1	102.9	102.2	100.1	99.2
铜陵市 Tongling	101.7	99.4	100.6	100.5	103.4	100.1	99.5	101.2
安庆市 Anqing	101.3	100.3	101.2	101.6	99.9	102.8	100.6	99.3
六安市 Luan	101.0	99.1	100.3	100.3	99.4	101.6	99.1	99.6
庐江县 Lujiang	101.3	99.2	99.8	101.3	96.6	102.2	100.7	100.8
桐城市 Tongcheng	101.2	98.6	103.0	101.0	100.6	99.2	101.6	101.7
歙县 Shexian	101.3	99.5	100.7	102.0	100.0	98.9	99.0	98.5
阜南县 Funan	101.8	97.4	102.0	101.9	100.0	99.5	100.0	100.1
金寨县 Jinzhai	101.1	99.7	102.1	100.2	99.2	99.6	101.4	98.4

8—6 续表 continued

上年=100（preceding year=100）

市 县 Surveyed City and County		体育娱乐用品 Sports and Recreational Articles	交通、通信用品 Transportation and telecommunication Articles	家具 Furniture	化妆品 Cosmetics	金银饰品 Gold and silver jewellery	中西药品及医疗保健用品 Traditional Chinese and Western Medicines and Health Care Articles	书报杂志及电子出版物 Newspapers, Magzines and Electronic Publications	燃料 Fuels	建筑材料及五金电料 Building Materials, Hardware and Electrical Materials
合肥市	Hefei	100.6	101.3	100.4	97.4	99.1	99.1	97.8	112.6	102.8
淮北市	Huaibei	101.0	101.6	101.3	98.2	101.2	100.9	97.3	112.9	101.5
亳州市	Bozhou	102.1	101.7	99.1	96.9	98.5	97.7	97.9	109.5	99.6
宿州市	Suzhou	101.2	101.7	100.7	97.6	101.7	97.1	97.8	114.4	101.3
蚌埠市	Bengbu	101.1	101.0	99.3	97.9	97.2	99.5	97.8	112.1	102.7
阜阳市	Fuyang	100.0	101.8	95.1	98.5	97.0	100.1	97.9	114.2	101.5
淮南市	Huainan	100.3	101.6	101.2	98.9	102.6	99.6	97.8	110.2	101.7
滁州市	Chuzhou	98.6	101.6	102.9	100.2	96.6	95.1	98.8	114.1	101.3
马鞍山市	Maanshan	101.4	101.5	101.4	98.3	99.0	100.5	96.9	109.9	101.6
芜湖市	Wuhu	100.8	103.0	102.1	98.3	98.5	99.1	97.2	114.0	102.0
宣城市	Xuancheng	100.8	101.7	102.4	98.6	98.8	97.6	98.1	109.5	101.0
铜陵市	Tongling	100.6	102.0	99.8	98.8	98.7	101.1	98.1	112.8	101.6
安庆市	Anqing	100.2	101.6	101.4	97.9	98.2	100.5	98.2	108.0	102.0
六安市	Luan	100.2	101.6	100.4	97.7	101.9	100.6	98.2	108.8	99.7
庐江县	Lujiang	100.3	101.4	100.8	98.5	98.5	98.4	97.5	113.6	101.1
桐城市	Tongcheng	100.5	101.3	98.5	99.0	98.2	98.0	98.0	109.9	103.4
歙县	Shexian	99.2	102.1	100.4	95.8	98.1	100.8	97.0	110.6	102.6
阜南县	Funan	102.1	101.7	100.9	98.8	98.3	98.3	97.9	120.4	100.5
金寨县	Jinzhai	100.6	100.3	98.5	95.8	99.8	102.2	98.0	111.2	101.1

8—7 农产品生产者价格指数
Producer Price Indices of Agricultural Products

上年=100（preceding year=100）

类　　别	Item	2010	2015	2020	2021
总指数	**General Index**	**110.82**	**99.76**	**115.62**	**101.26**
农业产品	**Agricultural Products**	**114.77**	**97.84**	**104.16**	**107.62**
谷　物	Cereal	109.97	98.25	104.23	106.38
小　麦	Wheat	107.65	97.93	101.80	107.23
稻　谷	Rice	110.43	99.27	103.41	103.62
玉　米	Corn	117.58	92.52	112.57	121.84
薯　类	Tubers	119.94	101.20	103.71	97.10
豆　类	Beans	115.38	95.64	120.42	115.87
油　料	Oil-bearing Crops	116.19	96.45	111.39	103.04
棉　花	Cotton	161.74	87.09	96.40	115.26
蔬　菜	Vegetables	115.16	99.96	100.97	109.49
茶	Tea	122.92	95.96	100.45	104.02
林业产品	**Forestry Products**	**106.36**	**95.26**	**102.90**	**102.17**
木　材	Timber	103.90	97.42	104.08	102.24
原　木	Logs	103.88	97.42	104.08	102.24
竹　材	Bamboo Material	103.07	93.01	98.75	100.49
牧　业(饲养动物及其产品)	**Animal Husbandry (Breeding Animals and Their Products)**	**104.26**	**105.05**	**129.32**	**83.73**
活牲畜	Livestock Breeding (Live Animals)	108.25	108.47	145.30	71.62
牛	Cattle and Buffalo	105.45	98.32	110.32	105.85
羊	Sheep and Goats	111.29	80.90	102.50	108.17
猪	Pig	99.31	112.38	153.26	63.98
家　禽	Poultry	106.95	101.43	94.89	102.05
鸡	Chicken	105.93	101.61	94.81	101.60
鸭	Duck	110.51	100.00	93.07	106.00
禽　蛋	Poultry Eggs	106.65	94.19	83.13	113.94
鸡　蛋	Chicken Eggs	106.69	94.21	83.23	113.77
渔　业	**Fishery**	**106.89**	**99.62**	**103.35**	**109.15**
淡水养殖产品	Aquatic products in Inland Water	106.89	99.62	103.35	109.15
养殖淡水鱼	Freshwater Fishes	105.57	100.47	103.69	108.65
养殖淡水虾	Freshwater Shrimps		103.53	98.02	112.00
养殖淡水蟹	Freshwater Crabs		90.15	92.28	113.28
其他淡水养殖产品	Other Freshwater Aquatic Products	111.10	94.79	102.91	103.20

8—8 工业生产者出厂价格分类指数
Producer Price Indices for Industrial Products by Category

上年=100（preceding year=100）

年 份 Year	总指数 Total Industry Products	生产资料 Means of production	采掘工业 Mining & Quarrying Industry	原材料工业 Raw Materials Industry	加工工业 Manufa-cturing Industry	生活资料 Consumer Goods	食品 Food	衣着 Clothing	一般日用品 Articles for Daily Use	耐用消费品 Durable Consumer Goods
2005	103.25	104.91	113.04	111.06	100.47	98.93	99.60	100.32	101.84	96.67
2010	108.98	110.86	111.45	116.89	108.12	103.03	104.96	101.97	102.67	100.45
2011	108.30	109.20	104.80	111.20	108.80	105.60	108.90	107.50	106.40	100.40
2012	98.30	97.00	96.90	99.20	96.00	101.70	102.60	103.10	100.30	101.10
2013	98.20	96.90	92.90	96.60	97.50	101.50	102.60	102.70	101.60	99.90
2014	97.40	96.20	90.10	95.70	97.10	100.70	101.00	102.50	100.90	99.80
2015	93.94	91.65	81.10	91.02	93.12	100.17	99.91	101.37	100.02	100.33
2016	98.50	98.10	98.80	96.30	98.60	99.40	100.00	99.90	99.20	98.60
2017	107.98	110.80	126.41	114.71	108.17	101.06	101.37	101.45	100.51	100.95
2018	103.03	103.90	99.56	106.68	103.50	100.66	99.81	103.15	101.00	100.83
2019	100.34	100.12	108.83	99.19	99.60	100.90	101.58	102.33	100.56	99.83
2020	99.12	98.56	99.64	96.97	98.93	100.50	103.44	99.93	99.60	97.41
2021	107.72	110.13	127.30	114.14	107.73	101.37	101.63	102.04	102.50	99.95

8—9 工业生产者出厂价格轻重工业分类指数
Sub-index of Light and Heavy industry of Ex-factory Industrial Producer Price Index

上年=100（preceding year=100）

年 份 Year	轻 工 业 Light Industry	以农产品为原料 Using Farm Products as Raw Materials	以非农产品为原料 Using Non-farm Products Raw Materials	重 工 业 Heavy Industry	#采掘工业 Mining and Quarrying	原料工业 Raw Materials Industry	加工工业 Manufac-turing Industry
2005	99.05	99.54	98.62	106.31	112.59	111.32	101.36
2010	104.77	106.38	103.19	111.36	110.97	116.63	108.11
2011	107.70	109.90	103.60	108.50	104.80	110.90	107.70
2012	101.40	101.30	101.50	97.10	96.90	99.30	96.10
2013	101.50	102.20	100.10	96.90	92.90	96.90	97.40
2014	100.40	100.80	99.80	96.30	90.10	95.90	97.20
2015	99.64	99.47	99.96	91.82	81.10	91.17	93.33
2016	99.10	99.40	98.60	98.20	98.80	96.30	98.80
2017	101.81	102.18	101.28	110.74	126.41	114.37	108.02
2018	100.93	100.99	100.84	103.88	99.56	106.46	103.50
2019	99.99	100.66	99.02	100.50	108.83	99.57	100.01
2020	99.89	101.45	97.65	98.77	99.64	96.97	99.28
2021	102.77	102.95	102.54	110.07	127.30	114.43	107.33

8—10 工业生产者购进价格分类指数
Industrial Products Purchased from the Price Indices by Category

上年=100（preceding year=100）

年　份 Year	全部原材料 Total Raw and Other Materials	#燃料、动力类 Fuel and Power	黑色金属材料 Ferrous Metals	有色金属材料和电线类 Nonferrous Metals	化工原料 Industrial Chemicals	木材及纸浆 Timber and Paper Pulp	建筑材料及非金属矿类 Building Materials and Nonmetal Mine Since	其他工业原材料及半成品 Other Raw Materials and Semi-finished Products	农副产品 Agricultural and Subsidiary Products	纺织原料 Textile Raw Material
2005	107.13	114.95	108.07	116.42	106.87	103.47	106.55	104.35	98.16	95.41
2010	111.76	110.91	113.45	124.92	111.29	103.92	106.94	105.90	110.05	108.52
2011	110.80	112.90	110.10	116.10	109.50	108.70	117.40	103.90	116.30	112.10
2012	98.20	100.10	94.00	95.40	97.10	104.40	98.30	98.10	103.10	96.20
2013	96.90	91.60	96.90	93.80	97.90	99.60	95.70	98.70	103.40	100.30
2014	97.20	93.30	95.90	95.60	98.30	100.40	99.80	98.40	100.80	99.10
2015	93.46	89.45	88.16	90.58	94.04	99.73	98.66	97.40	96.65	96.88
2016	98.40	95.70	97.10	101.60	96.80	99.50	96.10	99.70	98.50	100.80
2017	109.20	114.53	114.08	122.19	109.14	104.84	105.62	104.52	101.37	104.65
2018	105.27	110.10	106.79	107.81	104.43	103.08	106.91	104.09	107.13	104.09
2019	99.91	97.28	102.56	93.21	97.17	99.28	103.86	102.08	102.03	98.63
2020	98.47	91.22	100.65	96.74	93.10	99.68	105.55	100.16	105.29	95.78
2021	111.52	117.81	119.76	121.21	114.55	102.89	109.97	105.55	103.78	104.38

主要统计指标解释

居民消费价格指数

是度量消费商品及服务项目价格水平随着时间而变动的相对数，反映居民家庭购买的消费品及服务价格水平的变动情况。它是宏观经济分析和决策、价格总水平监测和调控以及国民经济经济核算的重要指标。其按年度计算的变动率通常被用来作为反映通货膨胀（或紧缩）程度的指标。

商品零售价格指数

商品的零售价格是商品在流通过程中最后一个环节的价格，是工业、商业、餐饮业和其他零售企业向城乡居民、机关团体出售生活消费品和办公用品的价格。商品零售价格指数，反映了市场商品零售价格的变动趋势和变动程度，为国家宏观调控和国民经济核算提供参考依据。同时，还可以在此基础上编制其他派生价格指数。

农产品生产者价格指数

是反映一定时期内，农产品生产者出售农产品价格水平变动趋势及幅度的相对数。该指数可以客观反映全省农产品生产者价格水平和结构变动情况，满足农业与国民经济核算需要。其中某代表品生产者价格指数是通过对全部有出售该产品行为的调查单位的个体指数进行几何平均求得的，类价格指数是通过对其所属的类（或代表品）的价格指数进行加权平均求得的。季度累计价格指数的计算方法与分季指数的计算方法相同。

工业生产者出厂价格指数

是反映各工业行业产品出厂价格总水平的变动趋势和程度的相对数。为国民经济核算、测算工业发展速度、宏观经济分析和调控、理顺价格体系提供依据。

工业生产者购进价格指数

是反映工业企业作为生产投入，而从物资交易市场和能源、原材料生产企业购买原材料、燃料和动力产品时，所支付的价格水平变动趋势和程度的统计指标，是扣除工业企业物质消耗成本中的价格变动影响的重要依据。

目前，我国编制的原材料、燃料和动力购进价格指数所调查的产品包括燃料动力、黑色金属、有色金属、化工、建材等九大类的900多种产品。

Explanatory Notes for Major Statistical Indicators

Resident's Consumer Price Index

As relative index which measures the change in price level of a group of representative consumer goods and services with the passage of time, reflecting the changes in prices of consumer goods and services purchased by residents. It is an important index of macroscopic economic analysis and decisions, general price level monitoring, adjustment and control, and national business accounting. Its changing rate by the year is usually regarded as reflecting the degree of inflation (or tightens).

Retail Price Index

Retail price of goods is the price of the last link in the circulating course. It is the price of consumer goods and official supplies sold to urban and rural residents or organs by industrial, commercial, catering trade and other retail enterprises. Retail price index reflects the trend and degree of changes in retail price of market commodities. It offers the consulting basis of national macroscopic adjustment and control and national business accounting. Besides, other deriving price indices could be worked out basing on it.

Producer Price Indices of Agricultural Production

reflect the trend and degree of changes in producers' prices received by farmers when they sell farm products during a given period. These indices depict the change in the level and structure of producer prices for farm products of the province and meet the needs of agricultural statistics and national accounts statistics. The producer price index for a given product is calculated as the geometrical mean of individual indices for all surveyed units which sell such product, and the indices for a product category is obtained as the weighted mean of price indices for all products in the category. Method for calculating accumulative quarterly indices is the same as for calculating the individual quarterly indices.

Ex-factory Price Index of Industrial Products

reflects the trend and degree of changes in general ex-factory prices of all industrial products. It offers basis of national business accounting, calculating industrial development speed, national macroscopic analysis, adjustment and control and rationalizing the price system.

Indices of Purchasing Prices of Raw Materials, Fuels and Power

reflect changes in the level and degree of prices paid by industrial enterprises when they purchase production input such as raw materials, fuels and power from the market or from other energy or raw materials producing enterprises. These indices provide important basis for measuring the material consumption of industrial enterprises after removing influence of price changes.

At present, over 900 products in 9 categories, including fuels and power, ferrous metals, non-ferrous metals, chemicals, building materials, are covered in China for the survey to produce indices of purchasing prices of raw materials, fuels and power.

第九篇

Chapter 9

城乡人民生活

LIVELIHOOD OF
URBAN AND RURAL PEOPLE

简要说明

一、本篇资料内容主要反映城乡居民收支和生活状况，包括居民家庭基本情况、居民收支、消费水平、居住状况及主要消费品拥有量等。

二、本篇资料来源于城乡一体化住户调查。自2013年以来，城乡一体化住户调查整合城乡住户调查资源，统一调查指标、统一抽样方法、统一调查过程、统一数据处理和统一数据发布，由安徽调查总队根据国家统计局《住户收支与生活状况调查方案》组织实施，其调查目的是为全面了解全省和分市、县（区）城乡常住居民收入、生活现状及变化情况，全面准确地反映居民收入分配格局，满足各级政府制定政策计划和进行宏观管理的需要，以及社会各界的信息需求，为国民经济核算提供基础数据。

三、全体居民按收入五等份分组是指将所有调查户按人均可支配收入水平从低到高顺序排列，平均分为五个等份，处于最低20%的收入群体为低收入组，依此类推依次为中间偏下收入组、中间收入组、中间偏上收入组、高收入组。

Brief Introduction

I. This chapter material content mainly reflects the urban and rural residents' income and living conditions, including residents family basic situation, income, consumption level, living condition and the main consumer ownership, etc.

II. This chapter material content is derived from the integrationization of urban and rural household survey. Since 2013, the integrationization of urban and rural household survey has been unifying urban and rural household survey resources unified index, sampling method and survey process, data processing and data releasing. According to the resident income and life condition investigation plan of the national bureau of statistics, the survey office in Anhui organized the implementation. Survey aim is for comprehensive understanding of the province and city and county (district) of urban and rural residents income, living status and changing situation, comprehensive accurately reflecting the residents income distribution pattern, providing for all levels of government policy planning and the need of macro management, and information demanding to the social, and basic data for the national economic accounting.

III. The quinquennial grouping of all households by income means that all surveyed households are arranged in order of per capita disposable income from the lowest to the highest, and divided into five equal groups on average. The income group at the bottom 20% is the low-income group, and so on, it is the lower middle income group, the middle income group, the upper middle income group, and the high income group.

9—1 人民物质文化生活情况
People's Material and Cultural Life

项　目		Item	2020	2021
就　业		**Employment**		
城镇每一从业人口负担人数	（人）	Number of Persons Burdened by Each Employed Population in Cities and Towns (person)	1.95	1.38
农村每一从业人口负担人数	（人）	Number of Persons Burdened by Each Employed Population in Rural Areas (person)	1.92	1.50
城镇登记失业率	（%）	Urban Unemployment Rate (%)	2.83	2.46
收　入		**Income of Rural and urban Residents**		
城镇居民可支配收入	（元）	Annual per Capita Disposable Income of Urban	39442	43009
农村居民可支配收入	（元）	Annual per Capita Net Income of Rural Residents (yuan)	16620	18372
城镇居民恩格尔系数	（%）	Engle Coefficient of Urban Households (%)	32.6	32.0
农村居民恩格尔系数	（%）	Engle Coefficient of Rural Households (%)	34.3	33.6
城镇非私营单位就业人员平均工资	（元）	Average Wage for the Employment of Urban Non Private Units (yuan)	85857	93861
现住房面积	**（平方米）**	**Per Capita Floor Space of Residential Buildings (sq.m)**		
城镇常住居民人均住房建筑面积		Urban Areas (Net)	42.1	42.3
农村常住居民人均住房建筑面积		Rural Areas (Net)	54.6	54.7
交　通		**Traffic**		
城镇每百户拥有家用汽车	（辆）	Number of Home Car Cycles per 100 Households in Urban Areas (unit)	36.6	41.4
城镇每百户拥有摩托车	（辆）	Number of Motor Cycles per 100 Households in Urban Areas (unit)	13.1	9.6
城市公用事业		**Public Utilities in Urban Areas**		
用水普及率	（%）	Water Penetration Rate (%)	99.60	99.81
燃气普及率	（%）	Gas Penetration Rate (%)	99.24	99.48
人均公园绿地面积	（平方米）	Per Capita Park Greenery Area (sq.m)	14.88	14.49
文　化		**Culture**		
城镇每百户有彩色电视机	（台）	Number of Color TV Sets per 100 Household in Urban Areas (unit)	138.6	132.7
农村每百户有彩色电视机	（台）	Number of Color TV Sets per 100 Household in Rural Areas (unit)	134.8	133.8
广播人口覆盖率	（%）	Broadcast Covering Ratio of Population (%)	99.93	99.94
电视人口覆盖率	（%）	TV Covering Ratio of Population (%)	99.90	99.92
教　育		**Education**		
每万人口中高等教育人数	（人）	Higher Education per 10,000 Population (person)	270	309
卫　生		**Public Health**		
每万人医院病床数	（张）	Number of Hospital Beds per 10000 Persons (unit)	44.68	44.66
每万人有执业（助理）医师数	（人）	Number of Licensed (Assistant) Physicians per 10000 Persons (person)	23.06	24.22

9—2 全体居民家庭基本情况
Basic Information About The Households of all The Residents

指　　标	Item	2020	2021
基本情况	**Basic Situation**		
户均常住人口　(人/户)	Permanent Residents per Household　(person/home)	3.0	3.1
户均常住从业人口　(人/户)	Permanent Employees per Household　(person/home)	1.6	2.1
平均每户家庭从业人口比重　(%)	Average Proportion of Working Population per Household　(%)	51.5	69.6
平均每一从业人口负担人数（包括从业者本人）　(人)	Number of Dependents per Employee Including Oneself　(person)	1.9	1.4
恩格尔系数　(%)	Engel Coefficient　(%)	33.3	32.6
户主文化程度　(%)	**Education Level of Householder　(%)**		
未上过学	Not Been to School	3.5	2.4
小　学	Primary School	21.0	19.2
初　中	Junior Secondary School	46.7	47.3
高　中	Senior Secondary School	14.0	14.8
大学专科	Junior College	8.3	9.1
大学本科	Undergraduate college	6.0	6.4
研究生	Postgraduate	0.6	0.8
常住从业人员就业类型　(%)	**Job Situation　(%)**		
雇　主	Employer	0.7	0.9
公职人员	Public Officer	1.6	1.8
事业单位人员	Institution Worker	5.3	5.1
国有企业雇员	State-owned Enterprise Employee	3.5	3.3
其他雇员	Other Employee	49.6	50.3
农业自营	Agricultural Self-employed	23.6	23.4
非农自营	Non-agricultural Self-employed	15.7	15.3
常住从业人员从事主要行业　(%)	**Industries Engaged　(%)**		
第一产业	Primary Industry	26.5	25.2
第二产业	Secondary Industry	24.5	25.0
第三产业	Tertiary Industry	49.0	49.8
居民收入与支出情况	**Household Income and Expenditure**		
居民人均可支配收入　(元/人)	Per Capita Disposable Income of Residents　(yuan/person)	28103.2	30904.3
居民人均现金可支配收入　(元/人)	Per Capita Disposable Cash Income　(yuan/person)	25952.4	28143.9
现金可支配收入占可支配收入比重　(%)	Cash Disposable Income to Disposable Income　(%)	92.3	91.1
居民人均消费支出　(元/人)	Per Capita consumer Expenditure　(yuan/person)	18877.3	21910.9
居民人均现金消费支出　(元/人)	Per Capita Household Cash Consumption Expenditure　(yuan/person)	15233.3	17808.9
现金消费支出占消费支出比重　(%)	Cash Consumption Expenditure Ratio of Consumption Expenditure　(%)	80.7	81.3

9—3 全体居民可支配收入及构成
Household Disposable Income and Composition

指　　标	Item	2020	2021
可支配收入　　　　（元/人）	**Disposable Income　　　　（yuan/person）**	**28103.2**	**30904.3**
工资性收入	Wages Income	14793.3	16125.7
经营净收入	Net Income From Business	6205.7	6716.2
第一产业经营净收入	Net Income From Primary Industry Operation	2173.7	2336.5
第二产业经营净收入	Net Income From Secondary Industry Operations	777.3	818.2
第三产业经营净收入	Net Income From Tertiary Industry Operations	3254.7	3561.6
财产净收入	Property Income	1929.4	2167.6
转移净收入	Transfer Income	5174.8	5894.8
转移性收入	Transfer Income	6307.1	7246.2
转移性支出	Transfer Expenditure	1132.3	1351.4
可支配收入构成　　　（%）	**Disposable Income　　　（%）**	**100.0**	**100.0**
工资性收入	Wages Income	52.6	52.2
经营净收入	Net Income From Business	22.1	21.7
第一产业经营净收入	Net Income From Primary Industry Operation	7.7	7.6
第二产业经营净收入	Net Income From Secondary Industry Operations	2.8	2.6
第三产业经营净收入	Net Income From Tertiary Industry Operations	11.6	11.5
财产净收入	Property Income	6.9	7.0
转移净收入	Transfer Income	18.4	19.1
转移性收入	Transfer Income	22.4	23.4
转移性支出	Transfer Expenditure	4.0	4.4

9—4 全体居民按收入五等份分组的人均可支配收入
Per Capita Disposable Income of All Residents Divided Into Five Equal Groups

单位：元/人（yuan/person）

指　　标	Item	2020	2021
20%低收入组家庭人均可支配收入	20% of The Per Capita Disposable Income of Low-income Households	5778.3	6194.7
20%中间偏下收入组家庭人均可支配收入	Per Capita Disposable Income of Households in the Lower 20% of The Middle Income Group	15146.2	15953.9
20%中间收入组家庭人均可支配收入	Per Capita disposable Income of Households in The 20% Middle Income Group	23616.1	24699.7
20%中间偏上收入组家庭人均可支配收入	Per Capita disposable Income of Households in the Upper 20% of The Middle Income Group	35790.5	37918.6
20%高收入组家庭人均可支配收入	Per Capita Disposable Income of 20% of Households in The Top Income Group	72629.4	78737.1

9—5 全体居民消费支出构成
Composition of Household Consumption Expenditure

单位：%

指　　标	Item	2020	2021
消费支出构成	**ConsumptionExpenditure**	**100.0**	**100.0**
食品烟酒	Food, Tobacco and Liquor	33.3	32.6
食　品	Food	22.4	20.6
烟　酒	Tobacco and Liquor	4.6	4.6
饮　料	Drinks	0.8	0.9
饮食服务	Diet Service	5.5	6.5
衣　着	Clothing	6.4	6.5
衣　类	Clothing	5.1	5.3
鞋　类	Footwear	1.3	1.2
居　住	Residence	23.2	21.3
租赁房房租	Rental House Rent	0.7	0.5
住房维修及管理	Management and Maintenance of Housing	2.6	2.4
水、电、燃料及其他	Water, Electricity, Fuels and Others	3.4	3.4
自有住房折算租金	Converted Rent for Private Housing	16.5	15.0
生活用品及服务	Household Facilities, Articles and Service	5.9	6.1
家具及室内装饰品	Furniture and Interior Decorations	0.8	0.9
家用器具	Household Facilities	1.5	1.6
家用纺织品	Home Textiles	0.4	0.5
家庭日用杂品	Daily-Use Household Articles	1.6	1.5
个人护理用品	Personal Products	1.4	1.5
家庭服务	Household Service	0.2	0.3
交通通信	Traffic and Communications	11.5	11.3
交　通	Transportation	8.2	8.2
通　信	Communications	3.3	3.2
教育文化娱乐	Education, Cultural & Recreation Service	9.8	11.8
教　育	Education	7.4	9.4
文化和娱乐	Cultural and Recreation	2.4	2.4
医疗保健	Medicine and Medical Service	8.2	8.1
医疗器具及药品	Medical Instrument and Articles	1.8	1.7
医疗服务	Medical Service	6.4	6.4
其他用品和服务	Miscellaneous Commodities and Services	1.7	2.2
其他用品	Miscellaneous Commodities	0.9	1.2
其他服务	Miscellaneous Services	0.8	1.0

9—6 全体居民年末主要耐用消费品拥有量
Ownership of Major Durable Consumer Goods by the End of The Year

单位：平均每百户（On average, every hundred households）

指　　标	Item	2020	2021
家用汽车	Household Automobile	31.5	35.6
摩托车	Motorcycle	20.5	16.8
助力车	Man-drawn Vehicle	110.8	115.1
洗衣机	Washing Machine	95.9	96.4
电冰箱（柜）	Refrigerator	104.0	104.3
微波炉	Microwave Oven	46.9	48.4
彩色电视机	Color TV	136.7	133.3
空调	Air Conditioner	156.2	169.3
热水器	Water Heater	101.1	97.4
排油烟机	Kitchen Ventilator	60.1	61.7
固定电话	Telephone	10.5	6.9
移动电话	Mobile Telephone	262.5	267.6
计算机	Computer	46.6	41.3
照相机	Camera	9.1	6.8

9—7 各市全体居民人均可支配收入
Per Capita Disposable Income of All Residents by Region

单位：元/人（yuan/person）

地　区	Region	2020	2021
安 徽 省	**Anhui**	**28103.2**	**30904.3**
合 肥 市	Hefei	41619.2	46009.1
淮 北 市	Huaibei	28126.6	30737.5
亳 州 市	Bozhou	22274.3	24480.8
宿 州 市	Suzhou	22105.3	24289.7
蚌 埠 市	Bengbu	29247.2	31972.4
阜 阳 市	Fuyang	22238.6	24443.1
淮 南 市	Huainan	28780.2	31632.2
滁 州 市	Chuzhou	25711.4	28141.8
六 安 市	Luan	22457.4	24788.5
马鞍山市	Maanshan	42392.4	46557.3
芜 湖 市	Wuhu	36828.6	40500.9
宣 城 市	Xuancheng	30745.9	33720.2
铜 陵 市	Tongling	29567.9	32316.5
池 州 市	Chizhou	26404.3	28973.0
安 庆 市	Anqing	24647.0	27098.0
黄 山 市	Huangshan	27916.4	30573.9

9—8 城镇居民家庭基本情况
Basic Conditions of Urban Households

项目	Item	2020	2021
平均每户常住人口 （人）	**Average Resident Population per Household (person)**	**3.0**	**3.0**
平均每一就业者负担人数（包括就业者本人） （人）	**Number of Persons Supported by Each Employee Including the Employee Himself or Herself (persons)**	**1.94**	**1.38**
平均每人全部年总收入 （元）	**Average Total Annual Income Per Person (yuan)**	**44083.7**	**48026.7**
#可支配收入	Disposable Income	39442.1	43008.7
工资性收入	Wages Income	23635.6	25545.5
经营净收入	Net Income From Business	6189.1	6639.8
财产净收入	Property Income	3504.5	3882.7
转移净收入	Transfer Income	6112.9	6940.7
平均每人消费性支出 （元）	**Per Capita Annual Living Expenditures for Consumption (yuan)**	**22682.7**	**26495.1**
#食　品	Food	7400.8	8468.6
衣　着	Clothing	1548.9	1794.9
居　住	Residence	5348.9	5822.9
生活用品及服务	Supplies and Services	1358.6	1671.2
交通和通信	Transportation and Communications	2674.1	3039.9
教育文化娱乐服务	Education, Cultural & Recreation Service	2283.1	3170.2
医疗保健	Medicine and Medical Service	1637.6	1891.2
其他用品和服务	Other goods and Services	430.6	636.2
平均每人消费性支出构成（人均消费性支出=100） (%)	**Composition of per Capita Annual Living Expenditures for Consumption (%)**	**100.0**	**100.0**
#食　品	Food	32.6	32.0
衣　着	Clothing	6.8	6.8
居　住	Residence	23.6	22.0
生活用品及服务	Supplies and Services	6.0	6.3
交通和通信	Transportation and Communications	11.8	11.5
教育文化娱乐服务	Education, Cultural & Recreation Service	10.1	12.0
医疗保健	Medicine and Medical Service	7.2	7.1
其他用品和服务	Other goods and Services	1.9	2.4

9—9 城镇居民现金可支配收入及构成
Urban Residents Cash Disposable Income and Composition

指 标	Item	2020	2021
现金可支配收入 （元/人）	**Cash Disposable Income (yuan/person)**	**36811.0**	**39884.1**
现金工资性收入	Wages Income	23516.8	25363.4
现金经营净收入	Net Income From Business	6497.9	6941.6
第一产业经营净收入	Net Income From Primary Industry Operation	498.7	421.4
第二产业经营净收入	Net Income From Secondary Industry Operations	1166.7	1190.2
第三产业经营净收入	Net Income From Tertiary Industry Operations	4832.6	5330.1
现金财产净收入	Property Income	1020.7	1203.7
现金转移净收入	Transfer Income	5775.6	6375.4
现金转移性收入	Transfer Income	7559.9	8448.6
现金转移性支出	Transfer Expenditure	1784.3	2073.2
现金可支配收入构成 （%）	**Composition of Cash Disposable Income (%)**	**100.0**	**100.0**
现金工资性收入	Wages Income	63.9	63.6
现金经营净收入	Net Income From Business	17.7	17.4
第一产业经营净收入	Net Income From Primary Industry Operation	1.4	1.1
第二产业经营净收入	Net Income From Secondary Industry Operations	3.2	3.0
第三产业经营净收入	Net Income From Tertiary Industry Operations	13.1	13.4
现金财产净收入	Property Income	2.8	3.0
现金转移净收入	Transfer Income	15.7	16.0
现金转移性收入	Transfer Income	20.5	21.2
现金转移性支出	Transfer Expenditure	4.8	5.2

9—10 城镇居民按收入五等份分组的人均可支配收入
Per Capita Disposable Income of Urban Residents Divided Into Five Equal Groups

单位：元/人（yuan/person）

指 标	Item	2020	2021
20%低收入组家庭人均可支配收入	20% of The Per Capita Disposable Income of Low-income Households	13752.8	15160.4
20%中间偏下收入组家庭人均可支配收入	Per Capita Disposable Income of Households in the Lower 20% of The Middle Income Group	26471.5	27687.4
20%中间收入组家庭人均可支配收入	Per Capita disposable Income of Households in The 20% Middle Income Group	35864.5	37386.5
20%中间偏上收入组家庭人均可支配收入	Per Capita disposable Income of Households in the Upper 20% of The Middle Income Group	48376.7	51399.5
20%高收入组家庭人均可支配收入	Per Capita Disposable Income of 20% of Households in The Top Income Group	89458.0	96161.9

9—11 城镇居民按收入五等份分组的人均消费支出

Per Capita Consumption Expenditure of Urban Residents Divided Into Five Equal Groups According to Their Income

单位：元/人（yuan/person）

指 标	Item	2020	2021
20%低收入组家庭	Families in the Low-income 20% Group	13446.4	15965.8
20%中间偏下收入组家庭	Bottom 20% of Households in the Middle Income Group	17846.9	20348.4
20%中间收入组家庭	20% of Households in the Middle Income Group	21295.4	24899.1
20%中间偏上收入组家庭	20 Percent of Households in the Upper Middle Income Group	27303.1	31264.9
20%高收入组家庭	Top 20% of Households	39434.4	43351.1

9—12 城镇居民年末主要耐用消费品拥有量

Ownership of Major Durable Consumer Goods by Urban Residents at Year-end

单位：平均每百户（On average, every hundred households）

指 标	Item	2020	2021
家用汽车	Household Automobile	36.6	41.4
摩托车	Motorcycle	13.1	9.6
助力车	Man-drawn Vehicle	101.7	107.0
洗衣机	Washing Machine	100.8	99.2
电冰箱（柜）	Refrigerator	103.7	102.6
微波炉	Microwave Oven	65.7	65.5
彩色电视机	Color TV	138.6	132.7
空调	Air Conditioner	188.0	199.3
热水器	Water Heater	106.6	101.2
排油烟机	Kitchen Ventilator	82.1	81.2
固定电话	Telephone	11.9	8.4
移动电话	Mobile Telephone	252.7	257.0
计算机	Computer	65.7	58.2
照相机	Camera	15.5	10.9

9—13 各市城镇居民人均可支配收入
Per Capita Disposable Income of Urban Residents by Region

单位：元/人（yuan/person）

地 区	Region	2020	2021
安徽省	**Anhui**	**39442.1**	**43008.7**
合肥市	Hefei	48282.8	53207.6
淮北市	Huaibei	36428.1	39688.5
亳州市	Bozhou	34159.1	37318.9
宿州市	Suzhou	34373.2	37277.7
蚌埠市	Bengbu	39116.0	42656.0
阜阳市	Fuyang	34562.2	37379.0
淮南市	Huainan	37699.3	41375.0
滁州市	Chuzhou	36051.1	39025.3
六安市	Luan	33647.4	36793.5
马鞍山市	Maanshan	51803.6	56440.1
芜湖市	Wuhu	44588.2	48668.0
宣城市	Xuancheng	42133.7	46115.4
铜陵市	Tongling	41179.9	44453.7
池州市	Chizhou	35670.5	38756.0
安庆市	Anqing	35947.2	39416.1
黄山市	Huangshan	38725.6	41881.8

9—14 农村居民家庭基本情况
Basic Conditions of Rural Households

指　　标	Item	2020	2021
平均每户常住人口　（人）	**Average Resident Population per Household (person)**	**3.10**	**3.12**
平均每个从业者负担人口（含本人）（人）	**On average, each practitioner bears the population (including himself) (person)**	**1.92**	**1.50**
平均每人年收入　（元）	**Per Capita Annual Income (yuan)**		
总收入	Total Revenue	20913	25450
#可支配收入	Disposable Income	16620	18372
工资性收入	Wages Income	5839	6373
经营性收入	Operating Income	6227	6795
财产性收入	Property Income	334	392
转移性收入	Transfer Income	4225	4812
平均每人年支出　（元）	**Per Capita Annual Expenditures (yuan)**		
总支出	Total Expenditure	22879	28585
消费支出	Cash Consumption Expenditure	15024	17163
生产经营费用支出	Production and Operating Expenditure	3369	5871
财产性支出	Cash Property Expenditure	64	57
转移性支出	Cash Transfer Expenditure	472	604
部分商业保险支出	Part of Commercial Insurance Expenditure	42	56
购置资产及非经常性转移支出	Acquisition of Assets and Non-recurring Transfer Expenditure	3254	3854
借贷性支出	Lending Expenditure	655	980
总支出构成(总支出=100)　(%)	**Total Expenditure (%)**	**100.0**	**100.0**
现金消费支出	Cash Consumption Expenditure	65.7	60.0
生产经营现金费用支出	Cash Production and Operating Expenditure	14.7	20.5
现金财产性支出	Cash Property Expenditure	0.3	0.2
现金转移性支出	Cash Transfer Expenditure	2.1	2.1
部分商业保险支出	Part of Commercial Insurance Expenditure	0.2	0.2
购置资产及非经常性转移支出	Acquisition of Assets and Non-recurring Transfer Expenditure	14.2	13.5
借贷性支出	Lending Expenditure	2.9	3.4

9—15 农村居民可支配收入及构成
Disposable Income and Composition of Rural Residents

指　　标	Item	2020	2021
可支配收入　（元／人）	**Disposable Income (yuan/person)**	**16620**	**18372**
工资性收入	Wages Income	5839	6373
经营净收入	Net Income From Business	6223	6795
第一产业经营净收入	Net Income From Primary Industry Operation	3838	4172
第二产业经营净收入	Net Income From Secondary Industry Operations	481	519
第三产业经营净收入	Net Income From Tertiary Industry Operations	1904	2105
财产净收入	Property Income	334	392
转移净收入	Transfer Income	4225	4812
转移性收入	Transfer Income	4697	5416
转移性支出	Transfer Expenditure	472	604
可支配收入构成　（%）	**Disposable Income (%)**	**100.0**	**100.0**
工资性收入	Wages Income	35.1	34.7
经营净收入	Net Income From Business	37.4	37.0
第一产业经营净收入	Net Income From Primary Industry Operation	23.1	22.7
第二产业经营净收入	Net Income From Secondary Industry Operations	2.9	2.8
第三产业经营净收入	Net Income From Tertiary Industry Operations	11.5	11.5
财产净收入	Property Income	2.0	2.1
转移净收入	Transfer Income	25.4	26.2

9—16 农村居民现金可支配收入及构成
Rural Residents Cash Disposable Income and Composition

指　　标	Item	2020	2021
现金可支配收入　　（元/人）	**Cash Disposable Income　（yuan/person）**	**14956**	**15988**
现金工资性收入	Wages Income	5776	6289
现金经营净收入	Net Income From Business	4783	4813
第一产业经营净收入	Net Income From Primary Industry Operation	2138	1908
第二产业经营净收入	Net Income From Secondary Industry Operations	551	590
第三产业经营净收入	Net Income From Tertiary Industry Operations	2094	2315
现金财产净收入	Property Income	334	392
现金转移净收入	Transfer Income	4063	4495
现金转移性收入	Transfer Income	4536	5099
现金转移性支出	Transfer Expenditure	472	604
现金可支配收入构成　　（%）	**Composition of Cash Disposable Income　（%）**	**100.0**	**100.0**
现金工资性收入	Wages Income	38.6	39.3
现金经营净收入	Net Income From Business	32.0	30.1
第一产业经营净收入	Net Income From Primary Industry Operation	14.3	11.9
第二产业经营净收入	Net Income From Secondary Industry Operations	3.7	3.7
第三产业经营净收入	Net Income From Tertiary Industry Operations	14.0	14.5
现金财产净收入	Property Income	2.2	2.4
现金转移净收入	Transfer Income	27.2	28.1

9—17 农村居民消费支出
Consumption Expenditure of Rural Residents

单位：元/人（yuan/person）

指　　　标	Item	2020	2021
消费支出	**Consumption Expenditure**	**15024**	**17163**
食品烟酒	Food, Tobacco and Liquor	5146	5769
食　品	Food	3525	3766
烟　酒	Tobacco and Liquor	839	925
饮　料	Drinks	143	164
饮食服务	Diet Service	639	914
衣　着	Clothing	868	1054
衣　类	Clothing	675	829
鞋　类	Footwear	193	225
居　住	Residence	3391	3465
租赁房房租	Rent of Rentable Housing	89	90
住房维修及管理	Management and Maintenance of Housing	476	404
水、电、燃料及其他	Water, Electricity, Fuels and Others	539	645
自有住房折算租金	Converted Rent for Private Housing	2285	2327
生活用品及服务	Household Facilities, Articles and Service	855	1003
家具及室内装饰品	Furniture and Interior Decorations	120	132
家用器具	Household Facilities	226	253
家用纺织品	Home Textiles	55	77
家庭日用杂品	Daily-Use Household Articles	251	283
个人护理用品	Personal Products	183	231
家庭服务	Household Service	21	28
交通通信	Traffic and Communications	1664	1899
交　通	Transportation	1144	1300
通　信	Communications	520	599
教育文化娱乐	Education, Cultural & Recreation Service	1422	1978
教　育	Education	1129	1668
文化和娱乐	Cultural and Recreation	293	311
医疗保健	Medicine and Medical Service	1457	1672
医疗器具及药品	Medical Instrument and Articles	262	319
医疗服务	Medical Service	1196	1353
其他用品和服务	Miscellaneous Commodities and Services	222	322
其他用品	Miscellaneous Commodities	124	186
其他服务	Miscellaneous Services	98	136

9—18 农村居民消费支出构成
Composition of Rural Residents' Consumption Expenditure

单位：%

指　　标	Item	2020	2021
消费支出	**Consumption Expenditure**	**100.0**	**100.0**
食品烟酒	Food, Tobacco and Liquor	34.3	33.6
食　品	Food	23.5	21.9
烟　酒	Tobacco and Liquor	5.6	5.4
饮　料	Drinks	0.9	1.0
饮食服务	Diet Service	4.3	5.3
衣　着	Clothing	5.8	6.1
衣　类	Clothing	4.5	4.8
鞋　类	Footwear	1.3	1.3
居　住	Residence	22.6	20.2
租赁房房租	Rent of Rentable Housing	0.6	0.5
住房维修及管理	Management and Maintenance of Housing	3.2	2.4
水、电、燃料及其他	Water, Electricity, Fuels and Others	3.6	3.8
自有住房折算租金	Converted Rent for Private Housing	15.2	13.6
生活用品及服务	Household Facilities, Articles and Service	5.7	5.8
家具及室内装饰品	Furniture and Interior Decorations	0.8	0.8
家用器具	Household Facilities	1.5	1.5
家用纺织品	Home Textiles	0.4	0.4
家庭日用杂品	Daily-Use Household Articles	1.7	1.7
个人护理用品	Personal Products	1.2	1.3
家庭服务	Household Service	0.1	0.2
交通通信	Traffic and Communications	11.1	11.1
交　通	Transportation	7.6	7.6
通　信	Communications	3.5	3.5
教育文化娱乐	Education, Cultural & Recreation Service	9.5	11.5
教　育	Education	7.5	9.7
文化和娱乐	Cultural and Recreation	1.9	1.8
医疗保健	Medicine and Medical Service	9.7	9.7
医疗器具及药品	Medical Instrument and Articles	1.7	1.9
医疗服务	Medical Service	8.0	7.9
其他用品和服务	Miscellaneous Commodities and Services	1.5	1.9
其他用品	Miscellaneous Commodities	0.8	1.1
其他服务	Miscellaneous Services	0.6	0.8

9—19 农村居民主要食品消费量
Main Food Consumption of Rural Residents

单位：公斤/人（kg/person）

指　　标	Item	2020	2021
粮　食	Grain	170.4	172.5
谷　物	Cereals	154.3	156.2
薯　类	Tubers	3.0	2.9
豆　类	Beans	13.0	13.4
油　脂	Oil and Fats	9.5	10.9
#食用植物油	Edible Vegetable Oil	8.6	9.8
蔬菜及菜制品消费量	Vegetables and Processed Products	102.0	113.5
#鲜　菜	Fresh Vegetables	99.0	110.4
肉　类	Meat and Processed Products	21.4	27.6
#猪　肉	Pork	16.8	21.8
牛　肉	Beef	1.6	1.6
羊　肉	Mutton	0.7	0.9
禽　类	Poultry and Processed Products	15.5	15.8
水产品	Aquatic Products	13.1	13.9
蛋　类	Eggs and Processed Products	14.2	14.5
奶　类	Milk and Dairy Products	9.1	10.8
干鲜瓜果类	Dried and Fresh Melons and Fruits	50.2	53.6
#鲜瓜果	Fresh Melons and Fruits	46.1	49.3
坚果类	Nuts and Grain Products	3.2	3.4
食　糖	Sugar	1.0	1.0

9—20 农村居民年末主要耐用消费品拥有量

Ownership of Major Durable Consumer Goods by Rural Residents at The End of The Year

单位：平均每百户（On average, every hundred households）

指　标	Item	2020	2021
家用汽车	Household Automobile	26.1	29.5
摩托车	Motorcycle	28.1	24.3
助力车	Man-drawn Vehicle	120.2	123.8
洗衣机	Washing Machine	90.7	93.5
电冰箱（柜）	Refrigerator	104.4	106.1
微波炉	Microwave Oven	27.2	30.4
彩色电视机	Color TV	134.8	133.8
空调	Air Conditioner	122.8	137.5
热水器	Water Heater	95.2	93.4
排油烟机	Kitchen Ventilator	37.0	41.0
固定电话	Telephone	9.1	5.3
移动电话	Mobile Telephone	272.7	278.9
计算机	Computer	26.5	23.5
照相机	Camera	2.4	2.5

9—21 各市农村居民人均可支配收入
Per Capita Disposable Income of Rural Residents by Region

单位：元（yuan）

地　区	Region	2020	2021
安徽省	**Anhui**	16620	18368
合肥市	Hefei	24282	26856
淮北市	Huaibei	15218	16504
亳州市	Bozhou	15293	16769
宿州市	Suzhou	14369	15913
蚌埠市	Bengbu	18016	19538
阜阳市	Fuyang	14256	15874
淮南市	Huainan	15419	16706
滁州市	Chuzhou	15732	17400
六安市	Luan	14449	16003
马鞍山市	Maanshan	25421	28331
芜湖市	Wuhu	24473	27202
宣城市	Xuancheng	18928	20565
铜陵市	Tongling	17102	18992
池州市	Chizhou	17323	19168
安庆市	Anqing	15567	16975
黄山市	Huangshan	18311	20298

9—22 分市、县（市、区）居民人均可支配收入

Per Capita Disposable Income of Residents in Cities and Counties (cities and districts)

单位：元（yuan）

地 区	Region	全体居民 Whole Population		城镇居民 Urban Residents		农村居民 Rural Residents	
		2021	同比（±%） Compared With The Same	2021	同比（±%） Compared With The Same	2021	同比（±%） Compared With The Same
安徽省	**Anhui**	**30904**	**10.0**	**43009**	**9.0**	**18368**	**10.5**
合肥市	**Hefei**	**46009**	**10.5**	**53208**	**10.2**	**26856**	**10.6**
瑶海区	Yaohai District	54992	10.0	54992	10.0		
庐阳区	Luyang District	60746	10.3	60746	10.3		
蜀山区	Shushan District	61826	10.2	61826	10.2		
包河区	Baohe District	62736	10.1	62736	10.1		
合肥高新区	Hefei New and High-tech Zone	49710	11.0	49710	11.0		
合肥经开区	Hefei Economic Zone	49850	10.7	49850	10.7		
合肥新站区	Hefei New Station District	46872	11.0	46872	11.0		
长丰县	Changfeng	33322	10.8	43043	10.3	25746	10.7
肥东县	Feidong	35737	10.7	45082	10.4	28208	10.6
肥西县	Feixi	37279	10.7	47595	10.2	28864	10.8
庐江县	Lujiang	32155	10.6	40334	10.1	25064	10.6
巢湖市	Chaohu	36283	10.5	42984	10.2	26394	10.5
淮北市	**Huaibei**	**30738**	**9.3**	**39688**	**9.0**	**16504**	**8.5**
杜集区	Duji District	35656	8.9	38333	8.8	17401	8.3
相山区	Xiangshan District	43318	9.1	45004	9.0	16976	10.6
烈山区	Lieshan District	30582	9.4	37090	8.8	16735	10.5
濉溪县	Suixi	23533	9.1	35990	9.2	16391	8.1
亳州市	**Bozhou**	**24481**	**9.9**	**37319**	**9.3**	**16769**	**9.7**
谯城区	Qiaocheng District	28261	10.0	40641	9.4	18592	9.6
涡阳县	Guoyang	21717	9.8	33124	9.0	15731	9.6
蒙城县	Mengcheng	24344	10.1	37555	9.3	17221	9.9
利辛县	Lixin	22962	9.7	36438	9.1	15549	9.5
宿州市	**Suzhou**	**24290**	**9.9**	**37278**	**8.5**	**15913**	**10.8**
埇桥区	Yongqiao District	29217	9.5	40971	8.4	16247	10.7
砀山县	Dangshan	24934	9.7	35908	8.3	16288	10.9
萧县	Xiaoxian	21717	10.1	35329	8.6	15820	10.6
灵璧县	Lingbi	21732	10.1	33631	8.5	15973	10.8
泗县	Sixian	20605	10.2	33864	8.7	15244	10.6
蚌埠市	**Bengbu**	**31972**	**9.3**	**42656**	**9.1**	**19538**	**8.5**
龙子湖区	Longzihu District	51072	9.0	53078	9.0	18530	8.2
蚌山区	Bengshan District	45700	8.8	47247	8.8	19289	8.4
禹会区	Yuhui District	37256	9.5	42357	9.3	18150	8.9
淮上区	Huaishang District	30461	9.2	43312	8.7	18388	8.8
蚌埠高新区	Bengbu New and High-tech Zone	36481	8.8	40944	8.6	18156	8.7
蚌埠经开区	Bengbu Economic Zone	47148	9.4	49788	9.4	18554	8.1
怀远县	Huaiyuan	26525	9.1	37700	9.2	19781	8.3
五河县	Wuhe	27136	9.2	37431	9.1	19660	8.5
固镇县	Guzhen	27011	9.2	38297	9.0	19768	8.6
阜阳市	**Fuyang**	**24443**	**9.9**	**37379**	**8.2**	**15874**	**11.4**
颍州区	Yingzhou District	34365	9.1	42341	8.1	18325	11.2
颍东区	Yingdong District	24129	9.8	35345	8.3	14949	11.4

9—22 续表1 continued

单位：元（yuan）

地 区	Region	全体居民 Whole Population 2021	同比（±%） Compared With The Same	城镇居民 Urban Residents 2021	同比（±%） Compared With The Same	农村居民 Rural Residents 2021	同比（±%） Compared With The Same
颍泉区	Yingquan District	27564	9.4	38041	8.0	16088	11.5
界首市	Jieshou	27108	9.9	39169	8.4	17315	11.4
临泉县	Linquan	20544	10.4	34304	8.2	15308	11.6
太和县	Taihe	24722	9.8	37256	8.2	16188	11.0
阜南县	Funan	21054	10.2	34192	8.0	15119	11.5
颍上县	Yingshang	23584	10.1	37050	8.3	16030	11.4
淮南市	**Huainan**	**31632**	**9.9**	**41375**	**9.8**	**16706**	**8.4**
大通区	Datong District	38007	9.9	43682	9.4	19584	10.8
田家庵区	Tianjaan District	48560	9.4	49157	9.3	20734	10.7
谢家集区	Xiejiaji District	40573	9.9	42783	9.7	19778	10.6
八公山区	Bagongshan District	38813	10.3	39077	10.2	19942	10.5
潘集区	Panji District	30261	9.7	42145	9.7	18421	8.0
毛集实验区	Maoji Experimental District	24800	10.4	33669	9.7	18338	10.5
凤台县	Fengtai	26362	9.8	40301	10.5	18708	7.9
寿县	Shouxian	21646	9.8	31647	10.0	14247	8.1
滁州市	**Chuzhou**	**28142**	**9.5**	**39025**	**8.3**	**17400**	**10.6**
琅琊区	Langya District	48099	8.0	49714	7.9	18528	10.5
南谯区	Nanqiao District	31050	9.6	44203	8.6	17947	10.5
滁州经开区	Chuzhou Economic Zone	40126	8.0	40126	8.0		
天长市	Tianchang	34404	9.3	41279	8.4	24228	10.7
明光市	Mingguang	25295	9.5	35446	8.3	16110	10.4
来安县	Laian	27686	9.8	40588	8.5	17338	10.9
全椒县	Quanjiao	27506	9.4	36533	8.1	17779	10.8
定远县	Dingyuan	23268	9.7	34916	8.3	16206	10.5
凤阳县	Fengyang	21750	9.7	32035	8.2	15352	10.7
六安市	**Luan**	**24788**	**10.4**	**36793**	**9.4**	**16003**	**10.8**
金安区	Jinan District	29637	10.4	41014	9.6	17102	10.7
裕安区	Yuan District	27992	10.3	41719	9.2	17190	10.8
叶集区	Yeji District	22621	10.6	33939	9.8	15680	10.7
霍邱县	Huoqiu	19981	10.5	32361	9.5	14985	10.7
舒城县	Shucheng	24691	10.2	34287	9.2	16059	10.9
金寨县	Jinzhai	21040	10.5	31671	9.2	15018	11.1
霍山县	Huoshan	29467	9.9	36264	9.2	17753	10.8
马鞍山市	**Maanshan**	**46557**	**9.8**	**56440**	**9.0**	**28331**	**11.5**
花山区	Huashan District	67192	9.1	67415	9.1	38215	11.4
雨山区	Yushan District	69607	8.7	70397	8.7	37513	11.5
博望区	Bowang District	42157	10.2	52352	8.9	31201	11.7
郑蒲港新区	Zhengpugang New District	30985	10.9			30985	10.9
当涂县	Dangtu	40594	10.3	47507	9.2	32292	11.5
含山县	Henshan	31656	10.4	40138	9.0	25050	11.5
和县	Hexian	33787	10.2	41489	9.0	25250	11.6
芜湖市	**Wuhu**	**40501**	**10.0**	**48668**	**9.2**	**27202**	**11.2**
镜湖区	Jinghu District	54303	9.1	54698	9.1	33344	11.2
弋江区	Yijiang District	50932	8.9	50932	8.9		
鸠江区	Jiujiang District	42831	9.9	49002	9.2	29191	11.3

9—22 续表2 continued

单位：元（yuan）

地 区	Region	全体居民 Whole Population 2021	同比（±%） Compared With The Same	城镇居民 Urban Residents 2021	同比（±%） Compared With The Same	农村居民 Rural Residents 2021	同比（±%） Compared With The Same
湾沚区	Wanzhi District	36838	10.5	45802	9.4	29503	11.3
繁昌区	Fanchang District	37276	10.6	45661	9.6	29361	11.4
三山经开区	Sanshan Economic Zone	35026	10.5	44266	9.0	29363	11.5
芜湖经开区	Wuhu Economic Zone	48663	9.5	48663	9.5		
无为市	Wuwei	33097	10.4	44368	9.3	24142	11.0
南陵县	Nanling	35737	10.2	43832	9.0	29508	11.0
宣城市	**Xuancheng**	**33720**	**9.7**	**46115**	**9.5**	**20565**	**8.7**
宣州区	Xuanzhou District	34429	9.5	46562	9.2	20851	8.5
宁国市	Ningguo	41876	9.4	50723	9.0	23162	9.1
广德市	Guangde	37173	10.1	50249	10.0	23312	9.0
郎溪县	Langxi	30046	9.6	44990	9.6	19856	8.3
泾县	Jingxian	26947	9.9	37748	10.1	18429	8.4
绩溪县	Jixi	28663	9.8	41013	9.5	17055	8.9
旌德县	Jingde	23818	9.2	32909	9.1	16492	8.4
铜陵市	**Tongling**	**32317**	**9.3**	**44454**	**8.0**	**18992**	**11.1**
铜官区	Tongguan District	53579	8.1	53610	8.1	35086	10.5
铜陵市郊区	Tongling Suburban District	29763	9.5	41695	8.0	17761	11.4
义安区	Yian District	35448	9.6	42628	8.0	29403	11.1
枞阳县	Zongyang	21333	9.8	32353	7.7	16230	11.0
池州市	**Chizhou**	**28973**	**9.7**	**38756**	**8.7**	**19168**	**10.7**
贵池区	Guichi District	31371	9.5	40248	8.6	19924	10.4
九华山风景区	Jiuhuashan Mountain Scenic Area	19755	8.5			19755	8.5
东至县	Dongzhi	27707	9.6	36865	8.7	19177	10.3
石台县	Shitai	20960	10.0	33683	8.5	13869	10.9
青阳县	Qingyang	29027	9.7	39668	8.8	20121	10.2
安庆市	**Anqing**	**27098**	**9.9**	**39416**	**9.7**	**16975**	**9.1**
迎江区	Yingjiang District	43691	10.0	49781	9.9	21176	9.1
大观区	Daguan District	43358	10.1	48822	10.0	20545	8.6
宜秀区	Yixiu District	27447	9.8	35157	10.1	21402	8.8
安庆开发区	Anqing Development Zone	47698	9.7	47698	9.7		
桐城市	Tongcheng	28503	9.9	38684	9.8	20011	9.2
潜山市	Qianshan	24288	9.8	38183	9.3	15756	9.3
怀宁县	Huaining	28416	9.9	39917	9.7	19292	9.2
太湖县	Taihu	21595	9.9	33597	9.5	15109	9.4
宿松县	Susong	21370	9.8	32711	9.6	15188	9.0
望江县	Wangjiang	22606	9.5	34679	9.2	15382	8.9
岳西县	Yuexi	20885	9.5	32724	9.4	15135	8.7
黄山市	**Huangshan**	**30574**	**9.5**	**41882**	**8.2**	**20298**	**10.9**
屯溪区	Tunxi District	44079	8.4	45965	8.2	21574	11.1
黄山区	Huangshan District	33396	9.3	44430	8.2	20945	10.6
徽州区	Huizhou District	33626	9.6	45468	8.3	21280	11.2
歙县	Shexian	26569	9.8	38272	8.0	20114	11.0
休宁县	Xiuning	26221	9.9	38295	8.1	20052	10.9
黟县	Yixian	26993	9.7	37231	8.4	20429	10.5
祁门县	Qimen	26695	9.9	38262	8.5	20028	10.8

主要统计指标解释

可支配收入

指调查户在调查期内获得的、可用于最终消费支出和储蓄的总和，即调查户可以用来自由支配的收入。可支配收入既包括现金，也包括实物收入。按照收入的来源，可支配收入包含四项，分别为：工资性收入、经营净收入、财产净收入、转移净收入。计算公式为：

可支配收入=工资性收入+经营净收入+财产净收入+转移净收入

其中：经营净收入=经营收入-经营费用-生产性固定资产折旧－生产税净额（生产税-生产补贴）

财产净收入=财产性收入-财产性支出

转移净收入=转移性收入-转移性支出

工资性收入

指就业人员通过各种途径得到的全部劳动报酬和各种福利，包括受雇于单位或个人、从事各种自由职业、兼职和零星劳动得到的全部劳动报酬和福利。

经营净收入

指住户或住户成员从事生产经营活动所获得的净收入，是全部经营收入中扣除经营费用、生产性固定资产折旧和生产税净额（生产税减去生产补贴）之后得到的净收入。

财产净收入

指住户或住户成员将其所拥有的金融资产和自然资源交由其他机构单位、住户或个人支配而获得的回报并扣除相关的费用之后得到的净收入。财产净收入包括利息净收入、红利收入、储蓄性保险净收益和转让承包土地经营权租金净收入等。

转移性收入

指国家、单位、社会团体对住户的各种经常性转移支付和住户之间的经常性收入转移。包括政府、非行政事业单位、社会团体对居民转移的养老金或退休金、社会救济和补助、政策性生活补贴、救灾款、经常性捐赠和赔偿以及报销医疗费等；住户之间的赡养收入、经常性捐赠和赔偿以及本住户非常住成员寄回带回的收入等。

消费支出

指住户用于满足家庭日常生活消费需要的全部支出，包括用于消费品的支出和用于服务性消费的支出。根据用途不同，消费支出可划分为食品烟酒、衣着、居住、生活用品及服务、交通通信、教育文化娱乐、医疗保健、其他用品及服务八大类。根据来源不同，消费支出可划分为现金消费支出、实物消费支出（含自产自用、来自单位、来自政府和其他社会组织）。

Explanatory Notes for Major Statistical Indicators

Disposable income

Refers to the sum of the final consumption expenditure and savings obtained by the survey households during the survey period, that is, the income that the survey households can use freely. Disposable income includes both cash and income in kind. According to the source of income, disposable income includes four items: wage income, net operating income, net property income and net transfer income. The calculation formula is:

Disposable income = wage income + net operating income + net property income + net transfer income

Among them: business net income = operating income - operating costs - productive fixed assets depreciation by net production tax (production tax - production subsidies)

Property income = property income - property spending

Transfer net income = metastatic income - transfer spending

Wage income

Refers to the employment through various means to get all the labor remuneration and benefits, including employed by units or individuals, is engaged in a variety of freelancing, part-time and sporadic labor to get all the labor remuneration and welfare.

Business net income

Refers to the resident or resident members engaged in the production and business operation activities of net income, is all operating income deducted operating expenses, productive fixed assets depreciation and net production tax (production tax less production subsidies) after the net income.

Property income

Refers to the resident or resident members should be owned by the financial assets, natural resources by other agencies and institutions and the resident or disposal and returns and net income after deducting costs associated. Property net income includes interest income, dividend income, net income and the transfer of contracted land management rights rental deposit sex insurance net income, etc.

Metastatic income

Refers to the various regular transfer payments made by the state, units and social organizations to households and the regular income transfer between households. Including pensions or retirement benefits transferred by the government, non-administrative institutions and social organizations to residents, social relief and subsidies, policy living subsidies, disaster relief funds, recurrent donations and compensation, and reimbursement of medical expenses; Maintenance income between households, recurrent donations and compensation, and income sent back by non-resident members of the household.

Consumer spending

Refers to the residents used to meet the needs of all family daily life consumption spending, including for consumer spending and for service consumer spending. According to different purposes, consumer spending can be divided into alcohol, tobacco, food, clothing, housing, household items and services, transportation, communication, education and cultural entertainment, health care and other products and services for the eight classes. According to different sources can be divided into consumer spending cash consumption expenditure, real consumer spending (including produce their own, from units, from government and other social organizations).

第十篇

Chapter 10

城市概况

GENERAL SURVEY OF CITIES

简要说明

一、本篇资料综合部分反映全省及 16 个地级城市市辖区社会、经济发展和城市建设的规模、效益及综合水平等基本情况。市政公用基础设施情况部分增加了 9 个县级市的资料。主要内容：

1. 人口及土地面积；

2. 综合经济指标；

3. 固定资产投资；

4. 教育、文化、卫生情况；

5. 财政、金融情况；

6. 人民生活情况；

7. 社会福利、劳动保险；

8. 市政公用基础设施情况。

二、本篇资料由安徽省统计局根据国家统计局《城市基本情况统计报表制度》搜集、汇总整理提供。市政公用基础设施情况资料由省住建厅提供。

Brief Introduction

I. The comprehensive part of this data reflects the scale, benefit and comprehensive level of social and economic development and urban construction in the whole province and 16 prefecture-level cities. The information of 9 county-level cities has been added to the situation of municipal public infrastructure. Main contents:

1. Population, area of land.
2. Comprehensive economic indicators.
3. Investment in fixed assets.
4. The conditions of education, culture and health care.
5. The conditions of finance and banking.
6. People’s livelihood.
7. Social welfare and labor insurance.
8. Municipal public infrastructure

II. Data are collected, summarized and provided by Anhui Provincial Bureau of Statistics according to the statistical report system of urban basic situation issued by the National Bureau of Statistics. Municipal public infrastructure information provided by the provincial Department of Housing and Construction.

10—1 地级城市基本情况（2021年）

Basic Statement of Cities at Prefectural Level (2021)

指　　标		Item		全　省 Province	#市区合计 City
人口及土地		**Population and Land**			
常住人口	（万人）	Population of Permanent Residents	(10000 persons)	6113.0	2428.7
建成区面积	（平方公里）	Developed Area	(sq.m)	3801	2188
综合经济		**General Economy**			
地区生产总值(当年价格)	（亿元）	Gross Regional Product (at current price)	(100 million yuan)	42959.2	22950.1
第一产业增加值		Added Value of Primary Industry		3360.6	747.5
第二产业增加值		Added Value of Secondary Industry		17613.2	9494.3
第三产业增加值		Added Value of Tertiary Industry		21985.4	12708.4
财政、金融		**Government Finance, Banking and Insurance**			
地方财政一般公共预算收入	（亿元）	General Public Budget Revenue of Local Finance	(100 million yuan)	3498.2	2021.8
地方财政一般公共预算支出	（亿元）	General Public Budget Expenditure of Local Finance	(100 million yuan)	7591.1	3488.9
一般公共服务支出		General Public Service		522.6	243.3
科学技术支出		Science		416.1	286.5
教育支出		Education		1315.7	517.2
文化旅游体育与传媒支出		Cultural Tourism, Sports and Media		86.1	39.8
卫生健康支出		Hygiene and Health		732.0	464.8
节能环保支出		Energy Saving and Environmental Protection		199.5	119.5
城乡社区支出		Urban and Rural Communities		858.0	585.8
交通运输支出		Transport		304.0	104.1
社会保障和就业支出		Social Security and Employment		1229.6	351.9
住房保障支出		Housing Security		221.1	116.5
人民币住户存款余额	（亿元）	Deposits of Households	(100 million yuan)	34329.8	16368.3
工　业		**Industry**			
规模以上工业企业数	（个）	Number of Industrial Enterprises Above Designated Size	(unit)	19880	8513
内资企业		Domestic Funded Enterprises		18988	7925
港澳台商投资企业		Funded by Entrepreneurs from Hong Kong, Macao and Taiwan		352	214
外商投资企业		Foreign Funded Enterprises		540	374

10—1 续表1 continued

指 标		Item		全 省 Province	#市区合计 City
流动资产合计	（亿元）	Total Circulating Funds	(100 million yuan)	26723.8	18895.0
营业收入	（亿元）	Operating Income	(100 million yuan)	45519.5	29309.8
利润总额	（亿元）	Total Profits	(100 million yuan)	2871.0	1736.2
邮 政		**Post**			
邮政行业业务收入	（亿元）	Revenue From Postal Business	(100 million yuan)	324.8	
快递业务收入	（亿元）	Income From Express Business	(100 million yuan)	216.8	144.6
国内贸易		**Domestic Trade**			
社会消费品零售总额	（亿元）	Total Rretail Sales of Consumer Goods	(100 million yuan)	21471.2	11826.3
固定资产投资		**Investment in Fixed Assets**			
房地产开发投资	（亿元）	Total Investment in Real Estate Devlopment	(100 million yuan)	7263.2	4236.2
#住 宅		Residential Buildings		5976.8	3421.7
商品房屋销售面积	（万平方米）	Floor Space of Selling House	(10000 sq.m)	10460.9	5595.9
#住 宅		Residential Buildings		9507.7	4929.7
商品房屋销售额	（亿元）	Total Sales of Commercial House	(100 million yuan)	8143.2	4861.7
#住 宅		Residential Buildings		7514.6	4406.2
商品房屋待售面积	（万平方米）	Square Commercial House for Sal	(10000 sq.m)	1713.4	1105.0
教育、文化、卫生		**Education, Culture and Public Health**			
学校数	（所）	Number of Schools	(unit)		
中等职业教育学校		Secondary Vocational Technical School		271	145
普通中学		Ordinary High School		3504	1157
普通小学		Ordinary Primary School		6964	2057

10—1 续表2 continued

指　　标		Item		全　省 Province	#市区合计 City
专任教师数	（人）	Number of Full-time Teachers	(person)		
中等职业教育学校		Secondary Vocational Technical School		31196	14899
普通中学		Ordinary High School		256532	95591
普通小学		Ordinary Primary School		269012	100668
在校学生数	（万人）	Number of Student Enrollment	(10000 persons)		
中等职业教育学校		Secondary Vocational Technical School		75.2	33.1
普通中学		Ordinary High School		346.2	125.7
普通小学		Ordinary Primary School		468.7	180.4
公共图书馆图书藏量	（万册、件）	Quantity of Books in Public Libraries	(10000 units)	3770.0	1826.1
医院数	（个）	Number of Hospitals	(unit)	1338	705
医院床位数	（张）	Number of Hospital Beds	(unit)	318415	175725
执业（助理）医师数	（人）	Number of Practicing (assistant) Physicians	(person)	172670	89248
注册护士数	（人）	Registered Nurses	(person)	200980	112233
人民生活		**People's Livelihood**			
城镇居民人均可支配收入	（元）	Annual Per Capita Disposable Income of Urban Households	(yuan)	43009	
城镇居民人均消费支出	（元）	Per Capita Consumption Expenditure of Urban Residents	(yuan)	26495	
每百户城镇居民家庭拥有		Per 100 Urban Households			
家用汽车	（辆）	Automobile	(unit)	41	
计算机	（台）	Computer	(unit)	58	
城镇居民人均住房建筑面积	（平方米）	Per Capita Residential Floor Area of Urban Residents	(sq.m)	42.3	
社会福利、劳动保险		**Social Welfare, Labor and Insurance**			
城乡居民基本养老保险参保人数	（万人）	Number of Participants in Basic Old-age Insurance for Urban and Rural Residents	(10000 persons)	3457.6	774.9
城市居民最低生活保障人数	（万人）	Number of Urban Residents With Minimum Living Allowances	(10000 persons)	31.7	17.9

10—2 地级城市市区基本情况（2021年）
Basic Statement of Cities at Prefectural Level by Region (2021)

指　　标	Item	合肥市 Hefei	淮北市 Huaibei	亳州市 Bozhou	宿州市 Suzhou
人口及土地	**Population and Land**				
常住人口（万人）	Population of Permanent Residents (10000 persons)	518.5	104.3	152.5	177.8
建成区面积（平方公里）	Developed Area (sq.m)	507	90	75	92
综合经济	**General Economy**				
地区生产总值(当年价格)（亿元）	Gross Regional Product (at current price) (100 million yuan)	7696.6	682.2	761.5	895.3
第一产业增加值	Added Value of Primary Industry	10.7	27.9	84.2	80.0
第二产业增加值	Added Value of Secondary Industry	2699.4	249.1	310.4	360.2
第三产业增加值	Added Value of Tertiary Industry	4986.4	405.3	366.9	455.1
财政、金融	**Government Finance, Banking and Insurance**				
地方财政一般公共预算收入（亿元）	General Public Budget Revenue of Local Finance (100 million yuan)	630.3	64.9	75.9	80.7
地方财政一般公共预算支出（亿元）	General Public Budget Expenditure of Local Finance (100 million yuan)	814.1	127.6	179.8	226.3
一般公共服务支出	General Public Service	41.3	9.6	14.7	17.1
科学技术支出	Science	148.2	6.5	3.7	5.9
教育支出	Education	135.8	20.0	29.0	31.2
文化旅游体育与传媒支出	Cultural Tourism, Sports and Media	7.3	1.4	1.2	2.6
卫生健康支出	Hygiene and Health	52.1	16.1	39.9	42.3
节能环保支出	Energy Saving and Environmental Protection	29.0	2.6	3.3	6.2
城乡社区支出	Urban and Rural Communities	235.8	23.5	16.1	40.0
交通运输支出	Transport	13.1	5.9	7.0	6.5
社会保障和就业支出	Social Security and Employment	38.4	14.5	19.5	20.6
住房保障支出	Housing Security	23.8	7.7	5.5	5.0
人民币住户存款余额（亿元）	Deposits of Households (100 million yuan)	4152.2	637.1	683.5	820.3
工　业	**Industry**				
规模以上工业企业数（个）	Number of Industrial Enterprises Above Designated Size (unit)	1068	331	311	549
内资企业	Domestic Funded Enterprises	920	317	306	539
港澳台商投资企业	Funded by Entrepreneurs from Hong Kong, Macao and Taiwan	48	5	4	5
外商投资企业	Foreign Funded Enterprises	100	9	1	5

蚌埠市 Bengbu	阜阳市 Fuyang	淮南市 Huainan	滁州市 Chuzhou	六安市 Luan	马鞍山市 Maanshan	芜湖市 Wuhu	宣城市 Xuancheng	铜陵市 Tongling	池州市 Chizhou	安庆市 Anqing	黄山市 Huangshan
134.5	212.9	156.9	78.5	197.6	96.6	241.4	77.0	84.0	61.2	80.8	54.2
155	156	128	111	81	103	253	70	91	44	161	71
1073.8	961.1	872.9	972.8	878.8	1367.9	3410.5	501.9	977.3	548.5	886.6	462.5
34.6	86.6	51.2	24.0	102.6	14.1	73.2	51.1	27.0	39.0	19.7	21.7
443.7	324.5	354.2	559.7	306.8	711.5	1630.1	203.5	523.0	275.0	382.2	161.1
595.6	550.1	467.5	389.0	469.4	642.3	1707.3	247.2	427.4	234.5	484.6	279.7
110.3	83.2	66.1	89.5	71.1	118.7	309.1	61.8	82.3	45.9	77.8	54.2
170.8	269.2	159.9	144.0	249.5	138.6	396.4	116.4	146.4	94.2	144.6	111.2
14.6	23.8	9.5	10.8	21.0	10.9	26.0	9.2	9.7	6.1	10.2	8.9
6.9	3.8	3.3	7.4	3.3	5.9	66.7	3.6	12.0	2.1	3.6	3.4
24.7	41.3	24.2	22.5	42.1	18.1	59.5	11.2	18.5	11.7	17.2	10.2
2.9	2.6	1.3	2.0	2.3	2.7	4.3	1.2	1.8	0.9	2.5	2.8
24.4	64.9	23.7	25.2	42.6	9.5	35.5	17.9	15.3	12.2	31.0	12.2
2.3	2.3	4.3	1.2	8.2	13.5	18.1	2.3	4.3	7.8	6.3	7.8
29.7	22.9	12.7	17.4	18.1	26.0	54.8	16.1	19.5	13.2	19.2	20.8
3.6	8.8	4.7	4.7	10.4	3.7	7.3	3.8	8.7	5.8	5.2	5.0
23.7	33.9	24.4	17.9	29.3	18.7	42.1	13.7	17.6	9.3	14.5	13.9
7.7	6.5	8.0	4.4	8.9	7.2	10.4	4.1	5.1	4.7	3.9	3.5
828.6	1238.4	1098.4	499.1	994.9	872.8	1720.0	458.7	707.3	446.7	765.9	444.3
398	402	425	505	530	567	1592	494	431	341	310	259
374	392	415	442	517	510	1462	472	403	331	275	250
6	7	9	19	6	27	46	5	12	3	10	2
18	3	1	44	7	30	84	17	16	7	25	7

10—2 续表1 continued

指 标		Item		合肥市 Hefei	淮北市 Huaibei	亳州市 Bozhou	宿州市 Suzhou
流动资产合计	（亿元）	Total Circulating Funds	(100 million yuan)	6613.9	439.4	574.6	280.5
营业收入	（亿元）	Operating Income	(100 million yuan)	7852.8	686.5	643.4	939.4
利润总额	（亿元）	Total Profits	(100 million yuan)	461.9	63.3	50.0	66.9
邮 政		**Post**					
快递业务收入	（亿元）	Income From Express Business	(100 million yuan)	48.4	2.7	9.3	5.2
国内贸易		**Domestic Trade**					
社会消费品零售总额	（亿元）	Total Retail Sales of Consumer Goods	(100 million yuan)	3726.4	361.6	413.1	490.2
固定资产投资		**Investment in Fixed Assets**					
房地产开发投资	（亿元）	Total Investment in Real Estate Devlopment	(100 million yuan)	1049.5	167.4	223.3	240.3
#住 宅		Residential Buildings		827.2	147.8	177.2	191.4
商品房屋销售面积	（万平方米）	Floor Space of Selling House	(10000 sq.m)	1122.1	191.5	359.2	332.0
#住 宅		Residential Buildings		911.5	181.7	321.4	322.1
商品房屋销售额	（亿元）	Total Sales of Commercial House	(100 million yuan)	1635.8	142.1	195.2	210.6
#住 宅		Residential Buildings		1463.9	134.8	181.3	203.9
商品房屋待售面积	（万平方米）	Square Commercial House for Sal	(10000 sq.m)	285.1	43.7	47.1	34.7
教育、文化、卫生		**Education, Culture and Public Health**					
学校数	（所）	Number of Schools	(unit)				
中等职业教育学校		Secondary Vocational Technical School		30	5	5	6
普通中学		Ordinary High School		135	70	71	74
普通小学		Ordinary Primary School		174	106	244	241
专任教师数	（人）	Number of Full-time Teachers	(person)				
中等职业教育学校		Secondary Vocational Technical School		3028	652	832	819
普通中学		Ordinary High School		16367	4685	7019	6986
普通小学		Ordinary Primary School		19716	4626	9120	8534

蚌埠市 Bengbu	阜阳市 Fuyang	淮南市 Huainan	滁州市 Chuzhou	六安市 Luan	马鞍山市 Maanshan	芜湖市 Wuhu	宣城市 Xuancheng	铜陵市 Tongling	池州市 Chizhou	安庆市 Anqing	黄山市 Huangshan
721.6	352.7	589.6	946.0	409.4	1354.0	4598.4	279.2	872.2	297.5	403.0	162.8
945.6	694.9	1310.5	1609.7	675.6	2957.6	5109.0	612.1	3001.7	953.7	1031.2	286.2
54.6	40.1	38.0	113.2	35.4	161.6	366.5	32.5	99.7	72.4	60.8	19.4
8.8	9.5	3.7	8.0	7.3	4.5	17.8	4.6	2.4	2.5	6.3	3.6
771.2	848.5	591.2	347.5	574.7	497.2	1623.0	248.4	314.5	268.5	466.9	283.6
282.5	434.3	180.1	243.7	278.9	122.1	459.8	98.5	143.1	43.4	136.0	133.3
235.6	353.0	146.3	204.1	222.5	105.1	393.8	74.0	117.0	35.5	102.3	89.0
330.9	521.0	163.8	582.3	469.9	156.3	555.4	166.4	252.6	116.5	162.8	113.3
309.4	491.2	157.9	483.8	443.8	144.5	521.9	136.4	181.0	104.1	130.8	88.3
252.2	388.9	101.6	330.4	317.4	162.9	582.8	103.4	127.9	80.6	134.1	95.9
237.3	364.6	97.8	286.8	277.3	154.7	556.5	84.6	98.5	73.7	112.0	78.7
30.6	62.4	21.9	44.5	109.0	30.5	25.4	53.2	144.7	59.8	59.6	52.8
11	19	10	2	9	5	13	4	3	3	16	4
57	123	101	33	130	34	115	48	50	43	40	33
127	320	170	35	173	54	137	46	71	58	66	35
1077	2113	958	418	945	419	1551	591	376	413	469	238
5280	10164	6643	2567	10239	3629	7690	3128	3671	2490	3279	1754
6517	10433	6597	2790	8705	2930	8051	3114	3151	1959	2468	1957

10—2 续表2 continued

指 标	Item	合肥市 Hefei	淮北市 Huaibei	亳州市 Bozhou	宿州市 Suzhou
在校学生数 （万人）	Number of Student Enrollment (10000 persons)				
中等职业教育学校	Secondary Vocational Technical School	7.5	1.0	2.7	2.2
普通中学	Ordinary High School	21.6	5.7	10.0	10.4
普通小学	Ordinary Primary School	35.5	8.1	15.2	17.7
公共图书馆图书藏量（万册、件）	Quantity of Books in Public Libraries (10000 units)	579.5	71.9	87.9	93.3
医院数 （个）	Number of Hospitals (unit)	138	64	34	39
医院床位数 （张）	Number of Hospital Beds (unit)	45321	6869	6092	9510
执业（助理）医师数 （人）	Number of Practicing (assistant) Physicians (person)	22045	3645	4314	5492
注册护士数 （人）	Registered Nurses (person)	29768	4654	5138	5742
人民生活	**People's Livelihood**				
城镇居民人均可支配收入 （元）	Annual Per Capita Disposable Income of Urban Households (yuan)	53208	39688	37319	37278
城镇居民人均消费支出 （元）	Per Capita Consumption Expenditure of Urban Residents (yuan)	32445	23376	23918	19220
每百户城镇居民家庭拥有	Per 100 Urban Households				
家用汽车 （辆）	Automobile (unit)	57	38	34	34
计算机 （台）	Computer (unit)	80	49	41	49
城镇居民人均住房建筑面积 （平方米）	Per Capita Residential Floor Area of Urban Residents (sq.m)	34.2	30.4	57.0	50.0
社会福利、劳动保险	**Social Welfare, Labor and Insurance**				
城乡居民基本养老保险参保人数 （万人）	Number of Participants in Basic Old-age Insurance for Urban and Rural Residents (10000 persons)	40.8	23.4	89.2	90.1
城市居民最低生活保障人数 （万人）	Number of Urban Residents With Minimum Living Allowances (10000 persons)	1.3	1.6	0.3	0.8

蚌埠市 Bengbu	阜阳市 Fuyang	淮南市 Huainan	滁州市 Chuzhou	六安市 Luan	马鞍山市 Maanshan	芜湖市 Wuhu	宣城市 Xuancheng	铜陵市 Tongling	池州市 Chizhou	安庆市 Anqing	黄山市 Huangshan
1.5	5.8	2.2	0.8	3.0	0.9	2.1	1.0	0.6	0.7	0.5	0.6
6.8	15.4	8.3	3.5	14.1	4.5	9.0	3.6	3.7	3.4	3.8	2.2
11.3	21.9	12.0	5.2	15.4	5.1	13.5	4.2	4.3	3.7	4.2	3.1
90.1	29.1	56.8	57.6	81.7	159.2	113.1	34.5	165.3	35.0	105.1	66.2
49	61	56	17	30	33	73	18	24	19	30	20
11648	17317	10898	4621	9215	6511	17804	4554	6571	3844	10334	4616
6018	7970	5715	2607	6796	3724	8608	2058	2995	1744	3678	1839
7537	9930	7384	3576	6993	4662	10485	2537	3662	2065	5286	2814
42656	37379	41375	39025	36793	56440	48668	46115	44454	38756	39416	41882
23662	25246	22977	25072	23672	34185	29205	26890	29235	23314	21437	23664
29	37	35	50	48	64	43	50	50	41	32	41
42	59	45	55	57	60	57	69	63	64	67	81
38.1	41.1	35.4	35.9	39.0	36.0	36.3	39.5	38.8	40.4	43.0	54.0
28.7	105.9	44.0	19.7	111.3	17.1	60.0	44.8	30.4	31.9	19.7	17.8
1.5	1.8	1.4	0.3	0.8	1.7	2.5	0.4	2.2	0.4	0.7	0.3

10—3 城市市政公用基础设施基本情况
Basic Statistics on Urban Public Utilities

指标		Item		2010	2015	2020	2021
城市面积		**Cities Areas**					
建成区面积	（平方公里）	Developed Areas	(sq.km)	1491.32	1926.36	2409.89	2460.17
城市人口密度	（人/平方公里）	Population Density of Urban Districts	(persons/sq.km)	2469	2458	2655	2730
供水、供气及供热		**Water Supply, Gas Supply and Heating**					
供水管道长度	（公里）	Length of the Pipeline for Supplying Water	(km)	14730	23842	36257	34120
供水总量	（万立方米）	Annual Supply of Tap Water	(10000 cu.m)	160816	174263	238126	255083
#居民家庭用水量		Water Consumption for Residential Use		50889	68319	99121	101662
人均日生活用水	（升）	Per Capita Water Consumption for Residential Use	(liter)	160.83	168.90	197.37	190.23
用水普及率	(%)	Percentage of Population With Access to Tap Water	(%)	96.06	98.79	99.60	99.81
天然气供气量	（万立方米）	Supply of Natural Gas	(10000 cu.m)	112190	234585	414417	451842
#家庭用量		Consumption of Coal Gas for Residential Use		25154	71773	128570	134921
液化石油气供气量	（吨）	Liquefied Petroleum Gas	(ton)	615770	736312	157719	160115
#家庭用量		Consumption of Liquefied Gas for Residential Use		166335	104259	87248	82192
供气管道长度	（公里）	Length of Gas Pipelines	(km)	10126	19949	32517	34774
燃气普及率	(%)	Percentage of Population With Access to Gas	(%)	90.52	97.55	99.24	99.48
集中供热面积	（万平方米）	Heated Area	(10000 sq.m)	2463.70	2683.76	2575.82	2555.35
公共交通		**Public Traffic**					
公共汽（电）车总数	（辆）	Number of Public Transportation Vehicles (buses and trolley buses etc.)	(unit)	11875	18622	28331	28301
出租汽车	（辆）	Taxi	(unit)	50068	55217	54136	55298
市政工程		**Municipal Engineering**					
道路长度	（公里）	Length of Paved Roads	(km)	10157	13375	17750	19433
道路面积	（万平方米）	Area of Paved Roads	(10000 sq.m)	19927	31010	43286	46184
每人拥有	（平方米）	Area of Paved Roads per Population	(sq.m)	16.01	20.82	24.29	23.74
排水管道长度	（公里）	Length of Sewer Pipelines	(km)	13136	24399	35393	36505
建成区排水管道密度	（公里/平方公里）	Density of Sewer Pipelines	(km/sq.km)	8.81	12.67	13.49	13.62
污水排放量	（万立方米）	Volume of Waste Water Discharged	(10000 cu.m)	124449	150642	208669	228288
污水处理厂处理量	（万立方米）	Volume of Waste Water Treated	(10000 cu.m)	89086	138293	199819	219407
城市绿化		**Forestation in Cities**					
绿化覆盖面积	（公顷）	Afforested Area	(hectare)	85281	112303	135493	144928
#建成区		Developed District		55927	79285	101232	108424
园林绿地面积	（公顷）	Greenery Area of Gardens	(hectare)	71463	93786	119533	127602
#建成区		Developed District		50214	71582	92762	99276
公园绿地面积	（公顷）	Park Greenery Area	(hectare)	13630	19913	26520	28190
人均公园绿地面积	（平方米）	Per Capita Park Greenery Area	(sq.m)	10.95	13.37	14.88	14.49
公园个数	（个）	Number of Parks	(unit)	247	374	588	619
公园面积	（公顷）	Area of Parks	(hectare)	8685	12043	18795	20547
市容环境卫生		**Environmental Sanitation**					
生活垃圾清运量	（万吨）	Volume of Disposal of Excrement	(10000 tons)	435.25	491.94	660.70	714.90
生活垃圾无害化处理量	（万吨）	Environment-friendly Handling Capacity of the Domestic Rubbish	(10000 tons)	281.00	489.74	660.70	714.90
生活垃圾无害化处理率	(%)	Living Refuse Treatment Rate	(%)	64.56	99.55	100.00	100.00
公共厕所	（座）	Public Lavatory	(unit)	3168	3223	4769	6685
#三类以上		Above Three Kinds		2469	2813	4387	5787

注：由于住建部制度修订，从2017年度起只统计用于城市生产和生活作燃料使用的气体能源。原先安庆市石化报送的约60万吨液化气系企业生产用原材料不再统计。

a) Due to the revision of the system of the Ministry of Housing and Urban-Rural Development, only the gas energy used for urban production and domestic fuel will be counted from 2017. Originally, about 600,000 tons of raw materials for production of liquefied gas enterprises submitted by Anqing Petrochemical Company are no longer counted.

10—4 各市城市建设情况（2021年）
Statistics on City Construction by Region (2021)

单位：平方公里（sq.km）

地 区	Region	城市现状建设用地面积 Urban Current Construction Land Area	#居住用地 For Residence	#公用设施用地 For Public Facilities	#道路与交通设施用地 Land for Roads and Traffic Facilities	#绿地与广场用地 Green Space and Square Land	征用土地面积 Land Put in Requisition for State Construction Projects	城市人口密度（人／平方公里） Population Density of Urban Area (persons/sq.km)
总　计	**Total**	**2407.11**	**717.00**	**66.31**	**461.83**	**314.89**	**138.95**	**2730**
合肥市	Hefei	453.86	135.52	7.09	106.55	23.98	44.72	5014
淮北市	Huaibei	99.01	35.60	1.75	11.62	9.75	6.02	3529
亳州市	Bozhou	75.00	20.66	0.70	16.97	15.78	0.97	4632
宿州市	Suzhou	89.93	28.24	2.73	19.48	12.34	2.86	3636
蚌埠市	Bengbu	154.97	50.41	11.26	26.54	12.20	9.95	2706
阜阳市	Fuyang	145.54	48.77	0.61	24.02	32.80	9.46	3184
淮南市	Huainan	127.69	43.16	1.16	22.25	24.19	3.00	2562
滁州市	Chuzhou	110.59	28.62	0.88	24.34	12.04	12.60	2287
六安市	Luan	81.38	26.45	3.14	12.49	13.29	3.51	3654
马鞍山市	Maanshan	146.19	38.24	5.45	22.49	3.77	3.18	4409
芜湖市	Wuhu	241.24	55.63	17.51	50.19	60.58	4.70	1759
宣城市	Xuancheng	69.48	17.34	1.35	14.05	7.25	3.49	2775
铜陵市	Tongling	86.45	24.21	1.41	12.81	5.62	1.71	2093
池州市	Chizhou	44.08	16.06	0.98	8.42	7.14	0.44	1230
安庆市	Anqing	155.24	45.09	3.40	27.36	21.56	6.07	2425
黄山市	Huangshan	60.19	20.85	0.62	11.88	8.93	0.99	703
桐城市	Tongcheng	25.80	10.29	0.24	3.58	0.46	0.58	1860
天长市	Tianchang	25.92	7.51	0.36	7.65	6.67	6.71	2425
明光市	Mingguang	28.91	8.33	0.35	7.46	3.18	2.24	4555
界首市	Jieshou	26.77	6.03	0.18	4.77	8.29	2.16	2444
宁国市	Ningguo	32.41	9.16	0.93	4.47	1.31	2.56	469
巢湖市	Chaohu	48.00	18.20	3.00	9.91	9.49	3.69	2029
潜山市	Qianshan	20.05	7.55	0.44	3.01	2.48	2.39	1131
无为市	Wuwei	25.08	7.01	0.45	3.22	7.39	3.75	1598
广德市	Guangde	33.33	8.07	0.32	6.30	4.40	1.20	4106

10—5 各市城市市政设施情况（2021年）

Basic Statistics on Municipal Infrastructure in Cities by Region (2021)

地 区	Region	年末实有道路长度（公里）Length of Paved Roads (year-end) (km)	年末实有道路面积（万平方米）Area of Paved Roads (year-end) (10000 sq.m)	城市桥梁数（座）Number of City Bridges (unit)	城市道路照明灯（盏）Number of Street Lights (unit)	城市排水管道（公里）Length of City Sewage Pipes (km)	污水管道 Sewage Pipeline
总　计	**Total**	**19433**	**46184**	**2281**	**1206045**	**36505**	**16035**
合 肥 市	Hefei	3188	9228	836	274547	8763	3686
淮 北 市	Huaibei	721	1619	50	31244	1130	489
亳 州 市	Bozhou	626	1697	17	49081	1333	556
宿 州 市	Suzhou	876	1926	119	58591	1195	574
蚌 埠 市	Bengbu	1261	2653	43	60700	1436	654
阜 阳 市	Fuyang	1047	2692	183	54441	1554	634
淮 南 市	Huainan	1081	2229	53	59151	1181	572
滁 州 市	Chuzhou	960	2702	165	74278	2386	1112
六 安 市	Luan	675	1862	37	34321	946	469
马鞍山市	Maanshan	766	1931	68	46370	1799	660
芜 湖 市	Wuhu	2061	4829	134	114305	3619	1250
宣 城 市	Xuancheng	585	1286	89	28861	1333	519
铜 陵 市	Tongling	764	1486	36	33625	1803	868
池 州 市	Chizhou	466	842	36	18789	815	340
安 庆 市	Anqing	1337	2574	112	80371	1544	1023
黄 山 市	Huangshan	656	1185	53	43891	910	421
桐 城 市	Tongcheng	242	496	13	13410	479	183
天 长 市	Tianchang	443	766	33	13778	490	230
明 光 市	Mingguang	327	747	19	21562	856	364
界 首 市	Jieshou	179	477	36	14253	388	164
宁 国 市	Ningguo	270	633	52	21203	513	223
巢 湖 市	Chaohu	414	1054	31	25392	949	566
潜 山 市	Qianshan	103	286	16	7778	270	88
无 为 市	Wuwei	125	317	5	10599	238	73
广 德 市	Guangde	259	665	45	15504	577	316

10—6 各市城市设施水平（2021年）
Level of Public Facilities in Cities by Region (2021)

地区	Region	城市用水普及率(%) Coverage Rate of Urban Population with Access to Tap Warer (%)	城市燃气普及率(%) Coverage Rate of Urban Population with Access to Gas (%)	人均城市道路面积(平方米) Per Capita Area of Paved Roads (sq.m)
总计	**Total**	**99.81**	**99.48**	**23.74**
合肥市	Hefei	99.99	100.00	14.38
淮北市	Huaibei	100.00	100.00	21.85
亳州市	Bozhou	100.00	99.70	42.15
宿州市	Suzhou	100.00	100.00	32.20
蚌埠市	Bengbu	100.00	100.00	26.83
阜阳市	Fuyang	97.17	97.10	24.95
淮南市	Huainan	100.00	100.00	18.55
滁州市	Chuzhou	100.00	100.00	41.82
六安市	Luan	99.79	98.68	30.68
马鞍山市	Maanshan	100.00	100.00	24.91
芜湖市	Wuhu	100.00	99.84	25.45
宣城市	Xuancheng	99.84	99.10	35.16
铜陵市	Tongling	100.00	100.00	23.16
池州市	Chizhou	99.77	99.84	27.09
安庆市	Anqing	100.00	99.30	34.08
黄山市	Huangshan	100.00	99.38	36.50
桐城市	Tongcheng	100.00	97.48	29.10
天长市	Tianchang	100.00	100.00	39.53
明光市	Mingguang	100.00	95.23	40.97
界首市	Jieshou	100.00	98.27	25.05
宁国市	Ningguo	100.00	99.14	42.12
巢湖市	Chaohu	100.00	97.97	32.48
潜山市	Qianshan	96.56	82.46	23.44
无为市	Wuwei	100.00	100.00	16.01
广德市	Guangde	100.00	100.00	39.50

10—7 各市城市公共交通情况（2021年）
Basic Statistics on Public Transportation in Cities by Region (2021)

地　区	Region	年末公共汽、电车交通运营数（辆）Number of Bus and Tram Traffic Operations at the end of the year (unit)	公共汽、电车运营线路总长度（公里）Total Length of Bus and Tram Lines (km)	公共汽、电车客运总量（万人次）Total Passenger Volume of Buses and Trams (10000 person-times)	出租汽车（辆）Number of Taxi (unit)
总　计	**Total**	**28301**	**73314.5**	**148263**	**55298**
合肥市	Hefei	7734	14584	46865	11552
淮北市	Huaibei	904	2706	3603	1638
亳州市	Bozhou	1901	3869	5287	3004
宿州市	Suzhou	1364	5328	5418	3033
蚌埠市	Bengbu	1661	3545	11743	3303
阜阳市	Fuyang	1866	3790	10473	3794
淮南市	Huainan	1211	1774	8220	3508
滁州市	Chuzhou	2008	4813	12293	3145
六安市	Luan	2219	8354	8347	3935
马鞍山市	Maanshan	968	2062	5346	3284
芜湖市	Wuhu	1829	4059	9389	5380
宣城市	Xuancheng	1312	6029	4188	1903
铜陵市	Tongling	1087	3395	6330	1974
池州市	Chizhou	473	3790	2525	1067
安庆市	Anqing	1400	3318	6700	3928
黄山市	Huangshan	364	1901	1538	850

10—8 各市城市绿地和园林（2021年）

Basic Statistics on Parks and Green Areas in Cities by Region (2021)

地 区	Region	绿化覆盖面积（公顷）Green Areas (hectare)	建成区 Completed Area	绿地面积（公顷）Green Land Area (hectare)	公园绿地面积（公顷）Park Green Areas (hectare)	人均公园绿地面积（平方米）Park Green Areas (sq.m)	公园（个）Number of Parks (unit)	建成区绿地率（%）Per Capita ParkGreen Areas (%)	建成区绿化覆盖率（%）Green Covered Area as % of Completed Area (%)
总 计	**Total**	**144928**	**108424**	**127602**	**28190**	**14.49**	**619**	**40.35**	**44.07**
合肥市	Hefei	25195	22384	21146	6680	10.41	77	40.03	44.18
淮北市	Huaibei	5435	4245	4802	1349	18.21	17	44.27	47.28
亳州市	Bozhou	4698	3239	4225	740	18.37	29	40.10	43.18
宿州市	Suzhou	6162	3910	5696	1122	18.76	39	39.84	42.66
蚌埠市	Bengbu	7689	6839	6289	1455	14.71	17	40.06	44.12
阜阳市	Fuyang	8031	6746	7353	1982	18.37	32	40.08	43.25
淮南市	Huainan	6718	4984	5289	1744	14.51	17	36.55	39.03
滁州市	Chuzhou	6351	4825	5682	1314	20.34	18	40.52	43.63
六安市	Luan	4432	3599	3514	996	16.41	25	39.49	44.22
马鞍山市	Maanshan	6788	4727	6416	1192	15.38	21	43.37	45.89
芜湖市	Wuhu	12696	11806	11425	2560	13.49	45	42.10	46.68
宣城市	Xuancheng	5064	3087	4604	689	18.83	19	40.08	44.09
铜陵市	Tongling	7985	3967	7111	1004	15.65	19	40.57	43.59
池州市	Chizhou	2341	2004	1945	624	20.07	11	40.02	45.45
安庆市	Anqing	7058	6826	6819	1204	15.94	15	40.03	42.48
黄山市	Huangshan	14639	3425	13507	624	19.20	31	39.68	48.10
桐城市	Tongcheng	1104	1070	989	244	14.32	9	34.62	37.54
天长市	Tianchang	1149	1142	1058	348	17.96	19	40.20	43.69
明光市	Mingguang	1343	1299	1200	342	18.80	27	38.69	43.28
界首市	Jieshou	1817	1192	1216	385	20.22	12	40.61	44.52
宁国市	Ningguo	1576	1505	1385	336	22.33	26	40.12	44.75
巢湖市	Chaohu	2250	2180	2220	530	16.33	51	44.17	45.42
潜山市	Qianshan	972	833	853	182	14.90	8	34.03	37.91
无为市	Wuwei	1473	1141	1099	277	13.97	8	42.17	45.22
广德市	Guangde	1964	1450	1760	268	15.90	27	40.10	43.50

10—9 各市城市燃气情况（2021年）

Basic Statistics on Supply of Gas in Cities by Region (2021)

地 区	Region	管道长度(公里) Length of Gas Pipelines (km)		全年供气总量 Volume of Gas Supply		用气人口(万人) Population with Access to Gas (10000 persons)	
		液化石油气 Liquefied Petroleum Gas	天然气 Natural Gas	液化石油气(吨) Liquefied Petroleum Gas (ton)	天然气(万立方米) Natural Gas (10000 cu.m)	液化石油气 Liquefied Petroleum Gas	天然气 Natural Gas
总 计	**Total**	**208.2**	**34565.4**	**160115.0**	**451842.2**	**135.4**	**1799.9**
合肥市	Hefei		7056.3	52341.0	123582.4	11.1	630.7
淮北市	Huaibei		1497.8	11359.5	16227.0	10.6	63.5
亳州市	Bozhou		2494.3	6610.0	9195.0	7.2	32.9
宿州市	Suzhou		1321.9	2290.0	9710.7	1.7	58.1
蚌埠市	Bengbu	13.0	2505.4	1649.0	40683.0	5.7	93.3
阜阳市	Fuyang		1021.4	16670.0	14699.6	12.6	92.2
淮南市	Huainan		1532.1	7550.0	17532.1	10.5	109.7
滁州市	Chuzhou		1745.8	2622.5	23792.6	1.9	62.7
六安市	Luan		1215.8	186.1	16170.0	0.1	59.8
马鞍山市	Maanshan		1383.0	2165.0	34020.0	2.0	75.5
芜湖市	Wuhu	2.1	4408.5	22389.4	50262.2	15.4	174.0
宣城市	Xuancheng		771.7	2210.0	12220.8	5.0	31.2
铜陵市	Tongling		1178.0		23034.4		64.2
池州市	Chizhou		923.5	2426.0	5283.0	2.7	28.4
安庆市	Anqing	0.3	1026.6	2900.0	13266.0	3.2	71.8
黄山市	Huangshan	153.5	758.0	6934.0	4425.2	17.1	15.1
桐城市	Tongcheng	23.0	447.7	6245.5	1930.0	5.9	10.7
天长市	Tianchang		519.8	881.0	3256.0	1.2	18.2
明光市	Mingguang		370.6	2900.0	2151.6	3.3	14.0
界首市	Jieshou		541.6	2090.0	1585.0	5.8	12.9
宁国市	Ningguo	15.0	239.8	2575.0	6223.8	3.2	11.8
巢湖市	Chaohu		1024.6	576.0	10673.6	0.5	31.3
潜山市	Qianshan		146.5	1500.0	1135.3	2.6	7.5
无为市	Wuwei		251.9	1135.0	3000.0	1.2	18.6
广德市	Guangde	1.3	182.9	1910.0	7782.9	5.0	11.8

10—10 城市供水用水情况
Water Supply and Water Use of Cities

年份 Year	综合生产能力 (万立方米/日) Integrated Production Capacity (10000 cu.m/day)	地下水 Ground Water	供水总量 (万立方米) Water Supply (10000 cu.m)	用水总量(万立方米) Water Use (10000 cu.m) #生产运营用水 Water Used for Business	公共服务用水 Water Used for Public Services	居民家庭用水 Water Used for Residents	其他用水 Other Water	人均日生活用水量(升) Per Capita Water Use (liter)
2005	1032.7	156.5	206386	123285	23231	49728	10142	195.69
2006	1026.0	145.7	220174	102877	28373	57515	6778	237.84
2007	999.2	109.3	207574	116823	20918	48145	3780	180.40
2008	1728.7	109.4	195543	101119	19353	50323	3596	174.71
2009	2080.6	92.9	162243	67362	18656	49072	4248	160.96
2010	1992.8	99.2	160816	62871	19191	50889	5155	160.83
2011	820.2	103.2	158039	51387	18921	56014	5899	169.00
2012	1029.4	114.6	156888	47010	19443	59439	4406	165.45
2013	1074.0	98.8	161140	49071	20859	61328	5257	166.15
2014	1074.8	99.6	167781	49957	21627	64145	5217	166.72
2015	1094.8	98.5	174263	50110	22194	68319	4266	168.90
2016	1111.6	114.0	186543	51844	22167	76631	4677	180.19
2017	906.3	111.6	189892	52447	25090	79978	3642	188.11
2018	896.6	94.0	200824	54497	25438	86209	3561	190.68
2019	997.7	97.2	226762	66598	28072	91240	6830	194.49
2020	1079.0	95.0	238126	70811	28698	99121	7071	197.37
2021	1122.4	95.1	255083	78933	33084	101662	8890	190.23

10—11 各市城市供水用水情况（2021年）

Water Supply and Water Use of Cities by Region (2021)

地 区 Region	综合生产能力 (万立方米/日) Integrated Production Capacity (10000 cu.m/day)	地下水 Ground Water	供水总量 (万立方米) Water Supply (10000 cu.m)	用水总量(万立方米) Water Use (10000 cu.m) #生产运营用水 Water Used for Business	公共服务用水 Water Used for Public Services	居民家庭用水 Water Used for Residents	其他用水 Other Water	人均日生活用水量(升) Per Capita Water Use (liter)
总 计 Total	**1122.4**	**95.1**	**255083**	**78933**	**33084**	**101662**	**8890**	**190.23**
合 肥 市 Hefei	241.5	0.1	66236	13454	12404	32439		191.45
淮 北 市 Huaibei	36.1	36.1	7214	1886	616	3589	77	155.47
亳 州 市 Bozhou	33.9	13.9	6313	1332	799	2186	315	203.18
宿 州 市 Suzhou	22.9	17.6	7221	2472	1256	3114	4	200.14
蚌 埠 市 Bengbu	78.0	0.4	19715	7886	3060	6800	36	273.12
阜 阳 市 Fuyang	37.7	9.7	10723	3810	624	5243	13	153.42
淮 南 市 Huainan	48.7	5.9	12297	2231	2684	5506	7	186.74
滁 州 市 Chuzhou	41.5		9584	3869	864	3208	384	172.65
六 安 市 Luan	48.5		9061	896	1554	4295	98	264.58
马鞍山市 Maanshan	123.5		14564	6959	1171	4259	648	191.88
芜 湖 市 Wuhu	112.3	1.1	28260	8401	2632	8605	4094	162.57
宣 城 市 Xuancheng	21.6	0.1	5750	1544	693	2474	215	237.83
铜 陵 市 Tongling	73.0		11309	4225	346	4446	933	204.58
池 州 市 Chizhou	16.0		3867	1393	60	1939	62	177.26
安 庆 市 Anqing	52.4	0.1	14714	7871	1799	2787	912	166.36
黄 山 市 Huangshan	21.0		4840	1399	288	2236	90	215.01
桐 城 市 Tongcheng	10.5		2088	743	134	1044		189.58
天 长 市 Tianchang	13.0	3.0	3352	1285	323	781	625	156.29
明 光 市 Mingguang	9.1	0.6	2011	345	263	1042	152	196.14
界 首 市 Jieshou	10.6	6.6	1394	327	166	847	2	145.56
宁 国 市 Ningguo	13.0		2283	868	17	1032		191.12
巢 湖 市 Chaohu	22.0		5385	3263	422	1185	45	135.59
潜 山 市 Qianshan	7.5		1417	480	55	764		190.26
无 为 市 Wuwei	17.0		2807	876	330	1125	84	201.23
广 德 市 Guangde	11.0		2680	1115	526	718	92	202.36

10—12 各市城市污水排放和处理情况（2021年）
City Sewage Emission and Processing by Region (2021)

单位：万立方米（10000 cu.m）

地 区	Region	城市污水排放量 City Sewage discharge	城市污水处理总量 Total of Sewage Processing	污水处理厂处理量 Processing Amount of Sewage Processing Plant	其他污水处理量 Processing Amount of Others	城市污水处理率(%) Rate of City Sewage Treatment (%)	城市污水处理厂集中处理率(%) Central Processing Rate of Sewage Treatment Plant (%)
总 计	**Total**	**228288**	**221755**	**219407**	**2348**	**97.14**	**96.11**
合肥市	Hefei	60002	57266	57266		95.44	95.44
淮北市	Huaibei	6260	6144	6144		98.15	98.15
亳州市	Bozhou	8615	8443	8443		98.00	98.00
宿州市	Suzhou	6714	6602	6098	504	98.33	90.83
蚌埠市	Bengbu	14672	14380	13942	438	98.02	95.03
阜阳市	Fuyang	11221	10999	10999		98.02	98.02
淮南市	Huainan	10950	10711	10412	299	97.81	95.09
滁州市	Chuzhou	11761	11432	11418	14	97.21	97.09
六安市	Luan	7269	7157	6934	222	98.46	95.40
马鞍山市	Maanshan	11585	11369	11009	360	98.13	95.02
芜湖市	Wuhu	25944	25154	24865	289	96.96	95.84
宣城市	Xuancheng	4810	4702	4702		97.75	97.75
铜陵市	Tongling	9046	8912	8912		98.52	98.52
池州市	Chizhou	3835	3727	3727		97.18	97.18
安庆市	Anqing	10339	10332	10133	200	99.94	98.00
黄山市	Huangshan	4314	4176	4176		96.80	96.80
桐城市	Tongcheng	1650	1596	1585	11	96.76	96.09
天长市	Tianchang	3020	2958	2958		97.97	97.97
明光市	Mingguang	2687	2564	2552	12	95.45	95.00
界首市	Jieshou	1460	1424	1424		97.55	97.55
宁国市	Ningguo	1911	1816	1816		95.01	95.01
巢湖市	Chaohu	4846	4701	4701		97.00	97.00
潜山市	Qianshan	1192	1164	1164		97.61	97.61
无为市	Wuwei	2225	2129	2129		95.71	95.71
广德市	Guangde	1961	1896	1896		96.66	96.66

10—13 各市城市市容环境卫生情况（2021年）

Basic Statistics on Urban Sanitation in Cities by Region (2021)

地　区	Region	道路清扫保洁面积（万平方米）Road Cleaning Area (10000 sq.m)	生活垃圾清运量（万吨）Volume of Garbage Disposal (10000 tons)	生活垃圾无害化处理量（万吨）Volume of Garbage hazard-free Disposal (10000 tons)	生活垃圾无害化处理率（%）Living Refuse Treatment Rate (%)	市容环卫专用车辆设备总数（台）Number of Special Vehicles for Environmental Sanitation (unit)	公共厕所（座）Number of Public Lavatories (unit)
总　计	**Total**	**47682**	**714.90**	**714.90**	**100.00**	**10872**	**6685**
合肥市	Hefei	8672	200.52	200.52	100.00	1577	354
淮北市	Huaibei	1483	31.34	31.34	100.00	1259	158
亳州市	Bozhou	2345	15.29	15.29	100.00	365	434
宿州市	Suzhou	1927	20.45	20.45	100.00	131	593
蚌埠市	Bengbu	2776	39.66	39.66	100.00	822	415
阜阳市	Fuyang	3085	39.79	39.79	100.00	824	645
淮南市	Huainan	2922	37.90	37.90	100.00	405	459
滁州市	Chuzhou	2694	23.46	23.46	100.00	602	181
六安市	Luan	1680	28.45	28.45	100.00	284	373
马鞍山市	Maanshan	1740	35.62	35.62	100.00	216	141
芜湖市	Wuhu	4667	78.88	78.88	100.00	441	1066
宣城市	Xuancheng	1340	14.49	14.49	100.00	140	286
铜陵市	Tongling	1896	24.13	24.13	100.00	393	368
池州市	Chizhou	849	11.15	11.15	100.00	97	137
安庆市	Anqing	2574	27.03	27.03	100.00	851	352
黄山市	Huangshan	1062	14.38	14.38	100.00	410	85
桐城市	Tongcheng	452	7.26	7.26	100.00	161	32
天长市	Tianchang	814	8.48	8.48	100.00	92	136
明光市	Mingguang	1079	8.16	8.16	100.00	99	59
界首市	Jieshou	450	8.05	8.05	100.00	66	87
宁国市	Ningguo	930	6.53	6.53	100.00	292	106
巢湖市	Chaohu	825	14.07	14.07	100.00	695	78
潜山市	Qianshan	286	7.50	7.50	100.00	90	41
无为市	Wuwei	469	6.46	6.46	100.00	47	47
广德市	Guangde	665	5.88	5.88	100.00	513	52

主要统计指标解释

供水管道长度

指从送水泵至用户水表之间所有管道的长度。不包括新安装尚未使用、水厂内以及用户建筑物内的管道。

供水总量

指报告期供水企业（单位）供出的全部水量。包括有效供水量和漏损水量。

公共服务用水

指为城区社会公共生活服务的用水。包括行政事业单位、部队营区和公共设施服务、社会服务业、批发零售贸易业、旅馆饮食业以及社会服务业等单位的用水。

居民家庭用水

居民家庭用水指城市范围内所有居民家庭的日常生活用水。包括城市居民、农民家庭、公共供水站用水。

用水普及率

指报告期末城区内用水人口与总人口的比率。计算公式：

用水普及率=城区用水人口 /（城区人口+城区暂住人口）×100%

供气总量

指报告期燃气企业（单位）向用户供应的燃气数量。包括销售量和损失量。

燃气普及率

指报告期城区内使用燃气的人口与总人口的比率。计算公式：

燃气普及率=城区用气人口 /（城区人口+城区暂住人口）×100%

排水管道长度

指所有排水总管、干管、支管、检查井及连接井进出口等长度之和。

公园绿地

城市中向公众开放的、以游憩为主要功能，有一定的游憩设施和服务设施，同时兼有健全生态、美化景观、防灾减灾等综合作用的绿化用地。

公园面积

指报告期末综合公园、专类公园和带状公园的全部占地总面积。

Explanatory Notes for Major Statistical Indicators

Length of Water Supply Pipelines

refers to the total length of all the pipelines between the water pumps and the user water meters, excluding pipelines newly installed but not used yet, and in water plant, user building's pipeline as well as.

Volume of Water Supply

refers to the total volume of water supplied by water-works (units) during the reference period, including both the effective water supply and loss during the water supply.

Consumption of Water for Public Service

refers to the water consumption of urban society public service, including the consumption of government agencies and public institutions, military barracks, public facilities, wholesale and retail outlets, restaurants, hotels, and other units providing public services.

Consumption of Water for Residential Use

refers to the consumption of water for daily life of all households in the boundary of cities, including households of urban residents and farmers, and public water supply stations.

Percentage of Urban Population with Access to Tap Water

refers to the ratio of the urban population with access to tap water to the total urban population. The formula is:

Percentage of population with access to tap water=(Urban population with access to tap water) / (Urban population)×100%

Volume of Gas Supply

refers to the total volume of gas provided to users by gas-producing enterprises (units) in a year, including the volume sold and the volume lost.

Percentage of Urban Population with Access to Gas

population of urban areas using gas during the reference period and the ratio of the total population. Formula:

Percentage of population with access to gas = (Urban population with access to gas / Urban population) x 100%

Length of Urban Sewage Pipes

refers to the total length of general drainage, trunks. branch and inspection wells, connection wells, inlets and outlets, etc.

Park Green Area

refers to green areas open to the public for amusement and rest with the facilities of amusement, rest and services. Its function includes perfecting ecology, beautifying landscape, and preventing and reducing disaster.

Park Area

Total areas of including comprehensive park, community park, topic park, belt-shaped park.

第十一篇

Chapter 11

自然资源和环境保护

NATURAL RESOURCES AND ENVIRONMENT PROTECTION

简要说明

一、自然状况包括地域、气象状况。自然资源包括土地、气候、林木、水资源。

1. 林木资料来自省林业局；

2. 水资源资料由省水利厅和省水文局提供；

3. 气象资料由省气象中心整理提供。

二、环境保护统计资料由省生态环境厅提供，统计资料依据国家生态环境部制定的环境统计报表制度，由各市的环境统计年报汇总整理而成，主要包括“三废”排放与处理，反映各工业行业有关“三废”排放与处理的情况。

Brief Introduction

I. Natural conditions cover region and meteorological conditions. Natural resources cover land, climate, forest and water resources.

1. Forest data from the provincial Forestry Bureau;

2. Data on water conservancy are provided by the Water Conservancy Department and the Marine Products Bureau of Anhui Province.

3. The meteorological data are provided by the Provincial Meteorological Center.

II. Statistical data of environmental protection are provided by the Provincial Department of Ecology and Environment. According to the environmental statistical statement system formulated by the Ministry of Ecology and Environment of The People's Republic of China, the statistical data are summarized and sorted out from the environmental statistical annual reports of various cities, mainly including the discharge and treatment of "three wastes" and reflecting the discharge and treatment of "three wastes" in various industries.

11—1 自然状况
Natural Conditions

项　　目		Item		2021
区　域		**Climate**		
土地总面积	（平方公里）	Total Land Area	(sq.km)	140140
山　区		Mountain		41162
平　原		Plain		34608
丘　陵		Hills		40448
圩　区		Low-lying Paddy Fields		12097
湖泊洼地		Lakes and Low-lying Lands		11122
山峰高程	**（米）**	**Height of Mountain Peak**	**(m)**	
大别山		DaBie Shan		1729.0
黄　山		Huang Shan		1864.8
九华山		JiuHua Shan		1344.4
天柱山		TianZhu Shan		1489.8
河流长度（安徽境内）	**（公里）**	**Length（Within the territory of Anhui Province）**	**(km)**	
淮　河		Huaihe River		430
长　江		Changjiang River		416
新安江		Xin An Jiang River		240
湖泊面积		**Area of Lakes**		
巢　湖	（平方公里）	ChaoHu Lake	(sq.km)	800
气　候		**Climate**		
年平均气温	（摄氏度）	Annual Average Temperature	(℃)	
淮北地区		HuaiBei Area		16.5
江淮地区		JiangHuai Area		17.2
沿江地区		Along Chang Jiang River		17.9
江南地区		Lying South of Chang Jiang		17.6
降水量	（毫米）	Precipitation	(mm)	
淮河流域		Huaihe River Basin		1066.7
淮河上游区		The Upper Reaches of Huaihe River		1075.7
淮河中游区		The Middle Reaches of Huaihe River		1068.2
淮河下游区		The Lower Reaches of Huaihe River		1023.7
沂沭泗河		Yishusi River		1020.0
长江流域		Changjiang River Basin		1464.8
湖口以下干流		Main Rivers Below Hukou		1451.5
鄱阳湖水系		River System of Poyang Lake		1760.7
太湖水系		River System of Taihu Lake		1475.6
东南诸河		South-eastern Rivers		1832.9
钱塘江		Qiantang Jiang River		1832.9

11—2 自然资源
Natural Resources

项 目		Item		2020	2021
林木资源		**Forest Resources**			
人工造林面积	(千公顷)	Artificial Afforestation Area	(1000 hectares)	59.64	35.77
水资源		**Water Resources**			
水资源总量	(亿立方米)	Total Resources	(100 million cu.m)	1280.41	883.26
淮河流域		Huaihe River Basin		393.87	303.45
淮河上游区		The Upper Reaches of Huaihe River		1.79	1.74
淮河中游区		The Middle Reaches of Huaihe River		377.61	292.96
淮河下游区		The Lower Reaches of Huaihe River		13.74	7.78
沂沭泗河		Yishusi River		0.73	0.97
长江流域		Changjiang River Basin		783.14	508.65
湖口以下干流		Main Rivers Below Hukou		734.97	479.13
鄱阳湖水系		River System of Poyang Lake		46.06	27.90
太湖水系		River System of Taihu Lake		2.11	1.62
东南诸河		South-eastern Rivers		103.40	71.16
钱塘江		Qiantang River		103.40	71.16
天然年径流量	(亿立方米)	Natural Annual Flow	(100 million cu.m)	1193.72	798.01
淮河流域		Huaihe River Basin		333.82	232.88
淮河上游区		The Upper Reaches of Huaihe River		1.26	1.07
淮河中游区		The Middle Reaches of Huaihe River		320.78	224.67
淮河下游区		The Lower Reaches of Huaihe River		11.45	6.75
沂沭泗河		Yishusi River		0.33	0.39
长江流域		Changjiang River Basin		756.50	493.98
湖口以下干流		Main Rivers Below Hukou		708.33	464.46
鄱阳湖水系		River System of Poyang Lake		46.06	27.90
太湖水系		River System of Taihu Lake		2.11	1.62
东南诸河		South-eastern Rivers		103.40	71.15
钱塘江		Qiantang River		103.40	71.15
地下水天然补给资源量	(亿立方米)	Natural Supply of Ground Water	(100 million cu.m)	228.60	211.72
淮河流域		Huaihe River Basin		101.06	106.66
长江流域		Changjiang River Basin		111.64	94.52
新安江流域		Xinanjiang River Basin		15.90	10.54
淡水面积	(千公顷)	Freshwater Area	(1000 hectares)		
#养殖面积		Cultivated Area		478.55	414.96
主要矿产保有总资源量		**Total Resources of Major Minerals**			
煤 炭	(亿吨)	Coal	(100 million tons)	341.30	340.87
铁 矿	(矿石，亿吨)	Iron	(Ore, 100 million tons)	53.80	51.94
铜 矿	(铜，万吨)	Copper	(Metal, 10000 tons)	689.14	677.64
钼 矿	(钼，万吨)	Molybdenum	(Metal, 10000 tons)	279.07	279.02
硫铁矿	(矿石，亿吨)	Pyrite Ore	(Ore, 100 million tons)	7.93	7.80
水泥用灰岩	(矿石，亿吨)	Limestone for cement	(Ore, 100 million tons)	131.78	131.70
玻璃用石英岩	(矿石，亿吨)	Limestone for glass	(Ore, 100 million tons)	9.73	9.96
石 膏	(矿石，亿吨)	Gypsum	(Ore, 100 million tons)	122.10	122.11
方解石	(矿石，亿吨)	Calcite	(Ore, 100 million tons)	4.08	4.36

注：依据《固体矿产资源储量分类》(GB/T 17766—2020)的新分类要求，总资源量不再区分基础储量和资源量，按照探明资源量、控制资源量和推断资源量划分。因此，2020年及以后年度统计的数据为矿种的保有总资源量。

a) According to the new classification requirements of Solid Mineral Resources Reserves Classification (GB/T 17766-2020), the total resources are divided into proved resources, controlled resources and inferred resources instead of basic reserves. Therefore, the statistical data of 2020 and the year after are the total reserves of mineral species.

11—3 主要城市平均气温（2021年）
Monthly Average Temperature in Major Cities (2021)

单位：摄氏度（℃）

城 市	City	1月 Jan.	2月 Feb.	3月 Mar.	4月 Apr.	5月 May.	6月 June	7月 July	8月 Aug.	9月 Sept.	10月 Oct.	11月 Nov.	12月 Dec.	年平均 Annual Average
合肥市	Hefei	3.3	9.2	11.3	15.5	21.6	26.0	27.5	26.8	25.4	17.1	11.1	5.2	16.7
淮北市	Huaibei	2.1	8.0	10.3	14.6	21.1	27.3	27.3	26.3	24.2	17.0	10.3	4.4	16.1
亳州市	Bozhou	2.9	9.0	10.8	15.3	21.5	27.9	27.9	26.7	24.6	16.7	10.7	5.3	16.6
宿州市	Suzhou	2.0	7.4	9.7	14.1	20.8	27.5	27.4	26.3	24.3	17.1	10.1	3.9	15.9
蚌埠市	Bengbu	3.1	8.8	11.0	15.3	21.6	27.0	27.6	27.0	25.1	17.5	11.0	4.9	16.7
阜阳市	Fuyang	3.5	9.4	11.2	15.4	21.8	27.4	28.0	27.0	25.2	17.1	11.3	5.4	16.9
淮南市	Huainan	3.5	9.4	11.0	15.4	21.4	26.1	27.1	26.5	24.8	17.3	11.7	5.9	16.7
滁州市	Chuzhou	3.4	9.2	11.2	15.5	21.5	26.2	27.4	26.9	25.5	17.7	11.1	4.8	16.7
六安市	Luan	4.7	10.7	12.0	16.1	22.4	26.7	27.9	26.7	25.7	17.2	12.8	7.2	17.5
马鞍山市	Maanshan	5.1	10.3	12.1	16.4	22.3	25.9	27.9	27.3	26.3	19.1	13.3	7.7	17.8
芜湖市	Wuhu	4.6	10.3	12.3	16.7	22.5	26.6	28.6	28.0	26.6	19.0	13.0	6.8	17.9
宣城市	Xuancheng	4.6	10.2	12.3	16.8	22.6	26.3	28.4	27.9	26.6	18.8	12.7	6.5	17.8
铜陵市	Tongling	5.2	11.0	12.4	16.8	23.1	26.9	28.8	28.0	27.0	18.3	13.6	7.6	18.2
池州市	Chizhou	4.5	10.7	12.2	16.4	22.4	26.4	28.2	27.7	26.5	17.9	12.5	7.1	17.7
安庆市	Anqing	5.0	10.7	12.1	16.4	22.3	26.5	28.4	27.5	26.5	18.0	13.0	7.7	17.8
黄山市	Huangshan	5.3	11.5	13.3	17.8	23.2	25.9	28.3	28.2	27.4	19.9	12.7	7.9	18.5

11—4 主要城市降水量（2021年）
Monthly Precipitation in Major Cities (2021)

单位：毫米（millimeters）

城 市	City	1月 Jan.	2月 Feb.	3月 Mar.	4月 Apr.	5月 May.	6月 June	7月 July	8月 Aug.	9月 Sept.	10月 Oct.	11月 Nov.	12月 Dec.	全年 Annual Total
合肥市	Hefei	20.8	38.7	90.0	40.1	104.4	93.1	486.4	79.9	36.1	127.5	26.9	7.3	1151.2
淮北市	Huaibei	6.7	26.5	55.4	28.6	94.8	99.9	560.7	238.3	137.4	20.4	24.2	1.3	1294.2
亳州市	Bozhou	6.9	30.2	57.1	24.6	95.5	75.0	366.5	133.5	132.7	24.1	30.7		976.8
宿州市	Suzhou	7.1	24.8	45.4	29.9	58.6	42.5	568.8	86.0	112.8	39.9	17.7	1.0	1034.5
蚌埠市	Bengbu	22.7	20.5	81.2	16.3	136.6	43.2	409.2	63.6	53.0	81.3	20.3	1.0	948.9
阜阳市	Fuyang	16.7	28.2	54.5	30.4	60.9	75.9	304.2	149.9	94.3	48.5	20.9	0.3	884.7
淮南市	Huainan	20.1	32.9	91.3	21.1	179.5	50.4	375.0	124.0	42.2	80.8	26.3	0.6	1044.2
滁州市	Chuzhou	18.1	24.0	70.9	17.8	151.6	35.8	385.8	32.4	37.4	69.8	36.7	4.7	885.0
六安市	Luan	26.5	42.4	119.4	38.1	101.7	152.4	312.8	188.2	45.9	104.9	31.3	9.6	1173.2
马鞍山市	Maanshan	30.0	53.0	67.5	40.6	97.5	159.1	260.5	180.6	24.8	91.6	44.6	5.6	1055.4
芜湖市	Wuhu	27.8	58.9	95.7	52.1	139.8	189.4	289.6	238.2	23.5	79.3	44.6	9.2	1248.1
宣城市	Xuancheng	28.3	60.8	120.2	36.4	158.9	172.0	310.9	243.5	48.3	105.2	39.3	15.5	1339.3
铜陵市	Tongling	25.0	55.9	138.9	48.6	182.7	174.8	426.5	255.1	27.0	87.9	23.0	8.2	1453.6
池州市	Chizhou	23.9	48.9	171.9	106.0	293.2	250.2	332.3	135.3	48.9	103.1	35.2	7.1	1556.0
安庆市	Anqing	19.0	49.3	149.9	85.7	257.0	351.9	295.9	217.5	28.4	56.1	39.2	5.8	1555.7
黄山市	Huangshan	16.6	70.1	188.8	82.6	309.1	469.3	200.9	218.0	9.7	40.3	60.2	9.0	1674.6

11—5 各市全年降水量（2021年）
Total Precipitation by Region (2021)

地 区	Region	年降水量 Precipitation 毫 米 0.001(m)	亿立方米 (100 million cu.m)	多年平均降水量（亿立方米）Average Precipitation in Many Years (100 million cu.m)	与上年比较 Compared With Last Year (±%)	与多年平均比较 Compared With The Average Precipitation of Many Years (±%)
总 计	**Total**	**1291.6**	**1801.5**	**1643.3**	**-22.5**	**9.6**
合 肥 市	Hefei	1119.2	124.7	115.0	-32.4	8.4
淮 北 市	Huaibei	995.6	27.3	23.0	5.1	18.7
亳 州 市	Bozhou	966.6	80.9	70.6	-3.9	14.6
宿 州 市	Suzhou	1082.5	107.6	84.5	11.6	27.4
蚌 埠 市	Bengbu	897.3	54.8	54.2	-4.0	1.0
阜 阳 市	Fuyang	938.0	91.7	87.4	-17.9	4.9
淮 南 市	Huainan	1011.7	56.0	50.4	-21.6	11.0
滁 州 市	Chuzhou	967.9	130.7	131.4	-20.7	-0.6
六 安 市	Luan	1409.4	216.3	190.6	-32.0	13.5
马鞍山市	Maanshan	1168.2	46.1	43.1	-20.5	6.9
芜 湖 市	Wuhu	1371.9	81.6	74.1	-25.4	10.1
宣 城 市	Xuancheng	1700.7	209.9	179.2	-12.1	17.1
铜 陵 市	Tongling	1510.1	44.1	39.9	-21.8	10.6
池 州 市	Chizhou	1775.9	149.7	132.8	-21.4	12.7
安 庆 市	Anqing	1473.0	200.3	191.2	-34.8	4.8
黄 山 市	Huangshan	1829.7	179.8	175.7	-27.6	2.4

11—6 流域分区全年降水量（2021年）
Total Precipitation by Area of Rivers (2021)

流域分区 River Area	年降水量 Precipitation 毫 米 0.001(m)	亿立方米 (100 million cu.m)	多年平均降水量（亿立方米）Average Precipitation in Many Years (100 million cu.m)	与上年比较 Compared With Last Year (±%)	与多年平均比较 Compared With The Average Precipitation of Many Years (±%)
总 计 Total	**1291.6**	**1801.5**	**1643.3**	**-22.5**	**9.6**
淮河流域 Huaihe River Basin	1066.7	710.7	637.5	-17.3	11.5
淮河上游区 The Upper Reaches of Huaihe River	1075.7	4.0	3.5	-5.5	15.0
淮河中游区 The Middle Reaches of Huaihe River	1068.2	683.8	611.7	-17.5	11.8
淮河下游区 The Lower Reaches of Huaihe River	1023.7	19.9	20.0	-16.8	-0.8
沂沭泗河 Yishusi River	1020.0	3.1	2.3	11.7	35.4
长江流域 Changjiang River Basin	1464.8	972.8	890.7	-25.3	9.2
湖口以下干流 Main Rivers Below Hukou	1451.5	919.6	838.7	-24.9	9.6
鄱阳湖水系 River System of Poyang Lake	1760.7	49.9	48.9	-32.4	1.9
太湖水系 River System of Taihu Lake	1475.6	3.3	3.0	-14.9	9.9
东南诸河 South-eastern Rivers	1832.9	118.0	115.2	-27.0	2.5
钱塘江 Qiantang River	1832.9	118.0	115.2	-27.0	2.5

11—7 各市水资源总量（2021年）
Water Resources by Region (2021)

单位：亿立方米（100 million cu.m）

地 区	Region	天然年径流量 Natural Annual Flow by Region	山丘区地下水资源量 Ground Water Volume of Mountain and Hill Areas	山丘区河川基流量 River Flow of Mountain and Hill Areas	平原区降水入渗补给量 Permeated Precipitation Supply of Plain Areas	平原区降水入渗补给形成的河道排泄量 River Way Drainage Volume Caused by Permeated Precipitation Supply of Plain Areas	地下水资源与地表水资源不重复量 Amount of Non-repeat-calculated Water Between Ground Water and Surface Water	水资源总量 Total Amount of Water Resources by Region
总　计	**Total**	**798.01**	**109.85**	**106.13**	**94.54**	**13.01**	**85.25**	**883.26**
合 肥 市	Hefei	48.86	8.68	8.38	2.33	0.43	2.20	51.06
淮 北 市	Huaibei	7.40	0.55	0.20	4.46	0.09	4.72	12.12
亳 州 市	Bozhou	17.18			15.22	0.49	14.73	31.91
宿 州 市	Suzhou	29.45	1.97	0.94	18.25	0.53	18.75	48.20
蚌 埠 市	Bengbu	14.47	0.20	0.14	8.40	1.19	7.27	21.74
阜 阳 市	Fuyang	21.25			15.91	0.55	15.36	36.61
淮 南 市	Huainan	17.13	0.79	0.70	5.71	1.31	4.49	21.62
滁 州 市	Chuzhou	40.95	9.42	9.06	2.27	0.59	2.04	42.99
六 安 市	Luan	108.60	20.92	20.52	4.56	1.52	3.44	112.04
马鞍山市	Maanshan	18.64	1.48	1.40	3.09	1.03	2.14	20.78
芜 湖 市	Wuhu	38.11	3.04	2.76	5.30	2.23	3.35	41.46
宣 城 市	Xuancheng	113.58	15.00	14.84	2.23	0.56	1.83	115.41
铜 陵 市	Tongling	20.94	2.46	2.24	1.50	0.58	1.14	22.08
池 州 市	Chizhou	83.17	12.99	12.85	0.89	0.44	0.59	83.76
安 庆 市	Anqing	110.16	15.26	15.02	4.42	1.47	3.19	113.35
黄 山 市	Huangshan	108.12	17.09	17.08			0.01	108.13

11—8 流域分区水资源总量（2021年）
Water Resources by Area of Rivers (2021)

单位：亿立方米（100 million cu.m）

流域分区 River Area	天然年径流量 Natural Annual Flow by Region	山丘区地下水资源量 Ground Water Volume of Mountain and Hill Areas	山丘区河川基流量 River Flow of Mountain and Hill Areas	平原区降水入渗补给量 Permeated Precipitation Supply of Plain Areas	平原区降水入渗补给形成的河道排泄量 River Way Drainage Volume Caused by Permeated Precipitation Supply of Plain Areas	地下水资源与地表水资源不重复量 Amount of Non-repeat-calculated Water Between Ground Water and Surface Water	水资源总量 Total Amount of Water Resources by Region
总　计 Total	**798.01**	**109.85**	**106.13**	**94.54**	**13.01**	**85.25**	**883.26**
淮河流域 Huaihe River Basin	232.88	27.35	25.05	74.36	6.09	70.57	303.45
淮河上游区 The Upper Reaches of Huaihe River	1.07			0.70	0.03	0.67	1.74
淮河中游区 The Middle Reaches of Huaihe River	224.67	26.52	24.40	71.80	5.63	68.29	292.96
淮河下游区 The Lower Reaches of Huaihe River	6.75	0.83	0.65	1.27	0.42	1.03	7.78
沂沭泗河 Yishusi River	0.39			0.59	0.01	0.58	0.97
长江流域 Changjiang River Basin	493.98	71.96	70.55	20.18	6.92	14.67	508.65
湖口以下干流 Main Rivers Below Hukou	464.46	66.99	65.58	20.18	6.92	14.67	479.13
鄱阳湖水系 River System of Poyang Lake	27.90	4.80	4.80				27.90
太湖水系 River System of Taihu Lake	1.62	0.17	0.17				1.62
东南诸河 South-eastern Rivers	71.15	10.54	10.53			0.01	71.16
钱塘江 Qiantang River	71.15	10.54	10.53			0.01	71.16

11—9 主要年份供水和用水情况

Water Supply and Water Use in Rural Area

年 份 Year	供水总量 (亿立方米) Water Supply (100 million cu.m)	地表水 Surface Water	地下水 Ground-water	其 他 Others	用水总量 (亿立方米) Water Use (100 million cu.m)	农 业 Agricul-ture	工 业 Industry	城镇公共 Urban Public	居民生活 Residents Live	生 态 环境补水 Ecological Protection	人均用水量 (立方米/人) Per Capita Water Use (cu.m/person)
2005	208.03	189.60	17.85	0.58	208.03	116.21	67.72	2.84	19.89	1.37	328.50
2010	292.50	258.54	33.08	0.89	292.50	167.54	94.32	4.91	23.40	2.30	491.60
2013	296.02	260.86	33.41	1.75	296.02	165.09	98.43	7.24	24.21	4.05	490.93
2014	272.09	239.93	30.31	1.85	272.09	142.83	92.71	7.40	24.50	4.65	447.30
2015	288.66	253.88	32.49	2.29	288.66	157.50	93.51	7.87	24.88	4.90	472.20
2016	290.65	256.10	32.02	2.53	290.65	158.60	93.09	8.29	25.08	5.59	471.10
2017	290.30	256.53	30.80	2.97	290.30	158.15	92.22	8.52	25.24	6.17	464.12
2018	285.81	251.47	29.82	4.51	285.81	153.99	91.05	8.74	25.36	6.67	452.00
2019	277.72	244.07	29.09	4.56	277.72	137.55	85.16	8.68	25.99	7.73	436.26
2020	268.30	233.83	28.68	5.79	268.30	144.51	80.37	8.23	26.89	8.30	430.40
2021	271.69	239.53	25.81	6.35	271.69	144.11	82.08	8.63	27.85	9.02	444.80

11—10 各市供水和用水情况（2021年）

Water Supply and Water Use by Region (2021)

地 区 Region	供水总量 (亿立方米) Water Supply (100 million cu.m)	地表水 Surface Water	地下水 Ground-water	其 他 Others	用水总量 (亿立方米) Water Use (100 million cu.m)	农 业 Agricul-ture	工 业 Industry	城镇公共 Urban Public	居民生活 Residents Live	生 态 环境补水 Ecological Protection	人均用水量 (立方米/人) Per Capita Water Use (cu.m/person)
合肥市 Hefei	31.03	29.22	0.06	1.75	31.03	17.45	4.61	2.43	4.53	2.02	329.5
淮北市 Huaibei	3.76	0.91	2.36	0.48	3.76	1.44	1.10	0.12	0.95	0.14	190.4
亳州市 Bozhou	10.13	3.73	6.07	0.33	10.13	5.66	1.82	0.30	1.95	0.40	202.9
宿州市 Suzhou	9.71	2.38	6.95	0.38	9.71	4.84	1.81	0.35	2.19	0.53	182.4
蚌埠市 Bengbu	13.10	10.90	2.06	0.14	13.10	9.26	1.25	0.49	1.52	0.58	396.3
阜阳市 Fuyang	17.99	10.25	7.34	0.40	17.99	11.22	2.66	0.43	3.08	0.60	219.8
淮南市 Huainan	20.38	19.36	0.41	0.61	20.38	10.35	7.43	0.61	1.47	0.52	671.2
滁州市 Chuzhou	21.84	20.98	0.38	0.48	21.84	15.97	2.47	0.45	1.99	0.96	547.6
六安市 Luan	22.46	21.93	0.07	0.47	22.46	17.53	1.83	0.48	1.84	0.79	510.6
马鞍山市 Maanshan	28.78	28.10	0.01	0.67	28.78	8.23	18.59	0.42	1.23	0.31	1333.2
芜湖市 Wuhu	29.96	29.83	0.04	0.09	29.96	9.71	17.36	0.70	1.68	0.51	819.0
宣城市 Xuancheng	13.33	13.24	0.02	0.07	13.33	9.33	1.78	0.40	1.27	0.55	534.6
铜陵市 Tongling	11.54	11.39	0.01	0.15	11.54	3.02	7.38	0.28	0.69	0.17	882.0
池州市 Chizhou	10.08	9.99	0.003	0.09	10.08	4.38	4.30	0.28	0.69	0.43	754.2
安庆市 Anqing	23.09	22.84	0.01	0.24	23.09	12.93	7.25	0.44	2.11	0.37	554.1
黄山市 Huangshan	4.49	4.47	0.01	0.01	4.49	2.80	0.45	0.45	0.65	0.14	337.1

11—11 环境综合整治
Environmental Improvement

指 标	Item	2020	2021
环境质量	**Environment Quality**		
空气中颗粒物（粒径小于等于10μm）年均值（微克/立方米）	Annual Mean Value of Airborne Particulate Matter (particle size less than or equal to 10μm) (MCG/cu.m)	61	61
空气中颗粒物（粒径小于等于2.5μm）年均值（微克/立方米）	Annual Mean Value of Particulate Matter (particle size ≤ 2.5μm) in Air (MCG/cu.m)	39	35
空气中二氧化硫年均值（微克/立方米）	Annual Mean Value of Sulfur Dioxide in the Air (MCGcu.m)	8	8
空气中二氧化氮年均值（微克/立方米）	Annual Mean Value of Nitrogen Dioxide in the Air (MCGcu.m)	29	26
饮用水源水质达标率 (%)	Up-to-standard Rate of Drinking Water Quality (%)	97.0	98.7
区域环境噪声平均值(分贝(A))	The Average Indicator of Urban Noise (decibel)	54.3	55.1
交通干线噪声平均值(分贝(A))	The Average Indicator of Traffic Main Line Noise (decibel)	66.6	66.6
生态环境	**Eco-environment Protection**		
造林总面积 （万公顷）	Total Afforestation Area (10000 hectares)	15.15	17.99
自然保护区数(市级以上) （个）	Number of Nature Reserves (above city-level) (unit)	43	44
#国家级	National Level	8	8
自然保护区面积 （万公顷）	Area of Nature Reserves (10000 hectares)	52.54	53.39
自然保护区面积占辖区面积比重 (%)	Area of Nature Reserves in Regions (%)	3.76	3.81
污染控制	**Pollution Control**		
一般工业固体废物综合利用率 (%)	General Industrial Solid Waste Comprehensive Utilizational Rate (%)	83.04	
危险废物处置率 (%)	Rate of Treatment of Hazardous Waste (%)	93.95	
环境建设	**Environment Improvement**		
城市污水处理厂集中处理率 (%)	Rate of Concentrating Treatment of Sewage in the City (%)	95.80	96.11
城市燃气普及率 (%)	Rate of Gas Utilization in the City (%)	99.20	99.48
建成区绿化覆盖率 (%)	Green Coverage Rate in Constructed Areas (%)	42.00	44.07

注：1．空气质量依据《环境空气质量标准》（GB3095—2012)及修改单（生态环境部公告2018年第29号）评价。
2．省辖市空气质量达二级标准的城市数自2015年起采用新标准（《环境空气质量标准》（GB3095—2012））评价，与历史年份数据不可比。

a) Air quality was evaluated according to the Environmental Air Quality Standard (GB3095-2012) and the amendment (Announcement No. 29, 2018, of the Ministry of Ecology and Environment).

b) The air quality of the secondary standard of the provincial-level cities number since 2015, to adopt new standards (" ambient air quality standard "(GB3095-2012)), than with year of history data.

11—11 续表 continued

指　　标	Item	2020	2021
自然灾害	**Natural Disaster**		
发生地质灾害起数 (次)	Geological Disaster (unit)	345	80
#滑　坡	Landslide	167	30
崩　塌	Collapse	171	48
人员伤亡 (人)	Casualties (person)		
#死亡人数	Deaths		
森林病虫害防治面积 (万公顷)	Forest Area Affected and Cured from Diseasease and Pests (10000 hectares)	36.4	36.2
环境污染	**Pollution**		
突发环境事件次数 (次)	Suddenly Environment Event Number (time)	10	2
#水污染	Water Pollution	7	1
大气污染	Air Pollution	1	
固体废物污染	Solid Waste Pollution		1
人员伤亡 (人)	Personnel Casualty (person)		
污染直接经济损失 (万元)	Direct Economic Loss Due to Pollution (10000 yuan)	695.74	512.61
突发环境事件赔款总额 (万元)	Compensation Total Amount of Suddenly Environment Event (10000 yuan)	152.05	
污染损害罚款总额 (万元)	Fine Total Amount of Pollution Harm (10000 yuan)	46.0	
二氧化硫排放量 (万吨)	Sulphur Dioxide Discharge (10000 tons)	10.86	
#生活源二氧化硫排放量	Sulfur Dioxide Emissions From Domestic Sources	0.38	
氮氧化物排放量 (万吨)	Nitrogen Oxide Emissions (10000 tons)	46.43	
颗粒物排放量 (万吨)	Particulate Emissions (10000 tons)	12.99	
COD排放量 (万吨)	COD Discharge (10000 tons)	118.60	
氨氮排放总量 (万吨)	Ammonia Nitrogen Discharge (10000tons)	4.43	
城镇生活污水排放量 (万吨)	Urban Consumption Waste Water Discharge (10000 tons)	223833	
#生活污水中化学需氧量排放量 (万吨)	COD Discharge from Urban Consumption Waste Water (10000 tons)	49.36	
#生活污水中氨氮排放量 (万吨)	Ammonia Nitrogen Discharge from Urban Consumption Waste Water (10000 ton)	2.91	
环境污染治理	**Investment in the Treatment of Environmental Pollution**		
省辖市空气质量达二级标准 (个)	Cities Directly under the Provincial Government Where the Air Quality Attains the Second Grade National Standards (unit)	5	10

注：2019年城镇生活污水排放量（万吨）和生活污水中化学需氧量排放量（万吨）均为生态环境统计业务系统内数值，生态环境部未对这两项数据基于二污普进行动态更新。

a) In 2019, urban domestic sewage discharge (ten thousand tons) and domestic sewage chemical oxygen demand discharge (ten thousand tons) are both values in the ecological and environmental statistics business system. The Ministry of Ecology and Environment has not dynamically updated these two data based on the second pollution level.

11—12 环保系统机构、人员数
Environmental Protection Agencies and Persons Engaged

年 份 Year	机构总数 (个) Number of Agencies (unit)	人员总数 (人) Total Number of Staff & Workers (person)	#科技人员 Scientific and Technical Personnel	#监测人员 Monitoring Personnel	#监察人员 Supervisory Personnel
2005	388	5128	2195	1593	1626
2010	390	5722	2648	1767	2145
2013	419	5753		1624	2242
2014	425	5145		1594	1805
2015	408	5881		1596	1828
2016	458	5789		1666	2254
2017	483	5397		1636	1989
2018	297	6092		1568	2010
2019	419	5993		1517	1933
2020	400	5760	3999	1508	2491
2021	385	5775		1497	2579

注：自2014年起，数据为编制数，不含聘用人员。

a) Since 2014, the data for the preparation of the number, excluding the employment of personnel.

11—13 生活污染物排放
Discharge of Pollutants from Daily Life

年 份 Year	城镇生活污水排放量 (万吨) Volume of Urban Waste Water Discharged From Daily Life (10000 tons)	生活污水中化学需氧量排放量 (吨) Absorption of Oxygen by Waste Water From Daily Life (ton)	生活及其他二氧化硫排放量 (吨) Emission of Sulfur Dioxide From Daily Life and Others (ton)	生活及其他颗粒物排放量 (吨) Domestic and Other Particulate Emissions (ton)
2005	93104	307257	56495	45116
2010	113729	296274	48164	47958
2013	195091	436388	50928	44490
2014	202522	432220	52303	44368
2015	208928	427176	60002	44464
2016	190813	444042	49174	34267
2017	190594	459607	45796	35441
2018	196648	492465	38898	28082
2019	205797	493696	2743	8167
2020	223833	493554	3893	41607

注：1. 生活及其他颗粒物排放量自2011年数据为生活源颗粒物排放量，不包括其他排放量。

2. 2019年城镇生活污水排放量（万吨）和生活污水中化学需氧量排放量（吨）均为生态环境统计业务系统内数值，生态环境部未对这两项数据基于二污普进行动态更新。

a) Domestic and other particulate emissions from 2011 data on particulate emissions from living sources, excluding other emissions.

b) In 2019, urban domestic sewage discharge (ten thousand tons) and domestic sewage chemical oxygen demand discharge (ten tons) are both values in the ecological and environmental statistics business system. The Ministry of Ecology and Environment has not dynamically updated these two data based on the second pollution level.

11—14 工业企业“三废”排放及治理
Discharge and Treatment of Waste Water, Waste Gas and Solid Wastes by Industry Enterprises

指　　标	Item	2020
废　　水	**Waste Water**	
工业废水排放总量　（万吨）	Total Volume of Waste Water Discharged　(10000 tons)	40448
#工业废水COD排放量	COD Discharge from Industrial Waste	1.64
废　　气	**Waste Gas**	
工业二氧化硫排放量　（万吨）	Volume of Sulphur Dioxide Emission　(10000 tons)	10.47
工业颗粒物排放量　（万吨）	Industrial Particulate Emissions　(10000 tons)	8.83
固体废物	**Solid Wastes**	
一般工业固体废物产生量　（万吨）	The Amount of General Industrial Solid Waste Generation　(10000 tons)	14012.06
一般工业固体废物综合利用量　（万吨）	The Amount of General Industrial Solid Waste Comprehensive Utilization　(10000 tons)	12025.62
一般工业固体废物综合利用率　(%)	General Industrial Solid Waste Comprehensive Utilization Rate　(%)	83.04
一般工业固体废物贮存量　（万吨）	The Amount of General Industrial Solid Waste Storage　(10000 tons)	890.80
一般工业固体废物处置量　（万吨）	The Amount of General Industrial Solid Waste Disposal　(10000 tons)	1812.64

注：2019年“一般工业固体废物贮存量（万吨）”均为生态环境统计业务系统内数值，生态环境部未对该项数据基于二污普进行动态更新。

a) The "general industrial solid waste storage volume (ten thousand tons)" in 2019 are all values in the ecological environment statistics business system, and the Ministry of Ecology and Environment has not dynamically updated the data based on the second pollution level.

11—15 各市工业废水排放及处理（2020年）

Discharge and Treatment of Industrial Waste Water by Region (2020)

地 区	Region	汇总工业企业个数（个）Number of Industrial Enterprises (unit)	工业废水排放总量（万吨）Total Volume of Waste Water Discharge (10000 tons)	#排入污水处理厂 Disperses into the Sewage Treatment Plants
总 计	**Total**	**7474**	**40448**	**21648.49**
合肥市	Hefei	682	5845	5223.91
淮北市	Huaibei	536	1209	527.81
亳州市	Bozhou	320	1003	345.62
宿州市	Suzhou	396	2276	1107.48
蚌埠市	Bengbu	369	1584	1573.38
阜阳市	Fuyang	640	1882	1175.52
淮南市	Huainan	154	2905	255.00
滁州市	Chuzhou	629	2573	2143.32
六安市	Luan	367	1026	924.95
马鞍山市	Maanshan	458	8348	1265.83
芜湖市	Wuhu	652	3107	2852.97
宣城市	Xuancheng	915	1644	1462.67
铜陵市	Tongling	255	3771	811.81
池州市	Chizhou	474	587	325.52
安庆市	Anqing	375	1962	1077.63
黄山市	Huangshan	252	725	575.07

地 区	Region	工业废水中污染物排放量（吨）Total Volume Pollutant of Waste Water Discharge (ton)			废水治理设施数（套）Number of Facilities for Treatment of Waste Water (set)	废水治理设施处理能力（万吨／日）Handling Ability of Facilities for Treatment of Waste Water (10000cu.m/h)
		#化学需氧量 COD	#石油类 Petroleum	#氨氮 Ammonia & Nitrogen		
总 计	**Total**	**16350.60**	**90.95**	**949.33**	**3793**	**1301.14**
合肥市	Hefei	1289.05	3.54	34.53	453	40.19
淮北市	Huaibei	350.25	4.15	18.88	188	27.98
亳州市	Bozhou	212.09	0.60	7.82	118	10.90
宿州市	Suzhou	823.93	0.81	32.54	159	27.56
蚌埠市	Bengbu	935.93	0.80	31.64	148	15.82
阜阳市	Fuyang	1205.95	10.60	239.60	275	26.38
淮南市	Huainan	967.87	0.87	84.79	96	88.69
滁州市	Chuzhou	1150.97	3.02	36.96	310	30.24
六安市	Luan	319.59	1.47	17.48	233	24.09
马鞍山市	Maanshan	2060.05	26.96	110.20	265	429.59
芜湖市	Wuhu	1788.66	19.43	93.93	383	177.93
宣城市	Xuancheng	2357.85	8.93	97.51	382	14.64
铜陵市	Tongling	952.26	4.30	73.76	137	36.17
池州市	Chizhou	463.36	1.38	23.91	362	45.72
安庆市	Anqing	708.33	3.42	27.78	173	20.51
黄山市	Huangshan	764.46	0.67	18.01	111	284.72

11—16 各市工业废气排放及处理（2020年）
Emission and Treatment of Industrial Waste Gas by Region (2020)

地 区	Region	汇总工业企业个数（个）Number of Industrial Enterprises (unit)	工业废气治理设施数（套）Number of Facilities for treat-ment of Waste Gas (set)	工业二氧化硫排放量（吨）Volume of Sulphur Dioxide Emission by Industry (ton)	工业氮氧化物排放量（吨）Industrial Nitrogen Oxide Emissions (ton)	工业颗粒物排放量（吨）Industrial Particulate Emissions (ton)
总 计	**Total**	**7474**	**16077**	**104672.36**	**171823.49**	**88321.09**
合肥市	Hefei	682	2013	4742.06	11627.57	4518.88
淮北市	Huaibei	536	1045	5583.42	7560.04	4908.83
亳州市	Bozhou	320	497	2360.45	2409.65	1227.03
宿州市	Suzhou	396	830	3253.52	6713.06	5962.65
蚌埠市	Bengbu	369	568	2840.91	5092.17	1041.70
阜阳市	Fuyang	640	1224	12881.95	7854.14	4813.00
淮南市	Huainan	154	325	11733.68	10781.15	2708.36
滁州市	Chuzhou	629	1219	7922.63	12573.96	5031.36
六安市	Luan	367	736	3213.37	5634.99	3621.23
马鞍山市	Maanshan	458	1444	12385.47	31726.69	10835.14
芜湖市	Wuhu	652	1305	8411.91	27070.59	13966.26
宣城市	Xuancheng	915	1895	13096.49	8156.06	6595.62
铜陵市	Tongling	255	594	3039.28	12398.09	7798.89
池州市	Chizhou	474	1454	9503.51	14246.41	10936.88
安庆市	Anqing	375	621	3065.21	7527.03	2940.64
黄山市	Huangshan	252	307	638.50	451.89	1414.62

11—17 各市工业固体废物产生及处理利用（2020年）
Discharge, Treatment and Utilization of Industrial Solid Wastes by Region (2020)

地 区	Region	汇总工业企业个数（个）Number of Industrial Enterprises (unit)	一般工业固体废物产生量（万吨）The Amount of General Industrial Solid Waste Generation (10000 tons)	危险废物产生量（万吨）The Amount of Hazardous Waste Generation (10000 ton)	一般工业固体废物综合利用量（万吨）The Amount of General Industrial Solid Waste Comprehensive Utilization (10000 ton)
总 计	**Total**	**7474**	**14012.06**	**168.02**	**12025.62**
合肥市	Hefei	682	1120.51	12.24	922.86
淮北市	Huaibei	536	1183.17	5.27	698.54
亳州市	Bozhou	320	409.24	0.85	355.49
宿州市	Suzhou	396	592.44	4.00	587.43
蚌埠市	Bengbu	369	220.10	3.24	215.42
阜阳市	Fuyang	640	481.83	9.31	437.88
淮南市	Huainan	154	2701.64	4.56	2301.37
滁州市	Chuzhou	629	308.49	5.44	247.82
六安市	Luan	367	1256.97	3.27	1185.32
马鞍山市	Maanshan	458	2028.65	44.96	1906.71
芜湖市	Wuhu	652	563.82	10.39	439.02
宣城市	Xuancheng	915	429.83	5.74	426.45
铜陵市	Tongling	255	1501.40	41.85	1334.79
池州市	Chizhou	474	889.87	12.83	666.58
安庆市	Anqing	375	313.50	3.46	291.88
黄山市	Huangshan	252	10.60	0.62	8.06

地 区	Region	危险废物综合利用处置量（万吨）Quantity of Comprehensive Utilization and Disposal of Hazardous Waste (10000 ton)	一般工业固体废物贮存量（万吨）The Amount of General Industrial Solid Waste Storage (10000 tons)	一般工业固体废物处置量（万吨）The Amount of General Industrial Solid Waste Disposal (10000 tons)
总 计	**Total**	**170.77**	**890.80**	**1812.64**
合肥市	Hefei	13.00	244.81	8.62
淮北市	Huaibei	5.26	8.43	499.13
亳州市	Bozhou	0.76	28.77	25.15
宿州市	Suzhou	4.02	30.44	18.31
蚌埠市	Bengbu	3.28	0.54	4.55
阜阳市	Fuyang	10.90	0.69	44.21
淮南市	Huainan	4.59	26.44	373.97
滁州市	Chuzhou	7.50	0.18	68.10
六安市	Luan	3.14	15.88	55.78
马鞍山市	Maanshan	45.75	36.66	226.42
芜湖市	Wuhu	11.28	7.04	123.59
宣城市	Xuancheng	5.49	1.50	43.69
铜陵市	Tongling	38.07	292.30	206.10
池州市	Chizhou	13.11	196.28	41.62
安庆市	Anqing	4.01	0.81	70.08
黄山市	Huangshan	0.61	0.03	3.33

11—18 各市城市空气质量指标（2021年）
Ambient Air Quality in Main Cities by Region (2021)

单位：微克／立方米（MCG/cu.m）

地区	Region	颗粒物（粒径小于等于10μm）(PM_{10}) Particulate Matter (particle size ≤ 10μm) (PM_{10})	颗粒物（粒径小于等于2.5μm）($PM_{2.5}$) Particulate Matter (particle size ≤ 2.5μm) ($PM_{2.5}$)	二氧化硫 (SO_2) Sulfur Dioxide	二氧化氮 (NO_2) Nitrogen Dioxide	空气质量达到及好于二级的天数比例 (%) As Good and Better air Quality in 2 Days (%)
全省平均	**Average**	**61**	**35**	**8**	**26**	**84.6**
合肥市	Hefei	63	32	7	36	86.0
淮北市	Huaibei	73	41	7	23	78.4
亳州市	Bozhou	72	38	6	18	78.5
宿州市	Suzhou	71	41	6	23	78.9
蚌埠市	Bengbu	68	37	11	27	81.9
阜阳市	Fuyang	72	44	7	24	77.8
淮南市	Huainan	71	42	8	23	74.8
滁州市	Chuzhou	63	34	8	28	82.2
六安市	Luan	62	32	6	25	87.4
马鞍山市	Maanshan	61	35	9	33	84.4
芜湖市	Wuhu	57	34	9	32	84.9
宣城市	Xuancheng	45	30	7	26	93.1
铜陵市	Tongling	65	34	11	35	90.7
池州市	Chizhou	52	31	7	25	86.3
安庆市	Anqing	50	33	7	24	88.8
黄山市	Huangshan	33	20	6	12	99.7

11—19 各市城市道路交通噪声监测情况（2021年）
Monitoring of Urban Road Traffic Noise in Key Cities by Region (2021)

地区	Region	监测总长度（公里）Total Length of Roads (km)	路段平均宽度（米）Average Width of Roads (m)	平均车流量(辆/小时) Average Traffic Volume (car/hour)		噪声均值（分贝）Average Noise Value (LeqdBA)
				大型车 Large Car	小型车 Small Car	
总计	**Total**	**1808.52**	**40.47**	**39**	**427**	**66.6**
合肥市	Hefei	591.70	34.90	57	649	67.0
淮北市	Huaibei	96.78	43.40	23	320	65.1
亳州市	Bozhou	53.16	51.80	21	723	61.9
宿州市	Suzhou	50.11	25.30	17	184	65.7
蚌埠市	Bengbu	122.21	33.90	40	511	69.7
阜阳市	Fuyang	29.43	45.90	39	753	66.8
淮南市	Huainan	56.03	18.60	40	455	67.6
滁州市	Chuzhou	65.95	30.20	32	225	65.2
六安市	Luan	68.25	45.10	26	409	68.1
马鞍山市	Maanshan	98.53	43.50	45	375	67.4
芜湖市	Wuhu	260.54	43.10	42	365	67.6
宣城市	Xuancheng	98.86	84.00	25	340	63.5
铜陵市	Tongling	37.38	34.00	43	496	67.7
池州市	Chizhou	28.85	35.90	121	462	69.1
安庆市	Anqing	74.29	44.70	26	314	66.8
黄山市	Huangshan	76.45	33.20	20	241	65.8

11—20 水资源情况
Water Resources

年份 Year	水资源总量（亿立方米）Total Water Resources (100 million cu.m)	地表水资源量 Surface Water	地下水资源量 Ground Water	地表水与地下水资源重复量 Duplicated Measurement Between Surface Water and Groundwater	人均水资源量（立方米／人）Per Capita Water Resources (cu.m/person)
2005	719.25	672.20	195.41	148.36	1135.70
2010	939.05	876.27	197.81	135.03	1578.20
2013	585.59	525.41	144.54	84.36	974.54
2014	778.48	712.86	178.91	113.29	1279.78
2015	914.12	850.19	193.71	129.78	1495.31
2016	1245.17	1179.23	219.26	153.32	2018.30
2017	784.90	717.82	200.95	133.87	1254.88
2018	835.78	766.67	203.67	134.56	1321.68
2019	539.87	482.10	144.85	87.08	848.07
2020	1280.41	1193.72	228.60	141.91	2053.82
2021	883.26	798.01	211.72	126.47	1446.12

注：水资源总量=地表水资源量＋地下水资源量－地表水与地下水资源重复量。

a) Total Water Resources=Surface Water+Ground Water-Duplicated Measurement Between Surface Water and Groundwater.

11—21 各市水资源情况（2021年）
Water Resources by Region (2021)

地区	Region	水资源总量（亿立方米）Total Water Resources (100 million cu.m)	地表水资源量 Surface Water	地下水资源量 Ground Water	地表水与地下水资源重复量 Duplicated Measurement Between Surface Water and Groundwater	人均水资源量（立方米／人）Per Capita Water Resources (cu.m/person)
总计	**Total**	**883.26**	**798.01**	**211.72**	**126.47**	**1446.12**
合肥市	Hefei	51.06	48.86	11.38	9.18	542.19
淮北市	Huaibei	12.12	7.40	5.13	0.41	614.54
亳州市	Bozhou	31.91	17.18	15.67	0.94	639.30
宿州市	Suzhou	48.20	29.45	20.54	1.79	905.22
蚌埠市	Bengbu	21.74	14.47	9.80	2.53	657.45
阜阳市	Fuyang	36.61	21.25	16.88	1.52	447.25
淮南市	Huainan	21.62	17.13	7.74	3.25	711.96
滁州市	Chuzhou	42.99	40.95	11.93	9.89	1077.85
六安市	Luan	112.04	108.60	25.91	22.47	2546.77
马鞍山市	Maanshan	20.78	18.64	5.13	2.99	962.75
芜湖市	Wuhu	41.46	38.11	9.09	5.74	1133.34
宣城市	Xuancheng	115.41	113.58	17.37	15.54	4628.43
铜陵市	Tongling	22.08	20.94	4.09	2.95	1687.04
池州市	Chizhou	83.76	83.17	13.92	13.33	6265.24
安庆市	Anqing	113.35	110.16	20.05	16.86	2719.46
黄山市	Huangshan	108.13	108.12	17.09	17.08	8122.14

11—22 农村环境状况
The Environment of Rural Areas

年份 Year	农村自来水普及率(%) Popularity Rate of Tape Water in Rural Areas (%)	农村户用沼气 Marsh Gas in Rural House		太阳能热水器面积(万平方米) Solar Water Heater Area (10000 sq.m)
		用户数(万户) Number of Users (10000 Housrholds)	总产气量(万立方米) Total Volum Gas Production (10000 cu.m)	
2005	37.6	31.94	9076	172.88
2010	47.8	75.26	22334	422.12
2013	58.6	85.76	24693	520.07
2014	64.3	88.21	24516	539.60
2015	72.0	89.13	23992	568.58
2016	78.0	89.51	23125	586.29
2017	86.9	89.51	19447	595.39
2018	87.6	89.51	16787	604.52
2019	88.5	81.27	12857	586.23
2020	89.0	76.58	9788	601.56
2021	89.2	59.93	5824	599.69

11—23 各市农村环境状况（2021年）
The Environment of Rural Areas by Region (2021)

地区	Region	农村自来水普及率(%) Popularity Rate of Tape Water in Rural Areas (%)	农村户用沼气 Marsh Gas in Rural House		太阳能热水器面积(万平方米) Solar Water Heater Area (10000 sq.m)
			用户数(万户) Number of Users (10000 Housrholds)	总产气量(万立方米) Total Volum Gas Production (10000 cu.m)	
总计	**Total**	**89.20**	**59.93**	**5823.93**	**599.69**
合肥市	Hefei	93.10	4.10	448.00	79.98
淮北市	Huaibei	81.20	0.34	105.35	27.15
亳州市	Bozhou	93.00	1.67	90.30	43.62
宿州市	Suzhou	93.90	0.90	143.50	27.75
蚌埠市	Bengbu	79.90	1.08	101.50	37.26
阜阳市	Fuyang	97.90	7.95	504.00	35.78
淮南市	Huainan	74.30	4.42	525.00	39.56
滁州市	Chuzhou	78.60	2.71	374.50	29.14
六安市	Luan	79.40	6.65	427.00	48.99
马鞍山市	Maanshan	98.60	1.99	10.50	41.05
芜湖市	Wuhu	96.80	0.02	6.34	57.67
宣城市	Xuancheng	91.60	4.17	294.00	32.19
铜陵市	Tongling	93.50	1.85	98.95	14.66
池州市	Chizhou	91.40	6.85	1004.50	15.57
安庆市	Anqing	83.50	12.21	1354.50	41.06
黄山市	Huangshan	92.40	3.02	336.00	28.26

11—24 突发环境事件情况
Environmental Accidents

年 份 Year	突发环境事件次数（次） Number of Environmental Accidents (time)	水污染 Water Pollution	大气污染 Air Pollution	固体废物污染 Solid Wastes Pollution	噪声与振动危害 Noise and Vibration Pollution	其 他 Other	直接经济损失（万元） Direct Economic Losses (10000 yuan)	突发环境事件赔款总额（万元） Total Compensation for Environmental Emergencies (10000 yuan)	污染损害罚款总额（万元） Total Fines for Pollution Damage (10000 yuan)
2005	28	16	10		2		275.40	55.20	275.40
2010	30	10	8	5			231.60	23.00	133.00
2013	6	5	1				274.06	9.79	
2014	9	5	1	1			492.99	0.79	
2015	8	5	2			1	75.30	13.00	2.14
2016	3	1	1			1	16.00		
2017	4	1	2			1	6.20	10.00	
2018	4	4					3.70	5.00	
2019	5	2	3				109.40	20.00	20.00
2020	10	7	1			2	695.74	152.05	46.00
2021	2	1		1			512.61		

11—25 各市突发环境事件情况（2021年）
Environmental Accidents by Region (2021)

地 区	Region	突发环境事件次数（次） Number of Environmental Accidents (time)	水污染 Water Pollution	大气污染 Air Pollution	噪声与振动危害 Noise and Vibration Pollution	其 他 Other	直接经济损失（万元） Direct Economic Losses (10000 yuan)	突发环境事件赔款总额（万元） Total Compensation for Environmental Emergencies (10000 yuan)	污染损害罚款总额（万元） Total Fines for Pollution Damage (10000 yuan)
总 计	**Total**	**2**	**1**			**1**	**512.61**		
合肥市	Hefei								
淮北市	Huaibei								
亳州市	Bozhou								
宿州市	Suzhou								
蚌埠市	Bengbu								
阜阳市	Fuyang								
淮南市	Huainan								
滁州市	Chuzhou	1				1	70.00		
六安市	Luan								
马鞍山市	Maanshan								
芜湖市	Wuhu								
宣城市	Xuancheng	1	1				442.61		
铜陵市	Tongling								
池州市	Chizhou								
安庆市	Anqing								
黄山市	Huangshan								

11—26 地质灾害及防治情况
Geological Disasters and Prevention and Cure

年份 Year	发生地质灾害起数 Geological Disasters (time)	#滑坡 Land-slide	#崩塌 Collapse	人员伤亡（人）Casualties (person)	#死亡人数 Deaths	直接经济损失（万元）Direct Economic Losses (10000 yuan)	地质灾害防治项目（个）Number of Projects of Prevention of Geological Disasters (unit)	地质灾害防治投资（万元）Investment of Projects of Prevention of Geological Disasters (10000 yuan)
2005	8320	1528	6445	44	40	96800.0	46	3614.3
2010	338	143	164	12	6	2536.3	189	11352.0
2013	261	147	108	2	1	2247.8	624	29280.2
2014	126	49	70			590.4	537	21936.9
2015	616	312	272	2	1	13679.3	492	14205.5
2016	724	386	308			4616.4	982	25294.9
2017	58	23	33			175.2	920	30506.4
2018	113	40	69			484.4	460	23047.0
2019	178	98	68			1992.7	467	13413.6
2020	345	167	171			2132.9	1113	28656.4
2021	80	30	48			380.8	880	22215.5

11—27 各市地质灾害及防治情况（2021年）
Geological Disasters and Prevention and Cure by Region (2021)

地区	Region	发生地质灾害起数 Geological Disasters (time)	#滑坡 Land-slide	#崩塌 Collapse	人员伤亡（人）Casualties (person)	#死亡人数 Deaths	直接经济损失（万元）Direct Economic Losses (10000 yuan)	地质灾害防治项目（个）Number of Projects of Prevention of Geological Disasters (unit)	地质灾害防治投资（万元）Investment of Projects of Prevention of Geological Disasters (10000 yuan)
总计	**Total**	**80**	**30**	**48**			**380.8**	**880**	**22215.5**
合肥市	Hefei							33	1032.3
淮北市	Huaibei							14	279.0
亳州市	Bozhou							19	459.8
宿州市	Suzhou							12	476.0
蚌埠市	Bengbu							18	495.0
阜阳市	Fuyang							19	716.7
淮南市	Huainan							27	682.0
滁州市	Chuzhou							31	2802.8
六安市	Luan	5	4	1			17.0	41	1543.0
马鞍山市	Maanshan							24	1488.0
芜湖市	Wuhu							46	1927.9
宣城市	Xuancheng	16	5	10			123.5	184	1862.2
铜陵市	Tongling							22	504.9
池州市	Chizhou	1		1			0.2	61	1036.9
安庆市	Anqing	28	5	23			120.4	274	3636.7
黄山市	Huangshan	30	16	13			119.7	55	3272.3

11—28 自然保护基本情况
Basic Situation of Natural Protection

年份 Year	自然保护区(市级以上) Nature Reserve (above city-level)			
	个数 (个) Number of Nature Reserves (unit)	#国家级 Nation Level	面积 (万公顷) Area of Nature Reserves (10000 hectares)	#国家级 Nation Level
2005	31		34.68	
2006	35		44.81	
2007	37		44.00	
2008	37		46.13	
2009	38		43.84	
2010	38	6	43.61	13.14
2011	38	7	43.20	13.92
2012	38	7	43.20	13.92
2013	39	7	41.28	13.92
2014	39	7	40.97	13.92
2015	40	7	41.35	13.92
2016	40	8	41.74	14.71
2017	40	8	41.74	14.71
2018	40	8	41.52	14.71
2019	43	8	52.54	14.71
2020	43	8	52.54	14.71
2021	44	8	53.39	14.71

11—29 造林面积
Area of Afforestation

单位：公顷（hectares）

年份 Year	造林总面积 Total Area of Afforestation	#人工造林 Manual Planting	按林种用途分 by Function of Forest 用材林 Timber Forests	经济林 By-product Forests	防护林 Protection Forests	薪炭林 Fuel Forests	特种用途林 Forests for Special Purpose
2005	57457	57457	26388	4489	25727	739	114
2010	65612	57012	17724	12380	33804	849	855
2013	208099	202766	72712	51817	73732	248	9590
2014	157745	150871	51701	44584	54826	426	6208
2015	128415	114350	47729	25173	39216	85	2144
2016	128042	91380	22717	30178	36595	131	1759
2017	144926	56667	11445	23615	20475	26	1106
2018	138493	55718	12682	29196	12985	145	710
2019	138746	51264	12923	23336	19300	450	160
2020	151465	59639	16009	23533	19514	362	1016
2021	179852	35774	12455	6665	16958	368	570

11—30 各市造林面积（2021年）
Area of Afforestation by Region (2021)

单位：公顷（hectares）

地区	Region	造林总面积 Total Area of Afforestation	#人工造林 Manual Planting	按林种用途分 by Function of Forest 用材林 Timber Forests	经济林 By-product Forests	防护林 Protection Forests	特种用途林 Forests for Special Purpose
总计	**Total**	**179852**	**35774**	**12455**	**6665**	**16958**	**570**
合肥市	Hefei	9076	2434	1138	160	1136	
淮北市	Huaibei	1556	556	33	32	423	68
亳州市	Bozhou	2802	2374	737	230	1407	
宿州市	Suzhou	11270	3215	169	323	2716	7
蚌埠市	Bengbu	3121	2118	862	327	913	16
阜阳市	Fuyang	2899	1492	292	135	918	147
淮南市	Huainan	7398	4153	1476	507	2170	
滁州市	Chuzhou	13133	4764	2965	650	781	
六安市	Luan	20673	2957	661	1264	849	183
马鞍山市	Maanshan	4094	727	614	45	68	
芜湖市	Wuhu	3735	2243	892	373	925	53
宣城市	Xuancheng	44162	912	296	331	317	8
铜陵市	Tongling	2755	635	313	217	240	
池州市	Chizhou	19351	1429	991	220	1285	
安庆市	Anqing	22652	4815	816	1617	2347	35
黄山市	Huangshan	11175	950	200	234	463	53

主要统计指标解释

耕地

指种植农作物的土地，包括熟地，新开发、复垦、整理地，休闲地（含轮歇地、轮作地）；以种植农作物（含蔬菜）为主，间有零星果树、桑树或其他树木的土地；平均每年能保证收获一季的已垦滩地和海涂。耕地中包括南方宽度＜1.0 米，北方宽度＜2.0 米固定的沟、渠、路和地坎（埂）；临时种植药材、草皮、花卉、苗木等的耕地，以及其他临时改变用途的耕地。

园地

指种植以采集果、叶、根、茎、汁等为主的集约经营的多年生木本和草本作物，覆盖度大于 50%和每亩株数大于合理株数 70%的土地。包括用于育苗的土地。

林地

指生长乔木、竹类、灌木的土地，及沿海生长红树林的土地。包括迹地，不包括居民点内部的绿化林木用地，铁路、公路征地范围内的林木，以及河流、沟渠的护堤林。

草地

指生长草本植物为主的土地。

径流量

指在一定时段内通过河流某一过水断面的水量，用以反映一个国家或地区水资源的丰歉程度。计算公式为：

径流量=降水量-蒸发量

流域

每条河流都有自己的干流和支流，干支流共同组成这条河流的水系。每条河流都有自己的集水区域，这个集水区域就称为该河流的流域。

外流河

指直接或间接流入海洋的河流。供给外流河河水的区域称为外流区域。

内陆河

指在陆地内部干燥地区，河水沿途消失于沙漠或注入内陆湖泊的河流。供给内陆河河水的区域称为内陆区域。

矿产资源

矿产资源指由地质作用形成的，具有利用价值的，呈固态、液态、气态的自然资源，是社会生产发展的重要物质基础。目前我国已发现矿种有 170 多种，按其特点和用途，可分为能源矿产(如煤炭、石油、天然气、地热)、金属矿产(如铁矿、锰矿、铜矿、铅矿、铝土矿)、非金属矿产(如金刚石、石灰岩、粘土)和水气矿产(如地下水、矿泉水、二氧化碳气)四大类。其中：金属矿产按其物质成分和性质又可分为：黑色金属矿产、有色金属矿产、贵金属矿产、稀有金属矿产、稀土金属矿产、分散元素金属矿产六类。

平均气温

气温指空气的温度，我国一般以摄氏度为单位表示。气象观测的温度表是放在离地面约 1.5 米处通风良好的百叶箱里测量的，因此，通常说的气温指的是离地面 1.5 米处百叶箱中的温度。计算方法：月平均气温是将全月各日的平均气温相加，除以该月的天数而得。年平均气温是将 12 个月的月平均气温累加后除以 12 而得。

年平均相对湿度

指空气中实际水气压与当时气温下的饱和水气压之比。其统计方法与气温相同。

降水量

指从天空降落到地面的液态或固态(经融化后)水，未经蒸发、渗透、流失而在地面上积聚的深度。计算方法：月降水量是将全月各日的降水量累加而得。年降水量是将 12 个月的月降水量累加而得。

全年日照时数

指太阳实际照射地面的时数，通常以小时为单位表示。其统计方法与降水量相同。

水资源总量

指当地降水形成的地表和地下产水总量，即地表径流量与降水入渗补给量之和。

地表水资源量

指河流、湖泊以及冰川等地表水体中可以逐年更新的动态水量，即天然河川径流量。

地下水资源量

指地下饱和含水层逐年更新的动态水量，即降水和地表水入渗对地下水的补给量。

地表水与地下水重复计算量

指地表水和地下水相互转化的部分，即天然河川径流量中的地下水排泄量和地下水补给量中来源于地表水的入渗补给量。

供水总量

指各种水源为用水户提供的包括输水损失在内的毛水量。

地表水源供水量

指地表水体工程的取水量，按蓄、引、提、调四种形式统计。从水库、塘坝中引水或提水，均属蓄水工程供水量；从河道或湖泊中自流引水的，无论有闸或无闸，均属引水工程供水量；利用扬水站从河道或湖泊中直接取水的，属提水工程供水量；跨流域调水指水资源一级区或独立流域之间的跨流域调配水量，不包括在蓄、引、提水量中。

地下水源供水量

指水井工程的开采量，按浅层淡水、深层承压水和微咸水分别统计。城市地下水源供水量包括自来水厂的开采量和工矿企业自备井的开采量。

其他水源供水量

包括污水处理再利用、集雨工程、海水淡化等水源工程的供水量。

用水总量

指各类用水户取用的包括输水损失在内的毛水量。

农业用水

包括农田灌溉用水、林果地灌溉用水、草地灌溉用水、鱼塘补水和畜禽用水。

工业用水

指工矿企业在生产过程中用于制造、加工、冷却、空调、净化、洗涤等方面的用水，按新水取用量计，不包括企业内部的重复利用水量。

生活用水

包括城镇生活用水和农村生活用水。城镇生活用水由居民用水和公共用水（含第三产业及建筑业等用水）组成；农村生活用水指居民生活用水。

生态环境补水

仅包括人为措施供给的城镇环境用水和部分河湖、湿地补水，而不包括降水、径流自然满足的水量。

一般工业固体废物产生量

指未被列入《国家危险废物名录》或者根据国家规定的危险废物鉴别标准（GB5085）、固体废物浸出毒性浸出方法（GB5086）及固体废物浸出毒性测定方法（GB／T 15555）鉴别方法判定不具有危险特性的工业固体废物。计算公式是：

一般工业固体废物产生量=(一般工业固体废物综合利用量－其中：综合利用往年贮存量）+一般工业固体废物贮存量+（一般工业固体废物处置量－其中：处置往年贮存量）+一般工业固体废物倾倒丢弃量

一般工业固体废物综合利用量

指报告期内企业通过回收、加工、循环、交换等方式，从固体废物中提取或者使其转化为可以利用的资源、能源和其他原材料的固体废物量（包括当年利用的往年工业固体废物累计贮存量)。如用作农业肥料、生产建筑材料、筑路等。综合利用量由原产生固体废物的单位统计。

一般工业固体废物处置量

指报告期内企业将工业固体废物焚烧和用其他改变工业固体废物的物理、化学、生物特性的方法，达到减少或者消除其危险成分的活动，或者将工业固体废物最终置于符合环境保护规定要求的填埋场的活动中，所消纳固体废物的量。

一般工业固体废物贮存量　指报告期内企业以综合利用或处置为目的，将固体废物暂时贮存或堆存在专设的贮存设施或专设的集中堆存场所内的量。专设的固体废物贮存场所或贮存设施必须有防扩散、防流失、防渗漏、防止污染大气、水体的措施。

一般工业固体废物倾倒丢弃量

指报告期内企业将所产生的固体废物倾倒或者丢弃到固体废物污染防治设施、场所以外的量。

危险废物产生量

指当年全年调查对象实际产生的危险废物的量。危险废物指列入国家危险废物名录或者根据国家规定的危险废物鉴别标准和鉴别方法认定的，具有爆炸性、易燃性、易氧化性、毒性、腐蚀性、易传染性疾病等危险特性之一的废物。按《国家危险废物名录》(环境保护部、国家发展和改革委员会 2008 部令第 1 号）填报。

危险废物综合利用量

指当年全年调查对象从危险废物中提取物质作为原材料或者燃料的活动中消纳危险废物的量。包括本单位利用或委托、提供给外单位利用的量。

危险废物处置量

指报告期内企业将危险废物焚烧和用其他改变工业固体废物的物理、化学、生物特性的方法，达到减少或者消除其危险成分的活动，或者将危险废物最终置于符合环境保护规定要求的填埋场的活动中，所消纳危险废物的量。处置量包括处置本单位或委托给外单位处置的量。

危险废物贮存量

指将危险废物以一定包装方式暂时存放在专设的贮存设施内的量。专设的贮存设施指对危险废物的包装、选址、设计、安全防护、监测和关闭等符合《危险废物贮存污染控制标准》(GB18597-2001)等相关环保法律法规要求，具有防扩散、防流失、防渗漏、防止污染大气和水体措施的设施。

生活垃圾清运量

指报告期收集和运送到各生活垃圾处理厂(场)和生活垃圾最终消纳点的生活垃圾数量。生活垃圾指城市日常生活或为城市日常生活提供服务的活动中产生的固体废物以及法律行政规定的视为城市生活垃圾的固体废物。包括：居民生活垃圾、商业垃圾、集市贸易市场垃圾、街道清扫垃圾、公共场所垃圾和机关、学校、厂矿等单位的生活垃圾。

生活垃圾无害化处理率

指报告期生活垃圾无害化处理量与生活垃圾产生量的比率。在统计上，由于生活垃圾产生量不易取得，可用清运量代替。计算公式为：

生活垃圾无害化处理率＝生活垃圾无害化处理量/生活垃圾产生量×100%

森林面积

包括郁闭度 0.2 以上的乔木林地面积和竹林面积，国家特别规定的灌木林地面积，农田林网以及村旁、路旁、水旁、宅旁林木的覆盖面积。

人工林面积

指由人工播种、植苗或扦插造林形成的生长稳定，(一般造林 3-5 年后或飞机播种 5-7 年后)每公顷保存株数大于或等于造林设计植树株数80%或郁闭度 0.20 以上(含 0.20)的林分面积。

森林覆盖率

以行政区域为单位的森林面积占区域土地总面积的百分比。计算公式为：

森林覆盖率＝森林面积/土地总面积×100%

活立木总蓄积量

指一定范围土地上全部树木蓄积的总量，包括森林蓄积、疏林蓄积、散生木蓄积和四旁树蓄积。

森林蓄积量

指一定森林面积上存在着的林木树干部分的总材积。

造林面积

指在宜林荒山荒地、宜林沙荒地、无立木林地、疏林地和退耕地等其他宜林地上通过人工措施形成或恢复森林、林木、灌木林的过程。

人工造林

指在宜林荒山荒地、宜林沙荒地、无立木林地、疏林地和退耕地等其他宜林地上通过播种、植苗和分植来提高森林植被覆被率的技术措施。

用材林

指以生产木材为主要目的的森林和林木，包括以生产竹材为主要目的的竹林。

经济林

指以生产果品，食用油料、饮料、调料，工业原料和药材为主要目的的林木。经济林是人们为了取得林木的果实、叶片、皮层、胶液等产品作为工业原料或者供食用所营造的林木，如油茶、油桐、核桃、樟树、花椒、茶、桑、果等。

防护林　指以防护为主要目的的森林、林木和灌木丛。包括水源涵养林，水土保持林，防风固沙林，农田、牧场防护林，护岸林，护路林等。

薪炭林

指以生产燃料为主要目的的林木。

特种用途林

指以国防、环境保护、科学实验等为主要目的的森林和林木。包括国防林、实验林、母树林、环境保护林、风景林，名胜古迹和革命纪念地的林木，自然保护区的森林。

滑坡

指斜坡上不稳定的岩土体在重力作用下沿一定软弱面(或滑动带)整体向下滑动的物理地质现象。

崩塌

指陡坡上大块的岩土体在重力作用下突然脱离母体崩落的物理地质现象。

Explanatory Notes for Major Statistical Indicators

Cultivated Land

refers to land mainly for the regular cultivation of farm crops (including vegetables), with some fruit trees, mulberry trees and others, covers cultivated land, newly-developed land, reclaimed land, consolidated land, fallow, beach land that can guarantee one harvest per year on average. It also covers fixed ditch, canal, road and sill (ridge) with width less than 1 meter in the South and 2 meters in the North, lands planted temporarily with herbs, grass, flowers and nursery stocks, and other cultivated land with temporary change of use.

Garden Land

refers to land for intensive cultivation of perennial woody plants and herbs to collect fruits, leaves, roots, stems and juice, with a covering rate over 50% and plant number per mu over 70% of rational plant number. Land for nursery is included.

Forestland

refers to land for planting arbor, bamboo, bush shrub and land in coastal zones for planting mangrove. It includes slash, but not the green belts in residential area, forests requested for railway and highway, and the dike protection forest around rivers and ditches.

Pastureland

refers to land mainly for the growth of herbs.

Volume of Runoff

refers to the total volume of water running through a certain cross section of a river during a certain period of time, reflecting the water resource condition in a country or a region. The formula for calculating volume of runoff is as follows:

Runoff =Precipitation-Evaporation

Drainage Area

Each river has its own main stream and branches to form the water system of the river. Each river has its own catchment's area, which is also called as the drainage area of the river.

Out-flowing Rivers

refer to rivers directly or indirectly flowing into the sea. The area providing water to the out-flowing rivers is called as out-flowing area.

Inland Rivers

refer to rivers in inland dry areas that die away in desert on the way or infuse into inland lakes. The area providing water to the inland rivers is called as inland area.

Mineral Resources

refer to useful minerals, with solid state, liquid state, gaseity, due to the geological process. Minerals are important natural resources, and important material base for social development. At present, there are more than 170 types of minerals discovered in China. They can be categorized into four groups: energy producing minerals (including coal, petroleum, natural gas and terrestrial heat), metallic minerals (including iron, manganese, copper, lead and bauxite), non metallic minerals (including diamond, limestone and clay), and water/gas related minerals (including ground water, mineral water and carbon dioxide). Metallic minerals can be further classified as ferrous, non-ferrous, noble metal, rare metal, rare earth metal and dispersed metals.

Average Temperature

refers to the air temperature. China uses centigrade as the unit. The thermometry used for weather observation is put in a breezy shutter, which is 1.5 meters high from the ground. Therefore, the commonly used temperature refers to the temperature in the breezy shutter 1.5 meters away from the ground. The calculation method is as follows:

Monthly average temperature is the summation of average daily temperature of one month divided by the actual days of that particular month.

Annual average temperature is the summation of monthly average of a year divided by 12 months.

Average Annual Relative Humidity

refers to the ratio of actual water vapour pressure to the saturation water vapour pressure under the current temperature. The calculation method is the same as that of temperature.

Volume of Precipitation

refers to the deepness of liquid state or solid state (thawed) water falling from the sky to the ground that has not been evaporated, infiltrated or run off. The calculation method is as follows:

Monthly precipitation is the summation of daily precipitation of a month.

Annual precipitation is the summation of 12 months precipitation of a year.

Annual Sunshine Hours

refer to the actual hours of sun irradiating the earth, usually expressed in hours. The calculation method is the same as that of the precipitation.

Total Water Resources

refers to total volume of surface water and groundwater and is measured as run-off for surface water and replenishment of groundwater with rainfall in local area.

Surface Water Resources

refers to total volume of year by year renewable dynamic resources which exist in rivers, lakes, glaciers and other surface water and are the natural run-off of rivers.

Groundwater Resources

refers to total volume of year by year renewable dynamic resources which exist in saturation acquifers of groundwater and are measured as replenishment of groundwater with rainfall and surface water.

Duplicated Measurement between Surface Water and Groundwater

refers to mutual exchange between surface water and groundwater, i.e. run-off of rivers includes some depletion into groundwater while groundwater includes some replenishment from surface water.

Water Supply

refers to gross water of various sources supplied to consumers, including losses during distribution.

Surface Water Supply

refers to withdrawals by surface water supply system, broken down with storage, flow, pumping and transfer. Supply from storage projects includes withdrawals from reservoirs; supply from flow includes withdrawals from rivers and lakes with natural flows no matter if there are locks or not; supply from pumping projects includes withdrawals from rivers or lakes with pumping stations; and supply from transfer refers to water supplies transferred from first-level regions of water resources or independent river drainage areas to others, and should not be covered under supplies of storage, flow and pumping.

Groundwater Supply

refers to withdrawals from supplying wells, broken down with shallow layer freshwater, deep layer freshwater and slightly brackish water. Groundwater supply for urban areas includes water mining by both waterworks and own wells of enterprises.

Other Water Supply Sources

include supplies by waste-water treatment, rain collection, seawater desalinization and other water projects.

Water Use

refers to gross water used by various water users, including losses during distribution.

Water Use by Agriculture

includes uses of water by irrigation of farming fields, forestry and orchards, irrigation of grassland, replenishment of fishing farms and water used by animal husbandry.

Water Use by Industry

refers to new withdrawals of water, excluding reuse of water within enterprises.

Water Use by Living Consumption

includes use of water for living consumption in both urban and rural areas. Urban water use by living consumption is composed of household use and public use (including tertiary industry and construction). Rural water use by living consumption includes water used by households.

Water Use by Ecological and Environmental Protection

includes replenishment of rivers and lakes and use for urban environment.

Common Industrial Solid Wastes Produced

refers to the industrial solid wastes that are not listed in the 《National Catalogue of Hazardous Wastes》, or not regarded as hazardous according to the national hazardous waste identification standards (GB5085), solid waste-Extraction procedure for leaching toxicity (GB5086) and solid waste-Extraction procedure for leaching toxicity (GB/T 15555). The calculation formula is as followed:

Common Industrial Solid Wastes Produced = (common industrial solid wastes utilized – the proportion of utilized stock of previous years) + common industrial solid waste stock + (common industrial solid wastes disposed – the proportion of disposed stock of previous years) + common industrial solid wastes discharged.

Common Industrial Solid Wastes Comprehensively Utilized

refers to volume of solid wastes from which useful materials can be extracted or which can be converted into usable resources, energy or other materials by means of reclamation, processing, recycling and exchange (including utilizing in the year the stocks of industrial solid wastes of the previous year) during the report period, e.g. being used as agricultural fertilizers, building materials or as material for paving road. Examples of such utilizations include fertilizers, building materials and road materials. The information shall be collected by the producing units of the wastes.

Common Industrial Solid Wastes Disposed

refers to the quantity of industrial solid wastes which are burnt or specially disposed using other methods to alter the physical, chemical and biological properties and thus to reduce or eliminate the hazard, or placed ultimately in the sites meeting the requirements for environmental protection during the report period.

Stock of Common Industrial Solid Wastes

refers to the volume of solid wastes placed in special facilities or special sites by enterprises for purposes of utilization or disposal during the report period. The sites or facilities should take measures against dispersion, loss, seepage, and air and water contamination.

Common Industrial Solid Wastes Discharged

refers to the volume of industrial solid wastes dumped or discharged by producing enterprises to disposal facilities or to other sites.

Hazardous Wastes Produced

refers to the volume of actual hazardous wastes produced by surveyed samples throughout the year of the survey. Hazardous waste refers to those included in the national hazardous wastes catalogue or specified as any one of the following properties in light of the national hazardous wastes identification standards and methods: explosive, ignitable, oxidizable, toxic, corrosive or liable to cause infectious diseases or lead to other dangers. The report of this indicator should follow the 《National Catalogue of Hazardous Wastes》 (the NO.1 Ministry Order in 2008 by the Ministry of Environment Protection and National Development and Reform Commission).

Hazardous Wastes Utilized

refers to the volume of hazardous wastes that are used to extract materials for raw materials or fuel throughout the year of the survey, including those utilized by the producing enterprise and those provided to other enterprises for utilization.

Hazardous Wastes Disposed

refers to the quantity of hazardous wastes which are burnt or specially disposed using other methods to alter the physical, chemical and biological properties and thus to reduce or eliminate the hazard, or placed ultimately in the sites meeting the requirements for environmental protection during the report period.

Stock of Hazardous Wastes

refers to the volume of hazardous wastes specially packaged and placed in special facilities or special sites by enterprises. The special stock facilities should meet the requirements set in relevant environment protection laws and regulations such as "Pollution Control Standards for Hazardous Waste Stock" (GB18597-2001) in regard to package of hazardous waste, location, design, safety, monitoring and shutdown, and take measures against dispersion, loss, seepage, and air and water contamination.

Consumption Wastes Transported

refers to volume of consumption wastes collected and transported to disposal factories or sites during the reference period. Consumption wastes are solid wastes produced from urban households or from service activities for urban households, and solid wastes regarded by laws and regulations as urban consumption wastes, including those from households, commercial activities, markets, cleaning of streets, public sites, offices, schools, factories, mining units and other sources.

Ratio of Consumption Wastes Treated

refers to consumption wastes treated over that produced. In practical statistics, as it is difficult to estimate, the volume of consumption wastes produced is replaced with that transported. It is calculated as:

Ratio of consumption wastes treated = consumption wastes treated / consumption wastes produced × 100%

Forest Area

refers to the area of trees and bamboo grow with a canopy density above 0.2 degree, the area of shrubby tree according to regulations of the government, the area of forest land inside farm land and the area of trees planted by the side of villages, farm houses and along roads and rivers.

Area of Man-made Forests

refer to the area of stable growing forests, planted manually or by airplanes, with a survival rate of 80% or higher of the designed number of trees per hectare, or with a canopy density of 0.20 degree or above after 3-5 years of manual planting or 5-7 years of airplane planting.

Forest Coverage Rate

Taking the administrative jurisdiction as the unit, the percentage of area of afforested land to the area of total land. The formula for calculating forest coverage rate is as follows:

Forestry coverage rate = Area of Afforested Land / Area of Total Land × 100%

Total Standing Stock Volume

refers to the total stock volume of trees growing in land, including trees in forest, trees in sparse forest, scattered trees and trees planted by the side of villages, farm houses and along roads and rivers.

Stock Volume of Forest

refers to total stock volume of wood growing in forest area, which shows the total size and level of forest resources of a country or a region.

Area of Afforestation

refers to the total area of land suitable for afforestation, including barren hills, idle land, sand dunes, non-timber forest land, woodland and "grain for green" land, on which acres of forests, trees and shrubs are planted through manual planting.

Manual Planting

refers to technical measures of sowing, planting seedlings and divided transplanting on land suitable for afforestation, including barren hills, idle land, sand dunes, non-timber forest land, woodland and "grain for green" land to increase vegetation coverage rate of forests.

Timber Forests

refer to forests which are mainly for the production of timber, including bamboo groves planted to harvest bamboos.

By-product Forests

refer to forests that mainly produce fruits, nuts, edible oil, beverages, indigents, raw materials and medicine materials. By-product forests are planted to harvest the fruits, leaves, bark or liquid of trees, and consume them as food or raw materials for the manufacturing industry, such as tea-oil trees, tung oil trees, walnut trees, camphor trees, tea bushes, mulberry trees, fruit trees, etc.

Protection Forests

refer to forests, trees and bushes planted mainly for protection or preservation purpose, including water resource conservation forests, water and soil conservation forests, windbreak and dune-fixing forests, farmland and pasture protection forests, riverside protection forests, roadside protection forests, etc.

Fuel Forests

refer to forests planted mainly for fuels.

Forests for Special Purpose

refer to forests planted mainly for national defence, environment protection or scientific experiments, including national defence forests, experimental forests, mother-tree forests, environment protection forests, scenery forests, trees in historical or scenic spots, forests in natural reserves.

Landslides

refer to the geological phenomenon of unstable rocks and earth on slopes sliding down along certain soft surface as a result of gravitational force.

Collapse

refers to the geological phenomenon of large mass of rocks or earth suddenly collapsing from the mountain or cliff as a result of gravitational force.

第十二篇

Chapter 12

农业

AGRICULTURE

简要说明

一、本篇资料反映我省农业生产和农村经济的基本情况，内容主要包括乡镇（村）数、农业机械拥有量、农林牧渔业产值、主要产品产量等。

二、本篇资料来源：按照农村统计调查报表制度汇总、整理。

农村统计调查报表制度的统计范围包括各市、县（区）辖区的各种经济类型的全部农林牧渔业以及各非农行业附属的农林牧渔业生产单位，但不包括农业科学试验机构进行的农业生产。

农村统计调查报表制度按照国家统计局统一要求，由各市、县（区）调查队、统计局收集、汇总报送，采取抽样调查、典型调查、重点调查和其他调查所取得。部分指标及林业生产情况、渔业生产情况等指标均取自同级业务部门统计资料。

乡镇（村）数、农业机械拥有量、农垦系统农场基本情况等资料由省民政厅、省农业农村厅、省农垦总公司提供。

Brief Introduction

I. Data reflects the basic situation of agricultural production and rural economy in our province, including the number of towns (villages), agricultural machinery ownership, output value of agriculture, forestry, animal husbandry and fishery, output of main products, etc.

II. Data source: according to the rural statistical survey report form system summary, collation.

Statistical scope of the rural statistical survey report system includes all agriculture, forestry, animal husbandry and fishery of various economic types under the jurisdiction of cities, counties (districts) as well as agricultural, forestry, animal husbandry and fishery production units affiliated to non-agricultural industries, but does not include agricultural production conducted by agricultural scientific experimental institutions.

According to the unified requirements of the State Bureau of Statistics, the report forms of rural statistical investigations shall be collected, summarized and submitted by the investigation teams and the bureau of Statistics of the cities and counties (districts), and obtained through sampling surveys, typical surveys, key surveys and other investigations. Some indicators, forestry production, fishery production and other indicators are taken from the statistical data of business departments at the same level.

Number of towns (villages), ownership of agricultural machinery, basic information of agricultural reclamation system farms and other information shall be provided by the provincial Civil Affairs Department, the Provincial Department of Agriculture and Rural Affairs, and the Provincial Agricultural Reclamation Corporation.

12—1　乡（镇）、村数及主要农业机械年末拥有量

Number of Townships (towns), Villages and Year-end Ownership of Main Agricultural Machinery

指　　标		Item		2005	2010	2015	2020	2021
乡镇数	（个）	Number of Township and Town Governments	(unit)	1466	1232	1249	1239	1236
#镇个数		Number of Town Governments		915	869	946	968	997
村民委员会	（个）	Number of Villagers' Committees	(unit)	24076	15744	14688	14427	14252
农业机械总动力	（万千瓦）	Total Agricultural Machinery Power	(10000 kw)	3983.83	5409.78	6580.99	6799.50	6924.32
农用大中型拖拉机	（台）	Number of Large and Medium Agricultural Tractors	(unit)	104798	124660	220080	262506	276910
小型拖拉机	（万台）	Number of Mini-tractors	(10000 units)	207.98	236.12	214.67	200.49	195.25
联合收获机	（台）	Combine Harvester	(unit)	48739	102167	174156	227695	232655
机耕面积	（千公顷）	Area Ploughed by Tractors	(1000 hectares)	3775.15	4056.35	4287.86	7668.43	7646.18
机播面积	（千公顷）	Seeded Area by Tractors	(1000 hectares)	2329.34	3606.59	5003.90	6124.64	6281.76
机收面积	（千公顷）	Harvest Area by Tractors	(1000 hectares)	3326.47	5264.28	6440.64	7420.12	7314.10

注：乡镇（包括城关镇）及村民委员会个数来源于省民政厅（下同）。

a) Number of township (including county towns) and villagers committee comes from the provincial Civil Affairs department (the same below).

12—2 主要年份农林牧渔业生产情况
Output of Farming, Forestry, Animal Husbandry and Fishery

指标		Item		2005	2010	2015	2020	2021
农产品产量	（万吨）	Yield of Farm Crops	(10000 tons)					
粮食		Grain		2605.31	3207.71	4077.23	4019.22	4087.56
谷物		Cereal		2399.66	3055.91	3962.29	3901.88	3973.61
#稻谷		Rice		1317.25	1440.20	1616.80	1560.51	1590.43
小麦		Wheat		808.11	1242.37	1661.05	1671.73	1699.73
玉米		Corn		234.97	355.01	679.04	663.25	677.46
豆类		Beans		101.98	107.58	95.67	98.13	95.88
薯类		Tubers		103.67	44.22	19.27	96.10	18.07
油料		Oil-bearing Crops		270.67	176.13	171.45	162.47	167.14
#花生		Peanuts		79.29	68.06	70.02	72.33	71.82
油菜籽		Rapeseeds		182.33	101.05	96.57	85.30	91.06
芝麻		Sesame		89.57	0.87	1.03	1.99	2.27
棉花		Cotton		31.10	25.76	14.75	4.10	2.91
生黄红麻		Jute and Ambary Hemp		1.94	0.25	0.18	0.26	0.22
烟叶		Tobacco		2.60	1.77	2.63	2.04	2.01
#烤烟		Flue-cured Tobacco		2.47	1.71	2.52	2.02	1.99
蚕茧		Silkworm Cocoons		3.13	3.32	3.03	0.98	0.80
茶叶		Tea		5.96	8.01	11.03	12.86	13.73
#绿茶		Green Tea		5.49	7.42	10.27	11.35	11.73
园林水果		Garden Fruits		151.72	235.88	301.81	367.82	383.54
农产品单位面积产量	（公斤/公顷）	Yield of Farm Crops per Hectare	(kg/hectare)					
谷物		Cereal		4829	5194	6036	5926	6000
棉花		Cotton		816	918	881	801	846
花生		Peanuts		3324	4781	4987	4960	4913
油菜籽		Rapeseeds		1912	1966	2360	2434	2442
芝麻		Sesames		822	1317	1501	1632	1678
生黄红麻		Jute and Ambary Hemp		2981	2658	2813	3752	3576
烤烟		Flue-cured Tobacco		2407	2712	2548	2355	2329
茶园面积	（千公顷）	Area of Tea Plantations at Year-end	(1000 hectares)	117.61	127.24	156.98	194.71	205.01
果园面积	（千公顷）	Area of Orchards at Year-end	(1000 hectares)	104.18	109.06	130.82	166.29	168.49
大牲畜年末头数	（万头）	Number of Large Animals (year-end)	(10000 heads)	366.16	105.86	73.50	95.25	100.02
#牛		Cattle and Buffaloes		364.35	105.23	73.15	94.80	99.36
肉猪出栏头数	（万头）	Number of Slaughtered Fattened Hogs	(10000 heads)	2812.08	2737.24	2872.20	2150.47	2797.76
猪年末头数	（万头）	Number of Hogs (year-end)	(10000 heads)	1737.41	1419.24	1484.09	1419.33	1582.50
羊年末头数	（万只）	Number of Sheep and Goats (year-end)	(10000 heads)	953.03	473.08	417.99	597.87	612.82
肉类产量	（万吨）	Output of Meat	(10000 tons)	382.88	372.35	415.02	396.03	456.31
#禽肉		Poultry Output		100.17	110.80	145.02	181.05	183.41
奶类	（吨）	Milk	(ton)	110491	191359	286170	376414	475559
#牛奶		Cow Milk		110186	191359	286170	376369	475506
禽蛋	（万吨）	Poultry Eggs	(10000 tons)	122.06	126.70	155.01	184.22	177.10
淡水产品产量	（万吨）	Total Output of Freshwater Aquatic Products	(10000 tons)	177.57	193.31	209.30	232.41	236.50

注：2007—2017年数据根据第三次全国农业普查结果进行了修订和修正（下同）。

a) The 2007-2017 data were revised and revised according to the results of the third national agricultural census (the same below).

12—3　主要年份农作物播种面积
Sown Area of Crops in Major Years

单位：千公顷（1000 hectare）

指　标	Item	2005	2010	2015	2020	2021
粮　食	Grain Crops	5988.10	6947.75	7280.73	7289.52	7309.61
谷　物	Cereal	4968.79	5883.75	6563.95	6584.00	6622.78
#稻　谷	Rice	2288.61	2338.63	2476.37	2512.08	2512.15
小　麦	Wheat	1989.53	2619.18	2857.97	2825.20	2846.00
玉　米	Corn	595.08	864.08	1206.27	1234.76	1252.74
豆　类	Beans	794.91	905.10	637.75	641.98	627.11
薯　类	Tubers	224.40	158.90	79.02	63.55	59.72
油　料	Oil-bearing Crops	1303.05	691.87	574.91	521.44	542.20
棉　花	Cotton	381.27	280.75	167.46	51.20	34.43
生　麻	Raw Hemp	12.84	1.55	1.09	2.21	2.13
糖　料	Sugar Crops	5.73	3.59	3.05	2.70	2.48
烟　叶	Tobacco	10.83	7.54	10.25	8.64	8.62
蔬　菜	Vegetables	664.87	526.36	599.62	717.95	749.39

注：粮食（包括分类、品种）数据来源于国家统计局安徽调查总队（下同）。
a) The data of grain (including classification and variety) were obtained from Anhui Survey Team of National Bureau of Statistics (the same below).

12—4 农林牧渔业总产值及指数
Gross Output Value of Farming, Forestry, Animal Husbandry and Fishery and Related Indices

本表按当年价格计算。 (Data in value terms in this table are calculated at current prices.)

年 份 Year	绝对数 (万元) Gross Output Value (10000 yuan)					
	农林牧渔业总产值 Total of Farming, Forestry, Animal Husbandry and Fishery	农 业 Farming	林 业 Forestry	牧 业 Animal Husbandry	渔 业 Fishery	农林牧渔专业及辅助性活动 Professional and Auxiliary Activities
2005	16661915	8184809	784147	5535614	1656235	501110
2010	28150185	14772975	1352804	8298046	2677885	1048475
2012	35522691	17864629	2094974	10741973	3491915	1329201
2013	38187303	19161918	2330736	11237306	3988152	1469191
2014	40242037	20270934	2830736	11340074	4175583	1624710
2015	41831434	20800862	2901057	12077885	4315202	1736428
2016	44323171	21370277	2910818	13197424	4661107	2183546
2017	45979418	22414199	3190831	13216891	4762099	2395398
2018	46727141	22536647	3329380	13158401	5056501	2646212
2019	51621338	23653942	3512838	16289006	5213091	2952462
2020	56809129	25254212	3874666	19001869	5425680	3252702
2021	60043101	28029266	4129049	18108607	6216648	3559532

年 份 Year	指 数 (%) Related Indices (%)					
	农林牧渔业总产值 Total of Farming, Forestry, Animal Husbandry and Fishery	农 业 Farming	林 业 Forestry	牧 业 Animal Husbandry	渔 业 Fishery	农林牧渔专业及辅助性活动 Professional and Auxiliary Activities
2005	101.41	97.85	105.18	103.91	106.68	115.49
2010	104.46	103.24	107.64	104.93	105.47	110.54
2012	105.57	105.80	105.40	105.60	103.50	108.05
2013	103.41	103.24	106.93	102.01	104.63	107.94
2014	104.59	105.04	107.90	102.93	103.97	107.99
2015	104.20	104.92	105.69	102.66	103.35	105.71
2016	103.41	102.45	104.88	102.04	103.05	122.78
2017	104.08	104.44	109.61	101.86	103.24	108.40
2018	102.58	102.11	103.12	101.95	103.23	108.35
2019	102.26	103.42	104.30	98.17	103.30	108.20
2020	102.74	102.34	107.72	101.67	102.25	106.74
2021	109.35	103.35	98.45	121.25	104.15	108.05

12—5　主要年份林业生产情况
Basic Data of Forest Production in Major Years

指　　标	Item	2005	2010	2015	2020	2021
营林情况　（公顷）	Management of Forest　(hectares)					
人工造林面积	Artificial Afforestation Area	57457	57012	114350	59639	35774
新封山育林面积	Area of Setting Apart Mountains for Forestation	50964	20943	14066	42144	84577
森林抚育面积	Area of Forest Tending		307795	560665	559572	515786
油茶籽　（吨）	Tea-oil Seeds　(ton)	9743	25864	78327	110180	129592
板　栗　（吨）	Chestnuts　(ton)	68786	137239	105870	99645	90965
竹材采伐量　（万根）	Determination of Bamboo Cut　(10000 units)	6315	9784	15724	20131	19797
木材采伐量　（万立方米）	Determination of Timber Cut　(10000 cu.m)	328	458	567	536	612

12—6　主要年份茶叶、水果生产情况
Tea, Fruits Production in Major Years

单位：吨、公顷（ton，Hectares）

指　　标	Item	2005	2010	2015	2020	2021
茶叶产量	Tea	59619	80149	110345	128603	137259
#绿　茶	Green Tea	54890	74192	102725	113547	117259
园林水果产量	Garden Fruits	1517201	2358815	3018139	3678159	3835374
#苹　果	Apples	278143	215407	198083	376245	372705
梨	Pears	638058	1006506	1154815	1275089	1283696
柑橘类	Citrus	12427	11319	14915	32823	33151
其他水果	Other Garden Fruits	588573	1125583	1650326	1994002	2145778
#桃	Peaches	212186	574309	758068	1051485	1160267
葡　萄	Grapes	173264	211142	455286	534157	556987
茶园面积	Tea Garden Area	117606	127242	156982	194707	205012
果园面积	Orchard Area	104180	109061	130823	166286	168494
#苹　果	Apples	13914	12074	11348	11714	11435
梨	Pears	38605	39388	39742	41234	40720
葡　萄	Grapes	6023	7629	17152	26685	26423

12—7 主要年份牲畜饲养情况
Number of Livestock in Major Years

单位：万头（万只） (10000 heads)

年　份 Year	大牲畜年末头数 Large Animals (year-end)	牛 Cattle and Buffaloes	肉猪出栏头数 Slaughtered Fattened Hogs	猪年末头数 Hogs (year-end)	羊年末只数 Sheep and Goats (year-end)	活家禽存栏只数 Poultry
2005	366.2	364.4	2812.1	1737.4	953.0	22672.8
2010	105.9	105.2	2737.2	1419.2	473.1	26216.2
2013	83.1	82.5	2888.2	1567.4	410.7	30315.1
2014	74.6	74.2	2990.4	1534.6	412.5	30712.8
2015	73.5	73.2	2872.2	1484.1	418.0	31020.8
2016	68.5	68.2	2760.4	1410.1	376.9	28904.6
2017	80.9	80.6	2828.9	1417.2	505.1	23018.5
2018	80.0	79.6	2837.4	1356.3	500.6	23524.9
2019	88.2	87.8	2292.6	1091.8	548.1	27406.5
2020	95.2	94.8	2150.5	1419.3	597.9	31024.1
2021	100.0	99.4	2797.8	1582.5	612.8	30285.4

注：全省猪、牛、羊、禽数据来源于国家统计局安徽调查总队（下同）。
a) Data of pigs, cattle, sheep and poultry in the whole province come from Anhui Investigation Team of National Bureau of Statistics (the same below).

12—8 主要年份畜产品产量
Output of Livestock Products in Major Years

单位：吨 (ton)

年　份 Year	肉类总产量 Output of Meat	禽肉产量 Poultry Output	生牛奶 Raw Milk	禽　蛋 Poultry Eggs	天然蜂蜜 Honey	蚕　茧 Silkworm Cocoons
2005	3828828	1001658	110186	1220556	11258	31300
2010	3723533	1108014	191359	1267030	16447	33177
2013	3980081	1293874	236741	1389427	20109	32247
2014	4073311	1299103	260392	1388606	19427	31080
2015	4150171	1450219	286170	1550134	16734	30328
2016	4079731	1539611	305344	1631743	17396	29497
2017	4151847	1464306	298412	1546998	17789	28940
2018	4217401	1506771	307961	1582579	21031	28904
2019	4028148	1745945	337551	1687029	17924	25978
2020	3960317	1810544	376369	1842236	16957	9755
2021	4563111	1834082	475506	1771000	18995	7968

12—9　农林牧渔业总产值（2021年）

Gross Output Value of Farming, Forestry, Animal Husbandry and Fishery (2021)

单位：万元（10000 yuan）

指　　标	Item	按可比价格计算 Caculated According to Constant Price	按当年价格计算 At Current Prices
农林牧渔业总产值	**Total Gross Output Value**	**62120175**	**60043101**
农业产值	**Gross Output Value of Farming**	**26100314**	**28029265**
谷物及其他作物	Cereal and Other Crops	13193652	13909481
谷　物	Cereal		11008422
薯　类	Tubers		114631
油　料	Oil-bearing Crops		1238887
豆　类	Beans		675135
棉　花	Cotton		73639
生　麻	Raw Hemp		10627
糖　类	Sugar Crops		24619
烟　叶	Tobacco		60165
其他农作物	Other Crops		703357
蔬菜、食用菌及花卉盆景园艺产品	Vegetables, Edible Fungus and Flowers and Plants Bonsai Horticultural Goods	8679417	9549669
水果、食用坚果、茶、饮料和香料	Fruits, Nut, Tea, Beverage and Spice	3532252	3727566
中草药材	Chinese Medicinal Herbs	694993	842551
林业产值	**Gross Output Value of Forestry**	**3814642**	**4129049**
林木的培育和种植	Cultivation and Planting of Woods	746564	765029
竹木采运	Lumbering and Transport of Bamboo and Timber	1275504	1317302
林产品	Forest Products	1792574	2046718
牧业产值	**Gross Output Value of Animal Husbandry**	**23039799**	**18108607**
牲畜饲养	Animals Breeding	3055027	3150774
#牛的饲养	Cattle and Buffaloes Breeding		822559
羊的饲养	Sheep and Goats Breeding		1863635
猪的饲养	Hogs Breeding	13492890	8451157
家禽的饲养	Poultry Breeding	5465113	5759093
狩猎和捕捉动物	Animals Hunting and Catching	23914	18932
其他畜牧业	Other Animal Husbandry	1002855	728651
渔业产值	**Gross Output Value of Fishery**	**5650849**	**6216648**
淡水产品	Freshwater Aquatic Products	5650849	6216648
#养　殖	Cultured		5007467
#鱼　类	Fishes		2962333
虾蟹类	Shrimps and Crabs		3025231
农林牧渔专业及辅助性活动产值	**Output Value of Professional and Auxiliary Activities**	**3514572**	**3559532**

12—10 农作物主要产品生产情况（2021年）
Production of Main Crops (2021)

指 标	Item	播种面积（千公顷）Sown Area (1000 hectares)	产 量（万吨）Yield (10000 tons)
粮食作物合计	Grain Crops	7309.61	4087.56
#夏收粮食	Summer-Harvest Crops	2846.63	1699.86
谷 物	Cereal	6622.78	3973.61
稻 谷	Rice	2512.15	1590.43
早 稻	Early Rice	170.88	99.19
中稻和一季晚稻	Middle-season Rice and Single-crop Late Rice	2163.41	1395.04
双季晚稻	Late Rice	177.86	96.19
小 麦	Wheat	2846.00	1699.73
冬小麦	Winter Wheat	2846.00	1699.73
玉 米	Corn	1252.74	677.46
其他谷物	Other Cereal	11.88	6.00
豆类合计	Beans	627.11	95.88
#大 豆	Soybean	587.22	90.91
薯 类	Tubers	59.72	18.07
#马铃薯	Potato	4.15	1.30
油料合计	Oil-bearing Crops	542.20	167.14
#花 生	Peanuts	146.18	71.82
油菜籽	Rapeseeds	372.94	91.06
芝 麻	Sesame	13.50	2.27
棉 花	Cotton	34.43	2.91
生麻合计	Fiber Crops	2.13	0.96
糖料合计	Sugar Crops	2.48	9.92
烟叶合计	Tobacco	8.62	2.01
中草药材	Crude Drugs	108.19	
蔬菜（含菜用瓜）	Vegetables (including gourd)	749.39	2445.31
瓜果类（果用瓜）	Melon and Fruit (Fruited Melon)	97.84	394.56
#西 瓜	Watermelon	73.61	316.76
草 莓	Strawberry	13.96	37.91
其他作物	Other Crops	31.88	

12—11　各市乡（镇）、村数（2021年）
Number of Townships (towns) and Villages by Region (2021)

地　区	Region	乡镇数（个）Number of Township and Town Governments (unit)	#镇　数 Town Governments	村民委员会（个）Number of Villagers' Committees (unit)
总　计	**Total**	**1236**	**997**	**14252**
合肥市	Hefei	81	68	1148
淮北市	Huaibei	18	18	277
亳州市	Bozhou	79	72	1176
宿州市	Suzhou	94	87	1142
蚌埠市	Bengbu	55	45	878
阜阳市	Fuyang	149	125	1487
淮南市	Huainan	71	59	825
滁州市	Chuzhou	94	85	953
六安市	Luan	130	92	1738
马鞍山市	Maanshan	35	33	385
芜湖市	Wuhu	44	44	623
宣城市	Xuancheng	78	62	711
铜陵市	Tongling	31	27	363
池州市	Chizhou	45	37	577
安庆市	Anqing	131	84	1289
黄山市	Huangshan	101	59	680

12—12 各市农、林、牧、渔业总产值及指数（2021年）

Gross Output Value of Farming, Forestry, Animal Husbandry and Fishery and Related Indices by Region (2021)

本表绝对数按当年价格计算，指数按可比价格计算。
Absolute figures in this table are calculated at current prices while indices are calculated at comparable prices.

地区	Region	绝对数（万元）Gross Output Value of Farming, Forestry, Animal Husbandry and Fishery (10000 yuan)					
		农林牧渔业总产值 Total of Farming, Forestry, Animal Husbandry and Fishery	农业 Farming	林业 Forestry	牧业 Animal Husbandry	渔业 Fishery	农林牧渔专业及辅助性活动 Professional and Auxiliary Activities
总计	**Total**	**60043101**	**28029266**	**4129049**	**18108607**	**6216648**	**3559532**
合肥市	Hefei	5508640	2918659	259730	1239644	947046	143561
淮北市	Huaibei	1449984	749522	47345	560272	53573	39272
亳州市	Bozhou	4977559	3165897	148441	1361081	123494	178646
宿州市	Suzhou	6473813	3045666	186059	2126753	105802	1009533
蚌埠市	Bengbu	4548663	2232073	115730	1618225	434108	148527
阜阳市	Fuyang	8327904	3650879	653403	2878558	263948	881116
淮南市	Huainan	2606093	1362506	58278	660854	464670	59786
滁州市	Chuzhou	5102254	2398936	146376	1358802	791484	406656
六安市	Luan	4847663	2280359	432311	1583068	444611	107314
马鞍山市	Maanshan	1807865	832694	30566	303329	511273	130003
芜湖市	Wuhu	3097726	1392070	212434	700714	697634	94874
宣城市	Xuancheng	3018819	1271800	332578	905279	380758	128403
铜陵市	Tongling	948672	433117	76038	171957	234594	32966
池州市	Chizhou	1646683	624585	231378	407672	293138	89910
安庆市	Anqing	4497553	1809704	421032	1424319	759279	83220
黄山市	Huangshan	1239734	641135	235976	304128	29507	28989

12—12 续表 continued

地 区	Region	指 数 (上年=100) Gross Output Value of Farming, Forestry, Animal Husbandry and Fishery (preceding year=100)					
		农林牧渔业总产值 Total of Farming, Forestry, Animal Husbandry and Fishery	农 业 Farming	林 业 Forestry	牧 业 Animal Husbandry	渔 业 Fishery	农林牧渔专业及辅助性活动 Professional and Auxiliary Activities
总 计	**Total**	**109.35**	**103.35**	**98.45**	**121.25**	**104.15**	**108.05**
合 肥 市	Hefei	106.25	105.60	104.35	108.06	106.23	105.70
淮 北 市	Huaibei	111.78	99.58	104.61	132.19	102.03	110.20
亳 州 市	Bozhou	111.07	104.04	97.70	130.44	108.26	107.16
宿 州 市	Suzhou	110.01	102.95	103.49	122.27	101.85	109.18
蚌 埠 市	Bengbu	108.65	103.18	100.88	116.54	107.62	110.30
阜 阳 市	Fuyang	110.59	104.13	113.29	118.66	101.33	109.83
淮 南 市	Huainan	108.70	104.96	106.60	116.33	108.35	109.50
滁 州 市	Chuzhou	108.50	105.39	107.01	116.74	102.51	107.71
六 安 市	Luan	111.00	107.48	102.22	120.34	103.42	109.91
马鞍山市	Maanshan	108.48	104.68	104.96	122.96	105.91	108.12
芜 湖 市	Wuhu	107.86	102.41	101.24	130.50	104.96	106.22
宣 城 市	Xuancheng	108.75	106.85	105.76	115.45	102.29	109.02
铜 陵 市	Tongling	108.38	106.56	100.25	121.74	105.14	106.23
池 州 市	Chizhou	109.46	109.09	109.61	112.79	105.47	109.89
安 庆 市	Anqing	108.02	103.08	104.87	118.47	102.99	108.20
黄 山 市	Huangshan	110.15	104.85	107.24	125.91	97.03	105.85

注：全省农林牧渔业总产值指数按农产品生产者价格指数缩减计算。

a) The index of gross output value of agriculture, forestry, animal husbandry and fishery of the whole province reduces calculating according to producer's price index of agricultural products.

12—13 各市主要农业机械年末拥有量（2021年）
Agricultural Machinery at the Year-end by Region (2021)

地 区	Region	农业机械总动力（万千瓦）Total Power of Agricultural Machinery (10000 kw)	大中型拖拉机（台）Large and Medium Agricultural Tractors (unit)	小型拖拉机（台）Mini-tractors (unit)
总 计	**Total**	**6924.32**	**276910**	**1952521**
合肥市	Hefei	508.98	16911	183645
淮北市	Huaibei	283.29	17183	96119
亳州市	Bozhou	830.05	41179	128663
宿州市	Suzhou	823.59	41023	140996
蚌埠市	Bengbu	594.45	16754	287082
阜阳市	Fuyang	753.31	51635	113461
淮南市	Huainan	460.59	13483	202479
滁州市	Chuzhou	736.61	35070	366955
六安市	Luan	631.08	15982	154451
马鞍山市	Maanshan	157.41	4686	33338
芜湖市	Wuhu	228.01	6305	44383
宣城市	Xuancheng	251.25	4292	52949
铜陵市	Tongling	86.16	2014	20229
池州市	Chizhou	143.93	1908	25960
安庆市	Anqing	350.30	8317	88530
黄山市	Huangshan	85.30	168	13281

12—14　各市主要粮食作物播种面积（2021年）
Area Sown With Main Grain Crops in Each by Region (2021)

单位：公顷（hectare）

地　区	Region	粮食作物播种面积 Sown Area of Grain Crops	谷　物 Cereal	#稻　谷 Rice	小　麦 Wheat	玉　米 Corn	豆　类 Soybeans	薯类（折粮） Potato (fold grain)
总　计	**Total**	**7309612**	**6622782**	**2512154**	**2846003**	**1252741**	**627109**	**59721**
合 肥 市	Hefei	527145	509009	359291	129229	19438	13649	4487
淮 北 市	Huaibei	275337	220078		135720	84293	54979	279
亳 州 市	Bozhou	875285	738380	4411	438436	286402	131645	5259
宿 州 市	Suzhou	934181	783643	1244	472312	309427	136922	13615
蚌 埠 市	Bengbu	514687	488722	105647	251169	131790	24660	1305
阜 阳 市	Fuyang	972834	836810	65736	501912	269017	129582	6443
淮 南 市	Huainan	529876	506742	280285	214750	11707	21801	1333
滁 州 市	Chuzhou	830298	789835	414989	330126	44665	36091	4372
六 安 市	Luan	611328	592875	405039	159442	28136	16202	2251
马鞍山市	Maanshan	176698	169431	116908	49551	2972	4282	2985
芜 湖 市	Wuhu	223152	213774	161334	42673	9767	7467	1911
宣 城 市	Xuancheng	220005	207833	155558	45324	6914	8314	3857
铜 陵 市	Tongling	100711	95372	78588	12892	3891	4655	684
池 州 市	Chizhou	120862	112941	89093	14705	9144	6388	1532
安 庆 市	Anqing	346160	315177	241381	47762	25667	24549	6435
黄 山 市	Huangshan	51052	42160	32650		9510	5921	2971

12—15 各市主要经济作物播种面积（2021年）
Areas Sown to Main Cash Crops in Each by Region (2021)

单位：公顷（hectare）

地 区	Region	油 料 Oil-bearing Crops	#花 生 Peanuts	油菜籽 Rapeseeds	芝 麻 Sesame	棉 花 Cotton	生 麻 Fiber Crops	糖 料 Sugar Crops
总 计	**Total**	**542197**	**146183**	**372940**	**13499**	**34429**	**2129**	**2482**
合 肥 市	Hefei	56074	13434	41625	952	3533	37	190
淮 北 市	Huaibei	2840	929	1122	744	6		1
亳 州 市	Bozhou	8273	5928	1403	868	721		127
宿 州 市	Suzhou	29690	25678	3832	165	432		81
蚌 埠 市	Bengbu	49649	47149	1898	539	38		46
阜 阳 市	Fuyang	26806	7354	14848	4177	753	14	233
淮 南 市	Huainan	12150	1912	10067	169	84		13
滁 州 市	Chuzhou	37245	24859	11739	622	184		766
六 安 市	Luan	53089	9249	41439	558	2323	1962	168
马鞍山市	Maanshan	25144	738	24184	222	311	29	57
芜 湖 市	Wuhu	34536	1354	32810	309	4165	83	234
宣 城 市	Xuancheng	26802	1517	23798	155	109		74
铜 陵 市	Tongling	23710	574	22986	139	1912		23
池 州 市	Chizhou	31483	606	30532	345	1280		36
安 庆 市	Anqing	104554	4533	91862	3337	18478	4	65
黄 山 市	Huangshan	20152	368	18795	197	103		368

地 区	Region	烟 叶 Tobacco	#烤 烟 Fluecured Tobacco	中草药材 Crude Drugs	蔬 菜 Vegeta-bles	瓜果类 Melon	#西 瓜 Water-melon	草 莓 Strawb-erry
总 计	**Total**	**8620**	**8551**	**108193**	**749391**	**97844**	**73609**	**13964**
合 肥 市	Hefei			1870	93734	10231	4392	5042
淮 北 市	Huaibei			478	10625	3228	2865	91
亳 州 市	Bozhou	44	44	58515	78278	12965	11441	257
宿 州 市	Suzhou			753	55350	16320	14964	929
蚌 埠 市	Bengbu			675	55190	9390	7600	741
阜 阳 市	Fuyang	37		9908	110443	20200	15684	1953
淮 南 市	Huainan			293	27439	7667	4510	2176
滁 州 市	Chuzhou			9626	30501	3081	2467	520
六 安 市	Luan			8505	63404	2230	1598	481
马鞍山市	Maanshan			41	28044	2304	1658	149
芜 湖 市	Wuhu	1656	1656	789	65382	3534	2452	477
宣 城 市	Xuancheng	5958	5926	4997	25526	1726	1152	275
铜 陵 市	Tongling			464	12333	895	581	217
池 州 市	Chizhou	564	564	2218	10429	916	523	70
安 庆 市	Anqing			4013	65938	2212	1017	475
黄 山 市	Huangshan	361	361	5049	16777	945	706	111

12—16 各市主要农产品单位面积产量（2021年）
Yield of Major Farm Crops per Hectare by Region (2021)

单位：公斤/公顷（kg/hectare）

地 区	Region	谷物 Cereals	棉花 Cotton	花生 Peanuts	油菜籽 Rapeseeds	芝麻 Sesame	烤烟 Fluecured Tobacco	蔬菜 Vegetables	瓜果类 Melon
总 计	**Total**	**6000**	**846**	**4913**	**2442**	**1678**	**2329**	**32631**	**40326**
合肥市	Hefei	5713	721	3673	2764	1600		25784	26443
淮北市	Huaibei	6507	893	4397	2104	1097		39732	43016
亳州市	Bozhou	6702	813	6665	2631	1476	3591	39945	45537
宿州市	Suzhou	5477	759	4980	2254	1586		42131	47342
蚌埠市	Bengbu	5719	904	6656	1880	1536		47821	50314
阜阳市	Fuyang	6046	752	2787	2634	1750		41521	45677
淮南市	Huainan	6185	883	4797	2553	1675		32837	33043
滁州市	Chuzhou	5859	828	3610	2635	2240		34607	34221
六安市	Luan	5933	778	3694	2071	1344		21321	29743
马鞍山市	Maanshan	6167	853	2954	2745	1544		30509	29928
芜湖市	Wuhu	6404	945	3306	2834	1636	3042	26320	37241
宣城市	Xuancheng	6079	812	3440	2462	2051	2141	22536	25771
铜陵市	Tongling	5918	848	3180	2480	1859		26678	26671
池州市	Chizhou	5642	868	2738	2499	1788	2224	28301	17919
安庆市	Anqing	5947	862	3011	2331	1771		23408	21589
黄山市	Huangshan	6381	656	2577	1615	1300	2150	18044	21068

12—17　各市主要粮食作物产量（2021年）
Output of Major Food Crops in Each by Region (2021)

单位：吨（ton）

地　区	Region	粮　食 Grain	谷　物 Cereal	#稻　谷 Rice	小　麦 Wheat	玉　米 Corn	豆　类 Beans	薯类（折粮） Potato (fold grain)
总　计	**Total**	**40875572**	**39736121**	**15904262**	**16997260**	**6774573**	**958800**	**180651**
合肥市	Hefei	2941278	2907887	2204305	596644	101513	19848	13544
淮北市	Huaibei	1509972	1432053		1010973	420733	77060	859
亳州市	Bozhou	5146158	4948543	20723	3182851	1697863	182133	15482
宿州市	Suzhou	4535394	4292132	7664	2741029	1541639	201710	41552
蚌埠市	Bengbu	2833882	2794975	617538	1512102	664678	35182	3725
阜阳市	Fuyang	5298538	5059008	345396	3245553	1467299	219832	19698
淮南市	Huainan	3170644	3134019	1880116	1192496	61407	32635	3989
滁州市	Chuzhou	4704130	4627804	2579955	1810937	236605	63260	13066
六安市	Luan	3550786	3517405	2630711	725692	159602	26403	6979
马鞍山市	Maanshan	1060251	1044844	779245	251783	13817	6772	8635
芜湖市	Wuhu	1387629	1368993	1101200	206538	61255	12322	6315
宣城市	Xuancheng	1287207	1263324	1000995	220874	41247	12342	11542
铜陵市	Tongling	573731	564400	481635	55591	27174	7256	2075
池州市	Chizhou	654533	637232	534332	56662	46237	12762	4539
安庆市	Anqing	1931691	1874494	1510006	187536	174935	37677	19520
黄山市	Huangshan	289747	269009	210440		58569	11606	9132

12—18　各市主要经济作物产量（2021年）
Output of Main Cash Crops in Each by Region (2021)

单位：吨（ton）

地　区	Region	油　料 Oil-bearing Crops	#花　生 Peanuts	油菜籽 Rapeseeds	芝　麻 Sesame	棉　花 Cotton	生　麻 Fiber Crops	糖　料 Sugar Crops
总　计	**Total**	**1671366**	**718176**	**910598**	**22654**	**29122**	**9610**	**99240**
合 肥 市	Hefei	166143	49348	115069	1523	2549	47	7523
淮 北 市	Huaibei	7365	4087	2360	816	5		43
亳 州 市	Bozhou	44654	39510	3692	1280	587		4540
宿 州 市	Suzhou	136817	127887	8637	262	328		2819
蚌 埠 市	Bengbu	318367	313815	3569	828	34		1255
阜 阳 市	Fuyang	67808	20495	39107	7309	566	84	13485
淮 南 市	Huainan	35162	9173	25700	283	74		325
滁 州 市	Chuzhou	122118	89743	30935	1393	152		27822
六 安 市	Luan	122367	34163	85805	750	1807	9049	4373
马鞍山市	Maanshan	68904	2180	66381	343	265	36	2243
芜 湖 市	Wuhu	98142	4475	92974	506	3936	373	9238
宣 城 市	Xuancheng	67411	5220	58589	317	89		1938
铜 陵 市	Tongling	59123	1827	57000	259	1620		873
池 州 市	Chizhou	78574	1659	76298	617	1111		756
安 庆 市	Anqing	245208	13647	214129	5911	15932	21	1155
黄 山 市	Huangshan	33201	948	30353	257	67		20852

地　区	Region	烟　叶 Tobacco	#烤　烟 Fluecured Tobacco	蔬　菜 Vegetables	瓜果类 Melon	#西　瓜 Watermelon	草　莓 Strawberry
总　计	**Total**	**20143**	**19916**	**24453139**	**3945623**	**3167648**	**379146**
合 肥 市	Hefei			2416862	270552	135948	116621
淮 北 市	Huaibei	1		422141	138867	128976	2239
亳 州 市	Bozhou	158	158	3126795	590374	544813	8235
宿 州 市	Suzhou			2331960	772622	730626	26840
蚌 埠 市	Bengbu			2639252	472446	385102	36548
阜 阳 市	Fuyang	130		4585657	922670	676701	77249
淮 南 市	Huainan			901007	253347	159278	59998
滁 州 市	Chuzhou			1055546	105429	92144	10765
六 安 市	Luan			1351844	66328	52203	10281
马鞍山市	Maanshan			855604	68965	55250	2092
芜 湖 市	Wuhu	5037	5037	1720845	131597	103050	8094
宣 城 市	Xuancheng	12785	12690	575254	44485	32065	5106
铜 陵 市	Tongling			329018	23862	17240	3684
池 州 市	Chizhou	1255	1255	295156	16414	14517	576
安 庆 市	Anqing			1543480	47760	24008	8648
黄 山 市	Huangshan	777	777	302720	19905	15726	2170

12—19 各市茶叶、水果生产情况（2021年）
Tea, Fruits Production by Region (2021)

单位：吨（ton）

地区	Region	茶叶 Tea	#绿茶 Green Tea	园林水果 Garden Fruits	#苹果 Apples	梨 Pears	葡萄 Grapes
总计	**Total**	**137259**	**117259**	**3835374**	**372705**	**1283696**	**556987**
合肥市	Hefei	2417	2391	242791	131	22842	82093
淮北市	Huaibei			178154	24858	6904	42133
亳州市	Bozhou			128447	1587	32276	21423
宿州市	Suzhou			2193741	336319	1052350	159611
蚌埠市	Bengbu			124744	1428	49933	27627
阜阳市	Fuyang			193177	7681	62517	47242
淮南市	Huainan	48		87105		18201	26910
滁州市	Chuzhou	571	571	159431	67	9984	44878
六安市	Luan	30750	24301	266083	200	9021	40033
马鞍山市	Maanshan	440	421	45789	278	5050	17875
芜湖市	Wuhu	2663	2223	58498	99	1730	23896
宣城市	Xuancheng	36862	33846	31435		5652	3615
铜陵市	Tongling	636	498	8235	10	515	2218
池州市	Chizhou	13177	8934	8369	10	405	1444
安庆市	Anqing	15858	15023	65922	37	4375	8685
黄山市	Huangshan	33836	29051	43452		1941	7306

12—20 各市牲畜饲养情况（2021年）
Number of Livestock by Region (2021)

单位：万头（万只）（10000 heads）

地区	Region	大牲畜年末头数 Large Animals (year-end)	牛 Cattle and Buffaloes	肉猪出栏头数 Slaughtered Fattened Hogs	猪年末头数 Hogs (year-end)	羊年末只数 Sheep and Goats (year-end)	活家禽只数 Poultry (year-end)
总计	**Total**	**100.0**	**99.4**	**2797.8**	**1582.5**	**612.8**	**30285.4**
合肥市	Hefei	4.0	4.0	158.0	84.8	9.9	3538.8
淮北市	Huaibei	3.2	3.1	97.2	61.4	16.2	394.0
亳州市	Bozhou	8.7	8.6	342.6	188.5	96.4	1689.1
宿州市	Suzhou	13.5	13.3	411.1	261.7	188.5	2970.2
蚌埠市	Bengbu	14.1	14.1	183.0	102.8	53.8	2132.1
阜阳市	Fuyang	26.3	26.0	447.7	242.6	145.9	2688.2
淮南市	Huainan	4.3	4.3	117.4	63.8	17.9	1204.1
滁州市	Chuzhou	6.5	6.5	259.1	141.3	32.2	2605.7
六安市	Luan	4.4	4.4	242.3	147.5	20.4	2771.4
马鞍山市	Maanshan	1.0	1.0	43.3	19.8	6.7	702.4
芜湖市	Wuhu	1.0	1.0	59.4	34.1	3.6	1873.9
宣城市	Xuancheng	3.0	3.0	87.2	44.2	5.3	2926.9
铜陵市	Tongling	0.4	0.4	26.8	17.2	1.0	931.5
池州市	Chizhou	0.4	0.4	56.1	27.8	1.8	1011.0
安庆市	Anqing	7.5	7.5	193.8	102.9	10.8	2448.4
黄山市	Huangshan	1.6	1.6	72.8	42.1	2.4	397.7

12—21　各市畜产品产量（2021年）
Output of Livestock Products by Region (2021)

地　区	Region	肉类总产量（万吨）Output of Meat (10000 tons)	猪肉 Pork	牛肉 Beef	羊肉 Mutton	禽肉 Poultry
总　计	**Total**	**456.31**	**238.73**	**11.15**	**21.88**	**183.41**
合肥市	Hefei	34.10	13.13	0.36	0.28	20.28
淮北市	Huaibei	10.67	7.84	0.46	0.42	1.92
亳州市	Bozhou	41.20	28.58	1.11	2.84	8.44
宿州市	Suzhou	59.53	36.69	1.44	6.72	14.50
蚌埠市	Bengbu	41.40	15.56	1.96	2.69	21.14
阜阳市	Fuyang	64.60	39.80	2.67	5.25	16.63
淮南市	Huainan	18.94	10.82	0.59	1.02	6.52
滁州市	Chuzhou	39.17	21.17	0.71	0.97	16.30
六安市	Luan	35.99	20.12	0.42	0.87	14.26
马鞍山市	Maanshan	9.06	3.69	0.06	0.18	5.13
芜湖市	Wuhu	17.72	4.67	0.17	0.12	12.75
宣城市	Xuancheng	31.55	7.04	0.23	0.16	24.11
铜陵市	Tongling	4.54	2.49	0.03	0.03	1.99
池州市	Chizhou	9.03	4.99	0.07	0.04	3.93
安庆市	Anqing	31.57	15.94	0.74	0.23	14.65
黄山市	Huangshan	7.24	6.21	0.13	0.04	0.86

地　区	Region	生牛奶（万吨）Cow Milk (10000 tons)	禽蛋（万吨）Poultry Eggs (10000 tons)	天然蜂蜜（吨）Honey (ton)	蚕茧（吨）Sikworm Cocoons (ton)
总　计	**Total**	**47.55**	**177.10**	**18995.13**	**7968.12**
合肥市	Hefei	8.83	20.73	186.41	1129.35
淮北市	Huaibei	2.41	3.81	139.93	
亳州市	Bozhou	1.11	8.05	221.60	7.10
宿州市	Suzhou	1.39	30.28	39.59	1.00
蚌埠市	Bengbu	22.42	9.09	27.07	
阜阳市	Fuyang	1.67	17.94	797.72	903.48
淮南市	Huainan	1.25	11.05	23.67	
滁州市	Chuzhou	0.82	13.06	65.50	
六安市	Luan	1.04	11.13	839.85	1282.40
马鞍山市	Maanshan	5.49	3.32	3558.00	
芜湖市	Wuhu		8.75	232.10	
宣城市	Xuancheng		5.50	5113.44	1894.44
铜陵市	Tongling		3.13	21.02	
池州市	Chizhou	0.01	5.26	287.76	90.24
安庆市	Anqing		22.30	243.78	2213.85
黄山市	Huangshan	1.11	3.69	7197.70	446.26

12—22 各市水产品产量（2021年）
Output of Aquatic Products by Region (2021)

单位：吨（ton）

地 区	Region	水产品总产量 Total Aquatic Products	养殖产量 Cultured Products	捕捞产量 Fishing Products	鱼 类 Fish	虾蟹类 Crustacean	贝 类 Shell-fish	其它类 Others
总 计	**Total**	**2365033**	**2242195**	**122838**	**1570453**	**678972**	**58574**	**57034**
合肥市	Hefei	228876	221624	7252	116011	108873	895	3097
淮北市	Huaibei	26161	25683	478	26033	116		12
亳州市	Bozhou	54205	49848	4357	47888	5895	372	50
宿州市	Suzhou	45950	43440	2510	40768	4251	109	822
蚌埠市	Bengbu	128091	112408	15683	89257	23476	2296	13062
阜阳市	Fuyang	108723	98750	9973	74157	30186	1552	2828
淮南市	Huainan	180679	147972	32707	139170	33704	4928	2877
滁州市	Chuzhou	372599	358844	13755	235308	128168	6935	2188
六安市	Luan	237960	227384	10576	126923	104291	1771	4975
马鞍山市	Maanshan	118480	118101	379	57557	51638	8524	761
芜湖市	Wuhu	176120	171124	4996	118078	41686	3802	12554
宣城市	Xuancheng	113117	102243	10874	61638	44619	2942	3918
铜陵市	Tongling	106550	106550		77426	18928	7892	2304
池州市	Chizhou	141593	140762	831	113285	18317	7474	2517
安庆市	Anqing	312487	305483	7004	235001	64130	8640	4716
黄山市	Huangshan	13442	11979	1463	11953	694	442	353

12—23　国有农场基本情况
Basic Information on State Farms

指　　标		Item		2005	2010	2015	2020	2021
农场数	（个）	Number of Farms	(unit)	25	21	20	20	20
职工人数	（人）	Number of Staff and Workers	(person)	44849	44759	38045	28835	15789
耕地面积	（千公顷）	Cultivated Area	(1000 hectares)	32.98	34.75	29.56	29.21	30.08
农业机械总动力	（千瓦）	Total Power of Agricultural Machinery	(1000 watts)	316001	454679	454076	487978	483735
农业机械拥有量	（台、辆）	Ownership of Agricultural Machinery	(unit)					
大中型农用拖拉机		Large and Medium Agricultural Tractors		1765	2568	2886	2934	2716
小型及手扶拖拉机		Mini and Walking Agricultural Tractors		5569	6111	5244	4762	4732
农用排灌动力机械		Machinery for Agricultural Drainage and Irrigation		3802	5115	4173	6046	4999
联合收获机		Combine Harvesters		730	1078	1372	1492	1422
农用载重汽车		Trucks for Agricultural Use		71	181	175	829	186
农用化肥施用量	（吨）	Consumption of Chemical Fertilizers	(ton)	47187	66814	70658	54787	54938
农业总产值	（万元）	Gross Agricultural Output Value	(10000 yuan)	102784	176197	204563	260937	255235
农作物总播种面积	（千公顷）	Sown Area of Farm Crops	(1000 hectares)	55.57	68.53	59.31	50.17	49.98
粮食作物		Grain		44.24	61.04	55.13	47.32	46.96
棉　花		Cotton		6.20	3.77	0.32	0.04	0.03
油　料		Oil-bearing Crops		3.98	1.58	0.85	0.54	0.46
年末实有茶园面积		Area of Tea Plantations (year-end)		3.38	3.15	2.36	2.05	2.04
年末实有果园面积		Area of Orchards (year-end)		1.14	1.09	1.35	1.46	1.53
主要农产品产量		Yield of Major Farm Crops						
粮食作物	（吨）	Grain	(ton)	233538	340720	341888	326282	343896
棉　花	（吨）	Cotton	(ton)	8730	5431	888	94	72
油　料	（吨）	Oil-bearing Crops	(ton)	7258	3283	1977	1671	1238
茶　叶	（吨）	Tea	(ton)	10460	10894	12804	13789	14072
水　果	（吨）	Fruits	(ton)	16776	26589	13597	41555	43423
畜牧业、渔业生产		Production of Animal Husbandry and Fishery						
大牲畜年末头数	（头）	Number of Large Animals (year-end)	(head)	9581	7799	2462	2532	2312
猪年末头数	（头）	Number of Hogs	(head)	19660	38821	45099	27630	15158
羊年末只数	（只）	Number of Sheep and Goats	(head)	6319	5561	8692	9571	9676
畜产品产量	（吨）	Output of Livestock Products	(ton)					
肉类总产量		Pork, Beef and Mutton		5556	11037	15475	13833	12281
#猪　肉		Pork		2778	4553	6450	3757	5766
生牛奶		Milk		18982	19018	1510	1730	620
禽　蛋		Poultry Eggs		2605	3346	1808	4365	4786
水产品总产量	（吨）	Total Output of Aquatic Products	(ton)	3431	4777	5741	14205	14267

注：本表为农垦系统数据。
a) Data in this table cover those of the land reclamation department.

12—24 各县（市）乡（镇）、村数（2021年）
Number of Townships (towns) and Villages by County or City (2021)

县（市）	County (City)	乡镇数（个）Number of Township and Town Governments (unit)	#镇 数 Town Governm-ents	村民委员会（个）Number of Villagers' Commit-tees (unit)
合肥市辖区	Hefei Region of City	8	7	109
巢 湖 市	Chaohu	12	12	125
长 丰 县	Changfeng	14	12	244
肥 东 县	Feidong	18	12	222
肥 西 县	Feixi	12	8	238
庐 江 县	Lujiang	17	17	210
淮北市辖区	Huaibei Reigon of City	7	7	64
濉 溪 县	Suixi	11	11	213
亳州市辖区	Bozhou Reigon of City	22	20	259
涡 阳 县	Guoyang	20	20	297
蒙 城 县	Mengcheng	14	12	275
利 辛 县	Lixin	23	20	345
宿州市辖区	Suzhou Reigon of City	24	20	312
砀 山 县	Dangshan	13	13	139
萧 县	Xiaoxian	23	22	234
灵 璧 县	Lingbi	19	17	290
泗 县	Sixian	15	15	167
蚌埠市辖区	Bengbu Reigon of City	12	8	175
怀 远 县	Huaiyuan	18	17	334
五 河 县	Wuhe	14	12	193
固 镇 县	Guzhen	11	8	176
阜阳市辖区	Fuyang Reigon of City	22	20	247
界 首 市	Jieshou	15	12	122
临 泉 县	Linquan	23	21	308
太 和 县	Taihe	31	30	282
阜 南 县	Funan	28	20	304
颍 上 县	Yingshang	30	22	224
淮南市辖区	Huainan Reigon of City	30	25	349
凤 台 县	Fengtai	16	12	213
寿 县	Shouxian	25	22	263
滁州市辖区	Chuzhou Reigon of City	8	8	71
天 长 市	Tianchang	14	14	117
明 光 市	Mingguang	13	12	135
来 安 县	Laian	12	11	126
全 椒 县	Quanjiao	10	10	94
定 远 县	Dingyuan	22	16	196
凤 阳 县	Fengyang	15	14	214

12—24 续表 continued

县（市）	County (City)	乡镇数（个）Number of Township and Town Governments (unit)	#镇数 Town Governm-ents	村民委员会（个）Number of Villagers' Commit-tees (unit)
六安市辖区	Luan Reigon of City	40	26	607
霍 邱 县	Huoqiu	30	25	398
舒 城 县	Shucheng	21	15	394
金 寨 县	Jinzhai	23	13	214
霍 山 县	Huoshan	16	13	125
马鞍山市辖区	Maanshan Reigon of City	7	6	107
当 涂 县	Dangtu	11	10	115
含 山 县	Hanshan	8	8	95
和 县	Hexian	9	9	68
芜湖市辖区	Wuhu Reigon of City	16	16	255
无 为 市	Wuwei	20	20	221
南 陵 县	Nanling	8	8	147
宣城市辖区	Xuancheng Reigon of City	15	12	161
宁 国 市	Ningguo	13	8	102
广 德 市	Guangde	9	6	103
郎 溪 县	Langxi	9	9	82
泾 县	Jingxian	11	9	127
绩 溪 县	Jixi	11	8	75
旌 德 县	Jingde	10	10	61
铜陵市辖区	Tongling Reigon of City	15	12	173
枞 阳 县	Zongyang	16	15	190
池州市辖区	Chizhou Reigon of City	9	9	149
东 至 县	Dongzhi	15	12	234
石 台 县	Shitai	8	6	78
青 阳 县	Qingyang	13	10	116
安庆市辖区	Anqing Reigon of City	12	5	67
桐 城 市	Tongcheng	12	12	196
潜 山 市	Qianshan	16	11	164
怀 宁 县	Huaining	20	15	201
太 湖 县	Taihu	15	10	174
宿 松 县	Susong	22	9	187
望 江 县	Wangjiang	10	8	118
岳 西 县	Yuexi	24	14	182
黄山市辖区	Huangshan Reigon of City	26	18	168
歙 县	Shexian	28	15	182
休 宁 县	Xiuning	21	11	153
黟 县	Yixian	8	5	66
祁 门 县	Qimen	18	10	111

12—25 各县（市）农林牧渔业总产值（2021年）

Gross Output Value of Agriculture, Forestry, Animal Husbandry and Fishery by County or City （2021）

本表按当年价格计算 (Data in value terms in this table are calculated at current prices.) 单位：万元（10000 yuan）

县（市）	County (City)	农林牧渔业总产值 Total of Farming, Forestry, Animal Husbandry and Fishery	农业 Farming	林业 Forestry	牧业 Animal Husban	渔业 Fishery	农林牧渔专业及辅助性活动 Professional and Auxiliary Activities
合肥市辖区	Hefei Reigon of City	159314	124372	20630	10774	292	3246
巢湖市	Chaohu	720887	403790	23291	125144	149710	18952
长丰县	Changfeng	1214782	651975	44504	300181	189587	28535
肥东县	Feidong	1285646	637713	64170	338682	213441	31640
肥西县	Feixi	1049954	483194	56070	341035	140423	29232
庐江县	Lujiang	1078057	617615	51065	123828	253593	31956
淮北市辖区	Huaibei Reigon of City	457048	227290	21418	171212	29099	8029
濉溪县	Suixi	992936	522232	25927	389060	24474	31243
亳州市辖区	Bozhou Reigon of City	1523542	1120241	21981	322805	24446	34068
涡阳县	Guoyang	1190304	658844	18679	451450	22648	38683
蒙城县	Mengcheng	1222924	795511	59795	252655	47565	67399
利辛县	Lixin	1040789	591301	47986	334171	28835	38496
宿州市辖区	Suzhou Reigon of City	1518218	772354	35834	478049	28941	203040
砀山县	Dangshan	922511	484113	32405	190028	9013	206952
萧县	Xiaoxian	1456317	636392	67097	529146	19247	204435
灵璧县	Lingbi	1311684	589507	31538	469755	17039	203845
泗县	Sixian	1265083	563300	19185	459775	31562	191261
蚌埠市辖区	Bengbu Reigon of City	579247	349180	8515	146357	54232	20963
怀远县	Huaiyuan	1350668	677372	51185	414221	160941	46949
五河县	Wuhe	1182461	453253	21978	486057	181193	39980
固镇县	Guzhen	1436287	752268	34052	571590	37742	40635
阜阳市辖区	Fuyang Reigon of City	1701365	836969	64630	575132	36387	188247
界首市	Jieshou	664998	303402	49817	246326	9215	56238
临泉县	Linquan	1900968	837561	103373	738126	29816	192092
太和县	Taihe	1336488	532289	93392	498754	31218	180835
阜南县	Funan	1331957	648765	146850	350152	60086	126104
颍上县	Yingshang	1392128	491893	195341	470068	97226	137600
淮南市辖区	Huainan Reigon of City	841882	487121	10215	175212	147462	21873
凤台县	Fengtai	617109	337393	9448	181508	69896	18864
寿县	Shouxian	1147101	537991	38615	304135	247312	19049
滁州市辖区	Chuzhou Reigon of City	396131	189395	17886	122808	42704	23338
天长市	Tianchang	708342	333352	17691	119641	192585	45073
明光市	Mingguang	760982	307632	29361	156226	222720	45043
来安县	Laian	479798	224106	14962	172064	40912	27754
全椒县	Quanjiao	574495	223601	13873	161650	90691	84680
定远县	Dingyuan	1357222	730384	29268	374585	95649	127335
凤阳县	Fengyang	825285	390466	23335	251828	106223	53433

12—25　续表　continued

单位：万元（10000 yuan）

县（市）	County (City)	农林牧渔业总产值 Total of Farming, Forestry, Animal Husbandry and Fishery	农业 Farming	林业 Forestry	牧业 Animal Husban	渔业 Fishery	农林牧渔专业及辅助性活动 Professional and Auxiliary Activities
六安市辖区	Luan Reigon of City	1870306	933152	149209	629860	119823	38261
霍邱县	Huoqiu	1312924	496555	99126	543871	161147	12225
舒城县	Shucheng	720804	306803	101460	196526	87550	28466
金寨县	Jinzhai	523852	320221	38950	116989	26566	21125
霍山县	Huoshan	419778	223627	43566	95822	49526	7237
马鞍山市辖区	Maanshan Reigon of City	230877	103147	5393	49372	63760	9205
当涂县	Dangtu	580761	175798	5330	76404	295645	27584
含山县	Hanshan	459897	207141	12536	90245	79199	70776
和县	Hexian	536330	346608	7307	87308	72669	22438
芜湖市辖区	Wuhu Reigon of City	1318452	681354	77849	283282	241340	34627
无为市	Wuwei	1154902	503035	73730	247364	281821	48952
南陵县	Nanling	624372	207681	60855	170068	174473	11295
宣城市辖区	Xuancheng Reigon of City	904244	362267	32464	235357	232436	41720
宁国市	Ningguo	464921	224578	46512	161188	15914	16729
广德市	Guangde	501573	204674	80286	164955	28702	22956
郎溪县	Langxi	341613	139130	23201	83210	81986	14086
泾县	Jingxian	359410	139381	84183	114140	7023	14682
绩溪县	Jixi	290848	156517	13273	104200	4953	11905
旌德县	Jingde	156210	45253	52659	42229	9744	6325
铜陵市辖区	Tongling Reigon of City	434733	259725	27361	61467	66331	19849
枞阳县	Zongyang	513939	173392	48677	110490	168263	13117
池州市辖区	Chizhou Reigon of City	662262	250579	60208	181548	146578	23349
东至县	Dongzhi	644311	249714	75376	150456	114842	53923
石台县	Shitai	95925	50623	29990	13361	413	1538
青阳县	Qingyang	244185	73669	65804	62307	31305	11100
安庆市辖区	Anqing Reigon of City	355925	144434	19860	77538	105465	8628
桐城市	Tongcheng	665352	240901	62508	250152	103781	8011
潜山市	Qianshan	532145	252793	114406	144431	13622	6894
怀宁县	Huaining	477390	210810	27277	163871	58539	16893
太湖县	Taihu	586349	150245	72965	288838	68228	6072
宿松县	Susong	899710	375447	38040	221376	254930	9917
望江县	Wangjiang	644622	247432	17327	208020	148442	23401
岳西县	Yuexi	336060	187640	68650	70092	6272	3405
黄山市辖区	Huangshan Reigon of City	394884	179382	99601	90843	17636	7423
歙县	Shexian	340072	204587	20439	106783	3186	5077
休宁县	Xiuning	286612	132135	64212	73552	6711	10002
黟县	Yixian	87530	43355	22537	17192	1034	3412
祁门县	Qimen	130636	81676	29187	15758	940	3075

12—26 各县（市）主要粮食作物产量（2021年）
Area Sown With Main Grain Crops in Each by County or City (2021)

单位：吨（ton）

县（市）	County (City)	粮食作物产量 Grain Crop Yield	谷物 Cereal	#稻谷 Rice	小麦 Wheat	玉米 Corn	豆类 Soybeans	薯类(折粮) Potato (fold grain)
巢湖市	Chaohu	395589	393386	283988	84967	24430	1302	901
长丰县	Changfeng	651799	642174	452438	166714	17596	5009	4615
肥东县	Feidong	624846	615501	481075	104566	29861	6178	3167
肥西县	Feixi	440535	436227	346111	86584	3531	3632	676
庐江县	Lujiang	742732	735119	573366	137382	24371	3428	4184
濉溪县	Suixi	1252079	1192018		839811	351861	59521	540
涡阳县	Guoyang	1283494	1183015		894134	273566	94696	5782
蒙城县	Mengcheng	1564988	1536106	14473	879613	625430	23289	5594
利辛县	Lixin	1385774	1359072	6251	806776	534576	24623	2078
砀山县	Dangshan	314136	304776		208175	95949	7573	1786
萧县	Xiaoxian	778303	760148		432613	327229	16850	1305
灵璧县	Lingbi	1079762	1035653		624890	410459	43614	495
泗县	Sixian	931838	828968	7664	564672	256516	65347	37523
怀远县	Huaiyuan	1243558	1235613	318658	679816	237140	7742	204
五河县	Wuhe	639910	624409	198463	326037	99909	14503	999
固镇县	Guzhen	630185	624779	9846	349100	265175	3019	2387
界首市	Jieshou	399585	391072	1724	235799	153550	6808	1704
临泉县	Linquan	1059500	1043813		672830	370657	12111	3577
太和县	Taihe	991837	883352		696756	186391	103930	4555
阜南县	Funan	886450	875527	138598	503855	232844	7136	3787
颍上县	Yingshang	998822	960516	205075	578898	176543	34056	4249
凤台县	Fengtai	611508	604354	306835	286855	10664	6674	480
寿县	Shouxian	1765066	1746276	1112820	593020	40436	16572	2219
天长市	Tianchang	854293	853373	475366	367265	10742	650	269
明光市	Mingguang	685710	659142	278929	319217	60996	23249	3319
来安县	Laian	466021	461000	319309	129890	11801	1095	3927
全椒县	Quanjiao	427256	425136	296104	110470	18562	1459	660
定远县	Dingyuan	1179219	1162117	649099	444094	68616	15100	2003
凤阳县	Fengyang	841360	819030	399258	367491	52281	21270	1059

12—26 续表 continued

单位：吨（ton）

县（市）	County (City)	粮食作物产量 Grain Crop Yield	谷物 Cereal	#稻谷 Rice	小麦 Wheat	玉米 Corn	豆类 Soybeans	薯类(折粮) Potato (fold grain)
霍邱县	Huoqiu	1773477	1763311	1184641	537670	41000	8508	1658
舒城县	Shucheng	364604	359866	296215	34851	28801	3805	933
金寨县	Jinzhai	140185	136986	113797	11306	10483	2086	1112
霍山县	Huoshan	110185	108777	100800	110	7868	1328	80
当涂县	Dangtu	310063	304088	208510	86201	9377	3706	2268
含山县	Hanshan	258111	253816	204618	47788	1410	1335	2960
和县	Hexian	384155	379944	283645	93371	2928	804	3406
无为市	Wuwei	555809	549162	439444	80743	28975	3158	3489
南陵县	Nanling	354682	351778	321626	15381	14771	1924	980
宁国市	Ningguo	67826	67196	51486	5161	10501	476	154
广德市	Guangde	235958	231377	193616	33985	3776	2888	1693
郎溪县	Langxi	274423	267832	186509	78078	3245	2861	3730
泾县	Jingxian	119705	118034	109475	5274	3166	960	711
绩溪县	Jixi	37912	33699	26482	727	6491	2525	1687
旌德县	Jingde	54325	53726	52390	46	1248	179	420
枞阳县	Zongyang	429640	423678	365962	43396	14321	4150	1812
东至县	Dongzhi	281117	273037	222402	29486	21149	5356	2724
石台县	Shitai	15318	13769	9391	416	3963	1271	278
青阳县	Qingyang	107342	102849	99185	2062	1602	3321	1173
桐城市	Tongcheng	315354	312896	258470	30934	23492	1504	954
潜山市	Qianshan	209394	207269	193993	8313	4964	1070	1055
怀宁县	Huaining	328289	322922	269346	10005	43571	2871	2496
太湖县	Taihu	215838	208446	156888	32314	19028	3231	4162
宿松县	Susong	404452	380301	300359	50263	28097	17914	6237
望江县	Wangjiang	302190	288984	210630	40876	37478	9302	3904
岳西县	Yuexi	82461	80678	63239	2694	14525	1353	430
歙县	Shexian	73558	66442	38937		27505	3511	3604
休宁县	Xiuning	73779	69391	57391		12000	3209	1178
黟县	Yixian	29278	28657	26896		1761	384	237
祁门县	Qimen	32059	29598	26565		3033	1226	1235

12—27 各县（市）主要经济作物产量（2021年）

Yield of Farm Crops and Area of Cultivated Land by County or City (2021)

单位：吨（ton）

县（市）	County (City)	油料 Oil-bearing Crops	油菜籽 Rapeseeds	棉花 Cotton	生麻 Raw Hemp	糖料 Sugar Crops
合肥市辖区	Hefei Reigon of City	1654	1516	4		
巢湖市	Chaohu	30864	22893	340	47	1113
长丰县	Changfeng	19760	13916	90		371
肥东县	Feidong	72167	49943	901		1360
肥西县	Feixi	19667	10978	506		1256
庐江县	Lujiang	22031	15823	708		3423
淮北市辖区	Huaibei Reigon of City	2638	1712	4		43
濉溪县	Suixi	4727	648	1		
亳州市辖区	Bozhou Reigon of City	3768	612	455		
涡阳县	Guoyang	2156	136	12		699
蒙城县	Mengcheng	31981	1094	90		3820
利辛县	Lixin	6749	1850	29		21
宿州市辖区	Suzhou Reigon of City	19534	601	71		2308
砀山县	Dangshan	8661	756	47		
萧县	Xiaoxian	10605	3196	76		401
灵璧县	Lingbi	13822	336	101		110
泗县	Sixian	84195	3748	34		
蚌埠市辖区	Bengbu Reigon of City	5085	1423	8		101
怀远县	Huaiyuan	31475	1012	8		887
五河县	Wuhe	40396	943	7		267
固镇县	Guzhen	241411	191	11		
阜阳市辖区	Fuyang Reigon of City	15198	7305	178		3422
界首市	Jieshou	2751	1112	22	9	270
临泉县	Linquan	13357	6020	103	6	2403
太和县	Taihe	7784	4436	53	68	6320
阜南县	Funan	21352	14779	39	1	370
颍上县	Yingshang	7366	5455	173		700
淮南市辖区	Huainan Reigon of City	16624	12961	45		99
凤台县	Fengtai	6012	2053	5		226
寿县	Shouxian	12526	10686	25		
滁州市辖区	Chuzhou Reigon of City	2752	1554	19		35
天长市	Tianchang	1744	1289	0		
明光市	Mingguang	43836	2581	8		25421
来安县	Laian	10168	4356	19		
全椒县	Quanjiao	9353	7143	12		
定远县	Dingyuan	22498	4293	91		1067
凤阳县	Fengyang	31767	9719	3		1299

12—27 续表 continued

单位：吨（ton）

县（市）	County (City)	油料 Oil-bearing Crops	油菜籽 Rapeseeds	棉花 Cotton	生麻 Raw Hemp	糖料 Sugar Crops
六安市辖区	Luan Reigon of City	65799	43713	1051	8942	270
霍邱县	Huoqiu	19994	12712	50	68	3798
舒城县	Shucheng	23910	22876	693	14	305
金寨县	Jinzhai	8419	2937			
霍山县	Huoshan	4245	3567	14	25	
马鞍山市辖区	Maanshan Reigon of City	7078	6972			151
当涂县	Dangtu	23232	23188	7		8
含山县	Hanshan	20667	19103	148	36	1817
和县	Hexian	17927	17118	110		267
芜湖市辖区	Wuhu Reigon of City	55946	53470	1343	2	3417
无为市	Wuwei	34170	32039	2573	370	2215
南陵县	Nanling	8026	7465	20	1	3606
宣城市辖区	Xuancheng Reigon of City	13095	11132	35		780
宁国市	Ningguo	11169	10738	4		
广德市	Guangde	13558	12990	2		355
郎溪县	Langxi	7926	7563	43		128
泾县	Jingxian	7692	7124	3		263
绩溪县	Jixi	12141	7831			63
旌德县	Jingde	1831	1211	3		349
铜陵市辖区	Tongling Reigon of City	33890	32819	336		826
枞阳县	Zongyang	25233	24181	1284		47
池州市辖区	Chizhou Reigon of City	32645	32011	445		140
东至县	Dongzhi	34362	32969	640		569
石台县	Shitai	6147	6065	12		
青阳县	Qingyang	5420	5253	14		47
安庆市辖区	Anqing Reigon of City	12753	11648	1152		
桐城市	Tongcheng	24568	23246	762		
潜山市	Qianshan	17145	13173	945	15	12
怀宁县	Huaining	33735	31950	1960		483
太湖县	Taihu	19022	18168	1835		130
宿松县	Susong	53327	35669	3817		123
望江县	Wangjiang	80887	76995	5460		
岳西县	Yuexi	3771	3280		6	407
黄山市辖区	Huangshan Reigon of City	5847	4639	11		2584
歙县	Shexian	13662	13121	3		16891
休宁县	Xiuning	7972	7651	5		1129
黟县	Yixian	3566	3466	8		171
祁门县	Qimen	2154	1476	40		78

12—28 各县（市）茶叶、水果生产情况（2021年）

Tea, Fruits Production by County or City (2021)

单位：吨（ton）

县（市）	County (City)	茶叶 Tea	#绿茶 Green Tea	园林水果 Garden Fruits	#葡萄 Grapes
合肥市辖区	Hefei Reigon of City			40957	19568
巢湖市	Chaohu	558	532	12814	3623
长丰县	Changfeng			47930	5828
肥东县	Feidong	11	11	64176	3470
肥西县	Feixi	12	12	35627	12365
庐江县	Lujiang	1836	1836	41287	37239
淮北市辖区	Huaibei Reigon of City			152669	37611
濉溪县	Suixi			25485	4522
亳州市辖区	Bozhou Reigon of City			40146	5347
涡阳县	Guoyang			21884	3524
蒙城县	Mengcheng			32732	7091
利辛县	Lixin			33685	5461
宿州市辖区	Suzhou Reigon of City			113932	24365
砀山县	Dangshan			1610560	35700
萧县	Xiaoxian			381266	84126
灵璧县	Lingbi			65488	8920
泗县	Sixian			22495	6500
蚌埠市辖区	Bengbu Reigon of City			39950	8661
怀远县	Huaiyuan			32018	6243
五河县	Wuhe			27001	5780
固镇县	Guzhen			25776	6943
阜阳市辖区	Fuyang Reigon of City			47707	10532
界首市	Jieshou			15997	2690
临泉县	Linquan			65931	26786
太和县	Taihe			7287	1460
阜南县	Funan			43636	1408
颍上县	Yingshang			12619	4366
淮南市辖区	Huainan Reigon of City	48		44663	19420
凤台县	Fengtai			14051	2229
寿县	Shouxian			28391	5261
滁州市辖区	Chuzhou Reigon of City	448	448	12712	1818
天长市	Tianchang	15	15	5878	3429
明光市	Mingguang	27	27	23665	1671
来安县	Laian	11	11	21986	12434
全椒县	Quanjiao	54	54	26891	5969
定远县	Dingyuan	2	2	34631	10318
凤阳县	Fengyang	14	14	33668	9239

12—28 续表 continued

单位：吨（ton）

县（市）	County (City)	茶叶 Tea	#绿茶 Green Tea	园林水果 Garden Fruits	#葡萄 Grapes
六安市辖区	Luan Reigon of City	8412	8412	183850	8298
霍邱县	Huoqiu			65360	29354
舒城县	Shucheng	3315	3219	10880	1625
金寨县	Jinzhai	9673	8881	3953	659
霍山县	Huoshan	9350	3789	2040	97
马鞍山市辖区	Maanshan Reigon of City	144	144	7057	4802
当涂县	Dangtu	2	2	18560	8348
含山县	Hanshan	249	230	15659	3169
和县	Hexian	45	45	4514	1556
芜湖市辖区	Wuhu Reigon of City	1896	1859	27373	14278
无为市	Wuwei	302	284	29315	9498
南陵县	Nanling	465	80	1810	120
宣城市辖区	Xuancheng Reigon of City	13932	12242	12501	1723
宁国市	Ningguo	3213	3213	5090	600
广德市	Guangde	7010	5744	3970	841
郎溪县	Langxi	7580	7580	3793	
泾县	Jingxian	2660	2600	2929	185
绩溪县	Jixi	1782	1782	2212	70
旌德县	Jingde	685	685	941	197
铜陵市辖区	Tongling Reigon of City	288	259	6548	1545
枞阳县	Zongyang	349	239	1687	673
池州市辖区	Chizhou Reigon of City	2473	1923	3415	880
东至县	Dongzhi	4001	2500	1725	272
石台县	Shitai	6332	4140	1852	6
青阳县	Qingyang	371	371	1377	286
安庆市辖区	Anqing Reigon of City	31	31	9869	1177
桐城市	Tongcheng	537	534	1354	396
潜山市	Qianshan	3652	3587	3194	737
怀宁县	Huaining	101	101	8624	43
太湖县	Taihu	4208	3923	25810	1910
宿松县	Susong	550	432	8903	3790
望江县	Wangjiang	97	97	5178	437
岳西县	Yuexi	6682	6318	2991	195
黄山市辖区	Huangshan Reigon of City	3985	3938	5558	657
歙县	Shexian	10276	10276	33526	6406
休宁县	Xiuning	10000	9000	1327	56
黟县	Yixian	2891	1947	1766	120
祁门县	Qimen	6684	3890	1276	67

12—29 各县（市）畜牧业、渔业生产情况（2021年）
Production of Animal Husbandry, Fishery by County or City (2021)

县（市）	County (City)	出栏猪（万头）Sjaughtered Fattened Hogs (10000 heads)	猪肉产量（万吨）Pork Production (10000 tons)	牛肉产量（万吨）Beef Production (10000 tons)	羊肉产量（万吨）Mutton Production (10000 tons)	禽肉产量（万吨）Poultry Production (10000 tons)	禽蛋产量（万吨）Egg Production (10000 tons)	水产品产量（吨）Aquatic Product Output (ton)
合肥市辖区	Hefei Reigon of City	0.50	0.04	0.02	0.004	0.17	0.30	659
巢湖市	Chaohu	8.34	0.62	0.03	0.07	1.87	2.35	42299
长丰县	Changfeng	48.14	4.17	0.08	0.10	4.83	4.68	44028
肥东县	Feidong	47.44	4.13	0.14	0.03	4.09	5.34	49445
肥西县	Feixi	42.53	3.34	0.05	0.03	7.06	5.47	37905
庐江县	Lujiang	11.05	0.83	0.05	0.05	2.26	2.60	54540
淮北市辖区	Huaibei Reigon of City	21.50	1.84	0.25	0.13	0.41	0.89	13771
濉溪县	Suixi	75.70	6.01	0.22	0.28	1.51	2.93	12390
亳州市辖区	Bozhou Reigon of City	85.08	6.96	0.34	0.53	1.51	2.71	12940
涡阳县	Guoyang	84.35	6.74	0.08	0.64	2.41	1.59	14220
蒙城县	Mengcheng	92.77	7.99	0.31	0.61	2.44	1.55	14490
利辛县	Lixin	80.41	6.88	0.38	1.06	2.09	2.20	12555
宿州市辖区	Suzhou Reigon of City	119.73	10.70	0.29	1.11	4.26	7.92	14640
砀山县	Dangshan	32.74	3.81	0.05	1.50	1.42	3.51	4710
萧县	Xiaoxian	67.30	5.78	0.29	2.18	2.54	8.78	8440
灵璧县	Lingbi	81.00	6.96	0.40	0.89	1.98	4.26	7180
泗县	Sixian	110.29	9.44	0.42	1.05	4.29	5.80	10980
蚌埠市辖区	Bengbu Reigon of City	19.22	1.58	0.14	0.08	2.54	1.23	16901
怀远县	Huaiyuan	55.41	4.85	0.47	1.15	4.14	1.68	47840
五河县	Wuhe	49.20	4.06	0.93	0.53	2.11	1.97	52100
固镇县	Guzhen	59.17	5.07	0.43	0.93	12.35	4.21	11250
阜阳市辖区	Fuyang Reigon of City	77.16	7.42	0.40	1.13	6.17	4.73	18024
界首市	Jieshou	29.32	2.77	0.16	0.59	1.11	1.66	5860
临泉县	Linquan	89.65	7.84	0.74	1.25	2.99	3.14	9426
太和县	Taihe	90.42	7.78	0.27	0.93	2.15	2.53	11756
阜南县	Funan	72.70	6.35	0.52	0.72	2.05	2.72	13865
颍上县	Yingshang	88.46	7.65	0.58	0.63	2.16	3.15	49792
淮南市辖区	Huainan Reigon of City	14.56	1.58	0.17	0.23	2.08	3.61	49946
凤台县	Fengtai	26.28	2.65	0.18	0.15	0.75	3.35	29513
寿县	Shouxian	76.56	6.59	0.23	0.64	3.68	4.09	101220
滁州市辖区	Chuzhou Reigon of City	15.16	1.14	0.02	0.13	1.12	0.48	24864
天长市	Tianchang	9.64	0.75	0.03	0.24	0.91	3.33	76640
明光市	Mingguang	32.82	2.41	0.20	0.12	2.75	2.24	76417
来安县	Laian	14.40	1.11	0.03	0.06	5.40	0.91	29785
全椒县	Quanjiao	32.60	2.57	0.07	0.09	2.49	1.10	67714
定远县	Dingyuan	121.28	10.50	0.11	0.15	1.69	2.41	40981
凤阳县	Fengyang	33.20	2.69	0.24	0.18	1.95	2.60	56198

12—29　续表　continued

县（市）	County (City)	出栏猪（万头）Sjaughtered Fattened Hogs (10000 heads)	猪肉产量（万吨）Pork Production (10000 tons)	牛肉产量（万吨）Beef Production (10000 tons)	羊肉产量（万吨）Mutton Production (10000 tons)	禽肉产量（万吨）Poultry Production (10000 tons)	禽蛋产量（万吨）Egg Production (10000 tons)	水产品产量（吨）Aquatic Product Output (ton)
六安市辖区	Luan Reigon of City	84.86	6.87	0.09	0.28	6.61	2.02	60094
霍 邱 县	Huoqiu	111.42	9.44	0.10	0.42	3.06	5.89	114051
舒 城 县	Shucheng	17.25	1.50	0.04	0.01	3.33	2.64	37841
金 寨 县	Jinzhai	16.65	1.38	0.18	0.14	0.59	0.42	13520
霍 山 县	Huoshan	12.12	0.94	0.01	0.02	0.67	0.16	12454
马鞍山市辖区	Maanshan Reigon of City	2.57	0.20	0.03	0.03	0.79	0.42	13923
当 涂 县	Dangtu	9.37	0.80	0.003	0.07	1.11	1.24	61579
含 山 县	Hanshan	14.53	1.22	0.01	0.06	0.82	0.99	20070
和 县	Hexian	16.83	1.47	0.01	0.03	2.41	0.65	22908
芜湖市辖区	Wuhu Reigon of City	20.44	1.62	0.04	0.05	5.00	3.44	71944
无 为 市	Wuwei	18.64	1.44	0.10	0.05	1.89	2.00	67943
南 陵 县	Nanling	20.32	1.61	0.03	0.02	5.86	3.31	36233
宣城市辖区	Xuancheng Reigon of City	10.89	0.83	0.01	0.02	8.84	1.01	66395
宁 国 市	Ningguo	19.51	1.47	0.003	0.05	5.83	0.38	6400
广 德 市	Guangde	27.16	2.27	0.003	0.04	5.82	2.06	7800
郎 溪 县	Langxi	7.16	0.63	0.01	0.03	1.32	1.25	25800
泾 县	Jingxian	9.57	0.79	0.04	0.01	2.09	0.47	3030
绩 溪 县	Jixi	7.10	0.59	0.11	0.01	0.03	0.10	1780
旌 德 县	Jingde	5.81	0.45	0.06	0.01	0.19	0.24	1912
铜陵市辖区	Tongling Reigon of City	8.20	0.83	0.01	0.01	1.32	1.53	41200
枞 阳 县	Zongyang	18.60	1.65	0.03	0.02	0.67	1.60	65350
池州市辖区	Chizhou Reigon of City	27.15	2.38	0.04	0.01	1.40	1.71	65175
东 至 县	Dongzhi	18.80	1.70	0.01	0.02	1.21	1.45	57119
石 台 县	Shitai	1.57	0.14	0.002	0.002	0.05	0.13	258
青 阳 县	Qingyang	8.57	0.76	0.02	0.004	1.27	1.97	19041
安庆市辖区	Anqing Reigon of City	4.06	0.35	0.02	0.01	0.46	0.81	46647
桐 城 市	Tongcheng	26.32	2.22	0.04	0.02	0.76	7.24	38113
潜 山 市	Qianshan	24.05	1.94	0.04	0.05	1.32	1.92	5560
怀 宁 县	Huaining	27.36	2.15	0.02	0.02	2.21	3.33	28681
太 湖 县	Taihu	40.78	3.48	0.32	0.06	4.16	1.15	33753
宿 松 县	Susong	33.88	2.92	0.25	0.04	2.47	2.44	87790
望 江 县	Wangjiang	28.32	2.15	0.03	0.02	3.06	3.64	70618
岳 西 县	Yuexi	9.03	0.73	0.02	0.02	0.21	1.77	1325
黄山市辖区	Huangshan Reigon of City	12.82	1.08	0.04	0.02	0.35	0.50	7609
歙 县	Shexian	27.79	2.38	0.05	0.02	0.20	2.04	1315
休 宁 县	Xiuning	24.18	2.06	0.02	0.005	0.18	0.82	3119
黟 县	Yixian	4.51	0.38	0.01	0.001	0.07	0.13	731
祁 门 县	Qimen	3.50	0.30	0.002	0.003	0.06	0.20	668

主要统计指标解释

农林牧渔业总产值

农林牧渔业总产值是以货币表现的农林牧渔业全部产品总量和对农林牧渔业生产活动进行的各种支持性服务活动的价值。它反映一定时期内农林牧渔业生产总规模和总成果，是观察农林牧渔业生产水平和发展速度，研究农林牧渔业内部比例关系、农林牧渔业与工业、农林牧渔业与国家建设、人民生活比例关系的重要指标，同时也是计算农林牧渔业劳动生产率和农林牧渔业增加值的基础资料。1957 年以前的农业总产值中包括了厩肥和农民自给性手工业（如农民自制衣服、鞋、袜，自己从事粮食初步加工等）。1958 年及以后的农业总产值，林业中增加了村及村以下竹木采伐产值；牧业中取消了厩肥产值；副业中取消了农民自给性手工业产值，增加了村及村以下办的工业产值；渔业中增加了海洋捕捞水产品产值。1980 年及以后的农业总产值，在副业中增加了农民家庭兼营工业商品部分的产值。从 1984 年起村及村以下工业产值划归工业。从 1993 年起取消副业，将野生动物的捕猎划入牧业，野生植物采集和农民家庭兼营商品性工业划归农业。2003 年起，取消农业中的农民家庭兼营商品性工业，增加了农林牧渔服务业。

粮食产量

指全社会的产量。包括国有经济经营的、集体统一经营的和农民家庭经营的粮食产量，还包括工矿企业办的农场和其他生产单位的产量。粮食除包括稻谷、小麦、玉米、高粱、谷子及其他杂粮外，还包括薯类和豆类。其产量计算方法，豆类按去豆荚后的干豆计算；薯类（包括甘薯和马铃薯，不包括芋头和木薯）1963 年以前按每 4 公斤鲜薯折 1 公斤粮食计算，从 1964 年开始改为按 5 公斤鲜薯折 1 公斤粮食计算。城市郊区作为蔬菜的薯类（如马铃薯等）按鲜品计算，并且不作粮食统计。其他粮食一律按脱粒后的原粮计算。

油料产量

指全部油料作物的生产量。包括花生、油菜籽、芝麻、葵花籽、胡麻籽（亚麻籽）和其他油料。不包括大豆、木本油料和野生油料。花生以带壳干花生计算。

水产品产量

指人工养殖的水产品和天然生长的水产品的捕捞量。包括海水的鱼类、虾蟹类、贝类和藻类以及内陆水域的鱼类、虾蟹类和贝类，不包括淡水生植物。

猪、牛、羊肉产量

指当年出栏并已屠宰、除去头蹄下水后带骨肉（即胴体重）的重量。

期初（末）畜禽存栏头（只）数

指报告期初（末）养殖户（单位）饲养的大牲畜、猪、羊、家禽等畜禽的存栏数。

当年出栏头（只）数

指养殖户（单位）饲养的，供屠宰并已出栏的全部牲畜头（只）数。

农作物播种面积

指实际播种或移植有农作物的面积。凡是实际种植有农作物的面积，不论种植在耕地上还是种植在非耕地上，均包括在农作物播种面积中。在播种季节基本结束后，因遭灾而重新改种和补种的农作物面积，也包括在内。

农用化肥施用量

指本年内实际用于农业生产的化肥数量，包括氮肥、磷肥、钾肥和复合肥。化肥施用量要求按折纯量计算数量。折纯量是指把氮肥、磷肥、钾肥分别按含氮、含五氧化二磷、含氧化钾的百分之一百成份进行折算后的数量。复合肥按其所含主要成分折算。

农业机械总动力

指主要用于农、林、牧、渔业的各种动力机械的动力总和。包括耕作机械、排灌机械、收获机械、农用运输机械、植物保护机械、牧业机械、林业机械、渔业机械和其他农业机械〔内燃机按引擎马力折成瓦（特）计算、电动机按功率折成瓦（特）计算〕。不包括专门用于乡、镇、村、组办工业、基本建设、非农业运输、科学试验和教学等非农业生产方面用的动力机械与作业机械。

Explanatory Notes for Major Statistical Indicators

Gross Output Value of Farming, Forestry, Animal Husbandry and Fishery

gross output value of farming, forestry, animal husbandry and fishery is the total amount of all products of farming, forestry, animal husbandry and fishery and the value of various supporting services for farming, forestry, animal husbandry and fishery production. It reflects a certain period ecological-economic to produce total dimensions and total achievement, is to observe animal husbandry fishery production level and development speed, the ecological-economic internal proportion relations, animal husbandry, fisheries, animal husbandry, fishery and industry and national construction, an important index of proportional relationship between the people's life, but also calculate the ecological-economic labor productivity and the basis of the added value of ecological-economic data. Before 1957, the gross agricultural output value included barnyard manure and farmers' self-sustaining handicraft industries (such as self-made clothes, shoes and socks, and primary grain processing by themselves). The total output value of agriculture in 1958 and later, the output value of bamboo logging at and below the village level was added to forestry; The value of barnyard manure was abolished in animal husbandry; In the sideline, the output value of farmers' self-supporting handicraft industry was cancelled, and the output value of village and sub-village offices was increased. The output value of Marine fishery products increased in fishery. In 1980 and after the total agricultural output value, the sideline increased the output value of the part of industrial commodities that farmers' households concurrently owned. Since 1984, the industrial output value at and below the village level has been classified as industry. Since 1993, the sideline business has been abolished, and the hunting of wild animals has been classified into animal husbandry, while the gathering of wild plants and commercial industries run by farmers' families have been classified into agriculture. In 2003, farmers' households were not allowed to run commercial industries in agriculture, and services for agriculture, forestry, animal husbandry and fishery were increased.

Grain Yield

refers to the output of the whole society. It includes the grain output of state-owned enterprises, collectives and farmers' families, as well as the output of farms and other production units run by industrial and mining enterprises. Grain in addition to including rice, wheat, corn, sorghum, millet and other miscellaneous grains, also includes potatoes and beans. Its yield calculation method, beans according to the dry beans after pod calculation; Tubers (including sweet potatoes and potatoes, but not taro and cassava) were converted to 1 kilogram of grain per 4 kilograms of fresh potatoes before 1963, and changed to 1 kilogram of grain per 5 kilograms of fresh potatoes since 1964. Tubers as vegetables (such as potatoes, etc.) in the suburbs of the city are counted as fresh products and not counted as grain. Other grain shall be calculated according to the raw grain after threshing.

Yield of Oil-bearing Crops

refers to the total yield of oil bearing crops of various kinds, including peanuts, (dry, in shell) rapeseeds, sesame, sunflower seeds, flax seeds, and other oil bearing crops. Soybeans, oil-bearing woody plants, and wild oil-bearing crops are not included.

Output of Aquatic Products

refers to catches of both artificially cultured and naturally grown aquatic products, including fish, shrimps, crabs and shellfish in sea and inland water as well as seaweed. Freshwater plants are not included.

Output of Pork, Beef, and Mutton

refers to the meat of slaughtered hogs, cattle, sheep and goats with head, feet, and offal taken away.

Number of Livestock or Poultry in Stock at Beginning (or End)

refers to the number of large livestock, pigs, sheep, poultry and other livestock and poultry raised by farmers (units) at the beginning (end) of the report period.

Number of heads sold in the year

refers to the total number of animals raised by farmers (units) for slaughter and ready for sale.

Sown Area of Crops

refers to area of land sown or transplanted with crops regardless of being in cultivated area or non cultivated area. Area of land re-sown due to natural disasters is also included.

Consumption of Chemical Fertilizers in Agriculture

refers to the quantity of chemical fertilizers applied in agriculture in the year, including nitrogenous fertilizer, phosphate fertilizer, potash fertilizer, and compound fertilizer. The consumption of chemical fertilizers is required in calculation to convert the gross weight into weight containing 100% effective component (e.g. 100% nitrogen content in nitrogenous fertilizer, 100% phosphorous pent oxide contents in phosphate fertilizer, 100% potassium oxide contents in potash fertilizer). Compound fertilizer is converted with its major component.

Total Power of Farm Machinery

refers to total mechanical power of machinery used in farming, forestry, animal husbandry, and fishery, including plough , irrigation and drainage, harvesting, transport, plant protection, stock breeding, forestry and fishery. The power of internal combustion engines is required to convert horsepower into watts and the power of electric motors is required to be converted into watts. Machinery employed for non agricultural purposes, such as the machines used in township run and village-run industry, construction, non agricultural transport, scientific experiments and teaching, is excluded.

第十三篇

Chapter 13

工 业

INDUSTRY

简要说明

一、本篇主要包括以下几部分汇总资料：

1. 全部工业企业按登记注册类型、行业分组的企业单位数和工业总产值(其中 1995 年后工业总产值均按新规定计算)。

2. 全部年主营业务收入在 2000 万元及以上的工业企业按地区和行业分组的主要经济指标和经济效益指标，主要包括工业总产值、工业增加值、资产、流动资产、固定资产、流动负债、所有者权益、营业收入、税金及附加、利润总额、应交增值税、总资产贡献率、资产负债率、成本费用利润率、流动资产周转次数等指标。

3. 大中型工业企业的主要经济指标和经济效益指标。

4. 主要工业产品产量和生产能力等。

二、1998 年开始工业统计范围为全部国有企业及年主营业务收入在 500 万元及以上的非国有工业法人单位，2011 年开始工业统计范围为年主营业务收入在 2000 万元及以上的工业法人单位。与历史年份不具可比性。

三、行业分类按《国民经济行业分类》(GB/T 4754-2017)标准划分。

四、资料来源：由省统计局工业处根据国家统计局工业统计报表制度收集、汇总、整理提供。

Brief Introduction

Ⅰ. Data in this chapter cover the following parts:

1. The number of industrial enterprises, the gross industrial output value of all industrial enterprises classified by registration status and industrial division. (The gross industrial output value is calculated according to the new stipulation after 1995.)

2. Main economic indicators and efficiency indicators of all state-owned industrial enterprises, and of non-state enterprises each with an main business revenue of over five million yuan, classified by region and by industrial division, including gross industrial output value, industrial value-added, capital, circulating assets, fixed assets, liquid liabilities, creditor's equity, Taxes and surcharges, sales profit, total profits, ratio of value-added to gross industrial output value, ratio of profits and taxes to funds and output value, turnover of working capital.

3. Main economic indicators and efficiency indicators of large and medium size industrial enterprises.

4. Output and production capacity of key industrial products.

Ⅱ. Since 1998, the coverage of industrial statistics is all state-owned industrial enterprises and non-state enterprises each with main business revenue over five million yuan.

Data on gross industrial output value have been adjusted since 1995.

Ⅲ. Data by branch of industry are based on <National Industrial Classification of all Economic Activities>((GB/T 4754-2017).

Ⅳ. Source of data: All data are prepared and provided by the Division of Industrial Statistics, Anhui Statistical Bureau, in accordance with the industrial statistical reporting system of SSB. Data are collected, tabulated and processed by the statistical bureau in the prefectures and cities.

13—1　工业分行业职工人数
Number of Staff and Workers in Industry by Industrial Branch

单位：人（person）

项　目	Item	2020	2021
总　计	**Total**	**2741585**	**2820498**
采矿业	**Mining**	**176256**	**169155**
煤炭开采和洗选业	Mining and Washing of Coal	138788	133405
石油和天然气开采业	Extraction of Petroleum and Natural Gas	310	344
黑色金属矿采选业	Mining and Processing of Ferrous Metal Ores	15285	15933
有色金属矿采选业	Mining and Processing of Non-Ferrous Metal Ores	6221	4745
非金属矿采选业	Mining and Processing of Non-metal Ores	14949	14445
开采专业及辅助性活动	Mining Profession and Auxiliary Activities	602	228
其他采矿业	Mining of Other Ores	101	55
制造业	**Manufacturing**	**2452041**	**2538252**
农副食品加工业	Processing of Food from Agriculture Products	110008	109927
食品制造业	Manufacture of Foods	57468	56766
酒、饮料和精制茶制造业	Manufacture of Wine, Beverages and Refined Tea	54263	51645
烟草制品业	Manufacture of Tobacco	6661	6958
纺织业	Manufacture of Textile	83272	79674
纺织服装、服饰业	Manufacture of Textile Wearing Apparel and Clothing	136801	124129
皮革毛皮羽毛及其制品和制鞋业	Manufacture of Leather, Furs, Feather and Related Products	38722	38612
木材加工及木竹藤棕草制品业	Processing of Timber, Manufacture of Wood, Bamboo, Rattan, Palm and Straw Products	39063	37798
家具制造业	Manufacture of Furniture	29166	28037
造纸及纸制品业	Manufacture of Paper and Paper Products	23786	23206
印刷和记录媒介复制业	Printing, Reproduction of Recording Media	36879	37699
文教工美体育和娱乐用品制造业	Manufacture of Culture, Education, Art, Sports and Entertainment Supplies	59239	57901
石油加工、炼焦和核燃料加工业	Processing of Petroleum, Coking and Processing of Nuclear Fuel	8977	9605
化学原料和化学制品制造业	Manufacture of Raw Chemical Materials and Chemical Products	118538	121330
医药制造业	Manufacture of Medicines	75733	76296
化学纤维制造业	Manufacture of Chemical Fibers	7572	6357
橡胶和塑料制品业	Manufacture of Rubber and Plastics	132663	136672
非金属矿物制品业	Manufacture of Non-metallic Mineral Products	193019	197593
黑色金属冶炼和压延加工业	Smelting and Pressing of Ferrous Metals	51974	48944
有色金属冶炼和压延加工业	Smelting and Pressing of Non-ferrous Metals	46333	47658
金属制品业	Manufacture of Metal Products	124428	127959
通用设备制造业	Manufacture of General Purpose Machinery	144883	162801
专用设备制造业	Manufacture of Special Purpose Machinery	107207	112475
汽车制造业	Manufacture of Automobile	191385	210701
铁路船舶航空航天和其他运输设备制造业	Manufacture of Railroads, Ships, Aerospace and Other Transportation Equipments	20008	21682
电气机械和器材制造业	Manufacture of Electrical Machinery and Equipment	259043	279064
计算机通信和其他电子设备制造业	Manufacture of Computers, Communication and Other Electronic Equipments	246890	275562
仪器仪表制造业	Manufacture of Measuring Instruments and Machinery	17116	18605
其他制造业	Manufacture of Others	10103	9518
废弃资源综合利用业	Industry of Comprehensive Utilization of Waste Resources	14043	15869
金属制品、机械和设备修理业	Industry of Metal Products, Machinery and Equipment Repair	6798	7209
电力、热力、燃气及水生产和供应业	**Electricity, Heat, Gas and Water Production and Supply Industry**	**113288**	**113091**
电力、热力生产和供应业	Production and Supply of Electric Power and Heat Power	80090	78967
燃气生产和供应业	Production and Supply of Gas	11850	13025
水的生产和供应业	Production and Supply of Water	21348	21100

注：不含规模以下私营单位。

a) Excluding scale under the private sector.

13—2 规模以上工业企业主要经济指标（2021年）

Main Indicators Above Designated Size Industrial Enterprises (2021)

项　目	Item	企业单位数（个）Number of Enterprises (unit)	资产合计 Total Assets
总　计	**Total**	**19880**	**50052.26**
总计中：	**Of the Total:**		
内资企业	Domestic Funded Enterprise	18988	43100.03
国有企业	State-owned Enterprise	77	1209.87
集体企业	Collective-owned Enterprise	24	22.66
股份合作企业	Share Holding Cooperative Enterprises	9	4.12
联营企业	Joint Owned Enterprises	1	3.58
有限责任公司	Limited Liability Corporations	3282	16994.65
股份有限公司	Share-holding Corporations Ltd.	363	12073.11
私营企业	Private Enterprises	15232	12792.04
其他企业	Other Enterprises		
港澳台商投资企业	Enterprises Funded by Entrepreneurs from Hong Kong, Macao and Taiwan	352	3777.95
外商投资企业	Foreign Funded Enterprises	540	3174.28
总计中：	**Of the Total:**		
国有及国有控股企业	State Controlling Share Hold Enterprises	999	18679.30
总计中：	**Of the Total:**		
轻工业	Light Industry	7779	10544.52
重工业	Heavy Industry	12101	39507.74
总计中：	**Of the Total:**		
大型企业	Large-sized Enterprises	277	22746.29
中型企业	Medium-sized Enterprises	1202	9693.27
小型企业	Small Enterprises	18401	17612.69

单位：亿元（100 million yuan）

流动资产合计 Circulating Funds	#存货 Stock	#产成品 Finished Product	固定资产原价 Original Value of Fixed Assets	固定资产累计折旧 Accumulated Depreciation of Fixed Assets	负债合计 Total Liabilities	流动负债 Liquid Liabilities
26723.83	**5021.04**	**1940.34**	**22849.21**	**9690.03**	**28059.43**	**22312.70**
22203.88	4407.21	1729.73	20090.40	8519.40	23637.87	18471.74
758.18	239.76	18.47	478.32	240.25	525.68	442.10
13.95	3.93	1.29	12.32	5.97	7.05	6.59
2.76	0.36	0.14	1.97	1.11	2.14	2.04
1.76	0.07	0.01	1.77	0.22	1.29	1.29
7622.45	1502.73	590.67	8805.52	3400.60	10192.41	7240.68
5815.85	713.85	221.46	5937.88	3015.25	5669.40	4530.39
7988.94	1946.51	897.70	4852.62	1856.00	7239.90	6248.65
2567.38	244.91	67.42	1200.58	479.91	2737.12	2450.85
1952.57	368.92	143.18	1558.22	690.73	1684.44	1390.11
7443.57	1181.93	307.48	11819.10	5510.84	9845.16	6838.34
6494.84	1730.53	715.03	3797.48	1510.48	5497.11	4848.73
20228.98	3290.51	1225.31	19051.73	8179.55	22562.32	17463.97
11608.88	1758.89	555.74	11257.04	5346.38	12868.65	10365.82
5033.57	1091.64	455.07	4484.86	1933.81	5022.35	3965.78
10081.38	2170.52	929.53	7107.31	2409.84	10168.42	7981.10

13—2 续表1 continued

项　目	Item	所有者权益 Creditors' Equity	#实收资本 Capital Hold
总　　计	**Total**	**21992.81**	**11243.23**
总计中：	**Of the Total:**		
内资企业	Domestic Funded Enterprise	19462.14	9976.10
国有企业	State-owned Enterprise	684.19	215.13
集体企业	Collective-owned Enterprise	15.61	2.30
股份合作企业	Share Holding Cooperative Enterprises	1.98	1.15
联营企业	Joint Owned Enterprises	2.30	1.50
有限责任公司	Limited Liability Corporations	6802.23	5573.00
股份有限公司	Share-holding Corporations Ltd.	6403.71	1723.86
私营企业	Private Enterprises	5552.12	2459.17
其他企业	Other Enterprises		
港澳台商投资企业	Enterprises Funded by Entrepreneurs from Hong Kong, Macao and Taiwan	1040.83	473.15
外商投资企业	Foreign Funded Enterprises	1489.84	793.97
总计中：	**Of the Total:**		
国有及国有控股企业	State Controlling Share Hold Enterprises	8834.14	3794.77
总计中：	**Of the Total:**		
轻工业	Light Industry	5047.41	1881.42
重工业	Heavy Industry	16945.40	9361.81
总计中：	**Of the Total:**		
大型企业	Large-sized Enterprises	9877.64	3570.53
中型企业	Medium-sized Enterprises	4670.92	2263.19
小型企业	Small Enterprises	7444.25	5409.52

单位：亿元（100 million yuan）

营业收入 Business Revenue	营业成本 Business Cost	税金及附加 Taxes and Surcharges	利润总额 Total Profits	本年应付职工薪酬 Wages Payable in This Year	本年应交增值税 Value Added Tax Payable
45519.47	**38587.12**	**693.34**	**2870.96**	**2907.85**	**1038.02**
38730.47	32647.41	667.09	2467.00	2543.40	894.36
1242.37	818.90	267.87	73.83	97.05	50.58
18.87	15.05	0.20	0.61	3.89	0.59
4.45	3.62	0.02	0.23	0.49	0.13
4.09	3.74	0.03	0.30		
13512.16	11455.77	203.95	852.29	891.12	309.05
7117.08	5911.42	90.01	624.04	548.58	166.88
16831.45	14438.92	105.01	915.71	1002.27	367.14
3608.93	3330.10	9.84	134.24	150.84	74.14
3180.07	2609.60	16.41	269.72	213.61	69.52
12838.18	10668.51	492.11	851.78	949.28	346.25
11793.58	9594.13	366.67	772.14	829.83	264.85
33725.89	28992.99	326.67	2098.82	2078.02	773.17
17990.52	15025.58	519.45	1250.17	1252.00	422.10
8500.63	7210.73	55.37	567.73	654.63	204.65
19028.33	16350.81	118.51	1053.06	1001.22	411.27

13—2 续表2 continued

行　业	Sector	企业单位数（个）Number of Enterprises (unit)	资产合计 Total Assets
按行业分	**Grouped by Sector**		
煤炭开采和洗选业	Mining and Washing of Coal	23	2480.89
黑色金属矿采选业	Mining and Processing of Ferrous Metal Ores	57	477.32
有色金属矿采选业	Mining and Processing of Non-Ferrous Metal Ores	29	93.60
非金属矿采选业	Mining and Processing of Nonmetal Ores	220	768.44
开采辅助活动	Mining Auxiliary Activities	3	5.30
农副食品加工业	Processing of Food from Agriculture Products	1404	1227.76
食品制造业	Manufacture of Foods	430	439.89
酒、饮料和精制茶制造业	Manufacture of Wine, Beverages and Refined Tea	272	847.22
烟草制品业	Manufacture of Tobacco	5	354.21
纺织业	Manufacture of Textile	707	670.41
纺织服装、服饰业	Manufacture of Textile Wearing Apparel and Clothing	674	277.24
皮革毛皮羽毛及其制品和制鞋业	Manufacture of Leather, Furs, Feather and Related Products	318	278.33
木材加工及木竹藤棕草制品业	Processing of Timber, Manufacture of Wood, Bamboo, Rattan, Palm and Straw Products	516	232.79
家具制造业	Manufacture of Furniture	256	207.39
造纸及纸制品业	Manufacture of Paper and Paper Products	227	563.60
印刷和记录媒介复制业	Printing, Reproduction of Recording Media	371	322.92
文教工美体育和娱乐用品制造业	Manufacture of Culture, Education, Art, Sports and Entertainment Supplies	540	239.50
石油加工、炼焦和核燃料加工业	Processing of Petroleum, Coking and Processing of Nuclear Fuel	50	342.06
化学原料和化学制品制造业	Manufacture of Raw Chemical Materials and Chemical Products	1107	2938.41
医药制造业	Manufacture of Medicines	536	1159.73
化学纤维制造业	Manufacture of Chemical Fibers	53	142.78
橡胶和塑料制品业	Manufacture of Rubber and Plastics	1157	1404.27
非金属矿物制品业	Manufacture of Non-metallic Mineral Products	2366	5291.39
黑色金属冶炼和压延加工业	Smelting and Pressing of Ferrous Metals	139	1724.74
有色金属冶炼和压延加工业	Smelting and Pressing of Non-ferrous Metals	284	1471.78
金属制品业	Manufacture of Metal Products	1231	1384.10
通用设备制造业	Manufacture of General Purpose Machinery	1352	2048.05
专用设备制造业	Manufacture of Special Purpose Machinery	989	1413.08
汽车制造业	Manufacture of Automobile	1025	3561.39
铁路船舶航空航天和其他运输设备制造业	Manufacture of Railroads, Ships, Aerospace and Other Transportation Equipments	179	301.83
电气机械和器材制造业	Manufacture of Electrical Machinery and Equipment	1346	4652.60
计算机通信和其他电子设备制造业	Manufacture of Computers, Communication and Other Electronic Equipments	924	6709.74
仪器仪表制造业	Manufacture of Measuring Instruments and Machinery	170	257.92
其他制造业	Manufacture of Others	109	105.60
废弃资源综合利用业	Industry of Comprehensive Utilization of Waste Resources	216	315.12
金属制品、机械和设备修理业	Industry of Metal Products, Machinery and Equipment Repair	12	162.69
电力、热力生产和供应业	Production and Supply of Electric Power and Heat Power	328	4253.90
燃气生产和供应业	Production and Supply of Gas	128	395.63
水的生产和供应业	Production and Supply of Water	126	523.97

单位：亿元（100 million yuan）

流动资产合计 Circulating Funds	#存货 Stock	#产成品 Finished Product	固定资产原价 Original Value of Fixed Assets	固定资产累计折旧 Accumulated Depreciation of Fixed Assets	负债合计 Total Liabilities	流动负债 Liquid Liabilities
563.62	35.68	26.66	1417.51	600.85	1636.66	1004.68
157.06	10.84	5.38	273.40	107.94	224.81	182.80
40.73	4.47	3.24	45.18	15.97	68.89	55.47
252.89	11.65	5.63	167.55	48.78	401.63	179.10
3.20	0.61	0.58	1.45	0.45	3.23	2.75
726.03	250.25	101.50	484.59	148.44	644.83	552.69
222.12	61.58	23.58	224.45	92.00	236.33	200.30
548.81	195.01	41.29	290.17	106.85	350.91	318.98
259.24	146.58	9.42	153.36	88.12	98.48	96.98
358.28	104.17	54.20	278.43	107.96	332.49	278.45
174.43	39.92	18.83	123.11	52.83	157.15	139.18
188.88	46.69	22.17	76.01	27.93	160.88	144.51
140.65	39.33	19.16	100.78	39.42	113.48	95.19
128.29	26.47	8.30	71.09	19.95	114.63	99.73
224.75	41.39	19.58	198.56	78.55	342.87	256.01
191.26	48.05	20.56	151.19	66.64	139.94	124.14
144.98	51.31	25.62	84.43	31.82	118.79	108.59
119.00	37.88	14.32	335.45	175.87	177.19	153.89
1377.56	265.20	130.01	1525.55	589.86	1474.94	1060.27
716.33	198.60	90.69	384.86	142.05	560.45	469.79
75.48	17.56	7.62	59.11	23.88	70.72	56.88
788.77	167.52	78.38	638.61	281.66	642.11	572.88
3169.77	318.84	126.58	1678.00	680.69	2087.40	1719.26
827.28	253.43	65.32	1419.11	793.08	977.45	839.03
829.01	251.95	62.71	523.73	204.51	1044.18	778.95
905.81	203.95	91.43	417.01	149.67	774.82	655.83
1281.13	304.98	108.82	668.69	270.92	1126.91	908.23
967.56	221.99	83.85	391.68	163.86	756.85	675.65
2061.80	296.30	135.63	1167.10	607.53	2324.70	2005.73
177.02	41.29	11.64	91.63	31.36	185.39	154.61
3274.60	593.10	303.21	1138.18	456.60	2904.24	2627.11
4165.50	535.42	177.17	2209.44	848.35	4217.32	3514.66
192.61	31.26	9.29	55.00	25.18	102.70	97.24
64.55	15.98	6.16	33.04	13.08	50.32	44.44
212.05	36.22	17.52	79.79	26.88	177.83	146.25
131.30	26.24	1.66	40.47	22.01	54.28	34.99
747.49	57.61	5.14	5331.79	2365.78	2705.33	1632.34
141.40	9.37	5.17	224.11	68.33	225.04	174.27
172.26	22.35	2.31	291.26	114.09	272.09	150.27

13—2 续表3 continued

行 业	Sector	所有者权益 Creditors' Equity	#实收资本 Capital Hold
按行业分	**Grouped by Sector**		
煤炭开采和洗选业	Mining and Washing of Coal	844.24	339.02
黑色金属矿采选业	Mining and Processing of Ferrous Metal Ores	252.51	140.47
有色金属矿采选业	Mining and Processing of Non-Ferrous Metal Ores	24.72	22.02
非金属矿采选业	Mining and Processing of Nonmetal Ores	366.82	87.86
开采辅助活动	Mining Auxiliary Activities	2.07	1.04
农副食品加工业	Processing of Food from Agriculture Products	582.93	217.08
食品制造业	Manufacture of Foods	203.56	114.97
酒、饮料和精制茶制造业	Manufacture of Wine, Beverages and Refined Tea	496.31	122.40
烟草制品业	Manufacture of Tobacco	255.74	41.65
纺织业	Manufacture of Textile	337.92	125.18
纺织服装、服饰业	Manufacture of Textile Wearing Apparel and Clothing	120.09	57.74
皮革毛皮羽毛及其制品和制鞋业	Manufacture of Leather, Furs, Feather and Related Products	117.46	52.19
木材加工及木竹藤棕草制品业	Processing of Timber, Manufacture of Wood, Bamboo, Rattan, Palm and Straw Products	119.31	48.79
家具制造业	Manufacture of Furniture	92.77	35.76
造纸及纸制品业	Manufacture of Paper and Paper Products	220.74	105.22
印刷和记录媒介复制业	Printing, Reproduction of Recording Media	182.98	66.33
文教工美体育和娱乐用品制造业	Manufacture of Culture, Education, Art, Sports and Entertainment Supplies	120.71	40.97
石油加工、炼焦和核燃料加工业	Processing of Petroleum, Coking and Processing of Nuclear Fuel	164.88	125.98
化学原料和化学制品制造业	Manufacture of Raw Chemical Materials and Chemical Products	1463.46	635.52
医药制造业	Manufacture of Medicines	599.29	230.25
化学纤维制造业	Manufacture of Chemical Fibers	72.06	40.96
橡胶和塑料制品业	Manufacture of Rubber and Plastics	762.17	356.69
非金属矿物制品业	Manufacture of Non-metallic Mineral Products	3203.99	738.29
黑色金属冶炼和压延加工业	Smelting and Pressing of Ferrous Metals	747.29	213.67
有色金属冶炼和压延加工业	Smelting and Pressing of Non-ferrous Metals	427.60	186.29
金属制品业	Manufacture of Metal Products	609.28	380.24
通用设备制造业	Manufacture of General Purpose Machinery	921.14	418.87
专用设备制造业	Manufacture of Special Purpose Machinery	656.23	1651.03
汽车制造业	Manufacture of Automobile	1236.69	543.31
铁路船舶航空航天和其他运输设备制造业	Manufacture of Railroads, Ships, Aerospace and Other Transportation Equipments	116.44	88.89
电气机械和器材制造业	Manufacture of Electrical Machinery and Equipment	1748.35	730.56
计算机通信和其他电子设备制造业	Manufacture of Computers, Communication and Other Electronic Equipments	2492.42	1651.23
仪器仪表制造业	Manufacture of Measuring Instruments and Machinery	155.22	51.30
其他制造业	Manufacture of Others	55.28	20.78
废弃资源综合利用业	Industry of Comprehensive Utilization of Waste Resources	137.29	71.09
金属制品、机械和设备修理业	Industry of Metal Products, Machinery and Equipment Repair	108.41	11.74
电力、热力生产和供应业	Production and Supply of Electric Power and Heat Power	1548.57	1296.17
燃气生产和供应业	Production and Supply of Gas	170.59	74.39
水的生产和供应业	Production and Supply of Water	251.88	103.68

单位：亿元（100 million yuan）

营业收入 Business Revenue	营业成本 Business Cost	税金及附加 Taxes and Surcharges	利润总额 Total Profits	本年应付职工薪酬 Wages Payable in This Year	本年应交增值税 Value Added Tax Payable
948.28	672.45	22.76	113.59	238.47	57.90
362.17	239.60	6.96	83.37	22.86	17.66
34.29	25.88	0.86	2.12	4.78	1.15
290.13	167.57	12.17	79.50	14.13	13.07
4.79	4.42	0.01	0.07	0.43	0.05
2064.70	1871.93	4.88	86.60	79.73	20.18
551.53	463.01	2.79	32.02	37.32	9.11
556.15	316.55	43.86	98.50	67.72	28.37
470.18	132.00	265.06	23.59	42.77	42.02
677.77	592.86	3.91	37.04	54.45	12.28
505.94	452.38	2.86	14.68	69.36	11.91
368.38	323.80	1.77	24.79	22.53	7.23
412.41	367.13	2.48	18.18	21.19	9.11
239.83	194.92	1.28	14.66	20.34	5.11
392.92	344.89	2.36	16.45	26.53	9.10
381.64	318.47	2.02	26.31	28.16	6.86
343.19	291.53	2.11	21.08	32.54	8.70
776.59	607.01	98.38	44.02	15.83	20.14
2668.03	2151.07	15.57	228.29	129.26	47.84
1012.23	719.35	6.32	133.96	58.17	24.90
103.12	90.35	0.54	5.89	4.80	1.40
1558.52	1284.51	8.42	125.77	118.85	30.44
3450.75	2707.54	29.38	488.00	166.49	103.91
2855.24	2560.26	13.44	154.52	95.86	56.35
3191.07	3057.21	12.86	53.94	51.37	48.90
1840.07	1628.11	8.18	95.34	102.95	32.64
1813.89	1530.78	10.45	103.89	155.92	34.68
1048.00	831.24	7.06	82.70	107.93	24.90
3075.38	2714.30	38.34	95.46	222.88	54.87
204.83	166.83	1.41	16.43	23.13	3.70
4717.59	4071.86	25.49	219.24	280.34	82.24
4450.03	3850.42	14.40	247.16	337.02	96.73
168.75	121.76	1.12	15.87	19.74	4.40
106.87	88.59	0.62	7.15	8.20	3.12
952.74	913.17	7.10	23.44	12.47	49.04
59.90	46.13	0.26	4.25	16.39	0.60
2415.70	2296.35	13.60	-9.87	161.80	51.55
318.18	278.60	0.88	25.93	14.06	3.04
126.67	91.55	1.38	17.09	20.45	2.77

13—3　规模以上工业企业主要经济效益指标（2021年）
Main Indicators on Economic Benefit Above Designated Size Industrial Enterprises by Industrial Branch (2021)

项　目	Item
总　　计	**Total**
总计中：	**Of the Total:**
内资企业	Domestic Funded Enterprise
国有企业	State-owned Enterprise
集体企业	Collective-owned Enterprise
股份合作企业	Share Holding Cooperative Enterprises
联营企业	Joint Owned Enterprises
有限责任公司	Limited Liability Corporations
股份有限公司	Share-holding Corporations Ltd.
私营企业	Private Enterprises
其他企业	Other Enterprises
港澳台商投资企业	Enterprises Funded by Entrepreneurs from Hong Kong, Macao and Taiwan
外商投资企业	Foreign Funded Enterprises
总计中：	**Of the Total:**
国有及国有控股企业	State Controlling Share Hold Enterprises
总计中：	**Of the Total:**
轻工业	Light Industry
重工业	Heavy Industry
总计中：	**Of the Total:**
大型企业	Large-sized Enterprises
中型企业	Medium-sized Enterprises
小型企业	Small Enterprises

总资产贡献率 (%) Ratio of Total Assets to Industrial Output Value (%)	资产负债率 (%) Assets-liability Ratio (%)	流动资产周转次数 (次/年) Number of Times of Annual of Turnover Circulating Funds (times/year)	工业成本费用利润率 (%) Ratio of Profits to Industrial Cost (%)
9.86	**56.06**	**1.70**	**6.78**
10.05	54.84	1.74	6.86
32.68	43.45	1.64	8.11
6.36	31.10	1.35	3.35
9.97	51.97	1.61	5.38
9.00	35.95	2.32	7.78
8.87	59.97	1.77	6.79
8.04	46.96	1.22	9.53
11.37	56.60	2.11	5.75
6.04	72.45	1.41	3.86
11.86	53.07	1.63	9.26
10.03	52.71	1.72	7.32
13.70	52.13	1.82	7.19
8.83	57.11	1.67	6.64
10.38	56.57	1.55	7.63
9.08	51.81	1.69	7.12
9.61	57.73	1.89	5.85

13—3 续表 continued

行 业	Sector
按行业分	**Grouped by Sector**
煤炭开采和洗选业	Mining and Washing of Coal
黑色金属矿采选业	Mining and Processing of Ferrous Metal Ores
有色金属矿采选业	Mining and Processing of Non-Ferrous Metal Ores
非金属矿采选业	Mining and Processing of Nonmetal Ores
开采辅助活动	Mining Auxiliary Activities
农副食品加工业	Processing of Food from Agriculture Products
食品制造业	Manufacture of Foods
酒、饮料和精制茶制造业	Manufacture of Wine, Beverages and Refined Tea
烟草制品业	Manufacture of Tobacco
纺织业	Manufacture of Textile
纺织服装、服饰业	Manufacture of Textile Wearing Apparel and Clothing
皮革毛皮羽毛及其制品和制鞋业	Manufacture of Leather, Furs, Feather and Related Products
木材加工及木竹藤棕草制品业	Processing of Timber, Manufacture of Wood, Bamboo, Rattan, Palm and Straw Products
家具制造业	Manufacture of Furniture
造纸及纸制品业	Manufacture of Paper and Paper Products
印刷和记录媒介复制业	Printing, Reproduction of Recording Media
文教工美体育和娱乐用品制造业	Manufacture of Culture, Education, Art, Sports and Entertainment Supplies
石油加工、炼焦和核燃料加工业	Processing of Petroleum, Coking and Processing of Nuclear Fuel
化学原料和化学制品制造业	Manufacture of Raw Chemical Materials and Chemical Products
医药制造业	Manufacture of Medicines
化学纤维制造业	Manufacture of Chemical Fibers
橡胶和塑料制品业	Manufacture of Rubber and Plastics
非金属矿物制品业	Manufacture of Non-metallic Mineral Products
黑色金属冶炼和压延加工业	Smelting and Pressing of Ferrous Metals
有色金属冶炼和压延加工业	Smelting and Pressing of Non-ferrous Metals
金属制品业	Manufacture of Metal Products
通用设备制造业	Manufacture of General Purpose Machinery
专用设备制造业	Manufacture of Special Purpose Machinery
汽车制造业	Manufacture of Automobile
铁路船舶航空航天和其他运输设备制造业	Manufacture of Railroads, Ships, Aerospace and Other Transportation Equipments
电气机械和器材制造业	Manufacture of Electrical Machinery and Equipment
计算机通信和其他电子设备制造业	Manufacture of Computers, Communication and Other Electronic Equipments
仪器仪表制造业	Manufacture of Measuring Instruments and Machinery
其他制造业	Manufacture of Others
废弃资源综合利用业	Industry of Comprehensive Utilization of Waste Resources
金属制品、机械和设备修理业	Industry of Metal Products, Machinery and Equipment Repair
电力、热力生产和供应业	Production and Supply of Electric Power and Heat Power
燃气生产和供应业	Production and Supply of Gas
水的生产和供应业	Production and Supply of Water

总资产贡献率 (%) Ratio of Total Assets to Industrial Output Value (%)	资产负债率 (%) Assets-liability Ratio (%)	流动资产周转次数 (次/年) Number of Times of Annual of Turnover Circulating Funds (times/year)	工业成本费用利润率 (%) Ratio of Profits to Industrial Cost (%)
9.33	65.97	1.68	13.71
23.31	47.10	2.31	30.44
5.10	73.60	0.84	6.76
14.03	52.26	1.15	36.42
2.42	60.88	1.50	1.53
9.70	52.52	2.84	4.36
10.52	53.73	2.48	6.13
20.15	41.42	1.01	23.20
93.29	27.80	1.81	13.42
8.48	49.59	1.89	5.74
10.97	56.68	2.90	2.99
12.60	57.80	1.95	7.18
13.46	48.75	2.93	4.62
10.39	55.27	1.87	6.54
5.34	60.83	1.75	4.33
11.56	43.34	2.00	7.39
13.88	49.60	2.37	6.55
48.03	51.80	6.53	6.95
10.66	50.20	1.94	9.42
14.57	48.33	1.41	15.22
5.79	49.53	1.37	6.05
12.17	45.73	1.98	8.75
12.70	39.45	1.09	16.38
13.48	56.67	3.45	5.74
9.33	70.95	3.85	1.71
10.49	55.98	2.03	5.45
7.62	55.02	1.42	6.05
8.46	53.56	1.08	8.50
5.76	65.28	1.49	3.19
7.50	61.42	1.16	8.44
7.42	62.42	1.44	4.87
5.79	62.85	1.07	5.82
8.52	39.82	0.88	10.17
10.85	47.65	1.66	7.14
26.49	56.43	4.49	2.50
2.21	33.36	0.46	7.64
2.62	63.60	3.23	-0.41
7.77	56.88	2.25	8.78
4.64	51.93	0.74	15.14

13—4 国有控股工业企业主要经济指标（2021年）
Main Indicators of State-owned and State-holding Industrial Enterprises (2021)

项　目	Item	企业单位数（个）Number of Enterprises (unit)	资产合计 Total Assets
总　计	**Total**	**999**	**18679.30**
总计中：	**Of the Total:**		
内资企业	Domestic Funded Enterprise	953	18278.26
国有企业	State-owned Enterprise	77	1209.87
有限责任公司	Limited Liability Corporations	804	8810.51
股份有限公司	Share-holding Corporations Ltd.	68	8243.18
港澳台商投资企业	Enterprises Funded by Entrepreneurs from Hong Kong, Macao and Taiwan	17	133.66
外商投资企业	Foreign Funded Enterprises	29	267.38
总计中：	**Of the Total:**		
轻工业	Light Industry	144	1174.06
重工业	Heavy Industry	855	17505.24
总计中：	**Of the Total:**		
大型企业	Large-sized Enterprises	69	12536.18
中型企业	Medium-sized Enterprises	187	2618.83
小型企业	Small Enterprises	742	3524.29
按行业分	**Grouped by Sector**		
煤炭开采和洗选业	Mining and Washing of Coal	17	2458.76
黑色金属矿采选业	Mining and Processing of Ferrous Metal Ores	13	299.35
有色金属矿采选业	Mining and Processing of Non-Ferrous Metal Ores	6	38.36
非金属矿采选业	Mining and Processing of Nonmetal Ores	39	461.82
开采辅助活动	Mining Auxiliary Activities	2	5.15
农副食品加工业	Processing of Food from Agriculture Products	31	42.94
食品制造业	Manufacture of Foods	8	7.23
酒、饮料和精制茶制造业	Manufacture of Wine, Beverages and Refined Tea	7	282.76
烟草制品业	Manufacture of Tobacco	3	347.51
纺织业	Manufacture of Textile	9	101.82
纺织服装、服饰业	Manufacture of Textile Wearing Apparel and Clothing	14	23.51
皮革毛皮羽毛及其制品和制鞋业	Manufacture of Leather, Furs, Feather and Related Products		
木材加工及木竹藤棕草制品业	Processing of Timber, Manufacture of Wood, Bamboo, Rattan, Palm and Straw Products	2	2.68
家具制造业	Manufacture of Furniture	1	5.52
造纸及纸制品业	Manufacture of Paper and Paper Products	1	7.46
印刷和记录媒介复制业	Printing, Reproduction of Recording Media	8	10.40
文教、工美、体育和娱乐用品制造业	Manufacture of Culture, Education, Art, Sports and Entertainment Supplies		
石油加工、炼焦和核燃料加工业	Processing of Petroleum, Coking and Processing of Nuclear Fuel	4	240.06
化学原料和化学制品制造业	Manufacture of Raw Chemical Materials and Chemical Products	55	848.94
医药制造业	Manufacture of Medicines	22	93.92
化学纤维制造业	Manufacture of Chemical Fibers	1	2.22
橡胶和塑料制品业	Manufacture of Rubber and Plastics	20	160.27
非金属矿物制品业	Manufacture of Non-metallic Mineral Products	133	2684.92
黑色金属冶炼和压延加工业	Smelting and Pressing of Ferrous Metals	9	1088.20
有色金属冶炼和压延加工业	Smelting and Pressing of Non-ferrous Metals	9	628.84
金属制品业	Manufacture of Metal Products	34	138.12
通用设备制造业	Manufacture of General Purpose Machinery	42	299.68
专用设备制造业	Manufacture of Special Purpose Machinery	51	281.53
汽车制造业	Manufacture of Automobile	57	1857.21
铁路船舶航空航天和其他运输设备制造业	Manufacture of Railroads, Ships, Aerospace and Other Transportation Equipments	14	140.23
电气机械和器材制造业	Manufacture of Electrical Machinery and Equipment	26	115.72
计算机通信和其他电子设备制造业	Manufacture of Computers, Communication and Other Electronic Equipments	50	1577.01
仪器仪表制造业	Manufacture of Measuring Instruments and Machinery	2	33.34
废弃资源综合利用业	Industry of Comprehensive Utilization of Waste Resources	12	127.66
其他制造业	Manufacture of Others	6	22.89
金属制品、机械和设备修理业	Industry of Metal Products, Machinery and Equipment Repair	3	143.98
电力、热力生产和供应业	Production and Supply of Electric Power and Heat Power	170	3474.30
燃气生产和供应业	Production and Supply of Gas	30	189.06
水的生产和供应业	Production and Supply of Water	87	431.27

单位：亿元（100 million yuan）

流动资产合　计 Circulating Funds	#存　货 Stock	#产成品 Finished Product	固定资产原　价 Original Value of Fixed Assets	固定资产累计折旧 Accumulated Depreciation of Fixed Assets	负债合计 Total Liabilities	流动负债 Liquid Liabilities
7443.57	**1181.93**	**307.48**	**11819.10**	**5510.83**	**9845.16**	**6838.34**
7222.70	1113.20	289.71	11498.76	5308.92	9616.09	6675.96
758.18	239.76	18.47	478.32	240.25	525.68	442.10
2837.39	557.23	176.98	5954.63	2453.15	5145.31	3140.04
3621.44	315.53	93.88	5055.24	2612.84	3937.29	3086.13
50.48	11.85	2.90	153.74	93.26	85.99	45.25
170.39	56.88	14.87	166.60	108.67	143.08	117.13
780.73	267.36	51.29	425.01	211.23	420.91	379.28
6662.84	914.57	256.19	11394.09	5299.60	9424.25	6459.06
4983.67	724.91	158.83	8054.71	4004.62	6359.45	4602.74
1098.65	198.17	77.91	1823.44	902.15	1372.80	1028.83
1361.26	258.84	70.74	1940.95	604.06	2112.91	1206.76
552.32	34.10	25.12	1403.70	592.53	1630.05	998.21
100.74	3.42	1.51	167.50	66.46	122.93	98.99
3.64	0.90	0.49	34.02	9.91	25.74	19.09
129.92	3.08	1.07	45.78	13.90	220.36	53.31
3.06	0.58	0.57	1.44	0.45	3.10	2.63
28.88	14.49	9.28	19.02	8.04	25.88	24.75
3.01	1.19	0.79	5.14	1.08	3.88	3.48
223.17	54.25	8.50	42.02	18.07	89.28	86.25
255.58	145.55	8.86	148.72	86.23	96.37	94.91
50.56	6.84	2.92	38.74	18.54	36.84	25.88
14.31	1.74	0.85	13.16	7.14	10.90	9.32
0.84	0.25	0.12	2.08	0.09	3.22	1.39
4.80	0.10	0.01	0.87	0.71	4.78	4.39
5.19	4.29	3.27	2.65	1.09	1.70	1.28
6.66	1.43	0.84	6.01	3.21	3.24	2.88
66.08	21.01	10.44	290.05	155.96	108.09	92.13
243.44	39.52	15.22	618.26	195.57	481.05	237.36
55.61	14.86	6.80	41.44	16.55	46.51	37.82
0.66	0.36	0.01	1.14	0.16	2.47	2.47
76.25	15.18	7.25	87.44	40.96	62.67	57.36
1597.21	85.89	22.90	616.73	257.27	611.02	450.48
528.02	144.73	22.62	944.79	585.78	622.05	548.55
253.62	127.17	15.49	285.77	125.67	457.36	279.76
100.45	25.45	12.31	44.42	19.34	72.21	61.52
185.01	33.78	13.71	79.73	43.19	148.51	129.99
185.29	41.68	14.41	63.24	26.88	175.80	148.92
988.99	73.01	35.34	478.17	282.49	1295.06	1097.14
93.83	16.45	5.94	43.87	15.58	86.42	77.09
71.83	15.24	10.35	46.39	11.57	87.33	67.99
706.60	140.06	39.89	1020.64	505.63	625.39	461.63
18.29	3.41	0.86	6.73	3.34	9.58	9.58
96.00	10.38	2.81	12.88	3.32	78.28	67.69
12.05	5.57	1.03	12.63	4.73	15.21	14.69
119.59	24.76	1.28	33.43	18.38	45.86	27.10
459.72	46.96	1.58	4803.22	2243.24	2210.60	1352.05
56.09	2.71	1.18	110.26	34.44	106.16	65.46
145.94	21.48	1.89	242.64	93.01	218.06	124.22

13—4 续表 continued

项　目	Item	所有者权益 Creditors' Equity	#实收资本 Capital Hold
总　　计	**Total**	**8834.14**	**3794.76**
总计中：	**Of the Total:**		
内资企业	Domestic Funded Enterprise	8662.17	3687.35
国有企业	State-owned Enterprise	684.19	215.13
有限责任公司	Limited Liability Corporations	3665.20	2420.12
股份有限公司	Share-holding Corporations Ltd.	4305.90	1048.80
港澳台商投资企业	Enterprises Funded by Entrepreneurs from Hong Kong, Macao and Taiwan	47.67	47.80
外商投资企业	Foreign Funded Enterprises	124.30	59.61
总计中：	**Of the Total:**		
轻工业	Light Industry	753.15	165.19
重工业	Heavy Industry	8080.99	3629.57
总计中：	**Of the Total:**		
大型企业	Large-sized Enterprises	6176.72	2188.23
中型企业	Medium-sized Enterprises	1246.03	841.32
小型企业	Small Enterprises	1411.38	765.22
按行业分	**Grouped by Sector**		
煤炭开采和洗选业	Mining and Washing of Coal	828.71	335.37
黑色金属矿采选业	Mining and Processing of Ferrous Metal Ores	176.42	114.48
有色金属矿采选业	Mining and Processing of Non-Ferrous Metal Ores	12.62	9.83
非金属矿采选业	Mining and Processing of Nonmetal Ores	241.46	22.42
开采辅助活动	Mining Auxiliary Activities	2.05	1.03
农副食品加工业	Processing of Food from Agriculture Products	17.07	8.99
食品制造业	Manufacture of Foods	3.35	2.00
酒、饮料和精制茶制造业	Manufacture of Wine, Beverages and Refined Tea	193.47	11.13
烟草制品业	Manufacture of Tobacco	251.14	40.65
纺织业	Manufacture of Textile	64.98	10.22
纺织服装、服饰业	Manufacture of Textile Wearing Apparel and Clothing	12.62	2.66
皮革毛皮羽毛及其制品和制鞋业	Manufacture of Leather, Furs, Feather and Related Products		
木材加工及木竹藤棕草制品业	Processing of Timber, Manufacture of Wood, Bamboo, Rattan, Palm and Straw Products	-0.54	0.70
家具制造业	Manufacture of Furniture	0.74	0.55
造纸及纸制品业	Manufacture of Paper and Paper Products	5.76	0.90
印刷和记录媒介复制业	Printing, Reproduction of Recording Media	7.16	2.53
文教、工美、体育和娱乐用品制造业	Manufacture of Culture, Education, Art, Sports and Entertainment Supplies		
石油加工、炼焦和核燃料加工业	Processing of Petroleum, Coking and Processing of Nuclear Fuel	131.97	98.66
化学原料和化学制品制造业	Manufacture of Raw Chemical Materials and Chemical Products	367.89	223.73
医药制造业	Manufacture of Medicines	47.41	23.18
化学纤维制造业	Manufacture of Chemical Fibers	-0.25	7.62
橡胶和塑料制品业	Manufacture of Rubber and Plastics	97.60	42.37
非金属矿物制品业	Manufacture of Non-metallic Mineral Products	2073.90	243.95
黑色金属冶炼和压延加工业	Smelting and Pressing of Ferrous Metals	466.15	118.48
有色金属冶炼和压延加工业	Smelting and Pressing of Non-ferrous Metals	171.48	52.43
金属制品业	Manufacture of Metal Products	65.92	32.49
通用设备制造业	Manufacture of General Purpose Machinery	151.17	77.16
专用设备制造业	Manufacture of Special Purpose Machinery	105.72	45.43
汽车制造业	Manufacture of Automobile	562.15	235.67
铁路船舶航空航天和其他运输设备制造业	Manufacture of Railroads, Ships, Aerospace and Other Transportation Equipments	53.82	49.78
电气机械和器材制造业	Manufacture of Electrical Machinery and Equipment	28.40	29.77
计算机通信和其他电子设备制造业	Manufacture of Computers, Communication and Other Electronic Equipments	951.63	658.96
仪器仪表制造业	Manufacture of Measuring Instruments and Machinery	23.75	5.28
其他制造业	Manufacture of Others	49.38	29.11
废弃资源综合利用业	Industry of Comprehensive Utilization of Waste Resources	7.68	4.86
金属制品、机械和设备修理业	Industry of Metal Products, Machinery and Equipment Repair	98.12	6.61
电力、热力生产和供应业	Production and Supply of Electric Power and Heat Power	1263.70	1123.67
燃气生产和供应业	Production and Supply of Gas	82.90	39.76
水的生产和供应业	Production and Supply of Water	213.21	78.73

单位：亿元（100 million yuan）

营业收入 Business Revenue	营业成本 Business Cost	税金及附加 Taxes and Surcharges	利润总额 Total Profits	本年应付职工薪酬 Wages Payable in This Year	本年应交增值税 Value Added Tax Payable
12838.18	**10668.51**	**492.11**	**851.77**	**949.29**	**346.25**
12289.72	10160.35	490.00	844.42	930.93	338.27
1242.37	818.90	267.87	73.83	97.05	50.58
6043.63	5073.73	157.58	383.38	454.94	167.73
4983.45	4249.11	64.45	386.26	378.37	119.75
86.68	88.44	0.58	-8.02	6.12	0.80
461.78	419.72	1.53	15.38	12.23	7.18
947.90	445.50	287.90	72.28	115.48	62.21
11890.28	10223.01	204.21	779.49	833.81	284.04
8457.51	6877.57	455.88	587.30	684.53	240.89
2242.07	1989.78	15.97	90.51	153.55	40.26
2138.60	1801.16	20.27	173.97	111.20	65.09
926.39	653.77	22.36	113.13	235.61	56.77
211.31	129.77	4.63	56.16	16.48	11.57
15.54	10.86	0.59	0.50	3.47	0.81
86.52	49.34	3.80	38.71	4.53	3.98
4.53	4.18	0.01	0.07	0.43	0.05
76.52	68.46	0.17	2.01	2.43	0.95
4.31	3.66	0.02	0.18	0.55	0.11
134.64	39.85	20.16	26.43	37.16	11.71
464.66	127.65	265.01	23.51	41.37	41.81
48.65	42.08	0.44	4.84	4.22	0.97
12.92	7.25	0.13	0.47	4.87	0.93
1.12	0.89	0.01	-0.01	0.15	-0.01
5.40	4.84	0.02	0.09	0.35	0.14
1.58	0.58	0.02	0.29	0.58	0.03
7.72	6.25	0.07	0.23	1.66	0.16
613.59	459.13	97.91	37.16	12.28	18.35
476.26	378.26	4.34	49.24	30.78	10.88
66.60	47.25	0.64	3.17	6.72	2.39
2.21	2.07		-0.25	0.24	
83.27	70.98	0.69	3.03	9.87	1.03
823.45	547.94	10.53	248.40	45.95	34.11
1505.06	1320.77	7.97	90.66	63.34	24.47
1143.89	1105.04	6.30	13.34	17.84	8.33
166.04	151.09	1.39	7.20	8.62	8.98
293.99	258.00	1.46	5.75	29.76	4.81
147.45	118.13	0.98	11.92	17.70	3.31
1298.92	1195.16	20.37	11.86	72.89	13.97
81.01	69.72	0.54	7.10	10.65	1.93
108.77	100.31	0.39	0.97	4.89	0.74
954.66	766.96	4.25	108.75	68.09	14.23
12.39	6.90	0.02	1.52	1.72	0.21
530.45	516.90	2.79	5.11	2.92	19.43
7.60	6.54	0.09	-1.15	1.47	0.04
43.70	33.18	0.10	3.38	12.63	0.05
2239.39	2165.46	12.54	-41.47	152.03	45.44
137.64	123.57	0.39	8.97	6.79	1.04
99.00	74.94	1.00	10.60	17.60	2.49

13—5 国有控股工业企业主要经济效益指标（2021年）
Main Indicators on Economic Benefit of State-owned and State-holding Industrial Enterprises (2021)

项　目	Item
总　　计	**Total**
总计中：	**Of the Total:**
内资企业	Domestic Funded Enterprise
国有企业	State-owned Enterprise
有限责任公司	Limited Liability Corporations
股份有限公司	Share-holding Corporations Ltd.
港澳台商投资企业	Enterprises Funded by Entrepreneurs from Hong Kong, Macao and Taiwan
外商投资企业	Foreign Funded Enterprises
总计中：	**Of the Total:**
轻工业	Light Industry
重工业	Heavy Industry
总计中：	**Of the Total:**
大型企业	Large-sized Enterprises
中型企业	Medium-sized Enterprises
小型企业	Small Enterprises
按行业分	**Grouped by Sector**
煤炭开采和洗选业	Mining and Washing of Coal
黑色金属矿采选业	Mining and Processing of Ferrous Metal Ores
有色金属矿采选业	Mining and Processing of Non-Ferrous Metal Ores
非金属矿采选业	Mining and Processing of Nonmetal Ores
开采辅助活动	Mining Auxiliary Activities
农副食品加工业	Processing of Food from Agriculture Products
食品制造业	Manufacture of Foods
酒、饮料和精制茶制造业	Manufacture of Wine, Beverages and Refined Tea
烟草制品业	Manufacture of Tobacco
纺织业	Manufacture of Textile
纺织服装、服饰业	Manufacture of Textile Wearing Apparel and Clothing
皮革毛皮羽毛及其制品和制鞋业	Manufacture of Leather, Furs, Feather and Related Products
木材加工及木竹藤棕草制品业	Processing of Timber, Manufacture of Wood, Bamboo, Rattan, Palm and Straw Products
家具制造业	Manufacture of Furniture
造纸及纸制品业	Manufacture of Paper and Paper Products
印刷和记录媒介复制业	Printing, Reproduction of Recording Media
文教、工美、体育和娱乐用品制造业	Manufacture of Culture, Education, Art, Sports and Entertainment Supplies
石油加工、炼焦和核燃料加工业	Processing of Petroleum, Coking and Processing of Nuclear Fuel
化学原料和化学制品制造业	Manufacture of Raw Chemical Materials and Chemical Products
医药制造业	Manufacture of Medicines
化学纤维制造业	Manufacture of Chemical Fibers
橡胶和塑料制品业	Manufacture of Rubber and Plastics
非金属矿物制品业	Manufacture of Non-metallic Mineral Products
黑色金属冶炼和压延加工业	Smelting and Pressing of Ferrous Metals
有色金属冶炼和压延加工业	Smelting and Pressing of Non-ferrous Metals
金属制品业	Manufacture of Metal Products
通用设备制造业	Manufacture of General Purpose Machinery
专用设备制造业	Manufacture of Special Purpose Machinery
汽车制造业	Manufacture of Automobile
铁路船舶航空航天和其他运输设备制造业	Manufacture of Railroads, Ships, Aerospace and Other Transportation Equipments
电气机械和器材制造业	Manufacture of Electrical Machinery and Equipment
计算机通信和其他电子设备制造业	Manufacture of Computers, Communication and Other Electronic Equipments
仪器仪表制造业	Manufacture of Measuring Instruments and Machinery
废弃资源综合利用业	Industry of Comprehensive Utilization of Waste Resources
其他制造业	Manufacture of Others
金属制品、机械和设备修理业	Industry of Metal Products, Machinery and Equipment Repair
电力、热力生产和供应业	Production and Supply of Electric Power and Heat Power
燃气生产和供应业	Production and Supply of Gas
水的生产和供应业	Production and Supply of Water

总资产贡献率 (%) Ratio of Total Assets to Industrial Output Value (%)	资产负债率 (%) Assets-liability Ratio (%)	流动资产周转次数 (次/年) Number of Times of Annual of Turnover Circulating Funds (times/year)	工业成本费用利润率 (%) Ratio of Profits to Industrial Cost (%)
10.03	**52.71**	**1.72**	**7.32**
10.14	52.61	1.70	7.61
32.68	43.45	1.64	8.11
9.17	58.40	2.13	6.91
7.86	47.76	1.38	8.36
-4.32	64.34	1.72	-8.52
9.57	53.51	2.71	3.49
35.94	35.85	1.21	12.26
8.29	53.84	1.78	7.06
11.29	50.73	1.70	7.82
6.34	52.42	2.04	4.22
8.27	59.95	1.57	8.80
9.32	66.30	1.68	14.01
24.80	41.07	2.10	36.86
6.66	67.10	4.27	3.44
10.47	47.72	0.67	60.18
2.35	60.25	1.48	1.55
7.92	60.26	2.65	2.69
4.69	53.70	1.43	4.24
19.91	31.58	0.60	29.16
94.99	27.73	1.82	13.80
6.72	36.18	0.96	10.66
5.87	46.34	0.90	3.61
-0.65	119.98	1.34	-0.95
4.33	86.65	1.12	1.64
5.55	22.80	0.30	22.33
4.84	31.13	1.16	3.11
64.40	45.03	9.28	7.78
9.19	56.66	1.96	11.37
6.94	49.52	1.20	5.05
-11.24	111.25	3.33	-10.16
3.55	39.10	1.09	3.73
12.22	22.76	0.52	42.30
11.87	57.16	2.85	6.45
6.54	72.73	4.51	1.18
12.82	52.28	1.65	4.48
3.98	49.56	1.59	2.01
6.36	62.45	0.80	8.66
3.00	69.73	1.31	0.91
7.26	61.63	0.86	8.93
2.58	75.46	1.51	0.90
8.52	39.66	1.35	12.84
5.24	28.75	0.68	12.82
-3.14	66.45	0.63	-14.47
23.55	61.32	5.53	0.97
1.39	31.85	0.37	8.39
1.88	63.63	4.87	-1.83
5.68	56.15	2.45	6.91
3.71	50.56	0.68	11.74

13—6 外商投资和港澳台商投资工业企业主要经济指标（2021年）

Main Indicators of Industrial Enterprises with Hong Kong, Macao, Taiwan and Foreign Funds (2021)

项目	Item	企业单位数（个）Number of Enterprises (unit)	资产合计 Total Assets
总计	**Total**	**892**	**6952.23**
总计中：	**Of the Total:**		
港澳台商投资企业	Enterprises Funded by Entrepreneurs from Hong Kong, Macao and Taiwan	352	3777.95
外商投资企业	Foreign Funded Enterprises	540	3174.28
总计中：	**Of the Total:**		
轻工业	Light Industry	325	1561.74
重工业	Heavy Industry	567	5390.49
总计中：	**Of the Total:**		
大型企业	Large-sized Enterprises	54	3906.53
中型企业	Medium-sized Enterprises	170	1592.11
小型企业	Small Enterprises	668	1453.59
按行业分	**Grouped by Sector**		
黑色金属矿采选业	Mining and Processing of Ferrous Metal Ores	2	27.32
非金属矿采选业	Mining and Processing of Nonmetal Ores	3	7.66
农副食品加工业	Processing of Food from Agriculture Products	37	260.92
食品制造业	Manufacture of Foods	28	106.34
酒、饮料和精制茶制造业	Manufacture of Wine, Beverages and Refined Tea	17	74.79
纺织业	Manufacture of Textile	28	33.51
纺织服装、服饰业	Manufacture of Textile Wearing Apparel and Clothing	39	43.07
皮革毛皮羽毛及其制品和制鞋业	Manufacture of Leather, Furs, Feather and Related Products	18	58.52
木材加工及木竹藤棕草制品业	Processing of Timber, Manufacture of Wood, Bamboo, Rattan, Palm and Straw Products	2	2.00
家具制造业	Manufacture of Furniture	3	48.11
造纸及纸制品业	Manufacture of Paper and Paper Products	9	33.12
印刷和记录媒介复制业	Printing, Reproduction of Recording Media	13	32.14
文教工美体育和娱乐用品制造业	Manufacture of Culture, Education, Art, Sports and Entertainment Supplies	13	8.24
石油加工、炼焦和核燃料加工业	Processing of Petroleum, Coking and Processing of Nuclear Fuel	2	56.90
化学原料和化学制品制造业	Manufacture of Raw Chemical Materials and Chemical Products	66	452.13
医药制造业	Manufacture of Medicines	22	65.57
化学纤维制造业	Manufacture of Chemical Fibers	3	21.47
橡胶和塑料制品业	Manufacture of Rubber and Plastics	52	225.86
非金属矿物制品业	Manufacture of Non-metallic Mineral Products	38	271.00
黑色金属冶炼和压延加工业	Smelting and Pressing of Ferrous Metals	7	35.43
有色金属冶炼和压延加工业	Smelting and Pressing of Non-ferrous Metals	7	228.65
金属制品业	Manufacture of Metal Products	32	117.05
通用设备制造业	Manufacture of General Purpose Machinery	65	298.75
专用设备制造业	Manufacture of Special Purpose Machinery	36	115.69
汽车制造业	Manufacture of Automobile	80	441.31
铁路船舶航空航天和其他运输设备制造业	Manufacture of Railroads, Ships, Aerospace and Other Transportation Equipments	9	44.55
电气机械和器材制造业	Manufacture of Electrical Machinery and Equipment	64	707.65
计算机通信和其他电子设备制造业	Manufacture of Computers, Communication and Other Electronic Equipments	70	2485.08
仪器仪表制造业	Manufacture of Measuring Instruments and Machinery	7	32.61
其他制造业	Manufacture of Others	1	1.91
废弃资源综合利用业	Industry of Comprehensive Utilization of Waste Resources	4	9.97
金属制品、机械和设备修理业	Industry of Metal Products, Machinery and Equipment Repair		
电力、热力生产和供应业	Production and Supply of Electric Power and Heat Power	49	418.08
燃气生产和供应业	Production and Supply of Gas	57	144.64
水的生产和供应业	Production and Supply of Water	9	42.19

单位：亿元（100 million yuan）

流动资产合计 Circulating Funds	#存货 Stock	#产成品 Finished Product	固定资产原价 Original Value of Fixed Assets	固定资产累计折旧 Accumulated Depreciation of Fixed Assets	负债合计 Total Liabilities	流动负债 Liquid Liabilities
4519.94	**613.83**	**210.60**	**2758.80**	**1170.64**	**4421.56**	**3840.96**
2567.38	244.91	67.42	1200.58	479.91	2737.12	2450.85
1952.57	368.92	143.18	1558.22	690.73	1684.44	1390.11
1058.93	166.79	81.65	602.74	284.92	870.36	809.31
3461.01	447.04	128.95	2156.06	885.72	3551.20	3031.65
2959.19	294.91	83.26	1095.06	449.13	2808.16	2578.62
810.91	184.12	71.20	894.20	427.13	843.83	663.80
749.84	134.80	56.15	769.54	294.38	769.57	598.54
6.59	0.46	0.23	20.12	10.62	12.19	3.79
3.75	0.03	0.02	1.67	0.69	5.29	4.25
180.46	50.37	29.42	72.56	26.15	161.68	142.07
45.38	8.00	3.57	69.70	34.51	58.22	55.06
39.26	8.14	2.97	57.53	25.34	32.15	27.57
17.18	7.86	3.24	23.61	10.85	21.28	19.15
29.94	3.21	1.16	20.94	10.34	27.75	24.60
34.79	5.23	1.87	22.69	8.77	30.27	29.13
1.68	0.43	0.33	0.20	0.09	1.99	1.72
32.13	2.62	0.32	6.84	2.64	27.63	27.52
15.37	2.38	1.03	25.57	9.98	10.00	7.20
22.16	4.10	1.79	17.77	10.90	13.23	12.17
6.17	2.20	0.95	2.86	1.49	3.48	3.03
22.75	5.12	0.63	29.24	14.03	37.51	30.69
213.84	23.23	10.89	186.24	93.42	178.81	150.60
39.31	12.23	4.40	32.14	13.22	23.89	19.28
8.36	3.33	2.07	17.86	9.34	9.18	6.14
131.26	31.28	15.73	185.58	108.60	104.28	92.85
145.37	24.58	13.27	151.16	55.14	100.04	85.84
24.00	6.66	3.21	29.09	19.95	16.14	15.53
164.48	49.56	13.11	69.30	39.97	165.23	129.20
68.52	15.95	5.07	50.03	21.10	50.49	38.95
191.67	43.80	6.92	92.98	37.78	163.98	149.22
75.90	27.33	9.45	59.95	34.71	32.52	27.49
285.62	46.54	18.54	198.65	102.88	219.59	188.39
24.87	9.40	0.49	5.93	1.98	35.76	22.40
552.49	67.73	32.27	172.98	88.48	448.65	430.43
1897.11	133.92	23.27	569.99	136.50	2068.97	1854.91
22.51	2.44	1.05	17.08	10.11	10.41	9.95
0.97	0.25	0.08	1.36	0.56	0.57	0.54
6.38	0.58	0.25	3.79	2.06	4.65	3.93
139.43	8.94	0.27	414.86	185.89	238.79	136.11
58.09	4.88	2.59	92.33	26.04	82.97	76.82
12.14	1.07	0.16	36.21	16.54	23.98	14.45

13—6 续表 continued

项　目	Item	所有者权益 Creditors' Equity	#实收资本 Capital Hold
总　　计	**Total**	**2530.66**	**1267.12**
总计中：	**Of the Total:**		
港澳台商投资企业	Enterprises Funded by Entrepreneurs from Hong Kong, Macao and Taiwan	1040.83	473.15
外商投资企业	Foreign Funded Enterprises	1489.84	793.97
总计中：	**Of the Total:**		
轻工业	Light Industry	691.38	316.78
重工业	Heavy Industry	1839.28	950.34
总计中：	**Of the Total:**		
大型企业	Large-sized Enterprises	1098.37	466.40
中型企业	Medium-sized Enterprises	748.28	373.58
小型企业	Small Enterprises	684.01	427.14
按行业分	**Grouped by Sector**		
黑色金属矿采选业	Mining and Processing of Ferrous Metal Ores	15.14	3.92
非金属矿采选业	Mining and Processing of Nonmetal Ores	2.37	0.75
农副食品加工业	Processing of Food from Agriculture Products	99.24	41.76
食品制造业	Manufacture of Foods	48.11	34.03
酒、饮料和精制茶制造业	Manufacture of Wine, Beverages and Refined Tea	42.64	22.20
纺织业	Manufacture of Textile	12.23	13.72
纺织服装、服饰业	Manufacture of Textile Wearing Apparel and Clothing	15.32	11.76
皮革毛皮羽毛及其制品和制鞋业	Manufacture of Leather, Furs, Feather and Related Products	28.25	11.22
木材加工及木竹藤棕草制品业	Processing of Timber, Manufacture of Wood, Bamboo, Rattan, Palm and Straw Products		0.15
家具制造业	Manufacture of Furniture	20.47	4.12
造纸及纸制品业	Manufacture of Paper and Paper Products	23.12	18.49
印刷和记录媒介复制业	Printing, Reproduction of Recording Media	18.91	5.68
文教工美体育和娱乐用品制造业	Manufacture of Culture, Education, Art, Sports and Entertainment Supplies	4.76	3.24
石油加工、炼焦和核燃料加工业	Processing of Petroleum, Coking and Processing of Nuclear Fuel	19.39	14.84
化学原料和化学制品制造业	Manufacture of Raw Chemical Materials and Chemical Products	273.32	98.25
医药制造业	Manufacture of Medicines	41.68	12.46
化学纤维制造业	Manufacture of Chemical Fibers	12.29	7.21
橡胶和塑料制品业	Manufacture of Rubber and Plastics	121.58	93.02
非金属矿物制品业	Manufacture of Non-metallic Mineral Products	170.97	78.02
黑色金属冶炼和压延加工业	Smelting and Pressing of Ferrous Metals	19.29	11.46
有色金属冶炼和压延加工业	Smelting and Pressing of Non-ferrous Metals	63.43	22.08
金属制品业	Manufacture of Metal Products	66.56	43.52
通用设备制造业	Manufacture of General Purpose Machinery	134.77	61.27
专用设备制造业	Manufacture of Special Purpose Machinery	83.17	53.75
汽车制造业	Manufacture of Automobile	221.72	86.81
铁路船舶航空航天和其他运输设备制造业	Manufacture of Railroads, Ships, Aerospace and Other Transportation Equipments	8.79	6.66
电气机械和器材制造业	Manufacture of Electrical Machinery and Equipment	259.01	84.47
计算机通信和其他电子设备制造业	Manufacture of Computers, Communication and Other Electronic Equipments	416.11	252.57
仪器仪表制造业	Manufacture of Measuring Instruments and Machinery	22.20	12.22
其他制造业	Manufacture of Others	1.34	0.59
废弃资源综合利用业	Industry of Comprehensive Utilization of Waste Resources	5.32	3.13
金属制品、机械和设备修理业	Industry of Metal Products, Machinery and Equipment Repair		
电力、热力生产和供应业	Production and Supply of Electric Power and Heat Power	179.28	118.61
燃气生产和供应业	Production and Supply of Gas	61.67	24.42
水的生产和供应业	Production and Supply of Water	18.21	10.71

单位：亿元（100 million yuan）

营业收入 Business Revenue	营业成本 Business Cost	税金及附加 Taxes and Surcharges	利润总额 Total Profits	本年应付职工薪酬 Wages Payable in This Year	本年应交增值税 Value Added Tax Payable
6789.00	**5939.71**	**26.25**	**403.96**	**364.45**	**143.66**
3608.93	3330.10	9.84	134.24	150.84	74.14
3180.07	2609.60	16.41	269.72	213.61	69.52
1871.53	1571.30	10.98	124.92	124.67	41.93
4917.47	4368.41	15.27	279.04	239.78	101.73
3766.45	3326.22	11.48	245.05	192.49	92.76
1330.89	1110.33	7.78	72.28	103.54	29.15
1691.65	1503.16	6.99	86.63	68.42	21.75
15.05	6.40	0.53	6.49	1.00	1.25
4.52	1.63	0.20	1.41	0.16	0.19
394.30	356.44	1.03	22.13	15.04	9.28
138.92	113.78	0.73	9.75	8.20	2.66
80.88	55.03	2.01	11.39	8.34	3.20
37.46	33.38	0.27	0.26	4.37	0.35
132.10	127.33	0.33	0.46	13.70	1.75
87.85	72.26	0.43	13.30	5.17	2.18
0.87	0.75	0.01	0.01	0.09	0.01
46.60	35.88	0.23	0.66	4.08	1.19
31.37	27.44	0.19	2.14	1.32	0.74
32.20	25.50	0.19	3.79	2.55	1.02
10.12	8.80	0.05	0.16	2.15	0.23
95.90	86.45	0.29	6.78	2.32	1.00
349.20	263.01	2.21	34.21	16.84	6.80
62.63	44.26	0.45	3.12	5.48	1.04
17.50	13.68	0.13	3.27	0.84	0.08
199.70	153.43	1.46	19.80	25.07	5.63
195.49	132.95	1.75	45.74	10.25	5.34
69.95	67.62	0.25	-0.39	1.53	1.20
990.10	962.79	0.92	12.54	3.83	4.27
99.18	83.99	0.49	4.55	8.09	1.52
238.85	201.99	0.88	14.80	15.42	4.00
87.37	71.64	0.70	6.66	10.95	2.44
398.92	329.03	2.08	27.46	36.34	8.59
24.72	18.37	0.12	1.72	1.48	-0.23
744.49	649.48	4.03	34.51	48.08	14.20
1846.43	1689.56	2.37	90.77	88.74	55.88
28.38	20.08	0.21	3.90	3.07	0.53
2.69	2.06	0.02	0.20	0.47	0.01
17.31	15.26	0.09	1.23	0.40	0.49
159.09	145.14	1.08	5.88	10.50	4.90
135.70	117.87	0.32	10.55	6.05	1.47
13.15	6.43	0.19	4.68	2.52	0.48

13—7 外商投资和港澳台商投资工业企业主要经济效益指标（2021年）

Main Indicators on Economic Benefit of Industrial Enterprises with Hong Kong, Macao, Taiwan and Foreign Funds (2021)

项　目	Item
总　　计	**Total**
总计中：	**Of the Total:**
港澳台商投资企业	Enterprises Funded by Entrepreneurs from Hong Kong, Macao and Taiwan
外商投资企业	Foreign Funded Enterprises
总计中：	**Of the Total:**
轻工业	Light Industry
重工业	Heavy Industry
总计中：	**Of the Total:**
大型企业	Large-sized Enterprises
中型企业	Medium-sized Enterprises
小型企业	Small Enterprises
按行业分	**Grouped by Sector**
黑色金属矿采选业	Mining and Processing of Ferrous Metal Ores
非金属矿采选业	Mining and Processing of Nonmetal Ores
农副食品加工业	Processing of Food from Agriculture Products
食品制造业	Manufacture of Foods
酒、饮料和精制茶制造业	Manufacture of Wine, Beverages and Refined Tea
纺织业	Manufacture of Textile
纺织服装、服饰业	Manufacture of Textile Wearing Apparel and Clothing
皮革毛皮羽毛及其制品和制鞋业	Manufacture of Leather, Furs, Feather and Related Products
木材加工及木竹藤棕草制品业	Processing of Timber, Manufacture of Wood, Bamboo, Rattan, Palm and Straw Products
家具制造业	Manufacture of Furniture
造纸及纸制品业	Manufacture of Paper and Paper Products
印刷和记录媒介复制业	Printing, Reproduction of Recording Media
文教工美体育和娱乐用品制造业	Manufacture of Culture, Education, Art, Sports and Entertainment Supplies
石油加工、炼焦和核燃料加工业	Processing of Petroleum, Coking and Processing of Nuclear Fuel
化学原料和化学制品制造业	Manufacture of Raw Chemical Materials and Chemical Products
医药制造业	Manufacture of Medicines
化学纤维制造业	Manufacture of Chemical Fibers
橡胶和塑料制品业	Manufacture of Rubber and Plastics
非金属矿物制品业	Manufacture of Non-metallic Mineral Products
黑色金属冶炼和压延加工业	Smelting and Pressing of Ferrous Metals
有色金属冶炼和压延加工业	Smelting and Pressing of Non-ferrous Metals
金属制品业	Manufacture of Metal Products
通用设备制造业	Manufacture of General Purpose Machinery
专用设备制造业	Manufacture of Special Purpose Machinery
汽车制造业	Manufacture of Automobile
铁路船舶航空航天和其他运输设备制造业	Manufacture of Railroads, Ships, Aerospace and Other Transportation Equipments
电气机械和器材制造业	Manufacture of Electrical Machinery and Equipment
计算机通信和其他电子设备制造业	Manufacture of Computers, Communication and Other Electronic Equipments
仪器仪表制造业	Manufacture of Measuring Instruments and Machinery
其他制造业	Manufacture of Others
废弃资源综合利用业	Industry of Comprehensive Utilization of Waste Resources
金属制品、机械和设备修理业	Industry of Metal Products, Machinery and Equipment Repair
电力、热力生产和供应业	Production and Supply of Electric Power and Heat Power
燃气生产和供应业	Production and Supply of Gas
水的生产和供应业	Production and Supply of Water

总资产贡献率 (%) Ratio of Total Assets to Industrial Output Value (%)	资产负债率 (%) Assets-liability Ratio (%)	流动资产周转次数 (次/年) Number of Times of Annual of Turnover Circulating Funds (times/year)	工业成本费用利润率 (%) Ratio of Profits to Industrial Cost (%)
8.70	**63.60**	**1.50**	**6.32**
6.04	72.45	1.41	3.86
11.86	53.07	1.63	9.26
11.75	55.73	1.77	7.11
7.82	65.88	1.42	6.02
9.39	71.88	1.27	6.93
7.30	53.00	1.64	5.77
8.38	52.94	2.26	5.40
30.30	44.60	2.28	80.36
24.99	69.03	1.21	51.65
12.46	61.97	2.18	5.86
12.69	54.76	3.06	7.51
23.20	42.99	2.06	16.70
3.69	63.50	2.18	0.70
6.09	64.42	4.41	0.35
27.28	51.72	2.52	17.53
2.84	99.85	0.52	1.49
4.19	57.44	1.45	1.45
9.60	30.20	2.04	7.32
15.95	41.16	1.45	13.41
5.35	42.19	1.64	1.56
14.57	65.92	4.22	7.63
9.68	39.55	1.63	10.95
7.42	36.44	1.59	5.25
16.73	42.77	2.09	22.81
12.55	46.17	1.52	11.07
20.19	36.91	1.34	30.37
3.21	45.55	2.91	-0.55
8.21	72.26	6.02	1.29
6.07	43.14	1.45	4.84
6.69	54.89	1.25	6.61
8.35	28.11	1.15	8.23
9.11	49.76	1.40	7.39
3.65	80.27	0.99	7.43
8.04	63.40	1.35	4.84
6.46	83.26	0.97	5.16
14.95	31.92	1.26	15.96
12.31	29.68	2.77	8.24
18.07	46.68	2.71	7.71
3.84	57.12	1.14	3.83
8.66	57.36	2.34	8.34
13.38	56.83	1.08	47.00

13—8 私营工业企业主要经济指标（2021年）
Main Indicators of Private Enterprises (2021)

项　目	Item	企业单位数（个）Number of Enterprises (unit)	资产合计 Total Assets
总　　计	**Total**	**15232**	**12792.04**
总计中：	**Of the Total:**		
私营独资	Private Sole-source Investment Enterprise	193	60.08
私营合伙	Private Partnership Enterprise	47	15.25
私营有限责任公司	Private Companies with Limited Liabilities	14327	10967.00
私营股份有限公司	Private Share-holding Companies with Limited Liabilities	665	1749.72
总计中：	**Of the Total:**		
轻工业	Light Industry	6440	4279.01
重工业	Heavy Industry	8792	8513.03
总计中：	**Of the Total:**		
大型企业	Large-sized Enterprises	60	1754.90
中型企业	Medium-sized Enterprises	517	2271.77
小型企业	Small Enterprises	14655	8765.37
按行业分	**Grouped by Sector**		
煤炭开采和洗选业	Mining and Washing of Coal	3	3.86
黑色金属矿采选业	Mining and Processing of Ferrous Metal Ores	34	117.83
有色金属矿采选业	Mining and Processing of Non-Ferrous Metal Ores	20	49.40
非金属矿采选业	Mining and Processing of Nonmetal Ores	138	132.72
开采辅助活动	Mining Auxiliary Activities	1	0.15
农副食品加工业	Processing of Food from Agriculture Products	1206	664.96
食品制造业	Manufacture of Foods	349	215.71
酒、饮料和精制茶制造业	Manufacture of Wine, Beverages and Refined Tea	200	182.16
纺织业	Manufacture of Textile	606	339.45
纺织服装、服饰业	Manufacture of Textile Wearing Apparel and Clothing	554	182.11
皮革毛皮羽毛及其制品和制鞋业	Manufacture of Leather, Furs, Feather and Related Products	277	150.51
木材加工及木竹藤棕草制品业	Processing of Timber, Manufacture of Wood, Bamboo, Rattan, Palm and Straw Products	483	192.02
家具制造业	Manufacture of Furniture	233	124.19
造纸及纸制品业	Manufacture of Paper and Paper Products	194	100.39
印刷和记录媒介复制业	Printing, Reproduction of Recording Media	316	214.01
文教工美体育和娱乐用品制造业	Manufacture of Culture, Education, Art, Sports and Entertainment Supplies	500	207.20
石油加工、炼焦和核燃料加工业	Processing of Petroleum, Coking and Processing of Nuclear Fuel	39	42.14
化学原料和化学制品制造业	Manufacture of Raw Chemical Materials and Chemical Products	788	695.19
医药制造业	Manufacture of Medicines	361	510.37
化学纤维制造业	Manufacture of Chemical Fibers	38	40.26
橡胶和塑料制品业	Manufacture of Rubber and Plastics	960	633.43
非金属矿物制品业	Manufacture of Non-metallic Mineral Products	1939	1594.01
黑色金属冶炼和压延加工业	Smelting and Pressing of Ferrous Metals	107	397.15
有色金属冶炼和压延加工业	Smelting and Pressing of Non-ferrous Metals	208	199.19
金属制品业	Manufacture of Metal Products	1035	825.16
通用设备制造业	Manufacture of General Purpose Machinery	1038	777.27
专用设备制造业	Manufacture of Special Purpose Machinery	746	561.14
汽车制造业	Manufacture of Automobile	707	665.60
铁路船舶航空航天和其他运输设备制造业	Manufacture of Railroads, Ships, Aerospace and Other Transportation Equipments	129	64.85
电气机械和器材制造业	Manufacture of Electrical Machinery and Equipment	1021	1675.54
计算机通信和其他电子设备制造业	Manufacture of Computers, Communication and Other Electronic Equipments	549	790.72
仪器仪表制造业	Manufacture of Measuring Instruments and Machinery	131	127.42
其他制造业	Manufacture of Others	91	64.57
废弃资源综合利用业	Industry of Comprehensive Utilization of Waste Resources	163	110.68
金属制品、机械和设备修理业	Industry of Metal Products, Machinery and Equipment Repair	4	3.88
电力、热力生产和供应业	Production and Supply of Electric Power and Heat Power	29	85.50
燃气生产和供应业	Production and Supply of Gas	20	29.85
水的生产和供应业	Production and Supply of Water	15	21.45

单位：亿元（100 million yuan）

流动资产合计 Circulating Funds	#存货 Stock	#产成品 Finished Product	固定资产原价 Original Value of Fixed Assets	固定资产累计折旧 Accumulated Depreciation of Fixed Assets	负债合计 Total Liabilities	流动负债 Liquid Liabilities
7988.93	**1946.52**	**897.70**	**4852.62**	**1856.00**	**7239.90**	**6248.65**
37.02	7.97	4.04	25.58	8.89	33.37	26.40
8.99	1.53	0.83	5.72	1.78	7.26	5.63
6844.80	1674.39	791.92	4357.66	1659.68	6402.96	5542.35
1098.13	262.62	100.91	463.67	185.65	796.32	674.26
2615.97	814.92	389.38	1723.80	629.55	2267.17	1964.54
5372.96	1131.60	508.32	3128.82	1226.45	4972.73	4284.11
989.56	260.92	128.61	830.96	351.07	1130.01	952.06
1346.24	349.98	158.08	840.19	313.48	1199.79	1040.96
5653.14	1335.61	611.01	3181.47	1191.45	4910.11	4255.64
2.38	0.42	0.38	0.54	0.38	2.57	2.57
41.06	5.22	2.71	65.25	27.73	69.28	59.23
35.00	3.35	2.59	8.13	4.13	41.35	34.89
64.33	5.92	2.42	55.90	18.63	76.63	62.23
0.14	0.03	0.01	0.01		0.12	0.12
386.63	150.31	53.72	288.40	92.98	305.83	255.35
117.17	42.60	16.15	110.23	45.71	104.04	88.54
103.27	43.09	17.76	79.82	24.33	102.98	90.06
201.26	66.81	37.55	150.66	55.36	199.85	174.22
111.56	31.07	14.80	78.23	31.56	103.37	92.03
104.61	26.91	14.76	41.59	15.05	89.16	75.96
118.52	32.40	15.50	74.62	28.02	91.92	78.86
73.88	15.17	6.60	53.50	15.01	61.40	48.24
59.48	16.62	7.23	39.23	15.05	58.87	46.32
124.23	33.83	13.73	98.96	41.06	97.17	84.39
124.10	41.28	21.96	71.95	26.94	100.38	91.52
27.92	11.28	2.90	15.25	5.56	29.72	29.22
415.66	102.17	49.02	283.09	104.70	352.53	310.76
341.53	104.06	54.96	167.99	60.46	275.94	217.69
21.89	6.94	3.03	16.00	3.01	21.97	17.19
379.68	84.79	39.23	273.98	97.53	305.54	277.25
1043.61	153.10	66.07	614.46	256.10	988.65	840.62
196.20	58.34	29.67	321.72	168.92	202.87	165.17
126.05	39.00	20.79	69.27	21.94	120.29	107.56
557.93	120.46	57.12	246.12	86.18	490.64	421.13
511.13	146.77	59.55	294.54	121.16	398.32	357.35
373.51	91.65	37.52	176.87	69.47	279.91	251.45
400.08	98.62	43.27	294.65	121.20	408.62	366.61
38.99	8.94	4.14	26.73	8.54	35.65	32.76
1100.98	238.71	128.45	473.66	170.47	1011.92	872.51
514.03	122.83	53.47	205.08	64.52	571.53	497.48
97.79	15.82	4.15	23.42	9.04	63.31	60.86
40.86	7.75	4.32	15.11	6.27	28.12	22.87
74.00	18.54	11.44	42.17	17.92	53.86	46.00
3.03	0.62	0.13	2.16	1.70	1.02	0.95
41.08	0.44	0.09	45.52	12.30	59.89	40.87
8.65	0.55	0.39	19.76	4.36	23.13	21.70
6.67	0.10	0.08	8.04	2.69	11.52	6.11

13—8 续表 continued

项 目	Item	所有者权益 Creditors' Equity	#实收资本 Capital Hold
总 计	**Total**	**5552.12**	**2459.17**
总计中：	**Of the Total:**		
私营独资	Private Sole-source Investment Enterprise	26.71	11.71
私营合伙	Private Partnership Enterprise	7.99	2.77
私营有限责任公司	Private Companies with Limited Liabilities	4564.03	2137.41
私营股份有限公司	Private Share-holding Companies with Limited Liabilities	953.40	307.27
总计中：	**Of the Total:**		
轻工业	Light Industry	2011.83	817.49
重工业	Heavy Industry	3540.29	1641.68
总计中：	**Of the Total:**		
大型企业	Large-sized Enterprises	624.90	209.49
中型企业	Medium-sized Enterprises	1071.98	373.19
小型企业	Small Enterprises	3855.24	1876.49
按行业分	**Grouped by Sector**		
煤炭开采和洗选业	Mining and Washing of Coal	1.29	0.95
黑色金属矿采选业	Mining and Processing of Ferrous Metal Ores	48.55	18.77
有色金属矿采选业	Mining and Processing of Non-Ferrous Metal Ores	8.05	10.74
非金属矿采选业	Mining and Processing of Nonmetal Ores	56.09	25.40
开采辅助活动	Mining Auxiliary Activities	0.03	0.01
农副食品加工业	Processing of Food from Agriculture Products	359.13	121.70
食品制造业	Manufacture of Foods	111.67	56.79
酒、饮料和精制茶制造业	Manufacture of Wine, Beverages and Refined Tea	79.18	40.96
纺织业	Manufacture of Textile	139.59	65.03
纺织服装、服饰业	Manufacture of Textile Wearing Apparel and Clothing	78.74	36.54
皮革毛皮羽毛及其制品和制鞋业	Manufacture of Leather, Furs, Feather and Related Products	61.34	28.21
木材加工及木竹藤棕草制品业	Processing of Timber, Manufacture of Wood, Bamboo, Rattan, Palm and Straw Products	100.10	38.84
家具制造业	Manufacture of Furniture	62.79	27.39
造纸及纸制品业	Manufacture of Paper and Paper Products	41.51	21.60
印刷和记录媒介复制业	Printing, Reproduction of Recording Media	116.84	41.77
文教工美体育和娱乐用品制造业	Manufacture of Culture, Education, Art, Sports and Entertainment Supplies	106.82	32.62
石油加工、炼焦和核燃料加工业	Processing of Petroleum, Coking and Processing of Nuclear Fuel	12.43	11.82
化学原料和化学制品制造业	Manufacture of Raw Chemical Materials and Chemical Products	342.66	165.41
医药制造业	Manufacture of Medicines	234.43	95.81
化学纤维制造业	Manufacture of Chemical Fibers	18.29	7.05
橡胶和塑料制品业	Manufacture of Rubber and Plastics	327.88	131.48
非金属矿物制品业	Manufacture of Non-metallic Mineral Products	605.36	293.91
黑色金属冶炼和压延加工业	Smelting and Pressing of Ferrous Metals	194.28	43.76
有色金属冶炼和压延加工业	Smelting and Pressing of Non-ferrous Metals	78.90	45.91
金属制品业	Manufacture of Metal Products	334.51	137.70
通用设备制造业	Manufacture of General Purpose Machinery	378.95	139.31
专用设备制造业	Manufacture of Special Purpose Machinery	281.23	105.40
汽车制造业	Manufacture of Automobile	256.98	121.08
铁路船舶航空航天和其他运输设备制造业	Manufacture of Railroads, Ships, Aerospace and Other Transportation Equipments	29.20	13.57
电气机械和器材制造业	Manufacture of Electrical Machinery and Equipment	663.62	346.69
计算机通信和其他电子设备制造业	Manufacture of Computers, Communication and Other Electronic Equipments	219.18	147.23
仪器仪表制造业	Manufacture of Measuring Instruments and Machinery	64.12	24.45
其他制造业	Manufacture of Others	36.45	12.52
废弃资源综合利用业	Industry of Comprehensive Utilization of Waste Resources	56.82	23.55
金属制品、机械和设备修理业	Industry of Metal Products, Machinery and Equipment Repair	2.86	0.79
电力、热力生产和供应业	Production and Supply of Electric Power and Heat Power	25.60	15.58
燃气生产和供应业	Production and Supply of Gas	6.72	3.69
水的生产和供应业	Production and Supply of Water	9.92	5.13

单位：亿元（100 million yuan）

营业收入 Business Revenue	营业成本 Business Cost	税金及附加 Taxes and Surcharges	利润总额 Total Profits	本年应付职工薪酬 Wages Payable in This Year	本年应交增值税 Value Added Tax Payable
16831.45	**14438.92**	**105.01**	**915.70**	**1002.27**	**367.14**
103.05	90.63	0.67	4.02	5.74	1.93
20.58	16.07	0.43	1.46	1.49	0.47
15167.37	13085.33	93.12	788.02	886.86	331.02
1540.46	1246.89	10.79	122.21	108.18	33.72
6161.84	5331.67	32.14	308.51	390.50	106.27
10669.61	9107.25	72.87	607.19	611.77	260.87
2097.64	1819.73	18.49	122.21	134.62	24.80
2555.08	2129.38	15.15	186.27	214.93	75.80
12178.74	10489.81	71.38	607.22	652.73	266.53
3.21	2.68	0.01	0.17	0.03	0.07
105.43	84.89	1.20	11.60	4.02	3.15
15.08	13.38	0.17	-0.09	0.93	0.20
116.71	69.35	4.35	19.29	4.98	5.34
0.26	0.24	0.00	0.00	0.00	0.00
1281.30	1165.03	3.07	45.20	44.45	9.83
304.34	258.06	1.46	14.29	20.62	4.92
172.24	134.71	3.94	18.97	8.74	3.59
478.89	421.60	2.52	19.68	35.07	8.74
312.72	276.09	1.91	11.85	44.96	8.23
219.14	198.10	1.00	7.08	11.79	3.63
375.34	334.67	2.02	17.45	19.19	7.79
162.73	133.93	0.92	12.22	13.26	3.46
178.07	155.21	0.93	8.72	10.60	3.63
268.25	224.80	1.42	16.43	17.05	4.62
309.84	263.33	1.86	20.00	27.48	7.66
61.12	56.12	0.15	-0.26	1.11	0.68
901.07	743.76	5.24	63.29	40.13	14.82
514.48	417.85	2.83	30.43	23.83	11.88
51.91	45.24	0.25	2.79	2.09	1.16
982.12	810.95	4.89	79.15	59.38	18.30
1877.83	1594.78	12.73	109.13	86.98	50.51
886.35	824.68	4.23	41.73	22.29	25.93
515.08	473.89	2.88	20.43	12.34	20.31
1203.11	1053.77	4.91	70.56	65.46	19.09
810.47	669.96	5.29	47.75	72.91	16.21
575.33	455.97	3.81	43.14	52.37	13.09
822.28	705.03	12.06	34.89	66.24	15.52
75.38	60.06	0.48	6.21	7.38	1.44
1898.71	1613.52	9.59	104.64	119.28	37.16
769.41	660.19	3.80	8.20	85.15	13.89
92.02	70.69	0.64	6.68	8.31	2.37
81.50	67.40	0.40	6.79	4.97	2.47
351.59	332.29	3.71	11.01	6.17	26.16
3.75	2.88	0.05	0.39	0.43	0.05
14.31	10.34	0.07	2.66	0.78	0.64
28.94	25.81	0.11	1.39	0.92	0.28
11.15	7.65	0.08	1.85	0.57	0.31

13—9 私营工业企业主要经济效益指标（2021年）

Main Indicators on Economic Benefit of Private Industrial Enterprises (2021)

项　目	Item
总　　计	**Total**
总计中:	**Of the Total:**
私营独资	Private Sole-source Investment Enterprise
私营合伙	Private Partnership Enterprise
私营有限责任公司	Private Companies with Limited Liabilities
私营股份有限公司	Private Share-holding Companies with Limited Liabilities
总计中:	**Of the Total:**
轻工业	Light Industry
重工业	Heavy Industry
总计中:	**Of the Total:**
大型企业	Large-sized Enterprises
中型企业	Medium-sized Enterprises
小型企业	Small Enterprises
按行业分	**Grouped by Sector**
煤炭开采和洗选业	Mining and Washing of Coal
黑色金属矿采选业	Mining and Processing of Ferrous Metal Ores
有色金属矿采选业	Mining and Processing of Non-Ferrous Metal Ores
非金属矿采选业	Mining and Processing of Nonmetal Ores
开采辅助活动	Mining Auxiliary Activities
农副食品加工业	Processing of Food from Agriculture Products
食品制造业	Manufacture of Foods
酒、饮料和精制茶制造业	Manufacture of Wine, Beverages and Refined Tea
纺织业	Manufacture of Textile
纺织服装、服饰业	Manufacture of Textile Wearing Apparel and Clothing
皮革毛皮羽毛及其制品和制鞋业	Manufacture of Leather, Furs, Feather and Related Products
木材加工及木竹藤棕草制品业	Processing of Timber, Manufacture of Wood, Bamboo, Rattan, Palm and Straw Products
家具制造业	Manufacture of Furniture
造纸及纸制品业	Manufacture of Paper and Paper Products
印刷和记录媒介复制业	Printing, Reproduction of Recording Media
文教工美体育和娱乐用品制造业	Manufacture of Culture, Education, Art, Sports and Entertainment Supplies
石油加工、炼焦和核燃料加工业	Processing of Petroleum, Coking and Processing of Nuclear Fuel
化学原料和化学制品制造业	Manufacture of Raw Chemical Materials and Chemical Products
医药制造业	Manufacture of Medicines
化学纤维制造业	Manufacture of Chemical Fibers
橡胶和塑料制品业	Manufacture of Rubber and Plastics
非金属矿物制品业	Manufacture of Non-metallic Mineral Products
黑色金属冶炼和压延加工业	Smelting and Pressing of Ferrous Metals
有色金属冶炼和压延加工业	Smelting and Pressing of Non-ferrous Metals
金属制品业	Manufacture of Metal Products
通用设备制造业	Manufacture of General Purpose Machinery
专用设备制造业	Manufacture of Special Purpose Machinery
汽车制造业	Manufacture of Automobile
铁路船舶航空航天和其他运输设备制造业	Manufacture of Railroads, Ships, Aerospace and Other Transportation Equipments
电气机械和器材制造业	Manufacture of Electrical Machinery and Equipment
计算机通信和其他电子设备制造业	Manufacture of Computers, Communication and Other Electronic Equipments
仪器仪表制造业	Manufacture of Measuring Instruments and Machinery
其他制造业	Manufacture of Others
废弃资源综合利用业	Industry of Comprehensive Utilization of Waste Resources
金属制品、机械和设备修理业	Industry of Metal Products, Machinery and Equipment Repair
电力、热力生产和供应业	Production and Supply of Electric Power and Heat Power
燃气生产和供应业	Production and Supply of Gas
水的生产和供应业	Production and Supply of Water

总资产贡献率(%) Ratio of Total Assets to Industrial Output Value (%)	资产负债率(%) Assets-liability Ratio (%)	流动资产周转次数(次/年) Number of Times of Annual of Turnover Circulating Funds (times/year)	工业成本费用利润率(%) Ratio of Profits to Industrial Cost (%)
11.37	**56.60**	**2.11**	**5.75**
11.36	55.54	2.78	4.08
15.75	47.62	2.29	7.81
11.60	58.38	2.22	5.48
9.94	45.51	1.40	8.56
10.97	52.98	2.36	5.27
11.58	58.41	1.99	6.03
9.80	64.39	2.12	6.20
12.71	52.81	1.90	7.84
11.34	56.02	2.15	5.25
7.04	66.48	1.35	5.53
14.29	58.79	2.57	12.56
0.58	83.71	0.43	-0.64
22.19	57.74	1.81	20.73
5.05	82.67	1.85	1.11
9.49	45.99	3.31	3.65
10.18	48.23	2.60	4.92
15.06	56.53	1.67	12.43
9.77	58.88	2.38	4.29
12.60	56.76	2.80	3.94
8.44	59.24	2.09	3.34
14.79	47.87	3.17	4.88
13.72	49.44	2.20	8.14
13.99	58.65	2.99	5.15
11.18	45.40	2.16	6.53
14.81	48.45	2.50	6.91
2.20	70.52	2.19	-0.42
12.46	50.71	2.17	7.57
9.28	54.07	1.51	6.28
11.06	54.57	2.37	5.69
16.65	48.24	2.59	8.79
11.38	62.02	1.80	6.19
18.50	51.08	4.52	4.93
22.67	60.39	4.09	4.10
12.07	59.46	2.16	6.23
9.41	51.25	1.59	6.26
11.11	49.88	1.54	8.09
9.85	61.39	2.06	4.46
13.09	54.97	1.93	8.97
9.36	60.39	1.72	5.83
3.99	72.28	1.50	1.06
7.87	49.68	0.94	7.74
15.26	43.55	1.99	9.01
37.33	48.66	4.75	3.18
12.63	26.39	1.23	11.88
4.65	70.05	0.35	22.08
6.91	77.49	3.35	5.04
11.58	53.73	1.67	19.96

13—10 大中型工业企业主要经济指标（2021年）
Main Indicators of Large and Medium-sized Industrial Enterprises (2021)

项　目	Item	企业单位数（个）Number of Enterprises (unit)	资产合计 Total Assets
总　　计	**Total**	**1479**	**32439.56**
总计中：	**Of the Total:**		
内资企业	Domestic Funded Enterprise	1255	26940.93
国有企业	State-owned Enterprise	23	897.23
集体企业	Collective-owned Enterprise	3	8.25
股份合作企业	Share Holding Cooperative Enterprises		
有限责任公司	Limited Liability Corporations	491	10630.11
股份有限公司	Share-holding Corporations Ltd.	161	11378.66
私营企业	Private Enterprises	577	4026.67
港澳台商投资企业	Enterprises Funded by Entrepreneurs from Hong Kong, Macao and Taiwan	90	3041.36
外商投资企业	Foreign Funded Enterprises	134	2457.28
总计中：	**Of the Total:**		
轻工业	Light Industry	530	5934.70
重工业	Heavy Industry	949	26504.86
总计中：	**Of the Total:**		
大型企业	Large-sized Enterprises	277	22746.29
中型企业	Medium-sized Enterprises	1202	9693.27
按行业分	**Grouped by Sector**		
煤炭开采和洗选业	Mining and Washing of Coal	15	2393.45
黑色金属矿采选业	Mining and Processing of Ferrous Metal Ores	14	384.98
有色金属矿采选业	Mining and Processing of Non-Ferrous Metal Ores	4	34.16
非金属矿采选业	Mining and Processing of Nonmetal Ores	3	52.45
开采辅助活动	Mining Auxiliary Activities		
农副食品加工业	Processing of Food from Agriculture Products	46	385.82
食品制造业	Manufacture of Foods	30	169.70
酒、饮料和精制茶制造业	Manufacture of Wine, Beverages and Refined Tea	27	636.71
烟草制品业	Manufacture of Tobacco	3	347.64
纺织业	Manufacture of Textile	50	329.59
纺织服装、服饰业	Manufacture of Textile Wearing Apparel and Clothing	63	98.81
皮革毛皮羽毛及其制品和制鞋业	Manufacture of Leather, Furs, Feather and Related Products	22	65.39
木材加工及木竹藤棕草制品业	Processing of Timber, Manufacture of Wood, Bamboo, Rattan, Palm and Straw Products	2	0.81
家具制造业	Manufacture of Furniture	12	103.99
造纸及纸制品业	Manufacture of Paper and Paper Products	12	402.76
印刷和记录媒介复制业	Printing, Reproduction of Recording Media	20	125.74
文教工美体育和娱乐用品制造业	Manufacture of Culture, Education, Art, Sports and Entertainment Supplies	21	45.04
石油加工、炼焦和核燃料加工业	Processing of Petroleum, Coking and Processing of Nuclear Fuel	5	298.39
化学原料和化学制品制造业	Manufacture of Raw Chemical Materials and Chemical Products	59	1846.60
医药制造业	Manufacture of Medicines	55	507.20
化学纤维制造业	Manufacture of Chemical Fibers	5	75.47
橡胶和塑料制品业	Manufacture of Rubber and Plastics	64	751.27
非金属矿物制品业	Manufacture of Non-metallic Mineral Products	81	3094.63
黑色金属冶炼和压延加工业	Smelting and Pressing of Ferrous Metals	17	1609.74
有色金属冶炼和压延加工业	Smelting and Pressing of Non-ferrous Metals	32	1022.08
金属制品业	Manufacture of Metal Products	65	617.33
通用设备制造业	Manufacture of General Purpose Machinery	109	1174.59
专用设备制造业	Manufacture of Special Purpose Machinery	69	684.67
汽车制造业	Manufacture of Automobile	151	2800.05
铁路船舶航空航天和其他运输设备制造业	Manufacture of Railroads, Ships, Aerospace and Other Transportation Equipments	11	173.47
电气机械和器材制造业	Manufacture of Electrical Machinery and Equipment	169	3481.21
计算机通信和其他电子设备制造业	Manufacture of Computers, Communication and Other Electronic Equipments	165	5500.73
仪器仪表制造业	Manufacture of Measuring Instruments and Machinery	10	100.01
其他制造业	Manufacture of Others	4	39.52
废弃资源综合利用业	Industry of Comprehensive Utilization of Waste Resources	9	101.09
金属制品、机械和设备修理业	Industry of Metal Products, Machinery and Equipment Repair	4	155.80
电力、热力生产和供应业	Production and Supply of Electric Power and Heat Power	29	2423.51
燃气生产和供应业	Production and Supply of Gas	9	172.58
水的生产和供应业	Production and Supply of Water	12	227.96

单位：亿元（100 million yuan）

流动资产合计 Circulating Funds	#存货 Stock	#产成品 Finished Product	固定资产原价 Original Value of Fixed Assets	固定资产累计折旧 Accumulated Depreciation of Fixed Assets	负债合计 Total Liabilities	流动负债 Liquid Liabilities
16642.45	**2850.52**	**1010.81**	**15741.90**	**7280.19**	**17891.01**	**14331.59**
12872.34	2371.49	856.36	13752.64	6403.93	14239.02	11089.18
581.60	189.35	15.18	357.81	196.90	353.16	303.17
5.59	1.95	0.44	4.94	2.63	3.13	2.99
4471.70	927.71	358.88	6010.23	2600.06	6224.51	4481.04
5477.65	641.58	195.17	5708.51	2939.80	5328.43	4308.95
2335.80	610.90	286.69	1671.15	664.54	2329.79	1993.02
2204.59	188.55	42.48	801.52	340.74	2325.83	2137.82
1565.51	290.49	111.98	1187.73	535.52	1326.16	1104.61
3698.65	892.21	340.00	1975.62	860.63	3033.39	2728.33
12943.80	1958.31	670.81	13766.28	6419.56	14857.62	11603.26
11608.88	1758.89	555.74	11257.04	5346.38	12868.65	10365.82
5033.57	1091.64	455.07	4484.86	1933.81	5022.35	3965.78
555.74	34.56	25.58	1341.08	594.64	1561.73	969.87
128.02	6.16	2.98	223.28	92.52	160.17	137.26
1.41	0.73	0.39	29.72	7.17	25.08	18.43
13.23	1.32	0.73	27.12	12.33	20.61	12.77
239.45	68.36	36.71	124.92	38.41	220.09	191.92
77.99	17.72	6.52	104.82	44.20	94.52	77.91
439.84	155.52	24.17	195.88	78.57	223.37	213.72
255.65	146.10	9.19	148.75	86.06	98.08	96.64
161.25	42.18	20.02	134.57	61.17	129.43	106.52
65.65	11.98	4.70	49.96	23.67	58.98	54.00
43.09	6.07	2.49	26.02	11.07	27.23	25.44
0.15	0.02	0.02	0.64	0.24	0.50	0.26
71.47	12.42	1.67	31.89	7.11	61.44	57.37
138.41	20.06	10.67	118.70	50.49	259.42	190.69
70.52	19.24	7.71	50.05	21.03	39.47	37.64
24.20	10.39	4.19	13.30	5.12	11.82	11.02
89.13	24.97	10.24	320.38	170.20	148.85	126.17
774.21	127.37	64.53	1046.69	416.98	917.23	595.23
277.09	59.85	23.58	194.44	77.71	215.51	177.99
43.01	6.56	1.95	19.26	7.46	29.21	22.53
387.96	80.04	36.73	357.14	172.21	325.83	286.77
1819.49	91.86	46.64	816.14	364.46	725.16	610.33
743.26	225.61	52.42	1380.34	777.73	908.30	776.48
497.18	196.22	33.82	442.41	178.82	687.22	468.40
387.62	90.31	36.91	157.51	56.45	347.66	281.43
757.04	177.33	55.13	363.99	153.33	620.31	495.57
458.27	102.83	39.16	167.87	71.90	350.61	316.58
1602.61	187.54	86.20	863.76	475.75	1859.43	1592.54
104.44	25.12	4.12	46.26	15.07	112.58	89.71
2452.82	432.71	227.04	804.14	331.07	2228.11	2024.72
3294.28	374.16	124.09	1925.86	759.01	3540.81	2931.31
79.85	11.73	3.09	23.08	11.63	39.34	37.22
25.61	4.29	1.88	5.46	2.27	19.10	14.66
74.50	6.02	1.12	14.49	7.24	52.50	43.14
126.05	25.14	1.52	37.15	19.69	51.86	32.84
231.64	30.96	0.48	3849.53	1964.00	1504.32	1065.39
62.92	4.78	2.24	112.12	42.32	104.62	71.76
67.06	12.28	0.17	168.86	70.78	109.31	68.80

13—10 续表 continued

项 目	Item	所有者权益 Creditors' Equity	#实收资本 Capital Hold
总 计	**Total**	**14548.55**	**5833.72**
总计中:	**Of the Total:**		
内资企业	Domestic Funded Enterprise	12701.91	4993.73
国有企业	State-owned Enterprise	544.07	169.75
集体企业	Collective-owned Enterprise	5.12	1.38
股份合作企业	Share Holding Cooperative Enterprises		
有限责任公司	Limited Liability Corporations	4405.59	2666.06
股份有限公司	Share-holding Corporations Ltd.	6050.24	1573.86
私营企业	Private Enterprises	1696.88	582.68
港澳台商投资企业	Enterprises Funded by Entrepreneurs from Hong Kong, Macao and Taiwan	715.54	273.49
外商投资企业	Foreign Funded Enterprises	1131.12	566.49
总计中:	**Of the Total:**		
轻工业	Light Industry	2901.31	834.33
重工业	Heavy Industry	11647.24	4999.39
总计中:	**Of the Total:**		
大型企业	Large-sized Enterprises	9877.64	3570.53
中型企业	Medium-sized Enterprises	4670.92	2263.19
按行业分	**Grouped by Sector**		
煤炭开采和洗选业	Mining and Washing of Coal	831.72	331.68
黑色金属矿采选业	Mining and Processing of Ferrous Metal Ores	224.82	120.76
有色金属矿采选业	Mining and Processing of Non-Ferrous Metal Ores	9.07	8.96
非金属矿采选业	Mining and Processing of Nonmetal Ores	31.84	11.90
开采辅助活动	Mining Auxiliary Activities		
农副食品加工业	Processing of Food from Agriculture Products	165.73	46.76
食品制造业	Manufacture of Foods	75.18	40.94
酒、饮料和精制茶制造业	Manufacture of Wine, Beverages and Refined Tea	413.34	67.67
烟草制品业	Manufacture of Tobacco	249.56	40.65
纺织业	Manufacture of Textile	200.16	50.79
纺织服装、服饰业	Manufacture of Textile Wearing Apparel and Clothing	39.83	17.64
皮革毛皮羽毛及其制品和制鞋业	Manufacture of Leather, Furs, Feather and Related Products	38.16	15.01
木材加工及木竹藤棕草制品业	Processing of Timber, Manufacture of Wood, Bamboo, Rattan, Palm and Straw Products	0.31	0.10
家具制造业	Manufacture of Furniture	42.55	11.17
造纸及纸制品业	Manufacture of Paper and Paper Products	143.34	57.36
印刷和记录媒介复制业	Printing, Reproduction of Recording Media	86.27	22.97
文教工美体育和娱乐用品制造业	Manufacture of Culture, Education, Art, Sports and Entertainment Supplies	33.22	5.95
石油加工、炼焦和核燃料加工业	Processing of Petroleum, Coking and Processing of Nuclear Fuel	149.54	113.25
化学原料和化学制品制造业	Manufacture of Raw Chemical Materials and Chemical Products	929.37	344.17
医药制造业	Manufacture of Medicines	291.69	90.13
化学纤维制造业	Manufacture of Chemical Fibers	46.27	21.50
橡胶和塑料制品业	Manufacture of Rubber and Plastics	425.45	186.02
非金属矿物制品业	Manufacture of Non-metallic Mineral Products	2369.47	302.18
黑色金属冶炼和压延加工业	Smelting and Pressing of Ferrous Metals	701.44	181.88
有色金属冶炼和压延加工业	Smelting and Pressing of Non-ferrous Metals	334.87	126.26
金属制品业	Manufacture of Metal Products	269.66	108.78
通用设备制造业	Manufacture of General Purpose Machinery	554.28	202.93
专用设备制造业	Manufacture of Special Purpose Machinery	334.06	137.24
汽车制造业	Manufacture of Automobile	940.62	356.10
铁路船舶航空航天和其他运输设备制造业	Manufacture of Railroads, Ships, Aerospace and Other Transportation Equipments	60.89	47.70
电气机械和器材制造业	Manufacture of Electrical Machinery and Equipment	1253.10	407.67
计算机通信和其他电子设备制造业	Manufacture of Computers, Communication and Other Electronic Equipments	1959.91	1403.87
仪器仪表制造业	Manufacture of Measuring Instruments and Machinery	60.67	16.12
其他制造业	Manufacture of Others	20.42	6.48
废弃资源综合利用业	Industry of Comprehensive Utilization of Waste Resources	48.59	21.52
金属制品、机械和设备修理业	Industry of Metal Products, Machinery and Equipment Repair	103.93	9.37
电力、热力生产和供应业	Production and Supply of Electric Power and Heat Power	919.20	847.61
燃气生产和供应业	Production and Supply of Gas	67.96	14.60
水的生产和供应业	Production and Supply of Water	118.65	34.38

单位：亿元（100 million yuan）

营业收入 Business Revenue	营业成本 Business Cost	税金及附加 Taxes and Surcharges	利润总额 Total Profits	本年应付职工薪酬 Wages Payable in This Year	本年应交增值税 Value Added Tax Payable
26491.15	**22236.31**	**574.83**	**1817.90**	**1906.63**	**626.75**
21393.80	17799.76	555.57	1500.57	1610.60	504.84
1101.74	703.69	267.37	58.69	78.65	49.27
7.05	5.64	0.08	0.13	1.70	0.23
8893.34	7518.26	168.65	555.40	658.77	196.65
6738.94	5623.07	85.83	577.87	521.93	158.08
4652.72	3949.11	33.64	308.48	349.54	100.60
2535.31	2328.67	6.92	101.38	126.27	64.58
2562.04	2107.88	12.34	215.94	169.76	57.33
5738.10	4357.85	335.41	479.68	476.06	162.34
20753.05	17878.46	239.42	1338.22	1430.57	464.41
17990.52	15025.58	519.45	1250.17	1252.00	422.10
8500.63	7210.73	55.37	567.73	654.63	204.65
928.32	659.35	22.71	115.90	238.19	57.63
254.44	145.31	6.22	76.91	19.89	15.67
14.87	10.57	0.56	1.36	2.55	0.80
24.21	11.45	1.03	7.00	5.09	1.62
542.04	486.92	1.28	31.65	31.17	8.97
258.39	215.67	1.47	18.66	19.18	4.57
405.26	194.34	40.36	88.16	58.76	25.69
467.78	130.30	265.02	23.49	42.29	41.90
224.30	192.21	1.50	19.32	24.52	5.00
248.85	230.53	1.10	5.89	32.28	4.84
101.39	82.87	0.50	14.97	9.73	2.77
4.10	3.37	0.03	0.39	0.67	0.20
102.23	79.01	0.52	7.33	10.37	2.46
184.55	164.12	1.08	6.31	13.72	5.00
98.56	78.33	0.58	9.15	9.34	1.45
57.27	42.72	0.52	7.75	7.41	1.16
710.62	545.92	98.21	44.02	14.59	19.48
1296.14	1009.25	8.00	133.29	68.03	24.70
427.59	250.95	2.56	99.54	30.43	10.90
35.03	31.36	0.16	0.98	1.93	0.41
639.36	508.42	3.31	67.99	61.90	10.74
1032.75	680.98	9.22	322.44	65.12	39.86
2473.06	2194.80	12.41	149.37	90.12	51.99
1831.43	1733.59	9.44	40.19	38.67	32.13
685.12	618.11	2.37	31.07	41.31	6.75
991.60	841.32	4.92	64.38	85.83	17.00
385.80	302.29	2.73	35.94	48.80	8.57
2261.81	2007.58	33.98	65.84	161.90	38.43
92.98	77.49	0.59	4.26	12.05	1.53
3496.54	3036.27	19.01	165.72	207.71	55.20
3621.80	3173.38	10.79	187.45	266.69	82.59
54.90	37.26	0.41	7.40	7.95	1.64
11.99	8.12	0.09	1.28	2.29	0.06
395.64	385.74	0.64	3.76	4.72	2.97
51.92	39.69	0.19	3.77	14.87	0.43
1925.67	1902.21	10.37	-61.59	138.62	39.15
103.72	87.22	0.38	11.17	7.33	1.08
48.08	36.56	0.55	5.45	9.96	1.35

13—11 大中型工业企业主要经济效益指标（2021年）
Main Indicators on Economic Benefit of Large and Medium-sized Industrial Enterprises (2021)

项　目	Item
总　　计	**Total**
总计中：	**Of the Total:**
内资企业	Domestic Funded Enterprise
国有企业	State-owned Enterprise
集体企业	Collective-owned Enterprise
股份合作企业	Share Holding Cooperative Enterprises
有限责任公司	Limited Liability Corporations
股份有限公司	Share-holding Corporations Ltd.
私营企业	Private Enterprises
港澳台商投资企业	Enterprises Funded by Entrepreneurs from Hong Kong, Macao and Taiwan
外商投资企业	Foreign Funded Enterprises
总计中：	**Of the Total:**
轻工业	Light Industry
重工业	Heavy Industry
总计中：	**Of the Total:**
大型企业	Large-sized Enterprises
中型企业	Medium-sized Enterprises
按行业分	**Grouped by Sector**
煤炭开采和洗选业	Mining and Washing of Coal
黑色金属矿采选业	Mining and Processing of Ferrous Metal Ores
有色金属矿采选业	Mining and Processing of Non-Ferrous Metal Ores
非金属矿采选业	Mining and Processing of Nonmetal Ores
开采辅助活动	Mining Auxiliary Activities
农副食品加工业	Processing of Food from Agriculture Products
食品制造业	Manufacture of Foods
酒、饮料和精制茶制造业	Manufacture of Wine, Beverages and Refined Tea
烟草制品业	Manufacture of Tobacco
纺织业	Manufacture of Textile
纺织服装、服饰业	Manufacture of Textile Wearing Apparel and Clothing
皮革毛皮羽毛及其制品和制鞋业	Manufacture of Leather, Furs, Feather and Related Products
木材加工及木竹藤棕草制品业	Processing of Timber, Manufacture of Wood, Bamboo, Rattan, Palm and Straw Products
家具制造业	Manufacture of Furniture
造纸及纸制品业	Manufacture of Paper and Paper Products
印刷和记录媒介复制业	Printing, Reproduction of Recording Media
文教工美体育和娱乐用品制造业	Manufacture of Culture, Education, Art, Sports and Entertainment Supplies
石油加工、炼焦和核燃料加工业	Processing of Petroleum, Coking and Processing of Nuclear Fuel
化学原料和化学制品制造业	Manufacture of Raw Chemical Materials and Chemical Products
医药制造业	Manufacture of Medicines
化学纤维制造业	Manufacture of Chemical Fibers
橡胶和塑料制品业	Manufacture of Rubber and Plastics
非金属矿物制品业	Manufacture of Non-metallic Mineral Products
黑色金属冶炼和压延加工业	Smelting and Pressing of Ferrous Metals
有色金属冶炼和压延加工业	Smelting and Pressing of Non-ferrous Metals
金属制品业	Manufacture of Metal Products
通用设备制造业	Manufacture of General Purpose Machinery
专用设备制造业	Manufacture of Special Purpose Machinery
汽车制造业	Manufacture of Automobile
铁路船舶航空航天和其他运输设备制造业	Manufacture of Railroads, Ships, Aerospace and Other Transportation Equipments
电气机械和器材制造业	Manufacture of Electrical Machinery and Equipment
计算机通信和其他电子设备制造业	Manufacture of Computers, Communication and Other Electronic Equipments
仪器仪表制造业	Manufacture of Measuring Instruments and Machinery
其他制造业	Manufacture of Others
废弃资源综合利用业	Industry of Comprehensive Utilization of Waste Resources
金属制品、机械和设备修理业	Industry of Metal Products, Machinery and Equipment Repair
电力、热力生产和供应业	Production and Supply of Electric Power and Heat Power
燃气生产和供应业	Production and Supply of Gas
水的生产和供应业	Production and Supply of Water

总资产贡献率 (%) Ratio of Total Assets to Industrial Output Value (%)	资产负债率 (%) Assets-liability Ratio (%)	流动资产周转次数 (次/年) Number of Times of Annual of Turnover Circulating Funds (times/year)	工业成本费用利润率 (%) Ratio of Profits to Industrial Cost (%)
9.99	**55.15**	**1.59**	**7.47**
10.24	52.85	1.66	7.67
42.06	39.36	1.89	7.55
5.62	37.98	1.26	1.91
9.53	58.56	1.99	6.76
7.97	46.83	1.23	9.31
11.44	57.86	1.99	7.10
5.91	76.47	1.15	4.15
12.34	53.97	1.64	9.20
16.73	51.11	1.55	9.63
8.48	56.06	1.60	6.91
10.38	56.57	1.55	7.63
9.08	51.81	1.69	7.12
9.76	65.25	1.67	14.28
26.35	41.60	1.99	44.42
9.90	73.44	10.57	10.37
19.14	39.29	1.83	42.95
11.09	57.05	2.26	6.11
15.17	55.70	3.31	7.73
24.06	35.08	0.92	30.87
94.96	28.21	1.83	13.53
8.23	39.27	1.39	9.21
12.27	59.69	3.79	2.42
28.11	41.65	2.35	17.06
78.19	61.87	27.58	10.57
10.10	59.08	1.43	7.78
3.37	64.41	1.33	3.46
9.60	31.39	1.40	10.18
21.74	26.23	2.37	15.70
54.67	49.88	7.97	7.76
9.85	49.67	1.67	11.61
22.42	42.49	1.54	30.20
2.21	38.70	0.81	2.88
11.35	43.37	1.65	11.81
13.20	23.43	0.57	43.73
13.74	56.43	3.33	6.45
9.53	67.24	3.68	2.24
7.24	56.32	1.77	4.73
7.61	52.81	1.31	6.91
7.29	51.21	0.84	10.11
5.40	66.41	1.41	2.98
3.90	64.90	0.89	4.72
7.23	64.00	1.43	4.97
5.59	64.37	1.10	5.41
9.79	39.34	0.69	15.11
3.73	48.33	0.47	11.52
9.14	51.94	5.31	0.96
1.85	33.29	0.41	7.83
0.80	62.07	8.31	-3.13
7.43	60.62	1.65	11.83
3.46	47.95	0.72	12.09

13—12 各市全部规模以上工业企业主要经济指标（2021年）
Main Indicators Above Designated Size Industrial Enterprises by Region (2021)

单位：亿元（100 million yuan）

地区	Region	企业单位数（个）Number of Enterprises (unit)	资产合计 Total Assets	流动资产合计 Circulating Funds	固定资产原价 Original Value of Fixed Assets	负债合计 Total Liabilities	#流动负债 Liquid Liabilities
总计	**Total**	**19880**	**50052.26**	**26723.83**	**22849.21**	**28059.43**	**22312.70**
合肥市	Hefei	2376	13015.21	7996.95	4858.48	7890.22	6698.92
淮北市	Huaibei	632	2047.13	832.21	1284.27	1136.34	880.72
亳州市	Bozhou	656	1499.30	793.95	669.89	834.92	593.69
宿州市	Suzhou	1081	1080.72	490.78	659.27	592.70	425.31
蚌埠市	Bengbu	858	1861.50	969.85	770.16	990.28	773.74
阜阳市	Fuyang	1571	2017.03	959.47	1192.71	1100.61	805.65
淮南市	Huainan	780	2856.80	720.46	1796.57	1835.19	1039.17
滁州市	Chuzhou	2129	3991.28	2163.23	1896.04	2257.86	1817.99
六安市	Luan	1179	2062.59	1042.66	997.85	1126.66	893.63
马鞍山市	Maanshan	1259	3737.37	1800.70	2079.63	2045.97	1674.52
芜湖市	Wuhu	2067	8067.90	5016.42	2519.98	3905.44	3387.30
宣城市	Xuancheng	1857	2302.00	1253.03	1053.91	1252.44	1005.02
铜陵市	Tongling	554	1870.36	913.14	1015.90	1189.23	880.82
池州市	Chizhou	627	1053.55	471.38	624.88	628.98	439.17
安庆市	Anqing	1710	2093.17	1007.22	1203.66	991.82	747.79
黄山市	Huangshan	544	496.34	292.37	226.01	280.79	249.26

地区	Region	所有者权益 Creditors Equity	#实收资本 Total Capital Hold	营业收入 Business Revenue	营业成本 Business Cost	税金及附加 Taxes and Surcharges	利润总额 Total Profits	本年应交增值税 Value Added Tax Payable
总计	**Total**	**21992.81**	**11243.23**	**45519.47**	**38587.12**	**693.34**	**2870.96**	**1038.02**
合肥市	Hefei	5124.99	3927.38	10128.57	8560.13	114.90	586.06	215.75
淮北市	Huaibei	910.79	346.40	1489.00	1182.51	22.28	141.28	46.43
亳州市	Bozhou	664.38	240.68	1120.27	905.20	24.87	69.73	28.20
宿州市	Suzhou	488.02	241.78	1623.94	1413.66	8.72	104.08	41.67
蚌埠市	Bengbu	871.22	418.41	1323.30	1069.75	77.29	61.95	24.56
阜阳市	Fuyang	916.42	364.61	2830.81	2449.63	53.55	149.19	72.57
淮南市	Huainan	1021.62	690.15	1606.36	1379.15	17.06	54.02	47.43
滁州市	Chuzhou	1733.42	904.47	3999.76	3307.59	52.40	364.85	81.81
六安市	Luan	935.92	461.05	1775.80	1476.39	21.00	130.80	32.82
马鞍山市	Maanshan	1691.41	718.31	4004.47	3518.58	24.08	201.42	87.50
芜湖市	Wuhu	4162.46	1214.79	5735.95	4798.70	117.78	413.42	152.39
宣城市	Xuancheng	1049.55	461.44	2314.77	1957.88	18.80	162.80	55.05
铜陵市	Tongling	681.14	369.83	3110.56	2878.07	13.82	116.91	35.88
池州市	Chizhou	424.57	234.30	1274.48	1074.04	11.99	104.55	42.16
安庆市	Anqing	1101.35	549.55	2629.55	2153.79	111.59	179.02	61.35
黄山市	Huangshan	215.56	100.10	551.67	462.03	3.21	30.88	12.43

13—13 各市国有控股工业企业主要经济指标（2021年）

Main Indicators of State-owned and State Holding Majority Shares Industrial Enterprises by Region (2021)

单位：亿元（100 million yuan）

地　区	Region	企业单位数（个）Number of Enterprises (unit)	资产合计 Total Assets	流动资产合计 Circulating Funds	固定资产原价 Original Value of Fixed Assets	负债合计 Total Liabilities	#流动负债 Liquid Liabilities
总　计	**Total**	**999**	**18679.30**	**7443.57**	**11819.10**	**9845.16**	**6838.34**
合肥市	Hefei	203	3908.46	1637.06	2751.14	1988.31	1510.23
淮北市	Huaibei	58	1205.72	398.40	945.11	718.10	544.60
亳州市	Bozhou	36	656.37	260.96	388.74	341.06	186.63
宿州市	Suzhou	47	248.68	53.96	286.51	162.11	111.01
蚌埠市	Bengbu	57	628.93	287.41	388.14	324.97	243.27
阜阳市	Fuyang	32	540.56	134.30	480.86	302.61	174.72
淮南市	Huainan	66	2271.63	416.09	1467.99	1515.89	799.30
滁州市	Chuzhou	58	603.05	220.80	509.54	303.34	203.99
六安市	Luan	39	415.05	169.60	322.48	208.51	116.69
马鞍山市	Maanshan	79	2069.17	883.61	1423.68	1087.68	864.13
芜湖市	Wuhu	87	3782.67	2248.79	924.81	1433.14	1171.47
宣城市	Xuancheng	56	372.53	107.99	381.50	244.93	121.85
铜陵市	Tongling	54	946.51	348.75	668.88	650.69	430.22
池州市	Chizhou	40	335.82	64.54	261.40	203.99	89.57
安庆市	Anqing	74	656.41	200.29	578.49	339.40	256.24
黄山市	Huangshan	13	37.74	11.03	39.82	20.43	14.42

地　区	Region	所有者权益 Creditors Equity	#实收资本 Total Capital Hold	营业收入 Business Revenue	营业成本 Business Cost	税金及附加 Taxes and Surcharges	利润总额 Total Profits	本年应交增值税 Value Added Tax Payable
总　计	**Total**	**8834.14**	**3794.77**	**12838.18**	**10668.51**	**492.11**	**851.78**	**346.25**
合肥市	Hefei	1920.15	1100.89	2803.03	2352.92	79.67	178.12	53.88
淮北市	Huaibei	487.63	191.30	667.19	496.47	9.46	81.19	30.82
亳州市	Bozhou	315.31	94.55	297.51	185.54	20.17	33.14	14.92
宿州市	Suzhou	86.57	73.37	225.74	199.52	2.35	12.43	12.21
蚌埠市	Bengbu	303.95	158.39	468.81	329.98	73.09	27.59	16.68
阜阳市	Fuyang	237.95	106.18	298.43	207.12	34.04	34.70	15.86
淮南市	Huainan	755.74	559.76	984.51	831.17	14.60	25.37	35.08
滁州市	Chuzhou	299.71	167.25	384.66	278.04	34.82	39.78	15.44
六安市	Luan	206.54	94.59	219.93	160.79	4.37	37.52	7.71
马鞍山市	Maanshan	981.49	364.08	2446.45	2180.18	15.04	142.76	54.52
芜湖市	Wuhu	2349.53	359.09	1280.63	1050.87	90.61	87.06	33.54
宣城市	Xuancheng	127.60	85.73	271.28	218.21	2.38	29.90	10.24
铜陵市	Tongling	295.82	148.47	1472.03	1376.08	8.61	48.28	18.28
池州市	Chizhou	131.83	79.01	215.60	165.87	3.49	32.07	5.87
安庆市	Anqing	317.01	203.51	771.57	608.92	99.21	39.81	20.51
黄山市	Huangshan	17.31	8.59	30.81	26.82	0.22	2.07	0.69

13—14 各市外商投资和港澳台商投资工业企业主要经济指标（2021年）

Main Indicators on Economic Benefit of Industrial Enterprises with Hong Kong, Macao, Taiwan and Foreign Funds by Region (2021)

单位：亿元（100 million yuan）

地区	Region	企业单位数(个) Number of Enterprises (unit)	资产合计 Total Assets	流动资产合计 Circulating Funds	固定资产原价 Original Value of Fixed Assets	负债合计 Total Liabilities	#流动负债 Liquid Liabilities
总计	**Total**	**892**	**6952.23**	**4519.94**	**2758.80**	**4421.56**	**3840.96**
合肥市	Hefei	188	3401.02	2651.85	889.02	2579.55	2399.07
淮北市	Huaibei	24	78.24	29.32	66.19	39.17	24.70
亳州市	Bozhou	9	30.97	13.30	20.26	16.91	14.55
宿州市	Suzhou	30	80.40	40.79	46.72	40.05	33.65
蚌埠市	Bengbu	47	321.76	107.00	114.70	131.49	81.10
阜阳市	Fuyang	19	99.27	35.80	66.94	60.96	35.05
淮南市	Huainan	21	153.12	43.14	156.86	87.04	55.20
滁州市	Chuzhou	107	663.47	294.46	419.12	329.53	214.32
六安市	Luan	28	80.24	35.42	53.61	34.26	29.17
马鞍山市	Maanshan	83	262.44	150.17	143.88	147.73	125.62
芜湖市	Wuhu	144	1061.39	688.48	437.67	550.30	496.03
宣城市	Xuancheng	62	117.25	70.38	52.54	55.28	46.57
铜陵市	Tongling	30	337.42	223.50	134.34	228.02	184.73
池州市	Chizhou	20	38.99	16.63	23.06	25.66	16.63
安庆市	Anqing	65	208.36	110.77	123.49	87.86	77.60
黄山市	Huangshan	15	17.88	8.94	10.40	7.75	6.98

地区	Region	所有者权益 Creditors Equity	#实收资本 Total Capital Hold	营业收入 Business Revenue	营业成本 Business Cost	税金及附加 Taxes and Surcharges	利润总额 Total Profits	本年应交增值税 Value Added Tax Payable
总计	**Total**	**2530.67**	**1267.12**	**6789.00**	**5939.70**	**26.25**	**403.96**	**143.66**
合肥市	Hefei	821.48	412.18	2657.11	2342.22	7.79	117.91	78.20
淮北市	Huaibei	39.07	23.70	65.81	56.82	0.65	1.85	0.72
亳州市	Bozhou	14.06	5.79	17.09	13.87	0.07	1.99	0.37
宿州市	Suzhou	40.35	18.16	104.43	87.80	0.41	13.70	1.94
蚌埠市	Bengbu	190.27	60.93	176.43	144.10	0.74	16.05	1.17
阜阳市	Fuyang	38.31	25.91	56.23	48.71	0.67	2.42	0.98
淮南市	Huainan	66.09	41.12	84.80	74.09	0.44	5.95	3.35
滁州市	Chuzhou	333.94	224.46	683.73	573.94	2.34	71.14	12.40
六安市	Luan	45.98	21.27	75.19	54.07	1.81	11.45	2.79
马鞍山市	Maanshan	114.71	84.66	285.22	244.37	1.22	15.31	4.54
芜湖市	Wuhu	511.09	202.36	1005.10	831.59	5.18	93.61	23.17
宣城市	Xuancheng	61.97	25.13	100.59	81.93	0.61	5.91	1.08
铜陵市	Tongling	109.40	47.68	1178.54	1130.00	1.65	25.85	6.88
池州市	Chizhou	13.33	13.98	42.06	35.80	1.24	2.21	0.87
安庆市	Anqing	120.50	56.13	239.81	206.74	1.36	16.83	4.93
黄山市	Huangshan	10.13	3.66	16.85	13.66	0.09	1.78	0.28

13—15　各市私营工业企业主要经济指标（2021年）
Main Indicators of Private Enterprises by Region (2021)

单位：亿元（100 million yuan）

地　区	Region	企　业单位数（个）Number of Enterprises (unit)	资产合计 Total Assets	流动资产合计 Circulating Funds	固定资产原价 Original Value of Fixed Assets	负债合计 Total Liabilities	#流动负债 Liquid Liabilities
总　计	**Total**	**15232**	**12792.04**	**7988.94**	**4852.62**	**7239.90**	**6248.65**
合肥市	Hefei	1551	2483.38	1726.67	667.96	1601.41	1412.65
淮北市	Huaibei	487	426.16	227.20	178.87	234.54	187.49
亳州市	Bozhou	484	498.50	329.87	160.84	297.53	247.00
宿州市	Suzhou	903	567.82	313.82	239.74	269.50	205.71
蚌埠市	Bengbu	636	468.81	301.87	146.73	292.33	249.69
阜阳市	Fuyang	1378	833.20	502.89	353.28	402.61	315.23
淮南市	Huainan	615	298.73	195.89	112.32	156.92	134.90
滁州市	Chuzhou	1719	1532.42	929.63	547.81	888.42	765.63
六安市	Luan	950	724.06	403.10	303.94	428.07	379.57
马鞍山市	Maanshan	928	617.72	408.65	233.70	345.53	313.12
芜湖市	Wuhu	1441	1414.73	862.00	695.03	792.75	691.97
宣城市	Xuancheng	1503	1084.48	674.53	429.08	621.32	557.82
铜陵市	Tongling	367	298.52	200.91	100.33	156.31	140.21
池州市	Chizhou	462	428.93	239.55	217.01	240.57	200.01
安庆市	Anqing	1389	820.17	486.66	351.21	336.12	286.26
黄山市	Huangshan	419	294.40	185.70	114.77	175.35	161.39

地　区	Region	所有者权益 Creditors Equity	#实收资本 Total Capital Hold	营业收入 Business Revenue	营业成本 Business Cost	税金及附加 Taxes and Surcharges	利润总额 Total Profits	本年应交增值税 Value Added Tax Payable
总　计	**Total**	**5552.12**	**2459.17**	**16831.45**	**14438.92**	**105.01**	**915.71**	**367.14**
合肥市	Hefei	881.98	378.82	2570.67	2193.22	18.57	90.02	44.20
淮北市	Huaibei	191.62	83.63	521.82	451.67	2.81	28.46	8.27
亳州市	Bozhou	200.97	88.29	500.45	443.99	2.43	17.86	8.37
宿州市	Suzhou	298.31	115.93	1078.13	937.00	5.10	62.85	22.25
蚌埠市	Bengbu	176.49	87.85	420.34	362.34	2.33	16.98	4.06
阜阳市	Fuyang	430.60	162.52	1719.47	1522.07	10.42	74.06	39.85
淮南市	Huainan	141.81	56.24	443.63	396.10	1.62	15.78	7.60
滁州市	Chuzhou	643.99	310.01	1797.82	1475.46	9.58	160.35	35.53
六安市	Luan	295.36	154.05	806.87	705.07	5.22	30.20	14.78
马鞍山市	Maanshan	272.19	141.26	812.29	701.82	4.22	41.26	18.77
芜湖市	Wuhu	621.97	247.14	2024.41	1723.19	12.86	134.07	58.22
宣城市	Xuancheng	463.16	215.78	1383.30	1190.36	12.49	74.83	35.66
铜陵市	Tongling	142.22	81.06	384.52	343.45	1.97	14.96	6.82
池州市	Chizhou	188.37	90.32	694.15	594.17	5.36	50.84	26.53
安庆市	Anqing	484.05	187.82	1319.00	1098.21	7.96	88.44	27.46
黄山市	Huangshan	119.05	58.45	354.58	300.80	2.08	14.73	8.76

13—16 各市大中型工业企业主要经济指标（2021年）
Main Indicators of Large and Medium-sized Industrial Enterprises by Region (2021)

单位：亿元（100 million yuan）

地区	Region	企业单位数（个） Number of Enterprises (unit)	资产合计 Total Assets	流动资产合计 Circulating Funds	固定资产原价 Original Value of Fixed Assets	负债合计 Total Liabilities	#流动负债 Liquid Liabilities
总计	**Total**	**1479**	**32439.56**	**16642.45**	**15741.90**	**17891.00**	**14331.60**
合肥市	Hefei	326	10339.39	6236.38	3916.14	6346.36	5383.46
淮北市	Huaibei	46	1396.30	539.51	899.02	756.79	616.95
亳州市	Bozhou	45	620.24	318.61	306.61	294.65	234.77
宿州市	Suzhou	46	300.94	118.68	268.82	158.46	121.07
蚌埠市	Bengbu	61	996.16	479.30	403.18	477.24	392.66
阜阳市	Fuyang	88	912.36	380.66	745.06	501.23	362.25
淮南市	Huainan	43	2259.24	419.25	1521.27	1515.72	806.89
滁州市	Chuzhou	152	2141.04	1059.91	1204.27	1136.85	892.26
六安市	Luan	73	1040.01	445.73	631.80	539.73	446.01
马鞍山市	Maanshan	82	2457.04	1126.66	1660.79	1381.71	1162.71
芜湖市	Wuhu	213	6238.52	3794.68	1851.21	2789.56	2409.33
宣城市	Xuancheng	131	1013.96	534.32	477.75	470.53	392.86
铜陵市	Tongling	43	1268.47	545.00	788.46	800.46	565.74
池州市	Chizhou	28	442.96	206.73	330.68	230.27	185.25
安庆市	Anqing	77	875.09	368.24	653.46	431.54	306.61
黄山市	Huangshan	25	137.83	68.81	83.36	59.90	52.76

地区	Region	所有者权益 Creditors Equity	#实收资本 Total Capital Hold	营业收入 Business Revenue	营业成本 Business Cost	税金及附加 Taxes and Surcharges	利润总额 Total Profits	本年应交增值税 Value Added Tax Payable
总计	**Total**	**14548.56**	**5833.72**	**26491.15**	**22236.31**	**574.83**	**1817.90**	**626.75**
合肥市	Hefei	3993.03	1996.88	7699.57	6542.50	103.37	439.42	165.98
淮北市	Huaibei	639.51	198.67	846.68	606.36	18.45	123.59	35.83
亳州市	Bozhou	325.59	76.24	463.73	338.64	20.76	40.92	16.10
宿州市	Suzhou	142.48	62.27	406.64	357.55	1.72	30.57	9.81
蚌埠市	Bengbu	518.92	182.19	703.11	545.58	73.74	31.32	15.53
阜阳市	Fuyang	411.13	138.08	1131.31	958.57	42.53	68.33	36.23
淮南市	Huainan	743.52	537.59	1021.22	865.74	14.84	25.47	36.73
滁州市	Chuzhou	1004.19	496.55	2112.23	1727.62	40.73	216.71	45.36
六安市	Luan	500.28	257.67	865.04	698.51	14.07	79.90	18.56
马鞍山市	Maanshan	1075.33	424.48	2672.32	2348.11	15.16	127.83	45.05
芜湖市	Wuhu	3448.97	721.52	3843.19	3183.18	105.03	304.39	103.94
宣城市	Xuancheng	543.43	182.22	885.85	739.04	7.30	81.14	22.84
铜陵市	Tongling	468.01	206.69	1864.55	1701.43	10.42	92.18	23.55
池州市	Chizhou	212.68	88.63	733.21	628.69	4.20	71.68	20.84
安庆市	Anqing	443.56	236.72	1105.34	885.35	101.83	71.03	28.09
黄山市	Huangshan	77.93	27.31	137.15	109.44	0.67	13.42	2.31

13—17　工业主要产品生产能力
Production Capacity of Major Industrial Products

项　　目		Item		2020	2021
原　煤	(吨)	Raw Coal	(ton)	122802366	129502366
卷　烟	(万支)	Cigarettes	(10000 pieces)	11803000	11955500
棉纺锭／纺纱量	(锭／吨)	Cotton Spinning / Spinning Amount	(ingot/ton)	2165230	2026656
气流纺锭／纺纱量	(头／吨)	Air Spindle / Spinning Amount	(unit/ton)	186370	180317
棉布织机／布	(台／万米)	Cotton Looms / cloth	(unit/10000 meters)	38122	31089
原油加工能力／原油加工量	(吨/吨)	Processing Capacity of Crude Oil / Processing Amount of Crude Oil	(ton/ton)	9032921	9035714
焦　炭	(吨)	Coke	(ton)	14690000	15170000
烧碱(折100%)	(吨)	Caustic Soda (=100%)	(ton)	930000	810000
碳化钙(电石，折300升／千克)	(吨)	Calcium Carbide (calcium carbide, = 300 liters / kg)	(ton)	55000	50000
农用氮磷钾化学肥料总计(折纯)	(吨)	Total of Agricultural N, P and K Chemical fertilizers (=pure)	(ton)	4686500	4655830
初级形态塑料	(吨)	Primary form Plastic	(ton)	3888223	4303268
化学纤维	(吨)	Chemical Fiber	(ton)	1180196	1112413
硅酸盐水泥熟料	(吨)	Silicate Cement Grog	(ton)	152668609	156605700
水　泥	(吨)	Cement	(ton)	176808514	185689105
平板玻璃	(重量箱)	Plate Glass	(weight cases)	50420560	49077019
生　铁	(吨)	Pig Iron	(ton)	27251000	28199510
粗　钢	(吨)	Thick Steel	(ton)	37770000	37896000
钢　材	(吨)	Rolled Steel	(ton)	40452671	41523821
铁合金	(吨)	Ferroalloy	(ton)	103956	106082
金属切削机床	(台)	Metal-cutting Machine Tools	(unit)	22045	23681
挖掘机	(台)	Excavating Machine	(unit)	15400	15120
汽　车	(辆)	Motor Vehicles	(unit)	1852000	2061500
＃基本型乘用车(轿车)		Basic Passenger Car (car)		1465000	1680000
民用钢质船舶	(载重吨)	Civil Steel Ship	(carrying capacity ton)	904282	842819
太阳能电池	(千瓦)	Solor Battery	(kilowatt)	22980229	32077518
家用电冰箱	(台)	Household Refrigerators	(unit)	40203400	40677550
房间空气调节器	(台)	Air Conditioners	(unit)	42198044	46795659
微型计算机设备	(台)	Microcomputer Equipment	(unit)	48030834	51473932
移动通信手持机(手机)	(台)	Mobile Communication Handset (mobile phone)	(unit)	1800000	1885336
彩色电视机	(台)	Color TV	(unit)	29522668	28789547
发电设备容量总计／发电量	(万千瓦／万千瓦小时)	Capacity of Power Generation Equipment / Generating Capacity	(10000 kilowatt /10000 kilowatt hour)	6213.14	6164.51
＃火电设备容量／发电量		Capacity of Thermal Power Equipment		5431.87	5420.49
水电设备容量／发电量		Capacity of Water Power Equipment		156.62	154.26
风电设备容量／发电量		Capacity of Wind Power Equipment		295.51	256.90

13—18 主要工业产品产量
Output of Major Industrial Products

项　　目	Item	2005	2010	2015	2020	2021
原　煤　（万吨）	Raw Coal　(10000 tons)	8434	13030	13404	11084	11274
洗　煤　（万吨）	Coal Washing　(10000 tons)	823	1603	4414	3629	3154.7
铁矿石原矿量　（万吨）	Iron Ore Products　(10000 tons)	1100	3237	4697	2616	3237
铜金属含量　（吨）	Amount Contained of Copper　(ton)	66466	129145	209072	81248	75720
混合饲料　（万吨）	Blending Feed　(10000 tons)	161.0	121.9	100.1	60.6	77.4
原　盐　（吨）	Raw Salt　(ton)	567340	1461487	1496473	1553510	1415045
大　米　（万吨）	Rice　(10000 tons)	156.8	1042.1	1713.3	1227.6	938.9
食用植物油　（万吨）	Edible Vegetable Oil　(10000 tons)	49.99	66.23	127.70	94.90	78.50
乳制品　（吨）	Dairy Products　(ton)	54343	664812	943722	1245478	1182020
罐　头　（吨）	Can (tin)　(ton)	61143	308924	586059	453996	474557
鲜、冻畜肉　（万吨）	Fresh and Frozen Meat　(10000 tons)	14.8	59.0	142.9	92.5	120.3
糖　果　（吨）	Candy　(ton)	4289	27682	87107	112571	161086
酱　油　（吨）	Soy Sauce　(ton)	7021	41281	107292	50455	3070
发酵酒精　（万千升）	Fermented Alcohol　(10000 kl)	25.5	68.0	37.4	29.7	29.5
白　酒　（万千升）	Liquor　(10000 kl)	22.4	48.0	46.5	28.2	24.6
啤　酒　（万千升）	Beer　(10000 kl)	115.5	154.1	119.2	76.0	79.5
精制茶　（吨）	Refined Tea　(ton)	57042	178927	257143	216702	202312
卷　烟　（亿支）	Cigarettes　(100 million pieces)	1031	1226	1269	1204	1218
纱　（吨）	Yarn　(ton)	383057	565419	1111904	786974	682639
布　（万米）	Cloth　(10000 m)	56293	108663	141398	79552	76550
棉　布　（万米）	Cotton Cloth　(10000 m)	37373	82439	43565	33732	25232
印染布　（万米）	Printing and Dyeing Cloth　(10000 m)	18332	18392	18462	29305	17214
绒线（毛线）　（吨）	Knitting Wool　(ton)	1996	528	2227	567	559
丝　（吨）	Silk　(ton)	3807	6438	8057	3046	1904
丝织品　（万米）	Silk Fabrics　(10000 m)	2867	4005	7196	2037	1148
服　装　（万件）	Clothing　(10000 units)	11288	53505	117020	80794	72017
梭织服装	Shuttled Clothing	5079	30888	79439	48929	42082
针织服装	Knit Clothing	3625	22617	37582	31865	29935
人造板　（万立方米）	Man-made Board　(10000 cu.m)	200.2	573.0	1495.8	1157.9	1163.6
机制纸及纸板　（万吨）	Machine-made Paper and Paperboard　(10000 tons)	111.1	221.1	306.3	406.6	422.4
纸制品　（万吨）	Paper Products　(10000 tons)	22.8	69.0	181.2	160.4	114.4
原油加工量　（万吨）	Volume of Processed Crude Oil　(10000 tons)	416.0	476.6	689.3	710.0	752
汽　油　（万吨）	Gasoline　(10000 tons)	86.0	97.0	216.6	256.0	283.9
柴　油　（万吨）	Diesel Oil　(10000 tons)	177.4	196.0	281.0	184.0	168.7
燃料油　（万吨）	Fuel Oil　(10000 tons)	8.3	12.4	1.8	14.0	23.7
液化石油气　（万吨）	Liquefied Petroleum　(10000 tons)	30.5	34.1	58.3	70.0	78.3
焦　炭　（万吨）	Coke　(10000 tons)	487.9	839.6	958.5	1228.0	1252.6
硫酸（折100%）　（万吨）	Sulfuric Acid (100%)　(10000 tons)	202.5	439.7	630.1	673.9	697.8
浓硝酸（折100%）　（万吨）	Enriched Nitric Acid (100%)　(10000 tons)	32.5	54.5	63.1	38.3	39.8
氢氧化钠（烧碱）（折100%）　（万吨）	Caustic Soda (100%)　(10000 tons)	18.8	29.0	72.0	85.5	75.1
碳酸钠（纯碱）　（万吨）	Soda Ash　(10000 tons)	24.1	35.4	76.9	88.8	83.3
合成氨　（万吨）	Synthetic Ammonia　(10000 tons)	231.4	266.4	344.8	326.2	303.8
农用氮肥磷钾化学肥料总计　（万吨）	Chemical Fertilizers　(10000 tons)	204.1	255.4	309.7	266.4	208.0
氮肥（折含N100%）　（万吨）	Nitrogen Fertilizers　(10000 tons)	148.2	201.5	228.3	170.4	164.0

13—18　续表　continued

项　　目		Item		2005	2010	2015	2020	2021
磷　肥	（万吨）	Phosphate Fertilizers	(10000 tons)	55.9	54.0	81.4	90.7	40.1
化学农药	（万吨）	Chemical Pesticide	(10000 tons)	3.7	15.1	19.8	16.1	22.4
塑料树脂及共聚物	（万吨）	Plastics	(10000 tons)	26.9	56.9	120.4	324.6	323.0
肥　皂	（吨）	Soap	(ton)	22803	20704			
合成洗涤剂	（万吨）	Synthetic Detergents	(10000 tons)	41.3	74.6	79.4	101.6	102.8
牙膏（自然支）	（万支）	Toothpaste	(10000 units)	65764	77835			
化学原料药	（吨）	Chemical Medicine	(ton)	18960	9208	40473	16717	16727
中成药	（吨）	Traditional Chinese Medicine	(ton)	9672	26190	49709	44885	42336
化学纤维	（万吨）	Chemical Fiber	(10000 tons)	11.4	22.0	27.0	51.5	60
轮胎外胎	（万条）	Tires	(10000 units)	1073.6	3744.3	2829.6	2777.0	3721.3
塑料制品	（万吨）	Plastic Products	(10000 tons)	73.5	186.8	338.7	521.0	463.8
塑料薄膜	（吨）	Plastic Film	(ton)	173228	166674	348278	584266	621093
水　泥	（万吨）	Cement	(10000 tons)	3218	7874	13085	14176	14992
大理石板材	（万平方米）	Marble Plate	(10000 sq.m)	3.30	13.90	535.00	112.80	23.70
花岗石板材	（万平方米）	Granite Plate	(10000 sq.m)	11.60	109.82	497.60	307.40	80.10
平板玻璃	（万重量箱）	Plate Glass	(10000 weight cases)	507.7	1044.3	2302.5	4489.2	4637.0
生　铁	（万吨）	Pig Iron	(10000 tons)	1105.7	1844.9	2092.5	2537.3	2911.6
钢　材	（万吨）	Rolled Steel	(10000 tons)	1141.6	2446.4	3334.7	3607.5	3820.3
铁道用钢材		Steel Use for Railway		14.8	11.9	12.5		
中小型钢材		Rolled-steel, Medium and Small		124.7	158.5	234.9	41.4	43.5
无缝钢管		Seamless Steel Pipe		25.4	20.0	72.6	33.7	38.2
线　材		Wire Rod		171.9	301.1	209.8	265.7	259.6
铜	（万吨）	Copper	(10000 tons)	35.9	83.1	131.1	105.8	110.0
工业锅炉	（蒸吨）	Industrial Boilers	(ton)	2478	5196	31760	18886	5979
内燃机	（万千瓦）	Internal Combustion Engines	(10000 kw)	713.1				
金属切削机床	（台）	Metal-cutting Machine Tools	(unit)	11769	26283	81268	19728	18417
起重设备	（吨）	Derrick Equipment	(ton)	54935	334543	869451	91169	93282
叉　车	（台）	Forklift	(unit)	20303	40613	58094	112564	90687
泵	（台）	Pump	(unit)	82312	409494	2046093	10737814	7775627
轴　承	（万套）	Bearing	(10000 sets)	8055	23665	76633	109653	114340
矿山设备	（吨）	Mining Equipment	(ton)	112593	74055	587194	310109	230775
小型拖拉机	（台）	Mini-tractors	(unit)	119899	17833	15316		
农业运输机械	（辆）	Machinery for Agricultural Transportation	(unit)	32287				
汽　车	（辆）	Motor Vehicles	(unit)	401087	1244735	1257681	1160724	1452112
载货汽车		Trucks		116639	273645	210804	230894	205458
公路汽车		Coach		84980	78426	37578	6450	4090
交流电动机	（万千瓦）	Alternating Current Motor	(10000 kw)	515.8	1599.5	2200.0	2734.9	3235.3
变压器	（万千伏安）	Transformer	(10000 KVA)	1758.6	4136.9	4408.4	3729.1	3537.1
蓄电池	（千伏安时）	Storage Battery	(KVA.h)	806458	6610665	19170259	20208640	20828210
家用洗衣机	（万台）	Household Washing Machines	(10000 units)	441.8	1267.0	1725.2	2380.4	2627.4
家用电冰箱	（万台）	Household Refrigerators	(10000 units)	530.4	2078.9	2888.2	2437.9	2381.4
电风扇	（万台）	Electric Fans	(10000 units)	2.9		34.9		
房间空气调节器	（万台）	Air Conditioners	(10000 units)	515.0	1666.1	3176.1	3009.7	3385.5
电视机	（万部）	TV Sets	(10000 units)	374.4	395.3	1176.9	1611.8	1224.8
#彩色电视机		Color TV		374.4	395.3	1176.9	1611.8	1224.8
微型电子计算机	（万部）	Micro-computers	(10000 unit)	4.3	1.8	1801.5	3097.1	3694.8
发电量	（亿千瓦时）	Electricity	(100 million kwh)	645.7	1443.9	2034.2	2682.0	2911.8
火　电		Thermal Power		634.9	1420.2	1954.7	2527.0	2690.3
水　电		Hydropower		10.9	18.9	30.9	41.0	55.7
煤　气	（亿立方米）	Gas	(100 million cu.m)	147.6	286.6	326.8	502.0	492.1

13—19 各市主要工业产品产量（2021年）
Output of Major Industrial Products by Region (2021)

项 目		Item		合肥市 Hefei	淮北市 Huaibei	亳州市 Bozhou	宿州市 Suzhou
铁矿石原矿量	（万吨）	Iron Ore Products	(10000 tons)	657.6	62.5		
原 盐	（万吨）	Raw Salt	(10000 tons)				
大 米	（万吨）	Rice	(10000 tons)	84.8			
混合饲料	（万吨）	Blending Feed	(10000 tons)	1.3	8.7		14.1
食用植物油	（万吨）	Edible Vegetable Oil	(10000 tons)	45.5	0.1		
白 酒	（千升）	Liquor	(kl)		24516	113776	3401
精制茶	（吨）	Refined Tea	(ton)	3006		565	
纱	（吨）	Yarn	(ton)	13392	41361	15629	45675
布	（万米）	Cloth	(10000 m)	1993		1954	7695
机制纸及纸板	（万吨）	Machine-made Paper and Paperboard	(10000 tons)	11.3			94.7
原油加工量	（万吨）	Volume of Processed Crude Oil	(10000 tons)				
农用氮肥磷钾化学肥料总计	（万吨）	Chemical Fertilizers	(10000 tons)	24.2			
中成药	（吨）	Traditional Chinese Medicine	(ton)	2451.5		8573.8	54.3
化学纤维	（万吨）	Chemical Fiber	(10000 tons)	6.2	0.1		
轮胎外胎	（万条）	Tires	(10000 units)	2828.2			
水 泥	（万吨）	Cement	(10000 tons)	1597.2	673.1	295.5	702.5
平板玻璃	（万重量箱）	Plate Glass	(10000 weight cases)	408.6			
生 铁	（万吨）	Pig Iron	(10000 tons)				
成品钢材	（万吨）	Steel Products	(10000 tons)	161.3	7.7		
铜	（万吨）	Copper	(10000 tons)				
叉 车	（台）	Forklift	(unit)	88700			
汽 车	（辆）	Motor Vehicles	(unit)	637099			
载货汽车		Trucks		167819			
家用洗衣机	（万台）	Household Washing Machines	(10000 units)	2388.0			
家用电冰箱	（万台）	Household Refrigerators	(10000 units)	1811.3			
房间空气调节器	（万台）	Air Conditioners	(10000 units)	1004.4	73.2		
彩色电视机	（万部）	Color TV	(10000 units)	778.8			
发电量	（亿千瓦时）	Electricity	(100 million kwh)	243.4	213.9	134.4	165.0

蚌埠市 Bengbu	阜阳市 Fuyang	淮南市 Huainan	滁州市 Chuzhou	六安市 Luan	马鞍山市 Maanshan	芜湖市 Wuhu	宣城市 Xuancheng	铜陵市 Tonglin	池州市 Chizhou	安庆市 Anqin	黄山市 Huangshan
				2453.1	54.2	8.4				1.5	
			141.5								
42.9	93.5	250.2	132.5	126.8	27.8	64.4	26.5	5.8	9.4	67.0	7.1
10.4	4.1	14.8	11.8	1.6		1.5	9.1				
11.9	3.8	3.5		3.1	4.5	0.1	4.2		0.5	1.3	
8408	47275	492	6798	33906			6913	82	464	304	
			166	4592			14794	2	14818	3215	161155
39328	235579	6890	20035	688	5589	34485	9136		5151	207946	1755
339	1928	187		1261	31	145	29266	3676		9751	18326
4.4	11.2	7.8	24.0	9.2	206.8	18.1	14.4			17.4	3.1
										752.0	
	81.4	16.1	12.8				13.1	53.4	3.0	4.0	
162.4	10437.5	2072.2	6646.0	2189.0	1779.0	2059.8	541.2			3013.8	2355.2
	3.7		25.0	11.5		0.1	3.3		0.2	10.1	
380.0			51.9			461.2					
414.4	485.3	901.5	1437.4	512.5	2076.7	2055.4	1118.3	1241.5	385.6	890.1	205.0
			872.1	808.5		2231.7				316.1	
	0.8			309.2	1836.4	504.8		260.3			
	4.2	59.5	42.0	259.4	2079.5	606.7	277.6	314.0	2.8	5.7	
								110.0			
				1987							
		22459			15430	777124					
		22209			15430						
			239.4								
			555.8	14.3							
			74.7			2232.8				0.5	
	35.1		400.4		10.4						
158.4	78.6	714.3	85.6	100.5	270.7	229.5	96.8	201.5	49.6	168.6	0.1

主要统计指标解释

工业

指从事自然资源的开采，对采掘品和农产品进行加工和再加工的物质生产部门。具体包括：(1)对自然资源的开采，如采矿、晒盐等（但不包括禽兽捕猎和水产捕捞）；(2)对农副产品的加工、再加工，如粮油加工、食品加工、缫丝、纺织、制革等；(3)对采掘品的加工、再加工，如炼铁、炼钢、化工生产、石油加工、机器制造、木材加工等，以及电力、燃气及水的生产和供应等；(4)对工业品的修理、翻新，如机器设备的修理等。

工业统计调查单位为工业法人单位。

工业法人单位指从事工业生产经营活动的法人单位。工业法人单位应同时具备以下条件：①依法成立，有自己的名称、组织机构和场所，能够独立承担民事责任；②独立拥有（或授权）使用资产，承担负债，有权与其他单位签订合同；③具有包括资产负债表在内的帐户，或者能够根据需要编制帐户。

国有控股企业

即原来的国有及国有控股企业，根据企业实收资本中国有经济成分的出资人的实际投资情况，或国有经济成分的出资人对企业资产的实际控制、支配程度进行分类。以下情况为国有控股：(1)在企业的全部实收资本中，国有经济成分的出资人拥有的实收资本（股本）所占企业全部实收资本（股本）的比例大于 50%的国有绝对控股。(2)在企业的全部实收资本中，国有经济成分的出资人拥有的实收资本（股本）所占比例虽未大于 50%，但相对大于其他任何一方经济成分的出资人所占比例的国有相对控股；或者虽不大于其他经济成分，但根据协议规定拥有企业实际控制权的国有协议控股。(3)投资双方各占 50%，且未明确由谁绝对控股的企业，若其中一方为国有经济成分的，一律按国有控股处理。

本篇涉及的企业登记注册类型的解释详见综合篇。

轻工业

指主要提供生活消费品和制作手工工具的工业。按其所使用的原料不同，可分为两大类：(1)以农产品为原料的轻工业，是指直接或间接以农产品为基本原料的轻工业。主要包括食品制造、饮料制造、烟草加工、纺织、缝纫、皮革和毛皮制作、造纸以及印刷等工业；(2)以非农产品为原料的轻工业，是指以工业品为原料的轻工业。主要包括文教体育用品、化学药品制造、合成纤维制造、日用化学制品、日用玻璃制品、日用金属制品、手工工具制造、医疗器械制造、文化和办公用机械制造等工业。

重工业

指为国民经济各部门提供物质技术基础的主要生产资料的工业。按其生产性质和产品用途，可以分为下列三类：(1)采掘(伐)工业，是指对自然资源的开采，包括石油开采、煤炭开采、金属矿开采、非金属矿开采等工业；(2)原材料工业，指向国民经济各部门提供基本材料、动力和燃料的工业。包括金属冶炼及加工、炼焦及焦炭、化学、化工原料、水泥、人造板以及电力、石油和煤炭加工等工业；(3)加工工业，是指对工业原材料进行再加工制造的工业。包括装备国民经济各部门的机械设备制造工业、金属结构、水泥制品等工业，以及为农业提供的生产资料如化肥、农药等工业。

根据上述划分原则，修理业中以重工业产品为修理作业对象的划为重工业，反之划为轻工业。

资产总计

指企业过去的交易或者事项形成的、由企业拥有或者控制的、预期会给企业带来经济利益的资源。资产一般按流动性分为流动资产和非流动资产。其中流动资产可分为货币资金、交易性金融资产、应收票据、应收账款、预付款项、其他应收款、存货等；非流动资产可分为长期股权投资、固定资产、无形资产及其他非流动资产等。来源于会计“资产负债表”中“资产总计”项目的期末余额数。

流动资产合计

资产满足以下条件之一应归为流动资产：（1）预计在一个正常营业周期中变现、出售或耗用，主要包括存货、应收账款等；（2）主要为交易目的而持有；（3）预计在资产负债表日起一年内（含一年）变现；（4）自资产负债日起一年内，交换其他资产或清偿负债的能力不受限制的现金或现金等价物。包括货币资金、应收票据、应收账款、存货等项目。来源于会计“资产负债表”中“流动资产合计”项目的期末余额数。

固定资产原价

指企业在建造、购置、安装、改建、扩建、技术改造某项固定资产时所支出的全部货币总额。它一般包括买价、包装费、运杂费和安装费等。

负债合计

指企业过去的交易或者事项形成的，预期会导致经济利益流出企业的现时义务。负债一般按偿还期长短分为流动负债和非流动负债。来源于会计“资产负债表”中“负债合计”项目的期末余额数。

所有者权益合计

指企业投资人对企业净资产的所有权。企业净资产为企业全部资产与企业全部负债的差额，包括实收资本、资本公积、盈余公积、未分配利润等。根据会计“资产负债表”中“所有者权益”项的期末数填列。

营业收入

指企业经营主要业务和其他业务所确认的收入总额。营业收入包括“主营业务收入”和“其他业务收入”。来源于会计“利润表”中“营业收入”项目的本年累计数。

营业成本

指企业经营主要业务和其他业务所发生的成本总额。包括企业（单位）在报告期内从事销售商品、提供劳务等日常活动发生的各种耗费。包括“主营业务成本”和“其他业务成本”。来源于会计“利润表”中“营业成本”项目的本年累计数。

税金及附加

指企业因从事生产经营活动按税法规定应缴纳的消费税、城市维护建设税、资源税、环境保护税、教育费附加及房产税、土地使用税、车船使用税、印花税等相关税费。

利润总额

指企业在一定会计期间的经营成果，是生产经营过程中各种收入扣除各种耗费后的盈余，反映企业在报告期内实现的盈亏总额。来源于会计“利润表”中“利润总额”项目的本年累计数。

本年应交增值税

指企业按税法规定，从事货物销售或提供加工、修理修配劳务等增加货物价值的活动本期应交纳的税金。指企业在报告期应交增值税额。计算公式为：

本年应交增值税=销项税额-（进项税额-进项税额转出）-出口抵减内销产品应纳税额-减免税款+出口退税

本年进项税额指工业企业在报告期内购入货物或接受应税劳务而支付的、准予从销项税额中抵扣的增值税额。

本年销项税额指工业企业在报告期内销售货物或提供应税劳务应收取的增值税额。

从业人员平均人数

是指报告期内每天拥有的从业人员人数。其计算公式为：

月平均人数=报告月内每天实有人数之和/报告月日历日数

季平均人数=季内各月平均人数之和/3

年平均人数=年内各月平均人数之和/12

总资产贡献率

反映企业全部资产的获利能力，是企业经营业绩和管理水平的集中体现，是评价和考核企业盈利能力的核心指标。计算公式为：

总资产贡献率（%）=（利润总额+税金总额+利息支出）/平均资产总额×100%

公式中：税金总额为产品销售税金及附加与应交增值税之和；平均资产总额为期初期末资产之和的算术平均值。

资产负债率

该指标既反映企业经营风险的大小，也反映企业利用债权人提供的资金从事经营活动的能力。计算公式为：

资产负债率（%）=负债总额/资产总额×100%

资产与负债均为报告期期末数。

流动资产周转次数

指一定时期内流动资产完成的周转次数，反映投入工业企业流动资金的周转速度。计算公式为：

流动资产周转次数=主营业务收入/全部流动资产平均余额

公式中：全部流动资产平均余额为期初和期末的流动资产之和的算术平均值。

成本费用利润率

反映企业投入的生产成本及费用的经济效益，同时也反映企业降低成本所取得的经济效益。计算公式为：

成本费用利润率（%）=利润总额/成本费用总额×100%

公式中：成本费用总额为主营业务成本、销售费用、管理费用、财务费用之和。

Explanatory Notes for Major Statistical Indicators

Industry

refers to the material production sector which is engaged in the extraction of natural resources and processing and reprocessing of minerals and agricultural products, including (1) extraction of natural resources, such as mining, salt production (but not including hunting and fishing); (2) processing and reprocessing of farm and sideline produces, such as grain and oil processing, food processing, silk reeling, spinning and weaving and leather making; (3) processing and reprocessing of mineral products, such as steel making, iron smelting, chemicals manufacturing, petroleum processing, machine building, timber processing, and production and supply of electricity, gas and water; (4) repairing and renovating of industrial products such as the machinery.

In industrial surveys, the units of enquiry are industrial corporate units.

Industrial corporate units refer to corporate units engaging in industrial production and operation activities, which meet the following requirements: (1) They are established legally, having their own names, organizations, location, and are able to take civil liability independently; (2) They possess (or are authorized to use) assets independently, assume liabilities and are entitled to sign contracts with other units; (3) They have accounts including the balance sheets or can compile the accounts according to the need.

State-holding Enterprises

cover the original state-owned enterprises and state-holding enterprises. They are classified according to the actual investment made by the contribor of state-owned part in the paid-in capital of the enterprises, or the degree of control or dominance of the contributor on the assets of the enterprises. The following cases are regarded as state-holding: (1) Absolute state-holding in which the contribors of state-owned parts possess more than 50% of all the paid-in capital (stocks) of the enterprises; (2) Relative state-holding in which the contribors of state-owned parts possess no more than 50% of the paid-in capital (stocks) of the enterprises, but more than that of any other contributors; or Agreed state-holding in which the contribors of state-owned parts possess no more than other contributors but have actual control over the enterprises according to agreements; (3) In the case both contributors possess 50% and it is not clear which one is in absolute holding position, the enterprise is regarded as state-holding enterprise if one of the contributor has state-owned elements.

For explanation of types of registration covered in this chapter, please refer to General Survey.

Light Industry

refers to the industry that produces consumer goods and hand tools. It consists of two categories, depending on the materials used:

(1) Industries using farm products as raw materials. These are the branches of light industry which directly or indirectly use farm products as basic raw materials, including the manufacture of food and beverages, tobacco processing, textile, clothing, fur and leather manufacturing, paper making, printing, etc.

(2) Industries using non-farm products as raw materials. These are the branches of light industry which use manufactured goods as raw materials, including the manufacture of cultural, educational articles and sports goods, chemicals, synthetic fibre, chemical products for daily use, glass products for daily use, metal products for daily use, hand tools, medical apparatus and instruments, and the manufacture of cultural and office machinery.

Heavy Industry

refers to the industry which produces capital goods, and provides various sectors of the national economy with necessary material and technical basis for production. It consists of the following three branches according to the purpose of production or the use of products:

(1) Mining, quarrying and logging industry, which refers to the industry that extracts natural resources, including extraction of petroleum, coal, metal and non-metal ores.

(2) Raw materials industry refers to the industry that provides various sectors of the national economy with raw materials, fuels and power. It includes smelting and processing of metals, coking and coke chemistry, chemical materials and building materials such as cement, plywood, and power, petroleum refining and coal dressing.

(3) Manufacturing industry which refers to the industry that processes raw materials. It includes machine-building industries which equip sectors of the national economy; industries producing metal structure and cement products; and industries producing means of agricultural production, such as chemical fertilizers and pesticides.

In accordance with the above principles of classification,

the repairing trades, which are engaged primarily in repairing products of heavy industry, are classified as heavy industry while those which are engaged in repairing products of light industry are classified as light industry.

Total Assets

refer to all resources that are owned or controlled by enterprises through previous trades or transactions with expectation of making economic profits. Classified by the degree of liquidity, total assets include current assets and non-current assets. Current assets can be classified into monetary capital, trading financial assets, notes receivable, accounts receivable, advanced payments, other receivables and inventories. Non-current assets can be divided into long-term equity investment, fixed assets, intangible assets and other non-current assets. Data on this indicator can be obtained from the year-end figures of total assets in the Balance Sheet of accounting records.

Total Current Assets

refer to the assets that meet one of the following requirements: (1) expected to be cashed, sold or used in a normal operation cycle, mainly including inventory and accounts receivable; (2) be owned for trading purpose mainly; (3) expected to be cashed in one year (including one year) from the day of the Balance Sheet; (4) unlimited cash or cash equivalents that can be exchanged with other assets or being capable of settling debts during one year since the day of the Balance Sheet. Included are monetary capital, notes receivable, accounts receivable and inventories. Data on this indicator can be obtained from the year-end figures of total current assets in the Balance Sheet of accounting records.

Fixed Assets Original Cost

refers to the total amount of money spent by an enterprise in the construction, purchase, installation, renovation, expansion and technological transformation of a fixed asset. It generally includes purchase price, packing fee, freight and miscellaneous expenses, installation fee, etc.

Total Liabilities

refer to payable liabilities of enterprises that accumulated from previous trades or transactions with expectation of economic profits leaking out. In terms of payment, it can be divided into liquid liabilities and long-term liabilities. Data on this indicator can be obtained from the year-end figures of total liabilities in the Balance Sheet of accounting records.

Total Owner's Equity

Refers to the ownership of the net assets of an enterprise by its investors. The net assets of an enterprise are the difference between its total assets and its total liabilities, including paid-in capital, capital reserves, surplus reserves, undistributed profits, etc. According to the final number of "owner's equity" in the accounting "balance sheet".

Business Revenue

refers to the total revenue recognized by an enterprise in its principal business and other business operations. Business revenue includes " revenue from principal Business" and " revenue from other business". It comes from this year's cumulative report of "business revenue" items from the "income statement".

Business Cost

refers to the total cost incurred by an enterprise in its principal business and other business operations. It includes various expenditures incurred by enterprises (units) in their daily activities of selling goods and providing labour services during the reporting period. It includes "Cost of principal business" and "Cost of other business". It comes from this year's cumulative report of "operating cost" items from the "income statement".

Taxes and Surcharges

To the consumption tax, urban maintenance and construction tax, resource tax, environmental protection tax, education surcharge, property tax, land use tax, vehicle and vessel use tax, stamp duty and other related taxes and fees that enterprises should pay according to the provisions of the tax law.

Total Profits

refers to the operation results in a certain accounting period, and it is the balance of various incomes minus various spendings in the course of operation, reflecting the total profits and losses of enterprises in reference period. Data are obtained from the this year's cumulative amount of total profits in the profit statement of the accounting record of enterprise.

VAT Payable This Year

according to the provisions of the tax law, enterprises should pay taxes in the current period for activities that increase the value of goods, such as selling goods or providing processing, repair and maintenance services. Refers to the value-added tax payable by the enterprise during the reporting period. The calculation formula is:

Value added tax payable this year = output tax amount - (input tax amount-transfer - out of input tax amount) - export deduction of tax payable on domestic products - tax relief + export tax refund

This year's input tax refers to the value-added tax paid by industrial enterprises for purchasing goods or receiving taxable services during the reporting period and allowed to be deducted from the output tax.

This year's output tax refers to the value-added tax payable by industrial enterprises for selling goods or providing taxable services during the reporting period.

Average number of employees

refers to the number of employees per day during the reporting period. The calculation formula is:

Average number of people per month = sum of actual number of people per day in the reporting month/number of calendar days in the reporting month

Quarterly Average Number = Sum of Monthly Average Number in Quarter /3

Annual Average Number = Sum of Average Number of Months in Year /12

Ratio of Profits, Taxes and Interests to Average Assets

reflects the profit-making capability of all assets of the enterprise and is a key indicator manifesting the performance and management and evaluating the profit-making potential of the enterprise. It is calculated as follows:

Ratio of Profits, Taxes and Interests to Average Assets (%) = (total profits + total taxes + interest payment) / average assets × 100%

In the above formula, total taxes is the sum of tax and extra charges on the sales of products and value-added tax payable; and average assets is the arithmetic mean of the sum of beginning assets and ending assets.

Ratio of Debts to Assets

reflects both the operation risk and the capability of the enterprise in making use of the capital from the creditors. It is calculated as follows:

Ratio of Debts to Assets (%) = total debts / total assets × 100%

Both assets and debts are figures at the end of the reference period.

Turnover of Working Capital

refers to the number of times of turnover of working capital in a given period of time, which reflects the speed of the turnover of working capital of industrial enterprises, and is calculated as follows:

Turnover of Working Capital = sales revenue of products / average balance of total working capital

In the above formula, average balance of total working capital refers to the arithmetic mean of the sum of working capital at the beginning and at the end of the reference period.

Ratio of Profits to Total Industrial Costs

refers to the ratio of profits realized in a given period to the total costs in the same period, which reflects the economic efficiency of input cost and is calculated as follows:

Ratio of Profits to Total Industrial Cost (%) = total profits / total costs × 100%

Total costs in the above formula are the sum of cost of products sold, marketing cost, management cost and financial cost.

第十四篇

Chapter 14

建筑业

CONSTRUCTION

简要说明

一、本篇资料反映我省建筑业概况和发展情况。主要包括建筑业企业生产经营情况，指标有企业个数、从业人员数、建筑业总产值、房屋建筑面积、机械设备、资产负债、利润税金、劳动生产率、技术装备率等。此外，2003 年及以前还包括农村建筑队主要指标。

二、建筑业企业资料由省统计局固定资产投资处提供。建筑业统计范围从 1996 年年报起由原城镇及城镇以上各种经济类型的建筑业企业扩大到具有建筑业资质等级的各种经济类型的建筑业企业，资料来源依据国家统计局制定的“建筑业统计报表制度”收集的有关年报资料。

Brief Introduction

I. Data in this chapter show the general situation and the development of the construction in the province. They cover mainly the situation of production and management of the enterprises of construction, including number of enterprises number of employed persons, gross output value, floor space of the building, machinery and equipment, assets and liabilities, profits and taxes, labor productivity, per capita machinery, etc. They also cover the main indicators of the rural construction teams at 2003 and before.

II. Data on the enterprises of construction in this chapter are provided by the Division of Statistics in Investment in Fixed Assets, Anhui Statistical Bureau. The coverage of construction statistics has been enlarged since 1996 when the annual statistical reports were submitted. The original coverage includes all the construction enterprises of various types of ownership at and above town level. The new coverage includes all the construction enterprises of various types of ownership with qualification. Data are collected in accordance with the “reporting scheme of construction statistics” stipulated by the National Bureau of Statistics.

14—1 建筑业企业概况
Main Indicators on Construction Enterprises

年 份 Year	总 计 Total	内 资 Domestic Funded	#国有企业 State-owned Enterprises	#集体企业 Collective Enterprise	港澳台商投资企业 Funded from Hong Kong, Macao and Taiwan	外 商投资企业 Foreign Funded	国 有控股企业 State Controlling Funded Hold Enterprises
企业单位数（个） Number of Enterprises (unit)							
2005	1946	1934	193	278	8	4	321
2010	2469	2457	168	139	6	6	249
2013	2757	2745	122	85	5	7	234
2014	2807	2797	88	79	5	5	229
2015	2867	2857	72	70	4	6	223
2016	3037	3030	56	62	4	3	237
2017	3216	3208	53	58	4	4	231
2018	3980	3975	43	52	4	1	226
2019	4574	4568	36	47	5	1	229
2020	5878	5872	49	43	5	1	254
2021	7274	7268	60	40	5	1	306
期末从业人员（万人） Number of Persons Engaged (10000 persons)							
2005	98.57	98.13	16.67	13.45	0.32	0.11	24.35
2010	157.97	157.62	31.79	6.68	0.16	0.19	42.66
2013	176.88	176.62	21.48	4.17	0.13	0.13	38.52
2014	171.57	171.39	7.16	4.18	0.08	0.10	36.64
2015	168.82	168.65	6.16	3.75	0.08	0.09	32.13
2016	168.09	167.95	7.18	3.28	0.08	0.06	33.77
2017	171.56	171.43	3.45	2.99	0.07	0.05	33.74
2018	186.92	186.82	2.28	2.56	0.09		37.52
2019	198.40	198.35	1.90	2.18	0.04	0.001	40.59
2020	203.73	203.68	2.09	1.92	0.05	0.00	41.15
2021	196.15	196.11	2.16	1.86	0.05	0.00	40.04
总 产 值（万元） Gross Output Value (10000 yuan)							
2005	9230814	9194875	2678924	815820	25256	10683	3674953
2010	28649619	28583665	8940053	743385	32530	33424	12034370
2013	49635516	49560201	9286296	605431	19409	55906	17750941
2014	54829260	54766827	4202697	634176	19529	42904	19626151
2015	56959353	56899036	3137078	634536	11800	48518	18858827
2016	60471125	60433001	3612219	569888	7026	26677	20500444
2017	68296702	68247114	1181390	576187	14160	35428	23956953
2018	78884540	78829984	672974	538159	54230	326	28105196
2019	85032583	84965307	631379	596117	67012	265	29729097
2020	93651164	93596064	1080189	610558	55099		33147899
2021	105840381	105795855	1393790	605693	44526		39355368

注：1．附营施工单位的生产活动在整个建筑生产活动中所占份额极小，加之资料不全，因而在总计中已略去。
2．2005年及以后年份为总承包和专业承包建筑业企业，城镇集体和农村建筑队不作统计。

a) The production activity of subsidiary construction units is omitted in the total because the portion is very small and the data are incomplete.
b) After 2005, Data are general contracting and professional contract of construction enterprises, Cities collective and construction crew of countryside doesn't count.

14—2 主要年份建筑业企业主要经济指标
Main Economic Indicators on Construction Enterprises

指　　标	Item	2005	2010	2015	2020	2021
企业单位数（个）	Number of Construction Enterprises (unit)	1946	2469	2867	5878	7274
从业人数（万人）	Staff and Workers (annual average) (10000 persons)	98.57	157.97	168.82	203.73	196.15
固定资产原价（万元）	Original Cost of Fixed Assets (10000 yuan)	2403291	4034386	5676268	6850413	7127281
自有固定资产净值（万元）	Fixed Assets Owned (net value) (10000 yuan)	1666488	2744333	4337451		
自有施工机械设备净值（万元）	Net Value of Self-owned Construction Machinery and Equipment (10000 yuan)	889068	1466999	1749198	1108484	1181337
自有施工机械设备总台数（台）	Total Number of Owned Construction Machinery and Equipment (unit)	383944	415557	398670	207285	173832
自有施工机械设备总功率（万千瓦）	Total Power of Own Construction Machinery and Equipment (10000 kw)	464.92	663.58	904.82	472.76	512.00
建筑业总产值（万元）	Gross Output Value of Construction (10000 yuan)	9230814	28649619	56959353	93651164	105840381
建筑工程	Construction Projects	7859068	25058430	48827159	79641512	89787579
安装工程	Installation Projects	993979	2468351	4354850	6786347	7862917
其　　他	Others	377768	1122838	3777345	7223305	8189885
固定资产本年折旧（万元）	Depreciation of Fixed Assets (10000 yuan)	139061	260805	345217	425507	435117
应付职工薪酬（万元）	Payable Employee compensation (10000yuan)			7791355	12581273	13839426
主营业务税金及附加（万元）	Main Business Tax and Additon (10000yuan)	300229	1043879	1669272	470552	449506
应交增值税（万元）	Value Added Tax Payable (10000yuan)				1703383	1770848
营业利润（万元）	Business Profit (10000yuan)			1864170	2437436	2572879
利润总额（万元）	Total Profits (10000 yuan)	178167	983596	1872829	2487347	2608377
劳动生产率（元/人）（按总产值计算）	Overall Labor Productivity (yuan/person) In Terms of Gross Output Value	95803	177486	340696	457314	533025
房屋建筑施工面积（万平方米）	Floor Space of Buildings Under Construction (10000 sq.m)	9869.50	23295.69	41479.74	49377.02	53887.36
房屋建筑竣工面积（万平方米）	Floor Space of Buildings Completed (10000 sq.m)	5081.27	10512.36	15553.62	14516.04	14006.50
房屋建筑面积竣工率（%）	Ratio of Floor Space of Buildings Completed (%)	51.48	45.13	37.50	29.40	25.99
产值利润率（%）	Ratio of Profit to Gross Output Value (%)	1.93	3.43	3.29	2.66	2.46

14—3 建筑业企业房屋建筑完成情况（2021年）
Floor Space of Buildings Completed by Construction Enterprises (2021)

指 标	Item	房屋建筑竣工面积（万平方米）Completed Area of Building Construction (10000 sq.m)	#国有及国有控股企业 State Controlling Funded Hold Enterprises	房屋竣工价 值（万元）Value of the Completed House (10000 yuan)	#国有及国有控股企业 State Controlling Funded Hold Enterprises
总 计	**Total**	**14006.5**	**2349.6**	**21425370**	**4422931**
住 宅	Residential Buildings	8647.2	1587.2	13019341	2484989
商业及服务用房屋	Buildings Used for Business and Services	796.5	109.1	1280444	122894
批发和零售用房	Buildings Used for Wholesale and Retail	330.4	6.7	498411	21843
住宿用房	Buildings Used for Accommodation	31.8		40331	
餐饮用房	Buildings Used for Catering Services	8.3		10392	
商务会展用房屋	Buildings Used for	15.2	1.0	23658	1533
居民服务业用房	Buildings Used for Resident Services	410.8	101.4	707653	99518
办公用房	Office Buildings	496.3	39.4	781902	99207
科研、教育、医疗用房	Buildings Used for Scientific Research,Education, Medical Services	711.8	202.2	1282949	466747
科研用房	Buildings Used for Scientific Research	22.9	0.0	25275	80
教育用房	Buildings Used for Education	541.4	144.8	1073732	383134
卫生医疗用房	Buildings Used for Sanitation and Medical Services	147.4	57.4	183941	83533
文化、体育和娱乐用房	Buildings Used for Culture, Physical Training and Entertainment	96.6	40.9	198101	96700
厂房及建筑物	Workshops and Buildings	2705.7	253.1	3711874	490890
厂 房	Workshops	1583.4	195.2	2046989	370446
仓 库	Storehouses	64.3	2.0	88634	4022
其他用房	Others	488.1	115.7	1062126	657483

14—4 建筑业企业主要生产指标（2021年）
Main Indicators on Construction Enterprises (2021)

指　标	Item	合　计 Total Enterprises	总承包 General Contractor	专业承包 Professional Contractor
企业单位个数 （个）	Number of Enterprises in Charge of Construction (unit)	7274	5702	1572
签订的合同额 （万元）	Volume of Signed Contracts (10000 yuan)	226376423	211225661	15150763
直接从事建设单位承揽工程完成的产值 （万元）	Output Value of Projects Contracted by Construction Units Directly Engaged in Construction (10000 yuan)	99535564	89616503	9919061
自行完成施工产值	Output Value Completed by Self	98195949	88408507	9787443
分包出去工程产值	Engineering Subcontract Value	1339615	1207996	131619
从事建设单位以外承揽工程完成的产值 （万元）	Accomplished Output Value of the Project Not Taken from Construction Units (10000 yuan)	7644432	6162039	1482393
建筑业总产值 （万元）	Gross Output Value of Construction (10000 yuan)	105840381	94570545	11269835
#装饰装修产值	Decoration and Fixing UP	2460031	1345086	1114945
在外省完成产值	In Other Provinces	27445746	24299478	3146268
#建筑工程	Construction Projects	89787579	83150681	6636898
安装工程	Installation Projects	7862917	5071411	2791506
其　他	Others	8189885	6348453	1841432
竣工产值 （万元）	Output Value of Buildings Completed (10000 yuan)	38531709	34839485	3692224
房屋建筑施工面积 （万平方米）	Floor Space of Buildings Under Construction (10000 sq.m)	53887.36	52342.07	1545.29
#本年新开工	Newly Started Projects in this Year	17579.70	16812.33	767.37
房屋建筑竣工面积 （万平方米）	Floor Space of Buildings Completed (10000 sq.m)	14007	13150.08	856.42
房屋竣工价值 （万元）	Value of Buildings Completed (10000 yuan)	21425370	20640750	784620
从事建筑业活动的平均人数 （万人）	Average Number of Persons Engaged in Construction Activities (10000 person)	198.57	172.31	26.25
从业人员 （万人）	Employed Persons at the Year-End (10000 person)	196.15	170.35	25.81
#工程技术人员	Engineering Technical Personnel	24.82	21.47	3.35
劳动生产率 （元/人）	Overall Labor Productivity (yuan/person)	533025	548834	429265
房屋建筑面积竣工率 （%）	Rate of Floor Space of Buildings Completed (%)	25.99	25.12	55.42

内资企业 Domestic Funded	#集 体 Collective-owned	#私 营 Private	港澳台商投资企业 Funded Enterprises from Hong Kong, Macao and Taiwan	外商投资企业 Foreign Funded	国有及国有控股企业 State Controlling Funded Hold Enterprises	房屋建筑业 Building	土木工程建筑业 Civil Engineering	建筑安装业 Construction Installation Industry	建筑装饰和其他建筑业 Architectural Decoration and Other Construction Industry
7268	40	5784	5	1	306	3533	2352	509	880
226286737	791492	78211858	89686		123764944	121762113	91975661	6939364	5699285
99490786	604228	46031289	44778		37635560	54445527	36437082	4845600	3807355
98151424	604228	45702994	44526		36691797	53877207	35762223	4787881	3768639
1339362		328295	253		943763	568320	674859	57720	38716
7644432	1465	3857420			2663571	2555529	3872764	845787	370351
105795855	605693	49560415	44526		39355368	56432735	39634987	5633668	4138990
2438890	3791	1760269	21141		248692	1125180	180139	128108	1026605
27425509	311005	7538048	20236		17452371	11290989	13710833	1723480	720444
89777321	340673	40863997	10258		35197056	50720813	33711022	2303520	3052224
7840281	191369	3887924	22635		1979434	2987219	2211755	2298839	365104
8178253	73652	4808494	11632		2178878	2724704	3712210	1031309	721662
38528459	427192	20396387	3250		11818011	23313219	12088089	1967182	1163219
53883.46	317.70	22598.01	3.90		19041.27	48186.45	4716.16	452.87	531.88
17578.34	257.07	9471.32	1.36		5013.14	15770.28	1388.52	194.74	226.16
14003.97	249.52	9025.91	2.53		2349.60	12311.46	1288.82	206.23	200.00
21422120	261787	12954150	3250		4422931	18959988	2007785	287533	170064
198.52	1.83	117.80	0.05		40.77	121.29	55.00	11.70	10.57
196.11	1.86	115.83	0.05		40.04	121.42	53.19	11.48	10.06
24.81	0.17	14.10	0.01		5.64	13.71	8.16	1.57	1.39
532926	331668	420717	955483		965188	465257	720649	481313	391657
25.99	78.54	39.94	64.99		12.34	25.55	27.33	45.54	37.60

14—5 建筑业企业主要财务指标（2021年）
Main Financial Indicators on Construction Enterprises (2021)

指 标	Item	企业数（个）Number of Enterprises (unit)	流动资产合计 Circulating Funds	#存货 Stock
总 计	**Total**	**7274**	**76813251**	**8459617**
#国有及国有控股企业	State Controlling Share Hold Enterprises	306	36281861	1886694
按登记注册类型分	**Grouped by registration Type**			
内资企业	Domestic Funded Enterprise	7268	76742969	8441386
国有企业	State-owned Enterprise	60	1334142	244295
集体企业	Collective-owned Enterprise	40	193731	52967
股份合作企业	Share Holding Cooperative Enterprises	18	84668	8998
联营企业	Joint Owned Enterprises	1	46151	
国有独资公司	Wholly State-owned Company	56	9552187	423927
其他有限责任公司	Other Limited Liability Corporations	1240	34109043	3118294
股份有限公司	Share-holding Corporations Ltd.	65	4893136	240903
私营企业	Private Enterprises	5784	26525189	4351516
其他企业	Other Enterprises	4	4723	487
港澳台商投资企业	Enterprises Funded by Entrepreneurs from Hong Kong, Macao and Taiwan	5	70282	18231
外商投资企业	Foreign Funded Enterprises	1		
按国民经济行业分	**Grouped by Sector**			
房屋建筑业	Building	3533	37432231	5178640
土木工程建筑业	Civil Engineering	2352	32476214	2317703
#铁路道路隧道和桥梁工程建筑业	Railroad Road Tunnel &Bridge Engineering Enterprises	1678	19714798	1306670
建筑安装业	Construction Installation Industry	509	4120535	570918
建筑装饰和其他建筑业	Architectural Decoration and Other Construction Industry	880	2784272	392356
建筑装饰和装修业	Architectural Decoration and Decoration Industry	697	1907905	315579
按资质等级分	**By Qualification Standard**			
施工总承包	Chief Construction Contract	5702	68955709	7360731
特 级	Top Grade	31	26288453	1061490
一 级	First Grade	336	19031095	2313708
二 级	Second Grade	939	10545991	1975500
三级及以下	Third Grade and Below	4396	13090170	2010034
专业承包	Professional Contract	1572	7857543	1098886
一 级	First Grade	268	3411651	493633
二 级	Second Grade	793	2666353	337278
三级及以下	Third Grade and Below	511	1779539	267975

单位：万元（10000 yuan）

固定资产原价 Original Value of Fixed Assets	累计折旧 Progessive Depreciation	#本年折旧 Depreciation this Year	资产总计 Total of Assets	负债合计 Total of Liabilities	#流动负债 Current Liabilities	所有者权益 Creditors' Equity	#实收资本 Capital Hold
7127281	**3099751**	**435117**	**97153645**	**70810710**	**62183358**	**26343009**	**12872409**
2679653	1251341	142911	47328877	38040621	33505439	**9288255**	4356477
7101965	3095144	434363	97060547	70748553	62123010	26312068	12857713
94690	31633	3121	1600324	1338017	1181047	262307	103221
76199	36753	3009	255053	118460	91070	136593	47264
11438	6541	1247	96975	80103	78350	16872	8219
12	1	1	46164	38600	38600	7563	6940
600368	287107	34591	10946170	9377602	8387369	1568568	842010
2889972	1301603	157134	45088314	33821303	29483749	11267011	5377558
399790	153731	21130	7484820	5686177	4700128	1798643	573680
3029306	1277764	214118	31537706	20284657	18159262	11253122	5897604
189	13	13	5022	3634	3436	1388	1218
25316	4608	753	93099	62157	60349	30942	14696
2818280	1105716	152715	45740918	34287114	29707912	11453884	5795615
3412381	1627525	223267	43094007	31313930	27822378	11780071	5788230
2156032	1002767	141213	26627717	19476994	17351347	7150716	3678195
547320	234713	36758	4961119	3190594	2892419	1770526	696006
349300	131797	22377	3357601	2019072	1760649	1338529	592558
184540	70419	13535	2219728	1363327	1137156	856401	422898
5997612	2628182	360391	87488024	64576602	56678622	22911495	11375071
1787602	815822	99405	36272847	28689351	24691476	7583495	3573158
1485223	742956	82173	23048134	16802676	15158867	6245458	2835396
1295328	580155	70628	12236520	8010199	7299039	4226321	2330306
1429460	489249	108185	15930524	11074376	9529240	4856221	2636211
1129668	471569	74725	9665621	6234107	5504736	3431514	1497338
344622	143306	24918	4077902	2772045	2439565	1305857	531882
417016	150303	24658	3312081	2040469	1806379	1271612	605428
368030	177960	25150	2275639	1421594	1258792	854045	360027

14—5 续表 continued

指 标	Item	主营业务收入 Main Business Income	主营业务成本 Main Business Cost	主营业务税金及附加 Main Business Taxes and Additional
总 计	**Total**	**85456030**	**78385893**	**449506**
#国有及国有控股企业	State Controlling Share Hold Enterprises	34988241	32300458	92114
按登记注册类型分	**Grouped by registration Type**			
内资企业	Domestic Funded Enterprise	85408099	78348549	449359
国有企业	State-owned Enterprise	740377	671693	6287
集体企业	Collective-owned Enterprise	584327	487940	20443
股份合作企业	Share Holding Cooperative Enterprises	303410	286116	9308
联营企业	Joint Owned Enterprises	43838	42961	16
国有独资公司	Wholly State-owned Company	9296395	8679293	18339
其他有限责任公司	Other Limited Liability Corporations	34845958	31869521	147715
股份有限公司	Share-holding Corporations Ltd.	3244841	2855726	9328
私营企业	Private Enterprises	36344071	33450588	237898
其他企业	Other Enterprises	4883	4713	26
港澳台商投资企业	Enterprises Funded by Entrepreneurs from Hong Kong, Macao and Taiwan	47931	37344	147
外商投资企业	Foreign Funded Enterprises			
按国民经济行业分	**Grouped by Sector**			
房屋建筑业	Building	43239569	40116212	251102
土木工程建筑业	Civil Engineering	32890109	30080884	126053
#铁路道路隧道和桥梁工程建筑业	Railroad Road Tunnel &Bridge Engineering Enterprises	20766454	19160816	79437
建筑安装业	Construction Installation Industry	5509416	4805831	44188
建筑装饰和其他建筑业	Architectural Decoration and Other Construction Industry	3816936	3382967	28164
建筑装饰和装修业	Architectural Decoration and Decoration Industry	2699485	2384053	20584
按资质等级分	**By Qualification Standard**			
施工总承包	Chief Construction Contract	75085410	69276106	375448
特 级	Top Grade	28195403	26181545	86692
一 级	First Grade	19767437	18377726	87886
二 级	Second Grade	11208523	10244372	86175
三级及以下	Third Grade and Below	15914048	14472463	114695
专业承包	Professional Contract	10370619	9109787	74058
一 级	First Grade	4271473	3743239	31584
二 级	Second Grade	3616795	3171658	27515
三级及以下	Third Grade and Below	2482352	2194890	14959

单位：万元（10000 yuan）

其他业务利润 Other Business Profit	销售费用 Operating Expense	管理费用 Management Expense	财务费用 Financial Expenses	营业利润 Operating Profit	利润总额 Total Profit	应交增值税 Value-added Tax Payable	本年应付工资薪酬 Total Payable Wages this Year
89651	**345369**	**2598383**	**587545**	**2572879**	**2608377**	**1770848**	**13839426**
67306	25578	709098	303440	1096478	1109778	457761	3893011
89651	345156	2595025	587547	2566210	2601666	1769766	13835382
835	4611	30500	7970	22400	23822	18054	153363
18	1722	45016	223	38439	38380	39516	134872
1	239	4794	52	7088	7193	7842	38842
		229	-3	627	627		6160
4198	4803	112405	39681	281621	285927	154393	1251707
71421	133018	979843	261686	1156528	1164198	540466	4600277
1665	20155	113044	65643	104090	106270	37116	409390
11512	180553	1309078	212171	955520	975352	972290	7239999
	55	117	123	-102	-102	89	770
	213	3358	-1	6669	6712	1083	4044
12414	99263	1035382	350921	1078212	1096865	981727	7722873
68793	104909	1101523	205173	1120370	1134148	582441	4546848
57834	63585	591823	79008	691326	699773	355076	2814548
4005	102942	269301	13900	260405	263704	111839	877736
4439	38255	192177	17552	113892	113660	94842	691969
4053	27305	138602	13134	72191	70288	62147	432002
81820	183418	2038566	546793	2241864	2274276	1523890	12000639
62222	15007	510392	264450	800999	803354	326136	3377268
10427	33598	401987	144672	629084	638153	454302	3651812
3965	44113	375060	58047	330453	340609	312160	2048319
5206	90700	751126	79624	481328	492159	431292	2923240
7832	161951	559818	40753	331015	334102	246959	1838787
1250	98042	157790	11972	119500	120639	98531	634394
8033	40181	242130	19692	123018	122440	86849	737856
-1451	23728	159898	9089	88496	91022	61578	466538

14—6 按登记注册类型分建筑业企业主要经济指标（2021）
According to the Construction Enterprise Registration Type Points Leading Economic Indicators (2021)

指　标		Item		合　计 Total Enterprises	内资企业 Domestic Funded
企业单位数	（个）	Number of Construction Enterprises	(unit)	7274	7268
从业人数	（万人）	Staff and Workers (annual average)	(10000 persons)	196.15	196.11
固定资产原价	（万元）	Original Cost of Fixed Assets	(10000 yuan)	7127280.7	7101964.7
建筑业总产值	（万元）	Gross Output Value of Construction	(10000 yuan)	105840380.6	105795855.1
建筑工程		Construction Projects		89787578.9	89777320.7
安装工程		Installation Projects		7862916.7	7840281.4
其　他		Others		8189885.0	8178253.0
固定资产本年折旧	（万元）	Depreciation of Fixed Assets	(10000 yuan)	435116.6	434363.4
应付职工薪酬	（万元）	Payable Employee compensation	(10000yuan)	13839425.7	13835382.1
主营业务税金及附加	（万元）	Main Business Tax and Additon	(10000yuan)	449505.8	449358.7
应交增值税	（万元）	Value-added Tax Payable	(10000yuan)	1770848.4	1769765.6
营业利润	（万元）	Business Profit	(10000yuan)	2572878.6	2566210.1
利润总额	（万元）	Total Profits	(10000 yuan)	2608377.3	2601665.5
房屋建筑施工面积	（万平方米）	Floor Space of Buildings Under Construction	(10000 sq.m)	53887.36	53883.46
房屋建筑竣工面积	（万平方米）	Floor Space of Buildings Completed	(10000 sq.m)	14006.50	14003.97
产值利润率	(%)	Ratio of Profit to Gross Output Value	(%)	2.46	2.46

#国　有 State-owned	#集　体 Collective-owned	港澳台商投资企业 Funded Enterprises from Hong Kong, Macao and Taiwan	#港澳台商独资企业 Hong Kong and Taiwan-funded Enterprises	外商投资企业 Foreign Funded
60	40	5	3	1
2.16	1.86	0.05	0.03	
94690.3	76198.8	25316.0	1431.9	
1393789.9	605692.9	44525.5	30193.7	
1314343.2	340672.8	10258.2	8105.2	
53393.8	191368.6	22635.3	21640.9	
26052.9	73651.5	11632.0	447.6	
3121.0	3008.5	753.2	71.4	
153363.4	134872.4	4043.6	2463.1	
6286.9	20442.9	147.1	94.2	
18053.9	39515.7	1082.8	899.9	
22400.3	38438.7	6668.5	2448.5	
23821.8	38379.8	6711.8	2467.1	
480.83	317.70	3.90	3.90	
89.11	249.52	2.53	2.53	
1.71	6.34	15.07	8.17	

14—7 各市建筑业企业房屋建筑完成情况（2021年）
Floor Space of Buildings Completed by Construction Enterprises by Region (2021)

地　区	Region	房屋建筑竣工面积（万平方米）Completed Area of Building Construction (10000 sq.m)	#住　宅 Residential Buildings	房屋竣工价　值（万元）Value of the Completed House (10000 yuan)	#住　宅 Residential Buildings
总　计	**Total**	**14006.50**	**8647.24**	**21425370**	**13019341**
合 肥 市	Hefei	5280.98	3499.53	9161407	5826643
淮 北 市	Huaibei	122.86	46.37	202067	68508
亳 州 市	Bozhou	316.39	208.44	367421	209637
宿 州 市	Suzhou	831.58	479.94	1178293	741281
蚌 埠 市	Bengbu	578.81	329.35	855952	479684
阜 阳 市	Fuyang	495.99	329.23	707853	471668
淮 南 市	Huainan	142.07	90.35	227677	148683
滁 州 市	Chuzhou	1232.12	664.40	1888204	1091942
六 安 市	Luan	729.23	522.30	1127129	770465
马鞍山市	Maanshan	491.21	277.45	711921	383702
芜 湖 市	Wuhu	1385.60	905.60	1718914	1053190
宣 城 市	Xuancheng	628.02	231.85	875500	337587
铜 陵 市	Tongling	260.73	173.82	303413	169386
池 州 市	Chizhou	409.31	241.30	555065	362872
安 庆 市	Anqing	893.70	532.31	1189911	715308
黄 山 市	Huangshan	207.88	115.00	354642	188783

14—8 各市按登记注册类型和行业分的建筑业企业单位数（2021年）

Number of Construction Enterprises by Registration Status, Section and Region (2021)

单位：个（unit）

地 区	Region	合 计 Total Enterprises	内资企业 Domestic Funded	港澳台商投资企业 Funded by Entrepr-eneurs from Hong Kong, Macao and Taiwan	外商投资企业 Foreign Funded	国有及国有控股企业 State-owned and State-controlled Enterprises	房屋工程建筑业 Building	土木工程建筑业 Civil Engine-ering	建筑安装业 Construc-tion Installa-tion Industry	建筑装饰和其他建筑业 Architectural Decoration and Other Construction Industry
总 计	**Total**	**7274**	**7268**	**5**	**1**	**306**	**3533**	**2352**	**509**	**880**
合肥市	Hefei	1843	1840	2	1	74	593	659	226	365
淮北市	Huaibei	41	40	1		8	17	18	3	3
亳州市	Bozhou	270	269	1		25	177	66	16	11
宿州市	Suzhou	338	338			18	206	91	22	19
蚌埠市	Bengbu	401	401			34	225	99	27	50
阜阳市	Fuyang	430	430			29	259	128	11	32
淮南市	Huainan	218	218			15	141	47	16	14
滁州市	Chuzhou	641	640	1		12	349	230	29	33
六安市	Luan	254	254			8	157	82	4	11
马鞍山市	Maanshan	265	265			8	157	63	17	28
芜湖市	Wuhu	836	836			20	427	274	44	91
宣城市	Xuancheng	344	344			13	168	131	21	24
铜陵市	Tongling	399	399			7	149	142	24	84
池州市	Chizhou	314	314			9	136	122	23	33
安庆市	Anqing	530	530			20	282	160	22	66
黄山市	Huangshan	150	150			6	90	40	4	16

14—9 各市按经济类型和行业分的建筑业总产值（2021年）

Overall Output Value of Enterprises in Charge of Construction by Ownership and Region (2021)

单位：万元（10000 yuan）

地 区	Region	合 计 Total Enterprises	内资企业 Domestic Funded	港澳台商投资企业 Funded by Entrepreneurs from Hong Kong, Macao and Taiwan	外商投资企业 Foreign Funded	国有及国有控股企业 State-owned and State-controlled Enterprises	房屋工程建筑业 Building	土木工程建筑业 Civil Engineering	建筑安装业 Construction Installation Industry	建筑装饰和其他建筑业 Architectural Decoration and Other Construction Industry
总 计	**Total**	**105840381**	**105795855**	**44526**		**39355368**	**56432735**	**39634987**	**5633668**	**4138990**
合肥市	Hefei	50815439	50787574	27865		26641371	23236573	22471533	2905049	2202283
淮北市	Huaibei	880113	877784	2329		599177	303631	545547	15889	15047
亳州市	Bozhou	1678687	1667503	11184		574887	1220327	374670	50447	33244
宿州市	Suzhou	5707510	5707510			1829341	1869729	2314666	1430626	92489
蚌埠市	Bengbu	5534552	5534552			2598386	1926557	3353983	87958	166053
阜阳市	Fuyang	3388455	3388455			666774	2181228	1078250	36492	92485
淮南市	Huainan	1033244	1033244			278228	655764	279544	71967	25969
滁州市	Chuzhou	7076241	7073094	3147		132398	5535190	1202575	234541	103936
六安市	Luan	2984306	2984306			97708	2261326	636173	64645	22162
马鞍山市	Maanshan	6224090	6224090			3392806	5359214	568524	95579	200772
芜湖市	Wuhu	8958657	8958657			1658235	4996212	3310467	202652	449326
宣城市	Xuancheng	2894105	2894105			295232	1494870	1139989	71787	187459
铜陵市	Tongling	2071411	2071411			158182	1142843	576231	94748	257590
池州市	Chizhou	1612474	1612474			71740	1049104	346313	167919	49138
安庆市	Anqing	3817118	3817118			319973	2346441	1245656	92743	132278
黄山市	Huangshan	1163979	1163979			40930	853725	190868	10626	108761

14—10 各市建筑业企业生产情况（2021年）
Production Indicators on Construction Enterprises by Region (2021)

地 区	Region	企业单位个数（个）Number of Enterprises (unit)	总产值（万元）Total Output Value (10000 yuan)	建筑工程 Construction	安装工程 Installation	其他产值 Other Output Value	竣工产值（万元）Outpu Value of Buildings Completed (10000 yuan)
总 计	**Total**	**7274**	**105840381**	**89787579**	**7862917**	**8189885**	**38531709**
合肥市	Hefei	1843	50815439	43966131	4103808	2745500	17699303
淮北市	Huaibei	41	880113	763886	40162	76065	253339
亳州市	Bozhou	270	1678687	1303233	215069	160385	671606
宿州市	Suzhou	338	5707510	4129502	830678	747331	2589997
蚌埠市	Bengbu	401	5534552	4106584	203093	1224875	1741187
阜阳市	Fuyang	430	3388455	2828545	351518	208393	1409743
淮南市	Huainan	218	1033244	847468	95240	90536	523002
滁州市	Chuzhou	641	7076241	6099279	199582	777381	2668665
六安市	Luan	254	2984306	2457186	217973	309147	1653504
马鞍山市	Maanshan	265	6224090	5529712	366978	327400	1268351
芜湖市	Wuhu	836	8958657	7921426	534556	502675	2633291
宣城市	Xuancheng	344	2894105	2477165	192417	224523	1371045
铜陵市	Tongling	399	2071411	1730896	157644	182872	788540
池州市	Chizhou	314	1612474	1294868	158558	159048	910434
安庆市	Anqing	530	3817118	3280914	124491	411713	1768853
黄山市	Huangshan	150	1163979	1050787	71151	42042	580851

地 区	Region	房屋建筑施工面积（万平方米）Floor Space of Building Under Construction (10000 sq.m)	房屋建筑竣工面积（万平方米）Floor Space of Building Completed (10000 sq.m)	自有施工机械设备 Machinery and Equipment Owned：净值（万元）Net Value (10000 yuan)	总台数（台）Number (unit)	总功率（万千瓦）Total Power (10000 kw)	期末从业人数（万人）Staff and Workers (annual average) (10000 persons)
总 计	**Total**	**53887.36**	**14006.50**	**1181337**	**173832**	**512.00**	**196.15**
合肥市	Hefei	23744.14	5280.98	563563	75890	229.25	80.81
淮北市	Huaibei	562.76	122.86	10525	2680	3.38	1.47
亳州市	Bozhou	1057.57	316.39	6923	437	1.43	3.66
宿州市	Suzhou	2080.73	831.58	154862	17025	87.44	11.16
蚌埠市	Bengbu	3123.20	578.81	41749	7284	28.20	9.80
阜阳市	Fuyang	1912.47	495.99	60070	9549	9.35	8.63
淮南市	Huainan	400.46	142.07	12852	1720	4.10	2.80
滁州市	Chuzhou	3101.43	1232.12	44705	4251	9.80	14.17
六安市	Luan	5211.43	729.23	43714	5983	12.32	8.10
马鞍山市	Maanshan	3925.11	491.21	57594	12620	31.77	7.66
芜湖市	Wuhu	3169.10	1385.60	66697	8197	20.47	18.27
宣城市	Xuancheng	1297.31	628.02	17834	3618	4.02	6.27
铜陵市	Tongling	1055.39	260.73	19914	7220	13.41	4.99
池州市	Chizhou	738.04	409.31	16668	2423	5.88	4.16
安庆市	Anqing	1899.08	893.70	49455	10524	46.26	10.63
黄山市	Huangshan	609.16	207.88	14211	4411	4.92	3.56

14—11 各市建筑业企业主要财务指标（2021年）
Main Financial Indicators on Construction Enterprises by Region (2021)

单位：万元（10000 yuan）

地 区	Region	流动资产合计 Circulating Funds	固定资产原价 Original Value of Fixed Asseds	累计折旧 Accumulated Depreciation	#本年 This Year	资产总计 Total Assets	负债合计 Total Liabilities	所有者权益 Creditors' Equity	#实收资本 Capital Hold
总 计	**Total**	**76813251**	**7127281**	**3099751**	**435117**	**97153645**	**70810710**	**26343009**	**12872409**
合肥市	Hefei	37807369	3062861	1415385	205215	47663208	36452859	11210348	5398439
淮北市	Huaibei	896098	96494	46203	7174	1426064	1145221	280842	171275
亳州市	Bozhou	1770833	237250	36217	7769	2328029	1798687	529342	207552
宿州市	Suzhou	3503329	594818	267657	31283	4566267	2993133	1573134	648955
蚌埠市	Bengbu	6364404	188983	99825	13037	9580156	7316318	2263838	876766
阜阳市	Fuyang	3012596	229799	96060	10605	3571612	2583407	988205	486610
淮南市	Huainan	1139586	107623	47154	5432	1275756	1035965	239792	159688
滁州市	Chuzhou	3498949	306339	114507	28195	4243020	2798972	1444047	798888
六安市	Luan	2192803	257829	112879	15902	2691225	1534890	1156336	584097
马鞍山市	Maanshan	4102179	279110	141382	18197	4779629	3425496	1354133	655460
芜湖市	Wuhu	4604587	568340	236227	31848	5484766	3609198	1875561	872689
宣城市	Xuancheng	1479145	205511	94844	10283	1801672	1143244	658428	378590
铜陵市	Tongling	1466708	209861	97445	14806	1729525	1157527	571998	316415
池州市	Chizhou	1486409	220651	56553	8481	1782867	1208924	573943	351481
安庆市	Anqing	2818119	458376	191546	21480	3368280	2057190	1311169	789938
黄山市	Huangshan	670137	103437	45870	5409	861570	549677	311893	175565

地 区	Region	主营业务收入 Main Business Income	主营业务成本 Main Business Cost	主营业务税金及附加 Main Business Taxes and Additional	销售费用 Operating Expense	管理费用 Management Expense	财务费用 Financial Expenses	营业利润 Operating Profit	利润总额 Total Profit	本年应付薪酬总额 Payable Salary This Year
总 计	**Total**	**85456030**	**78385893**	**449506**	**345369**	**2598383**	**587545**	**2572879**	**2608377**	**13839426**
合肥市	Hefei	42840073	39493222	174068	184929	1134513	284544	1087608	1094089	6543557
淮北市	Huaibei	868801	805809	4717	743	40766	6738	5570	6937	86479
亳州市	Bozhou	1391087	1230256	6838	5148	54631	12714	80584	82241	174790
宿州市	Suzhou	4570261	4130207	55144	25113	163857	54716	167609	168142	695586
蚌埠市	Bengbu	4470935	4108361	20510	5911	130393	59794	234702	238559	372696
阜阳市	Fuyang	2005093	1806351	14462	11626	94595	13889	69190	68318	521907
淮南市	Huainan	901697	870603	3615	1661	44402	3886	4955	5207	130162
滁州市	Chuzhou	4025371	3717683	25025	13150	117512	32684	151578	156785	1220093
六安市	Luan	2589436	2380183	20196	3882	72068	22755	104102	104792	469205
马鞍山市	Maanshan	6244692	5726854	16419	9298	145775	25514	170699	174767	515730
芜湖市	Wuhu	7123052	6506467	55091	43883	227973	13929	262057	268774	1606864
宣城市	Xuancheng	2099451	1848253	11561	11174	88679	11232	75596	74801	321736
铜陵市	Tongling	1667323	1512823	7188	4727	76432	8651	42015	43427	313515
池州市	Chizhou	1209920	1094718	8330	7151	56302	8847	41303	43162	200510
安庆市	Anqing	2628404	2410783	23236	15582	110796	21713	60213	62348	510729
黄山市	Huangshan	820434	743321	3107	1389	39689	5940	15098	16030	155866

主要统计指标解释

建筑业统计单位

指从事房屋、构筑物建造和设备安装活动的法人企业。建筑业法人企业应具有建筑业资质并能够独立核算，同时其应具备以下条件：①依法成立，有自己的名称、组织机构和场所，能够承担民事责任；②独立拥有和使用资产，承担负债，有权与其他单位签订合同；③独立核算盈亏，能够编制资产负债表。

建筑业总产值

是以货币形式表现的建筑业企业在一定时期内生产的建筑业产品和提供的服务的总和。建筑业总产值包括：

⑴建筑工程产值：指列入建筑工程预算内的各种工程价值。

⑵安装工程产值：指设备安装工程价值，不包括被安装设备本身的价值。

⑶其他产值：建筑业总产值中除建筑工程、安装工程以外的产值。包括房屋构筑物修理产值、非标准设备制造产值、总包企业向分包企业收取的管理费以及不能明确划分的施工活动所完成的产值。

a. 房屋构筑物修理产值：指房屋和构筑物修理所完成的产值，但不包括被修理房屋、构筑物本身价值和生产设备的修理价值。

b. 非标准设备制造产值：指加工制造没有定型的非标准生产设备的加工费和原材料价值(如化工厂、炼油厂用的各种罐、槽，矿井生产统一使用的各种漏斗、三角槽、阀门等)以及附属加工厂为本企业承建工程制作的非标准设备的价值。

房屋建筑施工面积

指在报告期内施过工的全部房屋建筑面积，包括本期新开工的房屋面积、上期施工跨入本期继续施工的房屋面积、上期停缓建在本期恢复施工的房屋面积、本期竣工的房屋面积及本期施工后又停缓建的房屋面积。

房屋建筑竣工面积

指在报告期内房屋建筑按照设计要求全部完工，达到了使用条件，经验收鉴定合格，正式移交使用单位的房屋建筑面积。

Explanatory Notes for Major Statistical Indicators

Statistical Unit in the Construction Industry

refers to a corporate enterprise engaged in the construction of buildings and structures and in the installation of equipment. A corporate construction enterprise should have qualification certificates with independent accounting system, and should meet the following 3 requirements: a) being set up in line with relevant legal basis, having its full name, organization and location, and capable of taking civil liabilities; b) independently possessing and using its assets and assuming its liabilities, and entitled to sign contracts with other institutions; and c) making independent accounts of its profits and losses, and capable of compiling its own balance sheet.

Gross Output Value of Construction

refers to total of construction products and services, expressed in money terms, produced or rendered by construction and installation enterprises during a given period of time. It includes:

(1) Output value of construction projects: the value of projects covered by the project budgets;

(2) Output value of installation projects: the value of the installation of equipment, (excluding the value of the equipment to be installed);

(3) Other output values: the output value of construction industry apart from that of construction projects and installation projects. It includes: output value of repair of buildings and structures; output value of non-standard equipment manufacturing; overhead expenses received by contracted enterprises from the sub-contracted enterprises and the completed output value of construction activities for which there is no clear definition.

a. Output value of repair of buildings and structures: the value created through the repairs of buildings or structures. It does not include the value of buildings or structures being repaired and the value of the repair of production equipment;

b. Output value of manufactured non-standard equipment: the value of non-standard production equipment, including raw materials and manufacturing cost, made for the construction project (i.e., chemical plant; kettles or tanks used by refineries; various fillers, triangle tanks, valves used by mines). It also includes the output value of equipment manufactured by subsidiary workshops.

Floor Space of Buildings Under Construction

refers to floor space of buildings under construction during the reference period, including the floor space of buildings for which construction has newly started; buildings for which construction has started earlier and is continuing during the reference period; and buildings for which construction has been suspended earlier but has restarted during the reference period; buildings completed during the reference period; and buildings under construction but construction has subsequently been during the reference period.

Floor Space of Buildings Completed

refers to the floor space of buildings that are completed in the reference period in accordance with the requirements of the design, up to the standard for being put into use, and having been checked and accepted by departments concerned as qualified ones.

第十五篇

Chapter 15

运输和邮电

TRANSPORT, POST AND TELECOMMUNICATION SERVICES

简要说明

一、交通运输业资料主要包括：铁路、公路、水路、民航四种运输方式的线路里程、运输设备拥有量，各种运输方式完成的货物运输量等。

邮电通信业资料主要包括：全省邮电局(所)及邮路情况，邮电通信主要电路及设备拥有量，主要邮电业务完成情况，邮电通信发展水平等资料。

二、有关交通运输资料分别来源于中国铁道上海局集团有限公司，省交通运输厅，民航安徽安全监督管理局，东航安徽分公司，省公安厅及本局有关年报资料。邮电通信业资料来源于省邮政管理局、通信管理局。

三、各部门资料调查范围及统计单位。

1. 铁路资料：来源于中国铁道上海局集团有限公司反馈数据。

2. 公路、水运、港口资料：公路和水运线路里程为年末通车和通航里程数(不含在建和未正式投入使用的公路和航道)由省交通运输厅提供。民用和公路营运车辆拥有量分别由省公安厅、省交通运输厅和农机局提供。

3. 民航运输资料：民航运输统计对象为我省境内从事民用航空运输飞行和通用飞行的东方航空公司安徽分公司。

4. 邮电通信资料：邮电通信包括邮政和电信业务。邮电业务量按业务范围分为国内业务量和国际及港澳业务量(对台业务量统计在港澳中)。

Brief Introduction

I. Data of transport cover mainly the length of the routes of railways, highways, waterways and civil aviation transport, the ownership of the transport equipment, the freight traffic and passenger traffic accomplished by various means of transportation.

Data of post and telecommunications cover mainly the situation of post and telecommunications offices and postal routes, the telephone lines, telegraph lines and the ownership of the telecommunication facilities, the principal postal and telecommunications services rendered, and the level of the development of the postal and telecommunications services, etc.

II. Relevant traffic and transportation data are from China Railway Shanghai Bureau Group Co., Ltd., Provincial Transportation Department, Anhui Safety Supervision and Administration Bureau of Civil Aviation, Anhui Branch of China Eastern Airlines, Provincial Public Security Department and the relevant annual reports of the Bureau. The data of the post and telecommunications industry shall come from the provincial postal administration and the communications administration.

III. The statistical coverage and statistical units of the various data:

1. Railway data: Feedback data from China Railway Shanghai Bureau Group Co., Ltd.

2. Data on highways, waterways and ports: The length of highways and waterways refer to the length open to traffic or navigation at the end of the year (not including the mileage of highways and waterways under construction but not officially put into use.) and Data are provided by the Department of Communication. Data on the stock of the highway civilian and transport business vehicles are provide by the Department of Public Security and Department of transportation and Agricultural Machinery Bureau .

3. Data on the civil aviation transport: The statistical units of the civil aviation transport include the enterprises registered in Anhui and engaged in the civil aviation transport flights and flights for general purpose, including the enterprises directly under the Civil Aviation Administration of Anhui Province or not under it.

4. Data on post and telecommunications: The post and telecommunications statistics cover postal and telecommunication services. The business volume of post and telecommunications is classified by business area into the domestic volume, the volume between China mainland and Hong Kong and Macao (including Taiwan) and the international volume.

15—1 交通运输业基本情况
Basic Conditions of Transportation

指 标	Item	2005	2010	2015	2020	2021
运输线路长度（公里）	Length of Transportation Routes (km)					
铁路营业里程	Railways in Operation	2353	2850	4169	5159	5263
公 路	Highways	72807	149382	186940	236483	237411
内 河	Navigable Inland Waterways	5587	5587	5729	5777	5775
民 航	Total Civil Aviation Routes	72263	76303	103676	113559	31826
#国际航线	International Routes	11616	6575	15303	9157	
客运量总计（万人）	Total Passenger Traffic (10000 persons)	72871	159597	87107	32570	27673
铁 路	Railways	3486	5552	8553	9455	10996
公 路	Highways	68927	153697	78072	22776	16284
水 运	Waterways	244	139	185	111	161
民 航	Total Civil Aviation Routes	214	208	297	229	231
旅客周转量总计（万人公里）	Total Passenger-kilometers (10000 passenger-km)	8062657	15027550	12582090	7285606	7847152
铁 路	Railways	3008651	4680584	6429489	5271179	6035436
公 路	Highways	4812462	10101874	5748829	1681473	1478161
水 运	Waterways	3093	2684	3843	1519	2130
民 航	Total Civil Aviation Routes	238451	242408	399929	331435	331425
货运量总计（万吨）	Total Freight Traffic (10000 tons)	67128	228106	345756	374318	401242
铁 路	Railways	10386	12091	10158	7549	7617
公 路	Highways	49614	183658	230649	243529	259044
水 运	Waterways	7125	32355	104947	123239	134580
民 航	Total Civil Aviation Routes	3.0	2.2	2.3	1.6	1.7
货物周转量总计（万吨公里）	Total Freight Ton-kilometers (10000 tons-km)	15664802	71536800	104025651	102091817	110239176
铁 路	Railways	8837574	10165481	7393851	7009432	7825368
公 路	Highways	4226699	50049069	47218724	34122365	37278807
水 运	Waterways	2596868	11319581	49409946	60957621	65132585
民 航	Total Civil Aviation Routes	3661	2669	3130	2398	2416
民用汽车拥有量（辆）	Number of Civil Vehicles Owned (unit)	804952	2432339	5128318	9908541	10643900
载客汽车辆数	Number of Buses and Cars	436372	1409937	4081562	8489544	9150111
载货汽车辆数	Number of Trucks	332139	663361	875638	1326385	1400904
私人汽车拥有量	Number of Motor Vehicles Owned by Individuals	354139	1661937	4231254	8724655	9397991
民用运输船舶拥有量（艘）	Number of Civil Transport Vessels (unit)	33372	29186	28800	24539	24821
#机动船	Motor Vessels	30439	27041	27475	23757	24128
驳 船	Barges	2933	2145	1325	782	693
私人运输船舶拥有量（艘）	Number of Private-owned Transport Vessels (unit)	10010	4278	1882	1466	1576
机动船	Motor Vessels	9989	4262	1882	1466	1576
驳 船	Barges	21	16			

注：1. 2019年交通运输部组织的道路货物运输量专项调查，重新调整基数，客、货运量及周转量与2018年前数据不具可比性。
2. 运输线路长度中的内河长度为通航里程数。

a) In 2019, the Ministry of Transport organized a special survey on road freight transport volume, which readjusted the base. The passenger, freight volume and turnover volume were not comparable with the data before 2018.

b) Transportation line length of inland river navigation mileage in length.

15—2 运输路线长度
Length of Transportation Routes

单位：公里（km）

指　　标	Item	2005	2010	2015	2020	2021
铁　　路	**Railways**					
营业里程（省境内）	Length of Railways in Operation (within the boundaries of the province)	2353	2850	4169	5159	5263
公　　路	**Highways**					
公路里程	Total Length of Highways	72807	149382	186940	236483	237411
国道、省道	National and Provincial Routes	10997	12412	13829	27947	28351
县　道	County Routes	24200	23970	24253	32571	32980
乡　道	Village and town Routes	36606	36226	36498	42769	42747
专用公路	Special Highways	1004	1004	1002	66	17
高速公路	Express-way	1501	2929	4249	4904	5146
一级公路	First Class	338	499	3166	5773	6171
二级公路	Second Class	9633	10504	10667	13188	13874
三级公路	Third Class	12537	15306	18920	20884	21606
四级公路	Forth Class	43074	113106	145875	191675	190590
等外公路	Highway Below Class IV	5724	7042	4063	59	23
在公路里程中：	Of the Total Length of Highways:					
晴雨通车里程	Length of Highways Opened to Traffic Despite Rain or Shine	69975	145514	184290	236418	237388
绿化里程	Length of Forestation Highways	49843	60448	143833	206980	217263
水　　运	**Waterways**					
内河航道通航里程	Length of Navigable Inland Waterways	5587	5587	5729	5777	5775
民　　航	**Total Civil Aviation Routes**					
国际航线	International Routes	11616	6575	15303	9157	
国内航线	Domestic Routes	60647	69728	88373	104402	92771

15—3 运输线路质量
Quality of Transportation Routes

指　　标		Item		2005	2010	2015	2020	2021
铁路营业里程	**（公里）**	**Length of Railways in Operation**	**(km)**	**2353**	**2850**	**4169**	**5159**	**5263**
＃复线里程	（公里）	Double-track Mileage	(km)	1080	1523	2753		
复线里程比重	（%）	Proportion of Double-track Mileage	(%)	45.9	53.4	66.0		
公路线路里程	**（公里）**	**Length of Highways**	**(km)**	**72807**	**149382**	**186940**	**236483**	**237411**
＃等级公路里程	（公里）	Grade Highway Mileage	(km)	67083	142340	182877	236424	237388
等级公路里程比重	（%）	Proportion of Mileage of Grade Highway	(%)	92.1	95.3	97.8	100.0	100.0
内河航道里程	**（公里）**	**Length of Navigable Inland Waterways**	**(km)**		**6507**	**6612**	**6628**	**6627**
＃等级航道里程	（公里）	Grade Channel Mileage	(km)		5226	5345	5361	5359
等级航道里程比重	（%）	Mileage Proportion of Grade Channel	(%)		80.3	80.8	80.9	80.9

15—4 内河港口码头吞吐量
Volume of Passenger and Freight Handled in Ports of Inland Rivers

年　　份 Year	旅客吞吐量（万人） Passenger Handled (10000 persons)	＃旅客离港量 Out-port	货物吞吐量（万吨） Cargo Handled (10000 tons)	＃集装箱（万标准箱） Container (10000 standard cases)
2005	182.49	137.49	17156.70	11.26
2010	69.18	57.00	32502.00	22.20
2013	78.52	41.35	39617.52	52.67
2014	76.38	39.52	43837.92	76.42
2015	62.14	31.79	48044.32	95.59
2016	64.31	32.59	51917.40	114.75
2017	54.71	27.56	51249.41	138.38
2018	57.71	29.15	51134.97	148.73
2019			55488.07	179.41
2020			54095.00	194.42
2021			58325.84	204.09

注：1．2011年以后统计范围为通过能力在200万吨以上内河港口，以及从事外贸、集装箱的港口，与历年数据具有不可比性。
　　2．港口吞吐量年报统计包含全省16个港口。
　　3．2019年起旅客吞吐量及旅客离港量取消统计。

a) After 2011 statistic range are ports of capacity of 2000000 tons and over in inland river, and portsengaged in foreign trade, container port. the data of the past years are not comparable.
b) The annual port throughput report includes 16 ports in the province.
c) Statistics on passenger throughput and passenger departure will be cancelled from 2019.

15—5 主要港口分货类吞吐量
Volume of Throughput in Major Ports by Type of Freight

单位：万吨（10000 tons）

货　类	Type of Goods	2010	2015	2020	2021
吞吐量合计	**Total Throughput**	**1049.70**	**1180.02**	**13536.65**	**13474.55**
煤炭及制品	Coal and Products	571.73	777.91	2363.06	2503.69
石油天然气及制品	Petroleum, Natural Gas and Products			120.56	148.43
金属矿石	Metal Ores	185.02	3.13	1168.76	1562.10
钢　铁	Steel and Iron	99.79	31.85	472.10	424.24
矿建材料	Mineral Building	24.97	8.80	4166.62	3325.61
水　泥	Cement	8.70	7.18	3485.67	3745.90
木　材	Timber			0.02	0.94
非金属矿石	Nonmetal Ores	5.14	26.50	440.18	583.40
化肥及农药	Chemical Fertilizers and Pesticides		0.04	0.85	0.60
盐	Salt			21.60	26.13
粮　食	Grain			56.44	52.55
机械、设备、电器	Machinery , Equipment, Electric Apparatus	0.13		0.85	2.23
化工原料及制品	Industrial Chemicals and Products	10.33	2.18	121.13	128.74
轻工、医药产品	Light industry, Medical Products			1.00	0.29
农林牧渔业产品	Agriculture, Forestry, Animal Husbandry and Fishery Products	0.08		11.51	8.21
其　他	Other	143.81	322.43	1106.30	961.49

注：2017年之前数据是安徽皖江物流（集团）股份公司涉水的吞吐量，以后是芜湖港的吞吐量数据。
a) The data before 2017 is the throughput of Anhui Wanjiang logistics (group) co., ltd. The throughput data of Wuhu Port will follow.

15—6 各市公路客货运输量（2021年）
Highway Passenger and Freight Traffic Volume By Region （2021）

地　区	Region	客运量（万人）Passenger Traffic (10000 persons)	旅客周转量（万人公里）Passenger-kilometers (10000 passenger-km)	货运量（万吨）Freight Traffic (10000 tons)	货物周转量（万吨公里）Freight Ton-kilometers (10000 tons-km)
总　计	**Total**	**16284.0**	**1478160.7**	**259043.7**	**37278806.8**
合肥市	Hefei	2625.6	274192.4	39324.0	3972799.4
淮北市	Huaibei	403.6	45779.6	10144.8	1931638.7
亳州市	Bozhou	833.4	86508.2	21867.4	4807338.7
宿州市	Suzhou	825.0	62409.4	16344.6	3079599.3
蚌埠市	Bengbu	829.4	84520.0	24816.0	4844032.7
阜阳市	Fuyang	1728.7	156176.3	36782.2	6812079.8
淮南市	Huainan	1061.3	93725.0	13933.0	991123.3
滁州市	Chuzhou	1094.6	74939.7	17907.6	3136623.8
六安市	Luan	1213.0	124782.9	19315.2	2809949.0
马鞍山市	Maanshan	685.4	40819.9	12703.0	601420.3
芜湖市	Wuhu	755.1	47705.2	7209.0	792465.9
宣城市	Xuancheng	727.9	45938.0	12667.3	1129974.1
铜陵市	Tongling	340.5	30023.1	5657.8	316265.1
池州市	Chizhou	392.1	45748.1	7795.4	447776.6
安庆市	Anqing	1648.9	160607.5	8321.2	1071646.8
黄山市	Huangshan	1119.5	104285.3	4255.2	534073.3

15—7 主要年份公路线路年底到达数（按技术等级分）
Length of Highway Routes at the Year-end (classified by technical level)

单位：公里（km）

年 份 Year	公路里程总计 Total Length of Highways	等级路 Express-way and Class I to IV Hughway	高 速 Express-way	一 级 First Class	二 级 Second Class	三、四级公路 Third and Forth Class	等外公路 Highway Below Class IV
2005	72807	67083	1501	338	9633	55611	5724
2010	149382	142340	2929	499	10504	128412	7042
2015	186940	182877	4249	3166	10667	164795	4063
2019	218295	217791	4877	5377	11676	195862	503
2020	236483	236424	4904	5773	13188	212559	59
2021	237411	237388	5146	6171	13874	212196	23

15—8 公路线路年底到达数（按技术等级分）（2021年）
Length of Highway Routes at the Year-end (classified by technical level) (2021)

单位：公里（km）

项 目	Item	公路里程总计 Total Length of Highways	等级公路 Expressway and Class I to IV Highway 合 计 Total	高 速 Express-way	一 级 First Class	二 级 Second Class	三 级 Third Class	四 级 Forth Class	等外公路 Highway Below Class IV
上年年底到达数	End of Last Year	236483	236424	4904	5773	13188	20884	191675	59
国 道	National Routes	11143	11143	3673	3281	3620	431	138	
省 道	Provincial Routes	16804	16775	1232	2138	5296	5442	2668	29
县 道	County Routes	32571	32571		153	2605	11001	18811	
乡 道	Village and town Routes	42769	42762		34	608	1921	40199	7
专用公路	Highways for Special Use	66	66			4	38	24	
村 道	Village Routes	133130	133108		167	1055	2052	129834	23
本年新建数	Newly Built in This Year	460	460	242	171	16	15	16	
国 道	National Routes	103	103	38	65				
省 道	Provincial Routes	325	325	204	106	12	2	1	
县 道	County Routes	16	16			4	12		
乡 道	Village and town Routes	5	5				1	4	
专用公路	Highways for Special Use								
村 道	Village Routes	12	12					12	
本年改建变更数	Changed in This Year	468	504		228	670	707	-1101	-35
国 道	National Routes	-74	-74		108	-155	103	-130	
省 道	Provincial Routes	51	57		97	426	18	-485	-6
县 道	County Routes	393	393		22	309	55	8	
乡 道	Village and town Routes	-27	-20		4	33	404	-460	-7
专用公路	Highways for Special Use	-49	-49			-4	-38	-7	
村 道	Village Routes	173	196		-4	61	166	-26	-23
本年年底到达数	End of This Year	237411	237388	5146	6171	13874	21606	190590	23
国 道	National Routes	11172	11172	3711	3454	3465	533	9	
省 道	Provincial Routes	17180	17156	1435	2342	5734	5462	2183	23
县 道	County Routes	32980	32980		175	2919	11067	18819	
乡 道	Village and town Routes	42747	42747		38	641	2326	39743	
专用公路	Highways for Special Use	17	17					17	
村 道	Village Routes	133315	133315		163	1116	2218	129820	

15—9 各市公路线路年底到达数（按技术等级分）（2021年）

Length of Highway Routes at the Year-end by Region (classified by technical level) (2021)

单位：公里（km）

地区	Region	公路里程 总计 Total Length of Highways	等级公路 Expressway and Class I to IV Highway 合计 Total	高速 Expressway	一级 First Class	二级 Second Class	三级 Third Class	四级 Forth Class	等外公路 Highway Below Class IV
总计	**Total**	**237411**	**237388**	**5146**	**6171**	**13874**	**21606**	**190590**	**23**
合肥市	Hefei	19973	19973	481	821	1674	2154	14842	
淮北市	Huaibei	5232	5232	89	187	640	680	3637	
亳州市	Bozhou	18434	18434	320	213	633	2002	15267	
宿州市	Suzhou	21262	21262	359	658	1223	1639	17381	
蚌埠市	Bengbu	11156	11156	273	303	584	1256	8739	
阜阳市	Fuyang	21278	21260	256	608	1016	2221	17158	18
淮南市	Huainan	9565	9565	191	183	563	948	7680	
滁州市	Chuzhou	20519	20514	580	539	1594	1560	16241	5
六安市	Luan	25138	25138	362	616	1374	2138	20647	
马鞍山市	Maanshan	7762	7762	215	343	395	801	6008	
芜湖市	Wuhu	11200	11200	311	362	643	705	9179	
宣城市	Xuancheng	13184	13184	432	382	720	1090	10560	
铜陵市	Tongling	5770	5770	143	179	370	272	4807	
池州市	Chizhou	9491	9491	298	215	722	713	7542	
安庆市	Anqing	22844	22844	374	259	902	1437	19873	0.1
黄山市	Huangshan	7720	7720	357	114	522	1298	5429	
广德县	Guangde	3410	3410	74	123	148	401	2664	
宿松县	Susong	3474	3474	31	66	151	291	2935	

15—10 公路密度及通达情况

Density and Reaching Status of Highways

指标	Item	2005	2010	2015	2020	2021
公路密度	**Density of Highway**					
以国土面积计算（公里/百平方公里）	By Area of Territory (km/100 sq.m)	52.23	107.16	134.10	168.80	169.46
以人口数量计算（公里/万人）	By Population (km/10000 persons)	11.27	21.98	26.95	33.22	33.28
公路通达	**Reaching Status of Highways**					
乡镇数量（个）	Number of Townships (unit)	1547	1382	1378	1233	1233
#不通公路	Without Highway Communication	1				
不通公路乡镇所占比重（%）	Proportion of Townships Without Highway Communication (%)	0.06				
行政村数量（个）	Number of Villages (unit)	25553	17274	17069	14393	14393
#不通公路	Without Highway Communication	187	5	1		
不通公路行政村所占比重（%）	Proportion of Villages Without Highway Communication (%)	0.73	0.03	0.01		

15—11 主要年份民用车辆拥有量
Possession of Civil Vehicles

单位：万辆（10000 units）

指　　标	Item	2005	2010	2015	2020	2021
总　　计	**Total**	**575.48**	**909.66**	**1045.85**	**1482.44**	**1527.44**
载客汽车	Passenger Vehicles	43.64	140.99	408.16	848.95	915.01
大　型	Large	2.87	3.82	4.41	5.54	5.47
中　型	Medium	4.10	4.94	2.69	2.26	2.09
小　型	Small	29.62	124.91	396.83	838.42	904.95
微　型	Minicar	7.05	7.31	4.22	2.73	2.51
载货汽车	Trucks	33.21	66.34	87.56	132.64	140.09
重　型	Heavy	5.09	20.24	30.37	45.49	48.63
中　型	Medium	12.86	12.41	3.68	3.47	3.12
轻　型	Light	13.74	33.12	53.28	83.66	88.32
微　型	Mini	1.52	0.56	0.23	0.02	0.02
其他汽车	Others	29.00	35.90	17.11	9.26	9.29
摩托车	Motorcycles	246.50	409.38	286.87	237.09	206.78
拖拉机	Tractors	218.46	248.58	236.68	234.10	234.10
挂　车	Trailers	4.65	8.45	9.46	20.39	22.16
其他类型车	Other Types of Vehicle	0.02	0.02	0.01	0.004	0.004
机动车驾驶员（万人）	Number of Motor Drivers (10000 persons)	439.73	692.42	1121.82	1700.34	1783.30
＃汽车驾驶	Automobile Drivers	258.40	475.65	977.45	1623.39	1711.70

15—12 主要年份私人车辆拥有量
Possession of Private Vehicles

单位：辆（unit）

指　　标	Item	2005	2010	2015	2020	2021
总　　计	**Total**	**583762**	**5726403**	**7086580**	**11092702**	**11463913**
载客汽车	Passenger Vehicles	229835	1078206	3670696	7985547	8620936
大　型	Large	4396	4293	837	493	425
中　型	Medium	18314	22519	6980	4257	3961
小　型	Small	154414	988464	3622767	7954551	8592412
微　型	Minicar		62930	40112	26246	24138
载货汽车	Trucks	121068	285022	432142	684617	726004
重　型	Heavy		28064	33303	37442	39892
中　型	Medium	41398	42674	15412	13591	12326
轻　型	Light	60221	209976	381491	633395	673639
微　型	Mini		4308	1936	189	147
其他汽车	Others	232859	298709	128416	54491	51051
摩托车	Motorcycles		4058172	2850875	2361332	2058778
挂　车	Trailers		6249	4422	6706	7136
其他类型车	Other Types of Vehicle		45	29	9	8

注：2005年度的“其他汽车”指标数据包括摩托车、拖拉机、其他类型车的合计。
a) "Others" index of the 2005 annual data includes motorcycles, tractors and other types of vehicles combined.

15—13 民用车辆拥有量营运情况（2021年）
Civilian Vehicles Capacity of Transportion Situation (2021)

单位：辆（unit）

指标	Item	总计 Total	营运 For Business	非营运 Not for Business	总计中 In the Total 进口 Import	个人 Individual	新注册 Registered Newly	报废 Write-off
总计	**Total**	**15274404**	**1176539**	**11746294**	**313520**	**11463913**	**1197502**	**123639**
#校车	The School Bbus	10570				38	413	228
汽车	Number	10643900	924771	9708559	304483	9397991	1023510	86894
载客汽车	Passenger Vehicles	9150111	164133	8975408	302494	8620936	840256	63809
#大型	Large	54692	41267	9460	129	425	3593	3877
中型	Medium	20863	5118	9141	258	3961	463	1314
小型	Small	9049467	117736	8931730	298794	8592412	836156	57366
微型	Minicar	25089	12	25077	3313	24138	44	1252
载货汽车	Trucks	1400904	737187	663717	1885	726004	173330	21813
#重型	Heavy	486315	474792	11523	1238	39892	69434	5129
中型	Medium	31195	24752	6443	3	12326	2385	1405
轻型	Light	883209	237609	645600	644	673639	101494	15212
微型	Mini	185	34	151		147	17	67
其他汽车	Others	92885	23451	69434	104	51051	9924	1272
#三轮汽车	Tricar	26016	11851	14165		21034	2433	238
低速货车	Low-Speed Truck	11907	8103	3804		8519		254
摩托车	Motorcycles	2067831	31359	2036472	9020	2058778	143071	35201
普通	General	1967995	31356	1936639	9020	1959667	95909	35040
轻便	Portable	99836	3	99833		99111	47162	161
拖拉机	Tractors	2341001						
挂车	Trailers	221633	220408	1225	17	7136	30919	1543
其他类型车	Other Types of Vehicle	39	1	38		8	2	1
机动车驾驶员（人）	Number of Motor Drivers (person)	17832977						
#汽车驾驶员	Automobile Drivers	17117015						

15—14 各市民用车辆拥有量（2021年）
Possession of Civil Vehicles by Region (2021)

单位：辆（unit）

地 区	Region	汽 车 Number	载客汽车 Buses and Cars	载货汽车 Ordinary Trucks	其他汽车 Other Motor Vehicles	摩托车 Motorcycle	拖拉机 Tractors	挂 车 Trailers	其他类型车 Other Types of Vehicle	机动车驾驶员（人） Number of Motor Drivers (person)
总 计	**Total**	**10643900**	**9150111**	**1400904**	**92885**	**2067831**	**2341001**	**221633**	**39**	**17832977**
合肥市	Hefei	2540590	2342869	184561	13160	158678		18292		3089867
淮北市	Huaibei	372757	322229	48185	2343	94679		13274		607573
亳州市	Bozhou	761421	562868	186395	12158	66187		28815		1259256
宿州市	Suzhou	723190	589811	124839	8540	125368		17300		1307360
蚌埠市	Bengbu	554903	437091	114229	3583	65130		33533	1	1017653
阜阳市	Fuyang	1109501	858923	233888	16690	242125		32941		1652640
淮南市	Huainan	424895	370752	51104	3039	106385		9102		932483
滁州市	Chuzhou	581945	496137	81697	4111	68963		18800		1090480
六安市	Luan	669891	550987	114807	4097	247109		14227		1608379
马鞍山市	Maanshan	361956	333739	25669	2548	91239		3948	37	672818
芜湖市	Wuhu	694884	639072	52890	2922	73799		4502		1133138
宣城市	Xuancheng	519575	454389	56696	8490	149174		10975		893440
铜陵市	Tongling	230327	207594	20058	2675	43724		2965	1	405263
池州市	Chizhou	217327	191396	24038	1893	121382		4662		417644
安庆市	Anqing	650957	583426	64669	2862	343302		4106		1299617
黄山市	Huangshan	229781	208828	17179	3774	70587		4191		445366
其 他	Other									

15—15 各市私人车辆拥有量（2021年）
Possession of Private Vehicles by Region (2021)

单位：辆（unit）

地 区	Region	汽车总计 Total	载客汽车 Passenger Vehicles	大 型 Large	中 型 Medium	小 型 Small	载货汽车 Trucks	中 型 Light-heavy	轻 型 Light	其他汽车 Others
总 计	**Total**	**9397991**	**8620936**	**425**	**3961**	**8592412**	**726004**	**12326**	**673639**	**51051**
合肥市	Hefei	2205260	2149447	45	1213	2143772	51333	261	49576	4480
淮北市	Huaibei	337167	309426	15	84	307937	26336	1533	21063	1405
亳州市	Bozhou	663448	545250	40	223	541967	108636	1675	103225	9562
宿州市	Suzhou	656436	568685	61	243	565883	81328	1425	70265	6423
蚌埠市	Bengbu	461191	417289	74	304	415224	42409	576	40789	1493
阜阳市	Fuyang	978062	825212	24	142	822482	143329	1095	139274	9521
淮南市	Huainan	375796	349556	15	263	347894	25004	252	23805	1236
滁州市	Chuzhou	503686	463698	13	153	462231	38439	685	34172	1549
六安市	Luan	588856	524175	23	303	522411	62806	1909	58402	1875
马鞍山市	Maanshan	320276	309823	18	61	308811	9629	151	8841	824
芜湖市	Wuhu	615121	595224	10	181	593995	18612	290	17668	1285
宣城市	Xuancheng	470571	431698	7	219	430627	33033	978	28799	5840
铜陵市	Tongling	208499	195229	32	165	194643	11405	120	10733	1865
池州市	Chizhou	196732	181634	5	30	181439	14058	304	11802	1040
安庆市	Anqing	609685	558923	37	328	557912	49505	929	45674	1257
黄山市	Huangshan	207205	195667	6	49	195184	10142	143	9551	1396

注：本表与15—13中私人汽车拥有量有差异，系取数时间节点不同造成，属合理波动。

a) The table 15-13 private car ownership has the difference and is reasonable, bacause of taking some time in different nodes.

15—16 公路营运汽车拥有量
Possession of Vehicles for Highway Business Transportation

年 份 Year	汽车总计 (辆) Total Number (unit)	载客汽车 Passenger Car 辆数 (辆) Number (unit)	载客汽车 Passenger Car 客位 (客位) Number of Seats (seat)	载货汽车 Trucks 辆数 (辆) Number (unit)	载货汽车 Trucks #普通载货汽车 Ordinary Trucks	载货汽车 Trucks 吨位 (吨) Capacity (ton)	载货汽车 Trucks #普通载货汽车 Ordinary Trucks
2005	265746	43515	691381	222231	215938	917083	861406
2010	472861	36815	868682	436046	417858	2723868	2504762
2013	695637	34410	897033	661227	550291	4727364	4182303
2014	723137	33528	896263	689609	570989	5194403	4606239
2015	669790	29429	833188	640361	497353	5185429	4436908
2016	685228	29224	825011	656004	447396	5898712	2904883
2017	689867	28169	822520	661698	418424	6379438	2859672
2018	719683	25862	784811	693821	369831	7040325	2636022
2019	669591	22597	710023	646994	266830	8116936	2570478
2020	626225	19470	629395	606755	151710	9064562	2108963
2021	670875	17244	569812	653631	142781	9467985	2004399

注：不包含出租车、公交车（下同）。
a) Not including taxi, bus (the same below)。

15—17 各市公路营运汽车拥有量（2021年）
Possession of Vehicles for Highway Business Transportation by Region (2021)

地 区	Region	汽车总计 (辆) Total Number (unit)	载客汽车 Passenger Car 辆数 (辆) Number (unit)	载客汽车 Passenger Car 客位 (客位) Number of Seats (seat)	载货汽车 Trucks 辆数 (辆) Number (unit)	载货汽车 Trucks #普通载货汽车 Ordinary Trucks	载货汽车 Trucks 吨位 (吨) Capacity (ton)	载货汽车 Trucks #普通载货汽车 Ordinary Trucks
总 计	**Total**	**670875**	**17244**	**569812**	**653631**	**142781**	**9467985**	**2004399**
合肥市	Hefei	77130	2637	105648	74493	15148	1017393	227217
淮北市	Huaibei	33288	414	16443	32874	10133	514146	122503
亳州市	Bozhou	90367	804	27963	89563	14709	1207079	208137
宿州市	Suzhou	61050	849	30203	60201	14214	881667	187200
蚌埠市	Bengbu	86583	877	30348	85706	19495	1358445	268152
阜阳市	Fuyang	94651	1997	57260	92654	21638	1290205	348866
淮南市	Huainan	22946	1272	34772	21674	2694	329767	35953
滁州市	Chuzhou	53681	1113	39751	52568	6871	764926	88328
六安市	Luan	46934	1250	45826	45684	14033	598349	184216
马鞍山市	Maanshan	12859	747	22087	12112	4028	171172	56208
芜湖市	Wuhu	16639	553	21552	16086	4474	212295	57730
宣城市	Xuancheng	29911	828	23394	29083	3239	450392	52572
铜陵市	Tongling	7638	351	12404	7287	1856	116186	22851
池州市	Chizhou	12879	404	13916	12475	2410	191233	33010
安庆市	Anqing	15597	1984	51854	13613	6166	212003	83656
黄山市	Huangshan	8722	1164	36391	7558	1673	152727	27799

15—18 各市民用运输船舶拥有量（2021年）
Number of Civil Transport Vessels Owned by Region (2021)

地区	Region	总艘数（艘）Total Number (unit)	机动船 Motor Vessels				驳船 Barges	
			艘数（艘）Number (unit)	净载重量（吨）Dead Weight Tonnage (ton)	载客量（客位）Passenger Capacity (seat)	功率（千瓦）Drawing Power (km)	艘数（艘）Number (unit)	净载重量（吨）Dead Weight Tonnage (ton)
总计	**Total**	**24821**	**24128**	**53891149**	**14583**	**11197223**	**693**	**390135**
合肥市	Hefei	1997	1990	3630618	1524	815835	7	4500
淮北市	Huaibei	105	105	58105		22069		
亳州市	Bozhou	1513	1487	2214211		572350	26	15246
宿州市	Suzhou	494	490	425725		122990	4	1870
蚌埠市	Bengbu	3282	3244	6476471		1644256	38	21037
阜阳市	Fuyang	2166	1864	4458146		882712	302	141131
淮南市	Huainan	1641	1363	3433226		684716	278	179925
滁州市	Chuzhou	1013	1013	750506		239151		
六安市	Luan	1478	1458	3852233	3058	624153	20	10356
马鞍山市	Maanshan	1148	1148	3260298	360	667700		
芜湖市	Wuhu	4191	4174	9827734	1784	2189289	17	14870
宣城市	Xuancheng	2694	2694	5809902	1029	875745		
铜陵市	Tongling	1265	1265	3470337		664789		
池州市	Chizhou	1091	1091	4789851		812677		
安庆市	Anqing	605	604	1413856	415	357615	1	1200
黄山市	Huangshan	138	138	19930	6413	21176		

15—19 各市私人运输船舶拥有量（2021年）
Number of Private-owned Transport Vessels Owned by Region (2021)

地区	Region	总艘数（艘）Total Number (unit)	机动船 Motor Vessels			
			艘数（艘）Number (unit)	净载重量（吨）Dead Weight Tonnage (ton)	载客量（客位）Passenger Capacity (seat)	功率（千瓦）Drawing Power (km)
总计	**Total**	**1576**	**1576**	**1039148**		**387554**
合肥市	Hefei	294	294	216993		72168
淮北市	Huaibei					
亳州市	Bozhou					
宿州市	Suzhou					
蚌埠市	Bengbu					
阜阳市	Fuyang					
淮南市	Huainan					
滁州市	Chuzhou	6	6	3705		1442
六安市	Luan					
马鞍山市	Maanshan	22	22	9159		6608
芜湖市	Wuhu					
宣城市	Xuancheng	1165	1165	752456		289071
铜陵市	Tongling	54	54	34744		11221
池州市	Chizhou	30	30	21446		6655
安庆市	Anqing					
黄山市	Huangshan	5	5	645		389

15—20 全省机场运输业务量（2021年）
Traffic Capacity of Airports (2021)

指　标	Item	运输起降架次（次）Number of Sorties of Taking-off and Landing	旅　客（人）Number of Passengers (person)	货邮合计（吨）Goods and Postal Parcels (ton)
总　计	**Total**	**103244**	**11001192**	**100003**
国内航线	Domestic Routes	102685	11001192	81256
港澳台航线	Hong Kong, Macao and Taiwan Routes	4	181	
国际航线	International Routes	555		18747
进　港	Arrival	51624	4976995	37648
国内航线	Domestic Routes	51343	4976903	36808
港澳台航线	Hong Kong, Macao and Taiwan Routes	2	92	
国际航线	International Routes	279		840
出　港	Departure	51620	6024197	62355
国内航线	Domestic Routes	51342	6024108	44448
港澳台航线	Hong Kong, Macao and Taiwan Routes	2	89	
国际航线	International Routes	276		17907

注：货邮吞吐量不包括行李，2007以前年度包含行李。
a) Do not include baggage, goods or throughput of 2007 previous year includes luggage.

15—21 民航机场吞吐量（2021年）
Volume of Passenger and Freight Handled in Civil Airports (2021)

项　目	Item	旅客吞吐量（人）Passenger Handled (person)	#发运量 Delivered	货物吞吐量（吨）Cargo Handled (ton)	#发运量 Delivered
合　计	**Total**	**11001192**	**6024197**	**100003.0**	**62354.8**
合肥机场	Hefei Airport	8795391	4692830	93721.0	56873.7
黄山机场	Huangshan Airport	435005	267570	958.8	750.1
安庆机场	Anqing Airport	596499	406538	2899.4	2798.4
阜阳机场	Fuyang Airport	853063	465618	1309.2	1064.0
池州机场	Chizhou Airport	156720	100557	632.0	593.2
芜宣机场	Wuhu Xuanzhou Airport	164514	91084	482.6	275.5

15—22 东航安徽分公司基本情况
Basic Information of Anhui Branch of China Eastern Airlines

指　　标		Item		2010	2015	2020	2021
定期航班航线条数	（条）	Number of Civil Aviation Routes	(unit)	57	65	87	61
#国内航线		Domestic Routes		53	59	84	61
定期航班线里程	（公里）	Length of Civil Aviation Routes	(km)	76303	103676	113559	92771
#国内航线		Domestic Routes		69728	88373	104402	92771
民用航班飞行机场	（个）	Number of Civil Airports	(unit)	50	51	48	40
民用飞机架数	（架）	Number of Civil Aircraft	(unit)	7	15	19	19
客运量	（万人）	Passenger Traffic	(10000 person)	208.17	297.13	229.13	231.35
旅客周转量	（万人公里）	Passenger-kilometers	(10000 passenger-km)	242408.1	399928.8	331435.5	331425.1
货（邮）运量	（吨）	Freight Traffic	(ton)	21814.2	22896.5	16370.5	16736.9
货（邮）周转量	（万吨公里）	Freight Ton-kilometers	(10000 ton-km)	2668.88	3130.38	2398.00	2416.08
总周转量	（万吨公里）	Total Air Traffic Ton-kilometers	(10000 ton-km)	24248.62	38569.34	31733.15	31825.69
#国际航线		International Routes		145.12	3320.70	763.06	
国内航线		Domestic Routes		24103.50	35248.64	30970.09	31825.69

15—23 邮电业务基本情况
Basic Statistics of Postal and Telecommunications Services

指　　标		Item		2010	2015	2020	2021
邮电业务总量	**（万元）**	**Business Volume of Postal and Telecommunications Services**	**(10000 yuan)**	**3003244**	**7400263**	**56632442**	**9876958**
函　件	（万件）	Number of Letters	(10000 pcs)	21121	8391	2434	4314
国内普通包裹	（万件）	Domestic ordinary parcel	(10000 pcs)	151	76	51	42
快　递	（万件）	Pieces of Express Mail Services	(10000 pcs)	1303	2991	220228	312665
报刊期发数	（万份）	Issue of Newspapers and Magazines	(10000 copies)	602	597	467	430
固定电话主叫通话时长	（亿分钟）	Landline Calling Number Call Duration	(100 million minutes)	24.8	24.4	3.2	26.3
移动短信业务量	（万条）	Mobile Short Note Business Volume	(10000 unit)	3150048	1774145	7128386	6151366
固定互联网宽带接入用户	（万户）	Internet Wide Band Turning on Users	(10000 households)	342.02	887.94	2092.99	2335.82
移动电话年末用户	（万户）	Year-end Mobile Phone Users	(10000 subscribers)	2798.70	4232.61	6025.55	6192.62
#4G移动电话用户		4G Mobile Phone Subscribers			1253.74	4752.16	3978.48
5G移动电话用户		5G Mobile Phone Subscribers					1263.89
固定电话年末用户	（万户）	Number of Fixed Telephone Subsecribers at Year-end	(10000 subscribers)	1230.97	739.43	559.54	541.02
邮路及农村投递路线总长度	（公里）	Length of Postal Routes and Rural Delivery Routes	(km)	196442	194231	323424	370139
#汽车邮路		Highway Routes		41321	44152	183779	229670
铁路邮路		Railway Routes		2434	1109	1109	4297

注：2021年邮电业务总量按上年不变单价计算（下同）。

15—24 各市邮电业务量（2021年）
Post and Telecommunication Services by Region (2021)

地区	Region	邮电业务总量（万元）Business Volume of Post and Telecommunications (10000 yuan)	邮政行业业务总量 Total Business Volume of Postal Industry	电信业务总量 Business Volume of Telecommunications	函件（万件）Number of Letters (10000 pcs)	快递（万件）Pieces of Express Mail Services (10000 pcs)	报刊期发数（万份）Newspapers and Magazines Circulation (10000 copies)
总计	**Total**	**9876958**	**3935490**	**5941469**	**4313.78**	**312664.80**	**429.65**
合肥市	Hefei	2534989	1250332	1284657	1096.95	120038.37	79.08
淮北市	Huaibei	264743	73809	190934	52.95	4317.71	39.64
亳州市	Bozhou	717507	294683	422824	15.49	25714.06	14.27
宿州市	Suzhou	636923	198423	438500	180.04	12313.50	21.71
蚌埠市	Bengbu	510961	207484	303476	40.04	18205.52	19.95
阜阳市	Fuyang	991304	316148	675156	56.39	19062.09	24.94
淮南市	Huainan	387140	118878	268262	122.72	6561.90	29.42
滁州市	Chuzhou	563147	187465	375681	345.17	14528.63	17.08
六安市	Luan	590140	212241	377899	1709.16	12630.30	13.21
马鞍山市	Maanshan	327626	95313	232313	244.49	4652.85	21.01
芜湖市	Wuhu	740295	348457	391837	56.30	33304.73	10.38
宣城市	Xuancheng	377095	131575	245520	23.17	10430.36	15.29
铜陵市	Tongling	183916	62883	121033	18.61	2914.69	17.62
池州市	Chizhou	200377	62325	138052	26.37	2607.59	40.08
安庆市	Anqing	634006	304939	329067	197.79	20618.96	26.95
黄山市	Huangshan	215999	70534	145465	128.14	4763.54	39.04

地区	Region	国内普通包裹（万件）Domestic Ordinary Parcel (10000 pcs)	固定互联网宽带接入用户（万户）Internet Wide Band Turning on Users (10000 subscriber)	移动电话年末用户（万户）Number of Mobile Telephone Subscribers (10000 subscriber)	4G移动电话用户 4G Mobile Phone Subscribers	5G移动电话用户 5G Mobile Phone Subscribers	固定电话年末用户（万户）Year-end Installed Telephones (10000 subscriber)
总计	**Total**	**42.40**	**2335.82**	**6192.62**	**3978.48**	**1263.89**	**541.02**
合肥市	Hefei	7.55	435.11	1108.61	720.20	246.50	119.38
淮北市	Huaibei	0.95	79.60	211.66	137.15	43.99	16.47
亳州市	Bozhou	4.49	170.32	455.37	294.23	93.60	23.83
宿州市	Suzhou	1.35	187.93	511.86	335.87	100.09	26.67
蚌埠市	Bengbu	2.96	116.73	322.01	208.81	67.58	30.88
阜阳市	Fuyang	3.17	263.62	724.81	463.57	146.69	39.69
淮南市	Huainan	4.66	104.27	301.83	191.39	61.21	24.82
滁州市	Chuzhou	2.29	146.28	391.70	249.77	79.27	38.36
六安市	Luan	0.71	145.31	417.85	260.41	81.27	31.32
马鞍山市	Maanshan	1.69	92.20	243.99	155.14	50.10	25.58
芜湖市	Wuhu	4.05	158.26	401.90	256.13	81.48	43.86
宣城市	Xuancheng	3.28	105.64	274.53	174.02	54.45	26.89
铜陵市	Tongling	1.25	52.96	137.90	88.23	26.46	16.15
池州市	Chizhou	0.64	61.29	145.20	92.66	29.28	16.88
安庆市	Anqing	2.71	153.46	401.34	262.29	72.96	39.87
黄山市	Huangshan	0.65	62.84	142.08	88.61	28.98	20.39

注：由于统计口径变更，“邮政业务总量”指标变更为“邮政行业业务总量”，自2018年始，该指标口径变更。

a) Due to the change of statistical caliber, the index of "total postal business" was changed to "total postal industry business", and since 2018, the index caliber has changed.

15—25 邮电局所数及邮递线路（年底数）
Postal and Telecommunication Services Facilities (year-end)

单位：处（unit）

年份 Year	邮政信筒信箱 Postal Mailbox	邮路总长度（公里）Length of Postal Routes (km)	#汽车邮路 Highway Routes	铁路邮路 Railway Routes	农村投递线路（公里）Rural Delivery Routes (km)
2005	6378	70599	51111	1725	135688
2010	6693	45541	41321	2434	150902
2013	4641	48523	45995	2355	144838
2014	3704	46185	44960	1110	151640
2015	2401	45393	44152	1109	148838
2016	2511	61376	60144	1109	141849
2017	2533	185191	145859	1109	146126
2018	2273	146343	145227	1109	146884
2019	2219	159569	158460	1109	143644
2020	2177	184888	183779	1109	138536
2021	2152	233971	229670	4297	136168

注：由于邮政系统调整，2010年、2012年的邮路总长度与往年口径不同，不具可比性。

a) As the postal system adjustment, the caliber of Length of postal routes in 2010,2012 and previous years were different, did not have the commeasurability.

15—26 各市邮电局所数及邮递线路（2021年）
Postal and Telecommunication Services Facilities by Region (2021)

单位：处（unit）

地区	Region	邮政局所 Number of Post and Telecommunications Offices	邮政信筒信箱 Postal Mailbox	邮路总长度（公里）Length of Postal Routes (km)	#汽车邮路 Highway Routes	铁路邮路 Railway Routes	农村投递线路（公里）Rural Delivery Routes (km)
总计	**Total**	**1978**	**2152**	**233971**	**229670**	**4297**	**136168**
合肥市	Hefei	187	249	84169	81160	3009	13788
淮北市	Huaibei	49	58	1321	1321		4019
亳州市	Bozhou	102	97	6632	6632		15881
宿州市	Suzhou	128	128	3828	3828		14875
蚌埠市	Bengbu	90	99	41263	41263		7760
阜阳市	Fuyang	196	183	14480	13192	1288	11001
淮南市	Huainan	125	132	2961	2961		4815
滁州市	Chuzhou	164	165	3807	3807		10780
六安市	Luan	179	188	4998	4998		15688
马鞍山市	Maanshan	71	68	1620	1620		2963
芜湖市	Wuhu	97	126	23407	23403		3520
宣城市	Xuancheng	135	146	5234	5234		9442
铜陵市	Tongling	66	79	820	820		2634
池州市	Chizhou	78	82	2101	2101		3568
安庆市	Anqing	189	202	34106	34106		8778
黄山市	Huangshan	122	150	3224	3224		6656

主要统计指标解释

铁路营业里程

又称营业长度（包括正式营业和临时营业里程），指办理客货运输业务的铁路正线总长度。凡是全线或部分建成双线及以上的线路，以第一线的实际长度计算；复线、站线、段管线、岔线和特殊用途线以及不计算运费的联络线都不计算营业里程。铁路营业里程是反映铁路运输业基础设施发展水平的重要指标，也是计算客货周转量、运输密度和机车车辆运用效率等指标的基础资料。

公路里程

是指凡达到交通部《公路工程技术标准》规定的技术等级公路，并经公路主管部门正式验收交付使用的里程。包括大中城市的郊区公路以及通过城镇街道的里程和桥梁、隧道、渡口的长度，不包括大中城市的街道、厂矿、林区生产用道和农业生产用道的里程。两条或多条公路共同经由同一路段，只计算一次，不得重复计算里程长度。按公路技术等级分：等级公路里程和等外公路里程，等级公路里程可分为高速公路、一级公路、二级公路、三级公路、四级公路里程。

内河航道里程

是指凡能通航机动船、木帆船以及运输排筏（指利用排筏经营运输），其枯水期水深在 0.3 米及以上的天然河流、人工河渠、湖泊、水库航道里程。不包括仅供放流木材的河道。湖泊、水库航道里程（库区航道）按固定航线计算。两省以河为界的航道里程，双方均按一半计算，以免重复。

民用航空航线里程

指民用运输班机飞行的航线长度。航线长度指机场之间的距离。航空航线里程以年末到达数为准，因气候关系不能全年通航的航线，按年末情况统计，如果年末能继续通航则计入总长度，否则应扣除不计。计算航线里程可按重复和不重复两种方法，前者是指各航线相加的总和，后者则要扣除各航线之间的重复区段计算。

货（客）运量

指在一定时期内，各种运输工具实际运送的货物（旅客）数量。它是反映运输业为国民经济和人民生活服务的数量指标，也是制定和检查运输生产计划、研究运输发展规模和速度的重要指标。货运按吨计算，客运按人计算。货物不论运输距离长短、货物类别，均按实际重量统计。旅客不论行程远近或票价多少，均按一人一次客运量统计；半价票、小孩票也按一人统计。

货物（旅客）周转量

指在一定时期内，由各种运输工具运送的货物（旅客）数量与其相应运输距离的乘积之总和。它是反映运输业生产总成果的重要指标，也是编制和检查运输生产计划，计算运输效率、劳动生产率以及核算运输单位成本的主要基础资料。计算货物周转量通常按发出站与到达站之间的最短距离，也就是计费距离计算。计算公式为：

货物（旅客）周转量＝Σ货物（旅客）运输量×运输距离。

民用汽车拥有量

指报告期末，在公安交通管理部门按照《机动车注册登记工作规范》，已注册登记领有民用车辆牌照的全部汽车数量。汽车拥有量统计的主要分类：根据汽车结构分为载客汽车、载货汽车及其他汽车；根据汽车所有者不同分为个人（私人）汽车、单位汽车；根据汽车的使用性质分为营运汽车、非营运汽车；根据汽车大小规格不同载客汽车分为大型、中型、小型和微型，载货汽车分为重型、中型、轻型和微型。

邮电业务总量（又称通信业务总量）

是以货币形式表现的通信企业为社会提供各类通信服务的总和。是用于观察通信业务发展变化总趋势的综合性总量指标。根据专业性质分为邮政行业业务总量和电信业务总量。电信业务总量又可细分为本地网通信业务总量、长途通信业务总量、移动通信业务总量、数据通信业务总量、电报业务总量等。按通信范围可分为：国内通信业务总量、国际及港澳台通信业务总量。计算公式为：

邮电业务总量＝Σ（各类通信业务量×不变单价）+出租代维及其他业务收入

＝邮政业务总量+电信业务总量

邮政业务总量＝Σ（各类邮政业务量×不变单价）+邮政出租代维及其他业务收入

电信业务总量＝Σ（各类电信业务量×不变单价）+电信出租代维及其他业务收入

移动电话用户

指通过移动电话交换机进入移动电话网、占用移动电话号码的电话用户。用户数量以报告期末在移动电话营业部门实际办理登记手续进入移动电话网的户数进行计算，一部移动电话统计为一户。计量单位：户。

电话用户

指接入国家公众固定电话网，并按固定电话业务进行经营管理的电话用户。1997 年以前，电话用户分为市内电话用户和农村电话用户。“市内电话用户”是指接入县城及县以上城市的电话网上的电话用户；“农村电话用户”是指接入县邮电局农话台及县以下农村电话交换点，以县城为中心（除市话用户外）联通县、乡（镇）、行政村、村民小组的用户。从 1997 年起，电话用户数分组调整为以用户所在区域划分为“城市电话用户”和“乡村电话用户”，与过去的按市内电话和农村电话划分方法不同。而电话用户总数、电话机总部数统计范围不变。

住宅电话用户

指安装在居民住宅或农民家里并按照住宅电话用户登记注册和收费的电话用户。包括私人付费、单位付费和按规定免费安装的住宅电话用户。

Explanatory Notes for Major Statistical Indicators

Length of Railways in Operation

refers to the total length of the trunk line under passenger and freight transportation (including both full operation and temporary operation). The calculation is based on the actual length of the first line even if this line has a full or partial double track or more tracks, excluding double tracks, station sidings, tracks under the charge of stations, branch lines, special-purpose lines and the non-payable connecting lines. The length of railways in operation is an important indicator to show the development of the infrastructure for the railway transport, and also the essential data to calculate volume of passenger freight transport, traffic density and utilization efficiency of the locomotives and carriages.

Length of Highways

refers to the length of highways which are built in conformity with the grades specified by the (Highway Engineering Standard) formulated by the Ministry of Communications, and have been formally checked and accepted by the departments of highways and put into use. The length of highways includes that of the suburb highways at large and medium-sized cities, highways passing through streets at small cities and towns, and also the length of bridges and ferries. It does not include the length of streets in big and medium-sized cities and highways built for the production purpose at factories, mines, forest areas and agricultural areas. If two or more highways go the same section of the way, the length of the section is only calculated for once and no duplication is allowed. They could be classified by technical level into class highway and substandard highways. Class highway includes express-way and first class, second class, third class and forth class highway.

Length of Navigable Inland Waterways

refers to the length of the natural rivers, artificial rivers and canals, lakes, and reservoirs open to navigation that deep in 0.3 meters and above in dry season, which enables the transport by motor vessel, wooden sailing boats and rafts (using rafts to transport), excluding river courses which are only used to float odd logs. If two provinces take river as circle, the length of section is only calculated half to both sides, so as not to repeat.

Length of Civil Aviation Routes

refers to the length of all routes for regular civil aviation flights and it is usually the distance between airports. The length is calculated at the end of the year as the standard. The lines that can't open all through the year because of the weather are calculated at the end of the year. If it could continue and open at the end of the year, it should be calculated, otherwise it should be deducted and disregarded. There are usually two ways to calculate the length: duplicated calculation and unduplicated calculation. The former is to put the length of all air routes together, and the later is not to allow the duplication in calculation.

Freight (Passenger) Traffic

refers to the volume of freight (passenger) transported with various means. Freight transport is calculated in tons and passenger traffic is calculated in the number of persons. Despite the type of freight and traveling distance, the freight transport is calculated in the actual weight of the goods: and despite the traveling distance and ticket price, the passenger traffic is calculated by the principle that one person can be counted only once in one travel. The passenger who travels with a half price ticket or a child ticket is also calculated as one person. The freight (passenger) traffic provides a quantitative measure to show how the transport industry serves the national economy and people, and is also an important indicator for planning the transport industry and for studying the development scale and speed of the transport industry.

Freight Ton-kilometers (Passenger-kilometers)

refer to the sum of the products of the volume of transported cargo (passengers) multiplying by the transport distance, usually using ton-kilometer and passenger-kilometer as units for measurement. Normally, the shortest distance between the departure station and the destination station (i.e., the payable distance) is the basis to calculate the freight ton-kilometers. This is an important indicator to show the total results of the transport industry, to prepare and examine the transport plan and to measure the efficiency, the labour productivity and the unit cost of transport. The formula is as follows:

Freight Ton-kilometers (Passenger-kilometers) =∑ {Freight (Passenger) Traffic × Distance of Transportation}

Measuring unit: ton-kilometer (person-kilometer)

Possession of Civil Motor Vehicles

refer to the total numbers of vehicles that are registered and received vehicles license tags according to the Work Standard for Motor Vehicles Registration formulated by the Transport Management Office under the department of public security at the end of the reference period. They are divided into categories. According to the structure of motor vehicles, they are divided into passenger vehicles, trucks and others; according to ownership into private vehicles and vehicles for the unit's use; according to kind of usage into working vehicles and non-working vehicles; and according to size of vehicles into large passenger vehicles, medium-sized passenger vehicles, small passenger vehicles and mini passenger vehicles, heavy trucks, light-heavy trucks, light trucks and mini-trucks.

Business Volume of Post and Telecommunications (Also called Business Volume of Communications)

refers to the total amount of communications services, expressed in currency terms, provided by communications enterprises for the society. It is a comprehensive indicator reflects the total trend of communication service. It could be divided into business volume of post and telecommunication by type and business volume of telecommunication includes business volume of local network, long-distance, mobile communication, digital communication and telegram. It could be divided into domestic, international and business volume of Hong Kong, Macao and Taiwan by the coverage. The formula is as follows:

Business Volume of Post and Telecommunications = Σ (Transaction of Communication Service × Constant Price) + Income from Leasing Maintenance and other Services

= Business Volume of Postal Services + Business Volume of Telecommunication Services

Business Volume of Postal Services =Σ (Transaction of Postal Service × Constant Price) + Income from Leasing, Maintenance and other Services

Business Volume of Telecommunication Services = Σ (Transaction of Telecommunication Service × Constant Price) + Income from Leasing, Maintenance and other Services

Mobile Telephone Subscribers

refer to the persons who own mobile telephone number connected with the mobile telephone communication network and have registered in mobile communication enterprises. The number of subscribers is calculated only when the subscribers who have gone through all the register formalities and entered into the mobile telephone network at the end of the report. One mobile telephone is treated as a subscriber.

Telephone Subscribers

refer to subscribers that are connected to the public line telephone network provided with telephone services. Before 1997, telephone subscribers were classified as city subscribers and village subscribers. City subscribers referred to those connected to city telephone networks in county towns and cities, while village subscribers referred to those connected to village telephone stations at and below counties. Since 1997, the classification of telephone subscribers was modified on the basis of physical location of the subscribers as "urban telephone subscribers" and "rural telephone subscribers", which is different from the previous classification of categorizing "local telephones" and "rural telephones", while the definition of total subscribers and total number of telephones remain unchanged.

Household Telephone Subscribers

refer to telephone sets installed in the dwelling units of residents or peasant families and registered and charged according to house telephone subscribers. They included three types of payment for the service: private payment, unit payment and free installing service.

第十六篇

Chapter 16

国内贸易

DOMESTIC TRADE

简要说明

一、本篇资料反映我省国内市场发展情况和批发零售业、餐饮业和住宿业商品经营情况。主要内容有批发零售业商品流通，限额以上批发零售企业、住宿餐饮企业财务状况，社会消费品零售总额、亿元商品交易市场成交情况等。

二、本篇资料是根据国家统计局的批发零售、住宿餐饮业统计报表制度进行搜集和加工整理。

本资料的调查范围：财务状况报表为各种经济类型的限额以上批发和零售业法人企业、住宿和餐饮业法人企业。社会消费品零售总额报表为有零售业务的各种经济类型的企业、行政事业单位。以上统计报表从基层起报，自下而上逐级综合上报，主要采取全面调查方法，局部资料有的以抽样调查推断，有的利用工商、税务等部门的有关资料推算。

三、限额以上批发和零售业、住宿和餐饮业统计限额标准：批发业：年主营业务收入在2000万元及以上；零售业：年主营业务收入在500万元及以上；住宿业：年主营业务收入在200万元及以上；餐饮业：年主营业务收入在200万元及以上。

Brief Introduction

I. This data reflect the situation of our province in the domestic market development and wholesale and retail, restaurant and hotel industry commodity business. Main contents are wholesale and retail commodity circulation, limitation above wholesale and retail enterprise, accommodation catering enterprises financial situation, total retail sales of social consumer goods, commodities trading market clinch a deal for $one hundred million.

II. Data in this chapter are collected and processed in accordance with the statistical reporting scheme on wholesale and retail sale trades as well as accommodation industry, catering trade, stipulated by the National Bureau of Statistics.

Statistical coverage: Statistics on financial conditions include all corporate enterprises of wholesale, retail, catering trade above the designated size and star size accommodation. Statistics on retail sales of consumer goods include all enterprises, institutional units and peasants engaged in retail sale business. The method used in data collection is a complete enumeration, under which all units are covered in the survey and data are reported from lower to higher level statistical offices. For local data, sample surveys are used, and in some cases, administrative registers from industrial and commercial administration and taxation administration are used in the estimation.

III. Statistical limit standard of wholesale and retail trade, accommodation and catering industry above designated size: wholesale industry: annual main business income is 20 million yuan and above; Retail industry: the annual main business income is 5 million yuan and above; Accommodation industry: the annual main business income is 2 million yuan and above; Catering industry: the annual main business income is 2 million yuan and above.

16—1 国内贸易基本情况
Basic Conditions of Domestic Trade

指　　标	Item	2005	2010	2015	2020	2021
法人机构　（个）	**Number of Corporation Unit　(unit)**					
批发零售业	Engaged in Wholesale and Retail Trades	815	2449	6530	8471	9043
住宿餐饮业	Accommodation and Catering Trade	460	1021	1780	2075	2198
从业人员　（万人）	**Persons Engaged　(10000 persons)**					
批发零售业	Engaged in Wholesale and Retail Trades	12.8	26.2	37.5	37.5	38.4
住宿餐饮业	Accommodation and Catering Trade	5.3	10.2	12.6	13.7	14.1
批发零售业　（亿元）	**Wholesale and Retail Trade　(100 million yuan)**					
商品购进总额	Total Purchases	1513.1	4653.0	8389.5	13676.3	17665.1
商品销售总额	Total Sale	1615.5	5144.1	9454.9	15693.4	19727.8
商品库存总额	Total Inventory	116.2	397.5	757.1	1054.0	973.7
社会消费品零售总额（亿元）	**Total Retail Sales of Consumer Goods (100 million yuan)**	**2020.7**	**5139.0**	**11184.9**	**18333.7**	**21471.2**
按销售单位所在地分	By Location of Establishments					
城　镇	Urban				15102.1	17721.8
#城　区	City				9940.2	11492.6
乡　村	Rural				3231.6	3749.4
按消费形态分	Grouped by consumption patterns					
餐饮收入	Catering income				1980.4	2920.9
商品零售	Commodity retail				16353.3	18550.3

注：1．法人机构、从业人员、商品购进总额、销售总额、库存总额为限额以上口径。
2．根据第四次全国经济普查结果对2018年社会消费品零售总额进行了修订，其他年份相应进行调整。

a) Legal institutions, employees, total purchases of goods, total sales and total inventory are above the limit.
b) According to the results of the fourth national economic census, the total retail sales of social consumer goods in 2018 was revised and adjusted accordingly in other years.

16—2 限额以上批发零售、住宿餐饮业基本情况（2021年，按登记注册类型分）

Basic Conditions of Enterprises Above Designated Size in Wholesale and Retail Sale and Catering Trade by Registration (2021)

指　标	Item	法人企业（个）Number of Corporation Enterprises (unit)	从业人数（人）Engaged Persons (person)
总　计	**Total**	**11241**	**525171**
批发业合计	**Wholesale Trade**	**3909**	**135303**
国有控股	State-holding Enterprises	294	33438
内　资	Domestic-funded	3873	125816
国　有	State-owned	46	11227
集　体	Collective-owned	1	23
股份合作	Cooperative	2	73
有限责任公司	Limited Liability Corporations	615	37729
股份有限公司	Share-holding Corporations Ltd.	33	4436
私　营	Private	3169	72111
其　他	Other	7	217
港澳台商投资	With Investment from Hong Kong, Macao and Taiwan	15	2458
合资经营	Joint-venture	2	154
独资经营	With Sole Fund	11	1851
股份有限公司	Share-holding Corporations Ltd.		
其他投资企业	Other Investment Enterprises	2	453
外商投资	With Foreign Investment	21	7029
中外合资经营	Joint-venture	8	3141
外　资	Solely Foreign Funded	11	3719
外商投资有限公司	Foreign Investment Corporations Ltd.	2	169
零售业合计	**Retail Trade**	**5134**	**248862**
国有控股	State-holding Enterprises	149	26273
内　资	Domestic-funded	5053	225876
国　有	State-owned	12	1823
集　体	Collective-owned	12	127
股份合作	Cooperative	7	179
联　营	Joint Ownership	1	44
有限责任公司	Limited Liability Corporations	678	70474
股份有限公司	Share-holding Corporations Ltd.	35	11132
私　营	Private	4302	142022
其　他	Other	6	75
港澳台商投资	With Investment from Hong Kong, Macao and Taiwan	51	14397
合资经营	Joint-venture	2	248
独资经营	With Sole Fund	46	10124
股份有限公司	Share-holding Corporations Ltd.	1	3948
其他投资企业	Other Investment Enterprises	2	77
外商投资	With Foreign Investment	30	8589
中外合资经营	Joint-venture	3	732
外　资	Solely Foreign Funded	24	7437
外商投资有限公司	Foreign Investment Corporations Ltd.	3	420
其他外商投资企业	Other Foreign Funded Enterprises		

16—2 续表 continued

指　标	Item	法人企业（个）Number of Corporation Enterprises (unit)	从业人数（人）Engaged Persons (person)
住宿业合计	**Accommodation**	**752**	**45668**
国有控股	State-holding Enterprises	45	9643
内　资	Domestic-funded	740	43446
国　有	State-owned	8	565
有限责任公司	Limited Liability Corporations	147	19421
股份有限公司	Share-holding Corporations Ltd.	5	526
私　营	Private	580	22934
其　他	Other		
港澳台商投资	With Investment from Hong Kong, Macao and Taiwan	7	1480
合资经营	Joint-venture	2	195
独资经营	With Sole Fund	5	1285
外商投资	With Foreign Investment	5	742
外　资	Solely Foreign Funded	5	742
餐饮业合计	**Catering Trade**	**1446**	**95338**
国有控股	State-holding Enterprises	19	2618
内　资	Domestic-funded	1440	94594
国　有	State-owned	3	521
集　体	Collective-owned	2	64
有限责任公司	Limited Liability Corporations	134	20072
股份有限公司	Share-holding Corporations Ltd.	2	160
私　营	Private	1299	73777
其　他	Other		
港澳台商投资	With Investment from Hong Kong, Macao and Taiwan	3	573
合资经营	Joint-venture	1	43
独资经营	With Sole Fund	2	530
外商投资	With Foreign Investment	3	171
中外合资经营	Joint-venture	1	85
外　资	Solely Foreign Funded	2	86

16—3 限额以上批发零售业商品购进、销售和库存情况（2021年，按注册类型分）

Total Purchases, Sales and Inventory of Enterprises Above Designated Size in Wholesale and Retail Trade by Registration (2021)

单位：万元（10000 yuan）

指标	Item	购进总额 Total Purchases Value	#进口 Imports	销售总额 Total Sales Value	批发 Wholesale Value	零售 Retail Value	年末库存总额 Stock (year-end)
总计	**Total**	**176650741**	**9981086**	**197277911**	**144537806**	**52642648**	**9736782**
批发业合计	**Wholesale Trade**	**135857874**	**9338780**	**148598950**	**141675010**	**6826872**	**6420512**
国有控股	State-holding Enterprises	58775379	2967511	63510469	62098207	1409155	2897656
内资	Domestic-funded	123328839	5582740	133233444	127281043	5855351	6004318
国有	State-owned	8154819	51	10877714	10753720	123994	370467
集体	Collective-owned	5766		7437	4604	2833	99
股份合作	Cooperative	59400		66422	60367	6055	10656
有限责任公司	Limited Liability Corporations	64907524	3453188	68932244	67308793	1604662	2779273
股份有限公司	Share-holding Corporations Ltd.	6881553	1812229	6090786	5537591	553195	685415
私营	Private	43223865	317272	47130810	43520444	3532104	2155528
其他	Other	95912		128032	95525	32507	2881
港澳台商投资	With Investment from Hong Kong, Macao and Taiwan	5544312	3740820	5929213	5919055	10158	114944
合资经营	Joint-venture	54407		58000	58000		
独资经营	With Sole Fund	5358639	3740820	5730867	5720709	10158	107626
其他投资企业	Other Investment Enterprises	131267		140346	140346		7318
外商投资	With Foreign Investment	6984722	15220	9436293	8474912	961364	301250
中外合资经营	Joint-venture	1551382	4979	3797473	2842996	954477	245395
外资	Solely Foreign Funded	5345422	10241	5542055	5535151	6887	50601
外商投资有限公司	Foreign Investment Corporations Ltd.	87918		96765	96765		5255
零售业合计	**Retail Trade**	**40792867**	**642306**	**48678961**	**2862797**	**45815776**	**3316271**
国有控股	State-holding Enterprises	8211831	9681	9415819	1259598	8156222	424789
内资	Domestic-funded	37110704	522268	41709500	2430662	39278449	3101236
国有	State-owned	898406	1897	960233	78818	881415	59432
集体	Collective-owned	29064		31173	304	30869	399
股份合作	Cooperative	8342		9475	128	9347	2244
联营	Joint Ownership	7274		8709		8709	65
有限责任公司	Limited Liability Corporations	12676659	289340	14687184	880686	13806497	981098
股份有限公司	Share-holding Corporations Ltd.	3743319	2053	4396093	745658	3650434	131205
私营	Private	19738862	228977	21603828	725067	20878373	1926666
其他	Other	8778		12806		12806	127
港澳台商投资	With Investment from Hong Kong, Macao and Taiwan	2761499	75158	3258476	11051	3247425	118682
合资经营	Joint-venture	67800		75850		75850	4601
独资经营	With Sole Fund	1646744	520	1835350	8388	1826962	106261
股份有限公司	Share-holding Corporations Ltd.	1038843	74638	1333315		1333315	6283
其他投资企业	Other Investment Enterprises	8112		13961	2663	11298	1537
外商投资	With Foreign Investment	920664	44880	3710985	421084	3289902	96353
中外合资经营	Joint-venture	187024		198795	19931	178864	10375
外资	Solely Foreign Funded	727974	42721	3179380	352174	2827205	70999
外商投资有限公司	Foreign Investment Corporations Ltd.	5667	2159	332811	48979	283832	14980
其他外商投资企业	Other Foreign Funded Enterprises						

16—4 限额以上批发零售业商品购进、销售和库存情况（2021年，按行业分）

Total Purchases, Sales and Inventory of Enterprises Above Designated Size in Wholesale and Retail Trade by Sector (2021)

单位：万元（10000 yuan）

指 标	Item	购进总额 Total Purchases Value	销售总额 Total Sales Value	批 发 Wholesale Value	零 售 Retail Value	年末库存总 额 Stock (year-end)
总 计	**Total**	**176650741**	**197277911**	**144537806**	**52642648**	**9736782**
批发业合计	**Wholesale Trade**	**135857874**	**148598950**	**141675010**	**6826872**	**6420512**
农、林、牧、渔产品批发	Wholesale of Agriculture, Forest, Animal Husbandry and Fishery Products	2212856	2347369	2235662	111707	156012
谷物、豆及薯类批发	Wholesale of Corn, Bean and Potato	1341858	1421922	1358901	63021	94202
种子批发	Wholesale of Seed	201149	235698	233416	2282	33447
畜牧渔业饲料批发	Wholesale of Animal Husbandry and Fishery Feed	400355	407002	379986	27016	6364
棉、麻批发	Wholesale of Cotton, Linen	92866	96535	96502	33	9905
林业产品批发	Wholesale of Foresty Products	43450	45475	38539	6937	3035
牲畜批发	Wholesale of Livestock	17574	18150	13203	4948	968
渔业产品批发	Wholesale of Fishery Products	16502	18346	11834	6512	5
其他农牧产品批发	Wholesale of Other Agricultural Products	99103	104240	103282	958	8086
食品、饮料及烟草制品批发	Wholesale of Food, Beverages and Tobaccos	14313995	18280795	17140971	1134887	1069711
米、面制品及食用油批发	Wholesale of Rice, Flour and Edible Oil	3443286	3694162	3606198	87427	462521
糕点、糖果及糖批发	Wholesale of Cakes, Candy and Sugar	416000	441150	422103	17083	4423
果品、蔬菜批发	Wholesale of Fruits, Vegetables	437765	498878	390072	108806	4694
肉、禽、蛋、奶及水产品批发	Wholesale of Meat, Poultry, Eggs, Milk and Aquatic Products	1365774	1523740	1378352	145314	76128
盐及调味品批发	Wholesale of Salt and Spices	124809	138202	129988	8214	12453
营养及保健品批发	Wholesale of Nutrition and Health Care Products	41564	52174	48981	3127	1371
酒、饮料及茶叶批发	Liquor, Beverage and Tea Wholesale	3231192	4163774	3489223	672256	226860
烟草制品批发	Wholesale of Tobaccos	4410537	6756849	6744022	12827	216447
其他食品批发	Wholesale of Other Food	843068	1011865	932032	79833	64814
纺织、服装及家庭用品批发	Wholesale of Textiles, Clothing and Household Goods	12322063	15598281	13610382	1986207	907847
纺织品、针织品及原料批发	Wholesale of Textiles, Knitwear and Raw Materials	1150052	1205106	1196961	8145	48217
服装批发	Wholesale of Garments	799420	868125	842376	25103	50753
鞋帽批发	Wholesale of Shoes and Hats	61121	63855	46884	16970	3584
化妆品及卫生用品批发	Wholesale of Cosmetics and Health Supplies	1593085	2241112	2214512	26247	139520
厨具卫具及日用杂货批发	Wholesale of Kitchen Utensils and Daily Groceries	730582	786752	404440	382312	30162
灯具、装饰物品批发	Wholesale of Lamps and Decorative Items	645752	729631	686075	43556	68099
家用视听设备批发	Wholesale of Domestic Audio-visual Equipment	2164920	2258525	2118324	140200	52594
日用家电批发	Wholesale of Household Appliances	5029730	7286474	5950090	1336384	504686
其他家庭用品批发	Wholesale of Other Household Goods	147401	158703	150720	7289	10233

16—4 续表1 continued

单位：万元（10000 yuan）

指 标	Item	购进总额 Total Purchases Value	销售总额 Total Sales Value	批 发 Wholesale Value	零 售 Retail Value	年末库存总 额 Stock (year-end)
文化、体育用品及器材批发	Wholesale of Culture, Sports Appliances and Equipments	4090106	4211154	3998259	212895	679299
文具用品批发	Wholesale of Stationery	388196	421201	418535	2666	10324
体育用品及器材批发	Wholesale of Sporting goods and equipment	57294	54521	54521		4351
图书批发	Wholesale of Book	711705	676507	541375	135132	178543
音像制品、电子和数字出版物批发	Wholesale of Audio-visual Products, Electronic and Digital Publications	868958	914641	914641		434883
首饰、工艺品及收藏品批发	Wholesale of Jewelry, Crafts and Collectibles	692516	688371	644095	44276	30991
其他文化用品批发	Wholesale of Other Cultural Goods	1371436	1455914	1425093	30820	20207
医药及医疗器材批发	Wholesale of Medicines and Medical Appliances	10050425	12026011	11297326	698202	794122
西药批发	Wholesale of Western Medicine	7717789	8939063	8454101	454536	597747
中药批发	Wholesale of Traditional Chinese Medicine	1132851	1610294	1401880	208413	71154
动物用药品批发	Wholesale of Animal Medicines	17497	23600	23600		231
医疗用品及器材批发	Wholesale of Medical Supplies and Equipment	1182288	1453054	1417744	35253	124990
矿产品、建材及化工产品批发	Wholesale of Mineral Products, Building Materials and Chemical Products	58628534	60262576	58759042	1480190	1419533
煤炭及制品批发	Wholesale of Coal and Related Products	22290810	22749648	22636050	111567	277474
石油及制品批发	Wholesale of Petroleum and Related Products	4248114	3282853	2466652	816201	130383
非金属矿及制品批发	Wholesale of Western Medicine	1072564	1129843	1125408	4435	40860
金属及金属矿批发	Wholesale of Metal Materials	15389346	16777712	16576040	191501	391846
建材批发	Wholesale of Building Materials	9635608	10045026	9763470	273585	326857
化肥批发	Wholesale of Chemical Fertilizer	1343986	1374695	1371907	1928	101937
农药批发	Wholesale of Pesticides	546114	569634	566714	2920	24049
农用薄膜批发	Wholesale of Agricultural Film	24800	23958	22839		2045
其他化工产品批发	Wholesale of Other Chemical Products	4077193	4309208	4229963	78054	124081
机械设备、五金交电及电子产品批发	Wholesale of Machinery, Hardware and Electronic Equipment	25896131	26930306	25885573	1023299	1029793
农业机械批发	Wholesale of Agricultural Machinery	250835	280312	214353	63935	15598
汽车及零配件批发	Wholesale of Motor Vehicles and Spare Parts	10620962	11189433	10679546	501911	547504
摩托车及零配件批发	Wholesale of Motorcycles and Their Parts	239294	290336	279525	10811	10118
五金产品批发	Wholesale of Hardware	537496	604889	568247	36642	12715
电气设备批发	Wholesale of Household Electrical Appliances	1455151	1637171	1620424	16747	122643
计算机、软件及辅助设备批发	Wholesale of Computer, Software and Assistant Appliances	9501796	9387631	9370861	16770	167347
通讯设备批发	Wholesale of Communication Equipment	815015	861041	756054	104986	23039
广播影视设备批发	Wholesale of Radio, Film and Television Equipment	175792	181208	108609	72598	4162
其他机械设备及电子产品批发	Wholesale of Other Mechanical Equipment and Electronic Products	2299792	2498286	2287953	198899	126667

16—4 续表2 continued

单位：万元（10000 yuan）

指 标	Item	购进总额 Total Purchases Value	销售总额 Total Sales Value	批 发 Wholesale Value	零 售 Retail Value	年末库存总 额 Stock (year-end)
贸易经纪与代理	Trade Broker and Agency	1459466	1550983	1550734	249	122628
贸易代理	Trade Agent	1453991	1545250	1545000	249	122626
一般物品拍卖	Auction of General Goods	211	234	234		3
其他贸易经纪与代理	Other Trade Broker and Agency	5264	5500	5500		
其他批发业	Other Wholesale Industry Art Agency	6884299	7391474	7197060	179237	241568
再生物资回收与批发	Recycling and Renewable Materials Wholesale	5144612	5467912	5387953	64782	211403
互联网批发	Wholesale of Internet	223688	242493	152213	90279	2089
其他未列明的批发	Wholesale of Other Unlisted	1515999	1681069	1656894	24176	28077
零售业合计	**Retail Trade**	**40792867**	**48678961**	**2862797**	**45815776**	**3316271**
综合零售	Integrated Retail	7629897	9167863	513010	8654797	588116
百货零售	Retail of General Merchandise	4087125	5125401	447987	4677414	230808
超级市场零售	Retail of Supermarkets	3343651	3819969	64127	3755788	341216
便利店零售	Retail of Convenience Store	119926	138260	188	138069	8181
其他综合零售	Retail of Others	79195	84234	708	83527	7911
食品、饮料及烟草制品专门零售	Retail of Food, Beverages and Tobaccos	1826070	2046046	182277	1863540	119889
粮油零售	Retail of Grain and Oil	111104	124314	2888	121426	8724
糕点、面包零售	Retail of Cakes, Bread	81046	91810	26	91784	2052
果品、蔬菜零售	Retail of Fruit, Vegetables	392526	442634	9972	432661	3827
肉、禽、蛋、奶及水产品零售	Retail of Meat, Poultry, Eggs, Milk and Aquatic Products	146638	157327	23149	134178	5604
营养和保健品零售	Retail of Nutrition and health care products	60897	68677	15574	53103	5342
酒、饮料及茶叶零售	Retail of Wine, tea and beverages	773558	855946	113564	742154	84956
烟草制品零售	Retail of Tobacco Products	22574	23254		23254	1340
其他食品零售	Retail of Other Food	237727	282084	17104	264980	8044
纺织、服装及日用品专门零售	Special Retail of Textiles, Garments and Daily Consumer Articles	740259	976398	48775	927624	157168
纺织品及针织品零售	Retail of Textile and Knitwear	54303	81765		81765	5487
服装零售	Retail of Garments	387119	536692	27626	509066	108878
鞋帽零售	Retail of Shoes and Hats	29480	40538	373	40166	11193
化妆品及卫生用品零售	Retail of Cosmetics and Health Supplies	66378	75822	14722	61099	3485
厨具卫具及日用杂货零售	Retail of Kitchen Utensils and Daily Groceries	29056	33755	872	32883	4416
钟表、眼镜零售	Retail of Watches, Glasses	75441	95962		95962	18712
自行车等代步设备零售	Retail of Bicycle and Other Transportation Equipment	34445	37808	967	36841	2138
其他日用品零售	Retail of Other Daily Necessities	64038	74056	4215	69842	2861
文化、体育用品及器材专门零售	Retail of Culture, Sports Appliances and Equipments	1058260	1076011	25376	1050635	173435
文具用品零售	Retail of Stationery	54606	61185	3244	57941	5519
体育用品及器材零售	Retail of Sporting Goods and Equipment	15250	16592		16592	756
图书、报刊零售	Retail of Books, Newspapers	708944	668393	4668	663725	105279
音像制品、电子和数字出版物零售	Retail of Audio-visual Products, Electronic and Digital Publications	14120	14727	2095	12632	350

16—4 续表3 continued

单位：万元（10000 yuan）

指 标	Item	购进总额 Total Purchases Value	销售总额 Total Sales Value	批 发 Wholesale Value	零 售 Retail Value	年末库存总额 Stock (year-end)
珠宝首饰零售	Retail of Jewelry	142099	161338	10741	150597	40928
工艺美术品及收藏品零售	Retail of Arts and Crafts and Collectibles	52940	67563	438	67125	10033
乐器零售	Retail of Instruments	21180	28202	1434	26768	6277
照相器材零售	Retail of Photographic equipment	5977	6480	1072	5407	592
其他文化用品零售	Retail of Other Cultural Goods	43145	51530	1685	49846	3700
医药及医疗器材专门零售	Retail of Medicines and Medical Appliances	1177417	1424908	29193	1395716	197776
西药零售	Retail of Western Medicine	1142966	1387006	28232	1358773	192974
中药零售	Retail of Traditional Chinese Medicine	33422	36634	960	35673	4632
医疗用品及器材零售	Retail of Medical Supplies and Equipment	1029	1269		1269	170
汽车、摩托车、零配件和燃料及其他动力销售	Sales of Automobiles, Motorcycles, Spare Parts and Fuel and Other Power	19268050	23560675	1348387	22212207	1332695
汽车新车零售	Retail of New Car	13399701	14395193	184705	14210407	1121891
汽车旧车零售	Retail of Used Car	357578	354300	278328	75972	7297
汽车零配件零售	Retail of Auto Parts	62280	67160	1707	65453	4993
摩托车及零配件零售	Retail of Motorcycles and Spare Parts	45532	47601	1236	46366	3046
机动车燃料零售	Retail of Motor Vehicle Fuel	5387875	8679066	878948	7800119	194865
机动车燃气零售	Retail of Motor Vehicle Gas	15085	17356	3464	13892	603
家用电器及电子产品专门零售	Special Retail of Household Electric Appliances and Electronic Products	2771479	2987288	237689	2749583	230480
家用视听设备零售	Retail of Home Audio-visual Equipment	1184342	1272396	118503	1153893	115407
日用家电零售	Retail of Household Appliances	753867	827718	33838	793864	59686
计算机、软件及辅助设备零售	Retail of Computer, Software and Assistant Appliances	314802	330857	45028	285829	16836
通讯设备零售	Retail of Communication Equipments	422523	459655	40321	419334	28007
其他电子产品零售	Retail of Other Electronic Products	95945	96663		96663	10545
五金、家具及室内装修材料专门零售	Retail of Hardware, Furniture and Decoration Materials	593614	635580	44926	590655	31448
五金零售	Retail of Hardware	129272	126526	7158	119368	7104
灯具零售	Retail of Lamps	14278	14965	2109	12856	869
家具零售	Retail of Furniture	222910	237759	10363	227396	11671
涂料零售	Retail of Paint	19587	21398	10258	11141	964
卫生洁具零售	Retail of Sanitary Ware	38588	42490	1830	40660	3259
木制装饰材料零售	Retail of Wooden Decorative Materials	48760	52901	2693	50208	1952
陶瓷、石材装饰材料零售	Retail of Ceramic, Stone Decoration Materials	49901	54672	5133	49539	2137
其他室内装修材料零售	Retail of Other Interior Decoration Materials	70318	84870	5383	79487	3492
货摊、无店铺及其他零售业	Retail of Stalls, No Shop and Other	5727821	6804191	433164	6371020	485263
互联网零售	Retail of Internet	5444405	6460581	408858	6051715	473395
邮购及电视、电话零售	Retail of Television, Telephone and Mail Order	55059	57258	17070	40188	881
自动售货机零售	Retail of Vending Machine	32558	71400	35	71365	2631
生活用燃料零售	Retail of Living Fuel	126189	149200	1572	147628	4844
其他未列明的零售	Retail of Other Unlisted	69610	65752	5629	60124	3513

16—5 限额以上批发零售业主要商品分类销售额（2021年）
Total Sales of Enterprises Above Designated Size in Wholesale and Retail Sale by Category of Main Commodities (2021)

单位：万元（10000 yuan）

指　标	Item	合　计 Total	批　发 Wholesale	零　售 Retail Sale
总　计	**Total**	**189631136**	**137806627**	**51824509**
粮油、食品、饮料、烟酒类	Grain and Edible Vegetable Oil, Food, Beverages, Tobacco and Liquor	32454237	21285571	11168666
粮油、食品类	Grain and Edible Vegetable Oil, Food	17831550	9730717	8100833
#粮油类	Grain and Edible Vegetable Oil	5911207	4556310	1354897
肉禽蛋类	Meat, Poultry and Eggs	3113181	2093475	1019706
水产品类	Aquatic Products	382583	84504	298080
蔬菜类	Vegetables	1372811	511166	861646
干鲜果品类	melons and Fruits	1212594	363426	849168
饮料类	Beverages	1889605	846165	1043440
烟酒类	Tobacco and Liquor	12733082	10708689	2024393
服装鞋帽、针、纺织品类	Garments, Footwear, Hats, Knitwear and Textiles	4453627	1562190	2891438
服装类	Garments	2718043	580772	2137271
鞋帽类	Footwear and Hats	599216	170330	428886
针、纺织品类	Knitwear and Textiles	1136368	811088	325280
化妆品类	Cosmetics	1758770	868093	890676
金银珠宝类	Gold, Silver and Jewelry	1638517	712340	926177
日用品类	Articles for Daily Use	3791990	1969181	1822809
可穿戴智能设备	Wearable smart devices	32609	24	32585
五金、电料类	Hardware and Electrical Materials	1102394	855884	246510
体育、娱乐用品类	Sports and Recreation Articles	420461	82202	338259
#照相器材类	Photographic Equipment Class	10321	2979	7342
书报杂志类	Newspapers and Magazines	1247144	619673	627471
电子出版物及音像制品类	E-journal and Video Products	41913	6879	35034
家用电器和音像器材类	Household Appliances and Audio-visual Equipment	11944437	8278040	3666396
#能效等级为1级和2级的商品	Energy Efficiency Grade 1 and 2 Goods	437433	289211	148222
智能家用电器和音像器材	Smart Home Appliances and Audio and Video Equipment	548363	292126	256237
中西药品类	Traditional Chinese and Western Medicines	12009873	10587741	1422132
西　药	Western Medicines	8155832	7122457	1033375
中草药及中成药	Chinese Herbal Medicine and Proprietary Chinese Medicine	1911165	1679361	231804
文化、办公用品类	Cultural and Official Goods	9903785	9142359	761426
#计算机及其配套产品	Computer and Its Supporting Products	8692849	8424937	267911
家具类	Furniture	639170	104534	534636
通讯器材类	Communication Appliances	2382117	1000498	1381619
#智能手机	A Smart Phone	911935	578844	333091
煤炭及制品类	Coal and Related Product	18297735	18293739	3997
木材及制品类	Wood and Wooden Product	313885	313775	109
石油及制品类	Petroleum and Related Product	12367947	3117546	9250401
化工材料类	Raw Chemical Materials	6183410	6179670	3740
化肥类	Chemical Fertilizer	1464846	1463390	1456
金属材料类	Metal Materials	23467413	23464482	2930
建筑及装潢材料类	Building and Decoration Materials	6027825	5616818	411007
机电产品及设备类	Mechanical and Electrical Products	3820616	3739249	81366
农机类	Agricultural Machinery	230984	229906	1078
汽车类	Automobile	24366536	9997438	14369097
#新能源汽车	New Energy Vehicle	2205654	1863837	341817
种子饲料类	Seed and Feedstuff	643077	642683	394
棉麻类	Cotton, Hemp	118388	116647	1742
其他类	Other	10235872	9249396	986476

16—6 限额以上批发零售企业主要财务指标情况（2021年，按登记注册类型分）

Main Financial Indicators of Enterprises Above Designated Size in Wholesale and Retail Sale by Registration (2021)

指　标	Item	流动资产合计 Circulating Funds	#存　货 Stock
批发零售企业总计	**Total**	**67579387**	**9963482**
批发企业合计	**Wholesale Trade**	**52963214**	**6753960**
国有控股	State-holding Enterprises	23106344	2889752
内　资	Domestic-funded	45364627	6118794
国　有	State-owned	3798058	368684
集　体	Collective-owned	1032	99
股份合作	Cooperative	16357	4974
有限责任公司	Limited Liability Corporations	22380646	2659527
股份有限公司	Share-holding Corporations Ltd.	4206582	788486
私　营	Private	14950358	2293357
其　他	Other	11594	3667
港澳台商投资	With Investment from Hong Kong, Macao and Taiwan	2486692	85012
合资经营	Joint-venture	16315	
独资经营	With Sole Fund	2450038	77699
股份有限公司	Share-holding Corporations Ltd.		
其他投资企业	Other Investment Enterprises	20339	7313
外商投资	With Foreign Investment	5111895	550155
中外合资经营	Joint-venture	2784513	485475
外　资	Solely Foreign Funded	2059940	48753
外商投资有限公司	Foreign Investment Corporations Ltd.	267441	15926
零售企业合计	**Retail Trade**	**14616173**	**3209522**
国有控股	State Controlling Share Hold Enterprises	2218407	424594
内　资	Domestic-funded	12178539	3063218
国　有	State-owned	105042	22407
集　体	Collective-owned	4015	703
股份合作	Cooperative	5428	2375
联　营	Joint Ownership	2913	57
有限责任公司	Limited Liability Corporations	4926486	961167
股份有限公司	Share-holding Corporations Ltd.	795857	186616
私　营	Private	6333811	1889714
其　他	Other	4987	179
港澳台商投资	With Investment from Hong Kong, Macao and Taiwan	1414608	46654
合资经营	Joint-venture	13285	4998
独资经营	With Sole Fund	451151	38239
股份有限公司	Share-holding Corporations Ltd.	938625	1690
其他投资企业	Other Investment Enterprises	11547	1727
外商投资	With Foreign Investment	1023027	99649
中外合资经营	Joint-venture	15257	9613
外　资	Solely Foreign Funded	889923	75184
外商投资有限公司	Foreign Investment Corporations Ltd.	117847	14852
其他外商投资企业	Other Foreign Funded Enterprises		

单位：万元（10000 yuan）

固定资产合计 Total Fixed Assets	固定资产原价 Original Value of Fixed Assets	累计折旧 Progressive Depreciation	#本年折旧 Depreciation this Year	资产总计 Total of Assets	负债合计 Total of Liabilities	流动负债 Working Liabilities	所有者权益 Creditors' Equity	#实收资本 Capital Hold	#个人资本 Individual Capital
3885168	**7579160**	**3010671**	**534407**	**85535514**	**60963294**	**54808848**	**24420493**	**10879641**	**1183095**
1803904	**3282074**	**1282572**	**271699**	**63872627**	**46415125**	**43179786**	**17412672**	**8151168**	**721041**
780872	1367400	547154	68893	29172646	18761172	17541069	10405264	4152569	24482
1583571	2876303	1097184	174269	55316979	38861178	35779047	16410971	7048106	704362
197231	460089	243111	22483	4283643	1401271	1361484	2882372	126513	6144
254	424	170	31	1286	279	279	1007	80	80
326	1175	687	70	20830	18750	18587	2081	3500	500
590724	934505	292692	47884	27022113	20502422	19091051	6507322	4244746	61917
172685	293827	113183	20357	6473667	3816276	3676118	2657392	688432	15147
616073	1176910	444346	83183	17496309	13111533	11621449	4352315	1981941	620093
6280	9373	2996	261	19131	10648	10080	8483	2894	480
181043	281957	100914	93605	3170722	2172129	2111699	998593	948234	
372	2559	2187	140	25923	22550	14590	3374	3365	
180553	279029	98477	93385	3123401	2130833	2079519	992568	941269	
118	369	251	79	21397	18746	17590	2651	3600	
39291	123814	84474	3825	5384925	5381818	5289040	3108	154828	16680
37102	105617	68473	3054	2990916	3199687	3186413		129764	16680
2111	5074	2956	273	2079026	1830664	1830328	248362	14764	
78	13124	13046	498	314983	351466	272299		10300	
2081264	**4297086**	**1728100**	**262708**	**21662887**	**14548169**	**11629063**	**7007822**	**2728473**	**462053**
604046	1147670	509503	53810	4627227	2281511	1578942	2279323	606391	2015
1811655	3661910	1395463	229881	18290283	12429612	9723729	5753775	2464333	459941
66674	141091	68734	7511	359517	142764	45838	171747	65817	
372	1475	697	126	6120	1800	797	4321	448	6
1224	2852	1624	119	7001	2166	1903	4835	1380	600
	20	15	3	2918	872	872	2046		
705900	1396328	511766	83315	7578523	5586016	4153914	1990146	1034463	30907
353553	640866	267671	28924	1924725	949609	692206	951981	166298	11580
682597	1473080	544031	109690	8400026	5744063	4827546	2619568	1193927	415478
1335	6199	925	193	11454	2323	654	9132	2001	1370
95543	284370	182238	16106	1669586	1270283	1223558	399303	146856	912
5011	7678	2667	257	23740	8258	5996	15482	11850	
79581	262486	176317	15379	645382	468996	426201	176386	90901	
8707	9100	393	295	986518	788091	786423	198427	40100	
2245	5106	2861	175	13947	4938	4938	9009	4005	912
174066	350807	150398	16721	1703018	848274	681776	854743	117284	1200
13255	29866	16608	2481	57874	120324	106236	-62451	24908	
135628	279274	118757	13056	1434040	722078	588449	711962	92376	1200
25183	41667	15033	1184	211104	5872		205232		

16—6 续表 continued

指　　标	Item	主营收入 Project Settlement Income	营业成本 Operating Costs	税金及附加 Taxes and Surcharges
批发零售企业总计	**Total**	**174289556**	**162497089**	**1255276**
批发企业合计	**Wholesale Trade**	**132324079**	**124770033**	**1124152**
国有控股	State-holding Enterprises	55894053	53051298	928836
内　资	Domestic-funded	118374377	111852819	1098970
国　有	State-owned	9673052	7751430	857037
集　体	Collective-owned	6587	5773	17
股份合作	Cooperative	58757	55167	82
有限责任公司	Limited Liability Corporations	61099190	58738603	111433
股份有限公司	Share-holding Corporations Ltd.	5130124	5223641	6321
私　营	Private	42278729	39954948	124041
其　他	Other	127938	123257	40
港澳台商投资	With Investment from Hong Kong, Macao and Taiwan	5601289	5544062	6010
合资经营	Joint-venture	37724	51114	55
独资经营	With Sole Fund	5438132	5387173	5693
股份有限公司	Share-holding Corporations Ltd.			
其他投资企业	Other Investment Enterprises	125433	105775	262
外商投资	With Foreign Investment	8348414	7373152	19172
中外合资经营	Joint-venture	3359560	2630828	11523
外　资	Solely Foreign Funded	4909536	4668671	7462
外商投资有限公司	Foreign Investment Corporations Ltd.	79318	73653	187
零售企业合计	**Retail Trade**	**41965477**	**37727057**	**131125**
国有控股	State Controlling Share Hold Enterprises	7459315	6890679	25354
内　资	Domestic-funded	35777861	32214706	112145
国　有	State-owned	801445	717294	1656
集　体	Collective-owned	27996	26134	74
股份合作	Cooperative	8596	7076	95
联　营	Joint Ownership	7707	6433	17
有限责任公司	Limited Liability Corporations	12423368	11073144	46579
股份有限公司	Share-holding Corporations Ltd.	3176314	3027419	8686
私　营	Private	19319631	17347320	55037
其　他	Other	12806	9886	2
港澳台商投资	With Investment from Hong Kong, Macao and Taiwan	2994219	2577135	12725
合资经营	Joint-venture	68961	59340	461
独资经营	With Sole Fund	1727964	1483626	9510
股份有限公司	Share-holding Corporations Ltd.	1184938	1027698	2668
其他投资企业	Other Investment Enterprises	12355	6471	85
外商投资	With Foreign Investment	3193398	2935216	6255
中外合资经营	Joint-venture	171088	161195	391
外　资	Solely Foreign Funded	2727788	2501033	5414
外商投资有限公司	Foreign Investment Corporations Ltd.	294521	272989	450
其他外商投资企业	Other Foreign Funded Enterprises			

单位：万元（10000 yuan）

其他业务利润 Other Business Profit	销售费用 Operating Expense	管理费用 Management Expense	财务费用 Financial Expenses	营业利润 Operating Profit	利润总额 Total Profit	应交所得税 Payable Income Tax	本年应付工资薪酬 Total Payable Wages this Year
345664	**7609695**	**2649976**	**450548**	**2867320**	**3196272**	**636223**	**3008373**
173211	**4752580**	**1493709**	**246443**	**2202709**	**2469744**	**511585**	**1561388**
40724	1204632	492185	45447	1409428	1475031	316110	643288
170205	3862226	1334731	308975	2132827	2375819	492832	1343539
2620	131856	273279	-55991	791932	794240	196449	251847
	367	230	1	198	198	20	90
271	676	370	2712	27	45	2	373
31603	1894128	391190	137843	713336	800888	167034	516974
10901	126505	62621	18097	131427	128512	6341	73447
124810	1707821	606108	206189	493128	648788	122849	499423
	874	932	124	2779	3147	137	1384
84	43860	62433	-48463	18279	18483	3741	42652
9	907	662	-1	-1531	-1627	1	1233
75	26449	59181	-48408	19395	19693	3296	36998
	16503	2590	-54	416	417	444	4421
2923	846494	96545	-14070	51603	75442	15011	175198
2209	678232	67029	-12753	7736	25971	5399	100015
714	166193	27627	-3700	43586	49214	9531	73231
	2069	1890	2384	280	258	82	1952
172453	**2857116**	**1156267**	**204105**	**664611**	**726527**	**124638**	**1446985**
59312	437846	172037	20992	166606	165730	23622	227173
153942	2296991	1071347	188179	519251	563532	97103	1288894
25490	43589	4048	1520	14761	15705	538	21766
31	696	738	129	559	559	49	527
84	606	463	4	118	122	7	553
	551	294	58	353	354	26	563
61532	1015533	333518	77368	140701	152371	51871	482955
12747	190852	65849	8823	46809	47028	7125	81447
54059	1044251	665676	100216	315015	346465	37482	700872
	913	762	61	934	928	5	211
9478	357984	56431	1340	84841	102784	24233	97437
	5664	1426	-60	2849	2824	832	2278
2533	194145	30156	1810	52197	52189	11458	73582
5568	157860	22933	-395	24553	42484	10621	20844
1377	315	1915	-15	5242	5288	1322	733
9034	202141	28490	14586	60519	60211	3303	60655
3036	14978	3228	4401	-6013	-3367	67	7195
5998	175371	23141	8951	59844	57577	3239	48813
	11793	2121	1234	6687	6000	-3	4646

16—7 限额以上批发零售企业主要财务指标情况（2021年，按行业分）

Main Financial Inventory of Enterprises Above Designated Size in Wholesale and Retail by Sector (2021)

(按2017年行业代码分组 Grouped by industry code for 2017)

指 标	Item	流动资产合计 Circulating Funds	#存货 Stock
总 计	**Total**	**67579387**	**9963482**
批发业合计	**Wholesale Trade**	**52963214**	**6753960**
农、林、牧、渔产品批发	Wholesale of Agricultural, Forestry, Animal Husbandry and Fishery Products	971541	168304
食品、饮料及烟草制品批发	Wholesale of Food, Beverages and Tobaccos	8789787	1149430
#米、面制品及食用油批发	Wholesale of Rice, Flour and Edible Oil	1358350	495733
烟草制品批发	Wholesale of Tobaccos	2972481	204779
纺织、服装及家庭用品批发	Wholesale ofTextile, Clothing and Household Goods	6434269	1237929
#服装批发	Wholesale of Garments	439545	51455
文化、体育用品及器材批发	Wholesale of Culture, Sports Appliances and Equipments	2860680	711011
医药及医疗器材批发	Wholesale of Medicines and Medical Appliances	6379191	784919
矿产品、建材及化工产品批发	Wholesale of Mineral Products, Building Materials and Chemical Products	13651478	1470902
#煤炭及制品批发	Wholesale of Coal and Related Products	2605600	275821
石油及制品批发	Wholesale of Petroleum and Related Products	593964	130157
金属及金属矿批发	Wholesale of Metal Materials	4827728	410229
建材批发	Wholesale of Building Materials	3452773	345007
化肥批发	Wholesale of Chemical Fertilizer	689347	102347
机械设备、五金交电及电子产品批发	Wholesale of Machinery, Hardware and Electronic Equipment	11935090	983528
#汽车及零配件批发	Wholesale of Automobiles and Spare Parts	5730157	501111
电气设备批发	Wholesale of Electrical Equipments	520448	114376
计算机、软件及辅助设备批发	Wholesale of Computer, Software and Assistant Appliances	4017505	157102
贸易经纪与代理	Trade Broker and Agency	237673	123647
其他批发	Other Wholesale not Classified Elsewhere	1703505	124291
零售业合计	**Retail Trade**	**14616173**	**3209522**
综合零售	Integrated Retail	2626096	518827
#百货零售	Retail of General Merchandise	1468667	217959
超级市场零售	Retail of Supermarkets	1025046	278080
食品、饮料及烟草制品专门零售	Retail of Food, Beverages and Tobaccos	959826	172901
纺织、服装及日用品专门零售	Special Retail of Textiles, Garments and Daily Consumer Articles	387957	156205
#服装零售	Retail of Garments	216446	100450
文化、体育用品及器材专门零售	Retail of Culture, Sports Appliances and Equipments	691387	167496
#体育用品及器材零售	Sporting Goods and Equipment Retail	7515	1586
图书、报刊零售	Books, Newspapers and Retail	498745	97415
医药及医疗器材专门零售	Retail of Medicines and Medical Appliances	634429	203887
#西药零售	Retail of Western Medicine	618609	197869
中药零售	Retail of Traditional Chinese Medicine	12748	4848
汽车、摩托车、燃料及零配件专门零售	Retail of Motor Vehicles, Motorcycles, Fuel and Parts	5585933	1432098
#汽车新车零售	Retail of New Cars	4029843	1183442
机动车燃油零售	Retail of Motor Vehicle Fuel	1484912	225646
家用电器及电子产品专门零售	Special Retail of Household Electric Appliances and Electronic Products	1345325	258824
#日用家电零售	Retail Sales of Household Appliances	536881	73714
计算机、软件及辅助设备零售	Retail of Computer, Software and Assistant Appliances	95206	17184
通信设备零售	Retail Sales of Communication Equipment	115288	33282
五金、家具及室内装饰材料专门零售	Special Retail of Hardware, Furniture and Decoration Materials	190543	35996
货摊、无店铺及其他零售	Stalls, No Shops and Other Retail Outlets	2194679	263288

单位：万元（10000 yuan）

固定资产合计 Total Fixed Assets	固定资产原价 Original Value of Fixed Assets	累计折旧 Progressive Deprecia-tion	#本年折旧 Deprecia-tion this Year	资产总计 Total of Assets	负债合计 Total of Liabilities	流动负债 Working Liabilities	所有者权益 Creditors' Equity	#实收资本 Capital Hold	#个人资本 Individual Capital
3885168	**7579160**	**3010671**	**534407**	**85535514**	**60963294**	**54808848**	**24420493**	**10879641**	**1183095**
1803904	**3282074**	**1282572**	**271699**	**63872627**	**46415125**	**43179786**	**17412672**	**8151168**	**721041**
156462	220019	50499	9910	1569623	824594	736496	743482	314360	59669
373017	792265	357873	42861	10356358	5713820	5201501	4627604	958678	64332
66934	119881	41038	5765	1506629	1264058	1182560	242571	139134	13074
165589	398800	219934	20469	3232238	443852	440920	2788386	26027	2627
72283	210686	115767	9929	7124756	6757145	6513814	365596	257781	67849
12574	34964	19935	1555	660790	520473	436613	137833	35114	18809
44057	67839	22122	2334	3436651	2195303	2141549	1239803	286412	8043
268203	488593	192368	32652	7291452	5606158	5293690	1679567	819374	101432
538436	884697	298521	50737	18677492	12338125	10960871	6325015	3573590	294208
224437	279379	52622	7315	3954964	2043319	1966797	1906170	1516891	58557
118569	232423	103927	20782	1586891	729262	614262	855532	123610	13207
60550	125956	54712	6089	5955180	4949562	4489160	1005579	809923	112924
62868	120660	40764	9160	4413429	2734800	2202016	1676487	747921	71348
48744	70707	19642	2487	1121998	642590	601961	477151	170834	5516
284381	505762	204811	117065	13285250	11236026	10642551	2045498	1809197	104553
185809	314613	122569	95552	6795231	5447997	5209765	1346548	1549278	57044
4022	10081	4290	910	551470	502642	488247	48829	27794	6711
11893	21701	8413	2108	4049239	3723377	3713929	325862	75245	2940
3873	5712	1747	355	243788	188693	188247	55095	11542	1442
63194	106501	38864	5857	1887257	1555261	1501066	331012	120233	19514
2081264	**4297086**	**1728100**	**262708**	**21662887**	**14548169**	**11629063**	**7007822**	**2728473**	**462053**
678415	1521409	701799	78300	4925757	3871623	3066317	1049744	586814	88514
409471	803358	336940	36455	2650067	1801163	1480182	846215	240548	46101
259168	702564	359469	40655	2121595	1933429	1476913	186394	328795	35805
50343	137667	55178	10214	1159601	810093	664759	347495	137935	39712
111977	143633	23625	6119	585512	421367	323817	164129	78989	8561
100069	121164	16026	4800	373307	278645	204340	95226	48605	4531
34643	84592	43052	4619	877655	472846	351699	405006	107446	17124
604	1196	400	109	10139	7292	1009	2846	1368	1368
16658	45333	25570	2379	651158	344042	241150	307580	73439	2304
37371	81247	35896	7210	901735	666351	590426	234958	112908	25397
36501	79296	35004	7028	878719	651850	581249	226443	110208	25327
812	1601	634	160	19869	12363	7039	7505	1440	70
935319	1865289	739216	127264	8748080	5083139	3910975	3569515	1271314	171375
433861	885450	344990	81283	5137075	3847498	3294663	1261050	842366	146290
478565	945231	384878	44123	3439454	1119105	535123	2253957	384431	23006
33025	122474	41902	9507	1582966	1151838	804267	429568	135182	41307
10124	23710	9687	1745	600185	391454	340500	208395	38694	13804
4308	10528	5452	1481	105213	58988	47039	46119	22901	10027
1151	3664	1937	469	125131	105431	100503	19615	14020	4138
69736	102849	28294	5840	317948	190257	165566	127691	43265	17493
130435	237926	59137	13636	2563633	1880656	1751238	679716	254621	52572

16—7 续表 continued

指　　标	Item	主营收入 Project Settlement Income	营业成本 Operating Costs
总　　计	**Total**	**174289556**	**162497089**
批发业合计	**Wholesale Trade**	**132324079**	**124770033**
农、林、牧、渔产品批发	Wholesale of Agricultural, Forestry, Animal Husbandry and Fishery Products	2184722	2079032
食品、饮料及烟草制品批发	Wholesale of Food, Beverages and Tobaccos	16439437	13411022
#米、面制品及食用油批发	Wholesale of Rice, Flour and Edible Oil	3416090	3388388
烟草制品批发	Wholesale of Tobaccos	5984231	4256288
纺织、服装及家庭用品批发	Wholesale ofTextile, Clothing and Household Goods	13650269	12420091
#服装批发	Wholesale of Garments	773639	760459
文化、体育用品及器材批发	Wholesale of Culture, Sports Appliances and Equipments	3630050	3493300
医药及医疗器材批发	Wholesale of Medicines and Medical Appliances	10762840	9518191
矿产品、建材及化工产品批发	Wholesale of Mineral Products, Building Materials and Chemical Products	53377255	52608186
#煤炭及制品批发	Wholesale of Coal and Related Products	20231829	19886322
石油及制品批发	Wholesale of Petroleum and Related Products	2839778	2754327
金属及金属矿批发	Wholesale of Metal Materials	14855432	14736545
建材批发	Wholesale of Building Materials	8713911	8813992
化肥批发	Wholesale of Chemical Fertilizer	1271742	1215622
机械设备、五金交电及电子产品批发	Wholesale of Machinery, Hardware and Electronic Equipment	24380368	23522357
#汽车及零配件批发	Wholesale of Automobiles and Spare Parts	10292812	9924059
电气设备批发	Wholesale of Electrical Equipments	1471574	1428268
计算机、软件及辅助设备批发	Wholesale of Computer, Software and Assistant Appliances	8354664	8169623
贸易经纪与代理	Trade Broker and Agency	1433659	1353558
其他批发	Other Wholesale not Classified Elsewhere	6465479	6364295
零售业合计	**Retail Trade**	41965477	37727057
综合零售	Integrated Retail	**7208602**	**6251869**
#百货零售	Retail of General Merchandise	3615207	3168380
超级市场零售	Retail of Supermarkets	3415535	2926913
食品、饮料及烟草制品专门零售	Retail of Food, Beverages and Tobaccos	1864287	1597571
纺织、服装及日用品专门零售	Special Retail of Textiles, Garments and Daily Consumer Articles	865978	693255
#服装零售	Retail of Garments	478762	371243
文化、体育用品及器材专门零售	Retail of Culture, Sports Appliances and Equipments	990410	793074
#体育用品及器材零售	Sporting Goods and Equipment Retail	13727	12318
图书、报刊零售	Books, Newspapers and Retail	629064	485748
医药及医疗器材专门零售	Retail of Medicines and Medical Appliances	1284316	989622
#西药零售	Retail of Western Medicine	1249654	962057
中药零售	Retail of Traditional Chinese Medicine	33393	26450
汽车、摩托车、燃料及零配件专门零售	Retail of Motor Vehicles, Motorcycles, Fuel and Parts	20495819	19402684
#汽车新车零售	Retail of New Cars	12699416	11977880
机动车燃油零售	Retail of Motor Vehicle Fuel	7363523	6987259
家用电器及电子产品专门零售	Special Retail of Household Electric Appliances and Electronic Products	2567367	2270150
#日用家电零售	Retail Sales of Household Appliances	738751	671205
计算机、软件及辅助设备零售	Retail of Computer, Software and Assistant Appliances	297295	270941
通信设备零售	Retail Sales of Communication Equipment	403912	368453
五金、家具及室内装饰材料专门零售	Special Retail of Hardware, Furniture and Decoration Materials	586128	496351
货摊、无店铺及其他零售	Stalls, No Shops and Other Retail Outlets	6102572	5232482

单位：万元（10000 yuan）

税金及附加 Taxes and Surcharges	其他业务利润 Other Business Profit	销售费用 Operating Expense	管理费用 Management Expense	财务费用 Financial Expenses	营业利润 Operating Profit	利润总额 Total Profit	应交所得税 Payable Income Tax	本年应付工资薪酬 Total Payable Wages this Year
1255276	**345664**	**7609695**	**2649976**	**450548**	**2867320**	**3196272**	**636223**	**3008373**
1124152	**173211**	**4752580**	**1493709**	**246443**	**2202709**	**2469744**	**511585**	**1561388**
2733	3080	56660	34344	19172	47033	54284	3079	29929
830496	8725	938141	387501	14195	1106303	1121410	276656	539915
5052	4110	61674	27871	15058	8925	10886	548	34521
801223	1051	106441	235784	-75618	758651	757528	183164	232449
30213	15613	1625402	139127	-9591	99783	123766	21856	286390
729	1204	31885	15407	318	38	541	655	15253
3193	2468	75716	30292	6843	86044	87473	2359	36703
37945	19457	885879	334073	67431	215997	235314	55643	200357
75996	7536	528068	280240	141463	581201	645351	103793	213710
17158	2767	118067	51087	9431	222656	252624	45969	28573
5572	2800	79792	23743	7087	31147	30136	7927	28847
24662	-4346	89725	71753	77301	54228	60765	14323	41003
20002	742	114230	64001	33065	120158	148914	15719	64535
1649	1001	19772	19865	3770	56853	57030	2336	17006
34485	114457	592483	222903	-14054	78918	99601	23127	220605
13656	24056	357130	84023	-6676	-49859	-50499	-4907	98670
1754	1786	27259	11091	859	4649	6688	1589	7218
9411	2	74809	41632	-24941	76418	82647	13278	23687
1243		4140	2857	2476	24616	25106	5605	3105
107848	1875	46092	62372	18508	-37186	77440	19467	30673
131125	**172453**	**2857116**	**1156267**	**204105**	**664611**	**726527**	**124638**	**1446985**
40400	69099	739512	330634	74723	61510	70667	21740	416865
26830	18860	213681	204808	37034	103738	106874	16525	146958
12541	40381	505718	112061	37255	-39779	-34094	4874	254721
6419	6690	156017	71297	8487	68780	70809	11416	79005
3731	2186	107942	39758	6304	25170	27456	3744	71440
2345	269	83209	18574	3342	1997	3633	754	53618
5447	6934	86141	53897	4071	66249	63651	1519	65591
18		448	702	83	173	179	7	208
1583	6369	62172	38788	2993	52697	49931	465	50355
4184	3916	218669	64696	9838	13834	19771	3595	143418
3927	3678	214141	63299	9618	12948	18872	3554	139223
255	238	4491	1132	221	1037	1049	41	4076
43748	63935	693149	298580	80188	297511	309984	57106	404353
29594	32789	404464	241151	66499	138674	156492	42083	292363
13296	31146	275540	51789	10936	153797	147923	14436	106738
7093	4349	146138	73586	10969	16389	18272	3795	89421
1712	657	40753	20965	3657	6058	6748	880	23307
562	603	7340	10578	879	6584	6639	393	9397
904	1069	21725	15545	1027	2571	3403	616	18587
3287	272	50917	19056	2650	17371	17529	1169	27791
16816	15073	658630	204764	6875	97798	128389	20555	149101

16—8 限额以上住宿餐饮业经营情况（2021年）
Above Designated Accommodation Catering Business (2021)

指　　标	Item	营业额 Turnover
总　　计	**Total**	**3454846**
住宿业合计	**Total of Accommodation Enterprises**	**877652**
国有控股	State-holding Enterprises	142631
按登记注册类型分组	**Group by Registration Type**	
内　资	Domestic-funded	830589
国　有	State-owned	5930
集　体	Collective-owned	
联　营	Joint Ownership	
有限责任公司	Limited Liability Company	363079
股份有限公司	Share-holding Corporations Ltd.	10717
私　营	Private	450863
其　他	Other	
港澳台商投资	With Investment from Hong Kong, Macao and Taiwan	33519
外商投资企业	Enterprises with Foreign Investment	13545
按国民经济行业分	**Divided by National Economy Industry**	
旅游饭店	Tourist Hotel	628777
一般旅馆	Common Hotel	224414
经济型连锁酒店	Economical Hotel Chain	94899
其他一般旅馆	Other General Hotels	129515
民宿服务	Homestay Service	3853
露营地服务	Campground Service	1598
其他住宿服务	Other Accommodation Service	19011
餐饮业合计	**Catering Trade**	**2577193**
国有控股	State-holding Enterprises	55861
按登记注册类型分组	**Group by Registration Type**	
内　资	Domestic-funded	2557578
国　有	State-owned	8501
集　体	Collective-owned	2180
有限责任公司	Limited Liability Company	584301
股份有限公司	Share-holding Corporations Ltd.	4052
私　营	Private	1958544
其　他	Other	
港澳台商投资企业	With Investment from Hong Kong, Macao and Taiwan	15275
外商投资企业	Enterprises with Foreign Investment	4341
按国民经济行业分	**Divided by National Economy Industry**	
正餐服务	Dinner	1682455
快餐服务	Fast Food	619326
饮料及冷饮服务	Drink and Cold Drink Service	29486
餐饮配送及外卖送餐服务	Catering and Delivery Services	230671
其他餐饮业	Other Catering Service	15255

单位：万元（10000 yuan）

客房收入 Room Revenue	餐费收入 Meals Income	商品销售收入 Commodity Sales	其他收入 Other Income	客房数 （间） Guestroom Number (unit)	床位数 （个） Bed Capacity (unit)	餐位数 （位） Number of Seating Arrangement (unit)
552594	**2602798**	**218410**	**81043**	**160274**	**253771**	**1367874**
417011	**345550**	**63493**	**51598**	**124126**	**195514**	**274554**
34477	57668	38492	11994	9015	14861	34615
395079	325278	62333	47898	120595	190072	263858
2016	2876	92	947	701	1347	3520
125792	159535	51413	26339	39207	59062	99227
7416	1002	707	1592	2575	4353	1954
259855	161866	10122	19021	78112	125310	159157
15592	14117	774	3037	2249	3397	7302
6340	6155	386	663	1282	2045	3394
252713	278741	58239	39084	73262	118323	209193
149324	59951	4416	10722	47807	72138	57246
71462	17041	1768	4629	19005	28732	15973
77863	42911	2648	6093	28802	43406	41273
2579	798	376	101	566	1071	2144
653	374	243	328	211	525	360
11742	5686	219	1364	2280	3457	5611
135583	**2257248**	**154917**	**29445**	**36148**	**58257**	**1093320**
8608	41525	3785	1943	1858	3072	17439
132793	2240854	154879	29052	35488	57044	1087095
2382	5196	164	759	376	582	1700
	1929	245	6			790
36441	533226	8544	6090	11398	17168	167691
	4052					6809
93971	1696451	145926	22196	23714	39294	910105
2263	12750		262	340	613	4285
527	3644	39	131	320	600	1940
134676	1452277	71372	24131	35954	57907	870035
9	536418	80592	2308	7	7	167471
	26481	410	2595			928
	227717	2543	411			41270
899	14355			187	343	13616

16—9 限额以上住宿业和餐饮企业主要财务指标情况（2021年）

Main Financial Indicators of Enterprises Above Designated Size in Catering Trades by Status of Registration and by Sector (2021)

指　　标	Item	流动资产合计 Circulating Funds	#存　货 Stock
总　　计	**Total**	**2027521**	**136233**
住宿业合计	**Total of Accommodation Enterprises**	**980206**	**54496**
国有控股	State-holding Enterprises	100811	7698
按登记注册类型分组	**Group by Registration Type**		
内　资	Domestic-funded	924486	53482
国　有	State-owned	3723	332
集　体	Collective-owned		
联　营	Joint Ownership		
有限责任公司	Limited Liability Company	450151	18086
股份有限公司	Share-holding Corporations Ltd.	11236	263
私　营	Private	459376	34801
其　他	Other		
港澳台商投资	With Investment from Hong Kong, Macao and Taiwan	40179	671
外商投资企业	Enterprises with Foreign Investment	15541	343
按国民经济行业分	**Divided by National Economy Industry**		
旅游饭店	Tourist Hotel	716770	42662
一般旅馆	Common Hotel	235866	8186
经济型连锁酒店	Economical Hotel Chain	84639	2936
其他一般旅馆	Other General Hotels	151228	5250
民宿服务	Residential Service	8654	223
露营地服务	Campsite Service	2166	65
其他住宿服务	Other Accommodation Service	16749	3360
餐饮业合计	**Catering Trade**	**1047315**	**81736**
国有控股	State-holding Enterprises	21009	1018
按登记注册类型分组	**Group by Registration Type**		
内　资	Domestic-funded	1032604	80232
国　有	State-owned	1703	191
集　体	Collective-owned	404	83
有限责任公司	Limited Liability Company	214985	16014
股份有限公司	Share-holding Corporations Ltd.	1386	118
私　营	Private	814126	63826
其　他	Other		
港澳台商投资企业	With Investment from Hong Kong, Macao and Taiwan	5249	719
外商投资企业	Enterprises with Foreign Investment	9463	785
按国民经济行业分	**Divided by National Economy Industry**		
正餐服务	Dinner	835502	69590
快餐服务	Fast Food	129622	9722
饮料及冷饮服务	Drink and Cold Drink Service	7269	370
餐饮配送及外卖送餐服务	Catering and Delivery Services	70502	1718
其他餐饮业	Other Catering Service	4421	336

单位：万元（10000 yuan）

固定资产合计 Total Fixed Assets	固定资产原价 Original Value of Fixed Assets	累计折旧 Progressive Depreciation	#本年折旧 Depreciation this Year	资产总计 Total of Assets	负债合计 Total of Liabilities	流动负债 Working Liabilities	所有者权益 Creditors' Equity	#实收资本 Capital Hold	#个人资本 Individual Capital
1428516	**2974302**	**1175865**	**146161**	**5371183**	**3855929**	**2795514**	**1494284**	**1216382**	**201891**
933261	**1939880**	**795702**	**81056**	**2921436**	**2365604**	**1691188**	**551928**	**781635**	**91436**
157202	314135	153919	8922	403107	236543	211429	167154	166506	326
777511	1657992	677167	70776	2550496	1996871	1439410	549721	626680	91436
6949	17569	8939	434	16016	10810	8670	5796	3708	
442324	912153	418425	34169	1178765	976716	775470	201554	318476	5706
5557	12126	4622	855	77698	28890	19871	48808	24953	6976
322681	716144	245182	35318	1278016	980455	635399	293563	279544	78755
113157	214447	101203	8096	288381	307700	190944	-19319	146955	
42593	67441	17332	2183	82560	61034	60834	21527	8000	
761017	1594884	690750	64380	2219067	1879246	1301424	336918	638209	53097
161090	304456	99484	13723	577431	409903	320782	166527	119086	37061
59186	103677	33875	4428	200625	117215	73362	82608	43244	12749
101905	200779	65609	9294	376806	292688	247420	83919	75841	24312
257	1006	353	90	12350	11704	9878	646	1759	1059
3250	5143	1893	541	50631	13954	13951	36677	15000	
7645	34392	3223	2322	61957	50797	45153	11161	7582	220
495255	**1034423**	**380163**	**65106**	**2449746**	**1490325**	**1104326**	**942356**	**434747**	**110455**
38186	74609	36333	4346	73814	69108	43320	4706	20027	
466968	994302	371759	63501	2391943	1457152	1072337	917725	406657	110455
286	569	281	84	3623	4288	3208	-665	1500	
3	464	384	41	484	698	698	-214	86	
160991	267274	95890	18518	522444	425576	357665	96384	100548	4731
233	616	383	113	3124	2931	2931	193	500	
305455	725378	274822	44746	1862267	1023659	707835	822027	304023	105724
207	4704	1479	98	10401	3053	3053	7348	6060	
28081	35417	6925	1506	47402	30119	28935	17283	22030	
435218	911263	329592	53979	1989938	1229788	919382	743156	360424	102260
53233	98352	42103	9419	352897	186104	112535	166721	59162	3944
624	1485	807	241	10446	8328	8156	2119	1971	253
5923	16951	4348	1041	87912	61585	59809	26327	12631	3499
257	6372	3314	427	8554	4520	4443	4034	560	500

16—9 续表 continued

指标	Item	主营收入 Project Settlement Income	营业成本 Operating Costs
总 计	**Total**	**3203441**	**1944801**
住宿业合计	**Total of Accommodation Enterprises**	**842990**	**431042**
国有控股	State-holding Enterprises	161644	75289
按登记注册类型分组	**Group by Registration Type**		
内 资	Domestic-funded	801657	414985
国 有	State-owned	4824	2879
集 体	Collective-owned		
联 营	Joint Ownership		
有限责任公司	Limited Liability Company	367416	167418
股份有限公司	Share-holding Corporations Ltd.	9925	3807
私 营	Private	419492	240880
其 他	Other		
港澳台商投资	With Investment from Hong Kong, Macao and Taiwan	30401	9705
外商投资企业	Enterprises with Foreign Investment	10932	6351
按国民经济行业分	**Divided by National Economy Industry**		
旅游饭店	Tourist Hotel	607706	290393
一般旅馆	Common Hotel	211711	125565
经济型连锁酒店	Economical Hotel Chain	89843	49884
其他一般旅馆	Other General Hotels	121868	75682
民宿服务	Residential Service	3724	2043
露营地服务	Campsite Service	1555	1536
其他住宿服务	Other Accommodation Service	18296	11504
餐饮业合计	**Catering Trade**	**2360450**	**1513759**
国有控股	State-holding Enterprises	50202	35755
按登记注册类型分组	**Group by Registration Type**		
内 资	Domestic-funded	2341460	1504933
国 有	State-owned	8050	2833
集 体	Collective-owned	2128	1135
有限责任公司	Limited Liability Company	546101	287574
股份有限公司	Share-holding Corporations Ltd.	3934	1835
私 营	Private	1781247	1211556
其 他	Other		
港澳台商投资企业	With Investment from Hong Kong, Macao and Taiwan	14818	6438
外商投资企业	Enterprises with Foreign Investment	4173	2387
按国民经济行业分	**Divided by National Economy Industry**		
正餐服务	Dinner	1570307	965395
快餐服务	Fast Food	525828	370846
饮料及冷饮服务	Drink and Cold Drink Service	28427	13382
餐饮配送及外卖送餐服务	Catering and Delivery Services	222679	154981
其他餐饮业	Other Catering Service	13209	9155

单位：万元（10000 yuan）

税金及附加 Taxes and Surcharges	其他业务利润 Other Business Profit	销售费用 Operating Expense	管理费用 Management Expense	财务费用 Financial Expenses	营业利润 Operating Profit	利润总额 Total Profit	应交所得税 Payable Income Tax	本年应付工资薪酬 Total Payable Wages this Year
26163	**12225**	**783510**	**498193**	**56969**	**11381**	**29264**	**19626**	**711925**
14244	**5674**	**231074**	**219555**	**35168**	**-61385**	**-53633**	**678**	**238192**
2946	298	70223	35086	2538	-19952	-17668	-19	64598
13069	5586	223343	191789	29636	-48924	-41503	678	224009
28		2353	2757	44	-2339	-2089	2	1799
8178	2830	127019	91198	15489	-31999	-26998	71	119048
53	43	5969	2484	-238	-1743	-1626		4220
4809	2713	88003	95350	14340	-12843	-10790	605	98943
780		5986	22467	5489	-11761	-11457		9994
396	88	1746	5300	43	-701	-673		4190
11567	4503	190208	165126	28961	-55520	-49372	612	183755
2182	1132	37905	48222	5646	-4295	-2708	48	49578
853	822	19195	20182	1696	1151	1210	-50	20619
1329	310	18711	28040	3950	-5446	-3918	98	28958
11		728	1006	253	-241	-219	2	1172
14	**43**	327	482	-346	-406	-406		730
471	-4	1905	4719	654	-924	-928	16	2958
11918	**6551**	**552436**	**278638**	**21801**	**72765**	**82896**	**18948**	**473733**
764	2460	8483	12596	596	-6408	-5212	188	15026
11639	6551	544882	271957	21703	75505	85563	18947	469093
3		3589	3315	20	-1907	-1779	3	2409
4		1036	330	7	-384	-302		596
2826	4561	168623	72673	4061	14855	16738	9082	150198
2	-1	2015	245	12	-177	-165		1011
8804	1991	369620	195394	17602	63118	71070	9861	314879
7		5329	5157	43	-761	-705	1	3635
273		2225	1524	55	-1978	-1962		1006
10351	5999	342822	213169	20651	53818	60985	14436	310712
1249	551	161427	35303	782	11337	13711	2732	102893
41		10143	965	24	3122	3558	695	5537
248		32853	28386	269	5977	6117	1079	52590
30		5191	815	75	-1488	-1475	5	2002

16—10 限额以上批发和零售业连锁经营情况（2021年）
Basic Conditions of Chain-Enterprise Above Quota Wholesale and Retail (2021)

指 标		Item		合 计 Total	直销店 Directly-run Shops	加盟店 Alliance Shops
门店总数	（个）	Gross Number of Shops	(unit)	9434	7724	1710
从业人数	（人）	Number of People Engaged	(person)	82909	77748	5161
零售营业面积	（平方米）	Area of Business	(sq.m)	6905718	6703913	201805
连锁门店商品购进额	（万元）	Total Purchases	(10000 yuan)	14458507	14048440	410067
＃统一配送商品购进额		Centralized Purchase and Delivery		9693463	9418617	274847
＃自有配送中心配送商品购进额		Total Revenue of Purchasing by Self Purchase and Delivery		3274022	3175577	98445
非自有配送中心配送商品购进额		Total Revenue of Purchasing by Non-self Purchase and Delivery		380071	324391	55679
连锁门店商品销售额	（万元）	Sales Value of Commodities	(10000 yuan)	16623833	16319158	304675
＃零售额		Revenue of Retail Sales		11727352	11496586	230766

16—11 限额以上住宿和餐饮业连锁经营情况（2021年）
Basic Conditions of Chain-Enterprise Above Quota Lodging and food and Beverage Industry (2021)

指 标		Item		合 计 Total	直销店 Directly-run Shops	加盟店 Alliance Shops
门店总数	（个）	Gross Number of Shops	(unit)	1272	1214	58
从业人数	（人）	Number of People Engaged	(person)	28032	27838	194
餐饮营业面积	（平方米）	Area of Business	(sq.m)	336619	335682	937
客房数	（间）	Guestroom Number	(unit)	256	256	
床位数	（个）	Bed Capacity	(unit)	396	396	
餐位数	（位）	Number of Seating Arrangement	(unit)	166837	166176	661
连锁门店商品购进(采购)额	（万元）	Chain shops Commodity Purchasing Volume	(10000 yuan)	329008	318701	10306
＃统一配送商品购进额		Centralized Purchase and Delivery		188831	188525	306
＃自有配送中心配送商品购进(采购)额		Total Revenue of Purchasing by Self Purchase and Delivery		17508	17202	306
非自有配送中心配送商品购进(采购)额		Total Revenue of Purchasing by Non-self Purchase and Delivery		123165	123165	
连锁门店营业额	（万元）	Chain shops Turnover	(10000 yuan)	761459	756661	4799
＃餐费收入		Catering Income		646532	641779	4752
商品销售额		Total Sales of Goods		75441	75441	

16—12 各市限额以上批发和零售业连锁经营情况（2021年）

Basic Conditions of Chain-Enterprise Above Quota Wholesale and Retail by Region (2021)

地 区 Region	门店总数（个）Gross Number of Shops (unit)	从业人员（人）Number of People Engaged (person)	零售营业面积（平方米）Area of Business (sp.m)	商品购进总额（万元）Total Purchases (10000 yuan)	#统一配送商品购进额 Centralized Purchase and Delivery	#自有配送中心配送 Total Revenue of Purchasing by Self	商品销售额（万元）Sales Value of Commodities (10000 yuan)	零售额 Retail
总　计 Total	**9434**	**82909**	**6905718**	**14458507**	**9693463**	**3274022**	**16623833**	**11727352**
合肥市 Hefei	5996	62912	5668819	12501168	8007839	2729277	14591038	9838490
淮北市 Huaibei	92	440	4660	10025	10025	10025	20568	20568
亳州市 Bozhou	95	577	11604	12768	7087	7087	16078	16078
宿州市 Suzhou	579	1349	24900	62495	54467		68255	68255
蚌埠市 Bengbu	545	3549	186967	119810	96707		202861	202861
阜阳市 Fuyang	521	3697	114981	314717	218934	97196	213448	168350
淮南市 Huainan	49	266	8521	7128	7128		10737	3624
滁州市 Chuzhou	548	1781	66533	48479	48479	48479	77925	77925
六安市 Luan								
马鞍山市 Maanshan	74	526	126342	295683	294485	293833	295458	275211
芜湖市 Wuhu	148	2004	78096	141776	141776	7167	144381	144381
宣城市 Xuancheng	335	2346	89093	78967	77843	75822	95129	95129
铜陵市 Tongling								
池州市 Chizhou	132	299	15693	8712	8640	3442	12381	12381
安庆市 Anqing	297	2956	503396	846920	714289	1695	865371	793896
黄山市 Huangshan	23	207	6113	9859	5765		10205	10205

16—13 各市限额以上住宿和餐饮业连锁经营情况（2021年）

Basic Conditions of Chain-Enterprise Above Quota Lodging and Food and Beverage Industry by Region (2021)

地 区 Region	门店总数（个）Gross Number of Shops (unit)	从业人员（人）Number of People Engaged (person)	餐饮营业面积（平方米）Area of Business (sp.m)	客房数（间）Guestroom Number (unit)	床位数（个）Bed Capacity (unit)	餐位数（位）Number of eating Arrangement (unit)	商品购进总额（万元）Total Purchases (10000 yuan)	营业额（万元）Turnover (10000 yuan)
总　计 Total	**1272**	**28032**	**336619**	**256**	**396**	**166837**	**329008**	**761459**
合肥市 Hefei	998	21548	267603			130515	196448	578585
淮北市 Huaibei								
亳州市 Bozhou								
宿州市 Suzhou								
蚌埠市 Bengbu								
阜阳市 Fuyang	56	150	3000			1000	1353	2100
淮南市 Huainan								
滁州市 Chuzhou	2	13	1080			315	52	514
六安市 Luan								
马鞍山市 Maanshan	8	569	15500	256	396	4415	3992	15245
芜湖市 Wuhu								
宣城市 Xuancheng								
铜陵市 Tongling	204	5748	39436			29172	126071	162043
池州市 Chizhou								
安庆市 Anqing	4	4	10000			1420	1092	2973
黄山市 Huangshan								

16—14 各市限额以上批发零售企业主要财务指标情况（2021年）

Main Financial Indicators of Enterprises Above Designated Size in Wholesale and Retail by Region (2021)

地　区	Region	企业数(个) Number of Enterprises (unit)	流动资产合计 Circulating Funds	#存货 Stock	固定资产合计 Total Fixed Assets	固定资产原价 Original Value of Fixed Assets
总　　计	**Total**	**9043**	**67579387**	**9963482**	**3885168**	**7579160**
合 肥 市	Hefei	2098	33771855	4761033	1471075	2805068
淮 北 市	Huaibei	235	1151882	221981	213130	297495
亳 州 市	Bozhou	465	1800894	260425	137469	248367
宿 州 市	Suzhou	579	2172433	247649	243883	434044
蚌 埠 市	Bengbu	548	1996868	344436	229018	417307
阜 阳 市	Fuyang	687	2748542	551331	192446	460925
淮 南 市	Huainan	409	1302539	195762	101913	227161
滁 州 市	Chuzhou	520	2905156	405371	182351	398653
六 安 市	Luan	492	1483792	284939	209726	386274
马鞍山市	Maanshan	216	1840677	266001	68743	184406
芜 湖 市	Wuhu	1035	10323455	1311818	292882	622521
宣 城 市	Xuancheng	322	1158864	173156	132410	254834
铜 陵 市	Tongling	251	1908503	312869	106453	201278
池 州 市	Chizhou	221	560196	89830	60853	131268
安 庆 市	Anqing	737	1905346	426936	184701	378087
黄 山 市	Huangshan	228	548387	109945	58115	131474

16—15 各市限额以上住宿和餐饮企业主要财务指标情况（2021年）

Main Financial Indicators of Enterprises Above Designated Size in Catering Trades by Status of Registration and by Sector by Region (2021)

地　区	Region	企业数(个) Number of Enterprises (unit)	流动资产合计 Circulating Funds	#存货 Stock	固定资产合计 Total Fixed Assets	固定资产原价 Original Value of Fixed Assets
总　　计	**Total**	**2198**	**2027521**	**136233**	**1428516**	**2974302**
合 肥 市	Hefei	472	750919	50441	489278	1031904
淮 北 市	Huaibei	38	30754	2228	6480	16255
亳 州 市	Bozhou	102	60680	4428	39379	78393
宿 州 市	Suzhou	112	49461	3918	57466	154633
蚌 埠 市	Bengbu	153	80999	4658	62476	137521
阜 阳 市	Fuyang	159	81148	5757	32616	69755
淮 南 市	Huainan	123	49880	4898	41408	83984
滁 州 市	Chuzhou	107	81905	13959	53861	100419
六 安 市	Luan	177	107972	8689	77019	161350
马鞍山市	Maanshan	51	63656	3572	54872	109469
芜 湖 市	Wuhu	191	132702	8733	136735	288045
宣 城 市	Xuancheng	93	73666	2432	105122	174659
铜 陵 市	Tongling	69	66502	3189	16094	33157
池 州 市	Chizhou	62	57204	3013	17337	78112
安 庆 市	Anqing	192	102116	11140	139747	262643
黄 山 市	Huangshan	97	237958	5179	98629	194003

单位：万元（10000 yuan）

累计折旧 Progressive Deprecia-tion	#本年折旧 Deprecia-tion this Year	资产总计 Total of Assets	负债合计 Total of Liabilities	#流动负债 Working Liabilities	所有者权益 Creditors' Equity	#实收资本 Capital Hold	#个人资本 Individual Capital
3010671	**534407**	**85535514**	**60963294**	**54808848**	**24420493**	**10879641**	**1183095**
1182885	250009	43599021	32192590	29249573	11380234	5846471	319179
73954	12009	1562348	949464	829124	612048	198709	57270
78939	16319	2193011	1573209	1407163	619772	307978	77982
124937	18130	2835149	1937007	1771259	891016	324055	67691
146143	30068	2543537	1794908	1495565	715956	241237	49434
215167	37657	3378959	2064301	1814692	1314657	300789	96777
102368	11588	1575195	839811	729276	730403	232695	67588
138802	23266	3957963	2474743	1997221	1479154	497126	54490
137739	23473	1987719	1110706	872172	876391	207710	78024
83006	9870	2190778	1607410	1405172	583232	346186	27056
256479	34083	12132261	9864455	9382077	2267514	1509803	106309
113089	14466	1526096	760570	631825	718153	153178	36285
84028	10994	2311525	1752795	1550441	558065	266790	29190
62558	9019	713799	299645	226218	392767	79825	19492
147963	26288	2318778	1360009	1106345	954035	274462	71900
62617	7169	709376	381671	340727	327096	92630	24427

单位：万元（10000 yuan）

累计折旧 Progressive Deprecia-tion	#本年折旧 Deprecia-tion this Year	资产总计 Total of Assets	负债合计 Total of Liabilities	#流动负债 Working Liabilities	所有者权益 Creditors' Equity	#实收资本 Capital Hold	#个人资本 Individual Capital
1175865	**146161**	**5371183**	**3855929**	**2795514**	**1494284**	**1216382**	**201891**
455609	43628	1974736	1459775	995905	513077	459850	36337
8536	673	47089	33674	25950	13465	12099	465
31788	4256	150061	101764	94252	48145	45463	6691
55483	8357	181604	123887	86794	57617	24587	5680
50560	6763	184834	97651	78537	81783	33095	9125
31765	6396	165407	113205	91110	52203	32501	15064
33505	3457	117874	86094	59999	31538	30938	18439
31530	6759	218633	146353	133531	71444	34419	7822
68599	9436	293259	202884	156213	88127	78123	17913
52823	8305	169424	143995	137401	25419	46863	6840
101718	16961	426596	262220	198778	164202	158668	21261
53314	6151	268978	174874	76444	94199	39616	11299
14838	3094	131786	95508	86137	35396	20327	6410
25993	6774	146887	107874	80413	39014	31291	14001
80438	8653	393219	219557	119333	164475	82244	19707
79365	6498	500796	486615	374719	14181	86299	4837

16—14 续表 continued

地 区	Region	主营收入 Project Settlement Income	营业成本 Operating Costs	税金及附加 Taxes and Surcharges	其他业务利润 Other Business Profit
总 计	**Total**	**174289556**	**162497089**	**1255276**	**345664**
合肥市	Hefei	74583859	69533439	318046	227758
淮北市	Huaibei	5288434	5059224	29255	8095
亳州市	Bozhou	5386052	4418111	72660	5861
宿州市	Suzhou	5787849	5478516	65250	5741
蚌埠市	Bengbu	4675101	4288859	57220	7138
阜阳市	Fuyang	7908555	7207549	107543	11724
淮南市	Huainan	3903201	3604935	49595	2730
滁州市	Chuzhou	6385351	6275621	68810	5510
六安市	Luan	4306298	3753836	71092	3294
马鞍山市	Maanshan	7113013	6809243	63488	-2330
芜湖市	Wuhu	29327592	27765910	124608	47092
宣城市	Xuancheng	3190652	2829645	58738	3469
铜陵市	Tongling	6439142	6306530	37233	2832
池州市	Chizhou	1784261	1583110	30172	916
安庆市	Anqing	6488817	5971683	74163	8859
黄山市	Huangshan	1721381	1610878	27402	6977

16—15 续表 continued

地 区	Region	主营收入 Project Settlement Income	营业成本 Operating Costs	税金及附加 Taxes and Surcharges	其他业务利润 Other Business Profit
总 计	**Total**	**3203441**	**1944801**	**26163**	**12225**
合肥市	Hefei	1468154	896818	9263	2517
淮北市	Huaibei	32571	18730	119	
亳州市	Bozhou	89224	56584	949	336
宿州市	Suzhou	91846	59499	914	168
蚌埠市	Bengbu	108108	79703	886	73
阜阳市	Fuyang	145698	99780	1348	92
淮南市	Huainan	75497	47324	568	440
滁州市	Chuzhou	99660	58455	919	3
六安市	Luan	162375	101054	1137	57
马鞍山市	Maanshan	75069	45122	1258	268
芜湖市	Wuhu	186968	111946	2356	2879
宣城市	Xuancheng	84566	52786	1114	4452
铜陵市	Tongling	224922	94862	458	309
池州市	Chizhou	49956	28072	581	49
安庆市	Anqing	216066	137752	2339	532
黄山市	Huangshan	92760	56313	1954	49

单位：万元（10000 yuan）

销售费用 Operating Expense	管理费用 Management Expense	财务费用 Financial Expenses	营业利润 Operating Profit	利润总额 Total Profit	应交所得税 Payable Income Tax	本年应付工资薪酬 Total Payable Wages this Year
7609695	**2649976**	**450548**	**2867320**	**3196272**	**636223**	**3008373**
3606930	1212591	200711	992417	1095143	205652	1381567
120218	46670	12991	61667	64757	13903	54284
614924	151932	4852	149488	169696	40925	146085
132851	101717	8843	128855	128840	20396	87005
208362	106644	24911	68085	78174	16743	97946
273158	145060	18998	220401	232393	46462	134366
98598	65766	8045	81854	84165	15313	69056
267899	92437	11729	93242	113276	11309	168726
173574	92461	28258	221260	228207	51568	113650
193165	74600	4973	74447	95834	23641	101221
1376659	234871	87928	368936	449052	95019	300518
143841	72283	2547	102983	105018	23757	95002
63972	49797	13656	15562	47675	11107	39811
62918	35921	3185	88911	88213	18305	42607
202158	121292	15238	159746	171790	29235	133781
70468	45935	3684	39466	44038	12887	42748

单位：万元（10000 yuan）

销售费用 Operating Expense	管理费用 Management Expense	财务费用 Financial Expenses	营业利润 Operating Profit	利润总额 Total Profit	应交所得税 Payable Income Tax	本年应付工资薪酬 Total Payable Wages this Year
783510	**498193**	**56969**	**11381**	**29264**	**19626**	**711925**
418453	201645	18909	-3743	7021	8607	345239
5526	6823	1305	526	852	25	7960
16661	15996	1338	-1380	-1039	323	15890
15429	18745	1830	-4177	-3868	164	16080
16299	16694	1150	-222	-56	120	16824
22071	17730	2628	4823	4965	390	22404
14767	11398	1230	-865	-718	149	13325
15016	19748	1534	7711	7925	335	25588
28994	31594	3745	2482	2785	376	30032
17670	14582	2761	-3644	-3055	210	19995
37736	32338	1949	4193	6152	1253	44833
14435	18370	2762	-2811	-1602	206	20376
95453	19615	1550	17125	17508	6369	66288
10955	13607	2289	-3221	-3004	-93	11428
35855	32587	5436	8919	9510	1407	30655
18191	26723	6553	-14336	-14114	-214	25009

16—16 各市限额以上批发零售业商品购进、销售和库存情况（2021年）

Total Purchases, Sales and Inventory of Enterprises Above Designated Size in Wholesale and Retail and Inventory by Region (2021)

单位：万元（10000 yuan）

地 区	Region	从业人员（人）Persons Engaged (persons)	购进总额 Total Purchases Value	#进口 Imports	销售总额 Total Sales Value	批发 Wholesale Value	零售 Retail Value	年末库存总额 Stock (year-end)
总 计	**Total**	**384165**	**176650741**	**9981086**	**197277911**	**144537806**	**52642648**	**9736782**
合 肥 市	Hefei	143342	75239958	8082406	84276716	64117991	20115907	4847354
淮 北 市	Huaibei	9736	5505692	17660	6045679	4953833	1079687	202130
亳 州 市	Bozhou	16781	4644281	18276	5999158	4516603	1476295	269918
宿 州 市	Suzhou	16507	5656874	60	6424747	4093517	2322244	209112
蚌 埠 市	Bengbu	16961	4533601	228521	5256091	3634108	1605561	339906
阜 阳 市	Fuyang	28642	8156407	43952	9361630	4777183	4584373	468186
淮 南 市	Huainan	12581	3785129	12672	4372061	3067306	1304076	185075
滁 州 市	Chuzhou	18988	7033687	20336	7394095	5320120	2073623	270036
六 安 市	Luan	18007	4302041	26830	4913116	2292348	2620539	231466
马鞍山市	Maanshan	10880	7488749	21415	8021119	6608514	1412537	296544
芜 湖 市	Wuhu	36672	30462264	1346276	33194881	26855343	6339139	1210656
宣 城 市	Xuancheng	11773	3093001	11095	3553183	2102989	1449335	148002
铜 陵 市	Tongling	6745	6841861	40825	7202362	6297886	903210	476032
池 州 市	Chizhou	5696	1446941	13092	2013111	1027338	985773	77977
安 庆 市	Anqing	24332	6592536	47400	7152433	3946061	3199544	410116
黄 山 市	Huangshan	6522	1867721	50269	2097528	926668	1170807	94271

16—17 各市限额以上住宿餐饮业经营情况（2021年）

Above Designated Accommodation Catering Business by Region (2021)

单位：万元（10000 yuan）

地 区	Region	从业人员（人）Persons Engaged (persons)	营业额 Turnover	客房收入 Room Revenue	餐费收入 Meals Income	商品销售收入 Commodity Sales	其他收入 Other Income	客房数（间）Guestroom Number (unit)	床位数（个）Bed Capacity (unit)	餐位数（位）Number of Seating Arrangement (unit)
总 计	**Total**	**141006**	**3454846**	**552594**	**2602798**	**218410**	**81043**	**160274**	**253771**	**1367874**
合 肥 市	Hefei	58257	1598783	155422	1244721	155585	43056	41526	67784	489375
淮 北 市	Huaibei	1792	33823	10269	22402	76	1077	2501	3656	9163
亳 州 市	Bozhou	5484	94363	22131	69182	2457	593	15755	23287	44193
宿 州 市	Suzhou	5378	96487	27006	66612	2446	423	5827	9318	55057
蚌 埠 市	Bengbu	4955	116198	19052	92370	2424	2352	4916	7243	68710
阜 阳 市	Fuyang	6697	167487	36884	119800	5276	5527	13631	20070	61734
淮 南 市	Huainan	4095	78722	12486	61841	3518	877	3895	6026	44018
滁 州 市	Chuzhou	4715	104787	34104	65123	3921	1639	7934	12557	60866
六 安 市	Luan	8244	173879	45006	120848	4742	3284	10606	17290	119713
马鞍山市	Maanshan	3983	78162	11068	60966	4176	1952	3210	5201	34251
芜 湖 市	Wuhu	8331	197075	43618	134513	12070	6875	13879	20175	83592
宣 城 市	Xuancheng	4488	95744	32703	57181	3384	2477	7659	12633	60329
铜 陵 市	Tongling	8934	236996	12193	220066	3032	1705	2888	4487	54843
池 州 市	Chizhou	2555	52053	18003	32846	515	690	5365	8861	32783
安 庆 市	Anqing	7584	230972	49398	169135	10050	2390	10776	17921	95870
黄 山 市	Huangshan	5514	99315	23253	65195	4740	6127	9906	17262	53377

16—18 亿元以上商品交易市场情况（2021年）
Market Situation of Commodity Trading Above 100 million Yuan (2021)

指　　标	Item	市场个数（个）Number of Markets (unit)	总摊位数（个）Total Booth Number (unit)	总成交额（万元）Transaction Value (10000 yuan)
全　　省	**Total**	**95**	**124013**	**29497232**
综合市场	**Comprehensive Markets**	**42**	**76839**	**13059257**
生产资料综合市场	The Material of Production Comprehensive Markets	2	10481	2097535
工业品综合市场	Markets for Manufactured Goods	9	24638	1001810
农业品综合市场	Markets for Agricultural Goods	22	18659	7465802
其他综合市场	Other Comprehensive Markets	9	23061	2494110
专业市场	**Specialized markets**	**53**	**47174**	**16437975**
生产资料市场	The Material of Production Markets	9	4511	4028638
农产品市场	Agricultural Product Markets	17	11834	2550845
食品饮料烟酒市场	Food, Drink, Tobacco and Liquor	5	3406	692455
纺织品服装鞋帽市场	Textile, Clothing, Shoes and Hats	4	7172	1007887
日用品及文化用品市场	Daily Necessities and Cultual Product Markets			
电器通讯器材电子设备市场	Electrical Communication Equipment Electronic Equipment Markets	1	3902	10865
医药医疗用品及器材市场	Medicine and Medical Supplies and Equipment Markets	1	5660	5000000
家具五金及装饰材料市场	Furniture, Hardware and Decorative Materials Markets	11	8316	919493
汽车摩托车及零配件市场	Automobile and Motorcycle Spare Parts Markets	3	871	1689428
花鸟鱼虫市场	Flower, Bird, Fish, Insect Markets	1	1200	226711
其他专业市场	Other Professional Markets	1	302	311653

16—19 各市亿元以上商品交易市场情况（2021年）
Market Situation of Commodity Trading Above 100 million Yuan by Region (2021)

地　区	Region	市场个数（个）Number of Markets (unit)	总摊位数（个）Total Booth Number (unit)	营业面积（平方米）Business Area (sq.m)	总成交额（万元）Transaction Value (10000 yuan)
总　　计	**Total**	**95**	**124013**	**12252948**	**29497232**
合 肥 市	Hefei	26	33328	3404176	9101167
淮 北 市	Huaibei	6	6487	293534	528500
亳 州 市	Bozhou	3	8895	167359	5295511
宿 州 市	Suzhou	2	3600	811600	158060
蚌 埠 市	Bengbu	3	7364	856323	2024075
阜 阳 市	Fuyang	11	9462	1298849	3784110
淮 南 市	Huainan	4	2029	192400	266347
滁 州 市	Chuzhou	6	7807	1148862	679527
六 安 市	Luan				
马鞍山市	Maanshan	3	1086	46670	680496
芜 湖 市	Wuhu	11	23315	1575472	2192876
宣 城 市	Xuancheng	6	4483	44876	1696735
铜 陵 市	Tongling	3	2059	255000	369516
池 州 市	Chizhou	4	3292	244505	197711
安 庆 市	Anqing	6	10466	1880922	2309381
黄 山 市	Huangshan	1	340	32400	213220

16—20 亿元以上商品交易市场摊位分类情况（2021年）

Classification of Commodity Exchange Markets of Transaction Value over 100 Million Yuan (2021)

指　　标	Item	年末出租摊位数（个）Number of Stalls Rented at the End of the Year (unit)	总成交额（万元）Transaction Value (10000 yuan)
合　计	**Total**	**98889**	**29497232**
粮油、食品类	Grain and Oil, Food	26223	10518402
饮料类	Beverage Category	2287	443495
烟酒类	Smoke Wine	1306	318797
服装鞋帽、针、纺织品类	Clothing, Shoes, Hats and Textiles	16864	1764276
化妆品类	Cosmetics	462	48502
金银珠宝类	Gold, Silver and Jeweler	29	12065
日用品类	Articles for Daily Use	5118	324847
五金、电料类	Hardware & Electrical Materials	5485	418314
体育、娱乐用品类	Sports & Recreational Articles	438	26006
书报杂志类	Newspapers and Magazines	201	78116
电子出版物及音像制品类	E-journal and Video Products	42	2330
家用电器和音像器材类	Household Appliances and Video Equipments	1500	218082
中西药品类	Traditional Chinese and Western Medicine	5358	5015406
文化办公用品类	Cultural and official Goods	1085	188549
家具类	Furniture	2465	984405
通讯器材类	Communication Appliances	96	5890
煤炭及制品类	Coal and Related Products		
木材及制品类	Wood and Wooden Products	760	223664
石油及制品类	Petroleum and Related Products	16	2300
化工材料及制品类	Raw Chemical Materials and Related Products	287	191757
金属材料类	Metal Materials	1861	3719835
建筑及装潢材料类	Building and Decoration Materials	11143	1827590
机电产品及设备类	Mechanical & Electrical Products	1892	420742
汽车类	Automobile	1055	1826362
种子饲料类	Seed and Feedstuff	375	66724
棉麻类	Cotton and Hemp	271	11369
其他类	Others	12270	839407

注：国家统计局报表制度商品分类目录发生变化。

a) Changes take place in the catalogue of the report system of the National Bureau of statistics.

16—21 各市社会消费品零售总额（2021年）
Total Retailsale of Consumer Goods in Major Years by Region (2021)

单位：万元（10000 yuan）

地 区	Region	社会消费品零售总额 Total Retail Sales of Consumer Goods	城 镇 Urban	城 区 City	乡 村 Rural	餐饮收入 Catering Income	商品零售 Commodity Retail
全 省	**Total**	**214711582**	**177218161**	**114925973**	**37493421**	**29208720**	**185502862**
合 肥 市	Hefei	51116824	47565252	38754495	3551572	4786498	46330326
淮 北 市	Huaibei	5212791	4229519	3383917	983272	362034	4850757
亳 州 市	Bozhou	11900771	9126701	4125269	2774070	1095086	10805685
宿 州 市	Suzhou	12395382	9309931	4147903	3085451	1481801	10913581
蚌 埠 市	Bengbu	12874690	10493377	7223165	2381313	1386375	11488316
阜 阳 市	Fuyang	22296167	16686717	10745563	5609450	2012849	20283318
淮 南 市	Huainan	8662257	5908171	4186312	2754087	1035383	7626874
滁 州 市	Chuzhou	14955211	11934258	5994048	3020953	1794625	13160585
六 安 市	Luan	11556672	8055205	4672019	3501467	1559243	9997430
马鞍山市	Maanshan	9378548	8531085	4487384	847464	1219212	8159337
芜 湖 市	Wuhu	19729503	17678557	15357763	2050946	2173440	17556062
宣 城 市	Xuancheng	7571436	5979222	2941784	1592213	775534	6795901
铜 陵 市	Tongling	4105191	3242656	2915230	862535	753292	3351899
池 州 市	Chizhou	4773940	3662175	2437649	1111765	640575	4133365
安 庆 市	Anqing	12841489	9816927	5612677	3024562	1242965	11598525
黄 山 市	Huangshan	5340710	3729434	2112852	1611276	621063	4719647

注：社会消费品零售总额及其分组数据按第四次全国经济普查结果进行了调整。
a) The total retail sales of social consumer goods and its grouping data were adjusted according to the results of the fourth national economic census.

16—22 各县（市）社会消费品零售总额（2021年）

Total Retailsale of Consumer Goods in Major Years by County or City (2021)

单位：万元（10000 yuan）

县（市）	County or City	社会消费品零售总额 Total Retail Sales of Consumer Goods	城镇 Urban	乡村 Rural	餐饮收入 Catering Income	商品零售 Commodity Retail
合肥市辖区	Hefei Region of City	37669877	37536036	133841	3187947	34481930
巢湖市	Chaohu	2213900	1652110	561790	413070	1800830
长丰县	Changfeng	3340166	2677881	662285	252489	3087677
肥东县	Feidong	3154923	2261725	893198	489081	2665842
肥西县	Feixi	2541902	1881983	659918	164014	2377887
庐江县	Lujiang	2196056	1555516	640540	279896	1916160
淮北市辖区	Huaibei Region of City	3615570	2727179	888391	276640	3338930
濉溪县	Suixi	1597221	1502340	94881	85394	1511827
亳州市辖区	Bozhou Region of City	4130743	3479780	650963	233598	3897145
涡阳县	Guoyang	2720270	2051636	668634	347217	2373053
蒙城县	Mengcheng	2560080	1963325	596755	268465	2291615
利辛县	Lixin	2489678	1631959	857719	245806	2243872
宿州市辖区	Suzhou Region of City	4901624	3200148	1701476	873799	4027825
砀山县	Dangshan	1989363	1860459	128905	105268	1884095
萧县	Xiaoxian	2165939	1785258	380680	167320	1998618
灵璧县	Lingbi	1816556	1418683	397873	199779	1616777
泗县	Sixian	1521900	1045383	476517	135635	1386265
蚌埠市辖区	Bengbu Region of City	7711556	6424576	1286980	841044	6870513
怀远县	Huaiyuan	2345066	1761757	583309	242410	2102656
五河县	Wuhe	1540577	1275052	265526	169898	1370679
固镇县	Guzhen	1277491	1031993	245498	133023	1144468
阜阳市辖区	Fuyang Region of City	8484522	6349917	2134605	765964	7718558
界首市	Jieshou	2033382	1521807	511575	183569	1849813
临泉县	Linquan	3094060	2315631	778429	279325	2814735
太和县	Taihe	4071830	3047406	1024424	367596	3704234
阜南县	Funan	2249828	1683798	566030	203110	2046719
颍上县	Yingshang	2362545	1768157	594388	213285	2149260
淮南市辖区	Huainan Region of City	5911865	4097033	1814832	549800	5362065
凤台县	Fengtai	1227698	803805	423893	122512	1105186
寿县	Shouxian	1522694	1007333	515361	363071	1159623
滁州市辖区	Chuzhou Region of City	3475231	3324579	150652	173446	3301784
天长市	Tianchang	2290286	1875992	414294	329801	1960485
明光市	Mingguang	1710526	1319337	391189	266842	1443684
来安县	Laian	1465567	1138891	326676	181776	1283791
全椒县	Quanjiao	1746480	1330408	416072	237620	1508860
定远县	Dingyuan	1880866	1252582	628285	255699	1625168
凤阳县	Fengyang	2386254	1692470	693785	349441	2036813

注：社会消费品零售总额及其分组数据按第四次全国经济普查结果进行了调整。

a) The total retail sales of social consumer goods and its grouping data were adjusted according to the results of the fourth national economic census.

16—22 续表 continued

单位：万元（10000 yuan）

县（市）	County or City	社会消费品零售总额 Total Retail Sales of Consumer Goods	城镇 Urban	乡村 Rural	餐饮收入 Catering Income	商品零售 Commodity Retail
六安市辖区	Luan Region of City	5746515	4495787	1250728	1008684	4737831
霍邱县	Huoqiu	1564513	1115347	449167	168343	1396170
舒城县	Shucheng	1688467	957713	730755	146773	1541694
金寨县	Jinzhai	1596013	873783	722229	158926	1437086
霍山县	Huoshan	961164	612575	348589	76517	884647
马鞍山市辖区	Maanshan Region of City	4971946	4798234	173712	625067	4346879
当涂县	Dangtu	1822519	1565203	257316	257492	1565028
含山县	Hanshan	1164076	950657	213419	168234	995842
和县	Hexian	1420007	1216991	203017	168419	1251589
芜湖市辖区	Wuhu Region of City	16229586	15357763	871823	1638146	14591440
无为市	Wuwei	2112297	1576356	535941	354686	1757612
南陵县	Nanling	1387620	744438	643182	180609	1207011
宣城市辖区	Xuancheng Region of City	2483924	1853140	630785	203907	2280017
宁国市	Ningguo	1295271	1201675	93596	141139	1154132
广德市	Guangde	1625519	1292474	333045	167341	1458178
郎溪县	Langxi	759044	560932	198112	77691	681353
泾县	Jingxian	822317	575622	246695	115124	707192
绩溪县	Jixi	363385	327806	35579	39602	323783
旌德县	Jingde	221977	167574	54403	30730	191247
铜陵市辖区	Tongling Region of City	3145263	2790089	355174	560505	2584758
枞阳县	Zongyang	959928	452567	507361	192787	767141
池州市辖区	Chizhou Region of City	2685450	2439593	245856	268284	2417166
东至县	Dongzhi	1044082	578814	465268	152022	892059
石台县	Shitai	157613	91187	66426	26493	131120
青阳县	Qingyang	886796	552581	334215	193776	693021
安庆市辖区	Anqing Region of City	4668872	4393893	274979	473196	4195676
桐城市	Tongcheng	1536946	1254569	282377	186483	1350463
潜山市	Qianshan	1277455	983640	293815	125139	1152316
怀宁县	Huaining	1348797	958434	390364	127286	1221511
太湖县	Taihu	1110694	499812	610882	51804	1058889
宿松县	Susong	1123559	755168	368391	87560	1035999
望江县	Wangjiang	961295	638739	322556	87370	873926
岳西县	Yuexi	813871	332672	481199	104126	709745
黄山市辖区	Huangshan Region of City	2836367	2270375	565992	376972	2459395
歙县	Shexian	1108737	666677	442060	82472	1026266
休宁县	Xiuning	712089	363850	348239	63356	648733
黟县	Yixian	245551	158769	86782	60777	184774
祁门县	Qimen	437966	269763	168203	37486	400480

主要统计指标解释

批发业

指批发商向批发、零售单位及其他企事业、机关单位批量销售生活用品和生产资料的活动，以及从事进出口贸易和贸易经纪与代理的活动。批发商可以对所批发的货物拥有所有权，并以本单位、公司的名义进行交易活动；也可以不拥有货物的所有权，而以中介身份做代理销售商。还包括各类商品批发市场中固定摊位的批发活动。

零售业

指百货商店、超级市场、专门零售商店、品牌专卖店、售货摊等主要面向最终消费者（如居民等）的销售活动。包括以互联网、邮政、电话、售货机等方式的销售活动，还包括在同一地点，后面加工生产，前面销售的店铺（如前店后厂的面包房）。不包括：谷物、种子、饲料、牲畜、矿产品、生产用原料、化工原料、农用化工产品、机械设备（乘用车、计算机及通信设备等除外）等生产资料的销售（列入批发业）；非零售单位附带的零售活动，如汽车修理单位销售汽车零件（列入单位主业所对应的行业类别中）；商业零售单位所在商厦的物业管理（列入物业管理）；商业零售单位所在的商品市场、商业大厦的市场管理活动（列入市场管理）。

批发和零售业商品购进、销售、库存额

指各种登记注册类型的批发和零售业企业(单位)以本企业(单位)为总体的，从国内、国外市场购进的商品总量，销售和出口的商品总量，库存的商品总量等情况。该指标可以反映商品流转过程中商品的购进、销售、库存之间的比例关系和存在的问题。

商品购进额

指从本企业以外的单位和个人购进（包括从国外直接进口）作为转卖或加工后转卖的商品金额（含增值税）。商品购进包括：（1）从工农业生产者、批发和零售业企业、住宿和餐饮业企业、出版社或报社的出版发行部门和其他服务业企业购进的商品；（2）从机关团体、事业单位购进的商品；（3）从海关、市场管理部门购进的缉私和没收的商品；（4）从居民收购的废旧商品等。不包括：（1）企业为本单位自身经营用，不是作为转卖而购进的商品，如材料物资、包装物、低值易耗品、办公用品等；（2）未通过买卖行为而收入的商品，如接受其他部门移交的商品、借入的商品、收入代其他单位保管的商品、其他单位赠送的样品、加工回收的成品等；（3）经本单位介绍，由买卖双方直接结算，本单位只收取手续费的业务；（4）销售退回和买方拒付货款的商品；（5）商品溢余。

商品销售额

指对本单位以外的单位和个人出售的商品金额（包括售给本单位消费用的商品，含增值税）。商品销售包括（1）售给城乡居民和社会集团消费用的商品；（2）售给农业、工业、建筑业、运输邮电业、服务业、公用事业等国民经济各行业用于生产、经营用的商品，包括售予批发和零售业作为转卖或加工后转卖的商品；（3）对国（境）外直接出口的商品。不包括：（1）未通过买卖行为付出的商品，如随机构变动移交给其他企业单位的商品、借出的商品、归还受其他单位委托代保管的商品、付出的加工原料和赠送给其他单位的样品等；（2）经本单位介绍，由买卖双方直接结算，本单位只收取手续费的业务；（3）购货退回的商品；（4）商品损耗和损失；（5）出售本单位自用的废旧物资。

商品库存额

指报告期末各种登记注册类型的批发和零售业企业(单位)已取得所有权的商品。它反映批发和零售业企业(单位)的商品库存情况和对市场商品供应的保证程度。商品库存包括：(1)存放在批发和零售业经营单位(如门市部、批发站、采购站、经营处)的仓库、货场、货柜和货架中的商品；(2)挑选、整理、包装中的商品；(3)已记入购进而尚未运到本单位的商品，即发货单或银行承兑凭证已到而货未到的商品；(4)寄放他处的商品，如因购货方拒绝付款而暂时存在购货方的商品；(5)委托其他单位代销(未作销售或调出)尚未售出的商品；(6)代其他单位购进尚未交付的商品。不包括：所有权不属于本单位的商品；委托外单位加工的商品；外贸企业代理其他单位从国外进口尚未付给订货单位的商品；代国家物资储备部门保管的商品等。

连锁总店（总部）

指负责连锁企业资源（商号、商誉、经营模式、服务标准、管理模式等等）的开发、配置、控制或使用等功能的企业核心管理机构。连锁经营是指经营同类商品或服务，使用统一商号的若干店铺，在同一总店（总部）的管理下，采取统一采购或特许经营等方式，实现规模效益的组织形式，包括直营连锁、特许连锁和自愿连锁三种形式。其中，直营连锁是指连锁店铺由连锁公司全资或控股开设，在总部的直接控制下，开展统一经营的连锁经营形式；特许连锁是指拥有注册商标、企业标志、专利、专有技术等经营资源的企业（特许人），以合同形式将其拥有的经营资源许可其他经营者（被特许人）使用，被特许人按合同约定在统一的经营模式下开展经营，并向特许人支付特许经营费用的连锁经营形式；自愿连锁是指若干个店铺或企业自愿组合起来，在不改变各自资产所有权关系的情况下，以同一个品牌形象面对消费者，以共同进货为纽带开展的连锁经营形式。

亿元以上商品交易市场

指年成交额在亿元及以上的商品交易市场。商品交易市场是指经有关部门和组织批准设立，有固定场所、设施，有经营管理部门和监管人员，若干市场经营者入内，常年或实际开业三个月以上，集中、公开、独立地进行生活消费品、生产资料等现货商品交易以及提供相关服务的交易场所，包括各类消费品市场、生产资料市场等。

社会消费品零售总额

指企业（单位、个体户）通过交易直接售给个人、社会集团非生产、非经营用的实物商品金额，以及提供餐饮服务所取得的收入金额。个人包括城乡居民和入境人员，社会集团包括机关、社会团体、部队、学校、企事业单位、居委会或村委会等。

Explanatory Notes for Major Statistical Indicators

Wholesale Trade

refers to the activities of wholesaler selling at wholesale commodities for daily use and capital goods to enterprises of wholesale and retail trades and other enterprises, institutions and government offices, including the activities of wholesaler engaged in import and export and acting as a trade agent. The wholesaler may have the right of ownership over the commodities of wholesale and trade in the name of its own's or a company, the wholesaler may not have the right of ownership, only acts an agent. The wholesale trade also include the activities of wholesaler at the fixed stalls of the wholesale market of different commodities.

Retail Trade

refers to the activities of department store, supermarket, franchised store, brand store, retail stall and on-the-spot-making-selling store selling commodities to the final consumers (citizens) by any means including internet, post, telephone, sales machine. Retail trade excludes the activities of sales of capital goods such a grain, seed, feed, livestock, mineral products, raw material for production, industrial chemicals, chemical products for farm, machine and equipment (vehicle, computer and communication equipment), and the activities of supplementary sales of non-retailer such as the sales of spare parts of car repair business (listed as branch in correspondence with principle business), property management of buildings of retail units (listed as property management); market management of commercial markets and buildings of retail units (listed as market management) .

Purchase, Sales and Stock of Commodities by Wholesale and Retail Trades

refer to the total volume of commodities purchased, total volume of sales and exports, and the stock of commodities by wholesale and retail enterprises (establishments) of different status of registration from domestic and overseas markets. This indicator reflects the relationship among purchase, sales and stock of commodities in the circulation of goods and reveals the existing problems.

Total Purchases of Commodities

refer to the total value of purchases of commodities by enterprises (establishments) from other establishments or individuals (including direct import from abroad) for the purpose of re-selling, either with or without further processing of the commodities purchased. The commodities include: (1) commodities purchased from agricultural and industrial producer, wholesaler, retailer, publishing house and other service business; (2) commodities purchased from institutions and government departments; (3) confiscated goods purchased from the customs authorities or market management agencies; (4) second-hand goods and wastes purchased from residents; The commodities exclude 1. commodities purchased by enterprises (establishments) for use in their own business operation, commodities obtained without buying or selling procedures such as materials, consumable goods of low value, office appliance, etc. 2. received goods without trading, such as goods handed over from others, borrowed goods, preserved goods for others, donated goods from others, processed and retrieved goods, etc. 3. goods of direct settlement between buyer and seller with handling fees introduced by others, 4. goods returned or refused to pay by the buyer, 5. excessive goods.

Total Sales of Commodities

refer to value of commodities sold by the establishments to other establishments and individuals (including goods sold for self consumption, including the value-added tax). The commodities include: (1) commodities sold to urban and rural residents and social groups for their consumption; (2) commodities sold to establishments in all industries for their production and operation, including agriculture, industry, construction, transportation, post and telecommunications, catering services, and public utility including commodities sold to wholesale and retail establishments for re-selling, with or without further processing; and (3) commodities for direct export to abroad. Excluded are (1) extended commodities without trading, such as goods handed over to other enterprises and institutions because of the change of organizations, lent goods, returned goods preserved for others, extended processing materials and samples donated to others, (2) goods of direct settlement between buyer and seller with handling fees introduced by others, 3. goods returned after purchase, (4) damaged and spoiled goods, (5) waste and used goods of self use,

Total Stock of Commodities

refers to total commodities possessed by wholesaler and retailer of various types of registration status at the end of the reference period, reflecting the commodity stock level of various wholesaler and retailer and the potential for market supply. It includes: (1) commodities located in storage, garages, counters, and shelves of operating places of wholesale and retail trades (such as sale stores, wholesale centres, procurement stations and operating offices); (2) commodities in the process of being selected, sorted, and packed; (3) commodities not arrived but recorded as purchase in the account, i.e. commodities not arrived but payment receipts for the commodities from the sellers or the banks arrived; (4) commodities deposited in other places rather than places mentioned above, for instance: commodities in the hold of purchasers temporarily due to the refusal of payment; (5) commodities entrusted to other units to sell but not sold yet; (6) commodities purchased for other units but not delivered yet. Commodities not included as stock are those not owned by the enterprises (units), commodities on commission for processing, imported commodities of agency of foreign trade enterprise but not yet delivered to ordering units and finally those put in stock on behalf of the state material reserves units.

Chain Head Stores (headquarter)

refer to the core leading stores responsible for development, allocation, administration and utilization of resources (name of stores, brand of stores, operation model, service standard, management way, etc.) of chain stores. Chain stores refers to the stores engaged in providing homogeneous commodities or services, with the central leadership of head store (headquarters) and guided by common policies, conduct centralized purchase and distributed selling of commodities, in order to gain better efficiency through standardized operation. The chain stores include regular chain stores, franchise chain stores and voluntary chain stores. Regular Chain store refers to chain stores that are invested or controlled by the headquarters. They operate under direct and unified management from the headquarters. Franchise chain store refers to the chain stores (franchisees) which are franchised with operation resources such as trade marks, names, patent and operation know-how by the franchisors in form of contract and pay the operation fees to the franchisors. Voluntary chain store refers to the stores operate jointly on the voluntary bases while maintaining their status of independent legal entities with full ownership of their assets. They sell goods of same brand from same channel of resource to the consumers.

Large Commodity Markets with Transaction Value over 100 Million Yuan

refers to the commodity markets with an annual transaction at and above 100 million. The commodity market refers to the markets approved and managed by related departments, where there are fixed sites, facilities, managers and administration offices, where there are a certain number of traders to operate for three month and above or all the year, where the commodities including the articles for daily consumption and capital goods and services are traded in a centralized, independent and open way. Such market includes markets of daily goods and market of capital goods, etc.

Total Retail Sales of Consumer Goods

refer to the amount obtained by enterprises (units, self-employed individuals) through direct sales of non-production and non-business physical commodity to individuals, social institutions, and revenue from providing catering services. Individuals include rural and urban households, population from abroad, social institutions include government agencies, social organizations, military units, schools, institutions, neighbourhood (village) committees.

第十七篇

Chapter 17

对外经济贸易

FOREIGN TRADE AND ECONOMIC COOPERATION

简要说明

一、我省进出口贸易的规模、进出口商品结构、贸易伙伴国的进出口总额以及三资企业的进出口变化情况，根据合肥海关资料加工整理。

二、利用外资资料来源于省商务厅，根据国家商务部和国家统计局共同制订的《利用外资统计制度》加工、整理而成。

三、外商投资企业注册登记情况。资料来源于省市场监管局，根据国家市场监管总局制订的《市场监督管理统计报表制度》进行统计、加工、整理而得。凡以凡以市场监督管理机关核准注册，在我省的中外合资经营企业、中外合作经营企业、外商独资企业、中外股份公司、在华从事经营活动的外国及港澳台地区企业及外国公司在我省境内设立的分支机构均列入统计范围。

四、对外承包工程和劳务合作的发展状况。资料来源于省商务厅，根据国家商务部与国家统计局共同制订的《对外承包工程和劳务合作统计制度》通过全面调查方法进行加工、整理而得。

Brief Introduction

I. Data on scale of import and export, commodity structure, total volume of import and export to trade partner and change in import and export of joint, cooperative or exclusively foreign-funded ventures are collected in accordance with the data provided by the Hefei Customs.

II. Data on overall situation of the utilization of foreign capital in Anhui come from the Provincial Department of Commerce and are tabulated in accordance with the “Statistical Scheme on the Utilization of Foreign Capital” designed by the Ministry of Commerce and Economic Cooperation and the National Bureau of Statistics.

III. Registration of foreign-invested enterprises. Data from the provincial market supervision bureau, according to the State Administration for Market Regulation formulated "market supervision and management statistical statement system" for statistics, processing, sorting and obtained. All registered enterprises approved by the market supervision and administration authority in our province are included in the statistical scope, such as sino-foreign joint ventures, sino-foreign cooperative enterprises, wholly foreign-owned enterprises, sino-foreign joint stock companies, enterprises from Hong Kong, Macao and Taiwan engaged in business activities in China, and branches set up by foreign companies in our province.

IV. Data on development of the contracted projects, labor services cooperation and design and consultation service with foreign countries come from the Provincial Department of Commerce and are collected with the method of complete enumeration and are tabulated in accordance with the “Statistical Reporting Scheme on the Contracted Projects and Labor Services Cooperation with Foreign Countries” jointly stipulated by the Ministry of Commerce and Economic Cooperation and the National Bureau of Statistics.

17—1 对外经济贸易基本情况
Foreign Trade and Economic Cooperation

单位：万美元（USD 10000）

指 标	Item	2005	2010	2015	2020	2021
进出口总额	**Total Imports and Exports**	**911971**	**2427677**	**4880808**	**7859430**	**10700787**
出口总额	Total Exports	519038	1241288	3311424	4557868	6337476
初级产品	Primary Products	37045	78229	182463	144292	174786
工业制成品	Industrial Manufactured Goods	481993	1163059	3128960	4413576	6162690
进口总额	Total Imports	392933	1186388	1569384	3301562	4363312
初级产品	Primary Products	208280	629398	797477	1547241	2116756
工业制成品	Industrial Manufactured Goods	184653	556991	771907	1753366	2246556
进出口差额	Import and Export Balance	+126105	+54900	+1742040	+1256306	+1974164
利用外商直接投资	**Foreign Direct Investment Utilization**					
新批项目 （个）	The New Projects (unit)	421	281	289	393	475
合同外资额	The Contract Amount of Foreign Investment	155358	216462	393800	517192	688168
实际利用外商直接投资额	The Actual Use of Foreign Direct Investment	68845	501446	1361945	1830542	1929728
外商投资企业基本情况	**The Basic Situation of Enterprises With Foreign Investment**					
年底登记户数 （户）	At The End of The Registration Number (household)	2165	2546	5063	8281	8490
投资总额	The Total Amount of Investment	1548601	3032426	10648647	32270386	32476547
注册资本	Registered Capital	890476	1734905	3091647	10222159	23629032
#外 方	Foreign	593280	1293032	2234387	7538499	14853517
对外承包工程和劳务合作	**Foreign Contracted Projects and Labor Service Cooperation**					
对外承包工程新签合同额	Newly Signed Contract of Foreign Contracted Projects	36396	151147	307024	280749	443690
对外承包工程完成营业额	Foreign Contracted Projects Completed Turnover	12585	192746	269258	250222	238506
外派劳务人数 （人）	Expatriate Population (person)	5756	12631	10500	5233	581
年末在外劳务人员 （人）	At the end of the Year in Foreign Labor Service Personnel (person)	11042	20236	23691	7716	3732
对外投资	**Foreign Investment**					
新批境外企业（机构）数 （家）	A new Batch of Overseas Enterprises (Institutions) Number (home)	15	44	133	103	98
协议对外投资额	Agreement of Foreign Investment	704	112504	318197	120416	169127
实际对外投资额	The Actual Amount of Foreign Investment	1841	80966	96846	130729	135052

注：2013年以后外商投资企业年底登记户数含外商投资企业分支机构。

a) By the end of 2013 registration number of enterprises with foreign investment include branches of enterprises.

17—2 海关出口商品分类金额
Value of Exports by Category of Commodities (Customs Statistics)

单位：万美元（USD 10000）

指　　标	Item	2005	2010	2015	2020	2021
总　　额	**Total**	**519038**	**1241288**	**3311424**	**4557868**	**6337476**
初级产品	Primary Goods	37045	78229	182463	144292	174786
食品及主要供食用的活动物	Food and Live Animals Used Chiefly for Food	22603	47659	90668	84067	97259
饮料及烟类	Beverages and Tobacco	17	129	217	672	1239
非食品原料	Non-edible Raw Materials	14288	29947	36791	53194	66064
矿物燃料、润滑油及有关原料	Mineral Fuels, Lubricants and Related Materials	16	65	403	3498	4637
动、植物油脂及腊	Animal and Vegetable Oils, Fats and Wax	121	428	54384	2861	5587
工业制成品	Manufactured Goods	481993	1163059	3128960	4413576	6162690
化学品及有关产品	Chemicals and Related Products	60227	148644	217230	352758	584747
按原料分类的制成品	Finished Goods Classified by Raw Material	205767	281446	906051	738331	933475
机械及运输设备	Machinery and Transport Equipment	142220	421797	1210348	2283300	3240289
杂项制品	Miscellaneous Products	72718	310905	644557	1015613	1385747
未分类的商品	Goods not Classified	1061	267	150774	23574	18431

17—3 海关进口商品分类金额
Value of Imports by Category of Commodities (Customs Statistics)

单位：万美元（USD 10000）

指　　标	Item	2005	2010	2015	2020	2021
总　　额	**Total**	**392933**	**1186388**	**1569384**	**3301562**	**4363312**
初级产品	Primary Goods	208280	629398	797477	1547241	2116756
食品及主要供食用的活动物	Food and Live Animals Used Chiefly for Food	8113	27272	107868	284132	329820
饮料及烟类	Beverages and Tobacco	4	110	596	4773	1917
非食品原料	Non-edible Raw Materials	189954	568818	643688	1149264	1628790
矿物燃料、润滑油及有关原料	Mineral Fuels, Lubricants and Related Materials	8101	26226	28190	51265	79064
动、植物油脂及腊	Animal and Vegetable Oils, Fats and Wax	2108	6971	17136	57808	77165
工业制成品	Manufactured Goods	184653	556991	771907	1753366	2246556
化学品及有关产品	Chemicals and Related Products	30386	60091	110446	182748	256190
按原料分类的制成品	Finished Goods Classified by Raw Material	42157	85325	174572	261255	338164
机械及运输设备	Machinery and Transport Equipment	102515	367495	224899	1094300	1351820
杂项制品	Miscellaneous Products	9595	43856	100118	213920	299130
未分类的商品	Goods not Classified		224	161872	1144	1254

17—4 海关进出口商品分类金额
Value of Imports and Exports by Category of Commodities (Customs Statistics)

单位：万美元（USD 10000）

品　　名	Item	2020		2021	
		出　口 Exports	进　口 Imports	出　口 Exports	进　口 Imports
总　　值	**Total**	**4557868**	**3301562**	**6337476**	**4363312**
初级产品	**Primary Goods**	**144292**	**1547241**	**174786**	**2116756**
食品及活动物	Food and Live Animals	84067	284132	97259	329820
活动物	Live Animals	602		587	631
肉及肉制品	Meat and Related Products	72	181147	306	176718
乳品及蛋品	Dairy Products and Eggs	101	40339	122	62687
鱼、甲壳及软体类动物及其制品	Fish, Shellfish and Mollusks and Related Products	2506	2354	3619	1633
谷物及其制品	Cereals and Related Products	3191	13875	3673	18979
蔬菜及水果	Vegetables and Fruits	28164	20644	31480	33897
糖、糖制品及蜂蜜	Sugar, Sugar Products and Honey	10872	2206	11778	2048
咖啡、茶、可可、调味料及其制品	Coffee, Tea, Coco, Spices and Related Products	29758	2918	30377	5057
饲料（不包括未碾磨谷物）	Feed (excluding unbranded cereal)	3878	16874	9474	23267
杂项食品	Miscellaneous Food	4923	3775	5843	4903
饮料及烟类	Beverages and Tobacco	672	4773	1239	1917
饮　料	Beverages	278	4773	586	1917
烟草及其制品	Tobacco and Its Products	394		653	
非食用原料（燃料除外）	Inedible Material (excluding fuel)	53194	1149264	66064	1628790
生皮及生毛皮	Raw Hides and Raw Furs	73	303		398
含油子仁及果实	Oilseed Kernel and Fruit	4860	91140	5498	110216
生橡胶（包括合成橡胶及再生橡胶）	Raw Rubber (including synthetic rubber and reclaimed rubber)	1188	18058	3178	28395
软木及木材	Cork and Timber	2977	9563	3090	27439
纸浆及废纸	Paper Pulp and Waste Paper	2311	36656	3293	48904
纺织纤维（羊毛条除外）及其原料	Textile Fibers (excluding wool taps) and Related Waste Material	6438	10544	10357	16900
天然肥料及矿物（煤、石油及宝石除外）	Natural Fertilizer and Mineral (excluding coal, petroleum and precious stone)	6441	8373	5804	8676
金属矿砂及金属废料	Metal Ore and Metal Waste Material	174	967485	855	1377696
其他动、植物原料	Other Animal and Plant Material	28732	7141	33987	10166
矿物燃料、润滑油及有关原料	Mineral Fuel, Lubrication Oil and Related Raw Material	3498	51265	4637	79064
煤、焦炭及煤砖	Coal, Coke and Briquette	1	37616	252	64289
石油、石油产品及有关原料	Petroleum, Petroleum Products and Related Material	3497	13081	4385	11066
天然气及人造气	Natural Gas and Person Gas-producing	1	568		3709
动植物油、脂及蜡	Animal Fat, Vegetable Oil and Wax	2861	57808	5587	77165
动物油、脂	Animal Fat	241	2119	314	4038
植物油、脂	Vegetable Oil			58	73043
已加工的动植物油、脂及动植物蜡	Processed Animal Fat, Vegetable Oil and Wax	94	55489	5215	85
其他动植物油、脂及蜡	Other Animal Fat,Vegetable Oil and Wax	2526	200		
工业制品	**Industrial Products**	**4413576**	**1753366**	**6162690**	**2246556**
化学成品及有关产品	Chemical Products and Related Products	352758	182748	584747	256190
有机化学品	Organic Chemical Products	129782	43075	197888	61902
无机化学品	Inorganic Chemical Products	20925	4842	35568	6834

17—4 续表 continued

单位：万美元（USD 10000）

品 名	Item	2020 出 口 Exports	2020 进 口 Imports	2021 出 口 Exports	2021 进 口 Imports
染料、鞣料及着色料	Dyestuff, Tanning Material and Coloring Material	35656	11853	61957	15751
医药品	Medical and Pharmaceutical Products	26235	5701	59720	30313
精油、香料及盥洗、光洁制品	Essential Oil, Perfume, Sanitary and Surface Finishing Articles	26170	6885	22469	10768
肥 料	Fertilizer	11687		44484	
初级形状的塑料	Primary Shaped Plastics	31420	64442	55579	66554
非初级形状的塑料	Non-primary Shaped Plastics	27780	16967	35046	20241
其他化学原料及产品	Other Chemical Material and Products	42226	28945	72036	43828
按原料分类的制成品	Finished Goods Classified by Raw Material	738331	261255	933475	338164
皮革、皮革制品及已鞣毛皮	Leather and Its Products and Tan Hide	1545	168	2296	312
橡胶制品	Rubber Products	44674	9420	58759	11353
软木及木制品（家具除外）	Cork and Wooden Products (excluding furniture)	44851	2113	57117	2963
纸及纸板、纸浆、纸及纸板制品	Paper, Paperboard, Paper Pulp and Paper Products	59375	10901	64252	10724
纺纱、织物、制成品及有关产品	Spinning, Fabric and Related Products	236906	38079	218311	59377
非金属矿物制品	Nonmetal Mineral Products	101148	35007	131282	39185
钢 铁	Iron and Steel	82067	14336	142965	18506
有色金属	Nonferrous Metal	39333	142527	91105	184307
金属制品	Metal Products	128431	8702	167388	11436
机械及运输设备	Machinery and Transportation Equipment	2283300	1094300	3240289	1351820
动力机械及设备	Dynamic Machinery and Equipment	53185	30187	103577	31272
特种工业专用机械	Special Industrial Machinery	88726	391245	116498	467477
金工机械	Metalworking	15350	17903	21954	20186
通用工业机械设备及零件	General Industrial Machinery Equipment and Accessories	325095	54836	464096	67709
办公用机械及自动数据处理设备	Office Machinery and Automatic Data Processing Equipment	674529	92898	713196	137191
电信和声音的录制及重放装置设备	Telecommunication, Sound Recording and Playing Equipment	125653	11781	172604	10826
电力机械、器具及其电气零件	Electric Machinery, Implements and Spare Parts	766398	485981	1196146	610493
陆路车辆（包括气垫式）	Land Route Vehicles (including hover-motor)	196277	7522	401653	4145
其他运输设备	Other Transportation Equipment	38086	1947	50565	2518
杂项制品	Miscellaneous Manufactured Articles	1015613	213920	1385747	299130
活动房屋、卫生水道、供热及照明装置	Prefabricated House, Sanitation, Water Pipe, Heating and Lighting Installation	70506	1512	77988	1323
家具及其零件、褥垫及类似填充制品	Furniture and Accessories, Mattress, Bedding Articles	123592	263	149700	653
旅行用品、手提包及类似品	Box and Bag, Travel Goods	42489	55	47675	122
服装及衣着附件	Garments, Clothing Accessories	280516	1891	324958	2545
鞋 靴	Footwear	40130	848	55265	476
专业、科学及控制用仪器装置	Professional, Scientific and Dominating Instrument	147736	158749	337061	226224
摄影器材、光学物品及钟表	Photographic Equipment, Optical Goods, Clocks and Watches	12708	30540	20872	38369
杂项制品	Miscellaneous Manufactured Articles	297935	20063	372229	29416
未分类的商品	Goods Not Classified	23574	1144	18431	1254

17—5 安徽省同各国（地区）进出口总额
Anhui's Foreign Trade With Related Countries and Territories

单位：万美元（USD 10000）

国 别（地区）	Country (region)	2020 进出口总额 Total	2020 出口总额 Exports	2020 进口总额 Imports	2021 进出口总额 Total	2021 出口总额 Exports	2021 进口总额 Imports
合 计	**Total**	**7859430**	**4557868**	**3301562**	**10700787**	**6337476**	**4363312**
亚 洲	**Asia**	**3342681**	**1816162**	**1526519**	**4475652**	**2491214**	**1984438**
阿富汗	Afghanistan	538	538	1	521	515	6
巴 林	Bahrain	2248	2248		3812	3743	69
孟加拉国	Bangladesh	23491	22971	520	35416	34709	708
不 丹	Bhutan	11	11		28	28	
文 莱	Brunei	709	709		885	885	
缅 甸	Myanmar	20468	18815	1654	26048	18232	7816
柬埔寨	Cambodia	11528	11263	266	14909	14521	388
塞浦路斯	Cyprus				1066	1066	
朝 鲜	Korea DPR	10	10		230	230	
香 港	Hong Kong	211801	204758	7043	384842	378898	5944
印 度	India	191199	152821	38378	338422	281172	57250
印度尼西亚	Indonesia	117950	66883	51067	209703	107176	102527
伊 朗	Iran	63403	48139	15265	105250	62305	42945
伊拉克	Iraq	26270	26270		21863	21845	18
以色列	Israel	27608	21137	6471	44956	25944	19012
日 本	Japan	625987	261567	364420	686279	255256	431023
约 旦	Jordan	3464	3124	340	6297	5975	322
科威特	Kuwait	7293	6884	409	11304	10950	354
老 挝	Laos	8504	2884	5620	7418	2918	4500
黎巴嫩	Lebanon	1792	1791	1	3886	3829	57
澳 门	Macao	1209	1207	2	1160	1160	
马来西亚	Malaysia	172586	83417	89169	208348	112814	95534
马尔代夫	Maldives	278	278		636	636	
蒙 古	Mongolia	3117	3116	0.4	2708	2668	39.7
尼泊尔	Nepal	1249	1249	1	2626	2625	1
阿 曼	Oman	6142	6056	86	7345	6068	1277
巴基斯坦	Pakistan	41643	31315	10328	76421	54991	21430
巴勒斯坦	Palestine	376	376		323	323	
菲律宾	The Philippines	75160	52350	22811	108235	75376	32859
卡塔尔	Qatar	11227	7142	4085	14500	8770	5730
沙特阿拉伯	Saudi Arabia	67868	54997	12871	78518	51969	26549
新加坡	Singapore	172698	132957	39741	166075	58590	107485
韩 国	Republic of Korea	415730	126000	289730	476983	180129	296854
斯里兰卡	Sri Lanka	6421	5881	540	10190	9603	588
叙利亚	Syria	1916	1916		605	605	
泰 国	Thailand	121938	86608	35330	196919	126791	70128
土耳其	Turkey	55197	50375	4822	81697	73515	8182
阿联酋	United Arab Emirates	71757	45665	26092	123814	90187	33627
也门共和国	Arab Republic of Yemen	5128	5128		4909	4909	
越 南	Viet Nam	197113	173318	23794	265345	228968	36377
台 湾	Taiwan	445827	70544	375283	566184	113262	452922
东帝汶	East Timor				409	409	
哈萨克斯坦	Kazakhstan	8983	8982		16053	16014	39
吉尔吉斯坦	Kirghiz Tanzania	1677	1420	257	2323	2323	

17—5 续表1 continued

单位：万美元（USD 10000）

国 别（地区）	Country (region)	2020 进出口总额 Total	2020 出口总额 Exports	2020 进口总额 Imports	2021 进出口总额 Total	2021 出口总额 Exports	2021 进口总额 Imports
塔吉克斯坦	Tajikistan	855	855		704	578	126
土库曼斯坦	Turkmenistan	1399	1399		2235	2004	230
乌兹别克斯坦	Uzbekistan	11300	9638	1663	37371	35727	1643
非 洲	**Africa**	**378673**	**205556**	**173117**	**506447**	**304303**	**202144**
阿尔及利亚	Algeria	14458	14454	4	11711	11689	23
安哥拉	Angola	3050	3050		4763	4763	
贝 宁	Benin	1699	1592	107	2148	1358	790
博茨瓦那	Botswana	225	225		286	286	
布隆迪	Burundi	333	333		404	404	
喀麦隆	Cameroon	4126	4024	102	5875	5768	107
加那利群岛	Canary Is.	2	2		2	2	
佛得角	Cape Verde	329	329		409	409	
中 非	Central Africa	90	90		24	24	
塞卜泰(休达)	Sebtai (Ceuta)				0.4	0.4	
乍 得	Chad	326	190	136	427	427	
科摩罗	Comoros	90	90		48	48	
刚 果	The Congo	837	493	344	1065	1065	
吉布提	Djibouti	1958	1958		3272	3272	
埃 及	Egypt	31336	31262	74	63565	63296	269
赤道几内亚	Equatorial Guinea	194	194		375	375	
埃塞俄比亚	Ethiopia	12149	4706	7443	12167	4799	7368
加 蓬	Gabon	1665	481	1184	1108	338	771
冈比亚	Gambia	767	741	26	833	709	124
加 纳	Ghana	18470	18290	180	23652	23092	560
几内亚	Guinea	3189	3189		4821	4821	
几内亚比绍	Guineabissau	25	25		15	15	
科科迪瓦	Cote D'ivoire	5926	4565	1361	8368	7296	1072
肯尼亚	Kenya	5982	5771	211	7873	7604	269
利比里亚	Liberia	377	377		559	559	
利比亚	Libya	2769	2769		2416	2416	
马达加斯加	Madagascar	1540	1540		2123	2104	19
马拉维	Malawi	394	342	52	1016	914	102
马 里	Mali	2150	859	1292	2629	1228	1401
毛里塔尼亚	Mauritania	9161	3067	6093	7113	4256	2857
毛里求斯	Mauritius	1062	1062		1459	1459	
摩洛哥	Morocco	8210	7525	685	9348	8353	995
莫桑比克	Mozambique	6532	3231	3302	7813	6109	1704
纳米比亚	Namibia	901	778	123	2059	1233	826
尼日尔	Niger	8452	681	7771	10001	470	9531
尼日利亚	Nigeria	23114	21624	1489	42447	37277	5171
留尼汪	Reunion	373	373		629	629	
卢旺达	Rwanda	438	438		281	281	
圣多和普林	St and More Spring	116	116		13	13	
塞内加尔	Senegal	6665	5982	683	10037	8210	1827
塞舌尔	Seychelles	61	61		143	143	
塞拉利昂	Sierra Leone	756	756		1541	1185	356

17—5 续表2 continued

单位：万美元（USD 10000）

国 别（地区）	Country (region)	2020 进出口总额 Total	2020 出口总额 Exports	2020 进口总额 Imports	2021 进出口总额 Total	2021 出口总额 Exports	2021 进口总额 Imports
索马里	Somali	862	823	39	848	806	42
南 非	South Africa	58670	29036	29634	73872	47571	26301
西撒哈拉	Western Sahara				20	20	
苏 丹	Sudan	30705	3022	27683	29494	2512	26983
坦桑尼亚	Tanzania	9564	4785	4779	11334	8504	2829
多 哥	Togo	14377	8288	6089	14166	7331	6835
突尼斯	Tunisia	3916	3910	6	5147	5136	10
乌干达	Uganda	1956	1565	392	2490	1826	664
布基纳法索	Burkina Faso	708	539	169	1088	456	632
刚果(金)	Congo (DRC)				50656	6533	44123
赞比亚	Zambia	43143	817	42326	54686	1801	52885
津巴布韦	Zimbabwe	1543	1093	450	1901	1682	218
莱索托	Lesotho	175	175		348	348	
斯威士兰	Swaziland	192	192		408	408	
厄立特里亚	Eritrea	2288	82	2206	4555	74	4481
马约特岛	Mayuete Island	81	81		57	57	
南苏丹共和国	Republic of South Sudan	276	276		538	538	
欧 洲	**Europe**	**1334866**	**1032463**	**302403**	**1864331**	**1485638**	**378692**
比利时	Belgium	50422	40432	9990	56480	51848	4631
丹 麦	Denmark	21049	17017	4032	30570	27104	3465
英 国	United Kingdom	155039	146617	8421	183502	166671	16831
德 国	Germany	247638	172390	75248	346218	251526	94692
法 国	France	90595	74126	16469	108350	85545	22805
爱尔兰	Ireland	9121	6429	2692	13420	8471	4950
意大利	Italy	77255	60469	16785	106730	91048	15682
卢森堡	Luxembourg	801	157	644	1669	857	812
荷 兰	Netherlands	146833	118567	28266	246552	207481	39071
希 腊	Greece	15706	12332	3374	19127	17499	1628
葡萄牙	Portugal	21110	19681	1429	26033	24490	1543
西班牙	Spain	81450	59321	22128	125167	89709	35458
塞浦路斯	Cyprus	773	773				
阿尔巴尼亚	Albania	913	715	198	1106	1066	40
安道尔	Andorra	5	5		8	8	
奥地利	Austria	32301	22840	9460	36815	22395	14419
保加利亚	Bulgariy	2630	2527	103	8471	7520	951
芬 兰	Finland	13588	8868	4720	19525	14222	5302
匈牙利	Hungary	14853	8967	5886	37484	33337	4146
直布罗陀	Gibraltar	2	2		4	4	
冰 岛	Iceland	820	820		805	793	12
列支敦士登	Liechtenstein	38	8	31	78	53	25
马耳他	Malta	586	509	78	1234	1035	199
摩纳哥	Monaco	18	18		7	7	
挪 威	Norway	6296	5846	450	12895	11937	958
波 兰	Poland	62330	55703	6627	91879	83630	8249
罗马尼亚	Romania	10261	9751	510	14770	13794	976
圣马力诺	SAN Marino				41	41	
瑞 典	Sweden	24616	19602	5013	38613	29721	8892
瑞 士	Switzerland	15321	11120	4202	21550	17543	4007

17—5 续表3 continued

单位：万美元（USD 10000）

国 别（地区）	Country (region)	2020 进出口总额 Total	2020 出口总额 Exports	2020 进口总额 Imports	2021 进出口总额 Total	2021 出口总额 Exports	2021 进口总额 Imports
爱沙尼亚	Estonia	4975	4194	780	5300	4283	1017
拉脱维亚	Latvia	2433	2369	64	2930	2848	82
立陶宛	Lithuania	6258	5676	581	7093	6627	466
格鲁吉亚	Georgia	1612	1547	65	1803	1501	301
亚美尼亚	Armenia	12416	454	11962	14111	485	13625
阿塞拜疆	Azerbaijan	862	720	142	985	985	
白俄罗斯	Byelorussia	6209	3122	3087	7516	3643	3874
摩尔多瓦	Moldora	423	376	47	710	595	115
俄罗斯	Russia	121885	90636	31249	162332	129959	32373
乌克兰	Ukraine	34652	15337	19315	48514	20878	27636
斯洛文尼亚	Slovenia	6112	5345	766	10012	9083	929
克罗地亚	Croatia	3129	3034	95	4699	4629	70
捷克共和国	Czech	24577	18159	6418	38460	31400	7060
斯洛伐克	Slovak	3982	3001	981	6345	5261	1084
前南马其顿	Macedonia	298	265	32	373	336	37
波 黑	Bosnia & Herzegovina	242	212	30	920	665	255
梵蒂冈城国	Vatican City State				0.01	0.01	
法罗群岛	The Faroe Islands				2	2	
塞尔维亚	Serbia	3033	3007	26	2998	2985	13
黑 山	Montenegro	170	165	5	126	118	9
拉丁美洲	**Latin America**	**1198183**	**429253**	**768930**	**1834126**	**770747**	**1063379**
安提瓜	Antigua	19	19		27	27	
阿根廷	Argentina	34053	17023	17031	34358	24080	10278
阿鲁巴岛	Aruba	60	60		162	162	
巴哈马	Bahamas	1425	1425		167	167	
巴巴多斯	Barbados	305	302	3	432	431	1
伯利兹	Belize	108	108		94	94	
玻利维亚	Bolivia	3133	2637	497	4805	3924	881
博内尔	Bonaire				0.1	0.1	
巴 西	Brazil	235451	105659	129792	397859	219591	178268
智 利	Chile	368854	62294	306560	551966	116720	435245
开曼群岛	Cayman Islands	69	69		45	45	
哥伦比亚	Colombia	23429	22708	720	36776	34578	2198
多米尼克	Dominica	66	66		54	54	
哥斯达黎加	Costa Rica	4223	3637	586	6420	5419	1001
古 巴	Cuba	1213	1213		1283	1283	
库腊索岛	Curacao	126	126		143	143	
多米尼加	Dominican	4551	4510	41	6414	6252	162
厄瓜多尔	Ecuador	40364	14071	26294	104621	28377	76244
法属圭亚那	French Guiana	55	55		55	55	
格林纳达	Grenada	55	55		66	66	
瓜德罗普	Guaderopu	148	148		285	285	
危地马拉	Guatemala	4910	4631	279	8750	7232	1518
圭亚那	Guyana	397	397		640	640	
海 地	Haiti	1228	1201	27	1364	1364	

17—5 续表4 continued

单位：万美元（USD 10000）

国 别（地区）	Country (territory)	2020 进出口总额 Total	2020 出口总额 Exports	2020 进口总额 Imports	2021 进出口总额 Total	2021 出口总额 Exports	2021 进口总额 Imports
洪都拉斯	Honduras	1371	1346	25	2201	2185	16
牙买加	Jamaica	1275	1275		2345	2345	
马提尼克	Matinik	18	18		48	48	
墨西哥	Mexico	202102	137770	64332	283955	241425	42529
蒙特塞拉特	Montserrat				0.01	0.01	
尼加拉瓜	Nicaragua	900	875	25	1183	1160	22
巴拿马	Panama	13882	8196	5686	13584	11082	2502
巴拉圭	Paraguay	2620	2530	90	3945	3836	109
秘 鲁	Peru	225675	22452	203224	331831	38710	293121
波多黎各	Puerto Rico	1620	1620		2696	2696	0.2
圣卢西亚	Saint Lucia	41	41		99	99	
圣马丁岛	Saint Martin Island	20	20		10	10	
圣文格林纳	Saint Article Greener	30	30		39	39	
萨尔瓦多	El Salvador	1675	1621	53	2101	2084	17
苏里南	Surinam	548	548		360	360	
特立—巴哥	Trinidad and Tobago	802	801		2562	834	1728
特克—凯科	Turks &Caicos Is.	6	6		21	21	
乌拉圭	Uruguay	18372	4706	13666	25590	8058	17532
委内瑞拉	Venezuela	2887	2887		4709	4705	4
英属维尔京群岛	Virgin Is. (E)	16	16		3	3	
圣其茨尼维	St. Kitts-Nevis	16	16		25	25	
圣皮埃尔和密克隆	St. Pierre and Miquelon				0.003	0.003	
荷属安第列斯群岛	Antilles Is. (N)	34	34		11	11	
拉美洲其他	Other of Latin America	29	29		21	21	
北美州	**North America**	**1251741**	**968077**	**283664**	**1583598**	**1160695**	**422903**
加拿大	Canada	158943	102404	56538	190935	116118	74817
美 国	United States	1092651	865525	227126	1392650	1044565	348085
格陵兰	Greenland	1	1		0.2	0.2	
百慕大	Bermuda Is.	147	147		12	12	
北美洲其他	Other of North America	352496	106357	246140	0.01	0.01	
大洋洲	**Oceanic**	**313278**	**93317**	**219961**	**435918**	**124878**	**311040**
澳大利亚	Australia	0.3	0.3		371167.4	105459.8	265708
库克群岛	Cook Islands	1121	804	317	10	10	
斐 济	Fiji	242	242		860	858	1
瑙 鲁	Nauru				0.01	0.01	
新喀里多尼	New Karidoni	64	64		386	386	
瓦努阿图	Vanuatu	35598	9736	25861	138	136	2
新西兰	New Zealand	1285	1285		60678	15352	45326
巴布亚新几内亚	Papua New Guinea	145	145		1328	1325	3
所罗门群岛	Solomon Is.	9	9		203	202	1
汤 加	Tonga	165	165		28	28	
萨摩亚	Samoa	14	14		189	189	
基里巴斯	Kiribati	81	81		50	50	
密克罗尼西	Micronesia	16	16		27	27	
马绍尔群岛	Marshall Island				80	80	
贝劳共和国	Palau	338	338		63	63	
法属波利尼西亚	French Polynesia	101	101		482	482	
瓦利斯和浮图纳	Wallis and Fortuna				48	48	
大洋洲其他	Other of Oceanic	789		789	181	181	

17—6 进出口商品贸易方式总值（2021年）
Total Value of Import and Export Trade Way (2021)

单位：万美元（USD 10000）

指　　标	Item	进出口 Imports & Exports		出　口 Exports		进　口 Imports	
		金　额 Value	增　速（%） Growth（%）	金　额 Value	增　速（%） Growth（%）	金　额 Value	增　速（%） Growth（%）
总　　计	**Total**	**10700787**	**35.96**	**6337476**	**39.04**	**4363312**	**31.72**
一般贸易	General Trade	7792631	38.14	4868954	46.33	2923678	26.36
国家间、国际组织间无偿援助和赠送的物资	Grants and Gifts of Materials Between Countries and International Organizations	278	-31.76	278	-31.76		
其他捐赠物资	Other Donated Materials	31	-93.62	31	27.01		
加工贸易	Processing Trade	1958525	23.87	1228113	17.40	730412	36.53
来料加工装配贸易	Assembly Processing Trade	155472	18.70	68098	46.49	87374	3.42
进料加工贸易	Processing With Imported Trade	1803053	24.34	1160015	16.05	643038	42.74
加工贸易进口设备	Processing Trade Import Equipment	2333	309.05			2333	309.05
对外承包工程出口货物	Exports Contracted Projects	26683	263.46	26683	263.46		
租赁贸易	Leasing Trade	4001	1559.64	4001	22182.22		
外商投资企业作为投资进口的设备、物品	Foreign-invested Enterprises as the Import Investment of Equipment, Goods	1742	-54.87			1742	-54.87
出料加工	Material Processing	2673	-27.36	810	-16.67	1863	-31.21
易货贸易	Barter Trade	7728		7728			
保税物流	Bonded Logistics	657437	17.59	174347	5.35	483090	22.73
海关特殊监管区域进口设备	Import Equipment from Special Areas Under Customs Supervision	204113	347.48			204113	347.48
其他贸易	Other Trade	42613	58.61	26532	162.29	16081	-3.99

17—7 外国和港澳台地区直接投资（按投资方式）
Foreign and Hong Kong, Macao and Taiwan Direct Investment (by investment method)

单位：万美元（USD 10000）

指　　标	Item	2005	2010	2015	2020	2021
新批项目	**A new Batch of Project**	**421**	**281**	**289**	**393**	**475**
#合资经营	Joint Ventures Enterprises	168	100	131	100	249
合作经营	Cooperative Operation Enterprises	18	8	5		
独资经营	Foreign Own Investment Enterprises	233	172	151	262	176
外商投资股份制	Foreign Invested Shareholding Enterprises	2	1	2	4	2
合同外资额	**More Foreign Contract**	**155358**	**216462**	**393800**	**517192**	**688168**
#合资经营	Joint Ventures Enterprises	41919	47726	165755	94936	260701
合作经营	Cooperative Operation Enterprises	9563	9115	10827	1199	2798
独资经营	Foreign Own Investment Enterprises	102721	156738	215805	416006	418991
外商投资股份制	Foreign Invested Shareholding Enterprises	1155	2883	1414	3028	2141
实际利用外商直接投资额	**Actual Use of Foreign Direct Investment**	**68845**	**501446**	**1361945**	**1830542**	**1929728**
#合资经营	Joint Ventures Enterprises	24801	173910	433218	618183	776374
合作经营	Cooperative Operation Enterprises	2316	3922	7181	1749	2056
独资经营	Foreign Own Investment Enterprises	41728	307925	864674	1198717	1143905
外商投资股份制	Foreign Invested Shareholding Enterprises		15689	56871	11893	7393

17—8 外国和港澳台地区直接投资（按行业）（2021年）
Foreign and Hong Kong, Macao and Taiwan Direct Investment (by Industry) (2021)

指　　标	Item	新签协议 Newly Signed Agreement 合同数（个） Number of Contracts (unit)	新签协议 Newly Signed Agreement 投资额（万美元） Investment (USD 10000)	实际投资合计（万美元） Total Actual Investment (USD 10000)	期末实有企业数（个） Number of Enterprises at the End of the Period (unit)	#本期新增企业 Newly Increased In this Period
总　　计	**Total**	**475**	**688168**	**1929728**	**8490**	**801**
按投资方式分	**Grouped by Type of Investment**					
#合资企业	Joint Ventures Enterprises	249	260701	776374	1209	
合作企业	Cooperative Operation Enterprises		2798	2056	23	
外资企业	Foreign Investment Enterprises	176	418991	1143905	204	
外商投资股份制	Foreign Invested Shareholding Enterprises	2	2141	7393	23	4
按国民经济行业分	**Grouped by Sector**					
农林牧渔业	Farming, Forestry, Animal Husbandry and Fishery	4	7544	28974	80	6
采矿业	Mining and Quarrying			15983	23	
制造业	Manufacturing	97	139337	763142	1759	105
电力、热力、燃气及水的生产和供应业	Production and Supply of Electricity, Heat, Gas and Water	19	11103	103001	282	26
建筑业	Construction	5	-63	10084	118	11
批发和零售业	Wholesale and Retail Trade	73	191732	138410	2453	174
交通运输、仓储及邮政业	Transportation, Storage and Postal Services	7	6438	23741	107	11
住宿和餐饮业	Accommodation and Catering Trade	11	39482	4245	810	136
信息传输、软件和信息技术服务业	Information Transmission, Software and Information Technology Services	20	99506	16278	647	55
金融业	Banking	5	1311	12560	319	9
房地产业	Real Estate Trade	6	18037	641923	279	21
租赁和商务服务业	Leasing and Commercial Services	80	51360	70348	665	88
科学研究和技术服务业	Scientific Research and Technical Services	128	118985	44197	712	138
水利、环境和公共设施管理业	Water Conservancy, Environmental and Public Facilities Management		-420	19277	37	1
居民服务、修理和其他服务业	Residents Service, Repair and Other Services	5	211	5415	88	4
教　育	Education	2	173		14	2
卫生、社会工作	Health and Social Work	1	77	8228	11	1
文化、体育和娱乐业	Culture, Sports and Entertainment	12	3354	23924	72	13
其他行业	Others				14	

17—9 外国和港澳台地区直接投资（按国别和地区）（2021年）

Direct Investment of Foreign Countries and Hong Kong, Macao and Taiwan by Countries and Regions (2021)

指　　标	Item	新签协议 Newly Signed Agreement 合同数（个） Number of Contracts (unit)	投资额（万美元） Investment (USD 10000)	实际投资合计（万美元） Total Actual Investment (USD 10000)
合　计	**Total**	**475**	**688168**	**1929728**
香　港	Hong Kong	166	509171	1347895
印　度	India	2	157	4000
伊　朗	Iran	2	3	
日　本	Japan	10	7515	59458
澳　门	Macao	9	61113	8081
马来西亚	Malaysia	1	471	5586
尼泊尔	Nepal	1	31	
巴基斯坦	Pakistan	6	45	
新加坡	Singapore	12	18897	43812
韩　国	Republic of Korea	19	6871	13004
叙利亚	Syria	2	200	
泰　国	Thailand			310
土耳其	Turkey	1	300	
也门共和国	Arab Republic of Yemen	3	82	
越　南	Viet Nam	1	200	
台　湾	Taiwan	127	29062	98869
亚洲其他	Other of Asia			9367
喀麦隆	Cameroon	2	109	
刚　果	The Congo	1	6	
埃　及	Egypt			3794
赤道几内亚	Equatorial Guinea	1	2	
埃塞俄比亚	Ethiopia	1	30	
加　纳	Ghana	3	35	
肯尼亚	Kenya			1715
利比亚	Libya	1	77	
马达加斯加	Madagascar	2	810	
毛里求斯	Mauritius	1	39	
摩洛哥	Morocco	2	45	
卢旺达	Rwanda	1	78	
塞舌尔	Seychelles	2	1546	11998

17—9 续表 continued

指 标	Item	新签协议 Newly Signed Agreement 合同数（个） Number of Contracts (unit)	投资额（万美元） Investment (USD 10000)	实际投资合计（万美元） Total Actual Investment (USD 10000)
南 非	South Africa	1	74	
苏 丹	Sudan	1	10	
坦桑尼亚	Tanzania	2	41	
扎伊尔	Zaire	1	46	
津巴布韦	Zimbabwe	2	16	
比利时	Belgium	1	6	
丹 麦	Denmark	1	400	4615
英 国	United Kingdom	6	1062	13469
德 国	Germany	10	5793	33497
法 国	France	6	1481	26641
爱尔兰	Ireland	1	5833	35377
意大利	Italy			6813
荷 兰	Netherlands	1	8775	2308
希 腊	Greece			655
西班牙	Spain	1		461
瑞 典	Sweden			276
瑞 士	Switzerland			4965
亚美尼亚	Armenia	1	77	
俄罗斯	Russia	2	115	5987
乌克兰	Ukraine	2	9	
捷克共和国	Czech	1	29	
阿根廷	Argentina	1	815	5199
巴 西	Brazil			2204
开曼群岛	Cayman Islands	2	1097	6741
巴拿马	Panama			6993
英属维尔京群岛	Virgin	1	8958	101091
拉美洲其他	Other of Latin America		100	
加拿大	Canada	11	2056	6390
美 国	United States	30	8604	36222
百慕大	Bermuda Is.	1	1420	300
澳大利亚	Australia	7	605	3431
新西兰	New Zealand	1	94	
萨摩亚	Samoa	3	3457	18206
大洋洲其他	Other of Oceanic		300	

17—10 按国别（地区）对外投资

According to the Country (region) of Foreign Investment

国 别（地区）	Country (region)	新批境外企业(机构)数（个） A new Batch of Foreign Enterprises (institutions) (unit)		协议对外投资额（万美元） Foreign Investment Agreement （USD 10000）		实际对外投资额（万美元） Actual Foreign Investment （USD 10000）	
		2020	2021	2020	2021	2020	2021
合 计	**Total**	**103**	**98**	**120417**	**169127**	**130729**	**135052**
亚 洲	**Asia**	**54**	**55**	**85273**	**126641**	**91698**	**100508**
印度尼西亚	Indonesia	2	3	5189	3400	4627	2835
中国香港	Hong Kong	14	14	19784	32610	66193	65772
中国台湾	Taiwan	1		500			
泰 国	Thailand	2	2	475	1194	897	1079
缅 甸	Myanmar	4	11	601	31567	611	17
老 挝	Laos	1		65		3934	1322
马来西亚	Malaysia	1	1	600	100	191	138
日 本	Japan	1	3	229	260	49	86
韩 国	Republic of Korea	4	3	1616	450	76	173
印 度	India	1		114		587	284
越 南	Viet Nam	8	2	39680	2310	1285	746
柬埔寨	Cambodia	1	1	1000	25197	418	621
巴基斯坦	Pakistan		1				
菲律宾	The Philippines	3	2	400	999		
吉尔吉斯斯坦	Kirghiz Tanzania						
乌兹别克斯坦	Uzbekistan	3		112			4500
以色列	Israel						
新加坡	Singapore	6	7	14901	12219	12827	22934
沙特阿拉伯	Saudi Arabia						
哈萨克斯坦	Kazakhstan	1	4	7	16335		
尼泊尔	Nepal		1				
土耳其	Turkey	1					
非 洲	**Africa**	**5**	**2**	**1398**	**579**	**184**	**536**
津巴布韦	Zimbabwe					100	
赞比亚	Zambia		1		102	5	
安哥拉	Angola			859			
尼日利亚	Nigeria	1		10			
莫桑比克	Mozambique						
坦桑尼亚	Tanzania			420		13	1
埃塞俄比亚	Ethiopia	1		90		50	37

17—10 续表 continued

国别（地区）	Country (region)	新批境外企业(机构)数（个） A new Batch of Foreign Enterprises (institutions) (unit)		协议对外投资额（万美元） Foreign Investment Agreement （USD 10000）		实际对外投资额（万美元） Actual Foreign Investment （USD 10000）	
		2020	2021	2020	2021	2020	2021
多　哥	Togo						40
喀麦隆	Cameroon	1		3			
南　非	South Africa		1		400		402
刚果（金）	Fresh Fruit (gold)	1		5		5	5
摩洛哥	Morocco	1		11	77	11	51
欧　洲	**Europe**	**12**	**8**	**6871**	**9769**	**15286**	**10251**
英　国	United Kingdom	5		34		1203	960
德　国	Germany	4	1	406	4048	9617	4790
法　国	France		2		3736	27	30
意大利	Italy	1		6323		3092	1942
荷　兰	Netherlands					781	
俄罗斯	Russia	1		0.01	1493		1380
匈牙利	Hungary					65	
爱尔兰	Ireland	1		109			7
卢森堡	Luxembourg		1		40		1130
西班牙	Spain		2		341		
乌克兰	Ukraine		1		100		1
瑞　士	Switzerland		1		11	500	11
拉丁美洲	**Latin America**	**14**	**22**	**14084**	**10202**	**11623**	**20523**
巴　西	Brazil	1	6	30	2129	3811	3592
格林纳达	Grenada						
墨西哥	Mexico	2		5442	100	371	1346
秘　鲁	Peru					7	8
哥伦比亚	Colombia		4		2824		
玻利维亚	Bolivia		1				
多米尼加	Dominican Republic						1
开曼群岛	Cayman Islands	2	1	3850	1	2300	12271
智　利	Chile	9	10	4062	5148	3230	2906
英属维尔京群岛	Virgin Is. (E)			700		1905	400
北美洲	**North America**	**6**	**5**	**4500**	**1625**	**11939**	**3232**
美　国	United States	6	4	4217	1620	10036	3209
加拿大	Canada		1		5		23
大洋洲	**Oceanic**	**12**	**6**	**8291**	**20311**		**2**
澳大利亚	Australia	12	6	8291	20311		2

17—11 按国别（地区）对外承包工程和劳务合作
According to the Country (region) of Foreign Contracted Projects and Labor Service Cooperation

国 别（地区）	Country (region)	承包工程（万美元） Contracted Projects（USD 10000）				劳务合作（人） Labor Service Cooperation (person)			
		新签合同额 New Signing Stood		完成营业额 Complete Turnover		外派劳务人数 Field Services Number		年末在外人数 Out at the End of the Number	
		2020	2021	2020	2021	2020	2021	2020	2021
合　计	**Total**	**280749**	**443690**	**250222**	**238506**	**5233**	**581**	**7716**	**3732**
亚　洲	**Asia**	**95540**	**171465**	**134352**	**157726**	**3908**	**45**	**5206**	**2186**
阿　曼	Oman	8058	237	4116	1989	146		205	
乌兹别克斯坦	Uzbekistan	5678	16933	5575	7643	143		197	
老　挝	Laos		884	2973	3192	25		236	
新加坡	Singapore	30559	62	11762	10201	588	14	646	49
巴基斯坦	Pakistan		25614	10434	23392	236		255	
科威特	Kuwait	4535		6070	3197			43	2
中国香港	Hong Kong								
中国台湾	Taiwan				645				
尼泊尔	Nepal	172	6520	431	141	6		14	
蒙　古	Mongolia	4494	25690	7613	6661	73		93	
越　南	Viet Nam	32	22095	10877	36996	615		663	
泰　国	Thailand	99		450	200	5		14	
印　度	India			172	517	3			
沙特阿拉伯	Saudi Arabia	23812	32748	10965	4068	455		925	626
日　本	Japan						23		322
马来西亚	Malaysia	12361		4027	1546	16		27	657
土耳其	Turkey		226	6259	10315	750		765	2
孟加拉国	Bangladesh		5115	14593	15959	135		177	
印度尼西亚	Indonesia	2326	34384	21586	19432	284		424	362
伊　朗	Iran								
中国澳门	Macao								
斯里兰卡	Sri Lanka			710	56	4		28	
柬埔寨	Cambodia		250	5072	5080	261		157	
缅　甸	Myanmar	2344		3114		74	8	44	116
菲律宾	The Philippines			4384	4082	2		103	
文　莱	Brunei					8		25	
阿联酋	United Arab Emirates		705		42				6
伊拉克	Iraq								
马尔代夫	Maldives								44
哈萨克斯坦	Kazakhstan	1070		3171	2373	79		165	
非　洲	**Africa**	**156124**	**242187**	**94871**	**41120**	**993**	**497**	**1815**	**964**
埃　及	Egypt						158		261
喀麦隆	Cameroon	289		337	264	59		52	
埃塞俄比亚	Ethiopia	7325	15966	5570	6232	123		219	
赞比亚	Zambia	11529	19146	21452	4523	147		134	
马拉维	Malawi	500	965	8183	1456	130		130	
科特迪瓦	Cote D'ivoire	3423		644	88	4		1	
吉布提	Djibouti				39				
莫桑比克	Mozambique	96909	1298	8413	955	74		74	
阿尔及利亚	Algeria	134	29583	15092	7533	48	8	709	70
坦桑尼亚	Tanzania		628	31		9			
乌干达	Uganda			313		46		18	
突尼斯	Tunisia			1041	74			7	
毛里塔尼亚	Mauritania							1	

17—11 续表 continued

国 别（地区）	Country (region)	承包工程（万美元） Contracted Projects（USD 10000）				劳务合作（人） Labor Service Cooperation (person)			
		新签合同额 New Signing Stood		完成营业额 Complete Turnover		外派劳务人数 Field Services Number		年末在外人数 Out at the End of the Number	
		2020	2021	2020	2021	2020	2021	2020	2021
几内亚	Guinea		99315	7114	2989		26	9	26
几内亚（比绍）	Guineabissau			16					
肯尼亚	Kenya								
加 纳	Ghana			43	105		11		11
安哥拉	Angola	12097	74433	5300	7368	64		195	1
赤道几内亚	Equatorial Guinea								7
苏 丹	Sudan						2		2
马达加斯加	Madagascar			1057	63	58		39	12
刚果(布)	Fresh Fruit (cloth)	4725			540			1	
刚果(金)	Fresh Fruit (gold)	10817		11208	6564	100	162	77	358
津巴布韦	Zimbabwe		74	5973	856	99		99	
塞拉利昂	Sierra Leone			139	27		3	11	3
尼日利亚	Nigeria	8376	779	66	688	3	126	5	209
加 蓬	Gabon			775				4	
布基纳法索	Burkina Faso			98	92				
卢旺达	Rwanda								
毛里求斯	Mauritius			1742	417			6	2
利比里亚	Liberia			9					
贝 宁	Benin								1
博茨瓦纳	Botswana			87	77				
塞内加尔	Senegal					5	1		1
多 哥	Togo			36					
圣多美和普林西比	St and More Spring			133	169	24		24	
欧 洲	**Europe**	**15326**	**16245**	**8372**	**22139**	**310**		**482**	
俄罗斯联邦	Russia	31		3					
白俄罗斯	Byelorussia	3041		2095	2522	245		418	
英 国	United Kingdom								
黑 山	Montenegro			547					
塞尔维亚	Serbia			338	600	62		62	
匈牙利	Hungary			454	3939	3		2	
波 兰	Poland	12254	16242	4934	15077				
拉丁美洲	**Latin America**	**13759**	**13796**	**6196**	**15334**	**22**	**39**	**209**	**572**
委内瑞拉	Venezuela								
巴巴多斯	Barbados								1
古 巴	Cuba			138				2	
玻利维亚	Bolivia								
巴 西	Brazil								
巴拿马	Panama	7400		240			8	9	540
格林纳达	Grenada								
厄瓜多尔	Ecuador	3190		1574	1811		31	44	31
哥斯达黎加	Costa Rica			223	421	1		29	
智 利	Chile								
秘 鲁	Peru	3169	13796	4022	13102	21		125	
北美洲	**North America**			**5953**	**1200**				
美 国	United States			5953	1200				
大洋洲	**Oceanic**			**477**	**987**			**4**	
西萨摩亚	Western Samoa								
澳大利亚	Australia			441	960				
萨摩亚	Samoa			36	27			4	

17—12 外商投资企业年末企业数、投资总额及注册资本（2021年）

Number, Investment and Registered Capital of Foreign-funded Enterprises (2021)

项　目	Item	投资总额（万美元）Total Investment (USD 10000)	注册资本（万美元）Registered Capital (USD 10000)	#外　方 Capital Invested by Foreign Partner
总　计	**Total**	**32476547**	**23629032**	**14853517**
按投资方式分	**Grouped by Type of Investment**			
#中外合资	Joint Ventures Enterprises	5504811	16001112	8099675
中外合作	Cooperative Operation Enterprises	153477	55253	35671
外资企业	Foreign Investment Share Enterprises	366765	138317	138317
外商投资股份制	Foreign Invested Shareholding Enterprises	298181	120900	44544
合作开发	Cooperative Development			
按国民经济行业分	**Grouped by Sector**			
农林牧渔业	Farming, Forestry, Animal Husbandry and Fishery	351152	297771	273104
采矿业	Mining and Quarrying	40108	23200	19000
制造业	Manufacturing	6728593	16428527	8993079
热力、燃气及水的生产和供应业	Production and Supply of Electricity, Heat, Gas and Water	882450	298659	214423
建筑业	Construction	89894	51655	38295
批发和零售业	Wholesale and Retail Trade	1221835	926199	765361
交通运输、仓储及邮政业	Transportation, Storage and Postal Services	198349	117170	81531
住宿和餐饮业	Accommodation and Catering Trade	140904	117858	73053
信息传输、软件和信息技术服务业	Information Transmission, Software and Information Technology Services	216016	187514	171290
金融业	Banking	294596	209691	121091
房地产业	Real Estate Trade	549685	387948	293688
租赁和商务服务业	Leasing and Commercial Services	742663	685097	417776
科学研究和技术服务业	Scientific Research and Technical Services	20671558	3698697	3237203
水利、环境和公共设施管理业	Water Conservancy, Environmental and Public Facilities Management	128246	54445	37498
居民服务、修理和其他服务业	Residents Service, Repair and Other Services	13771	12160	5518
教　育	Education	8670	2923	2065
卫生、社会工作	Health and Social Work	72637	56494	45001
文化、体育和娱乐业	Culture, Sports and Entertainment	108543	55030	49386
其他行业	Others	16877	17996	15154

17—13 各市外商投资企业年末企业数、投资总额及注册资本（2021年）
Number, Investment and Registered Capital of Foreign-funded Enterprises by Region (2021)

地区	Region	企业数（个）Number of Registered Enterprises (unit)	投资总额（万美元）Total Investment (USD 10000)	注册资本（万美元）Registered Capital (USD 10000)	#外方 Capital Invested by Foreign Partner
总计	**Total**	**8490**	**32476547**	**23629032**	**14853517**
合肥市	Hefei	3058	11426046	6801886	5439552
淮北市	Huaibei	155	178801	252614	233006
亳州市	Bozhou	164	305341	241944	208563
宿州市	Suzhou	386	241830	104001	85993
蚌埠市	Bengbu	441	695888	364385	286173
阜阳市	Fuyang	301	336277	199542	159676
淮南市	Huainan	282	431456	12902949	6364949
滁州市	Chuzhou	573	401830	260287	213245
六安市	Luan	312	349900	168555	151644
马鞍山市	Maanshan	524	735019	381443	305335
芜湖市	Wuhu	803	1546544	856992	586637
宣城市	Xuancheng	384	236469	195324	128544
铜陵市	Tongling	207	208303	101706	52871
池州市	Chizhou	239	14775474	482501	418759
安庆市	Anqing	371	430465	209351	138637
黄山市	Huangshan	290	176904	105553	79934

17—14 各市商品进出口总额

Import and Export Commodities by Region

单位：万美元（USD 10000）

地　区	Region	2020 进出口总额 Total	2020 出口总额 Exports	2020 进口总额 Imports	2021 进出口总额 Total	2021 出口总额 Exports	2021 进口总额 Imports	同比增长 % Increased by %
总　计	**Total**	**7859430**	**4557868**	**3301562**	**10700787**	**6337476**	**4363312**	**36.0**
合肥市	Hefei	3750202	2279477	1470725	5145540	3140945	2004596	37.2
淮北市	Huaibei	100620	88670	11950	179189	161872	17317	78.1
亳州市	Bozhou	105771	91793	13978	64701	48176	16525	-38.8
宿州市	Suzhou	134203	127880	6322	166728	151814	14914	24.2
蚌埠市	Bengbu	188538	88305	100233	272360	130632	141727	44.5
阜阳市	Fuyang	166625	135983	30642	214028	172189	41839	28.4
淮南市	Huainan	76205	71556	4649	100933	94080	6853	32.4
滁州市	Chuzhou	386545	291865	94680	601461	497448	104013	55.6
六安市	Luan	104237	94482	9755	152207	139202	13005	46.0
马鞍山市	Maanshan	589694	248795	340900	726031	308866	417165	23.1
芜湖市	Wuhu	844159	486465	357695	1152008	757754	394254	36.5
宣城市	Xuancheng	193983	179644	14339	282843	260578	22265	45.8
铜陵市	Tongling	805975	95447	710527	1082101	107742	974358	32.6
池州市	Chizhou	105620	23417	82203	143916	34366	109551	34.8
安庆市	Anqing	187568	148201	39367	250545	184819	65726	33.6
黄山市	Huangshan	119485	105888	13596	166196	146993	19203	39.1

17—15 各市外商直接投资

Foreign Direct Investment by Region

地　区	Region	项目（个）Number of Projects (unit) 2020	2021	同比增长% Increased by	合同外资额（万美元）Contract Value (USD 10000) 2020	2021	实际利用外资额（万美元）Used Value (USD 10000) 2020	2021	同比增长% Increased by
总　计	**Total**	**393**	**475**	**20.9**	**517192**	**688168**	**1830542**	**1929728**	**5.4**
合肥市	Hefei	167	175	4.8	167155	394769	359500	374800	4.3
淮北市	Huaibei	5	6	20.0	3499	10187	31659	34825	10.0
亳州市	Bozhou	3	7	133.3	100153	7530	43446	51495	18.5
宿州市	Suzhou	11	12	9.1	6779	3259	107024	107710	0.6
蚌埠市	Bengbu	12	26	116.7	14502	44411	120499	124031	2.9
阜阳市	Fuyang	13	10	-23.1	5697	7114	49494	46304	-6.4
淮南市	Huainan	5	10	100.0	5631	4553	36591	40179	9.8
滁州市	Chuzhou	28	27	-3.6	47254	41234	159666	170906	7.0
六安市	Luan	17	24	41.2	27403	18795	61069	67883	11.2
马鞍山市	Maanshan	33	32	-3.0	20518	27291	281478	293661	4.3
芜湖市	Wuhu	29	48	65.5	86367	37329	303680	319657	5.3
宣城市	Xuancheng	23	20	-13.0	10482	45913	128842	138615	7.6
铜陵市	Tongling	11	9	-18.2	8695	2711	43406	45993	6.0
池州市	Chizhou	10	14	40.0	6182	9708	45558	49341	8.3
安庆市	Anqing	17	23	35.3	2607	17288	34421	38021	10.5
黄山市	Huangshan	9	32	255.6	4268	16077	24209	26307	8.7

17—16 各市外国和港澳台地区直接投资（2021年）
Direct Investment of Foreign Countries, Hong Kong, Macao and Taiwan by Sector by Region (2021)

地区	Region	新签协议 Newly Signed Agreement 合同数（个）Number of Contracts (unit)	新签协议 Newly Signed Agreement 投资额（万美元）Investment (USD 10000)	实际投资合计（万美元）Total Actual Investment (USD 10000)	期末实有企业数（个）Number of Enterprises at the End of the Period (unit)	#本期新增企业 Newly Increased In this Period
总 计	**Total**	**475**	**688168**	**1929728**	**8490**	**801**
合肥市	Hefei	175	394769	374800	3058	328
淮北市	Huaibei	6	10187	34825	155	10
亳州市	Bozhou	7	7530	51495	164	16
宿州市	Suzhou	12	3259	107710	386	30
蚌埠市	Bengbu	26	44411	124031	441	35
阜阳市	Fuyang	10	7114	46304	301	22
淮南市	Huainan	10	4553	40179	282	17
滁州市	Chuzhou	27	41234	170906	573	52
六安市	Luan	24	18795	67883	312	48
马鞍山市	Maanshan	32	27291	293661	524	43
芜湖市	Wuhu	48	37329	319657	803	68
宣城市	Xuancheng	20	45913	138615	384	27
铜陵市	Tongling	9	2711	45993	207	11
池州市	Chizhou	14	9708	49341	239	19
安庆市	Anqing	23	17288	38021	371	38
黄山市	Huangshan	32	16077	26307	290	37

主要统计指标解释

进出口总额

指实际进出我国国境的货物总金额。包括对外贸易实际进出口货物，来料加工装配进出口货物，国家间、联合国及国际组织无偿援助物资和赠送品，华侨、港澳台同胞和外籍华人捐赠品，租赁期满归承租人所有的租赁货物，进料加工进出口货物，边境地方贸易及边境地区小额贸易进出口货物（边民互市贸易除外），中外合资企业、中外合作经营企业、外商独资经营企业进出口货物和公用物品，到、离岸价格在规定限额以上的进出口货样和广告品（无商业价值、无使用价值和免费提供出口的除外），从保税仓库提取在中国境内销售的进口货物，以及其他进出口货物。进出口总额用以观察一个国家在对外贸易方面的总规模。我国规定出口货物按离岸价格统计，进口货物按到岸价格统计。

商品经营单位所在地进、出口额

指所在地海关注册登记的有进出口经营权的企业实际进、出口额。

商品目的地进口额和商品货源地出口额

目的地进口额是指进口货物的消费、使用或最终抵运地的实际进口额；货源地出口额是指出口货物的产地或原始发货地的实际出口额。

利用外资

指我国各级政府、部门、企业和其他经济组织通过对外借款、吸收外商直接投资以及用其他方式筹措的境外现汇、设备、技术等。

对外借款

是我国利用外资的重要部分。指通过对外正式签订借款协议，从境外筹措的资金，包括外国政府贷款、国际金融组织贷款、外国银行商业贷款、出口信贷以及对外发行债券等。1996 年及以前还包括对外发行股票。

外商直接投资

指外国企业和经济组织或个人（包括华侨、港澳台胞以及我国在境外注册的企业）按我国有关政策、法规，用现汇、实物、技术等在我国境内开办外商独资企业、与我国境内的企业或经济组织共同举办中外合资经营企业、合作经营企业或合作开发资源的投资（包括外商投资收益的再投资），以及经政府有关部门批准的项目投资总额内企业从境外借入的资金。

对外承包工程

指各对外承包公司以招标议标承包方式承揽的下列业务：⑴承包国外工程建设项目，⑵承包我国对外经援项目，⑶承包我国驻外机构的工程建设项目，⑷承包我国境内利用外资进行建设的工程项目，⑸与外国承包公司合营或联合承包工程项目时我国公司分包部分，⑹对外承包兼营的房屋开发业务。对外承包工程的营业额是以货币表现的本期内完成的对外承包工程的工作量，包括以前年度签订的合同和本年度新签订的合同在报告期内完成的工作量。

对外劳务合作

指以收取工资的形式向业主或承包商提供技术和劳动服务的活动。我国对外承包公司在境外开办的合营企业，中国公司同时又提供劳务的，其劳务部分也纳入劳务合作统计。劳务合作营业额按报告期内向雇主提交的结算数（包括工资、加班费和奖金等）统计。

Explanatory Notes for Major Statistical Indicators

Total Imports and Exports at Customs

refer to the value of commodities imported into and exported from the boundary of China. They include the actual imports and exports through foreign trade, imported and exported goods under the processing and assembling trades and materials, supplies and gifts as aid given gratis between governments and by the United Nations and other international organizations, and contributions donated by overseas Chinese, compatriots in Hong Kong and Macao and Chinese with foreign citizenship, leasing commodities owned by tenant at the expiration of leasing period, the imported and exported commodities processed with imported materials, commodities trading in border areas (excluding mutual exchange goods), the imported and exported commodities and articles for public use of the Sino-foreign joint ventures, cooperative enterprises and ventures exclusively with foreign own investment. Also included are import or export of samples and advertising goods for whose CIF or FOB value are beyond the permitted ceiling (excluding goods of no trading or use value and free commodities for export), imported goods sold in China from bonded warehouses and other imported or exported goods. The indicator of the total imports and exports at customs can be used to observe the total size of external trade in a country. In accordance with the stipulation of the Chinese government, imports are calculated at CIF, while exports are calculated at FOB.

Import Export Value by Location of China's Foreign Trade Managing Units

refers to actual value of imports and exports carried out by corporations which have been registered by the local customhouse and are vested with right to run import export business.

Import Value of Commodities by the Places of their Destination and Export Value of Commodities by the Places of their Origin in China

The former indicator refers to the value of import commodities of the places of their consumption, utilization or the places of their final destination. The latter indicator refers to the value of export commodities of the places of their origin or the places of the commodities dispatched.

Utilization of Foreign Capital

refers to remittance, equipment and technology financed from abroad, by loans, foreign direct investment and other forms undertaken by the Chinese governments at all levels, by various departments, enterprises and other economic units.

Foreign Borrowings

an important part of China's utilization of foreign capital, it refer to funds borrowed from abroad through formal signing of borrowing agreements with foreign institutions, including loans of foreign governments, loans of international financial institutions, commercial loans of foreign banks, export credit, and funds raised by Chinese bonds (and shares before 1996) issued abroad.

Direct Investment by Foreign Entrepreneurs

refers to the investments inside China by foreign enterprises and economic organizations or individuals (including overseas Chinese, compatriots from Hong Kong and Macao, and Chinese enterprises registered abroad), following the relevant policies and laws of China, for the establishment of ventures exclusively with foreign own investment, Sino-foreign joint ventures and cooperative enterprises or for co-operative exploration of resources with enterprises or economic organizations in China. It includes the re investment of the foreign entrepreneurs with the profits gained from the investment and the funds that enterprises borrow from abroad in the total investment of projects which are approved by the relevant department of the government.

Contracted Projects with Foreign Countries

refer to projects undertaken by Chinese contractors (project contracting companies) through bidding process. They include: (1)overseas civil engineering construction projects financed by foreign investors; (2)overseas projects financed by the Chinese government through its foreign aid programs; (3)construction projects of Chinese diplomatic missions, trade offices and other institutions stationed abroad; (4)construction projects in China financed by foreign investment; (5)sub-contracted projects to be taken by Chinese contractors through a joint umbrella project with foreign contractor(s); (6)housing development projects. The business income from international contracted projects is the work volume of contracted projects completed during the reference period, expressed in monetary terms, including completed work on projects signed in previous years.

Service Cooperation with Foreign Countries

refers to the activities of providing technology and labour services to employers or contractors in the forms of receiving salaries and wages. Labour services providing by contractual joint ventures of Chine statistics of service co operation with foreign countries. The business income of labour service co operation is the income in the form of wages and salaries, overtime pay, bonuses and other remuneration received from the employers during the reference period.

第十八篇

Chapter 18

旅游

TOURISM

简要说明

一、旅游业发展情况。入境国际旅游(外国人、华侨、港澳同胞和台湾同胞)人数、不同经济类型的涉外饭店数量及规模情况的资料来源于省文化和旅游厅。

二、全省及各市国内旅游资料，是省文化和旅游厅根据文化和旅游部的抽样调查方案和工作要求，组织调查取得。

Brief Introduction

I. Development of tourism. The data on the number of inbound international tourists (foreigners, overseas Chinese, compatriots from Hong Kong, Macao and Taiwan) and the number and scale of foreign-related hotels of different economic types come from the provincial Department of Culture and Tourism.

II. Domestic tourism data of the province and municipalities are obtained by the provincial Department of Culture and Tourism according to the sampling survey plan and work requirements of the Ministry of Culture and Tourism.

18—1 旅游事业发展
Development of Tourism

指　　标	Item	2005	2010	2015	2020	2021
入境旅游人数　（人次）	Total Number of International Tourists Inbound (person-time)	632895	1984174	4446289	692652	115134
外 国 人	Foreigners	410580	1173988	2591842	440040	60905
港澳和台湾同胞	Compatriots from Hong Kong, Macao and Taiwan	222315	810186	1854447	252612	54229
国内旅游人数　（万人次）	Total Number of Domestic Tourists (10000 person-time)	4684	15349	44404	47046	58066
旅游收入	Income of Tourism					
国际旅游外汇收入(万美元)	Foreign Exchange Earnings (USD 10000)	18558.9	82025.2	226287.5	27465.8	4531.7
国内旅游收入　（亿元）	Earnings from Domestic Tourism (100 million yuan)	289.0	1094.8	3980.5	4221.5	5578.3
旅游部门基本情况	**Basic Statement of Tourism Departments**					
旅游星级宾馆　（个）	Tourist Hotels With Star Class (unit)	373	453	441	262	242
#五星级	Five Star Class	5	14	26	30	27
四星级	Four Star Class	38	88	128	110	106
三星级	Three Star Class	111	182	214	110	101
二星级	Two Star Class	202	166	72	12	8
旅游涉外或星级宾馆	Tourist Hotels Concerning Foreign Affairs or With Star Class					
客　房　（间）	Number of Rooms (unit)	34759	44982	50546	39373	38740
床　位　（张）	Number of Beds (unit)	67782	81867	87708	65660	64149
客房出租率　（%）	Room Occupancy (%)	63.19	59.27	49.00	37.13	44.54
经营情况	Business Status					
营业收入　（亿元）	Business Income (100 million yuan)	51.75	50.38	50.89	32.04	35.64
利润总额　（万元）	Total Profits (10000 yuan)	16961.0	21964.0	-24339.9	-41619.1	-30144.7

18—2 各市旅行社数
Number of Travel Agencies by Region

单位：个（unit）

地 区	Region	2017	2018	2019	2020	2021
总 计	**Total**	**1106**	**1128**	**1193**	**1157**	**1185**
合肥市	Hefei	233	239	255	252	254
淮北市	Huaibei	28	28	34	31	32
亳州市	Bozhou	25	25	25	26	27
宿州市	Suzhou	35	33	40	39	41
蚌埠市	Bengbu	43	45	47	46	45
阜阳市	Fuyang	40	42	42	41	49
淮南市	Huainan	60	61	65	62	62
滁州市	Chuzhou	51	52	55	55	66
六安市	Luan	56	52	45	47	46
马鞍山市	Maanshan	52	56	66	66	67
芜湖市	Wuhu	71	64	69	73	77
宣城市	Xuancheng	65	69	76	76	71
铜陵市	Tongling	29	28	31	30	29
池州市	Chizhou	71	71	69	62	63
安庆市	Anqing	97	99	96	70	70
黄山市	Huangshan	150	164	178	181	186

18—3　主要年份旅游景点基本情况
Basic Information of Tourist Attractions in Main Years

年　份 Year	A级旅游景点数（家） Number of A-class Tourist Attractions (home)	5A级景点 5 a Grade Scenic Spot	4A级景点 4 a Grade Scenic Spot	红色旅游基地数（个） Number of Red Tourist Bases (unit)
2017	566	11	188	
2018	600	11	194	
2019	605	11	194	
2020	625	12	203	181
2021	657	12	208	

18—4　各市旅游景点基本情况（2021年）
Basic Information of Tourist Attractions by Region (2021)

地　区	Region	A级旅游景点数（家） Number of A-class Tourist Attractions (home)	5A级景点 5 a Grade Scenic Spot	4A级景点 4 a Grade Scenic Spot	红色旅游基地数（个） Number of Red Tourist Bases (unit)
总　计	**Total**	**657**	**12**	**208**	
合肥市	Hefei	62	1	27	
淮北市	Huaibei	18		3	
亳州市	Bozhou	42		9	
宿州市	Suzhou	24		7	
蚌埠市	Bengbu	34		5	
阜阳市	Fuyang	36	1	6	
淮南市	Huainan	37		8	
滁州市	Chuzhou	43		8	
六安市	Luan	51	2	24	
马鞍山市	Maanshan	34	1	8	
芜湖市	Wuhu	34	1	11	
宣城市	Xuancheng	61	1	23	
铜陵市	Tongling	22		9	
池州市	Chizhou	37	1	17	
安庆市	Anqing	70	1	21	
黄山市	Huangshan	52	3	22	

18—5 各市旅游星级饭店（宾馆）住宿设施情况（2021年）
Accommodation Facilities of Hotels Concerning Foreign Affairs by Region (2021)

地 区	Region	饭 店（宾馆）（个）Number of Hotels (unit)	五星级 Five Star Class	四星级 Four Star Class	三星级 Three Star Class	二星级 Two Star Class	客 房（间）Number of Rooms (unit)	床 位（张）Number of Beds (unit)
总 计	**Total**	**242**	**27**	**106**	**101**	**8**	**38740**	**64149**
合肥市	Hefei	41	10	16	13	2	7606	11769
淮北市	Huaibei	3	1		2		472	787
亳州市	Bozhou	10	1	4	5		1932	3151
宿州市	Suzhou	5	1	2	2		764	1125
蚌埠市	Bengbu	10	3	4	3		1554	2436
阜阳市	Fuyang	4	1	1	2		806	1309
淮南市	Huainan	24		7	13	4	2149	3390
滁州市	Chuzhou	7		3	3	1	999	1565
六安市	Luan	14	1	8	5		2394	4222
马鞍山市	Maanshan	8	2	5	1		1429	2324
芜湖市	Wuhu	20	1	9	10		3277	5344
宣城市	Xuancheng	11	2	6	3		1964	3320
铜陵市	Tongling	6		2	4		489	772
池州市	Chizhou	15		8	7		1975	3387
安庆市	Anqing	33		12	20	1	4845	8514
黄山市	Huangshan	31	4	19	8		6085	10734

注：本表星级宾馆（酒店）指2020年底止已得到国家旅游局或省旅游局批准的，不包括已报未批部分。
a) The star class of hotel in this table refer to be approved by the National Tourism Administration or Anhui Tourism Administration up to the Year-end of 2020 excluding those hed been reported but unapproved.

18—6　国际旅游外汇收入及构成
Foreign Exchange Earnings and It's Composition

指　标	Iten	2010		2015		2020		2021	
		数　额（万美元）Value (10000 USD)	比　重（%）Percentage (%)	数　额（万美元）Value (10000 USD)	比　重（%）Percentage (%)	数　额（万美元）Value (10000 USD)	比　重（%）Percentage (%)	数　额（万美元）Value (10000 USD)	比　重（%）Percentage (%)
总　计	**Total**	**82025.2**	**100.0**	**226287.5**	**100.0**	**27465.8**		**4531.7**	
长途交通	Long Distance Transportation	26986.3	32.9	87392.2	38.6				
#民　航	Air	12385.8	15.1	46818.9	20.7				
铁　路	Railway	8202.5	10.0	12129.0	5.4				
汽　车	Highway	6398.0	7.8	8983.6	4.0				
游　览	Visiting	3691.1	4.5	7693.8	3.4				
住　宿	Accommodation	8776.7	10.7	19868.0	8.8				
餐　饮	Cater	7874.4	9.6	13192.6	5.8				
商品销售	Commodity Sale	19111.9	23.3	43990.3	19.4				
娱　乐	Entertainment	4839.5	5.9	10431.9	4.6				
邮电通讯	Postal and Communication	1886.6	2.3	4367.4	1.9				
市内交通	Local Transportation	1558.5	1.9	4548.4	2.0				
其他服务	Other Service	7300.2	8.9	34803.0	15.4				

注：2020、2021年受新冠肺炎疫情影响，入境旅游锐减，未进行入境旅游抽样调查，故本年度数据暂缺。

a) In 2020 and 2021, due to the COVID-19 epidemic, inbound tourism decreased sharply, and no inbound tourism sampling survey was conducted, so the data of this year are temporarily missing.

18—7 接待外国人旅游人数（按国别分）
Number of Foreign Tourists by Country

单位：人次（person–time）

指 标	Item	2005	2010	2015	2020	2021
总 计	**Total**	**410580**	**1173988**	**2591842**	**440040**	**60905**
#日 本	Japan	47040	135277	173519	39294	10259
韩 国	Republic of Korea	188096	405538	841117	31864	6612
新加坡	Singapore	13392	43507	143828	20817	1960
美 国	United States	37124	101700	214812	66582	8410
英 国	United Kingdom	7639	49069	85577	20435	3194
法 国	France	13839	63837	84823	29987	2591
德 国	Federal Republic Of Germany	16012	52934	95489	21016	2560
俄罗斯	Russia	1636	23990	53880	5627	783

18—8 国内旅游情况人数结构（按年龄、身份和职业分）（2021年）
Number of Domestic Tourists by Age, Identity and Occupation (2021)

单位：万人次（10000 person-time）

指 标	Item	按身份分组 By Identity			按 职 业 分 组 By Occupation								
		人数合计 Total	城镇居民 Urban Residents	非城镇居民 Unurban Residents	公务员 Public Servicers	事业单位工作人员 Institution Staff	企业工作人员 Enterprise Staff	社会团体工作人员 Social Organizations Staff	个体户 Self-employed	农 民 Peasants	离退休人员 Retirees	学 生 Students	其 他 Other
合 计	**Total**	**58066.0**	**39951.5**	**18114.5**	**2004.7**	**9907.7**	**14849.2**	**6134.4**	**11667.3**	**1962.4**	**2066.0**	**8542.2**	**932.2**
55岁以上	55 and Over	4090.0	2667.4	1422.6	59.0	540.6	550.7	332.3	625.5	307.7	1624.6		49.7
45—54岁	45—54	8224.5	5441.0	2783.5	200.6	1450.1	2327.4	1069.3	2052.8	510.6	441.4		172.3
35—44岁	35—44	15065.6	10716.7	4348.9	622.4	2990.0	5278.1	1833.3	3671.4	471.3			199.1
25—34岁	25—34	17122.0	12402.1	4719.9	828.6	3782.4	4634.6	1864.1	4234.1	447.7		1064.6	266.0
24岁以下	24 and Under	13564.0	8724.4	4839.6	294.1	1144.6	2058.5	1035.5	1083.6	225.1		7477.6	245.2

18—9　国内旅游主要经济指标
Main Economic Indicators of Domestic Tourism

年　份 Year	人　数 (万人次) Total Number (10000 persons)	总收入 (亿元) Total Income (100 million yuan)	一日游 One-day Tour 人　数 (万人次) Total Number (10000 persons)	一日游 One-day Tour 收　入 (亿元) Income (100 million yuan)	过夜旅游 Overnight Tour 人　数 (万人次) Total Number (10000 persons)	过夜旅游 Overnight Tour 收　入 (亿元) Income (100 million yuan)
2005	4684.0	289.0	917.0	20.4	3767.0	268.6
2010	15349.0	1094.8	5332.0	212.7	10017.0	882.1
2013	33601.1	2903.2	11981.3	666.1	21619.8	2237.1
2014	37898.8	3309.7	14968.1	883.9	22930.7	2425.8
2015	44403.7	3980.5	19705.1	1244.9	24698.6	2735.6
2016	52241.2	4763.6	24472.0	1630.7	27769.2	3132.9
2017	62627.0	6002.4	31911.0	2306.3	30716.0	3696.1
2018	72147.2	7030.0	38727.2	2832.8	33420.0	4197.2
2019	81954.7	8291.5	45219.2	3401.2	36735.5	4890.3
2020	47046.5	4221.5	25136.8	1557.6	21909.7	2663.9
2021	58066.0	5578.3	32053.1	2174.9	26012.9	3403.4

18—10　各市国内旅游主要经济指标（2021年）
Main Economic Indicators of Domestic Tourism by Region (2021)

地　区	Region	总收入 (亿元) Total Income (100 million yuan)	一日游 One-day Tour 人　数 (万人次) Total Number (10000 persons)	一日游 One-day Tour 收　入 (亿元) Income (100 million yuan)	过夜旅游 Overnight Tour 人　数 (万人次) Total Number (10000 persons)	过夜旅游 Overnight Tour 收　入 (亿元) Income (100 million yuan)
总　计	**Total**	**5578.3**	**32053.1**	**2174.9**	**26012.9**	**3403.4**
合肥市	Hefei	1246.9	5312.3	470.3	4514.9	776.6
淮北市	Huaibei	80.0	655.0	30.2	577.6	49.8
亳州市	Bozhou	189.6	1279.6	68.7	1105.8	120.9
宿州市	Suzhou	159.7	1174.5	60.7	1044.9	98.9
蚌埠市	Bengbu	262.7	2204.4	114.3	1580.4	148.4
阜阳市	Fuyang	177.2	1327.2	68.0	1137.4	109.1
淮南市	Huainan	140.4	1186.6	58.8	935.0	81.6
滁州市	Chuzhou	206.5	1227.7	76.8	1113.2	129.7
六安市	Luan	262.9	1687.3	102.8	1434.5	160.1
马鞍山市	Maanshan	250.0	1870.6	106.6	1379.1	143.3
芜湖市	Wuhu	595.1	2822.3	239.4	2072.1	355.7
宣城市	Xuancheng	266.7	1659.9	105.9	1398.9	160.8
铜陵市	Tongling	138.9	996.5	58.6	774.5	80.3
池州市	Chizhou	524.0	2739.5	200.2	2167.6	323.8
安庆市	Anqing	510.8	2918.1	206.2	2235.6	304.6
黄山市	Huangshan	567.2	2991.7	207.4	2541.4	359.8

18—11 国内旅游人均花费（2021年）
Per Capita Costs of Domestic Tourism (2021)

单位：元（yuan）

指 标	Item	平均每人花费 Per Capita Expenditure	交通费 Local Transportation	住宿费 Accommod-ation	餐饮费 Cater	购物费 Commodity Sale	游览费 Tour Admission Fee
总花费	Total Expenditure	960.7	188.9	135.1	167.0	236.2	84.4
一日游	One-day Tour	678.5	149.8		140.0	197.0	68.2
过夜花费	Overnight Tour	1308.4	237.1	301.6	200.2	284.4	104.3
#宾馆饭店	Living in Hotel	1447.6	247.2	427.2	209.9	290.5	108.4
#住亲友家	Living in Relative's or Friend's Home	973.7	212.7		176.9	269.8	94.6

18—12 各市国内旅游人均花费（2021年）
Per Capita Costs of Domestic Tourism by Region (2021)

单位：元（yuan）

地 区	Region	平均每人花费 Per Capita Expenditure	交通费 Local Transportation	住宿费 Accommod-ation	餐饮费 Cater	购物费 Commodity Sale	平均逗留天数（天） Average Number of Days (day)
总 计	**Total**	**960.7**	**188.9**	**135.1**	**167.0**	**236.2**	**1.90**
合 肥 市	Hefei	1268.8	214.5	178.2	205.8	408.5	2.20
淮 北 市	Huaibei	649.3	136.6	91.6	118.4	175.2	1.77
亳 州 市	Bozhou	794.7	163.3	110.3	140.5	168.7	1.84
宿 州 市	Suzhou	719.4	184.8	107.3	125.0	117.3	1.85
蚌 埠 市	Bengbu	694.1	170.7	107.3	116.2	113.0	1.75
阜 阳 市	Fuyang	718.9	169.3	108.2	131.4	117.2	2.09
淮 南 市	Huainan	661.6	135.8	94.4	151.5	99.5	1.88
滁 州 市	Chuzhou	882.1	166.6	132.0	164.2	221.1	1.85
六 安 市	Luan	842.1	186.7	117.3	178.2	161.1	1.93
马鞍山市	Maanshan	769.2	168.5	104.2	159.2	146.3	1.74
芜 湖 市	Wuhu	1215.8	206.4	154.3	200.3	316.2	1.89
宣 城 市	Xuancheng	871.9	186.8	140.2	161.4	212.0	1.90
铜 陵 市	Tongling	784.3	160.5	112.3	160.3	173.7	1.70
安 庆 市	Anqing	991.1	186.5	115.0	164.3	248.5	1.87
池 州 市	Chizhou	1067.8	208.2	158.2	178.3	268.6	1.76
黄 山 市	Huangshan	1025.1	211.8	152.2	161.2	233.7	1.75

18—13　国家级黄山风景区旅游事业发展情况
Development of Tourism of Huang Shan Scenic at National Level

指　　标		Item		2005	2010	2015	2020	2021
接待人数	（人次）	Tourists Received	(person-time)	1709658	2518346	3182811	1511535	1674230
接待海外游客		Overseas Tourists		159980	256753	160002	6854	7614
国内游客		Domestic Tourists		1549678	2261593	3022809	1504681	1666616
营业收入	（万元）	Business Income	(10000 yuan)	75017	168945	252527	228900	180249
#游览设施		Touring Facilities		41505	78812	104293	43601	53301
住宿设施		Lodging Facilities		14517	19832	31575	13648	14650
娱乐设施		Entertainment Facilities		334	524	473	870	1106
餐饮设施		Catering Facilities		7427	14580	22545	9373	10557
商业设施		Commercial Facilities		500	785	709	1306	1658
外汇收入	（万美元）	Foreign Exchange Earnings	(USD 10000)	2080	5398	5354	234	263
涉外宾馆（酒店）住宿设施		Lodging Facilities of Tourist Hotels						
宾馆（酒店）	（个）	Number of Hotels	(unit)	14	14	10	10	10
#五星级		Five Star Class			2	3	3	3
四星级		Four Star Class		6	8	7	7	7
三星级		Three Star Class		4	1			
二星级		Two Star Class		2				
客　房	（间）	Number of Rooms	(unit)	1496	2728	2474	1979	2109
床　位	（张）	Number of Beds	(unit)	4562	5690	5235	3650	3804
客房出租率	（%）	Room Occupancy	(%)	62	51	51	32	29
旅游车辆	（辆）	Number of Touring Vehicles	(unit)	95	131	147	154	113
#大型车辆		Large-sized Vehicles		65	96	141	140	110
中型车辆		Middle-sized Vehicles		5	6	2	10	1
小型车辆		Small-sized Vehicles		25	29	4	4	2

18—14 国家级九华山风景区旅游事业发展情况
Development of Tourism of Jiu Hua Shan Scenic at National Level

指标		Item		2005	2010	2015	2020	2021
接待人数	（人次）	Tourists Received	(person-time)	648308	4001139	9712500	7916841	8236027
接待海外游客		Overseas Tourists		24695	150009	350011	5182	
国内游客		Domestic Tourists		623613	3851130	9362489	7911659	8236027
营业收入	（万元）	Business Income	(10000 yuan)	28962	390008	1080332	996052	1030817
#游览设施		Touring Facilities		11006	156003	432131	358628	371094
住宿设施		Lodging Facilities		7240	97502	270083	249013	257704
娱乐设施		Entertainment Facilities		579	7800	21509	9912	10205
餐饮设施		Catering Facilities		4345	58501	162049	258973	268012
商业设施		Commercial Facilities		5792	70201	194559	119526	123801
外汇收入	（万美元）	Foreign Exchange Earnings	(USD 10000)	307				
涉外宾馆（酒店）住宿设施		Lodging Facilities of Tourist Hotels						
宾馆（酒店）	（个）	Number of Hotels	(unit)	8	9	10		
#五星级		Five Star Class						
四星级		Four Star Class		1	2	3		
三星级		Three Star Class		4	7	7		
二星级		Two Star Class		3				
客房	（间）	Number of Rooms	(unit)	646	831	1064		
床位	（张）	Number of Beds	(unit)	1266	1551	2014		
客房出租率	(%)	Room Occupancy	(%)	58	65	62		
旅游车辆	（辆）	Number of Touring Vehicles	(unit)	64	112	139	145	141
#大型车辆		Large-sized Vehicles		32	61	59	124	91
中型车辆		Middle-sized Vehicles		22	17	76	13	46
小型车辆		Small-sized Vehicles		10	34	4	8	4

主要统计指标解释

旅游人数

(1)入境旅游人数：指报告期内来我国观光、度假、探亲访友、就医疗养、购物、参加会议或从事经济、文化、体育、宗教活动的外国人、港澳台同胞等入境游客。统计时，外国人、港澳台同胞每入境一次统计 1 人次。

(2)出境人数：指中国（大陆）居民因公或因私出境前往其他国家、中国香港特别行政区、澳门特别行政区和台湾省观光、度假、探亲访友、就医疗养、购物、参加会议或从事经济、文化、体育、宗教活动的人数，即出境游客。统计时，按每出境一次统计 1 人次。

(3)国内旅游人数：指在报告期内在中国（大陆）观光游览、度假、探亲访友、就医疗养、购物、参加会议或从事经济、文化、体育、宗教活动的中国（大陆）居民人数，其出游的目的不是通过所从事的活动谋取报酬。统计时，国内游客按每出游一次统计 1 人次。

国际旅游(外汇)收入

指入境游客在中国（大陆）境内旅行、游览过程中用于交通、参观游览、住宿、餐饮、购物、娱乐等全部花费。

国内旅游收入

又称旅游总花费。指国内游客在国内旅行、游览过程中用于交通、参观游览、住宿、餐饮、购物、娱乐等全部花费。

国际旅行社

指经营业务范围包括入境旅游业务、出境旅游业务和国内旅游业务的旅行社。

国内旅行社

指经营范围仅限于国内旅游业务的旅行社。

星级饭店

指设备、设施、服务符合《旅游饭店星级的划分与评定》（GB/T14308-2010），通过相关旅游管理部门评定，并取得星级饭店称号的饭店（含预备星级饭店）。

Explanatory Notes for Major Statistical Indicators

Number of Tourists

(1) Visitor arrivals refer to the number of foreigners, Chinese compatriots from Hong Kong, Macao and Taiwan Chinese (mainland) who come to China (mainland) for sight-seeing, vacation, visiting relatives, medical treatment, shopping, attending conference, or to engage in economic, cultural, sports and religious activities. In compiling statistics, each time of entering China is counted as one person-time.

(2) Number of Chinese residents going abroad refer to the number of Chinese (mainland) residents going to other countries, Hong Kong Special Administrative region, Macao Special Administrative region and Taiwan for on official or private purposes, for sight-seeing, vacation, visiting relatives, medical treatment, shopping, attending conference, or to engage in economic, cultural, sports and religious activities. In compiling statistics, each time of leaving is counted as one person-time.

(3) Number of domestic tourists refers to the number of Chinese (mainland) residents who travel within China (mainland) for sight-seeing, vacation, visiting relatives, medical treatment, shopping, attending conference, or to engage in economic, cultural, sports and religious activities. In compiling statistics, each time of travelling is counted as one person-time.

Foreign Exchange Earnings from International Tourism

refer to the total expenditure of foreigners, overseas Chinese, Chinese compatriots from Hong Kong, Macao and Taiwan during their stay in the mainland of China on transportation, sighting, accommodation, food, shopping and entertainment.

Income from Domestic Tourism

refer to expenditure of domestic tourists on transportation, sighting, accommodation, food, shopping and entertainment while they travel.

International Travel Agencies

refer to travel agencies engaged in tourism entering China, Chinese residents going abroad and domestic tourism.

Domestic Travel Agencies

refer to travel agencies only engaged in domestic tourism.

Star-rated Hotels

refer to hotels rated with stars as assessed by the relevant tourism authorities according to GB/T14308-2010 standard with reference to their infrastructure, facilities and service levels.

第 十九 篇

Chapter 19

教育和科技

EDUCATION AND SCIENCE

简要说明

一、教育统计资料包括公办教育和民办教育、学历教育和非学历教育。具体有高等教育（研究生教育、普通高等教育和成人高等教育）中等教育（高中阶段教育和初中阶段教育）、初等教育（小学）、学前教育、特殊教育（盲聋哑和弱智儿童学校等）以及教育经费等资料。主要指标包括学校数、在校学生数、招生数、毕业生数、教职工数和专任教师数、教育经费等。

教育事业统计资料由省教育厅提供；技工学校的资料由省人力资源和社会保障厅提供。

二、科技统计资料主要内容包括：全社会以及工业企业、政府部门属研究机构、高校的研究与试验发展（R&D）活动情况；国内外专利申请和授权情况；技术市场交易情况；开发区高新技术企业主要经济指标；科协系统科技活动情况；质量监督检验检疫等综合技术服务部门业务活动情况等。

资料来源：全省综合资料、企业及有关行业企事业单位的研究与试验发展（R&D）活动情况由省统计局文化产业处提供；政府部门属研究机构的研究与试验发展（R&D）活动情况、技术市场成交情况由省科技厅提供；科协系统科技活动资料由省科协提供；产品质量监督抽查、专利等资料，由省市场监管局提供。

Brief Introduction

I. Data on education cover the situations on education funded by government and non-government agencies, and the education with and without academic credentials including higher education (education of postgraduates, general higher education and adult education), secondary education (senior and junior high schools), elementary education (primary schools), preschool education, special education (schools for the blind, deaf-mutes and mentally retarded) and their expenditure. The main indicators include the number of schools, the number of students enrolled, the number of new students enrolled, the number of graduates, the number of staff and workers, the number of full-time teachers, sources and outlay of education funding, and education expenditure from the State budget.

The provincial Ministry of Education provides statistical data on education undertakings and education funding. Data on technical training schools are provided by provincial Ministry of Human Resources and Social Security.

II. The whole society as well as industrial enterprises, research institutions subordinated to government departments, colleges and universities of research and development (R&D) activities; Domestic and foreign patent application and authorization; Technology market; Development zone high-tech enterprises the main economic indicators; Association for science and technology system of science and technology activity; General administration of quality supervision, inspection and quarantine and other integrated technology services business activity, etc

Sources of data: Comprehensive data and research and development (R&D) activities of enterprises and institutions in related industries shall be provided by the Cultural Industry Division of the Provincial Bureau of Statistics. Research and experimental development (R&D) activities and technology market transactions of research institutions belonging to government departments shall be provided by the Provincial Science and Technology Department; S&t activity information of s&T system shall be provided by provincial s&T associations; Product quality supervision and spot check, patent and other materials, provided by the provincial market supervision bureau.

19—1 教育事业基本情况
Basic Statistics on Education

指 标	Item	2005	2010	2015	2020	2021
学校数 （所）	**Number of Schools (unit)**					
普通高等学校	Regular Institutions of Higher Education	81	100	108	115	121
中等职业学校	Secondary Vocational School	585	453	360	277	271
普通中等专业学校	General Secondary Vocational School	98	108	123	236	
中等技术学校	Secondary Technical School	79	95	109	225	
中等师范学校	Secondary Normal School	19	13	14	11	
职业中学	Vocational School	487	345	237	41	
普通中学	Ordinary High School	3948	3738	3524	3507	3504
高 中	High School	760	743	666	661	679
初 中	Junior High School	3188	2995	2858	2846	2825
小 学	Primary Schools	20142	13997	9119	7464	6964
幼儿园	Kindergartens	2715	4018	6988	10876	11478
特殊教育	Special Schools	67	62	68	77	77
专任教师 （万人）	**Number of Full-time Teachers (10000 persons)**					
普通高等学校	Regular Institutions of Higher Education	3.24	4.93	5.81	6.56	7.02
中等职业学校	Secondary Vocational School	2.34	2.17	2.72	2.76	3.12
普通中等专业学校	General Secondary Vocational School	0.61	0.77	1.11	2.59	
职业中学	Vocational School	1.73	1.40	1.61	0.17	
普通中学	Ordinary High School	19.70	23.01	22.72	24.76	25.65
高 中	High School	5.11	6.69	7.63	8.21	8.63
初 中	Junior High School	14.59	16.32	15.09	16.55	17.02
小 学	Primary Schools	25.95	24.57	23.83	26.04	26.90
幼儿园	Kindergartens	1.65	2.96	6.66	11.21	13.05
特殊教育	Special Schools	0.10	0.12	0.14	0.20	0.22
招生数 （万人）	**New Student Enrollment (10000 persons)**					
普通高等学校	Regular Institutions of Higher Education	19.87	29.69	35.00	46.29	47.31
中等职业学校	Secondary Vocational School	29.88	28.63	19.44	21.12	29.84
普通中等专业学校	General Secondary Vocational School	7.85	10.44	9.45	18.78	
职业中学	Vocational School	22.03	18.19	9.99	2.34	
普通中学	Ordinary High School	155.43	129.74	100.77	114.03	115.26
高 中	High School	43.46	42.41	36.33	39.08	39.10
初 中	Junior High School	111.97	87.33	64.44	74.95	76.16
小 学	Primary Schools	81.52	81.90	74.55	78.14	76.67
幼儿园	Kindergartens	50.02	66.60	97.48	85.41	68.81
特殊教育	Special Schools	0.24	0.22	0.51	0.60	0.65
在校学生 （万人）	**Student Enrollment (10000 persons)**					
普通高等学校	Regular Institutions of Higher Education	58.91	93.90	113.07	136.85	150.50
中等职业学校	Secondary Vocational School	73.33	77.61	58.43	56.36	75.21
普通中等专业学校	General Secondary Vocational School	18.55	28.93	27.53	50.04	
职业中学	Vocational School	54.78	48.68	30.90	6.32	
普通中学	Ordinary High School	460.86	406.58	303.63	337.31	346.21
高 中	High School	116.90	127.60	113.55	113.36	116.34
初 中	Junior High School	343.96	278.99	190.08	223.96	229.87
小 学	Primary Schools	584.11	460.44	422.50	468.24	468.73
幼儿园	Kindergartens	72.38	100.82	185.65	216.81	214.06
特殊教育	Special Schools	1.80	1.40	1.93	4.07	4.16
毕业生数 （万人）	**Graduates (10000 persons)**					
普通高等学校	Regular Institutions of Higher Education	11.70	23.22	29.25	32.68	32.70
中等职业学校	Secondary Vocational School	18.29	27.37	22.03	16.47	26.31
普通中等专业学校	General Secondary Vocational School	3.78	9.61	8.49	12.90	
职业中学	Vocational School	14.51	17.76	13.54	3.57	
普通中学	Ordinary High School	142.61	136.57	107.39	105.88	106.09
高 中	High School	30.10	44.38	43.30	35.13	35.99
初 中	Junior High School	112.52	92.19	64.09	70.75	70.10
小 学	Primary Schools	116.25	87.41	64.32	74.01	75.72
幼儿园	Kindergartens	40.24	38.89	70.40	80.34	77.83
特殊教育	Special Schools	0.20	0.16	0.13	0.37	0.56

注：2005—2020年，中等职业学校数据仅含普通中专和职业高中；自2021年起，中等职业学校数据包括普通中专、职业高中、成人中专学校以及其他中职机构（不计校数）和附设中职班（不计校数）；各类附设班专任教师数分别计入相应层次教师总数。

a) From 2005 to 2020, the data of secondary vocational schools only include ordinary technical secondary schools and vocational high schools; From 2021, data of secondary vocational schools include regular secondary vocational schools, vocational high schools, adult secondary vocational schools and other secondary vocational institutions (excluding the number of schools) and secondary vocational classes (excluding the number of schools); The number of full-time teachers of each supplementary class shall be counted into the total number of teachers at the corresponding level.

19—2 研究生数
Number of Postgraduates

单位：人（person）

年　份 Year	研究生数 Number of Postgraduates					
	在学人数 Student Enrollment	硕士 Master	招生数 New Student Enrollment	硕士 Master	毕业生数 Graduates	硕士 Master
2005	21505	17865	8198	7000	4148	3300
2010	38991	34669	14047	12728	9302	8224
2015	50410	44517	17946	16158	15409	14115
2016	51738	45293	18523	16580	15994	14665
2017	57761	49842	22255	20013	16577	15209
2018	63464	54597	23870	21276	17705	16103
2019	70317	60348	25699	22737	18065	16456
2020	83896	72275	33955	30671	18348	16875
2021	98600	85114	36847	33154	20530	18521

19—3 普通高等学校本科分科学生数
Number of Students of the Ordinary College Undergraduate Course Branch

单位：人（person）

项　目	Item	2020			2021		
		毕业生数 Graduates	招生数 New Student Enrollment	在校学生数 Student Enrollment	毕业生数 Graduates	招生数 New Student Enrollment	在校学生数 Student Enrollment
合　计	**Total**	**166654**	**199523**	**710031**	**167216**	**206594**	**745625**
哲　学	Philosophy	40	91	228	113	213	742
经济学	Economics	11121	12164	46951	11617	11619	46835
法　学	Law	3577	4457	16375	3813	4734	17196
教育学	Education	5975	8055	25456	6264	8260	27200
文　学	Literature	14702	19385	66511	15335	20387	72548
历史学	History	391	772	2275	440	922	2779
理　学	Science	11973	14190	52760	12161	14933	55863
工　学	Engineering	61602	72775	263527	61078	75702	275633
农　学	Agriculture	3067	3474	11703	2883	3356	11594
医　学	Medicine	11974	14997	58184	12207	15394	61526
管理学	Management	30395	35267	116475	29852	37168	122070
艺术学	Art	11837	13896	49586	11453	13906	51639

注：2013年起，根据教育部统一部署，使用新颁布的《高等学校本科专业目录》，新增了艺术学学科。

a) Since 2013, according to the unified deployment of the ministry of education, the use of new catalogue of the institutions of higher learning undergraduate, new art discipline.

19—4 普通高职高专（专科）分科学生数
Number of Students in Ordinary Vocational Colleges by Subject

单位：人（person）

项 目	Item	2020 毕业生数 Graduates	2020 招生数 New Student Enrollment	2020 在校学生数 Student Enrollment	2021 毕业生数 Graduates	2021 招生数 New Student Enrollment	2021 在校学生数 Student Enrollment
合 计	**Total**	**160186**	**263401**	**658434**	**159788**	**266486**	**759366**
农林牧渔大类	Farm, Forest, Animal and Fishery Category	1252	4825	10581	1229	4026	13197
资源环境与安全大类	Resource Environment and Security Category	823	2615	5437	572	2122	6543
能源动力与材料大类	Energy Dynamics and Materials	1071	1568	4017	1043	1696	4833
土木建筑大类	Civil Architecture	11387	20959	51419	10226	23942	66069
水利大类	Water Conservancy Category	730	1815	4090	1013	1024	4036
装备制造大类	Equipment Manufacturing Category	18093	25313	63229	13833	24080	63325
生物与化工大类	Biology and Chemical Industry	730	1787	3087	487	1169	3738
轻工纺织大类	Light Industrial Textile Category	630	980	2931	539	937	2968
食品药品与粮食大类	Food and Medicine and Food	2486	2817	8210	2525	3038	8505
交通运输大类	Major Transportation Sectors	5914	11766	29206	9793	15746	42880
电子信息大类	Electronic Information Category	21915	32783	86266	22177	36987	100882
医药卫生大类	Medical and Health Category	25423	43317	101200	25353	45968	132583
财经商贸大类	Finance and Trade	38984	51787	142104	34313	49778	155902
旅游大类	Tourism Category	4995	6484	18670	4904	6188	18848
文化艺术大类	Cultural and Artistic Categories	4848	9678	23525	5696	11698	29460
新闻传播大类	News Communication	1707	2238	6384	2074	2648	7674
教育与体育大类	Education and Sports	15171	30449	69738	19492	29057	76651
公安与司法大类	Public Security and Judicial Categories	2511	2791	8343	2714	2809	8318
公共管理与服务大类	Public Administration and Services	1516	9429	19997	1805	3573	12954

19—5 普通本科高等学校分科专任教师数（2021年）
Number of Full-time Teachers in Regular Undergraduate Institutions of Higher Learning by Subject （2021）

单位：人（person）

项 目	Item	合 计 Total	正高级 With Chief Senior Title	副高级 With Deputy Senior Title	中 级 With Middle-rank Title	初 级 With Junior Title	未定职级 Undetermined rank
合 计	**Total**	**43800**	**6241**	**13155**	**16538**	**4560**	**3306**
哲 学	Philosophy	1477	145	378	610	225	119
经济学	Economics	2072	276	546	799	277	174
法 学	Law	2208	230	573	808	280	317
教育学	Education	3176	269	952	1267	419	269
文 学	Literature	5150	370	1265	2654	578	283
历史学	History	562	96	175	194	46	51
理 学	Science	6454	1510	2197	1842	450	455
工 学	Engineering	12034	1928	3785	4410	1095	816
农 学	Agriculture	866	203	264	256	78	65
医 学	Medicine	3279	617	1240	1071	158	193
管理学	Management	3761	432	1093	1439	483	314
艺术学	Art	2761	165	687	1188	471	250

19—6 普通高职高专（专科）专任教师数（2021年）

Number of Full-time Teachers in Ordinary Vocational Colleges (2021)

单位：人（person）

项 目	Item	合 计 Total	正高级 With Chief Senior Title	副高级 With Deputy Senior Title	中 级 With Middle-rank Title	初 级 With Junior Title	未定职级 Undetermined rank
总 计	**Total**	**26385**	**1084**	**6171**	**9728**	**5458**	**3944**
#实习指导课	Practice Instruction Course	2184	102	574	887	344	277
农林牧渔大类	Agriculture, Forestry, Husbandry and Fishery	344	31	105	121	52	35
资源环境与安全大类	Resource Environment and Security Categories	308	13	84	112	88	11
能源动力与材料大类	Energy, Power and Materials	323	15	95	99	46	68
土木建筑大类	Civil Construction Category	1266	54	244	525	293	150
水利大类	Water Conservancy Categories	158	11	40	56	37	14
装备制造大类	Equipment Manufacturing Category	1974	104	512	661	401	296
生物与化工大类	Biology and Chemical Industry	375	31	103	137	67	37
轻工纺织大类	Light Industry Textile Category	140	9	41	64	21	5
食品药品与粮食大类	Food, Medicine and Grain Categories	305	24	70	108	52	51
交通运输大类	ransportation Category	429	14	95	141	83	96
电子与信息大类	Electronics and Information Categories	3133	143	742	1143	583	522
医药卫生大类	Medical and Health Category	3271	151	862	1346	634	278
财经商贸大类	Financial and Commercial Categories	3752	143	798	1285	846	680
旅游大类	Tourism Categories	570	22	125	222	146	55
文化艺术大类	Culture and Art Category	2625	59	532	941	606	487
新闻传播大类	News Communication Category	331	10	65	122	79	55
教育与体育大类	Education and Physical Education	5131	174	1264	1888	1003	802
公安与司法大类	Public Security and Judicial Categories	474	33	121	183	77	60
公共管理与服务大类	Public Administration and Service Categories	1476	43	273	574	344	242

注：从2021年起，教育部对职业学校学科进行了新的分类（下同）。

a) Starting from 2021, the Ministry of Education has made a new classification of vocational school subjects (The same below).

19—7 中等职业学校分科学生数（2021年）

Number of Students in Secondary Vocational Schools by Subject (2021)

单位：人（person）

项　目	Item	毕业生数 Graduates	招 生 数 New Student Enrollment	在校学生数 Student Enrollment
合　计	**Total**	**263064**	**298376**	**752140**
农林牧渔大类	Agriculture, Forestry, Husbandry and Fishery	23680	18905	56131
资源环境与安全大类	Resource Environment and Security Categories	5808	4135	5050
能源动力与材料大类	Energy, Power and Materials	728	395	736
土木建筑大类	Civil Construction Category	5277	10402	19481
水利大类	Water Conservancy Categories	32	704	883
装备制造大类	Equipment Manufacturing Category	31209	36229	88011
生物与化工大类	Biology and Chemical Industry	376	728	1692
轻工纺织大类	Light Industry Textile Category	5022	4147	10445
食品药品与粮食大类	Food, Medicine and Grain Categories	717	1207	2475
交通运输大类	ransportation Category	24445	22390	62013
电子与信息大类	Electronics and Information Categories	60009	68516	163282
医药卫生大类	Medical and Health Category	15386	20229	49244
财经商贸大类	Financial and Commercial Categories	26942	29660	77666
旅游大类	Tourism Categories	11191	13904	37541
文化艺术大类	Culture and Art Category	23568	31724	84079
新闻传播大类	News Communication Category	2475	3078	8197
教育与体育大类	Education and Physical Education	21829	25814	70974
公安与司法大类	Public Security and Judicial Categories	53	37	44
公共管理与服务大类	Public Administration and Service Categories	4317	6172	14196

注：中等职业学校包括原普通中专、成人中专和职业高中学校。从2021年起，教育部对职业学校学科进行了新的分类。

a) Secondary vocational schools include former ordinary technical secondary schools, adult technical secondary schools and vocational high schools. Starting from 2021, the Ministry of Education has made a new classification of vocational school subjects.

19—8 中等职业学校分科专任教师数（2021年）

Number of Full-time Teachers in Secondary Vocational Schools by Subject (2021)

单位：人（person）

项 目	Item	合 计 Total	正高级 With Chief Senior Title	副高级 With Deputy Senior Title	中 级 With Middle-rank Title	初 级 With Junior Title	未定职级 Undetermined rank
总 计	**Total**	**31196**	**112**	**8438**	**9924**	**6719**	**6003**
#实习指导课	Practice Instruction Course	2672	9	552	875	549	687
农林牧渔大类	Agriculture, Forestry, Husbandry and Fishery	1654	9	490	516	332	307
资源环境与安全大类	Resource Environment and Security Categories	257		66	102	67	22
能源动力与材料大类	Energy, Power and Materials	213		60	56	46	51
土木建筑大类	Civil Construction Category	589	2	180	190	129	88
水利大类	Water Conservancy Categories	45		10	13	14	8
装备制造大类	Equipment Manufacturing Category	2747	13	808	917	624	385
生物与化工大类	Biology and Chemical Industry	205	2	89	61	36	17
轻工纺织大类	Light Industry Textile Category	227	1	52	68	63	43
食品药品与粮食大类	Food, Medicine and Grain Categories	124		26	33	60	5
交通运输大类	ransportation Category	1428	6	254	400	371	397
电子与信息大类	Electronics and Information Categories	3836	10	900	1223	773	930
医药卫生大类	Medical and Health Category	1411	12	373	460	354	212
财经商贸大类	Financial and Commercial Categories	2360	15	568	743	542	492
旅游大类	Tourism Categories	1316	3	320	379	327	287
文化艺术大类	Culture and Art Category	3807	14	863	1081	791	1058
新闻传播大类	News Communication Category	177		27	61	46	43
教育与体育大类	Education and Physical Education	9602	22	3060	3246	1887	1387
公安与司法大类	Public Security and Judicial Categories	44		11	12	15	6
公共管理与服务大类	Public Administration and Service Categories	1154	3	281	363	242	265

19—9 技工学校数和学生数

Number of Technical Schools, Students, Staff and Teachers

年 份 Year	学校数（所）Schools (unit)	在校学生数（人）Student Enrollment (person)	毕业生数（人）Graduates (person)	招生数（人）New Student Enrollment (person)	教职工数（人）Staff and Teachers (person)
2005	109	86431	27287	34393	6031
2010	93	93647	31393	31836	6716
2013	86	49126	17668	18570	6649
2014	83	44703	16922	16362	6537
2015	83	43809	18683	18979	6313
2016	86	56378	19328	24735	7676
2017	89	89513	16399	54595	7519
2018	81	127560	17979	61286	8996
2019	77	147807	22390	62465	9066
2020	93	184756	35929	84683	10615
2021	83	214135	44864	101229	11114

注：1、学校数包括技师学院、高级技工学校和普通技工学校。

2、在校学生数包括初级、中级、高级及其以上学制教育和培训人数。

3、招生数包括招收的学制教育和培训人数。

a) the number of schools includes technician school, senior technical schools and ordinary technical schools.

b) the number of students Enrollment, includes students in primary, intermediate, advanced education ,over education system schools and the number of trained people.

c) the number of students enrolled in the school includes students enrolled in education system schools and the number of training people schools.

19—10 平均每万人口各级教育在校学生及构成情况
All Levels of Education Students per Million Population and Composition

年 份 Year	各级教育在校学生数占全省人口(%) All Levels of Education in the School Student Number Accounts for the Population (%)	平均每万人口中（人） On average every ten thousand people（person）					各级教育学生占学生总数（%） Education students at all levels of the total number (%)				
		高等教育 Higher Education	高中阶段 High School	初中阶段 Junior Middle School Stage	小 学 Primary Schools	学前教育 Preschool Education	高等教育 Higher Education	高中阶段 High School	初中阶段 Junior Middle School Stage	小 学 Primary Schools	学前教育 Preschool Education
2005	20.86	111	279	554	904	112	5.66	14.24	28.25	46.14	5.72
2010	19.58	184	350	455	751	164	9.66	18.40	23.89	39.42	8.63
2015	19.11	231	324	312	695	305	12.36	17.37	16.73	37.19	16.34
2016	18.63	226	307	316	700	314	12.12	16.50	16.96	37.59	16.83
2017	18.83	225	298	326	711	324	11.88	15.82	17.33	37.76	17.22
2018	19.13	225	292	334	730	331	11.73	15.27	17.48	38.18	17.32
2019	19.78	245	291	346	731	334	12.54	14.94	17.78	37.55	17.18
2020	20.35	270	324	352	736	341	13.49	15.12	17.59	36.78	17.03
2021	21.44	309	314	377	768	351	14.59	14.82	17.78	36.26	16.56

注：高等教育包括研究生、普通本专科、成人本专科；高中阶段包括普通高中、中等职业学校（普通中专、职业中学和成人中专）；初中阶段包括普通初中和职业初中。

a) Higher education includes graduate, general undergraduate and junior college, adult undergraduate and junior college; Senior high school includes ordinary senior high school, secondary vocational school (ordinary technical secondary school, vocational secondary school and adult secondary school); The middle school level includes regular middle school and vocational middle school.

19—11 各级各类学校生师比
At Various Levels and School Teacher Ratio

年 份 Year	普通高等学校 Regular Institutions of Higher Education	中等职业学校 Secondary Vocational School	普通高中 Ordinary High School	普通初中 Ordinary Junior High School	小 学 Primary Schools	幼 儿 园 Kindergartens
2005	17.5	31.3	22.9	23.5	22.5	43.8
2010	18.0	35.4	19.1	17.1	18.7	34.1
2015	18.5	21.5	14.9	12.6	17.7	27.9
2016	18.3	20.8	14.3	12.8	17.9	25.4
2017	18.8	20.8	13.9	13.0	18.0	24.2
2018	18.2	21.4	13.7	13.2	18.3	23.0
2019	19.2	20.5	13.5	13.5	18.1	21.2
2020	20.0	20.4	13.8	13.5	18.0	19.3
2021		24.1	13.5	13.5	17.4	16.4

注：本表2005年—2020年中等职业学校数据仅含普通中专和职业高中，2021年增加成人中专等，口径参照19—1表。

a) Data of secondary vocational schools in this table from 2005 to 2020 only include ordinary secondary vocational schools and vocational high schools, and adult secondary vocational schools will be added in 2021, with reference to Table 19-1.

19—12 各级学校女学生和女教师数
Number of Female Students and Teachers by Level of School

指标	Item	2005	2010	2015	2020	2021
女学生数 (万人)	**Number of Female Students (10000 persons)**	**546.15**	**479.02**	**418.10**	**460.91**	**479.02**
普通高等学校	Regular Institutions of Higher Education	25.50	44.81	56.87	64.66	69.45
中等职业学校	Secondary Vocational School	35.66	38.19	29.05	26.29	35.02
普通中学	Regular Secondary Schools	211.58	186.49	139.43	154.95	159.03
小　学	Primary Schools	273.41	209.53	192.76	215.01	215.52
女学生占学生总数的百分比(%)	**Percentage of Female Students to Total Students (%)**	**46.39**	**45.97**	**46.58**	**46.15**	**46.03**
普通高等学校	Regular Institutions of Higher Education	43.29	47.72	50.30	47.20	46.15
中等职业学校	Secondary Vocational School	48.63	49.21	49.72	46.65	46.56
普通中学	Regular Secondary Schools	45.91	45.87	45.92	45.94	45.93
小　学	Primary Schools	46.81	45.51	45.62	45.92	45.98
女教师数 (万人)	**Number of Female Teachers (10000 persons)**	**18.19**	**21.44**	**24.65**	**31.73**	**33.89**
普通高等学校	Regular Institutions of Higher Education	1.19	2.00	2.48	3.03	3.33
中等职业学校	Secondary Vocational School	0.73	0.82	1.05	1.25	1.47
普通中学	Regular Secondary Schools	5.78	7.91	8.77	10.93	11.63
小　学	Primary Schools	10.48	10.71	12.36	16.52	17.46
女教师占教师总数的百分比(%)	**Percentage of Female Teachers to Total Teachers(%)**	**35.51**	**39.07**	**44.76**	**52.79**	**54.05**
普通高等学校	Regular Institutions of Higher Education	36.82	40.56	42.62	46.23	47.38
中等职业学校	Secondary Vocational School	31.26	37.54	38.60	45.29	47.05
普通中学	Regular Secondary Schools	29.36	34.39	38.62	44.14	45.33
小　学	Primary Schools	40.40	43.58	51.86	63.44	64.91

注：从2021年起，各类附设班专任教师数分别计入相应层次教师总数。

a) Starting from 2021, the number of full-time teachers in each attached class will be counted into the total number of teachers at the corresponding level.

19—13 各级各类成人教育基本情况（2021年）

Basic Situation of Adult Education of All Types and at All Levels (2021)

单位：人（person）

指　　标	Item	学校数（所）Schools (unit)	毕业生数 Graduates	招生数 New Student Enrollment	在校学生数 Student Enrollment	教职工人数 Teachers and Staff	专任教师 Full-time Teachers
成人高等教育	**Adult's Higher Education**	6	105941	128286	282097	1032	535
#成人高等学校	Adult Education Schools	6	5970	8464	15210	1032	535
广播电视大学	Radio and TV Universities	1	2913	5199	10867	287	163
职工、农民高等学院	Schools of Higher Education for Staff, Workers and Peasants	2	2905	3265	4343	120	51
管理干部学院	Colleges for Management Cadres	1	152			625	321
教育学院	Institute of Education	1					
成人技术培训学校	**Technical Training Schools for Adults**	357	95547		118438	3267	2282
职工技术培训学校	Technical Training Schools for Staff and Workers	29	43936		71858	1962	1619
农民技术培训学校	Technical Training Schools for Peasants	231	33381		36246	592	404
其他培训机构（含社会培训机构）	Other Training Organs (Including Social Training Organs)	97	18230		10334	713	259

19-14 民办教育基本情况（2021年）

Basic Information on Private Education （2021）

单位：人（person）

项　　目	Item	校数（所）Number of Schools (unit)	毕业生数 Numer of Students Graduated	招生数 New Enrollment	在校学生数 Enrolled Students	教职工数 Teachers and Staff	专任教师 Full-time Teachers
合　计	Total						
民办普通高等教育	Private Ordinary Higher Education	32	54412	103337	291173	15970	12096
民办中等职业教育	Private Secondary Vocational Education	94	63897	70076	182405	10795	8500
民办普通高中	Civilian-run Senior High Schools	229	71534	86762	252023	45822	18385
民办初中阶段教育	Private Junior High School Education	368	170126	150753	509571	40915	31476
民办小学	Civilian-run Primary Schools	307	98842	39232	381328	12002	22653
民办幼儿园	Civilian-run Kindergartens	6119	362706	305216	989323	121583	66819
#普惠性幼儿园	Universal Kindergarten	4420	268618	217629	732838	87191	

注：表中民办普通高中教职工数包括高级中学、完全中学和十二年一贯制学校的教职工及高中教师数；中等职业教育不含技工学校数字。

资料来源：安徽省教育厅。

a) In the table, the number of teaching staff in private ordinary high schools includes the number of teaching staff and high school teachers in senior high schools, complete high schools and 12-year system schools. Secondary vocational education does not include figures for technical schools.

Source: Anhui Municipal Commission of Education.

19—15 各市普通高等学校和中职学校情况（2021年）
General Institutions of Higher Learning and Secondary Vocational Schools by Region (2021)

单位：人（person）

地 区	Region	学 校 数（所）Number of Schools (unit) 高 等 Higher	中 职 Secondary Vocational School	毕 业 生 数 Number of Graduates 高 等 Higher	中 职 Secondary Vocational School	招 生 数 New Student Enrollment 高 等 Higher	中 职 Secondary Vocational School	在校学生数 Student Enrollment 高 等 Higher	中 职 Secondary Vocational School	中职学校专任教师数 Number of Full-time Teachers in Secondary Vocational Schools
总 计	**Total**	**121**	**271**	**327004**	**263064**	**473080**	**298376**	**1504991**	**752140**	**31196**
合 肥 市	Hefei	54	50	143040	35705	211680	45969	651355	122377	5763
淮 北 市	Huaibei	4	7	10372	5251	13489	8150	49008	19477	894
亳 州 市	Bozhou	2	12	5372	29666	7808	37751	24711	70674	2024
宿 州 市	Suzhou	4	16	7059	31413	13472	32860	40637	63108	2624
蚌 埠 市	Bengbu	6	17	16380	12931	20947	17546	74895	48873	2064
阜 阳 市	Fuyang	6	34	11359	44380	16201	45866	52580	131076	4409
淮 南 市	Huainan	6	14	16071	13100	25830	15976	81835	39047	1395
滁 州 市	Chuzhou	4	9	15041	13254	18465	14600	62584	39939	1870
六 安 市	Luan	4	16	10414	23067	18157	25732	57534	59450	2135
马鞍山市	Maanshan	6	9	16862	7389	22207	7840	70997	23266	778
芜 湖 市	Wuhu	10	17	38125	17976	44706	9119	154701	40039	1853
宣 城 市	Xuancheng	1	11	2772	6964	3702	8501	12625	25852	1545
铜 陵 市	Tongling	3	6	8846	2692	15100	3945	44076	9740	618
池 州 市	Chizhou	3	6	8388	5025	12180	6650	39556	13143	672
安 庆 市	Anqing	5	35	11193	9027	18670	12016	57107	29480	1910
黄 山 市	Huangshan	3	12	5710	5224	10466	5855	30790	16599	642

19—16 各市特殊教育情况（2021年）
Basic Statistics on Special Education by Region (2021)

单位：人（person）

地 区	Region	学 校 数（所）Number of Schools (unit)	毕业生数 Number of Graduates	招 生 数 New Student Enrollment	在校学生数 Student Enrollment	教职工数 Number of Staff and Teachers	专任教师数 Number of Full-time Teachers
总 计	**Total**	**77**	**5599**	**6521**	**41581**	**2463**	**2178**
合 肥 市	Hefei	7	667	754	4730	351	360
淮 北 市	Huaibei	2	214	235	1389	48	42
亳 州 市	Bozhou	4	564	671	4629	201	193
宿 州 市	Suzhou	6	407	549	4239	227	196
蚌 埠 市	Bengbu	5	332	448	2806	115	110
阜 阳 市	Fuyang	7	927	1101	7192	335	289
淮 南 市	Huainan	3	294	348	2045	94	56
滁 州 市	Chuzhou	6	301	372	2147	152	133
六 安 市	Luan	7	602	672	3369	189	153
马鞍山市	Maanshan	4	113	133	1023	82	79
芜 湖 市	Wuhu	6	197	235	1464	127	96
宣 城 市	Xuancheng	6	179	223	1319	137	113
铜 陵 市	Tongling	2	72	63	630	57	53
池 州 市	Chizhou	2	175	146	986	68	59
安 庆 市	Anqing	8	437	474	2979	237	212
黄 山 市	Huangshan	2	118	97	634	43	34

19—17 各市普通中学分城乡学校数和在校学生数（2021年）

Number of Regular Secondary Schools and Student Enrollment by Urban and Rural Areas and by Region (2021)

地区	Region	学校数（所）Number of Regular Secondary Schools (unit)							
		普通高中合计 General Senior High School Total	城区 Urban Areas	镇区 Counties and Towns	乡村 Rural Areas	初中合计 Junior High School Together	城区 Urban Areas	镇区 Counties and Towns	乡村 Rural Areas
总计	**Total**	**679**	**244**	**400**	**35**	**2825**	**444**	**1293**	**1088**
合肥市	Hefei	105	40	60	5	235	66	112	57
淮北市	Huaibei	21	14	7		101	44	33	24
亳州市	Bozhou	32	10	20	2	277	26	137	114
宿州市	Suzhou	44	8	35	1	206	11	105	90
蚌埠市	Bengbu	41	12	25	4	145	19	52	74
阜阳市	Fuyang	58	21	34	3	388	46	186	156
淮南市	Huainan	46	22	23	1	151	39	60	52
滁州市	Chuzhou	55	15	39	1	206	19	119	68
六安市	Luan	53	9	39	5	286	21	106	159
马鞍山市	Maanshan	19	9	9	1	86	19	35	32
芜湖市	Wuhu	46	23	20	3	161	40	84	37
宣城市	Xuancheng	21	9	11	1	126	25	66	35
铜陵市	Tongling	26	11	14	1	58	16	30	12
池州市	Chizhou	24	8	14	2	74	13	30	31
安庆市	Anqing	68	24	39	5	233	30	94	109
黄山市	Huangshan	20	9	11		92	10	44	38

地区	Region	在校学生数（人）Student Enrollment (person)							
		普通高中合计 General Senior High School Total	城区 Urban Areas	镇区 Counties and Towns	乡村 Rural Areas	初中合计 Junior High School Together	城区 Urban Areas	镇区 Counties and Towns	乡村 Rural Areas
总计	**Total**	**1163441**	**429468**	**697620**	**36353**	**2298698**	**626977**	**1290341**	**381380**
合肥市	Hefei	166128	71314	91031	3783	274504	120769	141828	11907
淮北市	Huaibei	39161	21840	17321		76475	32407	33657	10411
亳州市	Bozhou	104805	29998	67382	7425	265082	52151	160239	52692
宿州市	Suzhou	94387	16228	78159		234084	30781	161188	42115
蚌埠市	Bengbu	62947	18184	40350	4413	143070	23435	85904	33731
阜阳市	Fuyang	171285	50452	116999	3834	395864	70596	247966	77302
淮南市	Huainan	55478	25488	29990		125646	38111	65947	21588
滁州市	Chuzhou	66575	25866	40459	250	121885	39066	73174	9645
六安市	Luan	99943	34306	62399	3238	184153	47938	87597	48618
马鞍山市	Maanshan	36589	15739	20338	512	58207	25307	21888	11012
芜湖市	Wuhu	64897	32549	26865	5483	95863	40676	47519	7668
宣城市	Xuancheng	34851	21067	12490	1294	68773	29006	33460	6307
铜陵市	Tongling	25527	12436	13011	80	39023	16958	19565	2500
池州市	Chizhou	32339	13378	16982	1979	43985	15532	22382	6071
安庆市	Anqing	88725	32504	52159	4062	136677	32184	67437	37056
黄山市	Huangshan	19804	8119	11685		35407	12060	20590	2757

19—18 各市普通中学分城乡招生数和毕业生数（2021年）

Number of New Student Enrollment and Graduates of Regular Secondary Schools by Urban and Rural Areas and by Region (2021)

单位：人（person）

地区	Region	招生数 New Student Enrollment							
		普通高中合计 General Senior High School Total	城区 Urban Areas	镇区 Counties and Towns	乡村 Rural Areas	初中合计 Junior High School Together	城区 Urban Areas	镇区 Counties and Towns	乡村 Rural Areas
总计	**Total**	**390969**	**142028**	**236393**	**12548**	**761606**	**213661**	**423446**	**124499**
合肥市	Hefei	54739	23591	30018	1130	89925	39919	46517	3489
淮北市	Huaibei	13086	7331	5755		25321	11287	10399	3635
亳州市	Bozhou	36809	10278	23670	2861	88780	18736	52688	17356
宿州市	Suzhou	33596	5108	28488		80036	10286	54768	14982
蚌埠市	Bengbu	21554	6385	13506	1663	50479	8125	30322	12032
阜阳市	Fuyang	58251	16477	40360	1414	131009	25419	81345	24245
淮南市	Huainan	19437	8707	10730		41172	12839	21383	6950
滁州市	Chuzhou	22039	8571	13399	69	39516	13301	23283	2932
六安市	Luan	33419	11540	20653	1226	60387	16746	27563	16078
马鞍山市	Maanshan	11709	4942	6578	189	18661	8190	7024	3447
芜湖市	Wuhu	21701	10921	8932	1848	31436	14128	15096	2212
宣城市	Xuancheng	11420	7033	4065	322	22266	9624	10835	1807
铜陵市	Tongling	7610	3760	3770	80	12059	5392	5955	712
池州市	Chizhou	10463	4411	5458	594	14240	5081	7233	1926
安庆市	Anqing	28446	10293	17001	1152	44807	10583	22362	11862
黄山市	Huangshan	6690	2680	4010		11512	4005	6673	834

地区	Region	毕业生数 Number of Graduates							
		普通高中合计 General Senior High School Total	城区 Urban Areas	镇区 Counties and Towns	乡村 Rural Areas	初中合计 Junior High School Together	城区 Urban Areas	镇区 Counties and Towns	乡村 Rural Areas
总计	**Total**	**359916**	**134988**	**213407**	**11521**	**701033**	**178575**	**395168**	**127290**
合肥市	Hefei	52964	21790	29857	1317	80624	33819	42128	4677
淮北市	Huaibei	13430	7594	5836		22999	9379	10502	3118
亳州市	Bozhou	29764	8492	19294	1978	79524	13025	47978	18521
宿州市	Suzhou	26890	5348	21542		64258	7331	44547	12380
蚌埠市	Bengbu	18273	5367	11768	1138	41192	6468	24373	10351
阜阳市	Fuyang	51127	15096	34890	1141	122066	18941	77481	25644
淮南市	Huainan	16499	8044	8455		37302	10671	20101	6530
滁州市	Chuzhou	20872	8273	12425	174	40986	11711	25144	4131
六安市	Luan	31289	11023	19662	604	58505	14581	27796	16128
马鞍山市	Maanshan	10830	5034	5594	202	18245	7922	6733	3590
芜湖市	Wuhu	20823	10715	8413	1695	31001	11810	16125	3066
宣城市	Xuancheng	11157	6664	3725	768	21565	8418	10939	2208
铜陵市	Tongling	9282	4255	5027		12533	5046	6473	1014
池州市	Chizhou	10507	4415	5649	443	15049	5478	7323	2248
安庆市	Anqing	29895	10349	17485	2061	43953	10199	21110	12644
黄山市	Huangshan	6314	2529	3785		11231	3776	6415	1040

19—19 各市普通高中、初中和小学分城乡专任老师数（2021年）

Regular Senior High School, Junior High School and Primary School by Urban and Rural Full-time Teachers by Region (2021)

单位：人（person）

地 区	Region	普通高中合计 General Senior High School Total	城区 Urban Areas	镇区 Counties and Towns	乡村 Rural Areas	初中合计 Junior High School Together	城区 Urban Areas
总计	**Total**	**86288**	**32825**	**50783**	**2680**	**170244**	**44826**
合肥市	Hefei	12643	5155	7125	363	21924	9157
淮北市	Huaibei	2934	1705	1229		5852	2626
亳州市	Bozhou	7051	2267	4382	402	16367	3246
宿州市	Suzhou	6672	1205	5467		14367	1864
蚌埠市	Bengbu	4364	1375	2670	319	9982	1897
阜阳市	Fuyang	10482	3282	7024	176	24478	4161
淮南市	Huainan	3877	1979	1898		9420	3010
滁州市	Chuzhou	5341	1976	3327	38	10372	2729
六安市	Luan	7566	2649	4638	279	14151	2792
马鞍山市	Maanshan	2940	1348	1553	39	5220	1893
芜湖市	Wuhu	5255	2708	2158	389	8503	3055
宣城市	Xuancheng	2881	1630	1080	171	5923	2161
铜陵市	Tongling	2352	999	1340	13	4193	1566
池州市	Chizhou	2351	930	1260	161	3572	1041
安庆市	Anqing	7930	2964	4636	330	12676	2756
黄山市	Huangshan	1649	653	996		3244	872

地 区	Region	镇区 Counties and Towns	乡村 Rural Areas	小学合计 Primary School Together	城区 Urban Areas	镇区 Counties and Towns	乡村 Rural Areas
总计	**Total**	**92884**	**32534**	**269012**	**71038**	**118106**	**79868**
合肥市	Hefei	11302	1465	35244	16530	15545	3169
淮北市	Huaibei	2320	906	8932	3596	2886	2450
亳州市	Bozhou	9762	3359	28904	5214	12266	11424
宿州市	Suzhou	9372	3131	27611	3104	13606	10901
蚌埠市	Bengbu	5651	2434	17354	3704	7317	6333
阜阳市	Fuyang	15083	5234	39852	6372	17212	16268
淮南市	Huainan	4566	1844	13985	4059	5285	4641
滁州市	Chuzhou	6448	1195	14666	4314	8383	1969
六安市	Luan	6850	4509	20156	4158	8542	7456
马鞍山市	Maanshan	2161	1166	7729	2631	3243	1855
芜湖市	Wuhu	4474	974	12788	5170	5594	2024
宣城市	Xuancheng	3031	731	8930	3485	4177	1268
铜陵市	Tongling	2211	416	5168	2014	1992	1162
池州市	Chizhou	1821	710	5144	1503	2323	1318
安庆市	Anqing	5942	3978	17356	3786	7238	6332
黄山市	Huangshan	1890	482	5193	1398	2497	1298

19—20 各市小学分城乡情况（2021年）
Primary Schools by Urban and Rural Conditions by Region (2021)

地 区	Region	学校数（所）Number of Primary Schools (unit)	城区 Urban Areas	镇区 Counties and Towns	乡村 Rural Areas	在校学生数（人）Student Enrollment (person)	城区 Urban Areas	镇区 Counties and Towns	乡村 Rural Areas
总 计	**Total**	**6964**	**836**	**2017**	**4111**	**4687309**	**1345721**	**2231757**	**1109831**
合 肥 市	Hefei	466	145	189	132	601925	298052	276190	27683
淮 北 市	Huaibei	279	64	62	153	171529	71635	60841	39053
亳 州 市	Bozhou	983	51	209	723	511484	93167	248324	169993
宿 州 市	Suzhou	775	22	191	562	524684	65144	279267	180273
蚌 埠 市	Bengbu	570	49	103	418	323598	61221	156809	105568
阜 阳 市	Fuyang	1285	84	353	848	816396	150409	398263	267724
淮 南 市	Huainan	412	61	102	249	242713	80976	99770	61967
滁 州 市	Chuzhou	225	43	128	54	244641	82436	136653	25552
六 安 市	Luan	441	25	134	282	315947	85695	153334	76918
马鞍山市	Maanshan	188	43	59	86	119678	47707	51223	20748
芜 湖 市	Wuhu	245	65	107	73	205093	93683	91149	20261
宣 城 市	Xuancheng	136	30	67	39	131949	60970	59054	11925
铜 陵 市	Tongling	116	41	46	29	67113	32890	26775	7448
池 州 市	Chizhou	160	27	57	76	80073	30196	36696	13181
安 庆 市	Anqing	554	67	164	323	257743	67222	119711	70810
黄 山 市	Huangshan	129	19	46	64	72743	24318	37698	10727

地 区	Region	毕业生数（人）Number of Graduates (person)	城区 Urban Areas	镇区 Counties and Towns	乡村 Rural Areas	招生数（人）New Student Enrollment (person)	城区 Urban Areas	镇区 Counties and Towns	乡村 Rural Areas
总 计	**Total**	**757242**	**190200**	**363788**	**203254**	**766734**	**244487**	**362127**	**160120**
合 肥 市	Hefei	86785	39916	40402	6467	111436	57505	50296	3635
淮 北 市	Huaibei	25217	10315	10525	4377	29467	12837	10031	6599
亳 州 市	Bozhou	90829	13702	44811	32316	78714	16526	37916	24272
宿 州 市	Suzhou	83215	9478	44294	29443	84109	12053	45028	27028
蚌 埠 市	Bengbu	50636	8578	22685	19373	52672	10798	27204	14670
阜 阳 市	Fuyang	127121	18819	62986	45316	129639	28043	61692	39904
淮 南 市	Huainan	42156	12310	17304	12542	37300	13783	15963	7554
滁 州 市	Chuzhou	39358	11791	22719	4848	41234	14804	22823	3607
六 安 市	Luan	57189	13175	26933	17081	48396	14834	23210	10352
马鞍山市	Maanshan	19607	7273	7892	4442	19573	8273	8485	2815
芜 湖 市	Wuhu	31124	12334	14643	4147	34866	17326	14723	2817
宣 城 市	Xuancheng	22537	9228	10488	2821	21290	10489	9137	1664
铜 陵 市	Tongling	11805	5095	4963	1747	10891	5657	4215	1019
池 州 市	Chizhou	13995	4757	6618	2620	13310	5107	5912	2291
安 庆 市	Anqing	44203	9987	20273	13943	42154	12344	19586	10224
黄 山 市	Huangshan	11465	3442	6252	1771	11683	4108	5906	1669

19—21 各市幼儿园基本情况（2021年）
Basic Statistics on Kindergartens by Region (2021)

单位：人（person）

地 区	Region	园 数（所）Number of Schools (unit)	离园人数 From the Number of Garden	招 生 数 New Student Enrollment	在园幼儿数 Nmber of children in the Kindergarten	教职工数 Number of Staff and Teachers	专任教师数 Number of Full-time Teachers
总 计	**Total**	**11478**	**778294**	**688115**	**2140554**	**221386**	**130501**
合肥市	Hefei	1407	105504	115083	343787	44618	22798
淮北市	Huaibei	375	28468	27409	80504	6397	4297
亳州市	Bozhou	1058	81739	62437	197869	17622	13014
宿州市	Suzhou	1690	89742	67987	227989	20127	14072
蚌埠市	Bengbu	780	57712	44857	135852	10995	6418
阜阳市	Fuyang	1741	129999	92581	322268	31149	19311
淮南市	Huainan	471	36567	34762	100301	9584	5624
滁州市	Chuzhou	622	40288	39697	123042	12677	7539
六安市	Luan	834	51052	46826	135841	16481	9003
马鞍山市	Maanshan	300	19612	20940	60616	7688	4060
芜湖市	Wuhu	577	34203	33839	101063	13431	7235
宣城市	Xuancheng	396	20920	20718	69590	8936	4763
铜陵市	Tongling	183	11270	9788	32650	3829	2156
池州市	Chizhou	187	13427	10661	38081	3733	2208
安庆市	Anqing	632	46199	47167	131031	10376	5726
黄山市	Huangshan	225	11592	13363	40070	3743	2277

19—22 各级各类学校教育经费收入情况（2021年）
Basic Statistics on Educational Funds in Various Schools (2021)

单位：万元（10000 yuan）

指标	Item	合计 Total	国家财政性教育经费 Government Appropriation for Education	一般公共预算教育经费 General Public Budget Funds for Education	民办学校中举办者投入 Conducting Investment of Voluntary School	捐赠收入 Donation Income	事业收入 Undertaking Revenue	其他收入 Other Income
总计	**Total**	**18979913**	**15407270**	**13154212**	**92546**	**7879**	**3066001**	**406218**
高等教育	Institutions of Higher Education	3746340	2365867	1968296	20726	2900	1118443	238405
普通高等学校	Regular Institutions of Higher Education	3706988	2352137	1956366	20726	2900	1093415	237810
本科学校	Undergraduate Courses Schools	2485287	1500037	1195908	19300	2372	773322	190256
专科学校	Junior College	134071	108904	100879		2	23973	1192
职业学校	Vocational Schools	1087630	743196	659579	1426	526	296120	46362
成人高等学校	Institutions of Higher Education for Adults	39353	13730	11930			25028	595
高中阶段教育	High School Education	3720281	2978401	2207035	26291	2231	657310	56049
中等职业学校	Vocational Secondary Schools	1368432	1197200	761093	7157	76	133084	30916
中等专业学校	Specialized Secondary Schools	1205600	1050375	699686	6525	76	125027	23596
职业高中	Vocational Schools	48944	43470	33587	32		5302	139
#农村	Rural Areas	21877	19039	17894	32		2805	
技工学校	Technical Schools	106707	97628	22892			2001	7078
成人中等专业学校	Specialized Secondary Schools for Adults	7183	5726	4927	600		754	103
普通高中	Senior Secondary Schools	2351849	1781201	1445942	19134	2155	524226	25133
#农村	Rural Areas	1267092	932971	757126	11795	892	314167	7267
义务教育	Compulsory education	9439406	8711374	7800750	24270	2121	631672	69971
普通初中	Regular Junior Secondary Schools	3825479	3377582	3026105	15454	873	408395	23176
#农村	Rural Areas	2713620	2430225	2172976	8412	658	267917	6408
普通小学	Regular Primary Schools	5613927	5333792	4774645	8816	1248	223277	46795
#农村	Rural Areas	3964131	3806988	3383084	3918	977	149333	2915
特殊教育	Special Education	64675	63612	57110	40	63	95	864
学前教育	Preschool Education	1567237	885803	786832	21219	480	629724	30011
#农村	Rural Areas	939691	572425	505242	8743	229	354937	3356
其他	Others	441973	402213	334188		84	28758	10918

19—23 全省科技活动基本情况
Basic Statistics on Scientific and Technological Activities

指　　标	Item	2005	2010	2015	2020	2021
科技活动	**Scientific and Technological Activities**					
科技机构数　（个）	Number of Scientific Technological Research Institutions (unit)	917	2221	4817	6769	7267
研究与试验发展人员（万人）	Research and Experimental Developers (10000 persons)			20.48	27.88	35.02
研究与试验发展经费支出（亿元）	Expenditure on R&D (100 million yuan)	45.61	163.72	431.75	883.18	1006.12
#基础研究	Basic Research	4.12	12.23	24.31	60.89	74.11
应用研究	Applied Research	9.15	15.66	33.48	78.46	84.22
试验发展	Experimental Development	27.99	135.83	373.96	743.83	847.80
#政府资金	Government Fund	14.48	36.07	86.42	134.83	146.48
企业资金	Self-raised Funds by Enterprise	27.40	118.86	331.07	720.22	834.25
#相当于GDP比例　(%)	Proportion of Expenditure on R&D to GDP (%)	0.85	1.32	1.96	2.28	2.34
输出技术合同成交额（亿元）	**Export Technology Contract Turnover (100 million yuan)**	**14.26**	**46.15**	**190.53**	**742.44**	**1754.55**
专　利	**Patent**					
专利申请授权量　（件）	Total Patent Applications Authorized (unit)	1939	16012	59039	119696	153475
发　明	Creation and Inventions	238	1111	11180	21432	23624
实用新型	Utility Models	1072	8839	41094	84609	114415
外观设计	Designs	629	6062	6765	13655	15436

19—24　县级以上政府部门属研究与开发机构及科技信息与文献机构数、人员数

State-owned Research and Development Institutions and Information and Literature Institutions at and Above County Level and Persons Engaged

年　份 Year	合　计 Total		自然科学技术领域 Field of Natural Sciences and Humanities			社会、人文科学技术领域 Field of Social Sciences and Humanities			科技信息和文献机构 Scientific-technical Information and Literature Institutions		
	机　构（个）Institutions (unit)	从业人员（人）Employees (person)	机　构（个）Institutions (unit)	从业人员（人）Employees (person)	科技活动人员(人) S&T Personnel (person)	机　构（个）Institutions (unit)	从业人员（人）Employees (person)	科技活动人员(人) S&T Personnel (person)	机　构（个）Institutions (unit)	从业人员（人）Employees (person)	科技活动人员(人) S&T Personnel (person)
2005	125	6425	100	5764	4155	8	327	292	17	334	307
2010	104	6227	83	5405	4402	7	335	313	14	487	455
2014	97	7117	76	6468	5867	7	309	257	14	340	307
2015	95	7203	75	6514	5949	7	310	259	13	379	334
2016	93	6934	72	6169	5588	9	383	334	12	382	341
2017	93	7208	73	6465	6850	8	354	319	12	389	378
2018	90	7327	71	6588	7180	8	372	328	11	367	309
2019	84	7323	66	6580	7358	8	375	328	10	368	351
2020	80	7215	61	6452	8192	9	390	351	10	373	343
2021	82	7347	63	6590	9047	9	409	367	10	348	310

19—25　县级以上政府部门属研究与开发机构及科技信息与文献机构科技经费筹集和支出总额

Total Funds and Total Expenditures of State-owned Research and Development Institutions and Information and Literature Institutions at and Above County Level

单位：万元（10000 yuan）

年　份 Year	合　计 Total		自然科学技术领域 Field of Natural Sciences and Humanities			社会、人文科学技术领域 Field of Social Sciences and Humanities			科技信息和文献机构 Scientific-technical Information and Literature Institutions		
	科技活动收入 S&T Income	科技经费内部支出 Intramural Expenditure on S&T	科技活动收入 S&T Income	政府资金 Government Funds	科技经费内部支出 Intramural Expenditure on S&T	科技活动收入 S&T Income	政府资金 Government Funds	科技经费内部支出 Intramural Expenditure on S&T	科技活动收入 S&T Income	政府资金 Government Funds	科技经费内部支出 Intramural Expenditure on S&T
2005	69881	66852	63694	51429	61396	3991	2268	3026	2196	1774	2430
2010	191056	134839	172837	149390	118150	8210	5816	6851	10009	8608	9837
2014	272412	263631	255037	193514	250498	8512	6590	6338	8863	8059	6795
2015	302593	245986	284101	220104	230394	9923	6841	8160	8569	7954	7432
2016	278931	240220	257619	202083	221267	11947	8796	10180	9365	8094	8774
2017	361779	323452	334873	268752	302397	15791	11719	12257	11115	9647	8798
2018	400500	361335	368656	269594	337449	19168	9521	11572	12676	12300	12313
2019		354597			329012			16196			9390
2020		353984			331761			13998			8225
2021		383287			359820			14872			8594

注：自2019年起，科技活动收入及政府资金数据不再统计。

a)　From 2019, data on revenue from science and technology activities and government funding will no longer be collected.

19—26 科协系统科技活动情况（2021年）
Basic Statistics on Scientific and Technological Activities of Associations for Science and Technology (2021)

项　　目		Item		科协合计 Total Number of Associations for Science & Technology	省科协 provincial Associations	省级学会 Provincial-level Learned Societies
机构数	**（个）**	**Number of Associations or Learned Societies**	**(unit)**	**160**	**1**	**159**
直属单位		Directly Under The Unit		4	4	
人员数	**（人）**	**Personnel**	**(person)**			
机　关		Associations		47	47	
直属单位		Enterprises and Non-profit Organizations Attached to Associations or Learned Societies		103	103	
学会理事		Members of Councils		12316		12316
学术活动		**Academic Activities**				
国内学术会议		Domestic Academic Meetings				
次　数	（次）	Number	(times)	219	3	216
参加人数	（人次）	Number of Participants	(person-time)	228983	1496	227487
交流论文数	（篇）	Number of Papers Presented	(unit)	5671	72	5599
国际学术会议		International Meetings Held in China				
次　数	（次）	Number	(times)	1		1
参加人数	（人次）	Number of Participants	(person-time)	1000		1000
交流论文数	（篇）	Number of Papers Presented	(unit)	32		32
国际民间科技交流		International Folk Exchange of S&T				
接待来访科技团组	（个）	International Group on S&T Received Home	(unit)			
接待总人数	（人次）	Person Received	(person-time)			
外派科技团组	（个）	Number of Study Tours Sent Aboard	(unit)			
外派总人数	（人次）	Total People Sent Aboard	(person-time)			
科技培训		**Training Program**				
参加培训人数	（人次）	Number of Training	(person-time)	319	319	
科普活动		**Activities for Popular Science**				
讲座次数	（次）	Number of Lectures	(times)	767	173	594
听讲座人数	（人次）	Number of Participants	(person-time)	106200	35000	71200
展览次数	（次）	Number of Exhibitions	(times)	48	5	43
参观展览人数	（万人次）	Number of Participants	(10000 person-time)	3	1	2
青少年科技竞赛次数	（次）	Number of Teenagers Participating in Science and Technology Competitions	(time)	60	8	52
未成年人参观科技场馆人次	（万人次）	Number of Visits by Minors to Science and Technology Venues	(10000 person-time)	16	16	
出　版		**Publications**				
科技期刊种数	（种）	Number of Academic Journals	(kind)	17		17
论文集种数	（种）	Number of Collections of Articles	(kind)			
论文集发行量	（册）	Number of Copies Distributed	(copies)			
科技报纸种数	（种）	Number of Scientific & Technological Newspapers	(kind)	3	1	2

注：自2020年始，省科协机构仅统计省级单位。
a) Since 2020, provincial associations for science and technology have counted only provincial units.

19—27 各市规上企业分行业创新情况（2021年）
Innovation of Enterprises by Industry by Region (2021)

地区	Region	企业数（个） companies (unit)	工业 Industry	建筑业 Construction Industry	服务业 Services	开展创新活动的企业所占比重(%) Proportion of Enterprises Carrying Out Innovative Activities (%)	工业 Industry
总计	**Total**	**35673**	**19870**	**2512**	**13291**	**51.7**	**65.1**
合肥市	Hefei	6865	2368	902	3595	54.5	75.7
淮北市	Huaibei	986	633	30	323	43.2	52.8
亳州市	Bozhou	1299	656	53	590	50.4	69.8
宿州市	Suzhou	1899	1081	104	714	47.4	57.8
蚌埠市	Bengbu	1724	854	95	775	49.9	72.4
阜阳市	Fuyang	2501	1571	102	828	52.6	62.5
淮南市	Huainan	1323	779	64	480	43.2	52.6
滁州市	Chuzhou	2976	2129	149	698	54.3	65.0
六安市	Luan	1907	1180	104	623	51.7	59.9
马鞍山市	Maanshan	1810	1259	145	406	54.4	65.5
芜湖市	Wuhu	4064	2066	229	1769	48.8	63.2
宣城市	Xuancheng	2415	1857	90	468	49.6	55.7
铜陵市	Tongling	1052	554	105	393	50.9	68.1
池州市	Chizhou	1089	627	111	351	48.3	63.0
安庆市	Anqing	2873	1710	184	979	57.7	75.7
黄山市	Huangshan	890	546	45	299	54.6	70.3

地区	Region	建筑业 Construction Industry	服务业 Services	开展创新合作的企业所占比重(%) Proportion of Enterprises Engaged in Innovation Cooperation (%)	工业 Industry	建筑业 Construction Industry	服务业 Services
总计	**Total**	**33.6**	**35.1**	**34.0**	**45.2**	**20.0**	**19.9**
合肥市	Hefei	37.7	44.7	36.5	55.4	24.6	27.0
淮北市	Huaibei	26.7	26.0	28.3	37.3	20.0	11.5
亳州市	Bozhou	32.1	30.3	32.6	46.6	24.5	17.8
宿州市	Suzhou	38.5	32.9	31.4	40.1	18.3	20.3
蚌埠市	Bengbu	36.8	26.7	31.5	49.3	24.2	12.8
阜阳市	Fuyang	47.1	34.5	36.0	45.8	22.5	19.1
淮南市	Huainan	26.6	30.2	28.5	37.0	7.8	17.5
滁州市	Chuzhou	26.9	27.7	35.0	42.8	18.1	14.6
六安市	Luan	31.7	39.3	33.8	41.0	18.3	22.6
马鞍山市	Maanshan	23.5	31.0	38.6	48.5	11.0	17.7
芜湖市	Wuhu	38.6	33.2	32.5	45.7	24.0	18.1
宣城市	Xuancheng	33.3	28.4	30.3	35.1	22.2	12.8
铜陵市	Tongling	26.7	33.1	35.3	51.3	11.4	19.1
池州市	Chizhou	18.0	31.6	30.0	39.2	9.9	19.9
安庆市	Anqing	28.3	31.7	36.5	50.6	14.7	15.9
黄山市	Huangshan	33.3	29.1	35.8	48.7	11.1	16.1

19—28 规上企业创新情况（2021年）
Enterprise Innovation on Regulation (2021)

类别	Category	企业数（个）Number of Enterprises (unit)	开展创新活动 Carry out Innovation Activities	实现创新 Implement Innovation	占全部企业比重(%) Accounts for the Proportion of all Enterprises (%) 有创新活动 There are Innovation Activities	实现创新 Implement Innovation
总计	**Total**	**35673**	**18435**	**17630**	**51.7**	**49.4**
按行业分	**According to the Industry**					
采矿业	Mining	333	117	111	35.1	33.3
制造业	Manufacturing	18955	12586	11977	66.4	63.2
电力、热力、燃气及水的生产和供应业	Electricity, Heat, Gas and Water Production and Supply Industry	582	223	196	38.3	33.7
建筑业	Construction	2512	845	814	33.6	32.4
批发和零售业	Wholesale and Retail Trades	9061	2920	2899	32.2	32.0
交通运输、仓储和邮政业	Transport, Storage and Postal Services	1365	352	343	25.8	25.1
信息传输、计算机服务和软件业	Information Circulation, Computer Services and Software	719	516	472	71.8	65.7
租赁和商务服务业	Leasing and Commercial Services	1315	395	388	30.0	29.5
科学研究和技术服务业	Scientific Research and Technical Services	656	411	361	62.7	55.0
水利、环境和公共设施管理业	Water Conservancy, Environmental and Public Facilities Management	175	70	69	40.0	39.4
按地区分	**According to the Region**					
合肥市	Hefei	6865	3738	3568	54.5	52.0
淮北市	Huaibei	986	426	403	43.2	40.9
亳州市	Bozhou	1299	654	605	50.4	46.6
宿州市	Suzhou	1899	900	888	47.4	46.8
蚌埠市	Bengbu	1724	860	833	49.9	48.3
阜阳市	Fuyang	2501	1316	1247	52.6	49.9
淮南市	Huainan	1323	572	542	43.2	41.0
滁州市	Chuzhou	2976	1616	1598	54.3	53.7
六安市	Luan	1907	985	970	51.7	50.9
马鞍山市	Maanshan	1810	984	936	54.4	51.7
芜湖市	Wuhu	4064	1982	1896	48.8	46.7
宣城市	Xuancheng	2415	1198	1149	49.6	47.6
铜陵市	Tongling	1052	535	523	50.9	49.7
池州市	Chizhou	1089	526	478	48.3	43.9
安庆市	Anqing	2873	1657	1540	57.7	53.6
黄山市	Huangshan	890	486	454	54.6	51.0

19—29 规上企业产品和工艺创新情况（2021年）

Product and Process Innovation of Enterprises on The Regulation (2021)

类　　别	Category	企业数（个）Number of Enterprises (unit)	占全部企业比重(%) Accounts for the Proportion of all Enterprises (%)		
			开展产品或工艺创新活动企业 Enterprises Carrying out Product or Process Innovation Activities	实现产品创新企业 Realize Product Innovation Enterprises	实现工艺创新企业 Realize Process Innovation Enterprises
总　　计	**Total**	**35673**	**38.6**	**25.8**	**28.6**
按行业分	**According to the Industry**				
采矿业	Mining	333	27.3	8.1	21.6
制造业	Manufacturing	18955	58.0	42.0	43.1
电力、热力、燃气及水的生产和供应业	Electricity, Heat, Gas and Water Production and Supply Industry	582	26.0	4.5	18.6
建筑业	Construction	2512	18.6	6.4	14.7
批发和零售业	Wholesale and Retail Trades	9061	10.0	4.8	7.6
交通运输、仓储和邮政业	Transport, Storage and Postal Services	1365	12.5	4.6	9.6
信息传输、计算机服务和软件业	Information Circulation, Computer Services and Software	719	62.9	38.9	40.9
租赁和商务服务业	Leasing and Commercial Services	1315	11.5	5.3	8.4
科学研究和技术服务业	Scientific Research and Technical Services	656	54.4	24.7	34.0
水利、环境和公共设施管理业	Water Conservancy, Environmental and Public Facilities Management	175	22.9	10.9	17.7
按地区分	**According to the Region**				
合 肥 市	Hefei	6865	40.3	23.3	30.2
淮 北 市	Huaibei	986	30.9	19.7	22.6
亳 州 市	Bozhou	1299	36.0	19.8	25.9
宿 州 市	Suzhou	1899	32.7	24.6	25.6
蚌 埠 市	Bengbu	1724	37.4	27.5	25.8
阜 阳 市	Fuyang	2501	39.9	26.4	30.6
淮 南 市	Huainan	1323	28.0	14.7	21.3
滁 州 市	Chuzhou	2976	43.3	37.2	32.4
六 安 市	Luan	1907	35.8	24.4	30.0
马鞍山市	Maanshan	1810	46.0	31.9	32.4
芜 湖 市	Wuhu	4064	34.8	22.1	26.0
宣 城 市	Xuancheng	2415	38.1	29.9	27.0
铜 陵 市	Tongling	1052	38.1	25.8	29.5
池 州 市	Chizhou	1089	36.0	21.2	23.5
安 庆 市	Anqing	2873	45.3	28.8	32.1
黄 山 市	Huangshan	890	42.4	28.9	31.0

19—30 规上企业组织和营销创新情况（2021年）
Enterprise Organization and Marketing Innovation on Regulation (2021)

类别	Category	企业数（个）Number of Enterprises (unit)	占全部企业比重(%) Accounts for the Proportion of all Enterprises (%)		
			开展组织或营销创新活动企业 Enterprises Carrying out Organizational or Marketing Innovation Activities	实现组织创新企业 Realize the Organization of Innovative Enterprises	实现营销创新企业 Realize Marketing Innovation Enterprises
总计	**Total**	**35673**	**40.4**	**32.5**	**29.7**
按行业分	**According to the Industry**				
采矿业	Mining	333	23.7	20.7	10.5
制造业	Manufacturing	18955	48.7	38.9	37.7
电力、热力、燃气及水的生产和供应业	Electricity, Heat, Gas and Water Production and Supply Industry	582	23.5	21.7	7.7
建筑业	Construction	2512	29.2	27.8	11.0
批发和零售业	Wholesale and Retail Trades	9061	31.2	23.1	25.1
交通运输、仓储和邮政业	Transport, Storage and Postal Services	1365	21.8	19.6	10.4
信息传输、计算机服务和软件业	Information Circulation, Computer Services and Software	719	54.1	46.7	39.8
租赁和商务服务业	Leasing and Commercial Services	1315	27.5	23.0	15.1
科学研究和技术服务业	Scientific Research and Technical Services	656	44.7	41.5	22.4
水利、环境和公共设施管理业	Water Conservancy, Environmental and Public Facilities Management	175	37.1	29.1	25.7
按地区分	**According to the Region**				
合肥市	Hefei	6865	43.8	36.7	29.9
淮北市	Huaibei	986	34.3	27.2	25.7
亳州市	Bozhou	1299	41.8	33.8	33.5
宿州市	Suzhou	1899	36.9	27.0	29.7
蚌埠市	Bengbu	1724	37.9	29.1	27.8
阜阳市	Fuyang	2501	41.9	32.8	34.8
淮南市	Huainan	1323	36.7	30.1	26.7
滁州市	Chuzhou	2976	41.3	32.6	32.4
六安市	Luan	1907	43.1	34.9	32.2
马鞍山市	Maanshan	1810	36.6	29.3	25.4
芜湖市	Wuhu	4064	39.1	32.5	27.2
宣城市	Xuancheng	2415	36.7	30.4	25.2
铜陵市	Tongling	1052	41.2	33.3	27.9
池州市	Chizhou	1089	36.3	29.4	24.3
安庆市	Anqing	2873	43.4	33.2	34.3
黄山市	Huangshan	890	41.8	31.1	31.9

19—31 规上企业创新合作情况（2021年）
Innovation Cooperation of Enterprises in Accordance With Regulations (2021)

类 别	Category	企业数（个）Number of Enterprises (unit)	占全部企业比重(%) Accounts for the Proportion of all Enterprises (%) 开展创新合作的企业 Enterprises Carrying out Innovation Cooperation	开展产学研合作的企业 Enterprises Carrying out Industry-university-research Cooperation	与高等学校开展创新合作的企业 Enterprises that Cooperate With Institutions of Higher Learning in Innovation	与研究机构开展创新合作的企业 Enterprises Engaged in Innovation Cooperation With Research Institutions
总 计	**Total**	**35673**	**34.0**	**14.1**	**12.0**	**6.4**
按行业分	**According to the Industry**					
采矿业	Mining	333	19.5	11.7	10.2	7.5
制造业	Manufacturing	18955	46.4	22.0	18.7	9.8
电力、热力、燃气及水的生产和供应业	Electricity, Heat, Gas and Water Production and Supply Industry	582	21.6	6.4	4.6	4.0
建筑业	Construction	2512	20.0	6.2	5.2	2.9
批发和零售业	Wholesale and Retail Trades	9061	16.8	2.2	1.8	1.1
交通运输、仓储和邮政业	Transport, Storage and Postal Services	1365	14.0	2.7	2.4	1.0
信息传输、计算机服务和软件业	Information Circulation, Computer Services and Software	719	52.9	23.5	19.9	12.0
租赁和商务服务业	Leasing and Commercial Services	1315	17.3	3.4	3.3	1.1
科学研究和技术服务业	Scientific Research and Technical Services	656	42.5	25.0	22.7	11.6
水利、环境和公共设施管理业	Water Conservancy, Environmental and Public Facilities Management	175	26.3	8.6	6.3	5.1
按地区分	**According to the Region**					
合 肥 市	Hefei	6865	36.5	15.1	13.3	7.1
淮 北 市	Huaibei	986	28.3	14.6	13.4	5.8
亳 州 市	Bozhou	1299	32.6	13.2	10.6	6.7
宿 州 市	Suzhou	1899	31.4	11.0	8.9	4.7
蚌 埠 市	Bengbu	1724	31.5	13.5	11.6	7.1
阜 阳 市	Fuyang	2501	36.0	16.2	13.7	7.2
淮 南 市	Huainan	1323	28.5	10.8	9.4	4.7
滁 州 市	Chuzhou	2976	35.0	13.4	9.6	7.6
六 安 市	Luan	1907	33.8	12.5	10.4	5.8
马鞍山市	Maanshan	1810	38.6	19.7	17.1	8.2
芜 湖 市	Wuhu	4064	32.5	13.7	12.4	5.8
宣 城 市	Xuancheng	2415	30.3	10.6	8.8	4.0
铜 陵 市	Tongling	1052	35.3	16.4	14.1	6.9
池 州 市	Chizhou	1089	30.0	12.3	10.3	5.5
安 庆 市	Anqing	2873	36.5	14.1	11.8	5.8
黄 山 市	Huangshan	890	35.8	18.1	16.6	6.4

19—32 规上工业企业创新情况（2021年）
Innovation of Industrial Enterprises on Regulation (2021)

类　　别	Category	企业数（个）Number of Enterprises (unit)	开展创新活动 Carry out Innovation Activities	实现创新 Implement Innovation	占全部企业比重(%) Accounts for the Proportion of all Enterprises (%) 有创新活动 There are Innovation Activities	实现创新 Implement Innovation
总　　计	**Total**	**19870**	**12926**	**12284**	**65.1**	**61.8**
按行业分	**According to the Industry**					
采矿业	Mining	333	117	111	35.1	33.3
制造业	Manufacturing	18955	12586	11977	66.4	63.2
电力、热力、燃气及水的生产和供应业	Electricity, Heat, Gas and Water Production and Supply Industry	582	223	196	38.3	33.7
按地区分	**According to the Region**					
合 肥 市	Hefei	2368	1793	1705	75.7	72.0
淮 北 市	Huaibei	633	334	313	52.8	49.5
亳 州 市	Bozhou	656	458	411	69.8	62.7
宿 州 市	Suzhou	1081	625	615	57.8	56.9
蚌 埠 市	Bengbu	854	618	598	72.4	70.0
阜 阳 市	Fuyang	1571	982	926	62.5	58.9
淮 南 市	Huainan	779	410	383	52.6	49.2
滁 州 市	Chuzhou	2129	1383	1368	65.0	64.3
六 安 市	Luan	1180	707	695	59.9	58.9
马鞍山市	Maanshan	1259	824	783	65.5	62.2
芜 湖 市	Wuhu	2066	1306	1240	63.2	60.0
宣 城 市	Xuancheng	1857	1035	989	55.7	53.3
铜 陵 市	Tongling	554	377	367	68.1	66.3
池 州 市	Chizhou	627	395	354	63.0	56.5
安 庆 市	Anqing	1710	1295	1182	75.7	69.1
黄 山 市	Huangshan	546	384	355	70.3	65.0

19—33 规上工业企业产品和工艺创新情况（2021年）

Product and Process Innovation of Industrial Enterprises (2021)

类别	Category	企业数（个）Number of Enterprises (unit)	占全部企业比重(%) Accounts for the Proportion of all Enterprises (%)		
			开展产品或工艺创新活动企业 Enterprises Carrying out Product or Process Innovation Activities	实现产品创新企业 Realize Product Innovation Enterprises	实现工艺创新企业 Realize Process Innovation Enterprises
总计	**Total**	**19870**	**56.6**	**40.3**	**42.1**
按行业分	**According to the Industry**				
采矿业	Mining	333	27.3	8.1	21.6
制造业	Manufacturing	18955	58.0	42.0	43.1
电力、热力、燃气及水的生产和供应业	Electricity, Heat, Gas and Water Production and Supply Industry	582	26.0	4.5	18.6
按地区分	**According to the Region**				
合肥市	Hefei	2368	70.0	45.4	54.4
淮北市	Huaibei	633	42.0	28.3	30.2
亳州市	Bozhou	656	58.7	32.5	41.8
宿州市	Suzhou	1081	48.4	39.0	38.1
蚌埠市	Bengbu	854	65.5	51.3	45.7
阜阳市	Fuyang	1571	55.4	38.5	42.7
淮南市	Huainan	779	38.8	21.1	29.4
滁州市	Chuzhou	2129	56.2	50.0	41.8
六安市	Luan	1180	47.8	34.2	40.3
马鞍山市	Maanshan	1259	59.8	42.9	42.9
芜湖市	Wuhu	2066	53.9	36.4	39.9
宣城市	Xuancheng	1857	46.4	37.3	33.3
铜陵市	Tongling	554	61.0	42.4	46.9
池州市	Chizhou	627	53.8	33.3	34.3
安庆市	Anqing	1710	68.8	45.4	48.7
黄山市	Huangshan	546	62.3	44.3	45.6

19—34 规上工业企业组织和营销创新情况（2021年）

Organizational and Marketing Innovation of Industrial Enterprises on Regulation (2021)

类　　别	Category	企业数（个） Number of Enterprises (unit)	占全部企业比重(%) Accounts for the Proportion of all Enterprises (%)		
			开展组织或营销创新活动企业 Enterprises Carrying out Organizational or Marketing Innovation Activities	实现组织创新企业 Realize the Organization of Innovative Enterprises	实现营销创新企业 Realize Marketing Innovation Enterprises
总　　计	**Total**	**19870**	**47.5**	**38.1**	**36.3**
按行业分	**According to the Industry**				
采矿业	Mining	333	23.7	20.7	10.5
制造业	Manufacturing	18955	48.7	38.9	37.7
电力、热力、燃气及水的生产和供应业	Electricity, Heat, Gas and Water Production and Supply Industry	582	23.5	21.7	7.7
按地区分	**According to the Region**				
合 肥 市	Hefei	2368	56.0	46.3	42.2
淮 北 市	Huaibei	633	40.3	32.5	30.3
亳 州 市	Bozhou	656	54.0	43.5	44.4
宿 州 市	Suzhou	1081	41.1	30.0	33.0
蚌 埠 市	Bengbu	854	50.1	38.5	38.2
阜 阳 市	Fuyang	1571	47.7	37.8	41.3
淮 南 市	Huainan	779	42.5	34.9	30.8
滁 州 市	Chuzhou	2129	47.8	38.1	38.5
六 安 市	Luan	1180	47.4	38.2	35.7
马鞍山市	Maanshan	1259	41.9	33.4	30.3
芜 湖 市	Wuhu	2066	46.6	39.5	32.9
宣 城 市	Xuancheng	1857	39.5	32.9	27.5
铜 陵 市	Tongling	554	52.5	43.0	36.8
池 州 市	Chizhou	627	44.5	35.3	30.6
安 庆 市	Anqing	1710	52.6	39.7	43.3
黄 山 市	Huangshan	546	51.5	38.5	39.6

19—35 规上工业企业创新合作情况（2021年）
Innovation Cooperation Among Industrial Enterprises (2021)

类别	Category	企业数（个） Number of Enterprises (unit)	占全部企业比重(%) Accounts for the Proportion of all Enterprises (%) 开展创新合作的企业 Enterprises Carrying out Innovation Cooperation	开展产学研合作的企业 Enterprises Carrying out Industry-university-research Cooperation	与高等学校开展创新合作的企业 Enterprises that Cooperate With Institutions of Higher Learning in Innovation	与研究机构开展创新合作的企业 Enterprises Engaged in Innovation Cooperation With Research Institutions
总计	**Total**	**19870**	**45.2**	**21.3**	**18.1**	**9.6**
按行业分	**According to the Industry**					
采矿业	Mining	333	19.5	11.7	10.2	7.5
制造业	Manufacturing	18955	46.4	22.0	18.7	9.8
电力、热力、燃气及水的生产和供应业	Electricity, Heat, Gas and Water Production and Supply Industry	582	21.6	6.4	4.6	4.0
按地区分	**According to the Region**					
合肥市	Hefei	2368	55.4	26.7	23.4	12.6
淮北市	Huaibei	633	37.3	21.0	19.4	8.5
亳州市	Bozhou	656	46.6	23.9	19.5	12.2
宿州市	Suzhou	1081	40.1	16.6	13.5	6.9
蚌埠市	Bengbu	854	49.3	24.0	20.6	12.6
阜阳市	Fuyang	1571	45.8	24.3	20.8	10.6
淮南市	Huainan	779	37.0	16.6	14.4	6.9
滁州市	Chuzhou	2129	42.8	17.8	12.7	10.1
六安市	Luan	1180	41.0	17.9	14.8	8.4
马鞍山市	Maanshan	1259	48.5	25.7	22.2	10.5
芜湖市	Wuhu	2066	45.7	21.8	19.8	9.2
宣城市	Xuancheng	1857	35.1	13.2	11.1	4.9
铜陵市	Tongling	554	51.3	28.0	24.0	12.1
池州市	Chizhou	627	39.2	20.1	17.1	8.9
安庆市	Anqing	1710	50.6	22.3	18.7	9.2
黄山市	Huangshan	546	48.7	28.0	25.8	9.9

19—36 研究与试验发展人员（2021年）
Research and Experimental Development Personnel (2021)

指 标	Item	调查单位数（个）Number of Investigation Units (unit)	有研究与试验发展活动单位 Activity for R&D	研究与试验发展人员（人）Staff of R&D (person)	#研究人员 Staff of Researcher	#全时人员 Staff of Full Time	#博士 Doctor's Degree
总 计	**Total**	**26109**	**9023**	**350238**	**141991**	**221365**	**24712**
按隶属关系分	**Grouped by Subordination Relations**						
中 央	Central	524	185	39771	27423	27416	10346
地 方	Local	25585	8838	310467	114568	193949	14366
主要国民经济行业数据	**Major National Economic Industry Data**						
农、林、牧、渔业	Agriculture, Forestry, Animal Husbandry and Fishery	241	97	2233	1537	1726	255
采矿业	Mining	333	53	12437	3159	2005	18
制造业	Manufacturing	18955	7851	232266	64202	158231	2075
电力、热力、燃气及水的生产和供应业	Electricity, Heat, Gas and Water Production and Supply Industry	582	78	3518	1213	2363	32
建筑业	Construction	734	86	8932	3599	5647	120
批发和零售业	Wholesale and Retail Trade	9	2	92	32	61	6
交通运输、仓储和邮政业	Transport, Storage and Postal Services	1365	25	848	349	587	6
信息传输、计算机服务和软件业	Information Circulation, Computer Services and Software	719	128	8788	4135	7234	35
租赁和商务服务业	Leasing and Commercial Services	1315	26	438	176	318	9
科学研究和技术服务业	Scientific Research and Technical Services	656	160	5757	2715	3769	85
水利、环境和公共设施管理业	Water Conservancy, Environmental and Public Facilities Management	175	10	139	48	86	2
居民服务、修理和其他服务业	Service to Households, Repair and Other Services						
教 育	Education	214	210	48863	42101	21603	17691
卫生和社会工作	Department of Health and Social Work	116	12	3128	2159	2527	305
文化、体育和娱乐业	Culture, Sports and Entertainment	353	7	135	69	118	20

19—36 续表 continued

指 标	Item	研究与试验发展人员折合全时当量（人年） Full-time Equivalent of R&D Personnel (man-years)	#研究人员 Staff of Researcher	#基础研究 Basic Research	#应用研究 Apply Researcher	#试验发展 Experimental and Development Researcher
总 计	**Total**	**235292**	**94302**	**17459**	**25311**	**192522**
按隶属关系分	**Grouped by Subordination Relations**					
中 央	Central	29238	20188	9390	5803	14046
地 方	Local	206054	74115	8069	19508	178477
主要国民经济行业数据	**Major National Economic Industry Data**					
农、林、牧、渔业	Agriculture, Forestry, Animal Husbandry and Fishery	1918	1413			1918
采矿业	Mining	6558	2081	23	3976	2558
制造业	Manufacturing	161850	45745	117	3024	158708
电力、热力、燃气及水的生产和供应业	Electricity, Heat, Gas and Water Production and Supply Industry	2014	711		697	1317
建筑业	Construction	6749	2762		552	6197
批发和零售业	Wholesale and Retail Trade	55	19			55
交通运输、仓储和邮政业	Transport, Storage and Postal Services	509	198		120	389
信息传输、计算机服务和软件业	Information Circulation, Computer Services and Software	7180	3400	1	100	7079
租赁和商务服务业	Leasing and Commercial Services	302	122			302
科学研究和技术服务业	Scientific Research and Technical Services	3474	1599	1	509	2963
水利、环境和公共设施管理业	Water Conservancy, Environmental and Public Facilities Management	98	35			98
居民服务、修理和其他服务业	Service to Households, Repair and Other Services					
教 育	Education	24548	21913	12881	10319	1348
卫生和社会工作	The Department of Health and Social Work	2354	1642			229
文化、体育和娱乐业	Culture, Sports and Entertainment	155	94			133

19—37　研究与试验发展经费支出情况（2021年）
Research and Development Funds and Internal Expenditure (2021)

单位：万元（10000 yuan）

项　　目	Item	研究与试验发展经费支出 Expenditure for R&D	按活动类型分 By Activities			#人员劳务费 Labor Expenses
			基础研究 Fundamental Research	应用研究 Applied Rescarch	试验发展 Experimental	
总　计	**Total**	**10061245**	**741132**	**842153**	**8477960**	**3074668**
按执行部门分组	**Grouped by Execution Department**					
科研机构	Scientific Research Institution	568688	153551	171743	243395	148009
高等学校	Institutions of Higher Learning	951248	510015	356555	84677	321069
企　业	Companies	8228452	30606	245690	7952156	2477941
事业单位	Institution	312856	46960	68165	197731	127650
按隶属关系分组	**Grouped by Subordination Relations**					
中　央	Central	1382813	441941	228456	712416	409494
地　方	Local	8678432	299191	613697	7765544	2665174

19—38　高等学校科技活动情况
Basic Statistics on Higher Education for Scientific and Technological Activities

指　　标	Item	2005	2010	2015	2020	2021
研究与试验发展（R&D）人员（人）	Research and experimental development (R&D) personnel (person)		19567	27710	45131	51910
研究与发展人员全时当量（人年）	Full-time Equivalent of R&D Personnel (man.year)	5022	7337	13541	23928	26620
#基础研究	Fundamental Research	1500	3273	6579	12306	14182
应用研究	Applied Research	2501	3471	6319	10593	10939
试验发展	Experimental Development	397	595	644	1028	1499
研究与发展经费支出（万元）	R&D Expenditure (10000 yuan)	66574	141849	272859	800888	951248

19—39 各市研究与试验发展人员（2021年）
Research and Experimental Development Personnel by Region (2021)

地区	Region	调查单位数（个）Number of Investigation Units (unit)	有研究与试验发展活动单位 Activity for R&D	研究与试验发展人员（人）Staff of R&D (person)	#女性 Female	#研究人员 Staff of Researcher	全时人员 Staff of Full Time	博士毕业 Doctor
总计	**Total**	**26109**	**9023**	**350238**	**78742**	**141991**	**221365**	**24712**
合肥市	Hefei	4558	1279	117307	27763	65580	80949	16985
淮北市	Huaibei	762	170	12191	1784	2721	4209	569
亳州市	Bozhou	831	279	6183	2202	1691	3740	71
宿州市	Suzhou	1284	389	6963	2093	2249	4042	228
蚌埠市	Bengbu	1185	571	17434	4811	8000	11386	1098
阜阳市	Fuyang	1822	597	11068	2855	3873	7018	597
淮南市	Huainan	895	151	10950	1925	5566	4179	724
滁州市	Chuzhou	2431	1099	25134	5409	7232	17471	630
六安市	Luan	1383	466	13240	3398	3410	7850	327
马鞍山市	Maanshan	1553	751	21961	4005	7886	12698	632
芜湖市	Wuhu	2986	990	50511	9976	18085	32255	1903
宣城市	Xuancheng	2087	767	20379	4345	4028	13275	92
铜陵市	Tongling	756	255	11774	2060	3339	7106	202
池州市	Chizhou	820	296	6326	1469	1795	3308	95
安庆市	Anqing	2072	675	12760	2984	4615	8007	424
黄山市	Huangshan	681	288	6057	1663	1923	3874	136

地区	Region	硕士毕业 Master	本科毕业 University Degree	研究与试验发展人员折合全时当量（人年）Full-time Equivalent of R&D Personnel (man-years)	#研究人员 Staff of Researcher	#基础研究 Basic Research	#应用研究 Apply Researcher	#试验发展 Experimental and Development Researcher
总计	**Total**	**47389**	**135443**	**235292**	**94302**	**17459**	**25311**	**192522**
合肥市	Hefei	25828	40057	83364	45544	12821	11858	58685
淮北市	Huaibei	716	4887	5935	1344	298	235	5402
亳州市	Bozhou	564	2561	3897	952	56	302	3539
宿州市	Suzhou	950	2707	4417	1300	113	338	3966
蚌埠市	Bengbu	2576	6934	12253	5426	573	1228	10453
阜阳市	Fuyang	1340	4494	7141	2459	261	464	6416
淮南市	Huainan	1664	4089	7611	3854	849	4740	2022
滁州市	Chuzhou	1886	10346	17446	4778	335	827	16284
六安市	Luan	988	5434	8807	2198	151	411	8245
马鞍山市	Maanshan	1955	9169	14146	5008	214	752	13180
芜湖市	Wuhu	4806	20629	33139	11522	1219	2428	29492
宣城市	Xuancheng	384	8894	13844	2799	21	419	13404
铜陵市	Tongling	1071	4867	6347	1783	74	511	5762
池州市	Chizhou	685	2600	3968	1012	76	224	3668
安庆市	Anqing	1254	5304	8772	3193	236	468	8068
黄山市	Huangshan	722	2471	4204	1129	161	107	3937

19—40　各市研究与试验发展经费支出情况（2021年）
Research and Development Funds and Internal Expenditure by Region (2021)

单位：万元（10000 yuan）

地 区	Region	研究与试验发展经费 Expenditure for R&D	按活动类型分 By Activities			按支出用途分 By Expenditure	
			基础研究 Fundamental Research	应用研究 Applied Rescarch	试验发展 Experimental	日常性支出 Daily Expenditure	资产性支出 Assets Expenditure
总　计	**Total**	**10061245**	**741132**	**842153**	**8477960**	**9047051**	**1014194**
合 肥 市	Hefei	3945741	589653	426913	2929160	3489654	456071
淮 北 市	Huaibei	251467	5546	10544	235376	238296	13170
亳 州 市	Bozhou	143244	4442	4494	134308	132844	10400
宿 州 市	Suzhou	160088	1709	9408	148971	142724	17364
蚌 埠 市	Bengbu	481858	18799	58576	404498	449099	32774
阜 阳 市	Fuyang	343998	7854	17969	318175	311751	32248
淮 南 市	Huainan	204379	24681	120702	58995	183775	20604
滁 州 市	Chuzhou	677084	18970	37499	620615	586335	90749
六 安 市	Luan	239762	3799	16198	219766	200863	38900
马鞍山市	Maanshan	787843	6493	17820	763529	742001	45841
芜 湖 市	Wuhu	1496532	42393	72602	1381537	1381363	115169
宣 城 市	Xuancheng	398748	3401	9448	385898	357609	41139
铜 陵 市	Tongling	334046	2065	16322	315658	302084	31962
池 州 市	Chizhou	161589	3881	8201	149508	132583	29006
安 庆 市	Anqing	323231	5616	13521	304095	292671	30560
黄 山 市	Huangshan	111635	1828	1936	107871	103397	8238

19—41 各市工业企业享受相关政策情况（2021年）
Industrial Enterprises Enjoy Relevant Policies by Region (2021)

地区	Region	来自政府部门的科技活动资金（万元）Funding for Scientific and Technological Activities from Government Departments (10000 yuan)	研究开发费用加计扣除减免税（万元）Total Research and Development Expense Counting Tax Reliefs (10000 yuan)	高新技术企业减免税（万元）Tax Reliefs of High and New Technology Enterprises (10000 yuan)
总　计	**Total**	**5871192**	**905685**	**916450**
合肥市	Hefei	1837754	272898	293171
淮北市	Huaibei	185318	26661	70561
亳州市	Bozhou	95351	11317	6026
宿州市	Suzhou	125148	17864	20374
蚌埠市	Bengbu	158286	21237	15175
阜阳市	Fuyang	248903	37689	16563
淮南市	Huainan	98475	17707	6654
滁州市	Chuzhou	525630	78572	106097
六安市	Luan	245120	41373	30832
马鞍山市	Maanshan	475364	91753	55352
芜湖市	Wuhu	797406	112126	145189
宣城市	Xuancheng	321593	53948	57112
铜陵市	Tongling	174826	32216	12854
池州市	Chizhou	159755	26070	25230
安庆市	Anqing	318794	50250	42879
黄山市	Huangshan	103467	14006	12382

19—42 工业企业科技活动基本情况
Basic Statistics on Science and Technology Activities of Industrial Enterprises

指 标	Item	2020	2021
有研究与试验发展活动的企业 (个)	Number of Enterprises Having R&D Activities (unit)	6918	7982
有研究与试验发展活动的企业占全部企业的比重 (%)	Percentage of Enterprises Having R&D Activities to Total Number of Enterprises (%)	37.52	40.17
科技机构数 (个)	Number of Scientific and Technological Institutions (unit)	5601	6014
R&D人员 (万人)	R&D Personnel (10000 persons)	19.45	24.82
研究与试验发展折合全时人员 (万人年)	Full-time Equivalent of R&D Personnel (10000 man-year)	13.54	17.04
科技机构科技活动人员数 (万人)	Personnel Engaged in S&T Activities in S&T Institutions (10000 persons)	16.24	17.21
开发新产品经费支出 (亿元)	Expenditure on New Product Development (100 million yuan)	749.43	908.83
研究与试验发展经费支出 (亿元)	Expenditure on R&D (100 million yuan)	639.42	739.12
#政府资金	Government Funds	16.50	17.97
企业资金	Self-raised Funds by Enterprises	618.98	719.22
研究与试验发展经费支出占营业收入的比重 (%)	Proportion of Research and Experimental Development Expenditure to Operating Revenue (%)	1.69	1.65
引进境外技术经费支出 (亿元)	Expenditure of Overseas Technology Introduction (100 million yuan)	2.91	2.25
消化吸收经费支出 (亿元)	Expenditure for Assimilation of Technology (100 million yuan)	0.58	0.86
购买国内技术支出 (亿元)	Expenditure for Purchase of Domestic Technology (100 million yuan)	10.97	16.54
专利申请数 (件)	Patent Applications (piece)	66677	75058
#发明专利数	Invention Patents	27083	30230
拥有有效发明专利数 (件)	Number of Effective Invention Patents (piece)	70467	78480

19—43 各市工业企业研究与试验发展基本情况（2021年）
R&D Basic Situation of Industrial Enterprise by Region (2021)

地　区	Region	企业单位数（个）Number of Enterprises (unit)	#有研究与试验发展活动 Activity for R&D	#有研发机构 There are Research and Development Institutions	新产品销售收入（万元）Revenue of New Pproduct Sales (10000 yuan)	研究与试验发展人员合计（人）Staff Of R&D (person)	#参加项目人员 Staff of Participa-ting in Project	#女性 Female
总　计	**Total**	**19870**	**7982**	**6014**	**151017266**	**248221**	**233627**	**48668**
合肥市	Hefei	2368	881	784	44125161	58511	55622	11598
淮北市	Huaibei	633	152	96	4593117	10672	10306	1323
亳州市	Bozhou	656	267	160	1549391	5326	4813	1778
宿州市	Suzhou	1081	370	242	5022534	5571	5209	1476
蚌埠市	Bengbu	854	499	269	4057096	11090	10405	2469
阜阳市	Fuyang	1571	539	544	6516424	9016	8470	2120
淮南市	Huainan	779	128	78	1275841	7578	7290	915
滁州市	Chuzhou	2129	1038	843	20680899	22084	20811	4468
六安市	Luan	1180	432	193	5671655	11438	10728	2791
马鞍山市	Maanshan	1259	693	562	11820264	17783	16453	2927
芜湖市	Wuhu	2066	874	461	21898852	39749	37434	7140
宣城市	Xuancheng	1857	718	554	6363008	18943	17401	3926
铜陵市	Tongling	554	233	141	7346435	10118	9590	1408
池州市	Chizhou	627	268	164	2584297	5123	4726	997
安庆市	Anqing	1710	627	682	5425592	10394	9769	2211
黄山市	Huangshan	546	263	241	2086702	4825	4600	1121

地　区	Region	#研究人员 Staff of Researcher	#全时人员 Staff of Full Time	研究与试验发展人员折合全时当量合计（人年）Total Work Volume of Conversion Staff of Full Time (person year)	#研究人员 Staff of Researcher	应用研究人员 Staff of Apply Researcher	试验发展人员 Staff of Experimental and Development Researcher
总　计	**Total**	**68574**	**162599**	**170421**	**48536**	**7697**	**162584**
合肥市	Hefei	22706	43980	42878	16987	1685	41114
淮北市	Huaibei	1520	3585	5198	798	44	5131
亳州市	Bozhou	1144	3584	3606	772	147	3459
宿州市	Suzhou	1317	3694	3775	904	37	3738
蚌埠市	Bengbu	2961	7542	8229	2198	143	8085
阜阳市	Fuyang	2510	6176	6006	1727	172	5835
淮南市	Huainan	2751	2274	5596	2086	4023	1573
滁州市	Chuzhou	5087	15937	15699	3605	131	15568
六安市	Luan	2216	7018	7876	1586	44	7832
马鞍山市	Maanshan	5258	10426	11771	3545	253	11513
芜湖市	Wuhu	11275	26621	27157	7763	570	26584
宣城市	Xuancheng	3247	12145	12702	2127	208	12494
铜陵市	Tongling	2032	6438	5543	1132	100	5414
池州市	Chizhou	990	2889	3449	688	64	3384
安庆市	Anqing	2640	6733	7254	1890	77	7177
黄山市	Huangshan	920	3557	3680	728		3680

19—44 各市工业企业研究与试验发展经费情况（2021年）
R&D Funds Basic Situation of Industrial Enterprise by Region (2021)

单位：万元（10000 yuan）

地 区	Region	研究与试验发展经费内部支出合计 Expenditure for R&D	按活动类型分组 Grouped by Active Type		按支出用途分组 Grouped by Using of Funds			
			应用研究支出 Applied Research Expenditure	试验发展支出 Experiment Development Expanditure	经常费支出 Normal Funds Expenditure	#人员劳务费 Salary	资产性支出 Capital Expenditure	#土建工程 Construction Project
总 计	**Total**	**7391200**	**214395**	**7146637**	**6849997**	**2005619**	**541204**	**19266**
合肥市	Hefei	2252720	45386	2186851	2114554	689634	138166	3893
淮北市	Huaibei	232273	4472	226044	223330	65268	8943	539
亳州市	Bozhou	129955	2656	127300	124742	27845	5213	264
宿州市	Suzhou	137989	2192	135796	122297	35021	15692	923
蚌埠市	Bengbu	299271	3233	296038	283542	84007	15729	557
阜阳市	Fuyang	288184	6397	281787	266643	55929	21541	629
淮南市	Huainan	142766	98895	43871	136225	73710	6541	139
滁州市	Chuzhou	587980	7099	580881	520735	138273	67245	2011
六安市	Luan	199829	772	199058	172158	53783	27671	433
马鞍山市	Maanshan	679477	8036	671235	641143	153769	38334	2261
芜湖市	Wuhu	1259892	18948	1234215	1177071	303954	82821	4429
宣城市	Xuancheng	361230	5488	355742	324319	85336	36911	1748
铜陵市	Tongling	309878	5889	302998	282374	90556	27503	363
池州市	Chizhou	135636	1889	133747	112362	37977	23274	395
安庆市	Anqing	273216	3045	270171	254576	73362	18640	433
黄山市	Huangshan	100905		100905	93926	37195	6979	251

地 区	Region	按资金来源分组 Grouped by Source of Funds			研究与试验发展经费外部支出 Outside Expenditure	#对境内研究机构支出 Foreign Research Instition	#对境内高等学校支出 Demestic University
		政府资金 Govern-ment	企业资金 Enterprise	境外资金 Alien			
总 计	**Total**	**179705**	**7192244**	**14625**	**429336**	**65501**	**36514**
合肥市	Hefei	64058	2175082	12940	216441	29044	7309
淮北市	Huaibei	2572	229691		11163	4712	4234
亳州市	Bozhou	4087	125850		6307	4585	815
宿州市	Suzhou	2668	135170		885	128	496
蚌埠市	Bengbu	9697	287463	271	5971	668	3777
阜阳市	Fuyang	16248	271865		11594	2535	4217
淮南市	Huainan	1820	140935		21676	4475	1054
滁州市	Chuzhou	13814	574080	80	15125	2197	2683
六安市	Luan	4443	195092		7638	522	526
马鞍山市	Maanshan	8430	670674		16066	1975	2365
芜湖市	Wuhu	27720	1231354		84711	8720	3453
宣城市	Xuancheng	10274	349326	1333	8855	952	901
铜陵市	Tongling	1802	308076		12064	3611	1619
池州市	Chizhou	5861	129698		1932	165	371
安庆市	Anqing	4807	268390		6198	1102	1943
黄山市	Huangshan	1405	99499		2711	111	749

19—45 各市工业企业自主知识产权和技术情况（2021年）
Self-owned Intellectual Property Rights and Technology Situation Industrial Enterprise by Region (2021)

地 区	Region	专利申请数（件）Number of Patent Application (unit)	发明专利 Patent of Invention	有效发明专利数（件）Invention Number of Patents Effectively (unit)	发表科技论文（篇）Publish Technical Papers (unit)	拥有注册商标数（件）Registered Trademark Nubmer (unit)
总 计	**Total**	**75058**	**30230**	**78480**	**4264**	**33169**
合 肥 市	Hefei	25312	11906	26563	1724	10713
淮 北 市	Huaibei	1839	822	1175	495	1022
亳 州 市	Bozhou	1571	602	1652	110	2105
宿 州 市	Suzhou	1664	584	1350	24	743
蚌 埠 市	Bengbu	2296	847	3051	119	1297
阜 阳 市	Fuyang	3765	1745	3771	118	2087
淮 南 市	Huainan	1330	359	1179	237	433
滁 州 市	Chuzhou	6225	2264	5244	104	1762
六 安 市	Luan	3388	1077	2711	144	1351
马鞍山市	Maanshan	4659	1860	6012	275	1405
芜 湖 市	Wuhu	10484	3960	14507	404	5448
宣 城 市	Xuancheng	4128	1464	3869	72	1602
铜 陵 市	Tongling	1698	568	2436	233	688
池 州 市	Chizhou	1366	416	925	15	493
安 庆 市	Anqing	3958	1400	3080	167	1113
黄 山 市	Huangshan	1375	356	955	23	907

地 区	Region	形成国家行业标准数（项）National and Industry Standard Number (item)	引进境外技术经费支出（万元）Expenditure on the Introduction of Overseas Technology (10000 yuan)	消化吸收经费支出（万元）Digestion Absorption Funds Experditure (10000 yuan)	购买境内技术经费支出（万元）Expenditure on Purchasing Domestic Technology (10000 yuan)	技术改造经费支出（万元）Technological Transformation Funds Experditure (10000 yuan)
总 计	**Total**	**1774**	**22463**	**8631**	**165425**	**2643079**
合 肥 市	Hefei	629	15317	2267	121194	560881
淮 北 市	Huaibei	46			276	74278
亳 州 市	Bozhou	28			151	5452
宿 州 市	Suzhou	18			52	25586
蚌 埠 市	Bengbu	35		55	1741	35987
阜 阳 市	Fuyang	68			1630	95108
淮 南 市	Huainan	31			1217	176334
滁 州 市	Chuzhou	56	1		1988	156901
六 安 市	Luan	58	333	20	13804	87452
马鞍山市	Maanshan	106	2884	2732	1821	792221
芜 湖 市	Wuhu	199	3776	3371	13378	184326
宣 城 市	Xuancheng	132	146	186	670	36117
铜 陵 市	Tongling	103			224	154559
池 州 市	Chizhou	33	6		22	5867
安 庆 市	Anqing	210			6678	234226
黄 山 市	Huangshan	22			582	17785

19—46 省级以上开发区主要经济指标
Main Economic Indicators of Development Areas above the Provincial Level

项　　目	Item	2015	2020	2021
全区经营（销售）收入　　（万元）	Business (Sales) Income　　(10000 yuan)	314724127	529513697	663560337
规模以上工业营业收入	Industrial Operating Income Above Scale	211910986	284323335	351929509
资质以内建筑业营业收入	Business Income of Construction Industry Within Qualification		39349194	44313077
限额以上批发零售业销售收入	Sales Revenue of Wholesale and Retail Trade Above Quota		88456989	109007104
限额以上住宿餐饮业营业收入	Operating Income of Catering Industry With Accommodation Above Limit		1228492	1740124
房地产业销售收入	Real Estate Sales Revenue		21168530	24528980
规模以上服务业企业营业收入	Business Income of Service Enterprises Above Scale		20663484	28648312
进出口总额　　（万美元）	Total Import and Export　　(USD 10000)	2582213	6173590	8641927
出口额	Export	1938440	3708401	5273854
进口额	Import	643773	2465190	3368073
税收总额　　（万元）	Total Tax　　(10000 yuan)	8909247	20287199	26579286
财政收入　　（万元）	Financial Revenue　　(10000 yuan)	11939449	26878021	30777462
利用外商直接投资情况	Foreign Direct Investments			
当年新批进区外商投资企业　　（个）	Foreign Investment Enterprises Entered this Year(unit)	139	301	315
当年实际利用外商直接投资额　（万美元）	Foreign Direct Investment Amount Actually Used this Year　　(USD 10000)	792249	1389064	1673551
利用内资情况（在建亿元以上项目）	Domestic Investment (Construction project of one hundred million yuan of above)			
项目个数　　（个）	Project Number　　(unit)	1948	3701	4749
到位省外境内资金额　　（万元）	In Place of Domestic Funds Outside the Province　　(10000 yuan)	33644733	91851655	123908399

注：2018年省级以上开发区数量为130家，2017年以前为90家。

a) There will be 130 development zones above the provincial level in 2018 and 90 before 2017.

19—47 部分国家级开发区主要经济指标（2021年）

Main Economic Indicators of Some National Development Zones (2021)

指　　标		Item		合肥高新技术产业开发区 Hefei New High Technology Industry Devlopment District
全区经营（销售）收入	（万元）	Business (Sales) Income	(10000 yuan)	50801049
规模以上工业营业收入		Industrial Operating Income Above Scale		19096611
资质以内建筑业营业收入		Business Income of Construction Industry Within Qualification		6454866
限额以上批发零售业销售收入		Sales Revenue of Wholesale and Retail Trade Above Quota		7264711
限额以上住宿餐饮业营业收入		Operating Income of Catering Industry With Accommodation Above Limit		258784
房地产业销售收入		Real Estate Sales Revenue		1669548
规模以上服务业企业营业收入		Business Income of Service Enterprises Above Scale		7340060
进出口总额	（万美元）	Total Import and Export	(USD 10000)	722990
出口总额		Total Export		571610
进口总额		Total Import		151380
税收总额	（万元）	Total Tax	(10000 yuan)	2487025
财政收入	（万元）	Financial Revenue	(10000 yuan)	3341365
新批进区外商投资企业	（个）	Number of Foreign Funded Enterprises Approved Into Development Areas	(unit)	41
实际利用外商直接投资额	（万美元）	Foreign Direct Investment Amount Actually Used this Year	(USD 10000)	61000
亿元以上省外境内投资项目	（个）	Investment Projects (outside the provice, Above 100 million yuan)	(unit)	60
亿元以上项目到位省外境内资金额	（万元）	Investment Projects of Gaining Fund (outside the province, Above 100 million yuan)	(10000 yuan)	1442000

合肥经济技术开发区 Hefei Economy and Technology Development District	芜湖经济技术开发区 Wuhu Economy and Technology Development District	芜湖高新技术产业开发区 Wuhu New High Technology Industry Devlopment District	蚌埠高新技术产业开发区 Bengbu New High Technology Industry Devlopment District	马鞍山经济技术开发区 Maanshan Economy and Technology Development District	马鞍山慈湖高新技术开发区 Maanshan New High Technology Industry Devlopment District	铜陵经济技术开发区 Tongling Economy and Technology Development District	安庆经济技术开发区 Anqing Economy and Technology Development District	滁州经济技术开发区 Chuzhou Economy and Technology Development District	池州经济技术开发区 Chizhou Economy and Technology Development District
55669493	36162923	15218133	9941315	9240319	6914287	24973827	10975523	16237488	5609965
24132896	19774459	6960316	4368095	4801885	4216530	18988689	6604158	11083427	2417793
5172804	62311	687975	2591331	359870	295012	329000	232338	1583291	763857
19929934	8611021	4184037	1859219	1731868	958266	932772	1244172	2684406	1459572
58800	14552	22532	7039		4906	12804	15902	4747	34930
1638593	164854	601682	210982	266939	36329	221259	91740	607029	200801
1936466	1214405	935415	44478	874498	115163	143858	148741	274588	172017
1793528	656106	42998	37340	53479	57479	672867	105098	284772	45124
1046357	453892	32226	18979	43490	53667	63775	62415	223181	12441
747171	202214	10772	18361	9989	3812	609092	42683	61590	32683
1840600	991387	1364858	394466	321905	258490	253097	1246106	539194	307633
2085247	984892	605499	226583	288365	272055	421036	231929	607072	586601
28	8	6	3	1	2	2	2	3	8
96468	81285	27342	26297	53708	36684	15052	7904	43078	22769
152	84	135	70	62	31	68	38	11	55
2368988	3192010	2010560	1847230	1880042	1428100	2556858	1707751	2119993	867100

19—48 各市省级以上开发区主要经济指标（2021年）
Main Economic Indicators of Development Areas above the Provincial Level by Region (2021)

地　区	Region	全区经营（销售）收入（万元）Business (Sales) Income (10000 yuan)	规上工业营业收入 Industrial Operating Income Above Scale	资质以内建筑业营业收入 Business Income of Construction Industry Within Qualification	限额以上批发零售业销售收入 Sales Revenue of Wholesale and Retail Trade Above Quota	限额以上住宿餐饮业营业收入 Operating Income of Catering Industry With Accommodation Above Limit	房地产业销售收入 Real Estate Sales Revenue	规模以上服务业营业收入 Business Income of Service Enterprises Above Scale	进出口总额（万美元）Total Import and Export (USD 10000)
总　计	**Total**	**663560337**	**351929509**	**44313077**	**109007104**	**1740124**	**24528980**	**28648312**	**8641927**
合肥市	Hefei	213141232	90669632	19528199	43883450	839599	8059826	14080122	3874257
淮北市	Huaibei	14566824	8902075	269645	2743916	20161	157485	305999	162180
亳州市	Bozhou	19733006	9124561	1224618	4620478	66480	2942649	1040595	62928
宿州市	Suzhou	17356746	7946804	1152926	2463802	27912	929818	649283	120008
蚌埠市	Bengbu	23184862	9681260	3955879	2960598	57689	1177123	684401	118688
阜阳市	Fuyang	43366526	23854853	1599639	5218918	92564	2281220	943838	196626
淮南市	Huainan	9693694	4379030	333408	3198033	5791	886963	279369	80260
滁州市	Chuzhou	43641556	32522725	3331718	4783617	67488	2087073	848934	590946
六安市	Luan	23958720	14120465	1615569	2785210	78690	1661881	655476	187218
马鞍山市	Maanshan	42777583	22223153	1286151	5764514	14110	540931	1652213	344385
芜湖市	Wuhu	87998872	48683961	5171797	18634404	96741	967145	3804886	1086284
宣城市	Xuancheng	28994371	18307266	1761982	2116482	48679	934905	696571	265415
铜陵市	Tongling	37429677	26633934	697557	3977218	193077	290605	792308	1064731
池州市	Chizhou	17083755	10956194	1116373	1768820	48224	447038	450173	134282
安庆市	Anqing	31646479	18941498	990072	3325839	71949	690006	1591622	218394
黄山市	Huangshan	8986439	4982100	277542	761806	10972	474315	172521	135325

地　区	Region	出口额 Export	进口额 Import	税收总额（万元）Total Tax (10000 yuan)	财政收入（万元）Financial Revenue (10000 yuan)	新批进区外商投资企业（个）Foreign Investment Enterprises Entered this Year (unit)	实际利用外商直接投资（万美元）Foreign Direct Investment Amount Actually Used this Year (USD 10000)	亿元以上省外境内投资项目个数（个）Investment Projects (outside the provice, Above 100 million yuan) (unit)	亿元以上项目到位省外境内资金额（万元）Investment Projects of Gaining Fund (outside the provice, Above 100 million yuan) (10000 yuan)
总　计	**Total**	**5273854**	**3368073**	**26579286**	**30777462**	**315**	**1673551**	**4749**	**123908399**
合肥市	Hefei	2416534	1457723	7551556	11023291	109	301011	472	12484851
淮北市	Huaibei	150789	11391	587132	557401	4	39474	70	3849707
亳州市	Bozhou	46560	16368	1274078	1195956	5	52586	265	9118590
宿州市	Suzhou	111377	8631	778183	848533	17	87175	308	4736028
蚌埠市	Bengbu	88185	30503	826267	912838	12	91877	228	8064818
阜阳市	Fuyang	157839	38786	1492756	2067024	12	43322	308	7057021
淮南市	Huainan	73494	6766	295942	439168	6	15837	111	2548679
滁州市	Chuzhou	485844	105102	1765108	2174982	19	164920	353	12621881
六安市	Luan	165014	22204	1270109	1392761	18	67883	279	5646505
马鞍山市	Maanshan	237997	106388	1650218	1839477	15	253660	384	12355757
芜湖市	Wuhu	694649	391635	3786988	3145151	40	279190	622	17097553
宣城市	Xuancheng	244026	21389	1399192	1514862	14	139442	415	8597716
铜陵市	Tongling	95527	969205	594107	783054	8	36745	219	4964295
池州市	Chizhou	32709	101574	830923	1202889	11	50384	322	5168698
安庆市	Anqing	154123	64271	2133480	1303582	12	28461	265	7934851
黄山市	Huangshan	119188	16138	343249	376493	13	21583	128	1661448

19—49 合肥国家高新技术产业开发区企业经营状况（2021年）

Enterprises Business of Hefei National Development Zone for New and High-level Technology Industries (2021)

经济类型 Ownership	企业数（家）Enterprises (unit)	总产值（万元）Gross Output Vaue (10000 yuan)	总收入（万元）Total Revenue (10000 yuan)	技术性收入 Technical Revenue	利税总额（万元）Total Pre-tax Profit (10000 yuan)	利润 Profit	出口创汇（万美元）Foreign Exchange Earned Through Export (USD 10000)	年末职工人数（人）Number of Staff and Norkers at Year-end (person)	全员劳动生产率（万元/人）Overall Labor Productivity (10000 yuan /person)
总计 Total	**2967**	**53416266**	**80349717**	**15394420**	**8402429**	**4917546**	**2106592**	**346105**	**232.2**
国有经济 State-owned	71	7189160	15170403	3067385	2531207	2875742	99860	62170	244.0
私营企业 Private	2511	21923202	36584561	5678564	3489766	1212699	936143	188487	194.1
股份制经济 Share Holding	222	7571325	13285013	815058	1264998	485116	288552	63812	208.2
中外合资 Sino-foreign Joint Venture	34	4712472	4709480	438872	151328	80486	207899	12099	389.2
港澳台侨与大陆合资 China-Hong Kong/macao/ Taiwan Joint Venture	10	707012	749205	18119	199453	22164	26477	4375	171.2
港澳台侨独资企业 H.K/Macao/Taiwan Funded	10	10204916	8557093	5318692	582051	150884	529578	10868	787.4
其他经济 Others	109	1108178	1293962	57730	183627	90455	18084	4294	301.3
总计中：三资企业 Joint, Cooperative or Exclusively Foreign-funded Ventures	51	1384354	1240302	568548	116400	22965	11319	27342	45.4

19—50 合肥国家高新技术产业开发区产品概况（2021年）

Products of Hefei National Development Zone for New and High-level Technology Industries (2021)

单位：万元（10000 yuan）

技术领域	Field of Technology	产值 Output Value	年销售收入 Annual Sales Revenue	出口额 Volume of Export
总计	**Total**	**53416266**	**80349717**	**13590677**
电子与信息	Electronics and Information Industry	20787899	27619497	7773163
生物医药技术	Biology and Medicine	6966547	6987308	281658
新材料	New Materials	2364441	3495266	116734
光机电一体化	Photoelectric, Mechanical and Electrical products	7131955	8642137	1873799
新能源高效节能	New Energy Sources and Energy Saving Devices	7403472	10212565	2265712
环境保护	Environmental Protection	330238	587868	4048
航空航天技术	Aviation Technology	5847	8612	119
核应用技术	Nuclear Application Technology	13353	13537	
其他高技术	Other High-level Technology	7724344	14150413	641218
非高技术	Unhigh-level Technology	688168	8632513	634226

注：根据国家外汇交易中心公开的信息可知，在2021年我国人民币与美元的“平均汇率为6.4515。

a) According to the Information released by the State Foreign Exchange Trade System, the average exchange rate between China's RMB and the US dollar in 2021 will be 6.4515.

19—51 全省监督抽查产品质量情况
Results of Sampling Check on Product Quality Under Provincial Supervision

年 份 Year	抽查企业（个） Number of Enterprises Selected (unit)	无不合格品企业数（个） Number of Enterprises Without Products Unqualified	抽 查 产 品 Products Selected in Sampling （类） Number of Types	（种） Number of Kinds	合格产品（批次） Number of Products Qualified (kind)	样品合格率（%） Rate of Sample Products Qualified (%)
2005	16282	12966	12	99	14656	80.59
2010	11459	10154	12	110	12954	90.77
2013	13851	13086	12	134	16397	93.93
2014	2728	2585	8	88	2953	95.26
2015	2291	2181	8	79	2558	96.00
2016	3440	3193	8	86	3476	93.32
2017	3814	3568	7	81	3762	93.72
2018	2699	2608	8	90	2979	96.94
2019	4036	3597	10	109	4064	89.09
2020	3253	3016	10	109	3566	93.57
2021	3188	2954	10	116	3376	93.59

注：根据省政府减轻企业负担的要求，2014年我省对企业产品定检明显减少。

a) According to the requirements of the provincial government to reduce the burden of enterprises, in 2014, the province of enterprise products regular checks were significantly reduced.

19—52 技术市场成交情况（2021年）
Business of Technological Markets (2021)

项 目	Item	成交项目（项） Transaction Projects (item)	成交金额（万元） Transaction Value (10000 yuan)
按卖方分合计	**Seller Total**	**23643**	**17528394**
企业法人	Enterprise Artificial Person	17411	16103043
事业法人	Institution Artificial Person	5881	666329
社团法人	Social Organization Artificial Person	62	3596
自然人	Natural Person	116	12507
机关法人	Agencies & Organization Artificial Person	108	704214
其 他	Others	65	38704
按买方分合计	**Buyer Total**	**22722**	**21748133**
企业法人	Enterprise Artificial Person	18256	17969723
事业法人	Institution Artificial Person	1549	611056
社团法人	Social Organization Artificial Person	33	2472
自然人	Natural Person	41	7538
机关法人	Agencies & Organization Artificial Person	2744	3077150
其 他	Others	99	80195

19—53 三种专利申请授权量
Three Kinds of Patent Applications Granted

单位：项（item）

指　标	Item	2005	2010	2015	2020	2021
申请授权量合计	**Total Applications Authorized**	**1939**	**16012**	**59039**	**119696**	**153475**
发　明	Creations and Inventions	238	1111	11180	21432	23624
实用新型	Utility Models	1072	8839	41094	84609	114415
外观设计	Designs	629	6062	6765	13655	15436
申请受权人情况	**Authorized Person of the Application**					
个　人	Individual	1234	4852	9457	16866	19083
大专院校	Universities and Colleges	85	503	5374	10044	11536
科研单位	Research Institutions	70	364	781	1405	1679
企　业	Enterprises	537	10254	43200	89940	119226
机关团体	Government Agencies and Organizations	13	39	227	1441	1951

19—54 各市三种专利申请授权量（2021年）
Three Kinds of Patent Applications Granted by Region (2021)

单位：项（item）

地　区	Region	申请授权量合计 Total Applications Authorized	发　明 Creations and Inventions	实用新型 Utility Models	外观设计 Designs	申请受权人情况 Authorized Person of the Application: 个　人 Individual	大专院校 Universities and Colleges	科研单位 Research Institutions	企　业 Enterprises	机关团体 Government Agencies and Organizations
总　计	**Total**	**153475**	**23624**	**114415**	**15436**	**19083**	**11536**	**1679**	**119226**	**1951**
合 肥 市	Hefei	53843	9741	39814	4288	4302	5031	1509	42039	962
淮 北 市	Huaibei	4534	588	3723	223	933	142	6	3436	17
亳 州 市	Bozhou	4023	722	2497	804	1105	139		2740	39
宿 州 市	Suzhou	4650	693	3293	664	1185	96	1	3305	63
蚌 埠 市	Bengbu	6453	555	5143	755	1126	624	66	4617	20
阜 阳 市	Fuyang	7600	1234	5014	1352	2018	241	8	5219	114
淮 南 市	Huainan	4280	536	3394	350	940	1029	22	2267	22
滁 州 市	Chuzhou	12380	1377	9695	1308	1244	710	6	10386	34
六 安 市	Luan	6635	631	4981	1023	1393	250	4	4859	129
马鞍山市	Maanshan	9538	1811	7153	574	448	568		8493	29
芜 湖 市	Wuhu	16963	3296	11863	1804	1121	2152	22	13325	343
宣 城 市	Xuancheng	6921	728	5675	518	666	97		6117	41
铜 陵 市	Tongling	3303	359	2704	240	423	47	1	2821	11
池 州 市	Chizhou	2666	187	2123	356	380	105		2159	22
安 庆 市	Anqing	7426	911	5610	905	1503	121	12	5703	87
黄 山 市	Huangshan	2260	255	1733	272	296	184	22	1740	18

主要统计指标解释

普通高等学校

指按国家规定的设置标准和审批程序批准举办的，通过国家普通高等教育招生考试，招收高中毕业生为主要培养对象，实施高等学历教育的全日制大学、独立设置的学院和高等专科学校、高等职业学校及其他普通高教机构。

成人高等学校

指按照国家规定的设置标准和审批程序批准举办的，指通过全国成人高等教育招生考试，招收具有高中毕业或同等学历的人员为主要培养对象，利用函授、业余、脱产等多种形式对其实施高等学历教育的学校。包括职工高等学校、农民高等学校、管理干部学院、教育学院、独立函授学院、广播电视大学、其他成人高教机构等。其他成人高教机构是承担国家成人招生计划任务不计校数的机构。

小学学龄儿童入学率即小学学龄儿童净入学率

指小学教育在校学龄人口数占小学教育国家规定年龄组人口总数的百分比。计算公式为：

小学净入学率＝小学在校学龄人口数/小学校内外学龄人口数×100%

财政性教育经费

包括财政预算内教育经费，各级政府征收用于教育的税费，企业办学校教育经费，校办产业、勤工俭学和社会服务收入用于教育的经费。

研究与试验发展（R&D）

指在科学技术领域，为增加知识总量，以及运用这些知识去创造新的应用进行的系统的创造性的活动，包括基础研究、应用研究、试验发展三类活动。国际上通常采用 R&D 活动的规模和强度指标反映一国的科技实力和核心竞争力。

基础研究

指为了获得关于现象和可观察事实的基本原理的新知识(揭示客观事物的本质、运动规律，获得新发现、新学说)而进行的实验性或理论性研究，它不以任何专门或特定的应用或使用为目的。其成果以科学论文和科学著作为主要形式。用来反映知识的原始创新能力。

应用研究

指为获得新知识而进行的创造性研究，主要针对某一特定的目的或目标。应用研究是为了确定基础研究成果可能的用途，或是为达到预定的目标探索应采取的新方法(原理性)或新途径。其成果形式以科学论文、专著、原理性模型或发明专利为主。用来反映对基础研究成果应用途径的探索。

试验发展

指利用从基础研究、应用研究和实际经验所获得的现有知识，为产生新的产品、材料和装置，建立新的工艺、系统和服务，以及对已产生和建立的上述各项作实质性的改进而进行的系统性工作。

R&D 人员

指参与研究与试验发展项目研究、管理和辅助工作的人员，包括项目（课题）组人员，企业科技行政管理人员和直接为项目（课题）活动提供服务的辅助人员。反映投入从事拥有自主知识产权的研究开发活动的人力规模。

R&D 人员全时当量

指全时人员数加非全时人员按工作量折算为全时人员数的总和。例如：有两个全时人员和三个非全时人员（工作时间分别为 20%、30%和 70%)，则全时当量为 2+0.2+0.3+0.7=3.2 人年。为国际上比较科技人力投入而制定的可比指标。

R&D 经费内部支出合计

指调查单位用于内部开展 R&D 活动（基础研究、应用研究和试验发展）的实际支出。包括用于 R&D 项目（课题）活动的直接支出，以及间接用于 R&D 活动的管理费、服务费、与 R&D 有关的基本建设支出以及外协加工费等。不包括生产性活动支出、归还贷款支出以及与外单位合作或委托外单位进行 R&D 活动而转拨给对方的经费支出。

R&D 经费内部支出中政府资金

指 R&D 经费内部支出中来自各级政府部门的各类资金，包括财政科学技术拨款、科学基金、教育等部门事业费以及政府部门预算外资金的实际支出。

R&D 经费内部支出中企业资金

指 R&D 经费内部支出中来自本企业的自有资金和接受其他企业委托而获得的经费，以及科研院所、高校等事业单位从企业获得的资金的实际支出。

新产品销售收入

指报告期企业销售新产品实现的销售收入。

发明（专利）

指对产品、方法或者其改进所提出的新的技术方案。是国际通行的反映拥有自主知识产权技术的核心指标。

实用新型（专利）

指对产品的形状、构造或者其结合所提出的适于实用的新的技术方案。反映具有一定技术含量的技术成果情况。

外观设计（专利）

指对产品的形状、图案、色彩或者其结合所作出的富有美感并适于工业上应用的新设计。反映拥有自主知识产权的外观设计成果情况。

Explanatory Notes for Major Statistical Indicators

Regular Institutions of Higher Education

refers to the national standards set by the provisions of the approval and approval procedures, through the national general higher education entrance examination, recruiting high school graduates as the main training object, the implementation of higher education full-time university, independent set of colleges and colleges, higher Vocational schools and other general institutions of higher education.

Institutions of Higher Education for Adults

refers to the provisions of the country in accordance with the provisions of the standards and approval procedures approved by the National Adult Higher Education Admissions Examination, to recruit high school graduates or equivalent qualifications as the main training object, the use of correspondence, amateur, full-time and other forms of its implementation Higher education of the school. Including the institutions of higher education for workers, peasant higher schools, management cadres colleges, educational colleges, independent correspondence schools, radio and television universities, other adult higher education institutions. Other adult institutions of higher education are institutions that are responsible for the national adult enrollment program.

The enrollment rate of primary schoolchildren is the net enrollment rate of primary school age children

refers to the percentage of the total number of school-age population in primary school education in primary school age group. The formula is:

Primary school enrollment rate = primary school population of school age population / primary school school age population ×100%

Government Appropriation for Education

refers to State budgetary fund for education, taxes and fees collected by governments at all levels that are used for education purpose, education fund for enterprise-run schools, income from school-run enterprises, work-study programme and social services that are used for education purpose.

Research and Development (R&D)

refers to systematic and creative activities in the field of science and technology aiming at increasing the knowledge and using the knowledge for new application. R&D includes 3 categories of activities: basic research, applied research and experimentation for development. The scale and intensity of R&D are widely used internationally to reflect the strength of S&T and the core competitiveness of a country in the world.

Basic Research

refers to empirical or theoretical research aiming at obtaining new knowledge on the fundamental principles regarding phenomena or observable facts to reveal the intrinsic nature and underlying laws and to acquire new discoveries or new theories. Basic research takes no specific or designated application as the aim of the research. Results of basic research are mainly released or disseminated in the form of scientific papers or monographs. This indicator reflects the innovation capacity for original knowledge.

Applied Research

refers to creative research aiming at obtaining new knowledge on a specific objective or target. Purpose of the applied research is to identify the possible uses of results from basic research, or to explore new (fundamental) methods or new approaches. Results of applied research are expressed in the form of scientific papers, monographs, fundamental models or invention patents. This indicator reflects the exploration of ways to apply the results of basic research.

Experiments and Development

refer to systematic activities aiming at using the knowledge from basic and applied researches or from practical experience to develop new products, materials and equipment, to establish new production process, systems and services, or to make substantial improvement on the existing products, process or services. Results of experiment and development activities are embodied in patents, exclusive technology, and monotype of new products or equipment. In social sciences, experiment and development activities refer to the process of converting the knowledge from basic or applied researches into feasible programmes (including conduct of demonstration projects for assessment and evaluation). There are no experiment and development activities in the science of humanities. This indicator reflects the capability of transferring the results of S&T into technique and products, and measures the realization of S&T in spearheading the economic and social development.

Scientists and Engineers

refer to persons who have completed university or higher education or obtained titles of senior and middle level professional positions.

R&D Personnel

refer to persons engaged in research, management and supporting activities of R&D, including persons in the project teams, persons engaged in the management of S&T activities of enterprises and supporting staff providing direct service to the research projects.

This indicator reflects the size of personnel engaged in R&D activities with independent intellectual property.

Full-time Equivalent of R&D Personnel

refers to the sum of the full-time persons and the full-time equivalent of part-time persons converted by workload. For instance, if there are 2 full-time persons and 3 part-time workers (20%, 30% and 70% of working hours respectively on R&D activities), the full-time equivalent are 2+0.2+0.3+0.7=3.2 person-years. This is an internationally comparable indicator of S&T manpower input.

Total Internal Expenditure of Funds on R&D

refers to the real expenditure of surveyed units on their own R&D activities (basic research, application study, test and development) including direct expenditure on R&D activities, indirect expenditure of management and services on R&D activities, expenditure on capital construction and material processing by others. Excluding the expenditure on production activities, return of loan, and fees transferred to cooperated and entrusted agencies on R&D activities.

Internal Expenditure of Government Funds

refers to the expenditure of funds on R&D activities from government agencies at different levels, including appropriate funds on science and technology from financial departments, scientific funds, operating expenses from education departments and the real expenditure of extra budgetary funds from government agencies.

Internal Expenditure of Funds of Enterprises

refers to the expenditure of funds on R&D activities from self-raised funds of enterprises and funds from other enterprises through entrustment, and the expenditure of funds of institutions, such as institution of scientific research and universities, from enterprises.

Sales Income of New Products

refers to the real sales income of new products of the enterprises at the reporting period.

Patented Inventions

refer to new technical proposals to the products or methods or their modifications. This is universal core indicator reflecting the technologies with independent intellectual property.

Patented Utility Models

refer to the practical and new technical proposals on the shape and structure of the product or the combination of both. This indicator reflects the condition of technological results with certain technical content.

Designs

refer to the aesthetics and industrially applicable new designs for the shape, pattern and colour of the product, or their combinations. This indicator reflects the appearance design achievements with independent intellectual property.

第 二十 篇

Chapter 20

卫生和社会服务

PUBLIC HEALTH AND SOCIAL SERVICES

简要说明

一、本篇主要反映卫生、民政、劳动保障事业的发展情况。

卫生部分主要包括卫生机构、卫生人员、卫生设施，医疗服务，农村和社区卫生、妇幼保健、医疗保障制度等情况。

民政事业和劳动保障统计资料主要包括社会服务企事业机构、人员、床位情况，社会救济情况，社区服务设施和农村社会保障网络情况，婚姻服务情况等情况。

二、卫生部分的资料来自省卫生健康委员会。民政事业和劳动保障统计资料分别由省民政厅、省人力资源和社会保障厅依据统计报表制度整理提供。省人力资源和社会保障厅提供的分市数据，均为老区划口径数据。

Brief Introduction

I. Data in this chapter mainly reflect the development of public health, civil affairs, labor and social security.

The health part mainly includes health institutions, health personnel, health facilities, medical services, rural and community health, maternal and child health care, medical security system and so on.

Civil affairs and labor security statistics mainly include social service enterprises and institutions, personnel, beds, social relief, community service facilities and rural social security network, marriage services and so on.

II. Information for the Ministry of Health comes from the provincial Health Boards. The statistics of civil affairs and labor security are arranged and provided respectively by the provincial civil affairs department and the provincial Human resources and social security Department according to the statistical statement system. Municipal data provided by the provincial Department of human resources and social security are old district data.

20—1 医疗卫生机构数
Number of Health Institutions

单位：个（unit）

年 份 Year	总 计 Total	#医 院 Hospitals	社区卫生服务中心(站) Community Health Service Center (station)	乡 镇 卫 生 院 Township Hospitals	村卫生室 Village Health Room	疾病预防控制中心(防疫站) Disease Prevention and Controlling Center (Epidemic Prevention Station)	专科疾病防治院(所.站) Specialized Disease Prevention and Treatment Canters (stations)	妇 幼 保 健 院(所.站) Maternity and Child Care Centers (stations)	急救中心(站) First-aid Center (station)	卫 生 监 督 所 Health Supervision Centers
2005	32044	683	635	1980	22847	132	54	117	5	41
2010	23019	730	1730	1437	15636	124	50	119	11	110
2013	24645	938	1942	1387	15310	120	50	121	13	113
2014	24824	968	1941	1398	15288	121	48	121	14	113
2015	24853	1018	1930	1382	15295	121	47	121	14	113
2016	24388	1042	1908	1371	15276	121	47	120	14	112
2017	24484	1095	1882	1367	15331	121	48	118	15	113
2018	24926	1140	1891	1365	15317	120	45	120	16	112
2019	26436	1241	1858	1380	15549	119	42	121	15	113
2020	29391	1388	1869	1356	15710	121	43	123	19	105
2021	29554	1338	1814	1347	15630	122	41	126	19	113

20—2 医疗卫生机构人员数
Number of Engaged Persons in Health Institutions

单位：人（person）

年 份 Year	人员合计 Total	卫生技术人员 Medical Technical Personnel	#执业(助理)医师 Licensed (Assistant) Doctors	注册护士 Registered Nurse	每万人口卫生技术人员数 Number of Health Technicians per 10,000 Population
2005	193973	159788	66102	47329	26.11
2010	247493	205403	81097	76550	34.48
2013	353835	253549	98630	103404	42.05
2014	365650	267964	103738	111544	44.05
2015	377387	280768	107792	119303	45.70
2016	390346	296668	113810	128434	47.88
2017	407530	313546	120857	138166	50.13
2018	426851	333492	126782	149703	52.74
2019	454616	361240	138407	163390	56.75
2020	503226	412247	164325	188253	67.56
2021	519677	435334	172670	200980	71.21

注：因《2021国家卫生健康统计调查制度》指标口径调整，卫生技术人员包括从事临床或监督工作并同时从事管理工作的人员（如院长、书记等），口径略大于往年数（下同）。

a) Due to the adjustment of the indicator caliber of 2021 National Health Statistical Survey System, the caliber of health technical personnel includes those engaged in clinical or supervisory work and management work at the same time (such as deans and secretaries), which is slightly larger than the number of previous years (the same below).

20—3 医疗卫生机构、床位、人员数（2021年）
Number of Health Units, Beds and Staff (2021)

指标	Item	机构数（个）Health Institu-tions (unit)	床位数（张）Beds (unit)	人员数（人）Persons Engaged (person)	卫生技术人员 Medical technical Personnel
总计	**Total**	**29554**	**411023**	**519677**	**435334**
医院	Hospitals	1338	318415	314659	273615
综合医院	Comprehensive Hospitals	760	208682	221223	194024
中医医院	Hospitals of Traditional Chinese Medicine	147	46160	43037	38295
中西医结合医院	Hospitals Combined by Medium Doctors	49	5130	5489	4731
专科医院	Specialized Hospitals	342	54313	43381	35482
口腔医院	Stomatological Hospitals	33	546	2266	1825
眼科医院	Ophthalmology Hospitals	57	3985	3836	2903
耳鼻喉科医院	Ear, Nose and Throat Hospitals	5	385	260	241
肿瘤医院	Malignant Tumour Hospitals	8	3264	3659	3209
心血管病医院	Cardiovascular Disease Hospitals	2	365	315	241
妇产(科)医院	Gynecology Hospitals	32	3583	5153	4066
儿童医院	Children's Hospitals	5	1768	2400	2014
精神病医院	Mental Hospitals	71	23327	9183	7522
传染病医院	Infection Hospitals	8	2950	2704	2359
皮肤病医院	Dermatological Hospitals	5	244	362	303
结核病医院	Tubercle Hospitals	1	1110	1138	1035
麻风病医院	Leprosy Hospitals	2	30	14	6
骨科医院	Orthopedic Hospitals	17	2611	2366	2003
康复医院	Rehabilitation Hospitals	28	4854	3862	3182
整形外科医院	Plastic Surgery Hospital	6	280	551	334
美容医院	Cosmetology Hospitals	11	568	964	567
其他专科医院	Other Specialized Hospitals	51	4443	4348	3672
护理院	Nursing Hospitals	40	4130	1529	1083
基层医疗卫生机构	The Basic Medical Institutions	27629	81997	175843	138081
社区卫生服务中心(站)	Community Health Service Center (station)	1814	10153	24659	22526
社区卫生服务中心	Community Health Center	368	10131	14859	13391
社区卫生服务站	Community Health Service Station	1446	22	9800	9135
卫生院	Commune Hospitals	1356	71029	64174	58542
街道卫生院	Hospitals in the Streets	9	348	486	439
乡镇卫生院	Township Hospitals	1347	70681	63688	58103
中心卫生院	Center Hospitals	446	35089	29958	27510
乡卫生院	Rural Hospitals	901	35592	33730	30593
村卫生室	Village Health Room	15630		43823	17054
门诊部	Outpatient Departments	1437	688	20380	18081
诊所、卫生所、医务室	Clinics、Health Institute、Medical Office	7392	127	22807	21878
专业公共卫生机构	Professional Public Health Institutions	466	9574	25179	21039
疾病预防控制中心	Disease Prevention and Controlling Center	122		5925	4869
专科疾病防治院（所、站）	Specialized Disease Prevention and Treatment Canters (stations)	41	1524	2047	1594
健康教育所（站、中心）	Health Education Offices (stations or centers)	5		28	11
妇幼保健院（所、站）	Maternity and Child Care Centers (stations)	126	8044	12758	11029
急救中心（站）	First-aid Center (station)	19	6	549	296
采供血机构	Blood Collecting and Supply Organizations	26		1353	1058
卫生监督所(中心)	Health Supervision Centers	113		2472	2153
计划生育技术服务机构	Birth Control Technical Services	14		47	29
其他卫生机构	Other Health Institutions	121	1037	3996	2599
疗养院	Sanatoriums	8	1037	275	200
医学科学研究机构	Research Institutes of Medical Science	11		272	138
医学在职培训机构	Medical On-the-job Training Organizations	16		242	123
临床检验中心（所、站）	Clinical Testing Center (station)	3		202	171
统计信息中心	Statistical Information Center	5		42	1
其他	Other	78		2963	1966

20—4 医疗卫生机构各类人员数（2021年）

Persons Engaged in Health Care Institutions by Type of Occupation (2021)

单位：人（person）

指标	Item	合计 Total	卫生技术人员 Medical Technical Personnel	执业(助理)医师 Licensed (Assistant) Doctors	注册护士 Registered Nurse	药师(士) Pharmacist	技师(士) Technology Division
总计	**Total**	**519677**	**435334**	**172670**	**200980**	**17102**	**25653**
按经济类型分	**By the type**						
公立	The Male Stands	364770	304732	122738	135384	13177	18531
国有	Countries Have	267619	235727	85303	113630	10131	15056
集体	Sets the Body	97151	69005	37435	21754	3046	3475
非公立	The Public	154907	130602	49932	65596	3925	7122
#联营	United Camp	1958	1551	617	738	70	91
私营	Private	97143	83817	33644	41833	2303	4093
按主办单位分	**According To The Organizer**						
政府办	Set Up by Government	313403	277577	105066	127839	12519	17812
#卫生部门	The Health Sector	310403	275168	104088	126709	12413	17677
社会办	Set Up by Society	110314	74007	33551	31625	2279	4034
个人办	Set Up by Individual	95960	83750	34053	41516	2304	3807

指标	Item	其他 Other	乡村医生和卫生员 Village Doctors and Assistants	其他技术人员 Other Technical Personnel	管理人员 Administrative Personnel	工勤技能人员 Logistics Technical Workers
总计	**Total**	**16813**	**26888**	**21034**	**23847**	**24201**
按经济类型分	**By the type**					
公立	The Male Stands	12792	23310	14853	14977	14093
国有	Countries Have	9497	609	12568	13130	11646
集体	Sets the Body	3295	22701	2285	1847	2447
非公立	The Public	4021	3578	6181	8870	10108
#联营	United Camp	35	157	110	93	100
私营	Private	1942	1423	3808	5224	5487
按主办单位分	**According To The Organizer**					
政府办	Set Up by Government	12236	485	14301	14378	13499
#卫生部门	The Health Sector	12176	485	14125	14074	13318
社会办	Set Up by Society	2510	25577	3045	4665	5404
个人办	Set Up by Individual	2067	826	3688	4804	5298

20—5 各市医疗卫生机构人员数（2021年）
Number of Persons Engaged in Health Institutions by Region (2021)

单位：人（person）

地区	Region	合计 Total	卫生技术人员 Medical Technical Personnel	执业(助理)医师 Licensed (Assistant) Doctors	注册护士 Registered Nurse	药师(士) Pharmacist	技师(士) Technology Division
总计	**Total**	**519677**	**435334**	**172670**	**200980**	**17102**	**25653**
合肥市	Hefei	94585	80756	30830	38723	2792	5343
淮北市	Huaibei	17250	14484	5746	6569	593	837
亳州市	Bozhou	38011	30243	12007	14122	1101	1780
宿州市	Suzhou	39184	32638	14202	14144	1247	1735
蚌埠市	Bengbu	31390	26484	10396	12579	1052	1485
阜阳市	Fuyang	63906	52669	20563	24364	1991	3405
淮南市	Huainan	26806	21936	8193	10417	912	1289
滁州市	Chuzhou	33185	28977	11414	14127	915	1273
六安市	Luan	32956	27170	11683	11444	1123	1591
马鞍山市	Maanshan	18655	15875	6262	7344	638	961
芜湖市	Wuhu	32164	27646	11312	12895	1106	1461
宣城市	Xuancheng	21058	17762	6892	8125	836	1052
铜陵市	Tongling	12455	10441	4183	4722	498	629
池州市	Chizhou	11224	9538	3848	4246	426	528
安庆市	Anqing	34219	28008	11244	12242	1334	1586
黄山市	Huangshan	12629	10707	3895	4917	538	698

地区	Region	其他 Other	乡村医生和卫生员 Village Doctors and Assistants	其他技术人员 Other Technical Personnel	管理人员 Administrative Personnel	工勤技能人员 Logistics Technical Workers
总计	**Total**	**16813**	**26888**	**21034**	**23847**	**24201**
合肥市	Hefei	2783	1705	4957	5656	4101
淮北市	Huaibei	661	550	819	567	1083
亳州市	Bozhou	1082	3929	1337	1074	1908
宿州市	Suzhou	1168	2638	1278	1573	1820
蚌埠市	Bengbu	878	1371	1353	1160	1541
阜阳市	Fuyang	2104	4884	2225	2711	3003
淮南市	Huainan	1027	1329	1487	1361	1515
滁州市	Chuzhou	1060	1849	860	1191	1154
六安市	Luan	1206	2506	958	1873	1319
马鞍山市	Maanshan	564	556	740	748	1008
芜湖市	Wuhu	727	875	1164	1630	1531
宣城市	Xuancheng	727	768	981	894	1140
铜陵市	Tongling	354	609	545	645	497
池州市	Chizhou	419	633	352	546	404
安庆市	Anqing	1475	2245	1628	1644	1436
黄山市	Huangshan	578	441	350	574	741

20—6 各市医疗卫生机构数（2021年）

Number of Medical Health Institutions by Region (2021)

单位：个（unit）

地　区	Region	总　计 Total	#医　院 Hospitals	社区卫生服务中心（站）Community Health Service Center (station)	乡镇卫生院 Township Hospitals	村卫生室 Village Health Room
总　计	**Total**	**29554**	**1338**	**1814**	**1347**	**15630**
合肥市	Hefei	3543	211	185	96	1150
淮北市	Huaibei	897	76	144	28	354
亳州市	Bozhou	2513	86	131	92	1340
宿州市	Suzhou	2114	103	76	108	1219
蚌埠市	Bengbu	1645	109	157	56	935
阜阳市	Fuyang	3154	132	134	160	1805
淮南市	Huainan	1657	83	165	80	848
滁州市	Chuzhou	1911	71	117	94	1058
六安市	Luan	2735	52	156	133	1915
马鞍山市	Maanshan	1057	65	97	38	430
芜湖市	Wuhu	1768	97	136	52	731
宣城市	Xuancheng	1435	59	63	79	832
铜陵市	Tongling	648	31	58	30	367
池州市	Chizhou	1080	40	20	59	614
安庆市	Anqing	2289	89	137	135	1395
黄山市	Huangshan	1108	34	38	107	637

地　区	Region	疾病预防控制中心(防疫站) Disease Prevention and Controlling Center (Epidemic Prevention Station)	专科疾病防治院(所.站) Specialized Disease Prevention and Treatment Canters (stations)	妇幼保健院(所.站) Maternity and Child Care Centers (stations)	急救中心(站) First-aid Center (station)	卫生监督所 Health Supervision Centers
总　计	**Total**	**122**	**41**	**126**	**19**	**113**
合肥市	Hefei	12	6	12	5	11
淮北市	Huaibei	5	1	5	1	2
亳州市	Bozhou	5		5		5
宿州市	Suzhou	6	4	6	1	6
蚌埠市	Bengbu	8	1	9	1	4
阜阳市	Fuyang	9	2	9	1	9
淮南市	Huainan	8	2	10	1	8
滁州市	Chuzhou	9	2	9	1	9
六安市	Luan	8		9		7
马鞍山市	Maanshan	7	2	7	1	7
芜湖市	Wuhu	10	5	9	1	9
宣城市	Xuancheng	8	2	8	1	8
铜陵市	Tongling	3	2	4	1	5
池州市	Chizhou	6	3	4	1	6
安庆市	Anqing	10	9	12	2	9
黄山市	Huangshan	8		8	1	8

20—7 各市医疗卫生机构床位数（2021年）

Number of beds of Medical Health Institutions by Region (2021)

单位：张（unit）

地区	Region	总计 Total	#医院 Hospitals	#综合医院 Comprehensive Hospitals	中医医院 Hospitals of Traditional Chinese Medicine	中西医结合医院 Hospitals Combined by Medium Doctors
总计	**Total**	**411023**	**318415**	**208682**	**46160**	**5130**
合肥市	Hefei	68514	58795	35185	5591	1911
淮北市	Huaibei	13696	10812	7661	1284	
亳州市	Bozhou	27516	18572	11210	4510	706
宿州市	Suzhou	31515	21886	16272	3524	317
蚌埠市	Bengbu	25934	22129	17054	2513	480
阜阳市	Fuyang	55098	40875	24623	6347	30
淮南市	Huainan	19540	15398	11870	1092	
滁州市	Chuzhou	26027	19586	13891	3342	706
六安市	Luan	28320	17931	11114	3584	199
马鞍山市	Maanshan	15269	11401	7807	2087	
芜湖市	Wuhu	27586	23670	15560	3445	160
宣城市	Xuancheng	15901	12194	7220	2177	70
铜陵市	Tongling	9834	8089	5063	725	290
池州市	Chizhou	9246	7622	4922	1340	121
安庆市	Anqing	27267	21782	13674	3739	40
黄山市	Huangshan	9760	7673	5556	860	100

地区	Region	专科医院 Specialized Hospitals	社区卫生服务中心（站） Community Health Service Center (station)	乡镇卫生院 Township Hospitals	专科疾病防治院（所.站） Specialized Disease Prevention and Treatment Canters (stations)	妇幼保健院（所.站） Maternity and Child Care Centers (stations)
总计	**Total**	**54313**	**10153**	**70681**	**1524**	**8044**
合肥市	Hefei	13906	1611	5930	16	1356
淮北市	Huaibei	1867	611	1615	212	426
亳州市	Bozhou	1996	810	7761		367
宿州市	Suzhou	1773	868	8315	55	368
蚌埠市	Bengbu	2082	435	3104	20	228
阜阳市	Fuyang	9335	1436	11901		748
淮南市	Huainan	2380	446	2647	336	695
滁州市	Chuzhou	1647	558	5381	160	324
六安市	Luan	2434	448	8473		1392
马鞍山市	Maanshan	1207	903	1756	24	614
芜湖市	Wuhu	4445	536	2827	280	259
宣城市	Xuancheng	2727	437	2991	20	99
铜陵市	Tongling	2011	300	926	20	460
池州市	Chizhou	1116	30	1356	148	60
安庆市	Anqing	4329	515	4150	233	573
黄山市	Huangshan	1058	209	1548		75

20—8 医疗机构门诊、住院服务情况（2021年）
Outpatient Service of Medical Institution、the Situation of Hospital Service (2021)

机构类别	Institution Category	总诊疗人次数（万人次）Total Number of Patients Treated (10000 person-times)	门、急诊 Out-patients and Emergency Patients	入院人数（人）Hospital Admissions (person)	出院人数（人）Being Out of Hospital (person)	每百门、急诊入院人数（人）Hospital Admissions per 100 Out-patient Times and Emergency Patient-times (person)
总　计	**Total**	**36406.08**	**33653.28**	**9493168**	**9473351**	**4.05**
#医　院	Hospitals	13984.10	13577.62	8317456	8300162	6.13
社区卫生服务中心(站)	Community Health Service Centers	3270.57	2806.56	116017	115676	0.41
卫生院	Commune Hospitals	7210.49	6414.81	851424	850237	1.33
村卫生室	Village Clinics	6603.56	6100.85			
门诊部	Clinics	1420.31	1040.85	2383	2383	0.02
诊所、卫生所、医务室	Clinics、Health Institute、Medical Office	3184.85	3007.20	5	7	
专科疾病防治院（所、站）	Speclalized Disease Prevention and Treatment Centers (stations)	15.84	13.70	11429	11302	8.34
妇幼保健院（所、站）	Maternity and Child Care Centers (stations)	666.21	641.97	193031	192161	3.01
疗养院	Sanatoriums	1.72	1.29	1423	1423	10.99

20—9 重大传染病救治及救助情况
Significant Infectious Diseases Treatment and Rescue Situation

指　　标	Item	2015	2020	2021
重大传染病救治财政投入（万元）	Significant Financial Investment for Treatment of Infectious Diseases (10000 yuan)			
艾滋病	AIDS	1920	4066	2400
结核病	Tuberculosis	810	1150	810
晚期血吸虫病	Advanced Schistosomiasis	2451	2100	2050
重大传染病免费救治（人）	Free Treatment of Major Infectious Diseases (person)			
艾滋病	AIDS	4000	9725	10188
结核病	Tuberculosis	9000	9043	9057
晚期血吸虫病	Advanced Schistosomiasis	4813	4234	4115

20—10 医疗机构病床使用情况（2021年）
Utilization of Hospital Beds at and Above County Level (2021)

机构类别	Type of Hospital	病床周转次数（次）Turnover of Beds (times)	病床工作日（日）Number of Days per Bed in Use in a Year (days)	病床使用率（%）Utilization Rate of Beds (%)	出院者平均住院日（日）Average Hospitalization Period (days)
总　计	**Total**	**25**	**228**	**62.6**	**8.7**
医　院	Hospitals	28	260	71.2	9.0
社区卫生服务中心（站）	Community Health Service Centers	14	103	28.1	5.5
卫生院	Commune Hospitals	14	107	29.3	6.7
专科疾病防治院（所、站）	Speclalized Disease Prevention and Treatment Centers (stations)	8	144	39.5	16.5
妇幼保健院（所、站）	Maternity and Child Care Centers (stations)	27	157	43.1	5.7
疗养院	Sanatoriums	3	66	18.1	20.7

20—11 主要年份医院病床使用情况
Hospital Beds Usage in Main Years

年份 Year	实有床位(张) Hospital Beds (number)	出院人数(人) Patients Discharged from Hosptials (person)	病床周转次数(次) Turnover of Beds (time)	病床工作日(日) Number of Days per Bed in Use in a Year (days)	病床使用率(%) Utilization Rate (%)	出院者平均住院日(日) Average Stay Days in Hospital (day)
2005	82224	1866751	24	251	68.6	10
2010	122171	3718022	31	313	85.9	10
2013	171508	5544366	33	317	86.8	9
2014	187730	8181303	34	320	87.7	9
2015	202713	6502924	34	310	85.0	9
2016	216448	7037582	35	309	84.6	9
2017	233142	7841303	36	315	86.3	9
2018	253264	8227956	34	304	83.3	9
2019	271517	8765828	34	303	83.1	9
2020	317229	8094679	28	264	72.2	9
2021	318142	8300162	28	260	71.2	9

注：自2016年起，部分没有医疗运营的医院病床未参与汇总。

a) Since 2016, some hospital beds without medical operation have not participated in the summary.

20—12 各市医院病床使用情况（2021年）
Hospital Beds Usage by Region (2021)

地区	Region	实有床位(张) Hospital Beds (number)	出院人数(人) Patients Discharged from Hosptials (person)	病床周转次数(次) Turnover of Beds (time)	病床工作日(日) Number of Days per Bed in Use in a Year (days)	病床使用率(%) Utilization Rate (%)	出院者平均住院日(日) Average Stay Days in Hospital (day)
总计	**Total**	**318142**	**8300162**	**28**	**260**	**71.2**	**9**
合肥市	Hefei	58755	1652087	30	281	76.8	9
淮北市	Huaibei	10812	254046	24	247	67.6	10
亳州市	Bozhou	18572	567000	32	267	73.1	8
宿州市	Suzhou	21886	572132	29	253	69.4	9
蚌埠市	Bengbu	22109	597401	28	262	71.8	9
阜阳市	Fuyang	40875	1064385	28	241	66.1	9
淮南市	Huainan	15299	388261	26	253	69.4	9
滁州市	Chuzhou	19586	471388	27	228	62.4	8
六安市	Luan	17931	478717	28	267	73.1	9
马鞍山市	Maanshan	11401	256244	25	246	67.3	9
芜湖市	Wuhu	23670	513118	25	245	67.0	10
宣城市	Xuancheng	12080	340808	29	269	73.8	9
铜陵市	Tongling	8089	181157	23	277	75.8	12
池州市	Chizhou	7622	187372	27	249	68.2	9
安庆市	Anqing	21782	591537	30	290	79.5	10
黄山市	Huangshan	7673	184509	25	249	68.1	10

20—13 主要年份乡镇卫生院病床使用情况
Hospital Beds Usage of Beds of Township Hospitals in Main Years

年 份 Year	实有床位(张) Hospital Beds (number)	出院人数(人) Patients Discharged from Hosptials (person)	病床周转次数(次) Turnover of Beds (time)	病床工作日(日) Number of Days per Bed in Use in a Year (days)	病床使用率(%) Utilization Rate (%)	出院者平均住院日(日) Average Stay Days in Hospital (day)
2005	36873	1177482	36	142	38.9	4
2010	48944	1495925	32	194	53.1	5
2013	49781	1709374	36	228	62.4	6
2014	50871	1706132	35	226	62.0	6
2015	50973	1596190	33	221	60.6	7
2016	51316	1563326	32	221	60.6	7
2017	56560	1718011	33	224	61.2	6
2018	58458	1540988	29	204	55.9	7
2019	60278	1230615	23	175	47.9	7
2020	69165	1065565	17	132	36.3	7
2021	70681	848061	14	107	29.4	7

20—14 各市乡镇卫生院病床使用情况（2021年）
Hospital Beds Usage of Beds of Township Hospitals by Region (2021)

地 区	Region	实有床位(张) Hospital Beds (number)	出院人数(人) Patients Discharged from Hosptials (person)	病床周转次数(次) Turnover of Beds (time)	病床工作日(日) Number of Days per Bed in Use in a Year (days)	病床使用率(%) Utilization Rate (%)	出院者平均住院日(日) Average Stay Days in Hospital (day)
总 计	**Total**	**70681**	**848061**	**14**	**107**	**29.4**	**6.7**
合肥市	Hefei	5930	53626	12	95	25.9	6.4
淮北市	Huaibei	1615	14103	10	87	23.8	6.9
亳州市	Bozhou	7761	150324	21	148	40.6	6.3
宿州市	Suzhou	8315	172547	22	167	45.7	6.5
蚌埠市	Bengbu	3104	24634	9	91	25.0	7.0
阜阳市	Fuyang	11901	132941	11	89	24.3	7.0
淮南市	Huainan	2647	21419	10	78	21.4	4.8
滁州市	Chuzhou	5381	27669	5	57	15.6	7.9
六安市	Luan	8473	157225	21	155	42.4	6.6
马鞍山市	Maanshan	1756	4217	3	71	19.5	15.8
芜湖市	Wuhu	2827	4596	2	28	7.7	7.2
宣城市	Xuancheng	2991	18200	7	95	26.0	11.5
铜陵市	Tongling	926	2618	4	52	14.3	7.7
池州市	Chizhou	1356	11957	12	108	29.6	7.4
安庆市	Anqing	4150	43918	12	83	22.6	5.7
黄山市	Huangshan	1548	8067	6	61	16.7	7.8

20—15 主要年份村卫生室基本情况
The Basic Situation of Health Room in Main Years

年 份 Year	机构数 (个) Health Institu-tions (unit)	按设置、主办单位分 Grouped by Managing Organization 村 办 Set Up by Village	乡卫生院设点 Spot of Township Commune Hospital	联合办 Joint Set Up	私人办 Private Set Up	其 他 Others	乡村医生和卫生员 (人) Rural Doctors and Health Workers (person)	乡村医生 Rural Doctors	卫生员 Health Workers
2005	22847	11339	580	2393	7466	1069	46523	43416	3107
2010	15636	7912	3501	1020	1748	1455	55784	53638	2146
2013	15310	7823	3507	1454	945	1581	51640	48365	3275
2014	15288	7215	3152	1481	947	2493	48261	45217	3044
2015	15295	7192	3182	1484	947	2490	45914	42955	2959
2016	15276	7155	2771	1936	928	2486	43365	40470	2895
2017	15331	7083	2850	1880	900	2618	40869	38000	2869
2018	15317	7106	2965	1849	872	2525	37606	34969	2637
2019	15549	7080	3135	1839	894	2601	35006	32601	2405
2020	15710	7360	2812	2174	829	2535	30776	28791	1985
2021	15630	9169	280	2408	762	3011	26769	25292	1477

20—16 各市村卫生室基本情况（2021年）
The Basic Situation of Health Room by Region (2021)

地 区	Region	机构数 (个) Health Institu-tions (unit)	按设置、主办单位分 Grouped by Setting Up and Managing Organizations 村 办 Set Up by Village	乡卫生院设点 Spot of Township Commune Hospital	联合办 Joint Set Up	私人办 Private Set Up	其 他 Others	乡村医生和卫生员 (人) Rural Doctors and Health Workers (person)	乡村医生 Rural Doctors	卫生员 Health Workers
总 计	**Total**	**15630**	**9169**	**280**	**2408**	**762**	**3011**	**26769**	**25292**	**1477**
合肥市	Hefei	1150	279	1	432	42	396	1699	1621	78
淮北市	Huaibei	354	330		16	3	5	550	550	
亳州市	Bozhou	1340	914	1	254	24	147	3913	3654	259
宿州市	Suzhou	1219	855		144	42	178	2638	2504	134
蚌埠市	Bengbu	935	822		20	8	85	1370	1318	52
阜阳市	Fuyang	1805	1266		110	3	426	4883	4258	625
淮南市	Huainan	848	135	132	244	33	304	1328	1260	68
滁州市	Chuzhou	1058	976	1	41		40	1844	1758	86
六安市	Luan	1915	795		771		349	2503	2458	45
马鞍山市	Maanshan	430	282		3	38	107	556	546	10
芜湖市	Wuhu	731	314	42	60	51	264	867	802	65
宣城市	Xuancheng	832	510	7	22	196	97	767	762	5
铜陵市	Tongling	367	182	70	20	8	87	569	552	17
池州市	Chizhou	614	352	10	20	106	126	615	610	5
安庆市	Anqing	1395	887	9	145	51	303	2227	2203	24
黄山市	Huangshan	637	270	7	106	157	97	440	436	4

20—17 民政行业单位基本情况（2021年）
Basic Conditions of Civil Affairs Agencies (2021)

项　目	Item	单位数 （个） Number of Enterprises (unit)	职工人数 （人） Number of Staff and Workers (person)
民政行政机关	Civil Affairs Administrative Departments	121	2304
提供住宿的社会工作机构	A Social Work Agency That Provides Accommodation	2687	27240
养老机构	Pension Agency	2593	25749
精神疾病服务机构	Mental Illness Services	3	189
儿童福利和救助机构	Child Welfare and Assistance Agency	33	711
其他提供住宿机构	Other Accommodations	58	591
不提供住宿的社会工作机构	A Social Work Agency That Does Not Provide Accommodation	19480	86743
＃社区服务机构和设施	Community Service Agencies and Facilities	19411	86050
民政部门直属康复辅具机构	Rehabilitation AIDS Institutions Directly Under the Civil Affairs Department	1	32
低保服务机构	Subsistence Allowance Service Institutions	23	120
彩票发行机构	Lottery Agency	45	541
社会组织	Social Organization	35615	454299
社会团体	Social Groups	15679	178537
基金会	Foundation	189	1338
民办非企业单位	Private Non-enterprise Units	19747	274424
基层群众自治组织	Community-level Self-governing Organizations	17939	87956
居委会	Residents' Committees	3687	21872
村委会	Village Committee	14252	66084
其他社会服务机构	Other Social Service Agencies	171	3047
婚姻登记服务机构	Marriage Registration Service	30	205
殡葬服务机构	Funeral Services	141	2842
其他事业单位	Other Institutions	22	154

20—18 全省民政服务事业费支出情况
Expenditure on Civil Affairs service in the Province

单位：万元（10000 yuan）

指　标	Item	2005	2010	2015	2020	2021
总　计	**Total**	**250782**	**971558**	**1812234**	**2151615**	**2170805**
社会福利	Social Welfare	8589	48429	183619	459355	500783
社会救助	Social Assistance	106656	543753	987512	1536107	1494942
民政管理事务	Civil Administration	16570	35842	79831	117803	126289
行政事业单位离退休	Retired Administrative Institutions	3770	11670	16394	7917	8971
其　他	Other	5104	47592	44852	30480	39820

20—19 社会福利事业单位基本情况（2021年）
Basic Statistics on Social Welfare Institutions (2021)

项　　目	Item	单位数（个）Number of Homes (unit)	工作人员（人）Number of Staff and Workers (person)	床位（张）Number of Beds (unit)	年末收养人数（人）Number of Persons Housed (person)
提供住宿的法定社会工作机构	A Statutory Social Work Agency That Provides Accommodation	2687	27240	388297	130953
养老机构	Pension Agency	2593	25749	377488	126971
#社会福利院	Social Welfare Home	55	1354	11566	4389
精神疾病服务机构	Mental Illness Services	3	189	315	88
#社会福利医院	Social Welfare Hospital	3	189	315	88
儿童福利和救助保护机构	Child Welfare and Rescue Protection Agency	33	711	5701	2491
#儿童福利机构数	Number of Child Welfare Institutions	28	680	5251	2486
未成年人救助保护中心数	Number of Juvenile Rescue and Protection Centers	5	31	450	5
其它提供住宿机构	Other Accommodation Agencies	58	591	4793	1403

20—20 享受补助、救济人员情况
Persons Receiving Subsidies or Relief Funds

单位：人、元/人月（person、Yuan/man-month）

指　　标	Item	2020	2021
最低生活保障	**Minimum Living Guarantee**	**2181148**	**2085965**
城镇居民最低生活保障人数	Number of Persons Receiving Lowest Cost-of-living in Urban Area	344316	316695
农村居民最低生活保障人数	Number of Persons Receiving Lowest Cost-of-living in Rural Area	1836832	1769270
城市最低生活保障平均标准	Average Standard of Urban Minimum Living Standards	641.1	686.3
农村最低生活保障平均标准	Average Standard of Subsistence Allowances for Rural Residents	634.5	684.9
特困人员救助供养	**Relief and Support for the Poor**	**356894**	**345520**
农村特困人员救助供养	Assistance and Support for Rural Poor People	345670	334386
城市特困人员救助供养	Assistance and Support for Urban Poor People	11224	11134
临时救助	**Temporary Relief**	111178	102061
其他生活救助（传统救助等）	Other Living Assistance (traditional assistance, etc.)	18588	14605

20—21 婚姻服务情况
Number of Marriage and Divorces

指 标		Item		2005	2010	2015	2019	2020	2021
内地居民登记结婚	（对）	Registered Marriages	(couple)	439401	650861	737989	539233	471309	420214
初 婚	（人）	First Marriages	(person)	832838	1038265	1240023	833006	709881	625206
再 婚	（人）	Remarriages	(person)	45964	263457	238179	250100	233739	215860
离 婚	（对）	Divorces	(couple)	57476	109634	181207	250107	237650	150041
离 婚 率	（‰）	Divorce Rate	(‰)	1.77	3.22	5.22	7.04	6.67	4.21

注：本表数据由民政厅、法院提供。

a) The data in this table were provided by Provincial Civil Affairs Department and court.

20—22 各市婚姻服务情况（2021年）
Number of Marriage and Divorces by Region (2021)

地 区	Region	内地居民登记结婚（对）Registered Marriages (couple)	初 婚（人）First Marriages (person)	再 婚（人）Remarriages (person)	登记离婚数（对）Quantity of Registered Divorcing (couple)	离 婚 率（‰）Divorce Rate (‰)
总 计	**Total**	**420533**	**625206**	**215860**	**112228**	**3.15**
省本级	Provincial Level	319	638		51	
合肥市	Hefei	57166	76937	37395	16851	4.28
淮北市	Huaibei	15317	23526	7108	4102	3.75
亳州市	Bozhou	43355	68764	17946	9364	2.80
宿州市	Suzhou	43155	67451	18859	9872	2.99
蚌埠市	Bengbu	23984	33810	14158	7865	4.06
阜阳市	Fuyang	66014	104314	27714	15116	2.81
淮南市	Huainan	20897	29519	12275	6041	3.10
滁州市	Chuzhou	27764	41683	13845	7367	3.24
六安市	Luan	28646	43475	13817	7537	2.57
马鞍山市	Maanshan	12952	17197	8707	4095	3.59
芜湖市	Wuhu	21143	30374	11912	6700	3.45
宣城市	Xuancheng	13163	17294	9032	4962	3.59
铜陵市	Tongling	7480	10601	4359	2233	2.63
池州市	Chizhou	7125	10357	3893	2089	2.59
安庆市	Anqing	25409	39668	11150	5922	2.25
黄山市	Huangshan	6644	9598	3690	2061	2.77

注：本表数据由民政厅提供，离婚人数不包括法院的调解和判决离婚数。

a) Data in this table are provided by provincial department of civil affairs. The number of divorces excludes those mediated and iudged by courts.

20—23 城乡居民最低生活保障情况
Basic Living Allowances for Urban and Rural Residents

年 份 Year	城乡居民最低生活保障 People Receiving Lowest Cost-of-living in Urban and Rural Area			
	城镇低保人数 (万人) Number of Persons Receiving Lowest Cost-of-living in Urban Area (10000 person)	保障金额 (万元) Amount of Money (10000 yuan)	农村低保人数 (万人) Number of Persons Receiving Lowest Cost-of-living in Rural Area (10000 person)	保障金额 (万元) Amount of Money (10000 yuan)
2005	97.72	76012.5	25.12	3594.9
2010	88.40	197149.3	214.62	195417.7
2015	64.67	281671.7	196.33	387606.0
2020	34.43	232200.2	183.68	943603.4
2021	31.67	210046.0	176.93	920214.9

20—24 各市城乡居民最低生活保障情况（2021年）
Basic Living Allowances for Urban and Rural Residents by Region (2021)

地 区	Region	城乡居民最低生活保障 People Receiving Lowest Cost-of-living in Urban and Rural Area			
		城镇低保人数 (人) Number of Persons Receiving Lowest Cost-of-living in Urban Area (person)	保障金额 (万元) Amount of Money (10000 yuan)	农村低保人数 (人) Number of Persons Receiving Lowest Cost-of-living in Rural Area (person)	保障金额 (万元) Amount of Money (10000 yuan)
总 计	**Total**	**316695**	**210046.0**	**1769270**	**920214.9**
合肥市	Hefei	21472	16347.6	133091	92038.1
淮北市	Huaibei	15546	10076.3	35318	19720.6
亳州市	Bozhou	8983	5104.4	225951	103734.3
宿州市	Suzhou	25449	14602.7	240695	118857.3
蚌埠市	Bengbu	22313	15412.5	72134	40400.3
阜阳市	Fuyang	33687	20173.8	294459	144439.2
淮南市	Huainan	20676	14225.8	87164	45727.1
滁州市	Chuzhou	22024	14943.8	109511	58639.1
六安市	Luan	28006	17398.2	177261	90633.0
马鞍山市	Maanshan	22680	15467.4	38202	24157.5
芜湖市	Wuhu	31001	25257.7	62732	35710.2
宣城市	Xuancheng	8816	6098.9	61281	35291.3
铜陵市	Tongling	24290	15634.5	23157	11550.1
池州市	Chizhou	7134	4079.7	47295	21177.8
安庆市	Anqing	17679	10802.5	130024	62352.3
黄山市	Huangshan	6939	4420.2	30995	15786.7

20—25 工伤保险情况
Statistics of Work-related Injury Insurance

单位：人、万元（person, 10000 yuan）

项 目	Item	2010	2015	2020	2021
参保人数	Insurance Population	3594632	5288777	6838599	7180480
农民工人数	Number of Rural Workers	1239885	1464977	1293927	1755964
享受伤残待遇人数	Number of Enjoy Wounded and Disabled Treatment Population	39101	71780	53455	74419
享受工伤保险待遇的职业病人数	Number of Enjoy Industrial Injury Insurance Treatment Population	5407	2606	1662	1931
因工死亡人数	Number of On-duty Deaths	575	610	877	967
供养亲属人数	Number of Support Relatives	4348	11105	13237	13271
基金收入	Fund Revenue	65403	216014	150822	246699
基金支出	Fund Expense	42040	162053	245673	294174
累计结余	Accumulative Surplus	107429	374900	374942	327466
省级调剂金	Provincial Adjustment Funds	9785	40935	41562	39026

20—26 各市职工基本医疗保险情况（2021年）
Basic Medical Insurance for Employees by Region (2021)

地 区	Region	参 保 人 数（人） Insurance Population (person)			基 金（万元） Fund (10000 yuan)			
		合 计 Total	职工小计 Total of Staffs & Workers	退休人员小 计 Total of Retirees	收 入 Income	支 出 Expenditure	累计结余 Accumulative Surplus	个人帐户 Personal Account
总 计	**Total**	**10108438**	**7316496**	**2791942**	**4177990**	**3280748**	**6323500**	**2613906**
合 肥 市	Hefei	2961325	2411063	550262	1477941	1114884	2497772	631595
淮 北 市	Huaibei	459691	277419	182272	214807	156572	301984	200949
亳 州 市	Bozhou	301501	234754	66747	158011	92773	291704	99969
宿 州 市	Suzhou	363831	275908	87923	130338	101551	298558	92866
蚌 埠 市	Bengbu	570352	367436	202916	191177	157149	247443	143547
阜 阳 市	Fuyang	555749	421445	134304	211087	160851	310875	162799
淮 南 市	Huainan	623151	337007	286144	201769	171858	220019	153193
滁 州 市	Chuzhou	576518	434388	142130	218087	161085	382011	198662
六 安 市	Luan	422940	307986	114954	169262	143315	299814	125364
马鞍山市	Maanshan	620365	388638	231727	232177	202264	236910	132963
芜 湖 市	Wuhu	908780	661606	247174	326197	259290	381868	213506
宣 城 市	Xuancheng	468012	347274	120738	185283	149166	232960	97103
铜 陵 市	Tongling	331517	209529	121988	114807	105212	162988	96267
池 州 市	Chizhou	186295	137527	48768	73917	53368	118234	64872
安 庆 市	Anqing	513363	336461	176902	196095	191648	200808	108499
黄 山 市	Huangshan	245048	168055	76993	77037	59764	139552	91753

注：合肥市医疗保险基金收入、支出、累计结余项目中包含省本级相应项目基金。

a) The medcial insurance fund income,expenditure and accumulative suplus of Hefei city including provincial corresponding item fund.

20—27 城镇职工基本养老保险情况

Town Worker is Basic Endowment Insurance

年 份 Year	参保职工 （人） Active Contributors (person) 年末数 Number at the year-end	#企 业 Enterprises	离休、退休退职人员年末人数（人） Retirees at the Year-end (person)	基金收支情况 （万元） Revenue and Expenses (10000 yuan) 基金收入 Fund Revenue	基金支出 Fund Expense	累计可用结余基金 Total Usable Balance
2005	3469852	3383325	1247613	1247813	1052615	590319
2010	4920498	4824616	1774880	3432478	2708340	3529725
2013	5922049	5812695	2191238	6249422	4688128	7454218
2014	5969045	5860399	2323449	6807025	5441083	8820160
2015	6108539	6001183	2466593	7917525	6313752	10423933
2016	6343078	6237503	2579290	8394118	6965752	11852299
2017	7541145	6491344	3228587	10202349	8115654	13938994
2018	7988093	6874864	3429090	21051657	18176103	16814548
2019	8602847	7437652	3566938	16594395	14311418	19045435
2020	9143979	7944079	3691471	15014999	15472778	18587656
2021	10031546	8795815	3810220	19698676	17039419	21246913

注：因试点改革单位口径部分调整，历年数据有部分调整。

a) Due to the partial adjustment of the caliber of the pilot reform unit, the data over the years have been partially adjusted.

20—28 各市城镇职工基本养老保险情况（2021年）

Town Worker is Basic Endowment Insurance by Region (2021)

地 区	Region	参保职工 （人） Active Contributors (person) 年末数 Number at the year-end	#企 业 Enterprises	离休、退休退职人员年末人数（人） Retirees at the Year-end (person)	基金收支情况 （万元） Revenue and Expenses (10000 yuan) 基金收入 Fund Revenue	基金支出 Fund Expense	累计可用结余基金 Total Usable Balance
总 计	**Total**	**10031546**	**8795815**	**3810220**	**19698676**	**17039419**	**21246913**
合肥市	Hefei	2792517	2661103	488942	3580688	1837527	2230235
淮北市	Huaibei	420631	382186	138636	435917	473510	772000
亳州市	Bozhou	392985	314409	112397	482436	440526	112360
宿州市	Suzhou	362979	266704	160249	567514	636348	44174
蚌埠市	Bengbu	549831	482342	228912	517779	864359	28956
阜阳市	Fuyang	487966	350393	206612	785174	829167	70210
淮南市	Huainan	446732	386532	243253	619563	863282	59801
滁州市	Chuzhou	495781	414738	225562	690753	793646	104381
六安市	Luan	363652	272343	182142	624705	690151	95225
马鞍山市	Maanshan	459371	412836	271723	605994	1004124	30101
芜湖市	Wuhu	779820	710758	377898	946282	1224273	47748
宣城市	Xuancheng	592349	535015	207865	539178	621442	330014
铜陵市	Tongling	261947	228483	134942	327451	457293	49152
池州市	Chizhou	184707	150463	70028	244327	252541	11380
安庆市	Anqing	623589	525022	260659	739573	988107	42201
黄山市	Huangshan	283600	243409	98417	305825	377480	22926

注：总计数中含省直数据。

a) Provincial data is contained in the total number.

20—29 主要年份城乡居民参加基本医疗保险情况
Participation of Urban and Rural Residents in Basic Medical Insurance in Major Years

年　份 Year	参保人数（万人） People Participated in Medical Insurance (10000 person)			基金收支情况（万元） Revenue and Expenses (10000 yuan) 基金收入 Revenue		
	城乡居民 Urban and Rural Residents	原城镇居民 Former Urban Residents	原新农合 Former New Rural Cooperative Medical System	城乡居民 Urban and Rural Residents	原城镇居民 Former Urban Residents	原新农合 Former New Rural Cooperative Medical System
2010		931	4750		184683	721088
2012		975	5044		321603	1487170
2013		945	5150		417549	1895768
2014		1017	5191		372422	2129677
2015		974	5191		451113	2551820
2016		840	5121		473304	2854539
2017		1299	4654		802481	2907727
2018		1615	4687		1070620	3178810
2019	5843			4367939		
2020	5753			4763005		
2021	5651			4889463		

年　份 Year	基金收支情况（万元） Revenue and Expenses (10000 yuan) 基金支出 Expenses			累计结余 Balance at Year-end		
	城乡居民 Urban and Rural Residents	原城镇居民 Former Urban Residents	原新农合 Former New Rural Cooperative Medical System	城乡居民 Urban and Rural Residents	原城镇居民 Former Urban Residents	原新农合 Former New Rural Cooperative Medical System
2010		133787	632122		206781	174386
2012		236587	1428581		356475	441263
2013		344626	1775728		402958	550375
2014		326502	2064647		448820	595287
2015		370514	2232031		520002	884885
2016		370684	2549181		592066	1127740
2017		664496	2746777		794527	1078125
2018		1005906	3203518		936516	1178239
2019	4440048			2084462		
2020	4487822			2359645		
2021	4897447			2351661		

注：1．2014年基金收支数据不包含市级统筹单位上解下拨基金收支。

2．2019年原城镇居民和原新农合医保整合为城乡居民基本医疗保险，不再单独区分。

a) 2014 fund balance of payments data does not include the city as a whole unit over financing the fund balance of payments.

b) In 2019, the original urban residents and the original new rural cooperative medical insurance will be integrated into the basic medical insurance for urban and rural residents, and no separate distinction will be made.

20—30 各市城乡居民参加基本医疗保险情况（2021年）
Participation of Urban and Rural Residents in Basic Medical Insurance by Region (2021)

地区	Region	参保人数（人）People Participated in Medical Insurance (person)	基金收支情况（万元）Revenue and Expenses (10000 yuan)				
			基金收入 Revenue	新冠疫苗财政补助 Financial Subsidies for COVID-19 Vaccines	基金支出 Expenses	疫苗清算费用 Vaccine Clearing Costs	累计结余 Balance at Year-end
总计	**Total**	**56510381**	**4889463**	**43738**	**4897447**	**341295**	**2351661**
合肥市	Hefei	5552768	449146		466298		201748
淮北市	Huaibei	1598730	137612	1483	131844	13216	95026
亳州市	Bozhou	5644418	493362	5950	507667	38578	202435
宿州市	Suzhou	5517063	492564	5856	451399	43851	267276
蚌埠市	Bengbu	3024510	269240	3478	280718	24470	175062
阜阳市	Fuyang	8990308	801906	6996	805968	66010	337417
淮南市	Huainan	2812777	176876		194350	20059	204160
滁州市	Chuzhou	3620477	323306	4646	318531	30256	162213
六安市	Luan	4985236	439008	20	393487	3343	188762
马鞍山市	Maanshan	1632666	142484	2027	148734	12181	68407
芜湖市	Wuhu	2887343	256692	3670	257873	25886	149736
宣城市	Xuancheng	2220832	195514	2290	197321	16071	60259
铜陵市	Tongling	1217852	104343	1791	116273	9612	31498
池州市	Chizhou	1329291	116202	1425	129521	11559	34762
安庆市	Anqing	4320098	388451	2401	396795	15212	116093
黄山市	Huangshan	1156012	102758	1705	100670	10991	56808

注：1．合肥市参保人数、基金收入、支出、累计结余项目中包含省本级相应项目基金。
2．淮南市清算新冠病毒及接种费用各级财政补助2021年未入帐，该市当期收入中新冠病毒疫苗及接种费用财政补助金额为0。
3．合肥市新冠病毒疫苗及接种费用均从职工基本医疗保险基金中支出，该市当期收入中新冠病毒疫苗及接种费用财政补助金额和当期支出中新冠疫苗及接种费用清算金额为0。

a) In Hefei City, number of insurance, fund income and expenditure, the accumulative surplus items include in the provincial level corresponding project fund.

b) Huainan City's liquidation of novel coronavirus vaccine and inoculation costs all levels of financial subsidies have not been recorded in 2021, and the amount of financial subsidies for novel coronavirus vaccine and inoculation costs in the current income of the city is 0.

c) Novel coronavirus vaccine and vaccination costs in Hefei are all incurred from the basic medical insurance fund of employees. The financial subsidy amount for novel coronavirus vaccine and vaccination costs and the liquidation amount for new coronavirus vaccine and vaccination costs in the current period of the city's income are 0.

20—31 各市失业保险基本情况（2021年）
Basic Information About Unemployment Insurance by Region （2021）

单位：万人（10000 persons）

地 区	Region	本年参保人数 Contributors This Year 合计 Total	企业 Enterprises	国有企业 State-owned Enterprises	集体企业 Collected-owned Enterprises	事业单位 Institutions
总　计	**Total**	**616.56**	**491.16**	**149.11**	**22.77**	**101.53**
合肥市	Hefei	215.88	186.48	77.10	3.50	12.20
淮北市	Huaibei	26.89	24.10	8.18	0.28	2.79
亳州市	Bozhou	19.82	13.75	3.05	0.31	6.07
宿州市	Suzhou	14.04	8.62	2.02	1.60	5.42
蚌埠市	Bengbu	28.43	20.48	2.93	0.52	7.24
阜阳市	Fuyang	36.69	22.07	7.24	6.19	14.46
淮南市	Huainan	30.17	25.80	13.36	1.22	4.37
滁州市	Chuzhou	27.87	20.19	3.72	1.69	7.36
六安市	Luan	28.02	18.59	4.43	1.89	8.06
马鞍山市	Maanshan	28.80	23.42	4.69	0.80	4.38
芜湖市	Wuhu	56.05	49.46	3.05	0.62	6.30
宣城市	Xuancheng	29.22	23.79	3.64	1.85	5.11
铜陵市	Tongling	17.46	14.00	6.56	1.06	3.47
池州市	Chizhou	11.07	7.93	1.26	0.35	2.90
安庆市	Anqing	32.31	22.98	6.71	0.76	8.38
黄山市	Huangshan	13.85	9.52	1.17	0.13	3.01

地 区	Region	领取失业保险金人数 Beneficiaries of Unemployment Insurance this year	基金（万元）Fund (10000 yuan) 收入 Income	支出 Expenditure	累计结余 Accumulative Surplus
总　计	**Total**	**15.64**	**403863.08**	**265438.92**	**875872.42**
合肥市	Hefei	6.54	139297.54	107896.92	248469.66
淮北市	Huaibei	0.48	19471.32	10103.08	36080.63
亳州市	Bozhou	0.27	17227.43	4956.33	46235.23
宿州市	Suzhou	0.27	11544.81	4604.78	35679.73
蚌埠市	Bengbu	0.91	16650.16	14018.05	20014.00
阜阳市	Fuyang	0.65	21450.33	10375.49	57413.37
淮南市	Huainan	0.64	24160.05	14030.80	70026.96
滁州市	Chuzhou	1.09	19691.53	15135.74	36583.39
六安市	Luan	0.33	17238.81	7149.10	59243.63
马鞍山市	Maanshan	1.36	21497.11	22231.76	29714.26
芜湖市	Wuhu	1.18	30570.04	17603.51	33699.52
宣城市	Xuancheng	0.39	15462.74	8025.71	30811.23
铜陵市	Tongling	0.43	10882.99	7963.86	24928.39
池州市	Chizhou	0.21	6722.44	5960.16	12107.89
安庆市	Anqing	0.59	20586.34	10403.89	37432.57
黄山市	Huangshan	0.31	9352.03	4979.75	27603.66

20—32 城乡居民基本养老保险情况
Situation of Rural and Rural Residents Old-age Insurance

单位：万人、万元（10000 persons, 10000 yuan）

项　目	Item	2015	2020	2021
参保人数	People Participated in	3397	3490	3458
年末领取养老金人数	At the end of the Number of Pensioners	895	915	914
本年基金收入	This Fund Income	1395616	2539796	2947535
个人缴费	Individual Paying	338859	770561	1118448
集体补助	Collective Subsidy	34	122	95
政府补贴	Government Subsidy	1018734	1542018	1584058
利息收入	Interest Income	30684	143974	153071
其他收入	Other Earning	4306	4158	8495
转移收入	Income Transfer	2999	16486	5489
本年基金支出	This Fund Spending	956987	1470826	1571862
养老金支出	Old-age Pension Expenditure	943815	1431601	1532431
其他支出	Other Spending	12036	754	5
转移支出	Transfer Spending	1136	12425	1885
年末基金滚存结余	Fund Blance Year-end	2206120	5886482	7262155

注：自2014年起，对城乡居民基本养老保险情况相关指标进行微调。
a) Since 2014, the basic old-age insurance for urban and rural residents is related indicators for fine-tuning.

20—33 各市生育保险情况（2021年）
Birth Insurance Situation by Region (2021)

地　区	Region	参保人数（人）Insurance Population (person)	#女　性 Female	基金收支情况（万元）Revenue and Expenses (10000 yuan)：待遇支出 Treatment Expenditure
总　计	**Total**	**7008877**	**2873260**	**194998**
合 肥 市	Hefei	2411063	984916	99682
淮 北 市	Huaibei	260837	84670	4602
亳 州 市	Bozhou	234754	90195	5793
宿 州 市	Suzhou	275908	126810	5050
蚌 埠 市	Bengbu	367436	165361	6731
阜 阳 市	Fuyang	383803	175149	7736
淮 南 市	Huainan	337005	115089	5092
滁 州 市	Chuzhou	420108	177543	6102
六 安 市	Luan	261753	102253	6117
马鞍山市	Maanshan	339150	139259	7040
芜 湖 市	Wuhu	570367	226475	14323
宣 城 市	Xuancheng	347274	152856	6465
铜 陵 市	Tongling	209619	83344	4912
池 州 市	Chizhou	137527	58569	2634
安 庆 市	Anqing	297252	121651	8931
黄 山 市	Huangshan	155021	69120	3789

注：合肥市含省直数据。基金收支不包含市级统筹单位上解下拨基金收支。
a) Hefei data was made. Fund more than balance does not include the city as a whole unit over financing the fund balance of payments.

20—34 人力资源服务机构综合情况（2021年）

Human Resources Service Organization Comprehensive Situation (2021)

项　目	Item	公共就业服务机构 Public Employment Service Organization	公共人才服务机构 Public Talented Person Service Organization	国有性质服务企业 State-owned Service Enterprise	私营性质服务企业 Private Service Enterprise
服务机构数（个）	Service Organization (unit)	25	13	63	1551
从业人员人数（人）	Population of Jobholder (person)	356	270	2581	25359
#大专及以下	Junior College and Below	62	104	1679	9433
本　科	Undergraduate Course	283	163	850	15417
硕士及以上	Master and Above	11	3	52	509
#取得职业资格人数	Obtaining Professional Qualification Population	54	21	265	4889
设立固定招聘场所（个）	Fixed Employment Advertise Place (unit)	25	10	57	1631
总资产（万元）	Total Assets (10000 yuan)	4517	1354	408756	9390299
建立人力资源服务网站（个）	Human Resources Service Network (unit)	6	4	32	765
全年营业总收入（万元）	Annual Business Gross Income (10000 yuan)			933471	4326125

注：仅统计县以上机构。

a) Only institutions above the county level are counted.

20—35 人力资源服务业务基本情况（2021年）
Human Resources Service Basic Situation (2021)

项　目		Item		公共就业服务机构 Public Employment Service Organization	公共人才服务机构 Public Talented Person Service Organization	国有性质服务企业 State-owned Service Enterprise	私营性质服务企业 Private Service Enterprise
服务人员总数	(人)	Total of Service Personnel Registration	(person)				
登记要求流动人员	(人)	Nubmer of Registration Requesting Flowing Personnel	(person)				
#大专及以下		Junior College and Below					
本　科		Undergraduate Course					
硕士及以上		Master and Above					
实现就业和流动人数	(人)	Realizing Employment and Flowing Population	(person)	212040	130281	216467	4671527
服务用人单位数	(个)	Number of Service Personnel Units	(unit)	25312	7166	13028	309796
#国有企、事业单位		State-owned Enterprise and Institution		1635	485	3950	20173
私营企业		Private Enterprise Foreign-funded Enterprise		21325	6267	5314	245474
外资企业		Foreign-funded Enterprise		224	52	1961	7278
建立人力资源数据库	(个)	Establishment Human Resources Database	(unit)				
现存数据库求职信息总量	(人次)	Total of Extant Database Seeking Employment Information	(person time)				
#全年入库求职信息		Whole Year Warehousing Seeking Employment Information					
现场招聘服务		Scene Employment Advertise Service					
举办招聘会次数	(次)	Number of Times of Conducting Job Fair	(time)	2993	248	887	13328
#毕业生专场		Graduate Specially		324	240	166	6215
农民工专场		Peasant Laborer Specially		619	8	267	3208
参会用人单位	(家)	Attending the Meeting Employer	(unit)	23551	2355	6291	101294
提供招聘岗位	(个)	Providing Employment Post	(unit)	634884	78671	123615	1923559
参会求职人数	(人)	Attending the Meeting Seeking Employment Population	(person)	216003	61613	301382	2115044
网络招聘服务	(条)	Network Employment Advertise Service	(unit)				
发布岗位信息		Issue Post Information		157457	21175	28001	3941674
发布求职信息		Issue Seeking Employment Information		61345	8301	89538	4271214
劳务(人才)派遣服务		The Service (talented person) to Dispatch to Serve					
派遣单位	(个)	Detached Organization	(unit)	26	7	2704	21237
派遣人员总量	(人)	Total of Detached Personnel	(person)	1621	45	54224	771402
登记要求派遣人数	(人)	Registration Requesting Detached Population	(person)				
人力资源管理咨询		Human Resources Management Consulting					
服务用人单位	(个)	Service Employer Unit	(unit)	3048	3	1048	19015
人力资源外包服务		Human Resources Outsourcing Service					
服务用人单位	(个)	Service Employer Unit	(unit)	2	2	370	19998
流动人员档案管理		Flowing Personnel Record Management					
现存档案数量	(人)	Number of Extant File	(person)	530820	188135	61199	430723
依托档案提供服务	(次)	Depending on the File to Provide Service	(time)	125397	40326	21307	233231
培训服务		Training Service					
举办培训班	(个)	Conducting Training Class	(unit)	586	8	998	12650
参加人数	(人)	Participating Population	(person)	15826	2055	216539	253086
测评服务		Evaluation Service					
测评人数	(人)	Evaluation Population	(person)	40	543	43421	387484
猎头服务		Headhunting Service					
成功推荐人才	(人)	Successful to Recommend Talented Person	(person)	30	20	1340	24158

20—36 各市职业技能评价鉴定综合情况（2021年）

Comprehensive Situation of Vocational Skill Evaluation and Appraisal by Region (2021)

单位：人（person）

地 区	Region	评价机构数（个） Number of Appraisal Institution (unit) 小计 Total	#职业技能等级认定机构 Vocational Skill Rating Agency	#职业技能鉴定机构 Vocational Skill Appraisal Agency	考评人员人数 Number of Evaluation Staff	鉴定考核人数 Appraisal Number of Assessment 小计 Total	初级 Primary	中级 Middle-level	高级 High level
总　计	**Total**	**702**	**588**	**114**	**17867**	**495091**	**149883**	**244269**	**91897**
合肥市	Hefei	182	177	5	5519	123258	28654	74855	17984
淮北市	Huaibei	24	16	8	1064	44499	16476	22186	5220
亳州市	Bozhou	14	9	5	1115	30742	9850	11737	8979
宿州市	Suzhou	14	9	5	322	7953	2863	3263	1596
蚌埠市	Bengbu	28	21	7	732	31374	1040	25312	4484
阜阳市	Fuyang	54	41	13	818	21713	10162	7881	3047
淮南市	Huainan	40	28	12	1355	43276	18244	14740	9318
滁州市	Chuzhou	52	45	7	1252	15642	7215	4185	3859
六安市	Luan	24	19	5	648	24334	15503	5542	3018
马鞍山市	Maanshan	28	19	9	409	28397	15366	8240	3687
芜湖市	Wuhu	30	23	7	795	39111	2267	27287	9006
宣城市	Xuancheng	40	35	5	990	24481	7595	10440	6106
铜陵市	Tongling	18	12	6	495	12134	989	7983	2873
池州市	Chizhou	38	32	6	616	7546	2155	3481	1697
安庆市	Anqing	62	51	11	1115	24594	4840	14228	4999
黄山市	Huangshan	54	51	3	622	16037	6664	2909	6024

地 区	Region	技师 Technician	高级技师 Senior Technician	获取证书人数 Number of Obtaining a Certificate 小计 Total	初级 Primary	中级 Middle-level	高级 High level	技师 Technician	高级技师 Senior Technician
总　计	**Total**	**6955**	**2087**	**435549**	**131643**	**214446**	**82629**	**5539**	**1292**
合肥市	Hefei	1206	559	102265	24072	61428	15548	978	239
淮北市	Huaibei	611	6	39503	13848	20230	5134	287	4
亳州市	Bozhou	165	11	27411	8306	10540	8394	162	9
宿州市	Suzhou	114	117	7115	2676	2820	1455	111	53
蚌埠市	Bengbu	476	62	27694	893	22312	4017	441	31
阜阳市	Fuyang	411	212	19467	8627	7546	2726	400	168
淮南市	Huainan	817	157	37095	16740	12126	7731	432	66
滁州市	Chuzhou	350	33	14791	6780	4055	3642	304	10
六安市	Luan	186	85	21601	14381	4454	2516	186	64
马鞍山市	Maanshan	1036	68	22794	11966	6859	3153	772	44
芜湖市	Wuhu	309	242	35852	2002	25192	8256	233	169
宣城市	Xuancheng	249	91	22512	7183	9828	5223	239	39
铜陵市	Tongling	178	111	10888	880	7319	2355	196	138
池州市	Chizhou	138	75	7164	2128	3190	1640	137	69
安庆市	Anqing	372	155	23675	4728	13680	4843	331	93
黄山市	Huangshan	337	103	15722	6433	2867	5996	330	96

注：本年合肥市数据中包含省直。

a) This year in hefei data contains was made.

主要统计指标解释

医疗卫生机构

指从卫生（卫生计生）行政部门取得《医疗机构执业许可证》《计划生育技术服务许可证》，或从民政、工商、机构编制管理部门取得法人单位登记证书，为社会提供医疗服务、公共卫生服务或从事医学科研和医学在职培训等工作的单位。医疗卫生机构包括医院、基层医疗卫生机构、专业公共卫生机构、其他医疗卫生机构。

医院

包括综合医院、中医医院、中西医结合医院、民族医院、各类专科医院和护理院，不包括专科疾病防治院、妇幼保健院和疗养院，包括医学院校附属医院。

基层医疗卫生机构

包括社区卫生服务中心、社区卫生服务站、街道卫生院、乡镇卫生院、村卫生室、门诊部、诊所(医务室)。

专业公共卫生机构

包括疾病预防控制中心、专科疾病防治机构、妇幼保健机构（含妇幼保健计划生育服务中心）、健康教育机构、急救中心（站）、采供血机构、卫生监督机构、取得《医疗机构执业许可证》或《计划生育技术服务许可证》的计划生育技术服务机构。

其他医疗卫生机构

包括疗养院、临床检验中心、医学科研机构、医学在职教育机构、卫生监督（监测、检测）机构、医学考试中心、农村改水中心、人才交流中心、统计信息中心等卫生事业单位。

卫生人员

指在医疗卫生机构工作并由单位支付工资的人员。包括在编及合同制人员、返聘和临聘本单位半年以上人员（如护士、医师等），不包括离退休人员、退职人员、离开本单位仍保留劳动关系人员、返聘和临聘本单位不足半年人员。多点执业医师一律计入第 1 执业单位在岗职工数，不再计入第 2、3 执业单位在岗职工数。

卫生技术人员

包括执业医师、执业助理医师、注册护士、药师（士）、检验技师（士）、影像技师、卫生监督员和见习医（药、护、技）师（士）等卫生专业人员。不包括从事管理工作的卫生技术人员(如院长、副院长、党委书记等)。

其他卫生技术人员

包括见习医(药、护、技)师(士)等卫生专业人员，不包括药剂员、检验员、护理员等。见习医师(士)指毕业于高中等院校医学专业但尚未取得医师执业证书的医师和医士。

其他技术人员

指从事医疗器械修配、卫生宣传、科研、教学等技术工作的非卫生专业人员。

管理人员

指担负领导职责或管理任务的工作人员。包括从事医疗服务、公共卫生、医学科研与教学等业务管理工作的人员；主要从事党政、人事、财务、信息、安全保卫等行政管理工作的人员。

工勤技能人员

指承担技能操作和维护、后勤保障、服务等职责的工作人员。工勤技能人员分为技术工和普通工。技术工包括护理员(工)、药剂员(工)、检验员、收费员、挂号员等，但不包括实验员、技术员、研究实习员(计入其他技术人员)，经济员、会计员和统计员等(计入管理人员)。

乡村医生和卫生员

指从当地卫生和计生行政部门获得“乡村医生”证书的人员；卫生员是指村卫生室中未获得“乡村医生”证书的人员。

实有床位数

指年底固定实有床位数，包括正规床、简易床、监护床、超过半年加床、正在消毒和修理床位、因扩建或大修而停用床位。不包括产科新生儿床、接产室待产床、库存床、观察床、临时加床和病人家属陪侍床。

城镇居民最低生活保障人数

指在报告期末家庭平均收入在当地规定的最低生活保障线以下的城镇居民数。包括“三无”对象，失业人员和在职、下岗、退休人员等。

农村居民最低生活保障人数

指报告期末在建立农村最低生活保障制度的地区，得到当地政府或集体给予最低生活保障的农业人口家庭人数。

离婚率

指当年离婚人数占户籍人口的比重，计算公式为：

离婚率＝当年离婚人数/户籍人数×1000‰。

社区服务设施数

指报告期末设立的以非营利为目的，为本社区居民服务，特别是为老年人、残疾人、儿童服务的社区服务中心、活动站、服务站、养老院、老年公寓（托老所），残疾人工疗站、残疾儿童日托所、家务服务站、婚姻介绍所等福利性设施以及职工社会保险管理服务的机构数。几种不同类型的社区服务单位，共用一个场所的，只能统计为一个社区服务设施。成为社区服务设施的条件：（1）是独立核算单位；（2）有固定的从业人员；（3）有一定的服务项目；（4）有一定的场所。

城镇职工基本养老保险

1.（参保）职工人数

指报告期末按照国家法律、法规和有关政策规定参加基本养老保险并在社保经办机构已建立缴费记录档案的职工人数，包括中断缴费但未终止养老保险关系的职工人数，不包括只登记未建立缴费记录档案的人数。

2.（参保）离退休人员人数

指报告期末参加基本养老保险的离休、退休和退职人员的人数。

3.基金收入

指根据国家有关规定，由纳入基本养老保险范围的缴费单位和个人按国家规定的缴费基数和缴费比例缴纳的养老保险基金，以及通过其他方式取得的形成基金来源的收入。包括单位和职工个人缴纳的基本养老保险费、基本养老保险基金利息收入、上级补助收入、下级上解收入、转移收入、财政补贴和其他收入。

4.基金支出

指按照国家政策规定的开支范围和开支标准从养老保险基金中支付给参加基本养老保险的个人的养老金、丧葬抚恤补助，以及由于保险关系转移、上下级之间调剂资金等原因而发生的支出。包括离休金、退休金、退职金、各种补贴、医疗费、死亡丧葬补助费、抚恤救济费、社会保险经办机构管理费、补助下级支出、上解上级支出、转移支出、其他支出等。

5.基金累计结余

指报告期末基本养老保险基金收支相抵后的累计余额。

城镇职工基本医疗保险

1.参保人数

指报告期末按国家有关规定参加相应基本医疗保险的人数。

2.基金收入

指由用人单位和个人按照国家规定的缴费基数、缴费比例或缴费标准缴纳的基本医疗保险基金，财政补助资金以及通过其他方式取得的形成基金来源的款项，包括：单位缴纳收入、个人缴纳收入、财政补助收入（含医疗救助补助个人收入）、财政补贴收入、利息收入、其他收入和转移收入等。

3.基金支出

指按照国家政策规定的开支范围和开支标准，从基本医疗保险基金中支付给参保人员的医疗保险待遇支出，包括住院医疗费用支出、门急诊医疗费用支出、个人账户基金支出、其他支出、转移支出等。

4.基金累计结余

指报告期末基本医疗保险基金累计结余金额。

失业保险

1.参保人数

指报告期末按照国家法律、法规和有关政策规定参加了失业保险的城镇企业、事业单位的职工及地方政府规定参加失业保险的其他人员的人数。

2.基金收入

指报告期内筹集的失业保险基金的总额，包括失业保险费收入、利息收入、财政补贴收入、其他收入、转移收入、上级补助收入、下级上解收入。

3.基金支出

指报告期内为保障失业人员基本生活、促进其再就业等支出的基金总额，包括失业保险金支出、医疗补助金支出、丧葬补助金和抚恤金支出、职业培训和职业介绍补贴支出、其他费用支出、其他支出、转移支出、补助下级支出、上解上级支出等。

4.基金累计结余

指报告期末失业保险基金收支相抵后的累计余额。

工伤保险

1.参加保险人数

指报告期末依据国家有关规定参加工伤保险的职工人数和有雇工的个体工商户的雇工数。

2.享受保险待遇人数

指年初至报告期末因工伤或职业病而享受工伤保险待遇的人数。为享受工伤医疗待遇中未评定等级的人数、享受伤残待遇人数以及享受因工死亡待遇人数之和。

3.基金收入

指根据国家有关规定，由参加工伤保险的单位按国家规定的缴费基数和缴费比例缴纳的工伤保险基金，以及通过其他形式取得的形成基金来源的款项。包括：单位缴纳的社会统筹基金收入、财政补贴收入、利息收入、其他收入、转移收入等。

4.基金支出

指按照国家政策规定的开支范围和开支标准从工伤保险基金中支付给参加工伤保险的人员及供养直系亲属工伤保险待遇支出及其他支出。包括工伤医疗费、伤残补助金、工亡补助金、护理费、丧葬补助费、工伤预防费用、职业康复费用和其他支出。

5.基金累计结余

指报告期末工伤保险基金累计结余金额。

Explanatory Notes for Major Statistical Indicators

Medical and Health Care Institutions

refers to the health (health care) administrative departments to obtain "medical institutions permit", "family planning technical service permit", or from the civil affairs, industry and commerce, institutional management and management departments to obtain legal person registration certificate for the community to provide medical services, public Health services or engaged in medical research and medical on-the-job training and other work units. Medical and health institutions include hospitals, primary health care institutions, professional public health institutions, other medical and health institutions.

Hospitals

Including general hospitals, Chinese medicine hospitals, Chinese and Western medicine hospitals, ethnic hospitals, all kinds of specialist hospitals and nursing homes, excluding specialist disease prevention and treatment hospital, maternal and child health centers and nursing homes, including medical college affiliated hospitals.

Health Care Institutions at Grass-root Level

include community health service centers, community health service stations, urban health centers, township health centers, village clinics, outpatient departments and clinics (health centers).

Specialized Public Health Institutions

include centers for disease control and prevention, specialized disease prevention and treatment institutions, women and children care agencies(including women and children health care family planning service center), health education institutions, first aid centers, blood gathering and supplying institutions, health supervision and inspection agencies, and family planning technical service centers that obtained the Certification of Health Care Institution or certification of family planning technical service centers.

Other Medical and Health Care Institutions

including medical centers, clinical testing centers, medical research institutions, medical in-service education institutions, health supervision (monitoring, testing) institutions, medical examination centers, rural water centers, talent exchange centers, statistical information centers and other health institutions.

Health Care Employees

means a person who works in a medical and health institution and is paid by a unit. (Including nurses, physicians, etc.), excluding retirees, retirees, leaving the unit still retain labor relations personnel, re-employment and employment of the unit is not enough Half a year staff. Multi-point practitioners are included in the number of workers in the first practice in the number of workers, no longer included in the first 2,3 units in the number of workers on duty.

Medical Technical Personnel

refer to the professional staff engaged in health care, including licensed doctors, licensed assistant doctors, registered nurses, pharmacists, laboratory technicians, imaging staff, health care supervisors and intern doctors, pharmacists, nurses, and technical personnel, excluding the medical technical personnel engaged in managerial job (e.g. president, vice president and secretary of the party committee etc).

Other health technical personnel

including trainee medical (medicine, nursing, skills) (and), and other health professionals, not including the apothecary, inspector, nurse, etc. Trainee doctors graduated from high school (and) such as college medical professional but not yet get physicians practicing certificate of doctors and healers.

Other technical staff

refers to is engaged in medical equipment and replacement, health education, scientific research, teaching and other technical work of health professionals.

Management personnel

refers to the leadership or management shoulder the task of staff. Including medical services, public health, medicine, scientific research and teaching personnel for the management of the business such as; Mainly engaged in the party and government, personnel, finance, information, security and other administrative work.

Those logistics skills personnel

means for skills operation and maintenance, logistics, services and other staff duties. Those logistics skills staff divided into technical and direct labor. Technology including caregivers (engineering), apothecary (work), the analyst, cashier, registered member, etc., but does not include laboratory technician, technician, research assistant (included in the other technicians), economy, accountant and statistician (included in the management personnel).

Rural doctors and medical corpsman

from the local health and family planning administrative department of personnel to obtain "country doctor" certificate; Medics refers to not get "country doctor" certificate in village clinics.

Actual data

refers to the fixed end of actual data, including regular bed, simple bed, guardianship, more than half a year, an additional disinfection and repair, because of the expansion or overhaul and stop using bed. Not including obstetrics bed of newborn babies, delivery room to look obstetric table, inventory bed, bed, temporary extra bed and escort, the bed of the patient's family.

Minimum living allowances for urban residents

refers to the number of those whose average family income is below a minimum local standard by the end of the reporting period, including both the employed and unemployed, laid off and retired, and those jobless people without stable residence or valid IDs.

Number of Rural Residents Entitled to Minimum Living Allowances

refers to the number of those receiving the minimum living allowances from the local government or community in the rural areas where this allowances system is in place as of the end of the reporting period.

The divorce rate

Refers to the number of divorce proportion of the population, the calculation formula is:

Divorce rate = the number of divorce, the household registration number * 1000 ‰.

Number of Service Facilities in Communities

refers to the number non-profit welfare facilities set up community residents' in particular the community-based centers that serve senior citizens, the handicapped or children, recreational centers, service centers, nursing homes, apartments for the elderly (nursery for the aged), work and treatment stations for the handicapped, day-care centers for handicapped children, domestic help agencies and dating services, as well as social insurance management agencies for the employees. Different types of community service providers that share the same premise are regarded as one community service facility. The requirements for a social service facility of communities include: (1) independent accounting; (2) fixed employees; (3) provision of certain services; and (4) with certain places.

Basic old-age insurance for urban workers

1. Number of staff and workers covered

refer to staff and workers participating in the basic pension insurance programme according to national laws, regulations and related policies at the end of the reference period, who have already had payment records in social security management agencies, including those who have interrupt payment without terminating the insurance programme. Those who have registered in the programme but with no payment records are not included.

2. Number of retirees participating in the basic pension insurance programme

refer to the number of retirees participating in basic pension insurance programmes by the end of the reference period.

3. Revenue of the basic pension insurance programme

refers to payments made by employers and individuals participating in the pension insurance programme in accordance with the basis and proportion stipulated in State regulations, and income from other sources that become source of pension insurance fund, including the premium paid by employers and staff and workers, interest income, subsidies from higher level agencies, income as transfer from subordinate agencies, transferred income, government financial subsidies and other income.

4. Expenditure of basic pension insurance programme

refer to payment made on pensions and funeral subsidies to those retired and resigned people covered in pension insurance programmes according to related national policies on scope and standard of expenditure. Also included are expenditure which arises due to shift of the insurance relationship or adjustment of funds among agencies. More specifically, included are pensions for resigned people, pensions for retired people, pension for people quitting jobs, various subsidies, medical fees, funeral subsidies, compensation payments, management fees for social security agencies, expenses on subsidies to lower subordinates, expenses as transfer to agencies at higher level, transferred expenditure and other expenditure.

5. Balance of basic pension insurance programme

refers to the balance of basic pension insurance funds at the end of the reference period after deducting expenses from revenue.

Basic medical insurance for urban workers

1. Number of people participating in the insurance programme

refers to people participating in the basic medical care insurance programme according to related regulations as at the end of reference period.

2. Revenue of the insurance programme

refers to payments made by employers and individuals participating in the medical care insurance programme in accordance with the basis and proportion stipulated in State regulations, and income from other sources that become source of medical insurance fund, including income paid by units, individual paid income, financial assistance's income (including individual income from medicaid), financial subsidies' income, interest income, transfer income and other income.

3. Expenditure of the insurance programme

point to the expenditure scope that sets according to national policy and expenditure standard, the treatment of medical treatment insurance that pays in fund of insurance of primary medical treatment to ginseng protect personnel defray, include defray of medical treatment charge of charge of medical treatment of be in hospital, door emergency treatment, individual account fund defray, other defray, transfer defray.

4. Balance of the basic medical care insurance programme

refers to the balance of medical care insurance funds at the end of the reference period.

Unemployment Insurance

1. Number of people covered

refers to staff and workers in urban enterprises or institutions who have participated in the unemployment insurance programme according to relevant policies and regulations, and other people who have participated according to local government regulations, as at the end of reference period.

2. Revenue of the unemployment insurance programme

refers to the total unemployment insurance funds raised in the reference period, including unemployment insurance premium, interest income, financial subsidies, other income, transferred income, subsidies from higher level agencies and income as transfer from subordinate agencies..

3. Expenditure of the unemployment insurance programme

refers to total expenses during the reference period to guarantee the basic livelihood of unemployed people, and to encourage their re-employment. Included are unemployment relief, medical fees, funeral subsidies, compensation payments, training expenses, management fees for unemployment insurance agencies, subsidies to lower level agencies, expenses as transfer to higher level agencies, transferred expenditure and other expenditure.

4. Balance of the unemployment insurance programme

refers to the balance of revenue of the programme after deducting expenses at the end of the reference period.

Work Injury Insurance

1. Number of people covered

refers to staff and workers who have participated in the work injury insurance programme and number of employees in private business according to relevant national regulations at the end of the reference period.

2. Number of beneficiaries

point to the total amount of the unemployed insurance fund that raises money inside report period, include income of unemployment insurance premium income, accrual income, fiscal allowance income, other income, transfer income, income of upper allowance, lower solution income.

3. Revenue of the work injury insurance programme

refers to payments made by employers participating in the work injury insurance programme in accordance with the basis and proportion stipulated in State regulations, and income from other sources that become source of work injury insurance fund, including income of social comprehensive funds paid by employers, government financial subsidies, interest income and other income.

4. Expenditure of the work injury insurance programme

refers to payments made from work injury insurance funds to those who participated in the work injury insurance programme and their direct dependents within the scope and standards of expenditure according to related national policies, and other expenditure, including medical fees for work injury, injury and disability subsidies, death subsidies, nursing fees, funeral subsidies, injury prevention fees, occupational rehabilitation fees and other expenditure.

5. Balance of the work injury insurance programme

refers to the balance of the work injury funds at the end of the reference period.

Maternity Insurance

1. Number of people covered

refers to people who have participated in the maternity insurance programme according to relevant regulation at the end of the reporting period.

2. Number of enjoying insurance

refers to people of sum who enjoy treatment of inductrial injury insurance, medical treatment for not rating work-related injuries , the disability beneficiaries and the worker death and treatment at the beginning of the year to the end of the reporting period.

3. Revenue of maternity insurance

refers to payments made by employers participating in the maternity insurance programme in accordance with the basis and proportion stipulated in State regulations, and income from other sources that become source of maternity insurance fund, including income of funds paid by employers, interest income ,transfer income and other income.

4. Expenditure of the maternity insurance programme

refers to payments made from maternity insurance funds to staff and workers who participate in the maternity insurance programme within the scope and standards of expenditure in accordance with related national policies, expenses paid for pregnancy, child delivery or surgeries related to family planning, and other expenditure, including allowance for child bearing, medical fees and other expenditure.

5. Balance of the maternity programme

refers to the balance of the maternity insurance funds at the end of reference period.

第二十一篇

Chapter 21

文化和体育

CULTURE AND SPORTS

简要说明

一、本篇主要反映文化、体育、新闻出版、广播电影电视事业的发展情况。

文化部分主要包括艺术表演团体、艺术表演场所、公共图书馆、文化馆、文化站、广播、电视、新闻出版以及文物等文化事业的机构、人员、经费和业务活动情况。体育部分主要包括群众体育和竞技体育，主要内容有体育系统职工情况，竞技体育成绩，群众体育活动等情况。

二、根据各部门制定的统计报表制度汇总加工整理而成。艺术业、图书馆业、群众文化服务业的资料主要来自省文化旅游厅；文物资料来自省文物局；广播、电视、新闻出版资料来自省新闻出版局；体育部分的资料来自省体育局。

Brief Introduction

I. Data in this chapter mainly reflect the development of culture; sports; news and publication; and radio broadcasting, films and television.

Data on culture cover mainly the situations on institutions, personnel and business activities of cultural undertakings including arts performing groups and performance venues; public libraries; museums; cultural centres; archives; cultural stations; broadcasting; films; television; news and publication; and cultural relics. Data on sports cover mass sports (sports for all) and athletic sports, including mainly the number of staff and workers in sports departments, number of stadiums and gymnasiums, achievements in athletic sports events, mass sports activities and the international exchanges of sports delegations.

II. According to the statistical statement system formulated by various departments, it is summarized and processed. The materials of art industry, library industry and mass cultural service industry mainly come from the provincial department of culture and Tourism; Cultural relics data from the provincial bureau of Cultural Heritage; Radio, television, press and publication materials from the provincial Press and Publication Bureau; The information of sports comes from provincial sports bureau.

21—1 文化艺术和文物事业机构、人员情况（2021年）
Number of Institutions and Personnel in Culture, Art and Cultural Relies (2021)

机构类别	Category of Institution	机构数（个）Number of Institutions (unit)	从业人员（人）Number of Persons Engaged (person)
文化及相关产业	**Culture and Relative Industry**	**14588**	**84792**
艺术业	Art Industry	2976	42914
艺术表演团体	Art Performance Troupes	2870	41314
话剧、儿童剧、滑稽剧团	Drama, Children's Play and Comedy Troupes	10	303
歌舞、音乐类	Song and Dance, Musicals	189	3871
京剧、昆曲类	Peking Opera and Kunqu Opera	7	609
#京　剧	Beijing Opera Troupes	7	609
地方戏曲类	Local Opera	1289	14992
杂技、魔术、马戏类	Acrobatics, Magic and Circus	452	5957
曲艺类	Folk Arts	149	2134
综合性艺术表演团体	Comprehensive Art Performing	773	13436
其　他	Other	1	12
艺术表演场所	Art Centers	106	1600
#剧场、影剧院	Theaters and Music Halls	48	1073
图书馆事业	Library Business	133	1622
群众文化事业	Mass cultural undertakings	1628	6141
省级文化馆、群众艺术馆	Provincial Cultural Center, Mass Art Museum	1	37
市级文化馆、群众文化馆	Municipal Cultural Centers, Mass Cultural Centers	17	297
县、市文化馆	County and City Cultural Centers	105	1149
文化站	Cultural Stations	1505	4658
#乡镇文化站	Township Cultural Stations	1276	4027
文化部门教育机构	Cultural sector Educational Institutions	4	85
文艺科研	Literary and Scientific Research	10	118
文化科技研究	Cultural Science and Technology Research	3	39
综合性艺术研究	Comprehensive Artistic Research	3	21
地方戏艺术研究	Local Opera art Research	3	51
其他科研机构	Other Scientific Research Institution	1	7
文化市场经营单位	Cultural Market Management Unit	9525	29903
文物业	Total of Cultural Relic Organization	312	4009
文物机构合计	Total Heritage Institutions	89	537
#文物保护管理机构	Cultural Relic Protection Management Organization	79	400
文物科研机构	Scientific and Research Historical Relics Agency	1	53
博物馆合计	Museums	223	3472
艺术类博物馆	Art Museum	21	182
综合性博物馆	Comprehensive Museum	95	1663
历史类博物馆	History Class Museum	67	1038
自然科技类博物馆	Natural Science and Technology Museum	8	111
其它博物馆	Other Museum	32	478

注：艺术事业机构数，包括非公有制艺术表演团体及场所。

a) Number of art institutions, including the non-public sectors of the performing arts groups and places.

21—2 艺术表演团体演出情况（2021年）
Basic Statistics on Performance of Art Troupes (2021)

种　类	Item	演出场数（场）Number of Performances (shows)	到农村演出 Shows in Rural Areas	国内演出观众人数（千人次）Number of Audience While Perfoming at Home (1000 person-times)
总　计	**Total**	**407700**	**302400**	**61191**
国有剧团	Troupes Sponsored by State-owned Units	8000	4900	3514
集体经营剧团	Troupes Sponsored by Collective Units	200	200	164
其　他	Other	399400	297200	57513
按剧种分	**Art Troupes**			
话剧、儿童剧、滑稽剧团	Drama, Children,s Play and Comedy Troupes	300	100	64
歌舞、音乐类	Song and Dance, Musicals	15400	10500	2462
京剧、昆曲类	Peking Opera and Kunqu Opera	600	100	250
#京　剧	Beijing Opera Troupes	600	100	250
地方戏曲类	Local Opera	74500	59000	21048
杂技、魔术、马戏类	Acrobatics, Magic and Circus	189100	148500	13864
曲艺类	Folk Arts	15700	11400	2549
综合性艺术表演团体	Comprehensive Art Performing	112000	72800	20949
其　他	Other	100		5

注：演出场数包括非公有制企业数据。
a) Doing a including non-public enterprise data.

21—3 群众艺术馆、文化馆站业务活动及经费情况（2021年）
Basic Statistics on Activities and Expenditures of Mass Art Centers and Cultural Centers (2021)

项　目	Item	总　计 Total	群众艺术馆、文化馆 Mass Art Centers Cultural Centers	文化站 Cultural Stations
单位数（个）	Number of Units (unit)	1628	123	1505
举办展览（个）	Exhibition (unit)	5943	1223	4720
组织文艺活动（次）	Art Performances and Story-telling Sessions (times)	45064	8700	36364
举办训练班	Training Coirses			
班　次（次）	Number of Classes (times)	33019	15911	17108
培训人次（万人次）	Training People (10000 person-times)	178	67	111
群众艺术馆、文化馆负责指导单位	Units Responsible for Guiding Mass Art Centers and Cultural Centers			
馆办文艺团体（个）	Literature Groups Hold by Art and Cultural Buildings	473		
群众业余演出团、队（个）	Part-time Art Groups (unit)	14625		
总支出（万元）	Total Expenditures (10000 yuan)	67590	37213	30377

21—4 公共图书馆业务活动及经费情况（2021年）
Facilities, Services and Expenditures of Public Libraries (2021)

项　目	Item	总　计 Total	省级公共图书馆 Public Libraries at Provincial Level	地市级公共图书馆 Public Libraries at Prefectural Level	县级公共图书馆 Public Libraries at County Level
公共图书馆（个）	Number of Public Libraries (unit)	133	1	23	109
总藏量（万册）	Total Collections (10000 volumes)	3770	389	1141	2240
#本年新增藏量	New Reserves This Year	245	14	74	157
图　书	Books	3356	316	1036	2005
古　籍	Ancient Works	63	35	16	12
报　刊	Newspapers and Periodicals	189	37	65	88
开架书刊	Open Books and Periodicals	2204	107	790	1307
实际持证读者数（千个）	Actual Number of Cardholder Readers (1000 unit)	3677	267	1733	1677
图书流通情况	Circulation of Books				
总流通人次（万人次）	Total Number of Circulation (10000 person-times)	4099	176	1859	2064
书刊文献外借册次（万册次）	CeCi Borrow Books and Literature (10000 volume-times)	2281	107	778	1396
为读者服务举办各种活动	Service Activities Provided for Readers				
次　数（万次）	Number of Activities (10000 times)	0.98	0.04	0.32	0.62
参加人数（万人次）	Number of Readers Involved (10000 person-times)	362.69	5.83	108.31	248.55
总支出（万元）	Total Expenditures (10000 yuan)	43031	6312	17560	19159
#基本支出	Basic Expenditures	24569	4624	8646	11299
#新增藏量购置费	The New Inventory Purchase Expense	5466	709	2392	2366
公用房屋建筑面积（万平方米）	Floor Space of Public Buildings (10000 sq.m)	64	4	24	36
#书　库	Stack Rooms	11.06	0.87	4.24	5.95
阅览室	Reading Rooms	22.48	0.97	8.95	12.56
阅览室坐席数（个）	Seating Capacity of Reading Rooms (unit)	50833	1545	19260	30028

注：总藏量不包括电子图书。
a) A total does not include electronic books.

21—5 博物馆、文物机构业务活动及经费情况（2021年）
Facilities, Services and Expenditures of Museums and Cultural Relic Agencies (2021)

项　目	Item	文物保护管理机构 protection and Management Agencies	文物科研机构 Scientific and Research Historical Relics Preservation	其他文物机构 Other Agencies	博物馆 Museums
藏　品（件）	Number of Units (unit)	34853	19497		925034
#一级品	Number of Exhibitions (unit)	219	27		6608
业务活动	Art Performances and Story-telling Sessions				
陈列展览（个）	Training Courses (unit)	20			1302
参观人次（万人次）	Number of Classes (10000 person-times)	100			1962
#未成年人	Minors	21			520
总支出（万元）	Total Expenditures (10000 yuan)	18326	7151		68133
#基本支出	Basic Expenditures	7725	1334		26744

21—6 全省档案事业基本情况（2021年）
Provincial Archives Cause Basic Situation (2021)

项　目		Item		合计 Total	国家综合档案馆 National Comprehensive Archives	国家专门档案馆 National Special Archives	部门档案馆 Departmental Archives	企业档案馆 Enterprise Archives	事业单位档案馆 Archives of Institutions
档案馆个数	**（个）**	**Number of National Archives**	**(unit)**	**163**	**125**	**16**	**4**	**4**	**14**
建筑面积	**（万平方米）**	**Floor Space of Building**	**(10000 sq.m)**	**70.02**	**62.10**	**4.56**	**0.66**	**0.56**	**2.13**
馆藏档案情况		**Files Colllected in Archives**							
纸质档案		Paper Files							
全　宗	（个）	Full Archives	(unit)	15732	15503	155	4	35	35
案　卷	（千卷）	Records	(1000 rolls)	30573.06	25548.40	2050.00	1975.37	339.28	660.02
新中国成立前档案		Archives Before the Founding of New China		95.72	94.99	0.02	0.04	0.33	0.35
新中国成立后档案		Archives After the Founding of New China		30477.35	25453.41	2049.98	1975.32	338.95	659.67
以件为保管单位档案	（千件）	Documents Shall Be the Archives of The Storage Unit	(1000 piece)	31113.94	29188.37	29.11	114.29	192.86	1589.31
新中国成立前档案		Archives Before the Founding of New China		76.53	76.46	0.01			0.06
新中国成立后档案		Archives After the Founding of New China		31037.41	29111.91	29.10	114.29	192.86	1589.25
录音磁带、录像磁带、影片档案	（千盘）	Audio Tape, Video Tape, Film Archive	(1000 disc)	32.85	27.67	2.00	0.49	1.43	1.25
照片档案	（千张）	Photo Archives	(1000 rolls)	1409.96	465.01	497.65	2.04	157.85	287.41
实物档案	（千件）	Physical File	(1000 piece)	141.50	66.88	0.23	0.37	7.07	66.95
档案利用情况		**File Utilization**							
本年利用档案人次	（人次）	Persons Using Files in the Yeai	(person-times)	340967	277809	9508	24437	5755	23458
本年利用资料人次	（人次）	Persons Using Datas in the Yea	(person-times)	5401	4790	178		65	368
本年利用档案数量	(万卷件次)	Files Used in the Year	(10000 roll.times)	110.86	92.82	5.44	3.82	2.45	6.33
本年利用资料数量	（册次）	Datum Used in the Year	(volume-times)	12535	11128	253		159	995
本年编研档案、资	（万字）	Files and Data Prepared and Studied in the Year	(10000 Chinese characters)	4051.19	3272.30		100.00	13.69	665.20

资料来源：安徽省档案局。

Source: Anhui Municipal Bureau of Archives.

21—7 广播、电视事业发展情况
Basic Statistics on Broadcasting and Television Stations

指 标		Item		2020	2021
职工人数	(人)	Number of Staff and Workers	(person)	27846	27329
广播电视台	(座)	Broadcasting and TV Station	(set)	78	78
省级广播电视台		Provincial Broadcasting and TV Station		1	1
市级广播电视台		City Broadcasting and TV Station		16	16
县级广播电视台		County Broadcasting and TV Station		61	61
中波发射台及转播台	(座)	Number of Broadcast Transmission Stations and Relaying Stations	(set)	23	23
中波发射机功率	(千瓦)	Broadcast Power of Transmitters	(kw)	1407	1383
广播人口覆盖率	(%)	Listener Rating	(%)	99.93	99.94
调频电视发射台及转播台	(座)	FM TV Station and Broadcast Station	(set)	104	105
调频发射机功率	(千瓦)	Frequency Modulation Transmitter Power	(kw)	728.10	699.40
电视发射机功率	(千瓦)	Power of Trandmitters	(kw)	749.17	520.00
电视人口覆盖率	(%)	Viewer Rating	(%)	99.90	99.92

21—8 广播、电视覆盖率
Listeners and Viewers Rate

指 标	Item	覆盖人口（万人）Covered Population (10000 persons)		覆 盖 率 (%) Covering Ratio (%)	
		2020	2021	2020	2021
广 播	**Broadcasting**	**7114.65**	**7112.37**	**99.93**	**99.94**
中央台节目	Program I of China National Broadcasting	7097.62	7095.31	99.69	99.70
省级台节目	Program I of Provincial Broadcasting	7102.26	7099.95	99.76	99.76
地市级台节目	Program I of Prefectural (city) Broadcasting	6992.68	6990.30	98.22	98.22
县级台节目	Programs of County Broadcasting	4897.94	4967.21	68.80	69.79
电 视	**Television**	**7112.60**	**7110.91**	**99.90**	**99.92**
中央台节目	Relaying Program I of CCTV	7112.22	7110.54	99.90	99.91
省级台节目	Program I of Provincial Television	7109.47	7107.72	99.86	99.87
地市级台节目	Programs of Prefectural (city) Television	6993.24	6991.35	98.23	98.24
县级台节目	Programs of County Television	5034.99	5033.67	70.72	70.73

21—9 广播、电视节目制作时间
Basic Statistics on Broadcasting and Television

单位：小时（hour）

指 标	Item	2020	2021
广播节目制作	**Production of Broadcasting**	**268924**	**286798**
新 闻	News Programs	47675	49211
专 题	Special Subject Programs	79072	82549
综 艺	Variety Entertainment	37404	41439
广播剧	Broadcasting Play	4347	4759
广 告	Advertisement	27476	29432
其 他	Others	72950	79408
电视节目制作	**Production of TV Programs**	**76041**	**78637**
新 闻	News Programs	29206	29002
专 题	Special Subject Programs	19723	19033
综 艺	Variety Entertainment	6934	5568
影视剧	TV Play	818	267
广 告	Advertisement	12124	12146
其 他	Others	7236	12621

21—10 广播、电视宣传基本情况（2021年）
Basic Statistics on Broadcasting and Television (2021)

项　　目	Item	节目套数（套）Number of Programs (set)	全年公共节目播出时间（小时）Time of Program Transmission All the Year (hour)	制作节目时间（小时）Time of Making Program (hour)	#新闻节目 News Programs	专题节目 Special Subject Programs	综艺节目 Variety Emtertainment
无线广播合计	**All Radio Broadcasting Stations**	**112**	**649972**	**286798**	**49211**	**82549**	**41439**
省　级	Provincial	9	75008	50266	6540	17170	4437
市县级	City and County	103	574964	236532	42671	65379	37002
电视播映合计	**All Television Stations**	**134**	**731257**	**78637**	**29002**	**19033**	**5568**
省　级	Provincial	7	48412	12780	3906	1057	2258
市县级	City and County	127	682845	65857	25096	17976	3310

注：全省广播电视节目制作时间包括各级广播电视台和社会影视节目制作机构制作的时间。

a) The provincial radio and television programme production time including broadcast television and film and television programme production social organizations at all levels to make the time.

21—11 图书、杂志和报纸出版数量
Number of Books, Magazines and Newspaper Published

年　份 Year	图书 Books Published: 种类（种）Number of Publications (kind)	图书: 新出版 New Publications	图书: 总印数（万册）Printed Copies (10000 copies)	图书: 总印张数（万印张）Printed Sheets (10000 sheets)	杂志 Magazines Published: 种类（种）Number of Publications (kind)	杂志: 每期平均印数（万册）Average Printed Copies Per Issue (10000 copies)	杂志: 总印数（万册）Printed Copies (10000 copies)	杂志: 总印张数（万印张）Printed Sheets (10000 sheets)	报纸 Newspapers Publised: 种类（种）Number of Publications (kind)	报纸: 每期平均印数（万册）Average Printed Copies Per Issue (10000 copies)	报纸: 总印数（万份）Printed Copies (10000 copies)	报纸: 总印张数（万印张）Printed Sheets (10000 sheets)
2005	3970	1847	25220	118056	177	433	5804	17418	97	393	98134	302498
2010	5646	2669	23891	163954	178	404	5842	23115	98	519	116988	470953
2013	9440	5469	25800	200400	180	397	6227	26000	98	517	124700	509100
2014	9934	5227	25579	192396	180	355	5627	24474	98	500	121176	464623
2015	8902	4832	27329	207650	180	313	5251	24574	98	480	104830	375622
2016	9441	5212	24892	182768	180	291	5017	23305	98	363	79488	201261
2017	9745	4864	30704	235287	180	259	4399	20008	98	325	71577	155571
2018	10040	4248	32077	236527	180	233	4321	19742	98	299	67725	139280
2019	10066	3767	28760	226531	180	202	3742	16996	98	265	61730	119914
2020	10015	3210	31793	248971	180	185	3485	15820	94	241	56092	109568
2021	10121	3558	32294	266689	180	176	3443	16301	88	234	54808	103041

21—12 主要年份少年儿童读物和课本出版情况
Number of Books Published for Children and Textbooks in Major Years

年 份 Year	种 数（种） Number of Publications (knd)		总印数（万册） Printed Copies (10000 copies)		总印张（千印张） Printed Sheets (1000 sheets)	
	儿童读物 Books for Children	课 本 Textbooks	儿童读物 Books for Children	课 本 Textbooks	儿童读物 Books for Children	课 本 Textbooks
2005	399	310	873	15293	20428	671142
2010	1094	449	1489	10563	90700	789666
2015	1244	1091	1927	11827	153008	853487
2019	1532	800	3272	10916	191386	791319
2020	1456	751	3158	14689	190915	1077107
2021	1868	727	2810	13615	184936	1005899

21—13 主要年份出版印刷生产情况
Conditions of Printing in Main Year

年 份 Year	企业数（个） Number of Enterprises (unit)	工业销售产值（万元） Industrial Sales Value (10000 yuan)	印刷产量 Output of Printing 黑 白（万令） Black and White (10000 ream)	彩 色（万对开色令） Color (10000 bisect color ream)	装订产量（万令） Output of Bookbinding (10000 ream)	用纸量（万令） Amout of Paper Used (10000 ream)
2005	238	160224	849.00	2773.00	530.00	1030.00
2010	258	302870	1094.23	2715.25	809.97	1040.70
2015	258	488208	858.99	3876.95	999.02	1737.36
2019	322	575133	796.68	3961.56	1311.85	1840.68
2020	338	511912	586.70	4103.56	984.66	1395.37
2021	359	567442	501.69	4777.96	1007.82	1189.42

21—14 主要年份出版物发行机构数和网点数
Issuing Institutions and Spots of Publication in Main Year

年 份 Year	发行机构合计（处） Total	国有书店及国有发行点 State-owned Bookstore and Issuing Spots	出版社 Press	网上书店 Online Bookstore	文化教育广电邮政系统 Cultural, Educational Broad-casting and Postal Systems	新华书店系统外批发网点 Wholesale Spots Outside Xinhua Bookstore	集体个体零售 Collective and Personal Retail	新华书店系统出版社自办发行从业人数(人) Persons Engaged in Own Issuance of Presses of Xinhua Book-Store System (persons) 全部职工 All Staff	#国有书店及发行点 State-owned Bookstores and Issuing Spots
2005	5950	498	10		1436	248	3758	5253	5155
2010	7723	579	11	1	3576	330	3226	5029	4878
2015	8275	630	11	77	3657	302	3598	5073	5008
2019	8796	642	8	1140	1831	381	4794	6019	5851
2020	9129	780	9	1364	1936	470	4570	6088	5914
2021	9480	776	9	1565	1936	441	4753	6191	5990

21—15 体育活动基本情况
Basic Statement of Sports

指 标	Item	2005	2010	2015	2020	2021
举办全民健身活动次数 (次)	Times of Activities That the Whole Nation in Health Conducted (times)	1354	2920	2176	5191	3723
参加全民健身活动人数 (万人)	People Participating the Activities That the Whole Nation in Health (10000 person)	149.28	324.76	337.88	396.00	345.00
优秀运动员 (人)	Number of Athletes in Grades (person)	1408	852	657	1754	2377
运动健将	International Master of Sports	35	159	185	57	40
一级运动员	First Grade Sportsman	86	280	207	349	811
二级运动员	Second Grade Sportsman	1287	160	125	1348	1526
等级教练员人数 (人)	Number of Coaches in Grades (person)		652	633	594	647
等级裁判员发展人数 (人)	Number of Referees in Grades (person)		864	489	641	1038
在国内外比赛中获奖牌数 (枚)	Number of Medals Won in the Matches Both Inside and Outside the Country (unit)	78.5	160	116	124	126
金 牌	Gold Medals	22.5	57	35	28	38
银 牌	Silver Medals	27	42	31	38	43
铜 牌	Bronze Medals	29	61	50	58	45
体育社会组织总数 (个)	Total Number of Sports Social Organizations (unit)					2835
#体育社会团体	Sports Community					2291
体育基金会	Sports Foundation					2
体育类民办非企业单位	Sports Private Non-enterprise Units					542

注：1. 优秀运动员2008年以前为等级运动员。
2. 由于裁判员审批制度改革，2015年我省未审批一级裁判员，以致裁判员发展人数比上年大幅度减少。

a) Before 2008, Top athletes were athlete in Grades .

b) Due to the referee for examination and approval system reform, in 2015 our province level for examination and approval of the referee, so that the number of referees development greatly reduced over the previous year.

21—16 全省体育场地数（2021年）
Number of Stadiums and Gymnasiums (2021)

指　标		Item		总　计 Total
综合指标		**Composite Indicator**		
人均体育场地面积	（平方米）	Sports Area per Capita	（sq. m）	2.36
体育场地数量	（万个）	Number of Sports Venues	（10000 unit）	19.22
基础运动场地		**Basic Sports Field**		
田径场地	（个）	Athletic Field	（unit）	9696
游泳场地	（个）	Swimming Venue	（unit）	898
球类运动场地		**Ball Court**		
足球场地	（个）	A Football Field	（unit）	6540
篮球场地	（个）	Basketball Court	（unit）	42994
排球场地	（个）	Volleyball Venue	（unit）	3189
乒乓球场地	（个）	Table Tennis Court	（unit）	53519
羽毛球场地	（个）	Badminton Court	（unit）	16033
冰雪运动场地		**Ice and Snow Sports Field**		
滑冰场地	（个）	Skating Ground	（unit）	11
滑雪场地	（个）	Skiing	（unit）	5
体育健身场地		**Sports and Fitness Area**		
全民健身路径	（个）	National Fitness Path	（unit）	36905
健身房	（个）	Gym	（unit）	6589
健身步道	（公里）	Fitness Trails	（km）	10949.9

21—17 体育系统职工人数（2021年）
Number of Staff and Workers in Sports System (2021)

单位：人（person）

人员分类	Category of Personnel	合　计 Total	#优秀运动队 Excellent Sports Teams	体育运动学校 Physical Education and Sports Schools	业余学校 Sparetime Sports Schools	公共体育场馆 Public Stadiums and Cymnasiums	机关 Officers
总　计	**Total**	**5064**	**1060**	**283**	**370**	**233**	**1767**
公务员	Public Servants	799					799
运动员	Athletes	606	606				
专职教练员	Full-time Coaches	433	119	87	227		
专职文化教师	Full-time Teachers	180	53	90	37		
科技人员	Scientific and Technical Personnel	2	1	1			
医务人员	Medical Personnel	8	3	4	1		
管理人员	Administrative Personnel	338	177	13	39	109	
其　他	Others	2698	101	88	66	124	968

21—18 等级运动员、等级裁判员发展人数（2021年）

Number of Athletes and Referees in Grades by Type of Sports (2021)

单位：人（person）

运动项目	Item	等级运动员 Number of Athletes in Grades	运动健将 International Master of Sports	一级 First Grade Sportsman	二级 Second Grade Sportsman	等级裁判员 Number of Referees in Grades	国际、国家级 International National Referees	一级 First Grade Referees	二级 Second Grade Referees
总　计	**Total**	**2377**	**40**	**811**	**1526**	**1038**		**382**	**656**
田　径	Track and Field	455	7	38	410	160		75	85
游　泳	Swimming	325	2	42	281	1		1	
体　操	Gymnastics	10	2	8					
举　重	Weightlifting	8	1	4	3	1		1	
拳　击	Boxing	56		24	32				
中国式摔跤	Chinese style wrestling	5		5					
国际式摔跤	Wrestling								
柔　道	Judo	43		21	22				
跆拳道	Kickboxing	43		18	25	1		1	
击　剑	Fencing	13	1	6	6	54		24	30
赛　艇	Racing Shell	30	2	16	12	1		1	
皮划艇	Canoeing	18	2	11	5				
射　击	Shooting	14	3	8	3				
足　球	Football	57		3	54	26			26
篮　球	Basketball								
排　球	Volleyball	172		74	98				
乒乓球	Table Tennis	90		62	28	41		26	15
羽毛球	Badminton	35		22	13	71			71
网　球	Tennis	82		58	24				
手　球	Handball	216	7	110	99				
技　巧	Skill								
武　术	Wu Shu								
其　他	Others	705	13	281	411	682		253	429

注：等级运动员与等级裁判员为当年市以上体育行政部门审批数。一级裁判员审批已下放协会，此项数据目前缺失。

a) Number of Grade athletes and referees is approval number in the year above the city levle of the sports administrative departments. The first-class referee's approval has been delegated to the association, and this data is currently missing.

主要统计指标解释

文化及相关产业

指为社会公众提供文化、娱乐产品和服务的活动以及与这些活动有关联的活动的集合。根据提供文化、娱乐产品和服务活动的属性特点，划分为公益性文化活动和经营性文化活动两大类。

文化及相关产业是第三产业的重要组成部分。是在我国《国民经济行业分类》基础上的派生分类，有文化服务和相关文化服务两大类：

艺术表演团体

指由文化部门主办或实行行业管理（经文化市场行政部门审批或已申报登记并领取相关许可证），专门从事表演艺术等活动的各类专业艺术表演团体，含民间职业剧团。如话剧团、方言话剧团、滑稽剧团、儿童剧团、歌剧团、木偶团、皮影团等以及由若干剧种组成的综合性专业艺术表演团体。不包括群众业余文艺表演团体。

艺术表演场所

指由文化部门主办或实行行业管理（经文化市场行政部门审批或已申报登记并领取相关许可证），有观众席、舞台、灯光设备，公开售票、专供文艺团体演出的文化活动场所。附属于文化部门机构内非独立核算的剧场、排演场，公开营业的也应单独统计。

广播节目综合人口覆盖率

指根据国家广电总局制定的《广播电视人口覆盖率统计技术标准和方法》进行统计调查的，在对象区内采用无线、有线、卫星等技术手段能够收听到包括中央、省、地市、县广播节目其中任意一套的人口数占全省总人口数的百分比。

电视节目综合人口覆盖率

指根据国家广电总局制定的《广播电视人口覆盖率统计技术标准和方法》进行统计调查的，在对象区内采用无线、有线、卫星等技术手段能够收看到包括中央、省、地市、县级电视节目中任意一套的人口数占全省总人口数的百分比。

等级运动员人数

指经考核正式批准授予等级运动员称号的人数。运动员等级分为国际级运动健将、运动健将、一级运动员、二级运动员、三级运动员、少年级运动员。

等级裁判员人数

指经考核正式批准授予等级裁判员称号的人数。裁判员等级分为国际裁判、国家级裁判、一级裁判、二级裁判、三级裁判。

体育场

指设有标准田径跑道（400 米环形跑道至少 8 条，直跑道 8-10 条）、标准足球场（场地为 105×68 米）等的室外体育场地。

体育馆

指设有比赛和练习场地、看台和辅助用房等设施，可开展球类、体操等单项或多项体育比赛，固定座席大于 500 个的室内体育建筑。

Explanatory Notes for Major Statistical Indicators

Culture and Related Industries

refer to the aggregate of activities, providing the mass with culture goods, amusement goods and services. According to the characteristics of culture goods, amusement goods and services, they can be classified into two categories, or nonprofit cultural activities and profit cultural activities.

Culture and related industries is the important component of the tertiary industry. These are the derivative sector from the Industrial Classification of the National Economy and are composed of two categories of culture services and related cultural services.

Arts Performance Troupes

refer to the various professional performing arts groups, which sponsored by the cultural sectors or guided by the cultural society (approved by the cultural market administration, or registered and permitted with the relative certificate), including non-governmental troupes, such as drama troupes, dialect troupes, comedy troupes, children troupes, Opera troupes, puppetry troupes, Shadowgraph troupes, etc., comprehensive professional arts performance troupes. The mass amateur arts performance troupes are not included.

Arts Performance Places

refer to the various sites for cultural activities, which sponsored by the cultural sectors or guided by the cultural society (approved by the cultural market administration, or registered and permitted with the relative certificate), with the facility of auditorium, stage, and lighting, and selling tickets in public. The theaters and rehearse sites which are affiliated to the cultural sectors without independent financial accounts which are open to the public should be covered independently.

Radio Coverage of Population

refers to the percentage of population, which can listen to one of central, provincial, city, prefecture, and county radio programs by wireless, cable, satellite and other technical means, in the surveying area, to national total population, according to Statistical Standard and Method on Television and Radio Coverage of Population established by the State Administration of Broadcasting, Film and Television.

Television Coverage of Population

refers to the percentage of population, which can watch one of central, provincial, city, prefecture, and county television programs by wireless, cable, satellite and other technical means, in the surveying area, to national total population, according to Statistical Standard and Method on Television and Radio Coverage of Population established by the State Administration of Broadcasting, Film and Television.

Number of Athletes in Grades

refers to the number of athletes who have been given titles through examination. The titles of athletes include international masters of sports, masters of sports, first-grade, second-grade and third-grade sportsmen and young athletes.

Number of Referees in Grades

refers to the number of referees who have been given titles after examination. They are classified as international referees, national referees and referees of the first, second and third grades.

Stadiums

refers to outdoor sports venues with standard track and field runways (at least 8 circular runways and 8-10 straight runways in 400 meters) and standard football fields (with a site of 105×68 meters).

Gymnasiums

refers to an indoor sports building with facilities such as competition and practice venues, stands and auxiliary rooms, which can carry out single or multiple sports competitions such as ball games and gymnastics, and has more than 500 fixed seats.

第二十二篇

Chapter 22

公共管理及其他

PUBLIC MANAGEMENT AND OTHERS

简要说明

本篇主要包括社会活动参与、公检法司、残疾人事业和妇联干部情况等内容。

一、社会活动参与的内容主要包括历届安徽省人大代表和政协委员情况以及工会组织和妇联组织情况。

二、公检法司的资料主要包括公安机关的刑事案件立案情况和治安案件查处情况，交通、火灾事故情况，人民检察院的办案情况，人民法院审理案件和收结案情况，以及律师、公证、调解工作等情况。

Brief Introduction

Data in this chapter show statistics on participation in social activities, public security, procuratorial, legal and judicial affairs, disabled persons, women's Federation cadres and so on.

I. Data on participation in social activities cover mainly information on representatives to the National People's Congress (NPC), members of the Chinese People's Political Consultative Conference (CPPCC) and National trade unions. Data on number of NPC and CPPCC representatives are provided by NPC and CPPCC respectively.

II. Data on public security, procuratorial, legal and judicial affairs cover information such as criminal cases registered and offense cases handled by the public security agencies, traffic or fire accidents, cases handled by procuratorate's offices, cases accepted and settled by the people's courts, and statistics on lawyers, notarization and mediation.

22—1 历届安徽省人民代表大会代表人数
Number of Anhui Province the National People's Congress Represents

单位：人（person）

			代表总数 Total Number of Deputies	#女代表 Female Deputies	占代表总数(%) As Percentage to Total	少数民族代表 Ethnic Minority Deputies	占代表总数(%) As Percentage to Total
一 届	First Congress	(1954)	448	69	15.40	8	1.79
二 届	Second Congress	(1958)	496	68	13.71	9	1.81
三 届	Third Congress	(1964)	497	96	19.32	9	1.81
五 届	Fifth Congress	(1978)	998	196	19.64	28	2.81
六 届	Sixth Congress	(1983)	813	167	20.54	34	4.18
七 届	Seventh Congress	(1988)	729	157	21.54	28	3.84
八 届	Eighth Congress	(1993)	729	164	22.50	27	3.70
九 届	Ninth Congress	(1998)	728	195	26.79	35	4.81
十 届	Tenth Congress	(2003)	732	204	27.87	33	4.64
十一届	Eleventh Congress	(2008)	730	212	29.04	34	4.66
十二届	Twelfth Congress	(2013)	730	210	28.77	34	4.66
十三届	Thirteenth Congress	(2018)	723	225	31.12	37	5.12

22—2 历届政协安徽省委员会委员人数
Number of Anhui Province Political Consultative Conference Committee Member

单位：人（person）

			委员总数 Total Number of Deputies	#中国共产党委员 Deputies from the Communist Party of China	占委员总数(%) As Percentage to Total	少数民族委员 Ethnic Minority Deputies	占委员总数(%) As Percentage to Total
一 届	First Congress	(1954)	171	53	30.99	6	3.51
二 届	Second Congress	(1958)	308	88	28.57	8	2.60
三 届	Third Congress	(1964)	372	108	29.03	18	4.84
四 届	Fourth Congress	(1978)	506	297	58.70	21	4.15
五 届	Fifth Congress	(1983)	724	231	31.91	30	4.14
六 届	Sixth Congress	(1988)	694	234	33.72	40	5.76
七 届	Seventh Congress	(1993)	705	245	34.75	40	5.67
八 届	Eighth Congress	(1998)	730	273	37.40	37	5.07
九 届	Ninth Congress	(2003)	740	278	37.57	37	5.00
十 届	Tenth Congress	(2008)	745	286	38.39	38	5.10
十一届	Eleventh Congress	(2013)	745	297	39.87	39	5.23
十二届	Twelfth Congress	(2018)	738	291	39.43	39	5.28

22—3 妇联组织及工作情况
Basic Statistics of Women's Associations

项　目		Item		2015	2020	2021
妇联组织数	（个、所）	Number of Women's Associations	(unit)	25227	19226	19609
表彰情况		Basic Statistics on Commendation				
评选巾帼建功标兵数	（人）	Women Pacesetters in Performing Meritorious Services	(person)	181	1064	1558
巾帼文明示范岗数	（个、所）	Number of Woman's Civilization Demonstration Posts	(unit)	762	178	344
三八红旗手	（人）	March 8th Red Banner Winners	(person)	2290	4405	3955
三八红旗集体	（个）	March 8th Red Banner Groups	(unit)	774	1041	1174
五好文明家庭	（户）	"Five Good" Civilized Families	(household)	10749	2293	1698

22—4 工会组织情况
Basic Statistics on Trade Unions

年　份 Year	工会基层组织数（个）Number of Grassroots Unions (unit)	全省已建工会组织的基层单位职工与会员人数（万人）Membership and Number of Staff and Workers in Grassroots Unions (10000 person)					工会专职工作人员人数（万人）Number of Full-time Personnel of Unions (10000 person)
		职工人数 Number of Staff and Workers	#女职工 Female	#农民工 Rural Workers	会员人数 Membership	#女会员 Female	
2005	35828	459.99	161.40		438.41	150.25	1.37
2010	61256	710.23	243.77	228.28	666.37	231.71	2.98
2015	123883	957.04	339.71	399.88	904.72	330.53	2.78
2019	91269	880.64	329.99	363.03	819.72	312.48	2.89
2020	100236	953.00	358.52	418.22	892.44	340.41	3.18
2021	109571	1011.31	377.52	456.10	961.29	362.17	3.27

22—5 妇女参政议政状况
Basic Conditions on Women's Participating in the Administration and Discussion of State Affairs

项　　目		Item		2010	2015	2020	2021
省(区、市)人大代表数	(人)	Provincial (area, city) National People's Congress number	(persons)	739	740	707	730
#女　性		Female		212	208	224	228
省(区、市)政协委员数	(人)	Provincial (area, city) CPPCC Member Number	(persons)	743	740	738	737
#女　性		Female		165	166	173	183
中共党员人数	(万人)	The number of members of the Communist Party of China	(10000 persons)	315.90	350.99	365.62	378.21
#女　性		Female		59.20	75.13	90.86	97.81
省级政府领导班子中女干部配备率	(%)	Female Cadres Portion of Provincial Rank Government Leading Group	(%)	100.00	100.00	100.00	100.00
地级政府领导班子中女干部配备率	(%)	Female Cadres Portion of Region Rank Government Leading Group	(%)	100.00	75.00	100.00	81.25
县级政府领导班子中女干部配备率	(%)	Female Cadres Portion of County Rank Government Leading Group	(%)	87.60	90.10	91.30	100.00

22—6 妇女卫生保健状况
Basic Conditions on Women Hygiene

项　　目	Item	2010	2015	2020	2021
妇幼保健机构病床数（张）	Number of Sickbeds in Maternity and Child Care Organs (unit)	3265	3454	7498	8044
妇幼保健机构医生数（人）	Number of Doctors in Maternity and Child Care Organs (person)	2248	2305	4026	4352
孕产妇系统管理率（%）	Percentage of Pregnant and Lying-in Women Under System Management (%)	39.04	85.30	89.86	91.37
住院分娩率（%）	Percentage of Childbirths in Hospital (%)	98.69	99.95	99.99	99.99
孕产妇死亡率（1/10万）	Death Rate of Pregnant and Lying-in Women (1/100 thousand)	25.46	17.26	8.00	5.83
已婚育龄妇女避孕率（%）	Contraception Rate of Married Women in Their Childbearing Age (%)	89.71	87.05		
婚前医学检查率（%）	Percentage of Medical Examinations Before Marriage (%)	68.92	94.00	96.15	94.29

注：2018年数据现按照卫生资源与医疗服务法定报表调整。

a) The data for 2018 is now adjusted according to the statutory report of health resources and medical services.

22—7 儿童卫生保健状况
Basic Conditions on Children Hygiene

项　　目	Item	2010	2015	2020	2021
婴儿死亡率（‰）	Death Rate of Infants (‰)	10.70	4.54	3.47	2.80
5岁以下儿童死亡率（‰）	Death Rate of Children Below Five (‰)	13.32	6.85	4.85	4.05
住院分娩出生缺陷发生率（‰）	Percentge of Childbirth Defects in Hospital (‰)	12.11	11.52	27.80	30.76
卡介苗接种率（%）	Rate of Inoculating With BCG Vaccine (%)	99.68	99.80	99.95	99.96
脊髓灰质炎疫苗接种率（%）	Rate of Inoculating With Polio Vaccine (%)	99.66	99.75	99.83	99.87
百白破疫苗接种率（%）	Rate of Inoculating With Joint Vaccine of Pertussis, Diphtheria and Tetanus (%)	99.64	99.56	99.85	99.87
麻疹疫苗接种率（%）	Rate of Inoculating With Measles Vaccine (%)	99.61	99.75	99.84	99.89
乙肝疫苗接种率（%）	Rate of Inoculating With Hepatitis B Vaccine (%)	99.68	99.92	99.91	99.92
7岁以下儿童保健管理率（%）	Percentage of Children Below Seven Under Health Management (%)	61.43	90.91	92.65	93.34
0-6个月婴儿纯母乳喂养率(%)	0-6 Month Baby Breastfeeding rate (%)	65.65	65.77	72.52	74.65
5岁以下儿童中重度贫血患病率（%）	Prevalence of Severe Anemia Rate of Children Under 5 Years of Age (%)	1.13	0.85	0.39	0.38
5岁以下儿童低体重患病率(%)	Low Weight Rate of Children Under 5 Years of Age (%)	0.99	0.66	0.52	0.52

22—8 残疾人事业基本情况
Basic Information of People With Disabilities

指　　标		Item		2015	2020	2021
康　复		**Rehabilitation**				
社区康复		Community Rehabilitation				
开展社区康复服务工作的市辖区	（个）	Municipal Districts Carrying Out Community Rehabilitati Services	(unit)	44	51	51
开展社区康复服务工作的县（市）	（个）	Counties (cities) Carrying Out Community Rehabilitation Services	(unit)	57	60	62
社区康复协调员	（人）	Community Rehabilitation Coordinator	(person)	15976	17402	17405
康复机构		Rehabilitation Organization				
残疾人康复机构	（个）	Rehabilitation Institution for Disabled Persons	(unit)		295	304
#残联系统康复机构		Rehabilitation Mechanism for Disabled Persons' Federation System			63	67
康复机构在岗人员	（人）	On-the-job Personnel in Rehabilitation Institutions	(person)	6753	8570	9979
康复人才		Rehabilitation Talents				
培训康复管理人员	（人次）	Training of Rehabilitation Management Personnel	(person-time)	1496	1267	1656
培训康复业务人员	（人次）	Training of Rehabilitation Personnel	(person-time)	5564	6423	7584
培训社区康复协调员	（人）	Training of Community Rehabilitation Coordinators	(person)	15868	16327	16447
教　育		**Education**				
普通高等院校录取残疾考生	（人）	Colleges and Universities Admit Disabled Candidates	(person)	460	616	570
社会保障和托养		**Social Security and Support**				
托养服务		Care Service				
托养机构	（个）	Support Mechanism	(unit)		410	464
本年度机构托养残疾人	（人）	This Year, The Organization Supports The Disabled	(person)		3501	3870
本年度享受居家服务残疾人	（人）	Disabled People Who Enjoy Home Service This Year	(person)		16333	18351
本年度接受“阳光家园计划”资助的人数	（人）	Number of Recipients of "Sunshine Home Pproject" This Year	(person)		13305	13649

22—8 续表 continued

指 标	Item	2015	2020	2021
就 业	**Employment**			
城乡持证残疾人就业人数 (人)	Number of Persons With Certified Disabilities Employed in Urban and Rural Areas (person)			521685
盲人按摩机构 (个)	Massage Institution for The Blind (unit)			347
残疾人就业资金支出 (万元)	Expenditure on Employment Funds for Disabled Persons (10000 yuan)		21063	21010
农村实用技术培训 (人次)	Rural Practical Technology Training (person-time)			15112
残疾人就业帮扶基地 (个)	Employment Support Base for The Disabled (unit)			112
维 权	**Activist**			
系统开展无障碍环境建设地市、县 (个)	Systematic Development of Barrier-free Environment Construction in Cities and Counties (unit)		82	83
省级残疾人信访	Petition for Disabled People at Provincial Level			
来 信 (件)	Letters (unit)		359	556
来 访 (人次)	Visit (person-time)		3662	2554
#集体访批次 (批次)	Group Visit Batch (batch)		5	7
集体访人次 (人次)	Group Visits (person-time)		71	89
来 电 (通)	Call (unit)		4463	4927
残联组织建设	**Organization Building of Disabled Persons' Federation**			
省市县乡残联实有人员 (人)	Provinces, Cities, Counties and Townships Disabled Persons' Federation Has Actual Personnel (person)	3364	3604	3571
乡镇（街道）、村（社区）残疾人专职委员实有人数 (人)	Actual Number of Full-time Members of Disabled People in Villages and Towns (streets) and Villages (communities) (person)	18801	17298	15665

22—9 律师、公证、调解、司法鉴定、法律援助工作基本情况
Basic Statistics on Lawyers, Notarization and Mediation

指　　标	Item	2005	2010	2015	2020	2021
律师工作	**Lawyers**					
律师事务所（个）	Number of Law Offices (unit)	407	500	668	919	967
律　师（人）	Lawyers (person)	3820	5019	7687	15988	18418
专职律师	Full-time Lawyers	3424	4411	6913	11813	13118
兼职律师	Part-time Lawyers	347	281	381	455	484
公职律师	Government Lawyers	49	97	205	2971	3851
公司律师	Corporation Counsel	11	11	11	571	796
法援律师	Legal Aid Lawyers	258	246	185	178	169
聘请担任常年法律顾问的单位（处）	Number of Units With Permanent Legal Advisors (unit)	10322	10945	16941	26582	32661
民事、经济诉讼代理（件）	Civil, Economic Litigation Agents (case)	89734	69615	121621	246149	315117
刑事诉讼辩护及代理（件）	Defense and Agent of Criminal Cases (case)	18217	15164	25107	57033	70557
行政诉讼代理（件）	Agent of Administrative Action (case)	3089	1428	3621	7332	10310
非诉讼法律事务（件）	Number of Non-litigious Legal Affairs (case)	23253	5188	8783	9973	14548
法律援助机构数（个）	Number of Legal Aid Institutions (unit)	112	126	125	123	123
妇女儿童法律援助工作站数（个）	Number of Legal Aid Stations for Women and Children (unit)	67	114	143	131	227
法律援助工作人员数（人）	Number of Legal Aid Workers (person)	399	450	507	455	439
办理法律援助案件数（件）	Number of Legal Aid Cases Handled (case)	6974	24715	73558	90465	90765
法律援助受援人数（人）	Number of Recipients of Legal Aid (person)				105638	94178
#得到法律援助机构援助的妇女人数	Number of Women Assisted by Legal Aid Agencies	2127	7064	18394	19762	19132
得到法律援助机构援助的儿童人数	Number of Children Assisted by Legal Aid Agencies	1635	2365	4956	4978	6183
司法鉴定工作	**Judicial Appraisal Work**					
司法鉴定机构（个）	Forensic Institution (unit)	87	104	118	96	100
司法鉴定人（人）	Judicial Expert (person)	1295	1493	1698	1522	1584
办理司法鉴定案件数（件）	Number of Cases of Judicial Expertise Handled (case)	15116	37927	86958	140275	165172
公证工作	**Notarization**					
公证机构（个）	Notary Organ (unit)	108	84	83	86	86
公证人员（人）	Notaries personnel (person)	666	769	893	1043	1071
#公证员	Notaries	399	350	394	378	406
公证员助理	Assistant Notaries	100	201	256	339	319
办理公证事项（件）	Notarized Matters (unit)	250658	375828	320383	305291	323057
#涉外及港澳台公证事项	And Hong Kong, Macao and Taiwan Notarization Matters Involving Foreign Elements (case)	29105	53614	56578	30499	35117
人民调解工作	**Number of People's Mediation**					
司法所工作人员（人）	Judicial Office Staff (person)	4148	4307	4911	5754	5967
人民调解委员会（个）	Number of people's Mediation Committees (unit)	31180	23094	20866	20603	20854
人民调解员（人）	People's mediatorss (person)	205785	139366	103912	102981	103005
调解民间纠纷（件）	Number of Civil Disputes Mediated (case)	198869	329660	630117	541957	554694

22—10 劳动人事争议仲裁委员会受理及处理案件情况（2021年）
Accepted and Settled Cases by Labor Dispute Arbitration Committee (2021)

单位：件（case）

案件类别	Category of Cases	合计 Total	国有企业 State-owned Enterprises	城镇集体企业 Urban Collective-owned Enterprises
上期未结案件数	**Number of Cases Left Over from Last Period**	**425**	**50**	
案件受理情况	**Cases Accepted**			
案件数	Number of Cases	36194	1085	39
#集体争议案件数	Number of Collective Disputes	99	1	
涉及劳动者人数（人）	Number of Related to Laborers (person)	39524	1112	45
#集体争议涉及劳动者人数	Number of Collective Dispute Related Laborers	1995	12	
案件处理情况	**Case Settled**			
结案件数	Number of Cases Settled	36093	1124	36
处理方式	**Manners of Settlement**			
仲裁调解	By Mediation	25033	762	29
仲裁裁决	By Arbitration Lawsuit	10268	315	7
其他方式	Others	792	47	
处理结果	**Result of Settlement**			
用人单位胜诉	Won by Units	2653	215	1
劳动者胜诉	Lawsuit Won by Laborers	15035	335	13
双方部分胜诉	Lawsuit Partly Won by Both Parties	14906	346	20
本期未结案数	**Number of Cases Dissettled**	**526**	**11**	**3**
案外调解争议数	**Number of Cases Settled by Other Forms**	**6215**	**55**	

案件类别	Category of Cases	外商投资及港澳台投资企业 Foreign Funded and Hong Kong, Macao & Taiwan Chinese Funded Enterprises	私营企业 Private Enterprises	其他 Others
上期未结案件数	**Number of Cases Left Over from Last Period**	**1**	**349**	**25**
案件受理情况	**Cases Accepted**			
案件数	Number of Cases	264	33696	1110
#集体争议案件数	Number of Collective Disputes		96	2
涉及劳动者人数（人）	Number of Related to Laborers (person)	270	36931	1166
#集体争议涉及劳动者人数	Number of Collective Dispute Related Laborers		1971	12
案件处理情况	**Case Settled**			
结案件数	Number of Cases Settled	263	33553	1117
处理方式	**Manners of Settlement**			
仲裁调解	By Mediation	188	23285	769
仲裁裁决	By Arbitration Lawsuit	75	9555	316
其他方式	Others		713	32
处理结果	**Result of Settlement**			
用人单位胜诉	Won by Units	48	2276	113
劳动者胜诉	Lawsuit Won by Laborers	124	14113	450
双方部分胜诉	Lawsuit Partly Won by Both Parties	79	14073	388
本期未结案数	**Number of Cases Dissettled**	**2**	**492**	**18**
案外调解争议数	**Number of Cases Settled by Other Forms**	**84**	**5898**	**178**

22—11 公安机关立案的刑事案件情况
Criminal Cases Registered in Public Security Organs

案件类别	Category of Cases	立案（起）Number of cases Registered (case)		构成（%）Composition (%)	
		2020	2021	2020	2021
总　计	**Total**	**177519**	**202846**	**100.00**	**100.00**
杀　人	Homicide	261	225	0.15	0.11
伤　害	Injury	2036	2331	1.15	1.15
抢　劫	Robbery	163	141	0.09	0.07
强　奸	Rape	1083	1243	0.61	0.61
拐卖妇女儿童	Abducting Women and Children	148	112	0.08	0.06
盗　窃	Larceny	59050	59493	33.26	29.33
诈　骗	Fraud	72031	87644	40.58	43.21
伪造、变造货币，持有使用伪造货币	Forging and Fabricating Bills or Using Forged Bills	27	33	0.02	0.02
其　他	Others	42720	51624	24.07	25.45

22—12 公安机关受理、查处治安案件情况
Offense Cases Against Public order Handled by Public Security Organs

单位：起（case）

案件类别	Category of Cases	2020		2021	
		受理 Number of Cases Accepted to be Treated	查处 Number of Cases Investigated and Treated	受理 Number of Cases Accepted to be Treated	查处 Number of Cases Investigated and Treated
总　计	**Total**	**455330**	**440438**	**430909**	**414716**
扰乱单位、公共场所秩序	Disturbing Unit & Public Order	2181	2141	2467	2418
寻衅滋事	Making Trouble	3437	3385	3279	3261
阻碍执行职务	Handling Public Affairs	1535	1523	1298	1284
非法携带枪支、弹药、管制刀具	Illegal Holding of Gun、Ammo & Tube Cutting Tool	284	284	320	310
违反危险物质管理规定	Violation of Management Rule of Dangerous Material	2424	2402	2048	1984
殴打他人	Hitting other People	121488	118923	112381	110116
盗　窃	Stealing	90032	84160	103267	95643
诈骗、抢夺、敲诈勒索财物	Swindle Snatch & Blackmail Blackmailing Money & Goods	26602	25045	27113	25110
哄　抢	Making Scramble	68	71	48	48
卖淫、嫖娼	Prostitution & Go Whoring	3933	3890	5897	5747
赌博或为赌博提供条件	To Gamble or Provide for Gambling	15680	15412	13631	13395
其　他	Other	187666	183202	159160	155400

22—13 各市公安机关立案的刑事案件情况（2021年）

Criminal Cases Registered in Public Security Organs By Region (2021)

单位：起（case）

地区	Region	总计 Total	杀人 Homicide	伤害 Injury	抢劫 Robbery	强奸 Rape	拐卖妇女儿童 Abducting Women and Children
总计	**Total**	**202846**	**225**	**2331**	**141**	**1243**	**112**
合肥市	Hefei	42132	30	273	27	157	9
淮北市	Huaibei	7510	7	140	6	46	2
亳州市	Bozhou	13270	29	14	10	143	7
宿州市	Suzhou	16263	16	226	8	157	2
蚌埠市	Bengbu	11209	15	237	13	104	16
阜阳市	Fuyang	19983	25	404	27	201	24
淮南市	Huainan	7861	12	102	4	62	1
滁州市	Chuzhou	14940	12	195	11	82	14
六安市	Luan	11519	14	160	8	58	4
马鞍山市	Maanshan	8388	7	106	3	32	2
芜湖市	Wuhu	16370	1	119	7	42	3
宣城市	Xuancheng	7653	11	97	4	45	3
铜陵市	Tongling	5043	6	61	2	15	
池州市	Chizhou	4665	3	60	2	25	
安庆市	Anqing	11560	35	116	8	62	25
黄山市	Huangshan	4480	2	21	1	12	

地区	Region	盗窃 Larceny	诈骗 Fraud	伪造、变造货币，持有使用伪造货币 Forging and Fabricating Bills or Using Forged Bills	其他 Others	青少年刑事案件作案成员占全部作案成员比重(%) Proportion of Young People In Criminal Cases
总计	**Total**	**59493**	**87644**	**33**	**51624**	**17.31**
合肥市	Hefei	10603	20797	8	10228	16.75
淮北市	Huaibei	2033	3312	1	1963	21.66
亳州市	Bozhou	4121	4669	2	4275	18.50
宿州市	Suzhou	5108	6680	2	4064	15.80
蚌埠市	Bengbu	3378	4860	2	2584	16.06
阜阳市	Fuyang	5617	7924	3	5758	18.27
淮南市	Huainan	1795	3306	2	2577	19.82
滁州市	Chuzhou	5471	5707	2	3446	16.77
六安市	Luan	3858	4303	3	3111	17.99
马鞍山市	Maanshan	2890	3395		1953	17.50
芜湖市	Wuhu	5433	7639	3	3123	12.72
宣城市	Xuancheng	2258	3437		1798	14.59
铜陵市	Tongling	1941	2127	1	890	21.33
池州市	Chizhou	1368	2026	2	1179	18.57
安庆市	Anqing	2586	5223	2	3503	18.95
黄山市	Huangshan	1033	2239		1172	17.04

22—14 各市公安机关查处治安案件情况（2021年）

Investigation of Public Security Cases by Public Security Organs By Region （2021）

单位：起（case）

地 区	Region	总 计 Total	扰乱单位、公共场所秩序 Disturbing Unit & Public Order	寻衅滋事 Making Trouble	阻碍执行职务 Handling Public Affairs	非法携带枪支、弹药、管制刀具 Illegal Holding of Gun、Ammo & Tube Cutting Tool	违反危险物质管理规定 Violation of Management Rule of Dangerous Material
总 计	**Total**	**414716**	**2418**	**3261**	**1284**	**310**	**1984**
合肥市	Hefei	103469	448	403	240	46	703
淮北市	Huaibei	24858	61	129	43	3	42
亳州市	Bozhou	24769	132	141	57	12	80
宿州市	Suzhou	21750	95	248	46	8	56
蚌埠市	Bengbu	13503	84	158	63	10	154
阜阳市	Fuyang	33700	340	840	220	35	307
淮南市	Huainan	15525	70	163	55	11	77
滁州市	Chuzhou	29876	92	124	68	21	43
六安市	Luan	36684	206	313	83	34	179
马鞍山市	Maanshan	13130	114	99	70	18	57
芜湖市	Wuhu	31886	107	107	48	17	111
宣城市	Xuancheng	12124	70	150	75	19	47
铜陵市	Tongling	13668	292	74	75	18	32
池州市	Chizhou	5263	105	84	41	9	4
安庆市	Anqing	24432	141	129	65	25	80
黄山市	Huangshan	10079	61	99	35	24	12

地 区	Region	殴打他人 Hitting Other People	盗 窃 Stealing	诈骗、抢夺、敲诈勒索财物 Swindle Snatch & Blackmail Blackmailing Money & Goods	哄 抢 Making Scramble	卖淫、嫖娼 Prostitution & Go Whoring	赌博或为赌博提供条件 To Gamble or Provide for Gambling	其 他 Other
总 计	**Total**	**110116**	**95643**	**25110**	**48**	**5747**	**13395**	**155400**
合肥市	Hefei	24801	16953	7755	12	1833	1691	48584
淮北市	Huaibei	5129	2461	662	25	16	114	16173
亳州市	Bozhou	4878	7218	896		70	207	11078
宿州市	Suzhou	6151	6093	1381	3	82	331	7256
蚌埠市	Bengbu	5169	2940	472	1	77	537	3838
阜阳市	Fuyang	9380	12976	1633	2	452	1331	6184
淮南市	Huainan	4050	4418	1183		61	375	5062
滁州市	Chuzhou	7777	9326	2037		259	2379	7750
六安市	Luan	11348	10359	2352		306	607	10897
马鞍山市	Maanshan	4090	4080	1503		138	452	2509
芜湖市	Wuhu	10863	4698	1047		971	2313	11604
宣城市	Xuancheng	2269	4291	1356	2	76	610	3159
铜陵市	Tongling	3382	1941	579		141	493	6641
池州市	Chizhou	1777	765	207		17	173	2081
安庆市	Anqing	6253	6238	1888	3	249	719	8642
黄山市	Huangshan	2799	886	159		999	1063	3942

22—15 检察机关处理申诉案件情况（2021年）
Appeals Handled by Procurator's Offices (2021)

单位：件（case）

案件类别	Category of Cases	受理 Cases Accepted	立案复查 Cases Registered of Reinves-tigation	结案 Cases Settled	
					改变原决定 Original Decision Changed
总计	**Total**	**6981**	**206**	**161**	**17**
不服刑事拘留	Appeals Against Criminal Detention	2			
不服不立案	Appeals Against Rejection of The Case	467			
不服逮捕	Appeals Against Arrest	6			
不服不批捕	Appeals Against Rejection of Arrest	11			
不服不起诉	Appeals Against Rejection of Prosecute	193	106	95	14
不服撤案	Appeals Against Withdrawal of the Case	30	2	2	
不服原免于起诉	Appeals Against Original Exemption of Lawsuit				
不服刑事判决	Appeals Against Judgment of Criminal Case	1178	83	52	3
不服劳教	Appeals Against Judgment of Reeducation Through Labor				
其他	Others	5094	15	12	

22—16 人民法院行政一审案件受理结案情况（2021年）
People's Courts Have Accepted and Concluded Cases of First Instance (2021)

单位：件（case）

项目	Item	受理 Cases Accepted	结案 Cases Settled						
				判决 Judgment	不予立案 Not to File a Case	驳回起诉 Reject	撤诉 Withdrwal	调解 Mediation	其他 Other
总计	**Total**	**12693**	**11297**	**5342**	**405**	**2371**	**2239**	**170**	**770**
公安	Public Security	1390	1269	727	44	137	303		58
资源	Resources	1755	1445	597	52	358	286	8	144
城建	City Construction	3306	3023	1412	95	748	525	20	223
工商	Industry and Commerce	242	219	70	11	47	73	3	15
卫生	Health	66	59	19	4	6	15	1	14
环保	Environmental Protection	106	91	39	0	6	26	10	10
交通	Traffic	91	88	36	5	27	19		1
税务	Tax	34	26	10	1	9	4		2
其他	Others	5703	5077	2432	193	1033	988	128	303

22—17 人民法院刑事一审案件受理结案情况（2021年）
People's Courts Have Accepted and Concluded Criminal Cases of First Instance (2021)

单位：件（case）

案件类别	Category of Cases	受理 Cases Accepted	结案 Cases Settled
总计	**Total**	**48744**	**46428**
危害公共安全罪	Offences Against Public Security	19730	19420
破坏社会主义市场经济秩序罪	Offences Against Socialist Economic Order	2416	2029
侵犯公民人身权利、民主权利罪	Offences Against Citizens' Personal and Democratic Rights	6179	5812
侵犯财产罪	Offences Against Properties	10183	9637
妨碍社会管理秩序罪	Offences Against Social Management of order	9631	9008
危害国防利益罪	Offences Against National Defense	9	8
贪污贿赂罪	Offences on Corruption and Bribery	529	460
渎职罪	Offences on Dereliction of Duty	62	52
其他	Others	5	2

22—18 人民法院合同纠纷一审案件受理结案情况（2021年）

Settlement of Cases of First Instance Concerning Contract Disputes in People's Courts (2021)

单位：件（case）

项　目	Item	受　理 Cases Accepted	结　案 Cases Settled	判　决 Hudgement	不予受理 Off the Docket
总　计	**Total**	**522381**	**493584**	**220728**	**785**
确认合同效力	Confirm the Validity of the Contract	1721	1550	768	10
买卖合同	Sales Contract	70395	66010	27752	79
建设用地使用权合同	Construction Land Use Right Contract	99	83	37	2
房地产开发经营合同	Real Estate Development and Operation Contract	96	64	34	
房屋买卖合同	Housing Sales Contract	33266	31674	14595	17
赠与合同	Contract of Gift	509	456	207	1
借款合同	Loan Contract	184699	176577	89037	133
银行卡	Bank Card	19892	18872	11143	1
租赁合同	Lease Contract	23587	21945	10346	46
承揽合同	Contract of Hired Work	7641	7066	2905	13
建设工程合同	Construction Contract	28328	24387	11239	42
运输合同	Contract of Carriage	2802	2657	1186	1
委托合同	Commissioning Contract	2059	1932	881	6
土地承包经营权合同纠纷	Disputes Over Contracted Land Management Rights	1452	1422	441	3
服务合同	Service Contract	5908	5554	2012	8
其　他	Others	139927	133335	48145	423

项　目	Item	驳回起诉 Reject	撤　诉 Withdrwal	调　解 Mediation	其　他 Other
总　计	**Total**	**15018**	**145587**	**106667**	**4799**
确认合同效力	Confirm the Validity of the Contract	150	482	78	62
买卖合同	Sales Contract	1880	18341	17067	891
建设用地使用权合同	Construction Land Use Right Contract	10	20	8	6
房地产开发经营合同	Real Estate Development and Operation Contract	2	24	3	1
房屋买卖合同	Housing Sales Contract	470	7231	8665	696
赠与合同	Contract of Gift	19	135	83	11
借款合同	Loan Contract	5138	38902	42614	753
银行卡	Bank Card	891	4734	2086	17
租赁合同	Lease Contract	637	5840	4929	147
承揽合同	Contract of Hired Work	235	1956	1860	97
建设工程合同	Construction Contract	891	6733	5090	392
运输合同	Contract of Carriage	48	622	755	45
委托合同	Commissioning Contract	55	410	402	178
土地承包经营权合同纠纷	Disputes Over Contracted Land Management Rights	34	537	388	19
服务合同	Service Contract	295	2107	908	224
其　他	Others	4263	57513	21731	1260

22—19 人民法院婚姻家庭、继承、权属、侵权纠纷及其他民事一审案件受理结案情况（2021年）

Settlement of Marriage and Family, Inheritance, Ownership, Infringement Disputes and Other Civil Cases of First Instance in People's Courts (2021)

单位：件（case）

项目	Item	受理 Cases Accepted	结案 Cases Settled	判决 Hudgement	不予受理 Off the Docket
总计	**Total**	**226923**	**214449**	**97958**	**282**
婚姻家庭	Marriage and Family	93326	90459	36802	57
继承	Inheritance	2775	2568	971	3
物权	Real Right	13862	12675	5572	60
知识产权与竞争	Intellectual Property and Competition	10299	9690	3428	4
劳动争议、人事争议	Labor Disputes and Personnel Disputes	17528	16489	8126	83
与公司、证券、保险、票据等有关的民事	Civil Affairs Related to Companies, Securities, Insurance, Bills, Etc.	21054	19528	10150	31
侵权责任	Tort Liability	55298	51395	26680	28
特殊诉讼程序案件	Special Procedure Cases	2663	2221	1524	13
其他	Others	10118	9424	4705	3

项目	Item	驳回起诉 Reject	撤诉 Withdrwal	调解 Mediation	其他 Other
总计	**Total**	**5036**	**46626**	**62525**	**2022**
婚姻家庭	Marriage and Family	1015	18766	33108	711
继承	Inheritance	69	615	892	18
物权	Real Right	890	4123	1952	78
知识产权与竞争	Intellectual Property and Competition	103	5068	922	165
劳动争议、人事争议	Labor Disputes and Personnel Disputes	735	2643	4571	331
与公司、证券、保险、票据等有关的民事	Civil Affairs Related to Companies, Securities, Insurance, Bills, Etc.	1280	3771	3803	493
侵权责任	Tort Liability	638	9090	14789	170
特殊诉讼程序案件	Special Procedure Cases	152	412	100	20
其他	Others	154	2138	2388	36

22—20 主要年份交通事故发生情况
Traffic Accidents in Main Years

指　标	Item	2005	2010	2015	2020	2021
交通事故发生数（起）	Number of Traffic Accidents (case)	17474	7714	13736	10706	10284
一次性死亡三人以上事故	Accidents With More Than Three Deaths One Time	85	54	26	19	17
交通事故损失（万元）	Losses of Traffic Accidents (10000 yuan)	6118.0	2349.6	6122.5	5526.8	5168.8
一次性死亡三人以上事故	Accidents With More Than Three Deaths One Time	306.0	116.6	181.2	102.0	66.4

22—21 交通事故情况（2021年）
Basic Statistics on Traffic Accidents (2021)

指　标	Region	发生数（起） Number of Araffic Accidents (case)	死亡人数（人） Number of Deaths (person)	受伤人数（人） Number of Injuries (person)	损失折款（万元） Losses Coverted Into Cash (10000 yuan)
总　计	**Total**	**10284**	**2231**	**11278**	**5168.8**
#一次性死亡三人以上事故	Accidents With More Than Three Deaths One Time	17	74	28	66.4
一般事故	General Accident	10267	2157	11250	5102.4
机动车	Motor-driven Vehicles	7336	1787	7675	4486.6
汽　车	Automobiles	5550	1493	5526	4116.9
摩托车	Motorcycles	1318	182	1655	249.8
拖拉机	Tractors	118	27	132	24.8
农业运输车	Transport Vehicles for Agricultural Use	244	51	272	55.6
非机动车	Non-motor-driven Vehicles	2775	320	3446	559.1
#自行车	Bicycles	71	8	75	8.5
#其它非机动车	Other Non-motor-driven Vehicles	170	26	195	38.8
行人、乘车人	Pedestrians	156	50	129	56.7

注：机动车相关指标有重复计算。

a) Motor vehicle related indicators have repeated calculation.

22—22 各市交通事故情况（2021年）
Basic Statistics on Traffic Accidents by Region (2021)

地 区	Region	合计 Total 发生数（起）Number of Traffic Accidents (case)	死亡人数（人）Number of Deaths (person)	受伤人数（人）Number of Injuries (person)	损失折款（万元）Losses Coverted Into Cash (10000 yuan)	城区 Urban Areas 发生数（起）Number of Traffic Accidents (case)	死亡人数（人）Number of Deaths (person)	受伤人数（人）Number of Injuries (person)
总 计	**Total**	**10284**	**2231**	**11278**	**5169**	**4042**	**795**	**4004**
合肥市	Hefei	1839	439	1744	1461	973	143	851
淮北市	Huaibei	306	55	339	37	279	30	324
亳州市	Bozhou	576	171	531	153	198	60	178
宿州市	Suzhou	247	81	279	101	48	16	43
蚌埠市	Bengbu	1282	242	1453	503	539	80	578
阜阳市	Fuyang	357	127	332	269	79	41	60
淮南市	Huainan	809	110	1013	250	200	44	241
滁州市	Chuzhou	311	160	245	206	88	26	72
六安市	Luan	845	156	1026	363	456	79	525
马鞍山市	Maanshan	327	66	332	88	209	50	183
芜湖市	Wuhu	944	67	1127	239	311	33	339
宣城市	Xuancheng	311	137	442	167	73	58	79
铜陵市	Tongling	136	52	144	72	30	13	23
池州市	Chizhou	322	95	335	482	81	51	48
安庆市	Anqing	1232	209	1493	563	259	51	262
黄山市	Huangshan	438	64	441	213	219	20	198

22—23 灾害情况（2021年）
Statistics on Disasters (2021)

项目	Item	自然灾害直接经济损失（亿元）Direct Losses of Natural Disasters (100 million yuan)	农业经济损失 Agricultural Losses	农作物灾害（万公顷）Area of Crop Disaster (10000 hectare) 受灾面积 Areas Covered	绝收面积 Areas of Total Crop Failure	受灾人口（万人）Population Covered (10000 persons)
总计	**Total**	**31.71**	**15.21**	**29.61**	**3.33**	**265.97**
#旱灾	Drought					
洪涝灾	Floods	14.70	6.74	16.78	2.18	130.69

注：旱灾、洪涝灾中每个地块受灾一次即统计一次，但总计中全年每个地块只统计受灾最重的一次。
a) Each plot of land affected by drought and flood is counted once, but in total, each plot of land affected by the disaster is counted only once in the whole year.

22—24 救灾情况
Statistics on Disaster Relief

单位：万元 (10000 yuan)

项目	Item	财政资金投入 Investment of Financial Fund 2020	2021	救灾物资投入（折款）Input of Relief Materials (discount) 2020	2021
总计	**Total**	**187197.0**	**23269.7**	**8332.3**	**1322.0**
中央	Central Government	177829.8	19340.0	4803.2	16.6
省级	Provincial-level	2799.9	2959.0	1201.4	380.1
地市	Prefecture-level	4043.1	76.4	1096.3	373.3
县级	County-level	2524.2	894.3	1231.4	552.0

22-25 福利彩票
Welfare Lottery

项目	Item	2020	2021
福利彩票发行额（亿元）	Circulation of Welfare Lottery (100 million yuan)	43.77	44.39
福利彩票公益金提取额（亿元）	Public Welfare Funds Drawn from Welfare Lottery (100 million yuan)	13.97	14.53

22-26 体育彩票
Sport Lottery

项目	Item	2020	2021
体育彩票销售额（亿元）	Circulation of Sport Lottery (100 million yuan)	65.53	75.19
体育彩票公益金提取额（亿元）	Public Welfare Funds Drawn from Sport Lottery (100 million yuan)	17.85	19.58

主要统计指标解释

律师

指依法取得律师执业证书，接受委托或者指定，为当事人提供法律服务的执业人员。

公证人员

指在公证处工作的人员总称，包括公证处主任、副主任、公证员、公证员助理和其他从事辅助性工作的人员。

公证文书

指公证处根据当事人申请，依照事实和法律，按照法定程序制作的，具有法律效力的司法证明文书。

调解人员

指在人民调解委员会担负调解民间一般民事纠纷和轻微违法行为引起纠纷的工作人员，包括调解委员会的委员和调解小组的调解员。

调解民间纠纷

指调解委员会依照法律规定，根据自愿原则，用说服教育的方法调解民间发生的有关民事权利和义务的争执，促成当事双方达到协议和谅解，解决纠纷。包括婚姻家庭纠纷，财产权益纠纷等，不包括法院受理调解的民事案件数。

人民检察院直接立案侦查案件

指按照管辖的规定，由人民检察院直接立案侦查的贪污贿赂犯罪、渎职犯罪、国家机关工作人员利用职权实施的侵犯公民人身权利和民主权利的犯罪以及经省级人民检察院决定立案侦查的国家机关工作人员利用职权实施的其他重大犯罪案件。

立案

指检察机关对犯罪线索进行初步调查后，认为存在职务犯罪事实并需要追究刑事责任时，依法决定作为刑事案件进行侦查的诉讼活动，是追究犯罪的开始。

大案

贪污贿赂犯罪案件指贪污、贿赂数额在 5 万元以上，挪用公款案在 10 万元以上，其他案件在 50 万元以上。渎职犯罪大案一般为直接经济损失 5 万元以上，死亡 1 人以上或者重伤 3 人以上的案件；或虽然没有造成经济损失和伤亡，但犯罪情节恶劣或造成严重后果的案件。

要案

指县、处级以上干部的犯罪案件。该指标主要反映职务犯罪案件中县、处级以上干部被人民检察院依法立案侦查的情况。

青少年罪犯

指人民法院在报告期内判决发生法律效力的有罪判决中 14 周岁以上不满 25 周岁的罪犯。其中 14 周岁以上不满 18 周岁的罪犯为未成年罪犯。

行政案件

指公民、法人和其他组织不服行政机关作出的具体行政行为，向人民法院提起行政诉讼，人民法院依法审理的案件。

单独赔偿

指单独提起行政赔偿的案件。当事人对行政行为的合法性没有争议，就行政侵权造成的损害赔偿单独提起赔偿诉讼。

受理劳动争议案件数

指劳动争议仲裁委员会根据国家有关规定，对劳动争议当事人的申请予以审查，符合受理条件而正式立案、准备处理的劳动争议案件数。

结案

是指人民法院在统计报告期内，审理完毕或认为不需要再审理，决定结束审理或者做出实体或程序方面处理的案件数。

Explanatory Notes for Major Statistical Indicators

Lawyers

refers to the legally obtained a lawyer's practice certificate, accept entrust or specify, for the parties to provide legal services practitioners.

Notary Personnel

refers to the floorboard of notarization work personnel, including the notary office director and deputy director, notaries, assistant notaries, and other personnel engaged in the work of supporting.

Notary Documents

refer to the judicial notary documents drawn up at the request of the interested party and are in accordance with facts and the law and following certain legal proceedings.

Mediators

refer to workers on people's mediation committees responsible for mediating in civil disputes and cases of slight infraction of the law. They include members of the mediation committees and mediators of mediation groups.

Mediation of Civil Disputes

refers to mediation committees' work in mediating in civil disputes concerning civil rights and duties through persuasion and education in accordance with the provisions of law on a voluntary basis, so as to solve disputes by helping the parties involved come to an agreement and understanding. These disputes include divorce cases and disputes over property ownership, but exclude the civil cases to be handled by the court.

Cases Registered and Handled Directly by People's Procuratorate Offices

refer to those serious criminal cases that, according to the functional jurisdiction, are registered and handled by the People's Procuratorate Offices, including the ones on bribery and corruption, the ones on abuse and dereliction of duty, offences against citizens' personal and democratic rights by government officials abusing their powers; and that are registered and handled by the provincial Procuratorate offices in relation to other major crimes committed by government officials by abusing their powers.

Acceptance of Case

refers to the decision made by the procurators office to confirm the act of crime after initial investigation and to start legal proceedings of the case as criminal case.

Large Case

In case of corruption and bribery, it refers to the case involves a bribery of over 50000 yuan, or a misappropriation of over 100000, or other cases involving 500000 yuan. In case of offence on dereliction of duty, it refers to the case that causes an economic loss of over 50000, loss of one life, or severe injury of 3 persons; or a case that displays extremely disgusting behavior of the offender or results in grave aftermath.

Key Cases

refer to crimes committed by county and director-level officials. This indicator reflects the situation of those county and director-level officials involved in criminal cases registered and handled by People's Procuratorate offices.

Juvenile Criminals

refers to the offenders within the age range of 14 to 25 convicted guilty by the court during the reporting period while those between 14 and 18 are defined as minor offenders.

Administrative Cases

refers to the cases filed by citizens, corporations and other organizations against the specific administrative conducts of administrative authorities and handled by the court.

Separate Compensation

refers to cases that are separately filed for administrative compensation by the party who has no dispute on the legality of administrative conducts but brings proceedings separately to claim for damages caused by administrative tort.

Number of Labour Disputes Cases Accepted

refers to the number of cases of labour disputes submitted that, after being reviewed by the labour dispute arbitration committees in line with the relevant national regulations, are accepted and registered for treatment.

Cases Settled

refers to the number of cases During the report period that are finished or need not checked, are determined in finishing and are Made a substantive or procedural aspects of processing.

第二十三篇

Chapter 23

省级和县级主要经济指标及位次

MAIN ECONOMIC INDICATORS AND THEIR ORDERS OF PRECEDENCE OF PROVINCE AND COUNTY

简要说明

一、本篇包括全国分省（市）主要年份经济指标及位次和本省县级主要经济指标及位次。

二、各县资料均来自本年鉴各篇。

三、人均指标依据年平均人数计算。

Brief Introduction

I. This chapter includes main economic indicators and their orders of precedence of provinces and counties of Anhui in major years.

II. Data of counties are extracted from the concerned data in other chapters in this yearbook.

III. Per capita indicators are calculated in accordance with annual average population.

23—1 全国分省（市）主要年份生产总值及位次（2021年）

Gross Domestic Product and Their Orders of Precedence in Major Years by Province or City（2021）

本表按当年价格计算 (Data in value terms in this table are calculated at current prices.) 单位：亿元（100 million yuan）

省（市） Province or City	生产总值 Gross Domestic Product	位次 Order of Precedence	第一产业 Primary Industry	位次 Order of Precedence	第二产业 Secondary Industry	位次 Order of Precedence	第三产业 Tertiary Industry	位次 Order of Precedence
全国 National Total	**1143670**		**83086**		**450904**		**609680**	
北京 Beijing	40269.55	13	111.34	30	7268.60	21	32889.61	5
天津 Tianjin	15695.05	24	225.41	28	5854.27	24	9615.37	22
河北 Hebei	40391.27	12	4030.34	8	16364.22	11	19996.71	13
山西 Shanxi	22590.16	20	1286.87	24	11213.13	15	10090.16	20
内蒙古 Inner Mongolia	20514.19	21	2225.23	19	9374.19	19	8914.77	23
辽宁 Liaoning	27584.08	17	2461.76	15	10875.23	17	14247.09	15
吉林 Jilin	13235.52	26	1553.84	22	4768.28	25	6913.40	26
黑龙江 Heilongjiang	14879.19	25	3462.97	11	3975.29	26	7440.93	25
上海 Shanghai	43214.85	10	99.97	31	11449.32	14	31665.56	6
江苏 Jiangsu	116364.20	2	4722.42	5	51775.39	1	59866.39	2
浙江 Zhejiang	73515.76	4	2209.09	20	31188.57	4	40118.10	4
安徽 Anhui	**42959.18**	**11**	**3360.60**	**12**	**17613.19**	**10**	**21985.39**	**12**
福建 Fujian	48810.36	8	2897.74	13	22866.32	6	23046.30	11
江西 Jiangxi	29619.67	15	2334.29	18	13183.21	13	14102.17	16
山东 Shandong	83095.90	3	6029.03	1	33187.16	3	43879.71	3
河南 Henan	58887.41	5	5620.82	3	24331.65	5	28934.93	7
湖北 Hubei	50012.94	7	4661.67	6	18952.90	8	26398.37	9
湖南 Hunan	46063.09	9	4322.92	7	18126.09	9	23614.08	10
广东 Guangdong	124369.67	1	5003.66	4	50219.19	2	69146.82	1
广西 Guangxi	24740.86	19	4015.51	9	8187.90	20	12537.45	19
海南 Hainan	6475.20	28	1254.44	25	1238.80	30	3981.96	28
重庆 Chongqing	27894.02	16	1922.03	21	11184.94	16	14787.05	14
四川 Sichuan	53850.79	6	5661.86	2	19901.38	7	28287.55	8
贵州 Guizhou	19586.42	22	2730.92	14	6984.70	22	9870.80	21
云南 Yunnan	27146.76	18	3870.17	10	9589.37	18	13687.22	17
西藏 Tibet	2080.17	31	164.12	29	757.28	31	1158.77	31
陕西 Shanxi	29800.98	14	2409.39	16	13802.52	12	13589.07	18
甘肃 Gansu	10243.31	27	1364.72	23	3466.56	27	5412.02	27
青海 Qinghai	3346.63	30	352.65	27	1332.61	29	1661.37	30
宁夏 Ningxia	4522.31	29	364.48	26	2021.55	28	2136.28	29
新疆 Xinjiang	15983.65	23	2356.06	17	5967.36	23	7660.23	24

注：本表数据为初步核算数。

a) Data in this table are preliminary accounting data.

23—2 全国分省（市）主要年份固定资产投资及位次

Urban Investment in Fixed Assets and Their Orders of Precedence in Main Years by Province or City

单位：亿元（100 million yuan）

省（市）	Province or City	2005	位次 Order of Precedence	2010	位次 Order of Precedence	2015	位次 Order of Precedence	2020年增速(%)及位次 Growth Rate and Rank in 2020		2021年增速(%)及位次 Growth Rate and Rank in 2021	
全　国	**National Total**	**75096.48**		**270251.99**		**551590.04**		**2.9**		**4.9**	
北　京	Beijing	2595.41	10	5350.84	22	7446.02	26	2.2	26	4.9	21
天　津	Tianjin	1367.48	24	6252.22	20	11814.57	21	3.0	23	4.8	22
河　北	Hebei	3361.65	7	14621.72	6	28905.74	5	3.2	21	3.0	25
山　西	Shanxi	1671.91	19	5845.23	21	13744.59	17	10.6	2	8.7	10
内蒙古	Inner Mongolia	2563.54	11	8838.67	12	13529.15	18	-1.5	29	9.8	8
辽　宁	Liaoning	3669.71	5	15793.64	4	17640.37	13	2.6	25	2.6	26
吉　林	Jilin	1595.92	21	7695.62	16	12508.59	20	8.3	4	11.0	4
黑龙江	Heilongjiang	1638.17	20	6495.85	19	9884.28	24	3.6	19	6.4	14
上　海	Shanghai	3198.57	8	5106.86	24	6349.39	27	10.3	3	8.0	11
江　苏	Jiangsu	6211.87	2	22809.04	1	45905.17	2	0.3	27	5.8	20
浙　江	Zhejiang	4756.95	4	11980.32	8	26664.72	6	5.4	11	10.8	5
安　徽	**Anhui**	**2140.03**	**14**	**11104.35**	**9**	**23803.93**	**10**	**5.1**	**13**	**9.4**	**9**
福　建	Fujian	1970.12	15	7992.46	14	20973.98	11	-0.4	28	6.0	17
江　西	Jiangxi	1933.93	16	8470.19	13	16993.90	14	8.2	5	10.8	5
山　东	Shandong	7274.83	1	22585.11	2	47381.46	1	3.6	19	6.0	17
河　南	Henan	3528.29	6	15799.22	3	34951.28	3	4.3	14	4.5	23
湖　北	Hubei	2433.23	12	9959.91	10	26086.42	7	-18.8	31	20.4	1
湖　南	Hunan	2174.91	13	9301.29	11	24324.17	9	7.6	9	8.0	11
广　东	Guangdong	5760.73	3	15270.71	5	29950.48	4	7.2	10	6.3	15
广　西	Guangxi	1554.25	22	6719.29	17	15654.95	15	4.2	15	7.6	13
海　南	Hainan	351.51	29	1278.62	29	3355.40	29	8.0	6	10.2	7
重　庆	Chongqing	1786.43	17	6597.78	18	14208.15	16	3.9	18	6.1	16
四　川	Sichuan	2989.60	9	12552.58	7	24965.56	8	2.8	24	5.9	19
贵　州	Guizhou	916.09	26	2945.78	27	10676.70	22	3.2	21	-3.1	30
云　南	Yunnan	1550.18	23	5308.93	23	13069.39	19	7.7	8	4.0	24
西　藏	Tibet	187.22	31	463.26	31	1295.68	31	5.4	11	-14.2	31
陕　西	Shanxi	1761.18	18	7744.17	15	18231.03	12	4.1	16	-3.0	29
甘　肃	Gansu	790.22	27	3054.73	26	8626.60	25	7.8	7	11.1	3
青　海	Qinghai	312.56	30	967.44	30	3144.17	30	-12.2	30	-2.9	28
宁　夏	Ningxia	382.71	28	1397.52	28	3426.42	28	4.0	17	2.2	27
新　疆	Xinjiang	1210.09	25	3274.20	25	10525.42	23	16.2	1	15.0	2

注：各省数据不包括跨地区项目投资。

a) Every provincial data does not include inter-regional project investment.

23—3 全国分省（市）主要年份房地产开发企业本年完成投资及位次

Major Years Real Estate Development Enterprises This Year Completed Investment and Ranking by Province or City

本表按当年价格计算 (Data in value terms in this table are calculated at current prices.) 单位：亿元（100 million yuan）

省（市） Province or City	2020	位次 Order of Prece-dence	增长 Growth (%)	2021	位次 Order of Prece-dence	增长 Growth (%)
全国 National Total	**141442.95**		**7.0**	**147602.08**		**4.4**
北京 Beijing	3938.71	25	2.6	4139.03	14	5.1
天津 Tianjin	2608.54	30	-4.4	2769.98	12	6.2
河北 Hebei	4601.13	20	5.8	5023.87	5	9.2
山西 Shanxi	1830.36	9	10.5	1945.23	10	6.3
内蒙古 Inner Mongolia	1176.48	4	12.9	1234.13	16	4.9
辽宁 Liaoning	2978.86	22	5.1	2900.72	27	-2.6
吉林 Jilin	1460.78	7	11.0	1540.92	13	5.5
黑龙江 Heilongjiang	982.92	25	2.6	935.97	30	-4.8
上海 Shanghai	4698.75	7	11.0	5035.18	8	7.2
江苏 Jiangsu	13171.27	11	9.7	13477.45	21	2.3
浙江 Zhejiang	11413.66	17	6.8	12389.11	6	8.5
安徽 Anhui	**7042.29**	**21**	**5.6**	**7263.22**	**18**	**3.1**
福建 Fujian	6026.80	18	6.2	6195.61	19	2.8
江西 Jiangxi	2378.08	18	6.2	2528.83	10	6.3
山东 Shandong	9450.49	11	9.7	9819.75	17	3.9
河南 Henan	7782.29	23	4.3	7874.35	22	1.2
湖北 Hubei	4888.87	30	-4.4	6121.93	1	25.2
湖南 Hunan	4880.44	10	9.8	5427.83	4	11.2
广东 Guangdong	17312.74	13	9.2	17465.85	23	0.9
广西 Guangxi	3845.62	27	0.8	3733.93	28	-2.9
海南 Hainan	1341.67	28	0.4	1379.62	19	2.8
重庆 Chongqing	4351.96	29	-2.0	4354.96	25	0.1
四川 Sichuan	7315.31	6	11.3	7831.88	9	7.1
贵州 Guizhou	3418.75	3	14.3	3383.06	26	-1.0
云南 Yunnan	4505.19	14	8.5	4309.93	29	-4.3
西藏 Tibet	165.47	1	27.7	141.97	31	-14.2
陕西 Shanxi	4404.39	5	12.8	4441.00	24	0.8
甘肃 Gansu	1355.64	15	7.8	1525.88	3	12.6
青海 Qinghai	421.35	24	3.7	442.51	15	5.0
宁夏 Ningxia	433.27	16	7.5	466.95	7	7.8
新疆 Xinjiang	1260.89	2	17.4	1501.43	2	19.1

23—4 全国分省（市）主要年份农林牧渔业总产值及位次

Gross Output Value of Farming, Forestry, Animal Husbandry, and Fishery and Their Orders of Precedence in Main Years by Province or City

本表按当年价格计算 (Data in value terms in this table are calculated at current prices.) 单位：亿元（100 million yuan）

省（市） Province or City	2005	位次 Order of Precedence	2010	位次 Order of Precedence	2015	位次 Order of Precedence	2020	位次 Order of Precedence	2021	位次 Order of Precedence
全国 National Total	**39450.89**		**69319.76**		**107056.36**		**137782.17**		**147013.40**	
北京 Beijing	268.85	26	328.02	26	368.24	28	263.43	30	269.51	29
天津 Tianjin	258.41	27	317.33	27	467.44	27	476.44	28	509.26	28
河北 Hebei	2600.83	3	4309.42	3	5978.88	5	6742.49	8	7018.67	8
山西 Shanxi	483.80	24	1047.85	22	1522.64	24	1935.84	24	2134.02	24
内蒙古 Inner Mongolia	980.21	18	1843.57	18	2751.55	20	3472.36	20	3815.12	19
辽宁 Liaoning	1671.57	9	3106.53	9	4686.71	10	4582.56	14	4927.73	15
吉林 Jilin	1050.49	17	1850.28	16	2880.62	16	2976.00	21	2972.32	21
黑龙江 Heilongjiang	1294.41	14	2536.30	12	5044.93	9	6438.11	9	6459.97	10
上海 Shanghai	233.39	28	287.03	29	302.62	30	279.82	29	268.93	30
江苏 Jiangsu	2576.98	4	4297.14	4	7030.76	3	7952.59	4	8279.72	6
浙江 Zhejiang	1428.28	12	2172.86	14	2933.44	15	3496.94	19	3579.21	20
安徽 Anhui	**1666.19**	**10**	**2955.45**	**10**	**4390.80**	**11**	**5680.91**	**12**	**6004.31**	**12**
福建 Fujian	1396.15	13	2307.06	13	3717.87	13	4901.07	13	5200.97	13
江西 Jiangxi	1142.99	15	1900.58	15	2859.10	17	3820.74	18	3998.09	18
山东 Shandong	3741.81	1	6650.94	1	9549.63	1	10190.58	1	11468.01	1
河南 Henan	3309.70	2	5734.20	2	7641.27	2	9956.35	2	10501.20	2
湖北 Hubei	1775.58	8	3501.99	8	5728.56	6	7303.64	7	8296.44	5
湖南 Hunan	2056.24	7	3787.47	6	5630.75	7	7511.96	6	7662.36	7
广东 Guangdong	2447.57	6	3754.86	7	5520.03	8	7901.92	5	8305.84	4
广西 Guangxi	1448.37	11	2720.99	11	4197.12	12	5913.28	11	6524.39	9
海南 Hainan	475.88	25	821.31	25	1323.91	25	1821.02	25	2014.79	25
重庆 Chongqing	662.19	21	1021.13	23	1738.15	22	2749.05	22	2935.65	22
四川 Sichuan	2457.46	5	4081.81	5	6377.84	4	9216.40	3	9383.32	3
贵州 Guizhou	571.84	22	997.82	24	2738.67	21	4358.62	15	4691.97	16
云南 Yunnan	1068.58	16	1810.53	19	3383.09	14	5920.52	10	6351.82	11
西藏 Tibet	67.74	31	100.77	31	149.46	31	233.53	31	255.34	31
陕西 Shanxi	730.72	20	1666.06	20	2813.50	18	4056.61	17	4313.44	17
甘肃 Gansu	521.53	23	1057.02	21	1722.09	23	2103.61	23	2439.54	23
青海 Qinghai	94.04	30	201.32	30	319.27	29	507.10	27	528.53	27
宁夏 Ningxia	138.00	29	305.94	28	483.02	26	703.07	26	759.81	26
新疆 Xinjiang	831.06	19	1846.18	17	2804.42	19	4315.61	16	5143.12	14

23—5 全国分省（市）主要年份工业增加值及位次

Value-added of Industry and Their Orders of Precedence in Main Years by Province or City

本表按当年价格计算 (Data in value terms in this table are calculated at current prices.) 单位：亿元（100 million yuan）

省（市） Province or City	2005	位次 Order of Prece-dence	2010年 增速位次 Growth Rank in 2010	2015年 增速位次 Growth Rank in 2015	2020年 增速位次 Growth Rank in 2020	2021年 增速位次 Growth Rank in 2021
全国 National Total	**66425.20**					
北京 Beijing	1705.40	15	27	27	19	1
天津 Tianjin	1783.00	13	1	4	23	23
河北 Hebei	3219.00	7	22	25	13	29
山西 Shanxi	1712.00	14	8	30	8	7
内蒙古 Inner Mongolia	1135.50	20	14	7	27	28
辽宁 Liaoning	3007.40	8	18	31	21	30
吉林 Jilin	1200.80	19	12	22	2	30
黑龙江 Heilongjiang	2166.30	10	26	28	17	26
上海 Shanghai	3994.70	5	17	29	22	9
江苏 Jiangsu	8054.00	3	24	11	5	6
浙江 Zhejiang	4904.70	4	23	25	9	3
安徽 Anhui	**1373.90**	**17**	**4**	**7**	**6**	**17**
福建 Fujian	2235.20	9	11	6	20	12
江西 Jiangxi	828.50	24	9	5	14	8
山东 Shandong	8411.90	1	27	17	10	14
河南 Henan	3228.00	6	14	7	28	27
湖北 Hubei	1847.90	12	4	7	31	2
湖南 Hunan	1535.90	16	7	14	12	22
广东 Guangdong	8290.00	2	19	18	24	16
广西 Guangxi	833.10	23	1	12	25	21
海南 Hainan	138.00	30	16	24	30	11
重庆 Chongqing	716.40	25	1	2	7	10
四川 Sichuan	2034.40	11	6	12	15	13
贵州 Guizhou	561.60	27	25	3	10	3
云南 Yunnan	1018.10	21	27	21	18	19
西藏 Tibet	17.40	31	30	1	1	3
陕西 Shanxi	1267.20	18	13	19	26	25
甘肃 Gansu	601.80	26	21	20	4	17
青海 Qinghai	179.50	29	10	16	29	15
宁夏 Ningxia	202.30	28	19	14	16	24
新疆 Xinjiang	933.30	22	31	23	2	19

注：工业为月度快报口径。

a) Data in the table are preliminary statistics.

23—6 全国分省（市）主要年份社会消费品零售总额及位次
Total Retail Sales of Consumer Goods and Their Orders of Precedence in Main Years by Province or City

本表按当年价格计算 (Data in value terms in this table are calculated at current prices.) 单位：亿元（100 million yuan）

省（市）	Province or City	2020	位次 Order of Precedence	增长 Growth (%)	2021	位次 Order of Precedence	增长 Growth (%)
全国	**National Total**	**391981.0**		**-3.9**	**440823.2**		**12.5**
北京	Beijing	13716.4	12	-8.9	14867.7	12	8.4
天津	Tianjin	3582.9	26	-15.1	3769.8	26	5.2
河北	Hebei	12705.0	13	-2.2	13509.9	14	6.3
山西	Shanxi	6746.3	21	-4.0	7747.3	21	14.8
内蒙古	Inner Mongolia	4760.5	23	-5.8	5060.3	23	6.3
辽宁	Liaoning	8960.9	18	-7.3	9783.9	18	9.2
吉林	Jilin	3824.0	24	-9.2	4216.6	24	10.3
黑龙江	Heilongjiang	5092.3	22	-9.1	5542.9	22	8.8
上海	Shanghai	15932.5	11	0.5	18079.3	11	13.5
江苏	Jiangsu	37086.1	2	-1.6	42702.6	2	15.1
浙江	Zhejiang	26629.8	4	-2.6	29210.5	4	9.7
安徽	**Anhui**	**18333.7**	**8**	**2.6**	**21471.2**	**8**	**17.1**
福建	Fujian	18626.5	7	-1.4	20373.1	9	9.4
江西	Jiangxi	10371.8	15	3.0	12206.7	15	17.7
山东	Shandong	29248.0	3		33714.5	3	15.3
河南	Henan	22502.8	5	-4.1	24381.7	5	8.3
湖北	Hubei	17984.9	9	-20.8	21561.4	7	19.9
湖南	Hunan	16258.1	10	-2.6	18596.9	10	14.4
广东	Guangdong	40207.9	1	-6.4	44187.7	1	9.9
广西	Guangxi	7831.0	20	-4.5	8538.5	20	9.0
海南	Hainan	1974.6	28	1.2	2497.6	28	26.5
重庆	Chongqing	11787.2	14	1.3	13967.7	13	18.5
四川	Sichuan	20824.9	6	-2.4	24133.2	6	15.9
贵州	Guizhou	7833.4	19	4.9	8904.3	19	13.7
云南	Yunnan	9792.9	16	-3.6	10731.8	16	9.6
西藏	Tibet	745.8	31	-3.6	810.3	31	8.7
陕西	Shanxi	9605.9	17	-5.9	10250.5	17	6.7
甘肃	Gansu	3632.4	25	-1.8	4037.1	25	11.1
青海	Qinghai	877.3	30	-7.5	947.8	30	8.0
宁夏	Ningxia	1301.4	29	-7.0	1335.1	29	2.6
新疆	Xinjiang	3062.5	27	-15.3	3584.6	27	17.0

注：根据第四次全国经济普查结果对2018年社会消费品零售总额进行了修订，2019年相应进行调整。

a) According to the results of the fourth national economic census, the total retail sales of social consumer goods in 2018 was revised and adjusted accordingly in 2019.

23—7 全省分县（市）主要经济指标及位次（2021年）

Main Economic Indicators and Their Orders of Precedence of All Counties (2021)

县（市）	County (City)	生产总值（亿元）Gross Demestic Product (100 million yuan)		人均生产总值（元）Per Capita Gross Demestic Product (yuan)		一般公共预算收入（万元）General Public Budget Revenue (10000 yuan)		一般公共预算支出（万元）Expenditures in General Public Budgets (10000 yuan)	
		指标 Amount	位次 Order of Prece-dence	指标 Amount	位次 Order of Prece-dence	指标 Amount	位次 Order of Prece-dence	指标 Amount	位次 Order of Prece-dence
巢湖市	Chaohu	577.01	6	79314	8	255215	8	668083	17
长丰县	Changfeng	761.94	3	96693	5	498759	3	885007	2
肥东县	Feidong	811.41	2	91272	6	557513	2	909622	1
肥西县	Feixi	1018.68	1	104695	3	590325	1	883616	3
庐江县	Lujiang	547.19	7	61586	26	236973	12	749428	8
濉溪县	Suixi	540.78	8	58117	31	238722	11	682183	14
涡阳县	Guoyang	415.55	18	35472	52	198561	20	633114	20
蒙城县	Mengcheng	428.79	15	38946	47	264903	7	674003	15
利辛县	Lixin	366.82	21	30877	55	180073	23	668687	16
砀山县	Dangshan	254.48	38	33114	53	134276	29	519332	30
萧县	Xiaoxian	417.19	17	39827	46	235402	13	773988	7
灵璧县	Lingbi	312.98	32	31969	54	155962	25	579355	25
泗县	Sixian	287.74	34	37935	49	145535	28	605176	21
怀远县	Huaiyuan	356.26	25	37900	50	251422	9	699770	13
五河县	Wuhe	262.95	37	50086	38	148684	27	456650	36
固镇县	Guzhen	295.93	33	59068	30	169962	24	423809	40
界首市	Jieshou	387.56	19	59671	29	201152	19	448568	38
临泉县	Linquan	433.46	13	26199	59	194801	21	850147	4
太和县	Taihe	508.65	10	36966	51	216600	17	735704	9
阜南县	Funan	315.74	30	26826	58	150778	26	726219	11
颍上县	Yingshang	465.02	11	38784	48	300807	5	848167	5
凤台县	Fengtai	340.32	26	63139	23	244932	10	442367	39
寿县	Shouxian	243.79	40	29057	56	190644	22	735085	10
天长市	Tianchang	622.50	4	103405	4	440947	4	703551	12
明光市	Mingguang	273.44	35	56033	33	203537	18	481083	34
来安县	Laian	362.73	22	86778	7	228326	15	402987	45
全椒县	Quanjiao	315.29	31	79219	9	226833	16	395803	46
定远县	Dingyuan	356.84	24	53220	35	234527	14	643463	19
凤阳县	Fengyang	458.53	12	72667	15	279085	6	550598	28
霍邱县	Huoqiu	269.36	36	28564	57	6330	42	785685	6

23—7 续表1 continued

县（市） County (City)	生产总值（亿元）Gross Demestic Product (100 million yuan)		人均生产总值（元）Per Capita Gross Demestic Product (yuan)		一般公共预算收入（万元）General Public Budget Revenue (10000 yuan)		一般公共预算支出（万元）Expenditures in General Public Budgets (10000 yuan)	
	指 标 Amount	位 次 Order of Prece-dence	指 标 Amount	位 次 Order of Prece-dence	指 标 Amount	位 次 Order of Prece-dence	指 标 Amount	位 次 Order of Prece-dence
舒 城 县 Shucheng	357.37	23	51089	37	7379	39	599811	22
金 寨 县 Jinzhai	224.80	45	45095	40	7544	38	597621	23
霍 山 县 Huoshan	193.19	49	66964	21	7729	37	369082	49
当 涂 县 Dangtu	520.98	9	126759	1	14377	31	538187	29
含 山 县 Hanshan	233.02	42	69043	18	6634	41	381811	48
和 县 Hexian	317.45	29	77427	10	12538	34	567873	27
无 为 市 Wuwei	577.76	5	70244	17	13510	32	652549	18
南 陵 县 Nanling	320.69	28	74320	12	9539	36	418409	42
宁 国 市 Ningguo	431.70	14	110977	2	14983	30	452254	37
广 德 市 Guangde	380.70	20	76140	11	12337	35	514177	31
郎 溪 县 Langxi	208.53	46	67268	19	6874	40	331630	52
泾 县 Jingxian	147.86	52	53572	34	4686	43	343760	51
绩 溪 县 Jixi	101.32	55	73155	13	2263	55	184092	56
旌 德 县 Jingde	61.91	57	56282	32	1404	57	161228	57
枞 阳 县 Zongyang	188.28	50	40231	44	4197	45	482920	33
东 至 县 Dongzhi	243.26	41	61275	27	2656	51	355521	50
石 台 县 Shitai	32.19	59	40491	43	406	59	135575	59
青 阳 县 Qingyang	180.27	51	72690	14	4051	46	256108	54
桐 城 市 Tongcheng	419.11	16	70736	16	12899	33	575000	26
潜 山 市 Qianshan	230.10	43	52236	36	3031	49	503767	32
怀 宁 县 Huaining	330.89	27	66311	22	4482	44	414711	44
太 湖 县 Taihu	204.27	47	47505	39	2555	52	470966	35
宿 松 县 Susong	254.34	39	41593	42	3456	48	582683	24
望 江 县 Wangjiang	202.27	48	43876	41	2950	50	421606	41
岳 西 县 Yuexi	129.25	54	40140	45	2435	54	415423	43
歙 县 Shexian	225.00	44	62328	24	3595	47	387874	47
休 宁 县 Xiuning	131.06	53	62261	25	2549	53	272353	53
黟 县 Yixian	51.00	58	67103	20	953	58	151263	58
祁 门 县 Qimen	87.80	56	60342	28	1762	56	214760	55

23—7 续表2 continued

县（市）	County (City)	农林牧渔业总产值（万元）Gross Output Value of Farming, Forestry, Animal Husbandry and Fishery (10000 yuan)		城镇居民人均可支配收入（元）Per Capita Disposable Income of Urban Residents (yuan)		农村居民人均可支配收入（元）Per Capita Disposable Income of Rural Residents (yuan)		社会消费品零售总额（万元）Total Retail Sale of Consumer Goods (10000 yuan)	
		指标 Amount	位次 Order of Precedence	指标 Amount	位次 Order of Precedence	指标 Amount	位次 Order of Precedence	指标 Amount	位次 Order of Precedence
巢湖市	Chaohu	720887	27	42984	10	26394	5	2213900	14
长丰县	Changfeng	1214782	14	43043	9	25746	6	3340166	2
肥东县	Feidong	1285646	11	45082	5	28208	4	3154923	3
肥西县	Feixi	1049954	20	47595	3	28864	3	2541902	7
庐江县	Lujiang	1078057	19	40334	15	25064	8	2196056	15
濉溪县	Suixi	992936	22	35990	38	16391	35	1597221	27
涡阳县	Guoyang	1190304	15	33124	51	15731	46	2720270	5
蒙城县	Mengcheng	1222924	13	37555	29	17221	32	2560080	6
利辛县	Lixin	1040789	21	36438	36	15549	47	2489678	8
砀山县	Dangshan	922511	23	35908	39	16288	36	1989363	19
萧县	Xiaoxian	1456317	2	35329	41	15820	44	2165939	16
灵璧县	Lingbi	1311684	10	33631	49	15973	43	1816556	22
泗县	Sixian	1265083	12	33864	47	15244	51	1521900	33
怀远县	Huaiyuan	1350668	6	37700	28	19781	21	2345066	11
五河县	Wuhe	1182461	16	37431	30	19660	23	1540577	30
固镇县	Guzhen	1436287	3	38297	22	19768	22	1277491	39
界首市	Jieshou	664998	31	39169	20	17315	31	2033382	18
临泉县	Linquan	1900968	1	34304	44	15308	50	3094060	4
太和县	Taihe	1336488	7	37256	31	16188	39	4071830	1
阜南县	Funan	1331957	8	34192	46	15119	54	2249828	13
颍上县	Yingshang	1392128	4	37050	33	16030	42	2362545	10
凤台县	Fengtai	617109	35	40301	16	18708	26	1227698	41
寿县	Shouxian	1147101	18	31647	59	14247	58	1522694	32
天长市	Tianchang	708342	29	41279	12	24228	10	2290286	12
明光市	Mingguang	760982	26	35446	40	16110	40	1710526	24
来安县	Laian	479798	44	40588	14	17338	30	1465567	34
全椒县	Quanjiao	574495	38	36533	35	17779	28	1746480	23
定远县	Dingyuan	1357222	5	34916	42	16206	38	1880866	20
凤阳县	Fengyang	825285	25	32035	57	15352	49	2386254	9
霍邱县	Huoqiu	1312924	9	32361	55	14985	57	1564513	29

23—7 续表3 continued

县（市）	County (City)	农林牧渔业总产值（万元）Gross Output Value of Farming, Forestry, Animal Husbandry and Fishery (10000 yuan) 指标 Amount	位次 Order of Precedence	城镇居民人均可支配收入（元）Per Capita Disposable Income of Urban Residents (yuan) 指标 Amount	位次 Order of Precedence	农村居民人均可支配收入（元）Per Capita Disposable Income of Rural Residents (yuan) 指标 Amount	位次 Order of Precedence	社会消费品零售总额（万元）Total Retail Sale of Consumer Goods (10000 yuan) 指标 Amount	位次 Order of Precedence
舒城县	Shucheng	720804	28	34287	45	16059	41	1688467	25
金寨县	Jinzhai	523852	41	31671	58	15018	56	1596013	28
霍山县	Huoshan	419778	48	36264	37	17753	29	961164	48
当涂县	Dangtu	580761	37	47507	4	32292	1	1822519	21
含山县	Hanshan	459897	47	40138	17	25050	9	1164076	42
和县	Hexian	536330	39	41489	11	25250	7	1420007	35
无为市	Wuwei	1154902	17	44368	7	24142	11	2112297	17
南陵县	Nanling	624372	34	43832	8	29508	2	1387620	36
宁国市	Ningguo	464921	46	50723	1	23162	13	1295271	38
广德市	Guangde	501573	43	50249	2	23312	12	1625519	26
郎溪县	Langxi	341613	50	44990	6	19856	20	759044	53
泾县	Jingxian	359410	49	37748	27	18429	27	822317	51
绩溪县	Jixi	290848	53	41013	13	17055	33	363385	56
旌德县	Jingde	156210	56	32909	52	16492	34	221977	58
枞阳县	Zongyang	513939	42	32353	56	16230	37	959928	49
东至县	Dongzhi	644311	33	36865	34	19177	25	1044082	46
石台县	Shitai	95925	58	33683	48	13869	59	157613	59
青阳县	Qingyang	244185	55	39668	19	20121	15	886796	50
桐城市	Tongcheng	665352	30	38684	21	20011	19	1536946	31
潜山市	Qianshan	532145	40	38183	26	15756	45	1277455	40
怀宁县	Huaining	477390	45	39917	18	19292	24	1348797	37
太湖县	Taihu	586349	36	33597	50	15109	55	1110694	44
宿松县	Susong	899710	24	32711	54	15188	52	1123559	43
望江县	Wangjiang	644622	32	34679	43	15382	48	961295	47
岳西县	Yuexi	336060	52	32724	53	15135	53	813871	52
歙县	Shexian	340072	51	38272	24	20114	16	1108737	45
休宁县	Xiuning	286612	54	38295	23	20052	17	712089	54
黟县	Yixian	87530	59	37231	32	20429	14	245551	57
祁门县	Qimen	130636	57	38262	25	20028	18	437966	55

附 录

APPENDIX

简要说明

一、附表 1：安徽农民工非农就业基本情况，由国家统计局安徽调查总队提供。

二、附表 2：企业信息化建设情况由省局服务业处提供。

Brief Introduction

Ⅰ. The attached schedule 1 : Basic Situation of Non-agricultural Employment of Migrant Workers in Anhui Province, data is from Anhui Province survey organization of National bureau of statistics.

Ⅱ. The attached schedule 2: Enterprise information construction is provided by the service department of the provincial bureau.

附录1　安徽农民工非农就业基本情况

Basic Situation of Non-agricultural Employment of Migrant Workers in Anhui Province

指　　标	Item	2015	2020	2021
农民工总量　　（万人）	**Total Number of Migrant Workers　　(10000 person)**	**1858.8**	**1967.4**	**1981.3**
外出农民工	Outgoing Migrant Workers	1371.4	1342.1	1311.1
住户中外出农民工	Migrant Workers Migrant Workers	823.4	858.3	885.6
举家外出农民工	Family Migrant Workers	548.0	483.9	425.5
本地农民工	Local Migrant Workers	487.4	625.2	670.2
外出农民工不同地区就业比例（%）	**Employment Proportion of Migrant Workers in Different Regions (%)**			
去往本省	Go to the Province	28.0	38.9	38.1
＃去往乡外县内	Go to the County Outside the County	12.5	18.5	17.5
去往县外省内	Go to the County Outside the Province	15.6	20.3	20.6
去往省外	Go Outside the Province	72.0	61.1	61.9
＃去往东部地区	Go to the Eastern Region	67.2	56.8	57.8
去往京津冀地区	Go to Beijing-Tianjin-Hebei Region	3.8	1.8	2.6
去往江浙沪地区	Go to Jiangsu, Zhejiang and Shanghai Region	56.9	49.2	49.5
去往中部地区（安徽除外）	Go to the Central Area (Except Anhui)	2.5	2.1	2.4
去往港澳台及国外	Go to Hong Kong, Macao, Taiwan and Abroad	0.1	0.1	0.3
不同行业农民工就业比例　（%）	**Proportion of Migrant Workers Employed in Different Industries (%)**			
第一产业	Primary Industry	0.4	0.4	0.4
第二产业	Secondary Industry	55.4	47.4	47.8
＃制造业	Manufacturing	27.0	23.3	22.4
建筑业	Construction	25.3	21.8	23.4
第三产业	Tertiary Industry	44.2	52.2	51.7
＃批发和零售业	Wholesale and Retail Trades	12.7	12.6	12.9
交通运输、仓储和邮政业	Transport, Storage and Post	6.5	7.1	7.2
住宿和餐饮业	Hotels and Catering Services	6.9	7.6	7.0
居民服务、修理和其他服务业	Services to Households, Repair and Other Services	10.4	12.2	12.5
不同劳动合同农民工所占比例（%）	**Proportion of Migrant Workers With Different Labor Contracts (%)**			
无固定期限劳动合同工	Non-fixed Term Labor Contract Workers	12.8	13.0	11.3
一年及以上劳动合同工	One Year and Above Labor Contract Workers	15.7	23.5	21.4
一年以下劳动合同工	A Year of Labor Contract Workers	2.4	3.7	5.7
没有劳动合同	There is No Labor Contract	54.2	55.9	58.2
其　他	Other	0.9	3.8	3.4
外出务工月收入　　（元）	**Monthly Income for Migrant Workers　　(yuan)**	**3698.1**	**5455.4**	**6041.4**

附录2—1 企业电子商务情况（2021年）
Enterprise E-commerce by Registration (2021)

指　　标	Item	企业数（个）Number of Enterprises (unit)
总　计	**Total**	**47073**
总计中：	**Of the Total:**	
内资企业	Domestic-funded	45906
国有企业	State-owned	286
集体企业	Collective-owned	89
股份合作企业	Cooperative	35
联营企业	Joint Ownership Enterprises	8
有限责任公司	Limited Liability Company	9343
股份有限公司	Share-holding Corporations Ltd.	561
私营企业	Private	35466
其他企业	Other	118
港、澳、台商投资企业	With Investment from Hong Kong, Macao and Taiwan	508
外商投资企业	With Foreign Investment	659
按行业分：	**Grouped by Sector**	
采矿业	Mining	319
制造业	Manufacturing	18644
电力、热力、燃气及水生产和供应业	Production and Supply of Electricity, Heat, Gas and Water	580
建筑业	Construction	7087
批发和零售业	Wholesale and Retail Trades	8834
交通运输、仓储和邮政业	Transport, Storage and Post	1317
住宿和餐饮业	Hotels and Catering Services	2115
信息传输、软件和信息技术服务业	Information Transmission, Software and Information Technology	696
金融业	Financial Intermediation	
房地产业	Real Estate	4461
租赁和商务服务业	Leasing and Business Services	1283
科学研究和技术服务业	Scientific Research and Technical Services	652
水利、环境和公共设施管理业	Management of Water Conservancy, Environment	169
居民服务、修理和其他服务业	Services to Households, Repair and Other Services	217
教　育	Education	162
卫生和社会工作	Health and Social Service	188
文化、体育和娱乐业	Culture, Sports and Entertainment	349

有电子商务交易的企业 Businesses With E-commerce Transactions	有电子商务销售的企业 Enterprises With E-commerce Sales	有电子商务采购的企业 There Are E-commerce Procurement Enterprises	企业电子商务销售（万元） Enterprise E-commerce Sales (10000 yuan)	面向境外电子商务销售 Facing Overseas E-commerce Sales	企业电子商务采购（万元） Enterprise E-commerce Procurement (10000 yuan)	面向境外电子商务采购 Facing Overseas E-commerce Procurement
5878	**4902**	**2582**	**74618899**	**1446344**	**36471842**	**88225**
5676	4754	2481	50964562	1354617	32934461	71045
36	29	26	12077901	5314	5459690	
10	9	3	11814		196	186
5	2	3	3288	53	587	
1	1		5641			
1008	764	476	17710194	372150	10083731	6911
142	112	75	9168391	574564	12474898	38707
4463	3830	1892	11984665	402536	4915054	25241
11	7	6	2669		305	
106	80	50	18376834	4749	1194375	141
96	68	51	5277503	86978	2343007	17039
12	6	8	31134		27149	
2234	1718	1280	40357793	1051152	18746508	78718
34	11	26	72123		1423527	
213	47	185	19490	12	3989041	11
2085	2027	622	29771900	354975	9921914	8077
68	51	26	1780421		1422692	6
714	710	125	404465	122	4599	16
130	102	80	1851783	38983	649914	1397
127	36	99	46930	12	1560	
91	72	38	202879	863	36794	
40	15	33	23742	225	241530	
34	28	15	18351		2498	
9	6	5	3001		107	
11	7	6	2941		275	
11	8	6	2482		1227	
65	58	28	29465		2509	

附录2—2 企业通过互联网开展的活动情况（2021年）
Enterprises Activities Through the Internet by Registration (2021)

指　标	Item	企业数（个）Number of Enterprises (unit)	通过互联网开展活动的企业 Businesses that conduct Activities Through the Internet 数量（个）Number (unit)	比重（%）Proportion (%)
总　计	**Total**	**47073**	**47073**	**100.0**
总计中：	**Of the Total:**			
内资企业	Domestic-funded	45906	45906	100.0
国有企业	State-owned	286	286	100.0
集体企业	Collective-owned	89	89	100.0
股份合作企业	Cooperative	35	35	100.0
联营企业	Joint Ownership Enterprises	8	8	100.0
有限责任公司	Limited Liability Company	9343	9343	100.0
股份有限公司	Share-holding Corporations Ltd.	561	561	100.0
私营企业	Private	35466	35466	100.0
其他企业	Other	118	118	100.0
港、澳、台商投资企业	With Investment from Hong Kong, Macao and Taiwan	508	508	100.0
外商投资企业	With Foreign Investment	659	659	100.0
按行业分：	**Grouped by Sector**			
采矿业	Mining	319	319	100.0
制造业	Manufacturing	18644	18644	100.0
电力、热力、燃气及水生产和供应业	Production and Supply of Electricity, Heat, Gas and Water	580	580	100.0
建筑业	Construction	7087	7087	100.0
批发和零售业	Wholesale and Retail Trades	8834	8834	100.0
交通运输、仓储和邮政业	Transport, Storage and Post	1317	1317	100.0
住宿和餐饮业	Hotels and Catering Services	2115	2115	100.0
信息传输、软件和信息技术服务业	Information Transmission, Software and Information Technology	696	696	100.0
金融业	Financial Intermediation			
房地产业	Real Estate	4461	4461	100.0
租赁和商务服务业	Leasing and Business Services	1283	1283	100.0
科学研究和技术服务业	Scientific Research and Technical Services	652	652	100.0
水利、环境和公共设施管理业	Management of Water Conservancy, Environment	169	169	100.0
居民服务、修理和其他服务业	Services to Households, Repair and Other Services	217	217	100.0
教　育	Education	162	162	100.0
卫生和社会工作	Health and Social Service	188	188	100.0
文化、体育和娱乐业	Culture, Sports and Entertainment	349	349	100.0

收发电子邮件 E-mail		了解商品和服务的信息 Commodity and Service Information		从政府机构获取信息 Access Information From Government	
数　量（个）number (unit)	占通过互联网开展活动企业的比重（%）Account for the Proportion of Enterprises Carrying Out Activities Through the Internet (%)	数　量（个）number (unit)	占通过互联网开展活动企业的比重（%）Account for the Proportion of Enterprises Carrying Out Activities Through the Internet (%)	数　量（个）number (unit)	占通过互联网开展活动企业的比重（%）Account for the Proportion of Enterprises Carrying Out Activities Through the Internet (%)
41578	**88.3**	**26087**	**55.4**	**29970**	**63.7**
40448	88.1	25333	55.2	29098	63.4
264	92.3	162	56.6	192	67.1
74	83.1	43	48.3	55	61.8
28	80.0	11	31.4	22	62.9
8	100.0	6	75.0	6	75.0
8364	89.5	5135	55.0	6174	66.1
536	95.5	427	76.1	426	75.9
31064	87.6	19498	55.0	22136	62.4
110	93.2	51	43.2	87	73.7
494	97.2	316	62.2	367	72.2
636	96.5	438	66.5	505	76.6
263	82.4	155	48.6	208	65.2
17273	92.6	11914	63.9	12998	69.7
535	92.2	261	45.0	389	67.1
6318	89.1	3051	43.1	4998	70.5
7397	83.7	5453	61.7	4546	51.5
1150	87.3	564	42.8	737	56.0
1541	72.9	972	46.0	974	46.1
645	92.7	475	68.2	463	66.5
3807	85.3	1768	39.6	2790	62.5
1100	85.7	570	44.4	716	55.8
595	91.3	381	58.4	481	73.8
150	88.8	75	44.4	109	64.5
182	83.9	100	46.1	119	54.8
147	90.7	70	43.2	111	68.5
165	87.8	87	46.3	119	63.3
310	88.8	191	54.7	212	60.7

附录2—2 续表1 continued

指 标	Item	与政府机构互动 Interaction With Government 数 量 (个) number (unit)	占通过互联网开展活动企业的比重 (%) Account for the Proportion of Enterprises Carrying Out Activities Through the Internet (%)
总 计	**Total**	**16835**	**35.8**
总计中:	**Of the Total:**		
内资企业	Domestic-funded	16217	35.3
国有企业	State-owned	118	41.3
集体企业	Collective-owned	29	32.6
股份合作企业	Cooperative	13	37.1
联营企业	Joint Ownership Enterprises	4	50.0
有限责任公司	Limited Liability Company	3681	39.4
股份有限公司	Share-holding Corporations Ltd.	313	55.8
私营企业	Private	12005	33.8
其他企业	Other	54	45.8
港、澳、台商投资企业	With Investment from Hong Kong, Macao and Taiwan	263	51.8
外商投资企业	With Foreign Investment	355	53.9
按行业分:	**Grouped by Sector**		
采矿业	Mining	132	41.4
制造业	Manufacturing	8105	43.5
电力、热力、燃气及水生产和供应业	Production and Supply of Electricity, Heat, Gas and Water	232	40.0
建筑业	Construction	2463	34.8
批发和零售业	Wholesale and Retail Trades	2271	25.7
交通运输、仓储和邮政业	Transport, Storage and Post	379	28.8
住宿和餐饮业	Hotels and Catering Services	455	21.5
信息传输、软件和信息技术服务业	Information Transmission, Software and Information Technology	323	46.4
金融业	Financial Intermediation		
房地产业	Real Estate	1436	32.2
租赁和商务服务业	Leasing and Business Services	381	29.7
科学研究和技术服务业	Scientific Research and Technical Services	268	41.1
水利、环境和公共设施管理业	Management of Water Conservancy, Environment	60	35.5
居民服务、修理和其他服务业	Services to Households, Repair and Other Services	74	34.1
教 育	Education	57	35.2
卫生和社会工作	Health and Social Service	75	39.9
文化、体育和娱乐业	Culture, Sports and Entertainment	124	35.5

使用网上银行 Using Online Bank		使用其他金融服务 Using Other Financial Services		提供客户服务 Providing for Customer Service		拨打互联网电话或召开视频会议 Dial Internet telephone or Hold Video Conference	
数量（个）number (unit)	占通过互联网开展活动企业的比重（%）Account for the Proportion of Enterprises Carrying Out Activities Through the Internet (%)	数量（个）number (unit)	占通过互联网开展活动企业的比重（%）Account for the Proportion of Enterprises Carrying Out Activities Through the Internet (%)	数量（个）number (unit)	占通过互联网开展活动企业的比重（%）Account for the Proportion of Enterprises Carrying Out Activities Through the Internet (%)	数量（个）number (unit)	占通过互联网开展活动企业的比重（%）Account for the Proportion of Enterprises Carrying Out Activities Through the Internet (%)
40742	**86.6**	**5993**	**12.7**	**21485**	**45.6**	**14050**	**29.8**
39716	86.5	5782	12.6	20842	45.4	13275	28.9
242	84.6	26	9.1	121	42.3	97	33.9
74	83.1	7	7.9	28	31.5	11	12.4
28	80.0	3	8.6	12	34.3	6	17.1
7	87.5			6	75.0	4	50.0
8097	86.7	1312	14.0	4415	47.3	4332	46.4
524	93.4	160	28.5	363	64.7	369	65.8
30646	86.4	4265	12.0	15842	44.7	8415	23.7
98	83.1	9	7.6	55	46.6	41	34.7
446	87.8	86	16.9	267	52.6	321	63.2
580	88.0	125	19.0	376	57.1	454	68.9
259	81.2	41	12.9	89	27.9	72	22.6
16763	89.9	2811	15.1	9474	50.8	5916	31.7
454	78.3	47	8.1	216	37.2	320	55.2
6246	88.1	834	11.8	2098	29.6	1555	21.9
7401	83.8	1043	11.8	4352	49.3	2492	28.2
1096	83.2	139	10.6	589	44.7	373	28.3
1634	77.3	121	5.7	977	46.2	374	17.7
604	86.8	131	18.8	479	68.8	437	62.8
3722	83.4	489	11.0	1723	38.6	1404	31.5
1075	83.8	139	10.8	597	46.5	427	33.3
573	87.9	90	13.8	356	54.6	309	47.4
147	87.0	11	6.5	70	41.4	52	30.8
177	81.6	25	11.5	100	46.1	58	26.7
131	80.9	14	8.6	83	51.2	53	32.7
161	85.6	21	11.2	97	51.6	83	44.1
299	85.7	37	10.6	185	53.0	125	35.8

附录2—2 续表2 continued

指标	Item	在线提供产品 Provide Online Product 数量（个）number (unit)	占通过互联网开展活动企业的比重（%）Account for the Proportion of Enterprises Carrying Out Activities Through the Internet (%)
总计	**Total**	**9113**	**19.4**
总计中：	**Of the Total:**		
内资企业	Domestic-funded	8797	19.2
国有企业	State-owned	47	16.4
集体企业	Collective-owned	8	9.0
股份合作企业	Cooperative	5	14.3
联营企业	Joint Ownership Enterprises	1	12.5
有限责任公司	Limited Liability Company	1989	21.3
股份有限公司	Share-holding Corporations Ltd.	218	38.9
私营企业	Private	6508	18.3
其他企业	Other	21	17.8
港、澳、台商投资企业	With Investment from Hong Kong, Macao and Taiwan	131	25.8
外商投资企业	With Foreign Investment	185	28.1
按行业分：	**Grouped by Sector**		
采矿业	Mining	27	8.5
制造业	Manufacturing	4309	23.1
电力、热力、燃气及水生产和供应业	Production and Supply of Electricity, Heat, Gas and Water	65	11.2
建筑业	Construction	379	5.3
批发和零售业	Wholesale and Retail Trades	2291	25.9
交通运输、仓储和邮政业	Transport, Storage and Post	136	10.3
住宿和餐饮业	Hotels and Catering Services	481	22.7
信息传输、软件和信息技术服务业	Information Transmission, Software and Information Technology	286	41.1
金融业	Financial Intermediation		
房地产业	Real Estate	583	13.1
租赁和商务服务业	Leasing and Business Services	194	15.1
科学研究和技术服务业	Scientific Research and Technical Services	107	16.4
水利、环境和公共设施管理业	Management of Water Conservancy, Environment	30	17.8
居民服务、修理和其他服务业	Services to Households, Repair and Other Services	30	13.8
教育	Education	37	22.8
卫生和社会工作	Health and Social Service	35	18.6
文化、体育和娱乐业	Culture, Sports and Entertainment	123	35.2

发布消息或即时消息 Release Messages or Instant Messages		员工培训 Staff Training		对外或对内招聘 External or Interna Lrecruitment		其　他 Other	
数　量（个）number (unit)	占通过互联网开展活动企业的比重（%）Account for the Proportion of Enterprises Carrying Out Activities Through the Internet (%)	数　量（个）number (unit)	占通过互联网开展活动企业的比重（%）Account for the Proportion of Enterprises Carrying Out Activities Through the Internet (%)	数　量（个）number (unit)	占通过互联网开展活动企业的比重（%）Account for the Proportion of Enterprises Carrying Out Activities Through the Internet (%)	数　量（个）number (unit)	占通过互联网开展活动企业的比重（%）Account for the Proportion of Enterprises Carrying Out Activities Through the Internet (%)
19334	**41.1**	**20746**	**44.1**	**21956**	**46.6**	**11243**	**23.9**
18637	40.6	19984	43.5	21161	46.1	10994	23.9
142	49.7	136	47.6	124	43.4	62	21.7
18	20.2	26	29.2	10	11.2	25	28.1
11	31.4	15	42.9	9	25.7	11	31.4
7	87.5	5	62.5	4	50.0	2	25.0
4871	52.1	5375	57.5	5105	54.6	2271	24.3
405	72.2	402	71.7	393	70.1	138	24.6
13118	37.0	13952	39.3	15445	43.5	8438	23.8
65	55.1	73	61.9	71	60.2	47	39.8
297	58.5	333	65.6	331	65.2	120	23.6
400	60.7	429	65.1	464	70.4	129	19.6
98	30.7	133	41.7	85	26.6	82	25.7
8152	43.7	7941	42.6	9533	51.1	3878	20.8
320	55.2	362	62.4	269	46.4	100	17.2
2581	36.4	3108	43.9	3136	44.3	1941	27.4
3174	35.9	3672	41.6	3530	40.0	2228	25.2
538	40.9	556	42.2	487	37.0	306	23.2
731	34.6	848	40.1	920	43.5	583	27.6
427	61.4	462	66.4	461	66.2	164	23.6
1778	39.9	2043	45.8	1849	41.4	1132	25.4
590	46.0	637	49.6	678	52.8	354	27.6
366	56.1	386	59.2	401	61.5	181	27.8
89	52.7	96	56.8	97	57.4	43	25.4
93	42.9	92	42.4	106	48.8	64	29.5
94	58.0	106	65.4	88	54.3	50	30.9
108	57.4	123	65.4	130	69.1	55	29.3
195	55.9	181	51.9	186	53.3	82	23.5